Ingeborg Tömmel

Das politische System der EU

Ingeborg Tömmel

Das politische System der EU

5., grundlegend überarbeitete und erweiterte Auflage

DE GRUYTER
OLDENBOURG

ISBN 978-3-11-119178-2
e-ISBN (PDF) 978-3-11-119179-9
e-ISBN (EPUB) 978-3-11-119203-1

Library of Congress Control Number: 2025951402

Bibliografische Information der Deutschen Nationalbibliothek
Die Deutsche Nationalbibliothek verzeichnet diese Publikation in der Deutschen Nationalbibliografie;
detaillierte bibliografische Daten sind im Internet über http://dnb.dnb.de abrufbar.

© 2026 Walter de Gruyter GmbH, Berlin/Boston, Genthiner Straße 13, 10785 Berlin
Einbandabbildung: stormwatch153/iStock/Getty Images Plus
Satz: Integra Software Services Pvt. Ltd.

www.degruyterbrill.com
Fragen zur allgemeinen Produktsicherheit:
productsafety@degruyterbrill.com

Meinen Eltern
Josef Tömmel und Henriette Tömmel-Dohmen

___

„The dialogue between national and Community institutions, which is inseparable from the decision-making process, is the very essence of the Community's life. It is this that makes it unique among modern political systems" (Monnet 2015 (1978): 423).

Vorwort zur 5. Auflage

Seit der letzten Neuauflage dieses Buches hat sich die Welt grundlegend verändert: Autokratische Regierungen bestimmen immer mehr das politische Geschehen, und mit dem Antritt von Donald Trump zu seiner zweiten Amtszeit als US-Präsident kommt es zu einer fortschreitenden Zersetzung des zuvor zwar nicht geeinten, jedoch durch gemeinsame Werte definierten westlichen Lagers. Aber auch innerhalb Europas ist der Illiberalismus und Rechtsextremismus auf dem Vormarsch und hat bereits in einigen Staaten die Regierungsmacht errungen. Dementsprechend haben sich die Herausforderungen für die EU potenziert. Seit 2015 stürzt sie von einer Krise zur nächsten, mit dem russischen Angriffskrieg gegen die Ukraine als vorläufigem Höhepunkt bei gleichzeitig schwindender Unterstützung durch die USA. Trotz dieser Situation und der offensichtlichen Schwächen der Union – Dissens zwischen den Mitgliedstaaten, verzögerte Entscheidungsfindung, halbherzige Schritte nach vorne – hat sie sich als belastbarer Handlungsrahmen erwiesen. Gleichzeitig ist sie weiterhin von außen und innen bedroht.

Zwar ist das vorliegende Buch im Wesentlichen der Herausarbeitung der strukturellen Grundlagen des EU-Systems gewidmet; die aktuellen Krisensituationen wirken sich aber deutlich auf deren Funktionsfähigkeit aus: die Handlungsspielräume des Systems, die Machtkonstellationen zwischen und innerhalb der einzelnen Organe, die Optionen und Strategien zur Krisenbewältigung. Um diesen Zusammenhang herauszuarbeiten, bedurfte es einer gründlichen Überarbeitung, Erweiterung, aber auch Straffung der vorigen Auflage dieses Buches. Das Ergebnis ist ein Text, der sowohl die aktuellen Herausforderungen und Handlungsweisen der Union kritisch reflektiert als auch den neuesten Stand der EU-Forschung verarbeitet.

Mein Dank gilt weiterhin allen, die in den vorherigen Ausgaben dieses Buches genannt wurden. Speziell zur Überarbeitung dieser neuesten Auflage möchte ich aber ganz besonders meinen Kolleginnen Miriam Hartlapp für kritische Kommentare und wertvolle Vorschläge zu mehreren zentralen Kapiteln dieses Buches danken, sowie Eva Heidbreder und ihren Studierenden der Universität Magdeburg für die mehrjährigen Diskussionsrunden sowie das Feedback zu ausgewählten Themen des Buches. Schließlich gilt mein Dank Herrn Dr. Stefan Giesen sowie Herrn Maximilian Geßl vom Verlag De Gruyter Brill, die wie immer die Herausgabe des Buches in ihrem Hause hervorragend betreut haben.

Zum Schluss noch ein Wort zum Gendern: Obwohl ich grundsätzlich das Gendern begrüße, erscheint es mir in der gegenwärtigen Form noch nicht als adäquate Lösung, vor allem nicht für wissenschaftliche Texte. Deshalb habe ich im Buch möglichst häufig Pluralformen benutzt, einerseits, weil diese glaubhafter als der männliche Singular die weibliche Form einschließen, und andererseits, weil zumindest der Artikel im Plural durchgängig weiblich ist.

Osnabrück, Dezember 2025,
Ingeborg Tömmel

https://doi.org/10.1515/9783111191799-202

Inhaltsverzeichnis

Vorwort zur 5. Auflage —— IX

Verzeichnis der Abkürzungen —— XV

Verzeichnis der Tabellen, Übersichten und Abbildungen —— XIX

1 Einleitung: die EU als politisches System —— 1
1.1 Paradoxien des EU-Systems —— **1**
1.2 Themen und Fragestellungen —— **3**

2 Die EU im Fokus der Theoriebildung —— 9
2.1 Klassische Theorien: Neo-Funktionalismus, Intergouvernementalismus, Föderalismus —— **10**
2.2 Neuinterpretation der klassischen Theorien —— **14**
2.3 Theoretische Alternativen: Institutionalismus, Mehrebenen-Governance, Sozialkonstruktivismus —— **18**
2.4 Theorien zur Gesamtstruktur des EU-Systems —— **23**
2.5 Zurück zu den Antriebskräften: Neuer Intergouvernementalismus, Post-Funktionalismus und Core State Powers-Konzept —— **27**
2.6 Die EU als hybrides oder bizephales System —— **32**

3 Die Herausbildung der Europäischen Union (1950–1995): supranationale Dynamik versus intergouvernementale Entscheidungsmacht —— 37
3.1 Gründung und Aufbau der Europäischen Gemeinschaften im Zeichen eines supranationalen Integrationswegs (1950–1966) —— **38**
3.2 Aus- und Umbau der Europäischen Gemeinschaften im Zeichen intergouvernementaler Entscheidungsmacht (1966–1985) —— **43**
3.3 Supranationaler Integrationsschub und Stärkung intergouvernementaler Regie (1985–1995) —— **48**
3.4 Schlussfolgerungen —— **56**

4 Die Konsolidierung der Europäischen Union: Erweiterung, Vertiefung, Ausdifferenzierung (1995–2009) —— 59
4.1 Vorsichtiger Inkrementalismus —— **60**
4.2 Erweiterung der Union *und* Vertiefung der Integration —— **68**
4.3 Schlussfolgerungen —— **77**

5 Die EU im Krisenmodus (2009–Gegenwart) —— 79
5.1 Finanz-, Schulden- und Euro-Krise: verzögerte Reaktionen und halbherzige Lösungen (2009–2015) —— **80**
5.2 Herausbildung der Polykrise: zentralisierende Gegenentwürfe und nationale Widerstände (2015–2019) —— **84**
5.3 Klimawandel, Pandemie und Krieg: gesteigerte Handlungsfähigkeit bei schwacher Zentralisierung (2019 bis zur Gegenwart) —— **88**
5.4 Schlussfolgerungen —— **95**
5.5 Schlussfolgerungen zum Gesamtprozess der europäischen Integration von seinen Anfängen bis zur Gegenwart —— **97**

6 Die institutionelle Grundstruktur der EU —— 101
6.1 Die Kommission —— **103**
6.2 Der Rat —— **108**
6.3 Der Europäische Rat —— **114**
6.4 Das Europäische Parlament —— **117**
6.5 Der Gerichtshof —— **122**
6.6 Schlussfolgerungen —— **126**

7 Die Funktionsweise der EU: Konflikt versus Konsens im Entscheidungsprozess —— 129
7.1 Recht- und Regelsetzung —— **130**
7.2 Politische Grundsatzentscheidungen —— **139**
7.3 Exekutivfunktionen und Politikimplementation —— **145**
7.4 Schlussfolgerungen —— **151**

8 Struktur, Entscheidungsfindung und Performance der einzelnen Organe —— 155
8.1 Die Kommission: kollegial oder hierarchisch? —— **155**
8.2 Rat und Europäischer Rat: Verhandlung oder Problemlösung? —— **164**
8.3 Das Parlament: parteipolitisch geeint oder polarisiert? —— **172**
8.4 Schlussfolgerungen —— **185**

9 Die institutionelle Ausdifferenzierung des EU-Systems —— 187
9.1 Spezialisierte Organe: Europäische Zentralbank und Europäischer Rechnungshof —— **188**
9.2 Spezifische Entscheidungsverfahren: intergouvernementale Integration —— **193**
9.3 Differenzierte Integration —— **199**
9.4 Jenseits von intergouvernemental und supranational: unabhängige Agenturen —— **203**
9.5 Schlussfolgerungen —— **208**

10   Die Strukturierung der EU als Mehrebenensystem —— 209

10.1   Die nationale Regierungs- und Verwaltungsebene —— 210

10.2   Die regionale Regierungs- und Verwaltungsebene —— 215

10.3   Schlussfolgerungen —— 224

11   Die Inkorporation nicht-staatlicher Akteure in das EU-System —— 227

11.1   Interessenvertretung im europäischen Entscheidungsprozess —— 227

11.2   Nichtstaatliche Akteure in der Verantwortung: Politikformulierung und -implementation —— 239

11.3   Schlussfolgerungen —— 244

12   Funktionsprobleme des EU-Systems: Effizienz und Effektivität —— 247

12.1   Effizienz: institutionelles Gefüge und Entscheidungsverfahren —— 248

12.2   Effektivität: Regelungs- und Steuerungskapazität —— 255

12.3   Schlussfolgerungen —— 263

13   Demokratische Legitimation der EU —— 265

13.1   Demokratisches Defizit —— 266

13.2   Konzepte zur Stärkung der demokratischen Verfasstheit der EU —— 271

13.3   Ansätze transnationaler Demokratie im EU-System —— 275

13.4   Schlussfolgerungen —— 282

14   Das EU-System in seiner Gesamtheit —— 285

14.1   Die EU als Föderation *sui generis* —— 285

14.2   Die EU als bizephales System —— 293

14.3   Ausblick: die Perspektiven der Europäischen Union —— 299

Literaturverzeichnis —— 303

Verzeichnis der Abkürzungen

AdR	Ausschuss der regionalen und lokalen Gebietskörperschaften
AECR	Allianz der Europäischen Konservativen und Reformisten (europäische Partei)
AENM	Allianz der Europäischen Nationalen Bewegungen (europäische Partei)
AEUV	Vertrag über die Arbeitsweise der Europäischen Union
AfD	Alternative für Deutschland (Politische Partei in Deutschland)
AKP-Staaten	Afrika-, Karibik-, Pazifik-Staaten
ALDE	Allianz der Liberalen und Demokraten für Europa
AStV	Ausschuss der Ständigen Vertreter
BBB	BoerBurgerBeweging (Politische Partei in den Niederlanden)
BEPA	Bureau of European Policy Advisers
BIP	Bruttoinlandsprodukt
BRD	Bundesrepublik Deutschland
BSE	Bovine Spongiforme Enzephalopathie
CEFIC	European Chemical Industry Council (Europäischer Chemieverband)
CEN	Comité Européen de Normalisation (Europäisches Komitee für Normung)
CENELEC	Comité Européen de Normalisation Electrotechnique (Europäisches Komitee für elektrotechnische Normung)
COPA	Committee of Professional Agricultural Organisations (Ausschuss der berufsständischen landwirtschaftlichen Organisationen)
COGECA	General Committee for Agricultural Cooperation in the European Union
COREPER	Comité des Représentants Permanents (Ausschuss der Ständigen Vertreter)
COSAC	Conférence des Organes spécialisés en Affaires Communautaires (Konferenz der Europaausschüsse der nationalen Parlamente und des Europäischen Parlaments)
DDR	Deutsche Demokratische Republik
EAD	Europäischer Auswärtiger Dienst
EAF	Europäische Allianz für Freiheit (europäische Partei)
EAG	Europäische Atomgemeinschaft
EBA	Europäische Bankenaufsichtsbehörde
EBS	Europäische Beschäftigungsstrategie
ECOFIN	Council of Economic and Financial Affairs (Ministerrat „Wirtschaft und Finanzen")
ECPM	Europäische Christliche Politische Bewegung (europäische Partei)
EDA	European Defence Agency (Europäische Verteidigungsagentur)
EDP	Europäische Demokratische Partei
EEA	Einheitliche Europäische Akte
EEAS	European External Action Service (Europäischer Auswärtiger Dienst)
EEB	European Environmental Bureau (Europäisches Umweltbüro)
EFA	Europäische Freie Allianz (europäische Partei)
EFD	Fraktion Europa der Freiheit und der Demokratie
EFP	Europäischer Fiskalpakt
EFSA	European Food Safety Authority (Europäische Behörde für Lebensmittelsicherheit)
EFSF	Europäische Finanzstabilisierungsfazilität
EFSM	Europäische Finanzstabilisierungsmechanismus
EFTA	European Free Trade Association (Europäische Freihandelsassoziation)
EG	Europäische Gemeinschaft
EGB	Europäischer Gewerkschaftsbund
EGKS	Europäische Gemeinschaft für Kohle und Stahl
EGP	Europäische Grüne Partei

https://doi.org/10.1515/9783111191799-204

EGV	EG-Vertrag (Vertrag zur Gründung der Europäischen Gemeinschaft)
EGV-A	EG-Vertrag (konsolidierte Fassung nach dem Vertrag von Amsterdam)
EGV-M	EG-Vertrag (konsolidierte Fassung nach dem Vertrag von Maastricht)
EGV-N	EG-Vertrag (konsolidierte Fassung nach dem Vertrag von Nizza)
EIB	Europäische Investitionsbank
EIOPA	Europäische Aufsichtsbehörde für das Versicherungswesen und die betriebliche Altersversorgung
EKR	Fraktion Europäische Konservative und Reformisten
ELDR	Europäische Liberale und Demokratische Reformpartei
EMA	European Medicines Agency (Europäische Arzneimittelagentur)
ENISA	Agentur der Europäischen Union für Cybersicherheit
EP	Europäisches Parlament
EPZ	Europäische Politische Zusammenarbeit
ERH	Europäischer Rechnungshof
ERTI	European Round Table of Industrialists
ESM	Europäischer Stabilitätsmechanismus
ESMA	Europäische Wertpapier- und Marktaufsichtsbehörde
ESVI	Europäische Sicherheits- und Verteidigungsidentität
ESVP	Europäische Sicherheits- und Verteidigungspolitik
ETSI	European Telecommunication Standards Institute
ETUC	European Trade Union Confederation (siehe EGB)
EU	Europäische Union
EUA	Europäische Umweltagentur
EUAA	Asylagentur der Europäischen Union
EUD	EU Demokraten (europäische Partei)
EuGH	Europäischer Gerichtshof
EUMC	European Union Military Committee (Militärausschuss der Europäischen Union)
EUMS	European Union Military Staff (Militärstab der Europäischen Union)
EURATOM	Europäische Atomgemeinschaft
EUROPOL	Europäische Zentralstelle für die Kriminalpolizei
EUROSTAT	Statistisches Amt der EU
EUV	Vertrag über die Europäische Union
EUV-A	Vertrag über die Europäische Union (konsolidierte Fassung nach dem Vertrag von Amsterdam)
EUV-L	Vertrag über die Europäische Union (konsolidierte Fassung nach dem Vertrag vonLissabon)
EUV-M	Vertrag über die Europäische Union (konsolidierte Fassung nach dem Vertrag von Maastricht)
EUV-N	Vertrag über die Europäische Union (konsolidierte Fassung nach dem Vertrag vonNizza)
EVG	Europäische Verteidigungsgemeinschaft
EVP	Europäische Volkspartei (Fraktion des EP und europäische Partei)
EVP-ED	Europäische Volkspartei – Europäische Demokraten (Fraktion des EP)
EWG	Europäische Wirtschaftsgemeinschaft
EWS	Europäisches Währungssystem
EZB	Europäische Zentralbank
EZBS	Europäisches Zentralbankensystem
FRONTEX	Europäische Agentur für die operative Zusammenarbeit an den Außengrenzen der Mitgliedstaaten der EU
GASP	Gemeinsame Außen- und Sicherheitspolitik

GATT	General Agreement on Tariffs and Trade (Allgemeines Zoll- und Handelsabkommen)
GD	Generaldirektion
GRÜNE/FEA	Fraktion Grüne/Freie Europäische Allianz
HV	Hoher Vertreter/Hohe Vertreterin für die Außen- und Sicherheitspolitik der EU
IGK	Intergouvernementale Konferenz
IMF (= IWF)	International Monetary Fund (Internationaler Währungsfonds)
INTERREG	Gemeinschaftsinitiative der Kommission, die auf interregionale Zusammenarbeit ausgerichtet ist
ITS	Fraktion Identität, Tradition, Souveränität
MELD	Bewegung für ein Europa der Freiheit und Demokratie (europäische Partei)
MEP	Mitglied des Europäischen Parlaments
NATO	North Atlantic Treaty Organisation (Nordatlantikvertrags-Organisation)
NI	Non Inscrit (Fraktionslose Abgeordnete des EP)
OEEC	Organization for European Economic Cooperation (Organisation für europäische wirtschaftliche Zusammenarbeit)
OECD	Organization for Economic Co-operation and Development (Organisation für wirtschaftliche Zusammenarbeit und Entwicklung)
OLAF	Office de la Lutte Anti-Fraude (Europäisches Amt für Betrugsbekämpfung)
OMK	Offene Methode der Koordination
PEEP	Pandemic Emergency Purchase Programme
PEL	Partei der Europäischen Linken
PELTRO	Pandemic Emergency Longer-term Refinancing Operations
PHARE	Pologne, Hongrie: Aide à la Réstructuration Économique (Hilfsprogramm der EU für die Transformationsstaaten Mittel- und Osteuropas)
PiS	Recht und Gerechtigkeit (Politische Partei in Polen)
RFSR	Raum der Freiheit, der Sicherheit und des Rechts
RGRE	Rat der Gemeinden und Regionen Europas
SKS-Vertrag	Vertrag über Stabilität, Koordinierung und Steuerung in der Wirtschafts- und Währungsunion
SPE	Sozialistische Partei Europas (Fraktion des EP und europäische Partei)
SWP	Stabilitäts- und Wachstumspakt
TACIS	Technical Assistance to the Commonwealth of Independent States (Hilfsprogramm der EU für die Nachfolgestaaten der Sowjetunion)
U/D	Fraktion Unabhängigkeit/Demokratie
UEAMPE	Union Européenne de l'Artisanat et des Petites et Moyennes Entreprises
UEN	Fraktion Union für das Europa der Nationen
UKIP	United Kingdom Independent Party
UNICE	Union des Industries de la Communauté Européenne
USA	United States of America (Vereinigte Staaten von Amerika)
VEGKS	EGKS-Vertrag
VEL/NGL	Konföderale Fraktion der Vereinigten Europäischen Linken/Nordische Grüne Linke
VRE	Versammlung der Regionen Europas
VVE	Verfassungsvertrag für Europa
VW	Volkswagen
WEU	Westeuropäische Union
WSA	Wirtschafts- und Sozialausschuss
WTO	World Trade Organization (Welthandelsorganisation)
WWU	Wirtschafts- und Währungsunion

Verzeichnis der Tabellen, Übersichten und Abbildungen

Tabelle 6.1   Zahl der Abgeordneten des Europäischen Parlaments nach Mitgliedstaaten, Legislaturperiode 2024–2029 —— **118**

Tabelle 8.1   Zusammensetzung der Europäischen Kommission, 2024–2029 —— **156**

Tabelle 8.2   Sitze im Europäischen Parlament nach Fraktionen, 8. bis 10. Legislaturperiode (2014–2029) —— **175**

Tabelle 8.3   Führungspositionen im Europäischen Parlament: Vizepräsidenten und Quästoren (Juli 2024 – Januar 2027) —— **179**

Übersicht 6.1   Generaldirektionen der Europäischen Kommission, 2025 (Bezeichnungen der GD deutsch, Abkürzungen in Klammern, englisch) —— **105**

Übersicht 6.2   Formationen des Rates der Europäischen Union, seit 2009 —— **109**

Übersicht 8.1   Ausschüsse des Europäischen Parlaments, 10. Legislaturperiode (2024–2029) —— **177**

Graphische Darstellung 7.1   Das Ordentliche Gesetzgebungsverfahren nach dem Lissabon-Vertrag —— **136**

https://doi.org/10.1515/9783111191799-205

1 Einleitung: die EU als politisches System

Schon bei oberflächlicher Betrachtung erweist sich die Europäische Union (EU) als ein widersprüchliches politisches System. Auf der einen Seite scheint sie den nationalen Staaten übergeordnet zu sein, denn ihre Beschlüsse entfalten weitreichende bindende Wirkungen. Auf der anderen Seite zeigen die regelmäßig zähen Verhandlungen zwischen den Regierungen der Mitgliedstaaten, dass die Entscheidungsmacht von der nationalen Ebene ausgeht. Zudem verdeutlicht das häufige Ausscheren einzelner Staaten, dass die Union keine Weisungsbefugnisse gegenüber diesen besitzt. Im Vergleich zu nationalen politischen Systemen ist die Union somit von Paradoxien gekennzeichnet, die im Folgenden zunächst näher beleuchtet werden, um sodann das Konzept dieses Buches vorzustellen.

1.1 Paradoxien des EU-Systems

Das Augenfälligste an der EU ist einerseits die große Diskrepanz zwischen einer „schwachen" Systemstruktur, die auf einer Vielzahl von Institutionen und Akteuren beruht, und andererseits einer weitreichenden faktischen Ausübung politischer Entscheidungs- und Handlungsmacht. Hinzu kommt, dass die Systemstruktur, soweit sie überhaupt als solche wahrgenommen wird, wenig transparent ist und nur schwer im Kontext bestehender Formen politischer Herrschaft einzuordnen ist. Die Union entspricht weder dem institutionellen Gefüge eines nationalen Staates, noch lässt sie sich als internationale Organisation charakterisieren. Dementsprechend ist es schwierig, den Sitz politischer Machtausübung klar zu verorten. Weder die europäische Ebene, repräsentiert in erster Linie durch die Kommission, noch die Mitgliedstaaten, vertreten durch Rat[1] und Europäischen Rat, scheinen das Sagen zu haben; der Einfluss des Europäischen Parlaments bleibt unklar.

In dieser komplexen Gemengelage, in der einzelne Institutionen und Akteure zwar über erhebliche Machtmittel verfügen, ein zentraler Kristallisationspunkt politischer Machtausübung jedoch fehlt, erscheinen die beteiligten Akteure und Institutionen kaum als handlungs- oder gar durchsetzungsfähig: Kommissionsvorschläge werden regelmäßig in den Räten[2] zerredet, verwässert oder gänzlich vertagt; Ministerrat und Europäischer Rat scheitern am inneren Dissens oder am Veto einzelner Staaten; das Parlament muss häufig ungeliebte Kompromisse eingehen. Spitzenpolitiker, Minister, ja sogar Regierungschefs scheinen im europäischen Kontext zu weitreichenden

---

1 Hier und im Folgenden werden die Begriffe Rat und Ministerrat synonym gebraucht; im EU-Jargon hat der Begriff Rat den Begriff Ministerrat inzwischen weitgehend abgelöst.

2 Mit dem Begriff Räte werden hier und im Folgenden Ministerrat und Europäischer Rat zusammengefasst bezeichnet.

https://doi.org/10.1515/9783111191799-001

Zugeständnissen gezwungen zu sein, wenn es zu Entscheidungen kommen soll. Häufig enden allerdings Regierungskonferenzen und Gipfeltreffen im Dissens ihrer Akteure und damit in Entscheidungslosigkeit, worin sich die kollektive Ohnmacht des EU-Systems manifestiert. Fortschritte im Integrationsprozess werden somit nur erzielt, soweit es gelingt, die Entscheidungs- und Handlungsmacht einer Vielzahl von beteiligten Institutionen und Akteuren zu Kompromisslösungen zu bündeln und in kleinteiligen Beschlüssen umzusetzen.

Diese Konstellation manifestiert sich auf analoge Weise in einem widersprüchlich verlaufenden Integrationsprozess. Obwohl Politiker ihn selten explizit befürworten oder gar aktiv vorantreiben, scheint dieser Prozess wie ein Selbstläufer unaufhaltsam voranzuschreiten. Werden dennoch Begründungen abgegeben, sind es zumeist alternativlose Sachzwänge oder nicht steuerbare Prozesse wie die Globalisierung, die zum Handeln zwingen. Gelegentlich versprechen einzelne Politiker sogar vollmundig das Anhalten oder mindestens Bremsen des gemeinsamen Integrationszuges; im Zweifelsfalle springen sie dann aber doch noch im Fahren auf, wie es bei der Einführung der Währungsunion der Fall war. Ganz im Gegensatz dazu stellt sich das Tempo des Ausbaus oder der Reform der institutionellen Struktur der Union dar. Zwar werden in jeder Integrationsrunde weitreichende Konzepte – nicht zuletzt auch zur Demokratisierung des Systems – debattiert; wenn es dann aber zur Beschlussfassung kommt, werden allenfalls schwache Kompromissformeln erzielt, während größere Reformprojekte regelmäßig auf der langen Bank landen.

Das Resultat dieser widersprüchlichen Entwicklungen – bei gleichzeitig zunehmendem Handlungsdruck infolge vielfältiger Probleme und Herausforderungen – ist eine Systementwicklung, die auf einer Kette von institutionellen Neuschöpfungen, vorläufigen Hilfskonstruktionen, informellen Regelungen, kurz, auf einem erfindungsreichen Flickwerk beruht, das die in den Verträgen kodifizierte Systemstruktur immer weiter ausdifferenziert. Damit gelingt es zwar einerseits, die vielfachen Lücken und Schwachstellen des Systems zu überbrücken oder auszugleichen, und somit seine Funktionsfähigkeit und Steuerungskapazität jeweils zu erhalten oder gar zu verbessern; andererseits trägt aber gerade diese Vorgehensweise zur weiteren Verringerung der Transparenz, der Effizienz und auch der Kontrollierbarkeit des Systems bei, was sich nicht zuletzt in einer tendenziell sinkenden Akzeptanz in der öffentlichen Meinung manifestiert.

Insgesamt ist das EU-System somit von einer Reihe von Paradoxien gekennzeichnet, die sich in augenfälligen Diskrepanzen manifestieren:

- der Diskrepanz zwischen einer „schwachen" Systemstruktur und der „Stärke" ihrer politischen Entscheidungs- und Handlungsmacht;
- der Diskrepanz zwischen einer hochgradigen Fragmentierung politischer Entscheidungsfindung und der zentralisierenden Wirkung ihrer Beschlüsse;
- der Diskrepanz zwischen Macht und Ohnmacht der maßgeblichen Akteure und Institutionen; und schließlich

– der Diskrepanz zwischen „großen Entwürfen" zur Reform des Systems und faktisch kleinteiligen Veränderungsschritten und somit einer Entwicklung in widersprüchliche Richtungen ohne erkennbares Endziel.

Angesichts solcher Diskrepanzen stellt sich die Frage, ob diese als Zufallsprodukte des Integrationsprozesses, als nicht intendierte Fehlentwicklungen, oder aber als notwendige Begleiterscheinungen der Herausbildung einer neuen politischen Ordnung jenseits des Nationalstaats zu werten sind. Anders ausgedrückt: Handelt es sich bei diesen Diskrepanzen um tatsächliche Schwächen des Systems oder markieren die Schwächen des Systems seine zentralen Merkmale und Stärken?

Vor dem Hintergrund der aufgeworfenen Fragen soll im Folgenden die EU als ein neuartiges politisches System jenseits der nationalen Staaten analysiert werden. Dieses System tendiert *nicht* dazu, die Mitgliedstaaten durch einen Superstaat zu überformen oder gar zu ersetzen; vielmehr entwickelt es sich in Ergänzung zu den nationalen Staaten. Angesichts weitreichender Interdependenzen zwischen den einzelnen Staaten bietet die EU die Möglichkeit, bei gleichgerichteten Interessenlagen gemeinsam zu handeln; bei widersprüchlichen Interessen und entsprechend auftretenden Konflikten kann sie über Verhandlungslösungen regulierend wirken. Dementsprechend sind die skizzierten Diskrepanzen weniger als Zufallsprodukte oder Fehlentwicklungen der Integration, sondern eher als ihre charakteristischen Merkmale zu werten. Um diese Fragen näher zu klären, soll in diesem Buch der Prozess der Herausbildung des EU-Systems sowie seine widersprüchliche institutionelle Struktur und Funktionsweise analysiert werden. Ziel ist dabei, die spezifischen Merkmale das EU-System, die Dynamiken seiner Entfaltung sowie die Unterschiede zu herkömmlichen Formen politischer Ordnung zu erfassen und ihre Funktionen zu erklären.

1.2 Themen und Fragestellungen

Vor dem Hintergrund der skizzierten Merkmale und Paradoxien des EU-Systems soll im Folgenden ein kurzer Überblick über die zentralen Themen und Fragestellungen des vorliegenden Buches gegeben werden.

In Kapitel 2 wird zunächst die Theoriebildung zum europäischen Integrationsprozess sowie zur EU als politischem System in den Blick genommen. Dabei wird ein breites Spektrum von theoretischen Ansätzen präsentiert, die zwei Fragen zu klären versuchen, die auch dem gesamten Buch zugrunde liegen: Zum einen, wie lässt sich die erstaunliche Dynamik der europäischen Integration erklären? Zum anderen, wie ist das System, das über diesen Prozess auskristallisiert, zu charakterisieren? Ausgehend von Neo-Funktionalismus, Intergouvernementalismus und Föderalismus als den Eckpfeilern der Integrationstheorie werden in der Folge neuere Varianten dieser Ansätze ebenso wie völlig andersartige theoretische Zugänge vorgestellt und auf ihre Erklärungskraft bezüglich der genannten Fragen überprüft. Abschließend wird ein Analysekonzept präsentiert, das die EU als bizephales System fasst. Dieses Konzept bildet die strukturierende Leitlinie dieses Buches.

Die folgenden drei Kapitel analysieren den historischen Werdegang der europäischen Integration und die darüber auskristallisierende Systemstruktur der EU; sie geben damit eine erste Antwort auf die oben formulierten Grundfragen. *Kapitel 3* ist den ersten drei Phasen dieses Prozesses gewidmet (1950–1995), die durch den Wechsel zwischen beschleunigter Integration und Stagnation gekennzeichnet sind. Während in Phase 1 und 3 beschleunigte supranationale Integrationsschritte dominieren, steht Phase 2 im Zeichen intergouvernementaler Konfigurationen. Diese bremsen das Integrationstempo ab, lenken das Integrations*modell* aber in eine andere Richtung und erhöhen seine Komplexität. Insgesamt führt die Wechselwirkung zwischen supranationaler Integrationsdynamik und intergouvernementaler Entscheidungsmacht während der ersten drei Phasen zur Herausbildung der Union in ihrer bizephalen Struktur. Diese, zunächst widersprüchlich erscheinende Systementwicklung wird einerseits mit der Notwendigkeit begründet, einen tragfähigen institutionellen Rahmen für gemeinsames Handeln zu schaffen, andererseits, dem Willen der Mitgliedstaaten nach weitgehender Kontrolle über diesen Prozess Rechnung zu tragen.

In *Kapitel 4* wird die vierte Phase der europäischen Integration vorgestellt (1995–2009), in der die EU als politisches System voll entfaltet ist, aber weiteren Veränderungen unterliegt. Diese Phase ist erneut von der Dominanz einer intergouvernementalen Systemkonstellation geprägt. Anders als in der zweiten Phase kommt es jedoch nicht zu einer Stagnation des Integrationsprozesses, sondern primär zu einer Stärkung der Handlungsfähigkeit der intergouvernementalen Organe. Dementsprechend ist diese Phase durch umfangreiche Erweiterungen der Union, eine signifikante Vertiefung der Integration sowie zunehmende innere Differenzierungen gekennzeichnet. Insgesamt ist diese Phase als Konsolidierung des EU-Systems in seiner bizephalen Struktur zu werten.

Kapitel 5 schließlich ist der Entfaltung des EU-Systems unter Krisenbedingungen gewidmet (2009 bis zur Gegenwart). Während im ersten Teil dieser Phase weitere Integrationsschritte unter intergouvernementaler Dominanz, allerdings nur verzögert, vorangetrieben werden, setzt etwa ab 2015 mit dem Heraufziehen neuer Krisen – der Flüchtlingskrise, dem Brexit, der Corona-Pandemie, dem Krieg in der Ukraine – eine zunehmende Stärkung der supranationalen Dynamik ein. Diese entwickelt sich jedoch nicht auf Kosten der intergouvernementalen Dynamik; vielmehr bildet sich ein gewisses Gleichgewicht zwischen beiden Kräften heraus. Die EU im Krisenmodus ist zwar weiterhin von Divergenzen zwischen den Mitgliedstaaten gekennzeichnet; dennoch gelingt es, Konsens in entscheidenden Fragen zu erzielen. Damit erweist sich das EU-System in seiner bizephalen Struktur als handlungs-, entwicklungs- und veränderungsfähig, kurzum als erstaunlich resilient.

Zum Abschluss von Kapitel 5 wird der Gesamtprozess der Herausbildung des EU-Systems von seinen Anfängen bis zur Gegenwart zusammenfassend bewertet; zudem werden die internen und externen Einflussfaktoren für die ungleichmäßig voranschreitende Integration, ihre asymmetrische Form und schließlich ihr Ergebnis, die bizephale Grundstruktur, herausgearbeitet.

Die folgenden drei Kapitel sind der Darstellung der Kernstruktur des EU-Systems und der Funktionsweise ihrer Institutionen gewidmet. In *Kapitel 6* wird zunächst die institutionelle Grundstruktur des EU-Systems in ihren charakteristischen Merkmalen analysiert. Dazu werden die Organe der EU jeweils einzeln und in ihrem Verhältnis zueinander vorgestellt: Kommission, Rat, Europäischer Rat, Parlament und schließlich der Gerichtshof. Für jedes Organ werden die Organisationsstrukturen, formalen Kompetenzen sowie faktischen Handlungsmöglichkeiten beleuchtet, sodass ein plastisches Bild ihrer Funktion im Gesamtgefüge der Union entsteht. Dabei wird deutlich, dass die institutionellen Akteure über breite Handlungsspielräume verfügen, aber auch wirkmächtigen Einschränkungen unterliegen. Zudem wird die bizephale Grundstruktur der Union verdeutlicht, die grundsätzlich von bekannten Formen politischer Ordnung abweicht, seien es internationale Organisationen oder nationale Staaten, auch wenn sie im Einzelnen bestimmte Merkmale mit diesen teilt.

In *Kapitel 7* steht die Funktionsweise der EU und damit die Interaktion zwischen den einzelnen Organen im Zentrum des Interesses. Dazu werden verschiedene Mechanismen und Verfahren der Entscheidungsfindung vorgestellt: (1) die Gesetzgebung und damit Politikformulierung, (2) Grundsatzentscheidungen zur Systemstruktur wie Vertragsänderungen oder Erweiterungen der EU, sowie (3) Entscheidungen im Rahmen von Exekutivfunktionen. Es werden sowohl die formalen Entscheidungsabläufe erläutert als auch die faktischen Verfahren der Entscheidungsfindung, die sich teilweise erheblich von ihrem formalen Rahmen entfernen. Es ergibt sich so eine dynamische Interaktion zwischen den Entscheidungsträgern, je nach den jeweiligen Entscheidungsarten und den von den einzelnen Organen entwickelten Strategien zur Ausweitung der eigenen Einflussnahme über den formalen Kompetenzrahmen hinaus. Insgesamt zeigt dieses Kapitel, dass die Entscheidungsfindung im EU-System einerseits durch ein hohes Konfliktpotenzial, andererseits durch elaborierte Mechanismen der Kooperation und Konsensfindung strukturiert ist.

Kapitel 8 ist der Frage gewidmet, wie die einzelnen Organe ihre Handlungsstrategien entsprechend ihrer Position im Gesamtgefüge der Union ausrichten und optimieren. Für die supranationalen Organe, Kommission und Parlament, geht es um die maximale Nutzung bestehender Kompetenzen und Ressourcen sowie um interne Konsensfindung, und damit um die Ausweitung ihres Einflusses gegenüber den Räten. Für die intergouvernementalen Organe ist die interne Konsensfindung das Problem, wollen sie ihre Handlungsmacht voll ausspielen oder gar eine Führungsrolle in der EU übernehmen. In beiden Fällen werden die Prozesse der internen Konsensfindung in starkem Maße von den interinstitutionellen Beziehungen strukturiert. Insgesamt verdeutlicht dieses Kapitel, wie die Akteure und Institutionen im EU-System versuchen, ihren Einfluss durch geeignete Strategien zur internen Konfliktminimierung sowie geschickte Taktiken gegenüber den anderen Organen auszuweiten oder gewisse Einschränkungen ihrer Verfasstheit zu kompensieren.

Die drei folgenden Kapitel richten den Fokus auf die erweiterte Struktur des EU-Systems. In *Kapitel 9* geht es zunächst um Erweiterungen und Ausdifferenzierungen auf der europäischen Ebene entlang der supranationalen oder intergouvernementalen Systemdimension, teilweise aber auch um Institutionen, die keiner Seite zuzuordnen sind. Zunächst werden hier zwei weitere supranationale Kernorgane der Union, die Europäische Zentralbank (EZB) und der Europäische Rechnungshof, in ihrer Struktur und Arbeitsweise vorgestellt. Sodann stehen die sogenannte Zweite und Dritte Säule der EU sowie ihre institutionellen Folgekonstrukte im Fokus, die beispielhaft für die Stärkung der intergouvernementalen Systemdimension stehen. Es folgt eine Analyse der Proliferation von unabhängigen Agenturen, die keiner der beiden Systemdimensionen entspricht. Schließlich wird die Herausbildung von Formen der differenzierten Integration dargestellt, die der Minimierung von Ungleichheiten oder Konflikten zwischen den Mitgliedstaaten dienen. Insgesamt zeigt das Kapitel den permanenten Aus- und Umbau des EU-Systems auf der europäischen Ebene auf.

Kapitel 10 nimmt ebenfalls die Erweiterung und Ausdifferenzierung der EU in den Blick; hier geht es jedoch um die vertikale Strukturierung des Systems durch den Einbezug zunächst der nationalen sowie längerfristig auch der regionalen Regierungs- und Verwaltungsebene in die Funktionsweise der Union. Im Einzelnen wird gezeigt, wie sich über die europäische Gesetzgebung, die Beteiligung nationaler Akteure an europäischen Entscheidungsprozessen sowie die Implementation von EU-Politiken in den Mitgliedstaaten ein systemischer Nexus zwischen der europäischen und der nationalen sowie teilweise auch der regionalen Ebene herausbildet. Insgesamt verdeutlicht dieses Kapitel, wie sich die Union über vielfältige Interaktionen mit den „unteren" Ebenen schließlich als ein Mehrebenensystem konstituiert.

Kapitel 11 ist dem Einbezug nicht-staatlicher Akteure in das EU-System gewidmet. Dabei geht es zunächst um klassische Formen der Interessenvertretung und des Lobbyings auf der europäischen Ebene, die sich allerdings im Rahmen der spezifischen Struktur der EU als nicht so klassisch erweisen. So ist die Interessenvertretung in der Union durch ein hohes Maß an Fragmentierung und durch vielfältige Zugangswege zu den Entscheidungsträgern gekennzeichnet. Daraus ergeben sich unterschiedliche Strategien des Lobbyings sowie aktive Versuche der EU-Organe, ordnend und strukturierend in dieses einzugreifen. Anhand ausgewählter Beispiele wird zudem der partielle Einbezug nicht-staatlicher Akteure in die Politikfunktionen der EU aufgezeigt. Insgesamt verdeutlicht das Kapitel, dass das EU-System in die ökonomische und gesellschaftliche Sphäre ausgreift, sich dabei auf Formen der gesellschaftlichen Selbststeuerung stützt und so einen systemischen Nexus zwischen Staat und Markt sowie Gesellschaft herstellt.

Zwei weitere Kapitel sind der Darstellung der Funktionsprobleme der EU und ihrer Bewertung gewidmet. In *Kapitel 12* werden die Effizienz und Effektivität des EU-Systems thematisiert und bestimmte Stärken oder Schwächen seiner Struktur und Funktionsweise herausgearbeitet. Bezogen auf die Effizienz der Systemstruktur der EU sowie ihrer Entscheidungsverfahren ergibt sich ein gemischtes Bild, indem beide

Dimensionen durchaus effizient strukturiert sind, im Einzelnen aber zahlreiche Ineffizienzen auftreten. Die Effektivität des Systems, die an der Steuerungsfähigkeit in den einzelnen Politiken abgelesen wird, stellt sich als von drei interdependenten Faktoren abhängig dar: der Kompetenzausstattung der europäischen Ebene, der Länge der Steuerungskette sowie den Rahmenbedingungen in den Mitgliedstaaten. Insgesamt werden die Effizienz und Effektivität des EU-Systems zwar als beachtlich gewertet; sie beruhen aber auf erheblichen negativen Externalitäten, die überwiegend auf die Mitgliedstaaten abgewälzt werden.

In *Kapitel 13* steht die demokratische Verfasstheit der EU sowie ihre demokratische Legitimation im Vordergrund. Einleitend wird das viel zitierte „demokratische Defizit" des Systems in seinen verschiedenen Dimensionen vorgestellt; zudem werden speziell die Defizite des Europäischen Parlaments aufgezeigt. In einem zweiten Schritt werden vielfältige Möglichkeiten der Schaffung alternativer Formen demokratischer Repräsentation und Partizipation vorgestellt und in ihren Vor- und Nachteilen diskutiert. Abschließend werden die im EU-System angelegten Ansätze zur Herausbildung neuer Formen demokratischer Repräsentation, Partizipation und Legitimation analysiert. Diese werden in bestimmten Checks und Balances, in den Entscheidungspraktiken des EP sowie in der Herausbildung von Formen assoziativer Demokratie verortet. Kernthese ist dabei, dass es gerade die Defizite des EU-Systems sind, die Raum bieten für die Entwicklung alternativer demokratischer Praktiken.

Das abschließende *Kapitel 14* ist der Frage gewidmet, wie das EU-System in seiner Gesamtheit zu werten ist. Ausgehend von den eingangs aufgeworfenen Fragestellungen geht es darum, die Essenz der Systemstruktur analytisch zu fassen und die Triebfedern seiner Entwicklungsdynamik herauszuarbeiten. Dazu wird die EU zunächst als Verhandlungs-, Verflechtungs- sowie als Mehrebenensystem charakterisiert; zusammengenommen konstituieren diese Systemdimensionen eine Föderation *sui generis*. In einem zweiten Schritt wird die EU als bizephales System gewertet, das auf einer einmaligen Kombination von intergouvernementalen und supranationalen Institutionen beruht. Die Entwicklung der Union und ihre zunehmende Ausdifferenzierung werden mit dieser widersprüchlichen Struktur des Systems und der daraus resultierenden Prozessdynamik begründet.

Das Kapitel wird mit einem kurzen Ausblick auf die Perspektiven der EU angesichts enormer externer Herausforderungen sowie anhaltender interner Friktionen abgeschlossen. Konkret geht es um die Frage, ob und in welcher Weise die EU die jeweiligen Herausforderungen bewältigen kann bei gleichzeitigem Erhalt oder gar Stärkung ihrer Handlungsfähigkeit sowie ihrer Entwicklungs- und Innovationsdynamik.

2 Die EU im Fokus der Theoriebildung

Die im Vorgehenden skizzierten Merkmale und Widersprüche des EU-Systems haben auf vielfältige Weise die wissenschaftliche Analyse und Debatte angeregt. Speziell in der Politikwissenschaft gibt es eine lange Tradition von Erklärungsversuchen zur Herausbildung und Weiterentwicklung zunächst der EG (Europäische Gemeinschaft) und später der EU. Zwei Grundfragen haben dabei die theoretische Debatte bestimmt: zum einen die Frage nach den Antriebskräften der Integration, das heißt, den Mechanismen, Institutionen und Akteuren, die sie vorantreiben oder auch hemmen; zum anderen die Frage nach den Charakteristika des Systems, das über diesen Prozess auskristallisiert (vgl. dazu folgende Gesamtdarstellungen der wichtigsten Theorien: Rosamond 2000, Bieling und Lerch 2012, Hooghe und Marks 2019, Wiener et al. 2019).

Antworten auf die erste Frage schwanken zwischen der Betonung supra- und transnationaler Akteure und Dynamiken oder nationaler Regierungen als treibende Kräfte der Integration. Bei der zweiten Frage wird, je nach Perspektive und Analyseziel, die EU eher als staatsähnliches Gebilde oder als spezielle Variante einer internationalen Organisation gesehen. Es versteht sich, dass zwischen beiden Fragen beziehungsweise den zugehörigen Antworten ein enger Zusammenhang besteht: Autoren, die den supranationalen Akteuren und Dynamiken die ausschlaggebende Rolle im Integrationsprozess zuschreiben, betonen eher die Herausbildung einer neuen, staatsähnlichen politischen Gemeinschaft, während Autoren, die die entscheidende Rolle bei den nationalen Regierungen verorten, eher am Konzept einer internationalen Organisation festhalten.

Die Theoriebildung zur europäischen Integration und ihre wechselnden Einschätzungen folgen sehr eng den realen Entwicklungen ihres Forschungsobjekts. So wurde bereits vor der Gründung der Gemeinschaften der Föderalismus als normatives Konzept einer europäischen Integration lanciert. Während der Gründungsjahre der EG, die zu spektakulären Integrationsschritten führten, wurde der Neofunktionalismus entwickelt, der die Herausbildung einer „political community" auf der europäischen Ebene erwartete. Während der Stagnationsphase der Integration ab Mitte der 60er Jahre erwies sich hingegen der Intergouvernementalismus als dominant, der vor allem die Regierungen der Mitgliedstaaten als hemmende Kräfte der Integration ausmachte. Der enorme Integrationsaufschwung ab Mitte der 80er Jahre führte zu einer Weiterentwicklung der drei genannten Theoriestränge, indem nunmehr die Bedingungen genauer herausgearbeitet wurden, unter denen Integration möglich ist oder gar beschleunigt auftritt. Angesichts der zunehmenden Konsolidierung der EU erweiterte sich in der Folge der theoretische Horizont, indem nunmehr wesentlich breitere sozialwissenschaftliche Theorien zur Erklärung der Integrationsdynamik herangezogen wurden, wie etwa der neue Institutionalismus oder der Konstruktivismus. Schließlich wagten sich auch einige Theoretiker an die Erfassung des EU-Systems in seiner Gesamtheit, wobei ebenfalls breitere Theoriestränge vornehmlich der Politik-

https://doi.org/10.1515/9783111191799-002

wissenschaft herangezogen wurden, um den besonderen Charakter der EU zu erfassen. In der Gegenwart, die durch Krisen der Integration und eine zunehmende Euroskepsis der Bevölkerungen der einzelnen Staaten gekennzeichnet ist, stehen wiederum die hemmenden Kräfte der Integration im Vordergrund der Theoriebildung, die in ökonomischen und gesellschaftlichen Veränderungen gesucht werden, aber auch in internen Dynamiken der europäischen Integration.

Insgesamt liegt also ein breites Spektrum von Theorieansätzen vor, das seine Grundkonzeptionen im Wesentlichen aus den Subdisziplinen der Vergleichenden Politikwissenschaft und den Internationalen Beziehungen ableitet; je nach Forschungsperspektive und Analyseziel werden aber auch Großtheorien aus den Sozialwissenschaften herangezogen. Dabei ist mit Wiener et al. (2019: 18) hervorzuheben, dass keine der Theorien die aufgeworfenen Fragen umfassend beantwortet, denn „many theorists make broader claims such as ,explaining integration', when what they do is a much more limited enterprise".

2.1 Klassische Theorien: Neo-Funktionalismus, Intergouvernementalismus, Föderalismus

Vonseiten der Internationalen Beziehungen haben sich zwei Theorietraditionen als besonders fruchtbar für die Analyse der europäischen Integration erwiesen: einerseits der Neo-Funktionalismus, der als spezielle Variante funktionalistischer Argumentationsmuster zu werten ist, andererseits der Intergouvernementalismus, der in die (neo-)realistische Theorietradition eingebettet ist. Während Ersterer speziell am Beispiel der EG/EU entwickelt wurde mit dem Erkenntnisziel, die innere Dynamik, die den Integrationsprozess vorantreibt, zu erhellen (vgl. Haas 1958, Lindberg und Scheingold 1970), bezieht sich Letzterer generell auf das Zustandekommen und die Funktionsweise internationaler Organisationen. Dabei geht es insbesondere um die Frage, in welcher Weise, in welchem Maße und unter welchen Bedingungen Kooperation oder gemeinsames Handeln zwischen interessengeleiteten Staaten möglich ist (Axelrod 1984, Keohane 1984).

Der *Neo-Funktionalismus* hat auf der Grundlage, aber auch in Abweichung von funktionalistischen normativen Modellen der internationalen Kooperation (Mitrany 1966), einen Erklärungsansatz für die innere Logik und Dynamik der europäischen Integration entwickelt (Haas 1958, vgl. auch Lindberg und Scheingold 1970, Schmitter 1971). So definiert Haas politische Integration als *„the process whereby political actors in several distinct national settings are persuaded to shift their loyalties, expectations and political activities toward a new centre, whose institutions possess or demand jurisdiction over the pre-existing national states"* (Haas 1958: 16, kursiv im Original). Zentraler Leitgedanke ist dabei das Konzept des Spill-over. Dieses besagt, dass Integration in ersten, begrenzten Teilbereichen aufgrund funktionaler Erfordernisse weitere Integrationsschritte auslöse, indem angrenzende Bereiche oder Politikfelder, die mit den vorher schon integrierten in einem engen funktionalen Zusammenhang stehen, ebenfalls auf die europäische Ebene übertragen werden. Auf diese Weise komme es zu einer Kette von Transfers politischer Aufgaben und Funktionen, bis schließlich das neue Zentrum als Hauptebene politischer Steuerung fungiere (Haas 1958: 16). Haas meint sogar: „the end-result of a process of political integration is a new political community, super-imposed over the pre-existing ones" (Haas 1958: 16).

Die funktionale Notwendigkeit der Übertragung von Staatsaufgaben und Politikfeldern auf die europäische Ebene wird jedoch nicht als eine *a priori* gegebene oder gar deterministisch ablaufende angenommen, wie es dem Neo-Funktionalismus oft fälschlicherweise unterstellt wird. Vielmehr sind es integrationsorientierte Akteure, in erster Linie politische Eliten, die die Vorteile weiterer Integrationsschritte in benachbarten Bereichen und Politikfeldern erkennen und dementsprechend den Prozess vorantreiben. In dem Maße allerdings, wie mehr und mehr Aufgaben und Funktionen auf die europäische Ebene übertragen werden, richten auch andere Akteure – politische Parteien, Interessengruppen, transnationale Organisationen und Verbände – ihre Aktivitäten und Loyalität zunehmend auf die neue Ebene der Entscheidungsfindung. So betont Haas: „integration is the result of specific decisions made by governments acting in conjunction with politically relevant, organised groups" (Haas 1958: 285).

Nicht von ungefähr wurde die neo-funktionalistische Theorie in den Gründerjahren der europäischen Gemeinschaften entwickelt, in denen spektakuläre Integrationsfortschritte erzielt werden konnten. Dementsprechend erklärt der Neo-Funktionalismus vor allem den inkrementellen Charakter der europäischen Integration und insbesondere deren schrittweise Ausweitung auf neue Politikfelder und Themenbereiche: zum Beispiel die aufeinanderfolgende Gründung der drei Gemeinschaften[1], den Übergang von der Schaffung des gemeinsamen Marktes zu einer gemeinsamen Agrarpolitik sowie den Übergang von der Vollendung des Binnenmarkts zu einer Währungsunion. Nicht erklären lassen sich jedoch hierüber die wiederholten Stagnationsphasen des Integrationsprozesses sowie das Ausbleiben von Integrationsschritten, die im funktionalen Sinne durchaus nahegelegen hätten und häufig auch auf der politischen Agenda standen.

Der Intergouvernementalismus stellt demgegenüber bei der Analyse der europäischen Integration die zwischenstaatliche Kooperation ins Zentrum des Interesses, wobei die kooperierenden Staaten als nutzenmaximierende, interessengeleitete und rational handelnde Akteure gefasst werden. Dementsprechend kann zwischenstaatliche Kooperation oder gemeinsames Handeln im Rahmen internationaler Organisationen zustande kommen, wenn die Erzielung besserer Resultate beziehungsweise konkreter Vorteile (im Vergleich zur Nichtkooperation) zu erwarten ist (Keohane 1984). Weitere Motive können die Möglichkeiten zu Tauschgeschäften zwischen den Kooperationspartnern oder auch nur die Angst vor Nachteilen im Falle des drohenden Aus-

---

1 Dies sind die Europäische Gemeinschaft für Kohle und Stahl (EGKS), die Europäische Wirtschaftsgemeinschaft (EWG) sowie die Europäische Atomgemeinschaft (EURATOM).

schlusses von der Kooperation sein.[2] Entsprechend diesen Konzeptionen lässt sich das Zustandekommen und die Weiterentwicklung der europäischen Integration als eine Serie von intergouvernementalen Bargains[3] erklären, wobei Integrationsfortschritte immer dann erzielt werden, wenn es eine Konvergenz der Interessen gibt oder wenn es gelingt, mögliche Nachteile von Integrationsschritten für einzelne Verhandlungspartner durch Paketlösungen oder zusätzliche kompensatorische Maßnahmen wie Side-Payments[4] auszugleichen (Hoffmann 1966 und 1982, Taylor 1983, Keohane und Hoffmann 1991).

Allerdings sind die Vertreter des Intergouvernementalismus skeptisch in Bezug auf die Realisierung solcher Integrationsschritte im europäischen Rahmen. So betont Hoffmann, dass die nationalen Staaten nach wie vor die wichtigsten Einheiten des internationalen Systems seien. Zudem seien Staaten, die in einer regionalen Einheit kooperierten, „differently subjected and attracted to the outside world"; das bedeute, die Diversität zwischen ihnen „seems to sharpen rather than to shrink" (Hoffmann 1966: 865). Folgerichtig schließt er, dass regionale Integrationsschritte „can fail [...] when there are differences in assessment of the national interest" (Hoffmann 1966: 867). Als Beweis für diese skeptische Schlussfolgerung präsentiert Hoffmann eine detaillierte Beschreibung der gravierenden Unterschiede zwischen den sechs Gründerstaaten der EG.

Intergouvernementalistische Theorieansätze sind besonders geeignet, um das Scheitern projektierter Integrationsschritte beziehungsweise die Stagnation des Integrationsprozesses über längere Zeiträume zu erklären (Taylor 1983). Außerdem lassen sich die Asymmetrien der europäischen Integration – zum Beispiel zwischen ökonomischer und politischer Integration, zwischen Marktschaffung und sozialstaatlichen Regelungen, zwischen der europäischen Wirtschafts- und Währungsunion (WWU) und einzelstaatlicher Fiskal- sowie Wirtschaftspolitik – mit solchen Ansätzen gut erklären. Der Intergouvernementalismus bietet jedoch kaum Möglichkeiten, die offensichtliche Eigendynamik der Systementwicklung der EU oder die Bedeutung der supranationalen Akteure, beispielsweise der Kommission oder des Gerichtshofs, für den Fortgang der Integration zu erfassen oder gar zu erklären. Hier ist allerdings zu berücksichtigen, dass die skeptischen intergouvernementalistischen Erklärungsansätze vornehmlich in den Jahren formuliert wurden, in denen der Integrationsprozess sichtbar stagnierte (vgl. Kap. 3.2).

---

2 Speziell für die EG zog Moravcsik diese Argumentation für die Zustimmung Großbritanniens zur Einheitlichen Europäischen Akte (EEA) heran (Moravcsik 1991).

3 Deutsch: Abkommen, Handel. In der Politikwissenschaft bezeichnet der Begriff vor allem Verhandlungen zwischen interessengeleiteten Akteuren, die möglichst ihren eigenen Vorteil zu maximieren versuchen.

4 Deutsch: Ausgleichszahlungen. In der Politikwissenschaft bezeichnet der Begriff Finanztransfers oder auch nicht-materielle Zugeständnisse an Verhandlungspartner, um deren Zustimmung zu einer angestrebten Entscheidung zu erhalten.

Beziehen sich die im Vorgehenden skizzierten Theorieansätze primär auf die Dynamik der europäischen Integration, auf die Entscheidungsprozesse, die sie vorantreiben, und auf die Akteure, die sie tragen, so sagen sie nur wenig aus über das System, das darüber auskristallisiert. Wird dieses im Rahmen des Intergouvernementalismus als primär zwischenstaatliches und somit implizit als internationale Organisation oder als internationales Regime angenommen (Hoffmann 1982), so geht der Neo-Funktionalismus davon aus, dass langfristig eine „political community" auf der europäischen Ebene entstehen werde, die einen supranationalen Charakter annehme und somit den nationalen Staaten tendenziell übergeordnet sei (Haas 1958: 16).

Neben den beiden skizzierten Theoriesträngen hat sich aber bereits in der Frühphase der Integration ein dritter Strang herausgebildet, der das politische System umreißt, das geschaffen werden soll: der *Föderalismus*. Dieses, der Vergleichenden Politikwissenschaft entlehnte Konzept hat sich insbesondere als normative Vorlage für politische Integrationsschritte erwiesen. Noch während des zweiten Weltkriegs forderten Widerstandskämpfer die Schaffung einer europäischen Föderation als Mittel zur Überwindung des Nationalismus; in der Folge fand dieses Konzept breite Resonanz unter dem Leitbild der Gründung einer Art „Vereinigte Staaten von Europa" nach dem Vorbild der USA (Lipgens 1986). Die Herausbildung eines föderalen europäischen Staates wurde somit als ein (normatives) Endziel der Integration gesehen (Rosamond 2000: 23, Burgess 2004: 31–34). Der Weg dorthin wurde auf unterschiedliche Weise konzipiert. Einige Befürworter sahen einen schrittweisen Prozess vor, in dem nur langsam Kompetenzen auf die europäische Ebene übertragen werden sollten; andere favorisierten dagegen eine sofortige Gründung einer Föderation mit einer klaren Verfassung und weitreichenden Kompetenzen der europäischen Ebene. In dem Maße allerdings, wie die Gemeinschaften sich mit einer hybriden Führungsstruktur von Kommission und Rat herausbildeten, trat das Föderalismus-Konzept in den Hintergrund.

Die bisher skizzierten Theoriestränge, die die Debatte um die europäische Integration von deren Anfängen bis zur Mitte der 80er Jahre dominierten, beziehen sich im Wesentlichen auf das Zustandekommen und den Prozess der europäischen Integration sowie auf die Grundstruktur des Systems, das dabei auskristallisiert; sie berücksichtigen noch kaum dessen Funktionsweise oder die einzelnen Institutionen. Dabei stehen Intergouvernementalismus und Neo-Funktionalismus in einem scharfen Gegensatz zueinander, indem sie jeweils eine Seite des Integrationsprozesses analysieren und folglich überbewerten. Gerade aber wegen dieser – ungewollten – Komplementarität erweisen sich diese beiden Theoriekonzepte bis heute als ein Koordinatenfeld, in das das EU-System eingeordnet werden kann, ohne dass es mit der einen oder anderen dieser Koordinaten gleichzusetzen wäre. Ebenso bietet der Föderalismus bis heute eine sinnvolle Vergleichsfolie, auch wenn die „Vereinigten Staaten von Europa" schon lange aus der Debatte verschwunden sind.

2.2 Neuinterpretation der klassischen Theorien

Die rapide Ausdifferenzierung des EU-Systems ab Mitte der 80er Jahre sowie die deutlicher in Erscheinung tretenden Spezifika seiner Entscheidungsprozesse begünstigten in der Folge einen frischen und partiell auch veränderten Blick auf das Objekt der Analyse. Zwar bezog sich die Fachdebatte weiterhin auf die im vorgehenden Abschnitt vorgestellten Großtheorien: Neo-Funktionalismus, Intergouvernementalismus und Föderalismus; es wurde aber wesentlich expliziter als zuvor anerkannt, dass die EU eine Doppelstruktur von intergouvernementalen und supranationalen Systemelementen und entsprechenden Verfahrensweisen aufweist und dass die jeweiligen Erklärungsansätze nicht in der Lage sind, den „ganzen Elefanten" zu erfassen (Puchala 1972). Es entspann sich daher neuerlich eine intensive Debatte über die Frage, welche Kräfte, Dynamiken und Institutionen den Integrationsprozess vorantreiben und ob eher supranationale Akteure oder nationale Regierungen die entscheidende Rolle in diesem Prozess spielen.

Den Auftakt der Debatte bildete ein Aufsatz von Wayne Sandholtz und John Zysman (1989), die damit eine Erklärung für den neuerlichen Integrationsaufschwung ab Mitte der 80er Jahre präsentierten. Die Autoren sahen insbesondere supranationale sowie nicht staatliche Akteure als Hauptverantwortliche für diesen Aufschwung: einerseits die Europäische Kommission, die „effective policy leadership" ausübte; andererseits eine transnationale Koalition von Industriellen, die „the Commission's efforts" unterstützte (Sandholtz und Zysman 1989: 96). Darüber hinaus sahen sie weitere Faktoren am Werk, die das „recasting the European bargain" (so der Titel des Aufsatzes) begünstigten: Veränderungen im situativen Kontext, so insbesondere Strukturveränderungen in der internationalen Wirtschaft, sowie eine politische Wende zu neoliberalen Lösungen für wirtschaftliche Probleme. Dies führte in der EG zu erneuten „elite bargains" über die Vorschläge der Kommission. Vor allem die Kehrtwende des französischen Präsidenten Mitterand hin zu europäischen Lösungen sehen die Autoren als entscheidenden Impuls. Wenngleich Sandholtz und Zysman ihr Konzept als neuen Erklärungsansatz vorstellten, wurde dieser in der Folge mit dem Neo-Funktionalismus identifiziert. Insbesondere die Betonung der Bedeutung der supranationalen und nicht-gouvernementalen Akteure bestärkte diese Interpretation.

Eine explizite Gegenposition wurde in den Folgejahren von Andrew Moravcsik (1991, 1993 und 1998) bezogen. Zunächst legt er eine empirisch untermauerte Studie zur Einheitlichen Europäischen Akte (EEA) vor, die die dominante Rolle der Mitgliedstaaten beim Zustandekommen dieses ersten, grundlegend neuen Vertragswerks seit der Gründung der Gemeinschaften postulierte (Moravcsik 1991). Später arbeitete er diesen Ansatz zu einer konsistenten Theorie aus, die er als „liberal intergovernmentalism" bezeichnete (Moravcsik 1993 und 1998). Dabei geht Moravcsik davon aus, dass bedeutende Integrationsschritte, die in Vertragsänderungen kulminieren, die entscheidenden Stadien des Aufbaus eines neuen politischen Systems seien. In seinen Augen sind es die nationalen Regierungen mit ihren politischen Präferenzen, die zwischen ihnen geführten harten Verhandlungen und schließlich die daraus resultierenden institutionellen Entscheidungen, die den Integrationsprozess vorantreiben und in seiner konkreten Ausgestaltung prägen. Die Verhandlungsposition jedes einzelnen Staates wird nach Moravcsik zunächst durch eine Präferenzbildung im nationalen Rahmen bestimmt, wobei ökonomische Kräfte besonders einflussreich sind; zudem spielen geopolitische Interessen eine gewisse Rolle. Mitgliedstaaten mit einem ausgeprägten nationalen Interesse an weiteren Integrationsschritten treten dann als Policy-Entrepreneure in intergouvernementalen Verhandlungen auf.

Die Schaffung von europäischen Institutionen ergibt sich nach Moravscik aus dem Wunsch der Mitgliedstaaten, ein „credible commitment", also eine glaubwürdige Verpflichtung, einzugehen. Grundsätzlich werden Integrationsfortschritte in der Form von Vertragsreformen dann realisiert, wenn die Präferenzen der Mitgliedstaaten konvergieren; ist dies jedoch weniger der Fall, werden Staaten mit ausgeprägter Integrationspräferenz bereit sein, Konzessionen in der Form von Side-Payments gegenüber weniger integrationsbereiten Staaten zuzugestehen. Einzelne Staaten können sogar unerwünschten Reformen zustimmen, wenn sie andernfalls Nachteile befürchten, so etwa den Ausschluss von für sie vorteilhaften Integrationsschritten, wie es beispielsweise für Großbritannien bei den Verhandlungen um die EEA galt (Moravcsik 1991). Moravcsiks Theorieansatz weist somit weitgehende Übereinstimmungen mit dem klassischen Intergouvernementalismus auf, auch wenn er wesentlich präziser umreißt, unter welchen Umständen Integration *trotz* nationaler Divergenzen zustande kommen kann. Übereinstimmend mit dem klassischen Ansatz lehnt Moravcsik auch jegliche Akteursqualität der Kommission im Integrationsprozess ab; er wertet sie allenfalls als ein Sekretariat, das die Entscheidungen der Mitgliedstaaten vorbereitet oder ausführt.

Moravcsik kommt das Verdienst zu, einen Erklärungsansatz vorzulegen, der Fortschritte im Integrationsprozess selbst dann noch für möglich hält, wenn die Präferenzen der Mitgliedstaaten *nicht* konvergieren. Zudem fand seine Theorie wegen ihrer logischen Konsistenz breite Anerkennung unter Fachkollegen. Allerdings löste sie auch eine Flut von Kritik aus, die bis zur Gegenwart anhält (z. B. Sandholtz und Stone Sweet 1998, Wallace, H. et al. 1999, Hooghe und Marks 2019). Insbesondere die Negierung jeglicher Rolle der supranationalen Akteure und speziell der Kommission im Integrationsprozess sowie die einseitige Betonung nationaler Regierungen als alleinigen Gestaltern des Prozesses wurden mit vielfältigen theoretischen Gegenargumenten und empirischen Fallbeispielen widerlegt. Außerdem wurde die empirische Basis des Liberalen Intergouvernementalismus als zu schmal kritisiert: Der Integrationsprozess vollziehe sich nicht lediglich über Vertragsreformen, sondern auch über zahlreiche kleinere und größere Reformschritte oder auch informelle Systemveränderungen; zudem habe Moravcsik im Rahmen der Vertragsverhandlungen lediglich drei Staaten untersucht (Wallace, H. et al. 1999).

Jenseits aller Kritik liegt die Bedeutung von Moravcsik's Theorie auch in dem Umstand, dass sie die Ausformulierung alternativer Ansätze auslöste. Dies führte zunächst zu Konzepten, die primär neo-funktionalistische Argumentationsmuster aufgriffen, wie im Folgenden gezeigt wird. Längerfristig kam es allerdings zur Erarbeitung neuer Erklärungsmuster, die andere Groß- und Metatheorien heranzogen, womit die Dichotomie zwischen Neo-Funktionalismus und Intergouvernementalismus in den Hintergrund trat (vgl. Kap. 2.3).

Die Wiederbelebung und zugleich Weiterentwicklung des Neo-Funktionalismus vollzog sich vor allem durch die Betonung der Bedeutung bestimmter Akteure im Integrationsprozess sowie die Neuinterpretation des Konzepts des Spill-over. So präsentierten Burley und Mattli 1993 eine „political theory of legal integration" (Untertitel ihres Aufsatzes), die den Europäischen Gerichtshof (EuGH) als entscheidenden Akteur im Integrationsprozess sah. Denn in den Augen der Autoren hat es dieser „unsung hero" geschafft, „to transform the Treaty of Rome [...] into a constitution" (Burley und Mattli 1993: 41–42). Dieser Prozess lasse sich am besten erklären mit dem Modell von Haas (Burley und Mattli 1993: 43). Dabei sei vor allem die Logik des Spill-over am Werk gewesen. Durch eine Serie von Gerichtsurteilen habe der EuGH zunächst das Prinzip der unmittelbaren Wirksamkeit europäischer Gesetze für die Bürger der Mitgliedstaaten sowie des Vorrangs des EG-Rechts vor dem der nationalen Ebene etabliert. Außerdem sei es zu gesetzlichem Spill-over von ursprünglich rein ökonomischen Regelungen zu anderen Politikbereichen und -feldern gekommen. Darüber hinaus sehen die Autoren im Neo-Funktionalismus Vorteile, da er die unabhängige Variable des Integrationsprozesses am besten erfasse, denn „the drivers of this process are supranational and sub-national actors pursuing their own self interests" (Burley und Mattli 1993: 43). Obwohl Burley und Mattli lediglich die rechtliche Integration im Rahmen der EG/EU untersuchen, betonen sie auch die Bedeutung der Kommission für den Integrationsprozess, denn diese könne „national barriers" überwinden (Burley und Mattli 1993: 54).

In ähnlicher Weise argumentierte Maria Green Cowles (1995), indem sie nichtstaatliche Akteure als bedeutende Förderer der europäischen Integration hervorhob. Nach dieser Lesart war es der European Round Table of Industrialists (ERTI), dem es gelang, das Projekt des gemeinsamen Marktes zu definieren und auch seine Umsetzung voranzutreiben. Gleichzeitig wendet sie sich explizit gegen intergouvernementalistische Argumentationsmuster, denn diese „cannot explain the activities of the key non-state actors in the 1992 process" (Cowles 1995: 521). Sie wendet sich aber auch gegen den Neo-Funktionalismus und schließt ihren Aufsatz mit der Bemerkung „that new conceptualizations of European integration are necessary" (Cowles 1995: 523). Dennoch ist das von ihr vorgeschlagene Konzept im Wesentlichen dem neo-funktionalistischen Theoriespektrum zuzuordnen.

Die wohl originellste Neuinterpretation des Neo-Funktionalismus hat Corbey präsentiert mit ihrem Versuch, sowohl die Fortschritte als auch die Stagnationsphasen im Integrationsprozess zu erklären. Denn der von ihr als „dialectical functionalism" bezeichnete Ansatz „provides a conception of the internal dynamic that drives the cycle" (Corbey 1995: 253). Diese Dynamik vollzieht sich über die Interaktion und Wechselwirkung zwischen der europäischen und der nationalen Ebene. Der Zyklus beginnt mit Integrationsschritten in einem Sektor. Die Mitgliedstaaten versuchen sodann, ihre Souveränität in angrenzenden Bereichen zu bewahren, indem sie „safeguard functionally linked areas against integration" (Corbey 1995: 263). Zudem intervenieren sie zunehmend in den angrenzenden Bereichen: „either to compensate for the loss of autonomy, or to improve national competitiveness in relation to other countries, or both" (Corbey 1995: 263). Dies führt zu Stagnation im Integrationsprozess; als Beispiel nennt die Autorin die Einführung von nicht-tarifären Handelshemmnissen durch die Mitgliedstaaten als Reaktion auf die Bildung des gemeinsamen Marktes. Wenn dann aber das politische Konkurrenzverhalten der Mitgliedstaaten kontraproduktiv wird, wie es sich insbesondere bei den nicht-tarifären Handelshemmnissen gezeigt hat, kommt es zu erneuten Integrationsschritten: „policy preferences converge and further integration is demanded [...] or supplied by the European Commission" (Corbey 1995: 265). Interessengruppen spielen in diesem Ansatz ebenfalls eine Rolle: Oftmals üben sie Druck aus auf nationale Regierungen, um die angrenzenden Bereiche vor Integration zu schützen. Wenn nationale Regierungen Integrationsschritte beschließen, wollen sie sich häufig auch von solchem Druck befreien. Insgesamt beruht Corbey's Theorie auf der Grundannahme, dass Spill-over-Prozesse nicht ausschließlich auf der europäischen Ebene anfallen, sondern sich über das Wechselspiel zwischen europäischer und nationaler Ebene herausbilden und angesichts dysfunktionaler Entwicklungen in den Mitgliedstaaten erneute Integrationsschritte auslösen.

Der Wert der hier präsentierten theoretischen Ansätze liegt in der Wiederbelebung (Burley und Mattli, Cowles) oder sogar Neuformulierung (Corbey) des Neo-Funktionalismus sowie in der Betonung von Akteuren sowie Dynamiken im Integrationsprozess, die von Moravcsik weitgehend ausgeschlossen wurden. Damit bedeuteten sie einen wichtigen Schritt zur Überwindung der Einseitigkeit des Liberalen Intergouvernementalismus. Diese Ansätze beleuchteten zumeist aber nur ausgewählte Akteure, Phasen, Dynamiken und Prozesse der Integration, während andere Aspekte vernachlässigt wurden. Zudem waren diese Ansätze immer noch von den Internationalen Beziehungen inspiriert, während sich die EG/EU inzwischen zu einem eigenständigen politischen System entwickelt hatte.

Dementsprechend gewann auch das Föderalismus-Konzept eine Wiederbelebung. Allerdings stimmten nunmehr alle Beobachter überein, dass die Gemeinschaften sich nicht zu einem föderalen *Staat* entwickelten, da die Souveränität nicht der europäischen Ebene zukomme, sondern nach wie vor bei den nationalen Staaten liege. Dennoch wird die EG/EU als eine Art Föderation gesehen, also als Bündnis von Staaten, das sich zum Zwecke der Ausübung gemeinsamer Aufgaben zusammengeschlossen hat. Unter dieser Perspektive konnte die Theoriebildung zum Föderalismus auch als analytisches Konzept Anwendung finden. So erarbeitete Scharpf ausgehend von der Mehrebenenstruktur der EG und ihrer Funktionsweise als Verhandlungssystem über den Vergleich mit der föderalen BRD sein berühmtes Konzept der Politikverflechtungsfalle. Es besagt, dass in der EG/EU aufgrund ihrer föderalen Struktur Entscheidungsblockaden auftreten müssen (Scharpf 1985, 1992 und 1993). Aber auch die gemeinsamen Entscheidungen in Ministerrat und Europäischem Rat sowie die weitreichenden Kompetenzen der supranationalen Institutionen ließen sich als Merkmale einer Föderation analysieren (z. B. Burgess 2000, Nicolaïdis und Howse 2003, Benz 2006). Umgekehrt konnten unter der föderalen Perspektive auch die Defizite des Systems erfasst werden, allen voran die unklare Kompetenzabgrenzung und fehlende Hierarchisierung zwischen der europäischen und der nationalen Ebene. Das Föderalismuskonzept bietet somit einen Maßstab zur Einordnung und Bewertung der Grundstruktur des EU-Systems und zur Erfassung seines dualistischen Charakters. Es kann aber kaum Aussagen treffen über das Warum des Zustandekommens dieser Struktur, über die Dynamik ihrer weiteren Entfaltung oder Nichtentfaltung und schon gar nicht über die wiederholten Stagnationsphasen im Integrationsprozess.

Angesichts der unzureichenden Erklärungsansätze der drei wiederbelebten Großtheorien gewannen daher Theorieansätze aus dem Spektrum der Vergleichenden Politikwissenschaft zunehmend an Bedeutung. Damit wurden völlig neue theoretische Wege zur Erfassung der EG/EU und der Dynamik ihrer Entfaltung eingeschlagen.

2.3 Theoretische Alternativen: Institutionalismus, Mehrebenen-Governance, Sozialkonstruktivismus

Parallel zur Wiederbelebung der klassischen Integrationstheorien entdeckten verschiedene Autoren den *Institutionalismus* als einen Ansatz, um wesentlich genauer zu erfassen, warum der europäische Integrationsprozess nicht ausschließlich von den Entscheidungen der Regierungen der Mitgliedstaaten abhing und abhängen konnte. Bereits in den 1980er Jahren hatten March und Olsen (1984, 1989) diesen Weg erschlossen, indem sie ein gänzlich neues Verständnis der Bedeutung von Institutionen in der Politik propagierten. Ihr Konzept des *Neuen Institutionalismus* fand breite Resonanz in der Politikwissenschaft und speziell im Bereich der Forschung zur europäischen Integration.

Die Hauptthese der Autoren bestand in der Annahme, dass Institutionen nicht lediglich gesellschaftliche Kräfte widerspiegeln; vielmehr seien sie „collections of standard operating procedures and structures that define and defend interests. They are political actors in their own right" (March and Olsen 1984: 738). Ferner vertraten sie die These, dass politische Entscheidungen weniger von der Logik der Folgewirkungen („logic of consequentialism"), als vielmehr von der der Angemessenheit („logic of appropriateness") induziert seien. Kollektive Entscheidungen seien daher nicht „based on calculated self-interest" (March and Olsen 1984: 735), sondern Folge des Umstands „that political actors associate certain actions with certain situations by rules of appropriateness" (March and Olsen 1984: 741). Diese neue Sichtweise auf die Rolle von Institutionen wurde breit rezipiert; in der Folge kam es denn auch zu einer Ausdifferenzierung von mehreren Varianten des Neo-Institutionalismus, die von Hall und Taylor (1996) als Historischer, Rational-Choice- sowie Soziologischer Institutionalismus klassifiziert wurden.

Nach Hall und Taylor stehen beim *Historischen Institutionalismus* Institutionen als formale Organisationen im Vordergrund, wobei vor allem die Machtbeziehungen zwischen ihnen Untersuchungsgegenstand sind. Das Verhalten von Institutionen wird im Wesentlichen mit Pfadabhängigkeit („path dependency") erklärt, das heißt, vorangegangene Entscheidungen und institutionelle Konfigurationen gestalten und bestimmen in erheblichem Maße Folgeentscheidungen und -entwicklungen. Zudem räumen historische Institutionalisten nicht-intendierten Konsequenzen von politischen Entscheidungen breiten Raum ein.

Der *Rational-Choice-Institutionalismus* basiert dagegen auf einem Konzept von Institutionen als Organisationsformen, die das Verhalten der Akteure strukturieren. Organisationsformen in diesem Sinne können Regeln, Normen oder auch formale Organisationen sein. Die Akteure haben bestimmte Präferenzen und verhalten sich instrumentell, das heißt, durchaus nutzenmaximierend; die strategischen Interaktionen zwischen ihnen, die von Institutionen strukturiert und eingeschränkt werden, bestimmen die politischen Entscheidungen und Auswirkungen.

Der *Soziologische Institutionalismus* vertritt demgegenüber ein wesentlich breiteres Konzept von Institutionen; die entsprechenden Definitionen umfassen „not just formal rules, procedures or norms, but the symbol systems, cognitive scripts, and moral templates that provide ‚the frames of meaning' guiding human action" (Hall and Taylor 1996: 947). Vertreter dieser Richtung sehen daher Handlungen und Entscheidungen von Akteuren nicht einfach als rational oder strategisch motiviert, sondern als Folge von kulturellen Praktiken.

Das Konzept des Neo-Institutionalismus führte zu einem fundamentalen Umdenken in der theoretischen Debatte zur europäischen Integration. Während es anfangs nur der Zurückweisung der Annahmen des Liberalen Intergouvernementalismus diente, entwickelte es sich bald zur dominanten Theorieperspektive in der gesamten Europaforschung (Pollack 2004). Dies beinhaltete eine Verschiebung von der Frage nach den Ursachen und Dynamiken der Integration hin zur Analyse des Verhaltens der EU-Institutionen und Akteure sowie der Interaktionen zwischen ihnen. Überdies beinhaltete es eine Verschiebung von den Theorien der Internationalen Beziehungen hin zu solchen der Vergleichenden Politikwissenschaft. Diese Verschiebung eröffnete ihrerseits neue Wege zum Einbezug einer Reihe von theoretischen Ansätzen, die von der Analyse nationaler politischer Systeme abgeleitet waren. Zunächst waren es allerdings der Historische sowie der Rational-Choice-Institutionalismus, die die Hauptrolle bei der Überwindung der vorangegangenen Theoriebildungen spielten.

Paul Pierson (1996) war einer der Ersten, der eine Erklärung im Rahmen des *Historischen Institutionalismus* für „The Path to European Integration" (Titel seines Aufsatzes) präsentierte (siehe auch Bulmer 1993 und 1998, Olsen 2010). Im Gegensatz zu Moravcsiks Annahmen argumentierte er, dass die Mitgliedstaaten im Laufe des Integrationsprozesses aus mehreren Gründen die Kontrolle über diesen verlieren. Der

Kontrollverlust könne Folge autonomer Aktivitäten der supranationalen Institutionen sein, aber auch aus der Orientierung der Mitgliedstaaten an kurzfristigen Interessen resultieren, ebenso wie aus nicht-intendierten Folgewirkungen ihrer Entscheidungen oder der Instabilität ihrer Präferenzen. Wenn dann „gaps in control emerge, change-resistant decisions and sunk costs make it difficult for member states to reassert their authority" (Pierson 1996: 123). Pierson argumentiert somit, dass nicht nur supranationale Akteure, sondern auch der Weg des historischen Prozesses, unvorhersehbare Konsequenzen von Entscheidungen und institutionellen Festlegungen sowie die Hindernisse der Anpassung institutioneller Strukturen an veränderte Bedürfnisse die Kontrolle der nationalen Regierungen über den Integrationsprozess erschweren. Mit diesem Erklärungsansatz überstieg Pierson nicht nur den Liberalen Intergouvernementalismus, sondern auch den Neo-Funktionalismus.

In ähnlicher Weise postulierte Mark Pollack im gleichen Jahr, dass der *Rational-Choice-Institutionalismus* die geeignete theoretische Perspektive auf den europäischen Integrationsprozess biete, denn er überwinde die „impasse" zwischen Intergouvernementalismus und Neo-Funktionalismus (Pollack 1996: 430). Nach Pollack vertreten sowohl der Historische wie der Rational-Choice-Institutionalismus die Position, „once created, institutions ‚take on a life of their own', acting as independent or intervening variables between the preferences and the power of the member governments on the one hand, and the ultimate policy outputs of EC governance on the other" (Pollack 1996: 431). Zwar seien es anfangs die Regierungen der Mitgliedstaaten, die institutionelle Entscheidungen aufgrund nationaler Präferenzen im Rahmen intergouvernementaler Verhandlungen treffen. Damit delegieren die Regierungen jedoch Aufgaben an supranationale Agenten; diese „enjoy considerable discretion from the collective preferences of the member states" (Pollack 1996: 433).

Pollack fasst die Beziehung zwischen nationalen Regierungen und den EU-Institutionen als Principal-Agent-Verhältnis, bei dem die Mitgliedstaaten als kollektive Prinzipale auftreten, während die supranationalen Institutionen als ihre Agenten fungieren (Pollack 2003). Dementsprechend formuliert er zunächst die Mechanismen institutioneller Entscheidungen und die Bedingungen, die sie einschränken, z. B. die Einstimmigkeitsregel im Rat. Sodann umreißt er die Bedingungen, die es supranationalen Akteuren ermöglichen, „independent causal influence on EC policy outcomes" auszuüben (Pollack 1996: 444). Solche Möglichkeiten bieten beispielsweise Informationsvorteile gegenüber den Mitgliedstaaten oder deren Unfähigkeit, wirksam Kontrolle über ihre Agenten auszuüben. Speziell in Bezug auf die Kommission verweist Pollack auf deren Macht, die Agenda zu bestimmen.

Trotz des breiten Spektrum von Möglichkeiten, die den supranationalen Agenten Spielräume für selbstständiges Handeln eröffnen, verweist Pollack aber auch auf die Grenzen des Rational-Choice-Institutionalismus, indem er betont: „the primary emphasis in institutional analysis is indeed on institutions as intervening rather than independent variables, and the ultimate causes of European integration do typically remain exogenous to the theory" (Pollack 1996: 454, siehe auch 2004: 154). Der neue theoretische Ansatz erkläre somit Prozesse im Rahmen der institutionellen Struktur der EU, nicht jedoch, wie und warum sich diese Struktur herausgebildet habe.

Parallel zu den verschiedenen Varianten des neuen Institutionalismus präsentierten Gary Marks, Liesbeth Hooghe und Kermit Blank einen alternativen Ansatz: das Konzept der *Multi-level-Governance*, das zwar ebenfalls auf dem Neo-Institutionalismus beruht, sich aber zu einem eigenständigen Argumentationsstrang entwickelte. Im Titel ihres Aufsatzes stellen die Autoren staatszentrierte und Multi-level-Governance einander gegenüber. Explizit weisen sie das staatszentrierte Modell zurück, denn es unterstelle nationale Regierungen „as ultimate decision-makers, devolving little authority to supranational institutions" (Marks et al. 1996: 343–345). Als Alternative präsentieren sie das Multi-level-Governance-Modell, bei dem „decision-making competencies are shared by actors at different levels" und „supranational institutions [...] have independent influence in policy-making" (Marks et al. 1996: 346, siehe auch Hooghe und Marks 2001). Ähnlich wie andere Autoren argumentieren sie: „collective decision-making among states involves a significant loss of control for individual national executives" (Marks et al. 1996: 346). Im Einzelnen führen sie zahlreiche Gründe für die mangelhafte Kontrolle der Regierungen über den Integrationsprozess an, etwa zu erwartende Vorteile, die den Kontrollverlust kompensieren, oder Politikergebnisse, die andernfalls unerreichbar wären.

Der Multi-level-Governance-Ansatz entwickelte sich nach seiner erstmaligen Ausformulierung schnell zu einem eigenständigen Analysekonzept (siehe beispielsweise Kohler-Koch und Eising 1999, Jachtenfuchs 2001, Scharpf 2002, Benz 2007, Treib et al. 2007, Tömmel und Verdun 2009, Börzel 2010, Sabel and Zeitlin 2010). Allerdings eignete er sich eher zur Analyse europäischer Politikgestaltung als zur Erklärung des Integrationsprozesses oder der Struktur des EU-Systems. Dementsprechend inspirierte er zahlreiche Autoren zur Erfassung der Charakteristika europäischer Governance sowie teilweise auch der Erfassung der Funktionsweise der EU, was in Begriffen wie „network governance", „experimentalist governance" oder „innovative governance" seinen Niederschlag fand (Kohler-Koch und Eising 1999, Tömmel und Verdun 2009, Sabel und Zeitlin 2010). All diesen Analysen ist gemeinsam, dass sie die EU als ein Mehrebenensystem fassen, in dem vielfältige Akteure Entscheidungen treffen und dementsprechend auch Einfluss auf die Politikgestaltung und Systementwicklung ausüben. Ohne Zweifel weist das Multi-level-Governance-Konzept auch zahlreiche Übereinstimmungen mit dem Föderalismus-Ansatz auf, indem ein Mehrebenensystem immer auch eine spezifische Ausprägung einer Föderation impliziert (vgl. Kap. 14.1).

Zu Beginn des 21. Jahrhunderts gewann ein neues theoretisches Konzept unter EU-Forschern an Bedeutung: der *Sozialkonstruktivismus*. Dieses Konzept kann als Sprössling des Soziologischen Institutionalismus aufgefasst werden, da es die Bedeutung kultureller Normen und Identitäten für menschliches Handeln stark betont (Leuffen et al. 2012: 85–87). Der Konstruktivismus als metatheoretischer Ansatz hat aber auch unabhängige Wurzeln in den Sozialwissenschaften im weitesten Sinne. Konkret fand er eine starke Resonanz im Bereich der Internationalen Beziehungen.

Speziell in der EU-Forschung wird der Sozialkonstruktivismus vor allem zur Erklärung der Motive der handelnden Akteure, der Interaktionen zwischen ihnen sowie der Veränderungen in den herrschenden Regeln, Normen und Praktiken herangezogen. In diesem Anwendungsbereich konstituiert er eher eine Theorie mittlerer Reichweite als einen umfassenden Erklärungsansatz zur europäischen Integration oder zu den Charakteristika des EU-Systems (für einen Überblick siehe Risse 2019).

Jeffrey Checkel (1999) war der Erste, der die Grundlinien eines sozialkonstruktivistischen Ansatzes in der EU-Forschung ausformulierte. Ausgehend von der Kritik am Historischen und Rational-Choice-Institutionalismus wegen ihrer engen Auslegung institutioneller Einschränkungen auf das Verhalten von Akteuren argumentierte er, dass diese Konzepte „need to be complemented by a more sociological understanding of institutions that stresses their interest- and identity-forming role" (Checkel 1999: 545). Ein solches Verständnis erschließe sich zunächst über den soziologischen Institutionalismus, der von der These ausgehe: „institutions constitute actors and their interests". Weiterhin könnten Institutionen „provide agents with understanding of their interests and identities" (Checkel 1999: 546). Checkel geht aber einen Schritt weiter indem er postuliert, dass der Sozialkonstruktivismus in der Lage sei, „to explain theoretically both the content of actors' identities/preferences and the modes of social interaction" (Checkel 1999: 548). Zwei empirische Bereiche hält Checkel für besonders geeignet, um die Vorteile des Sozialkonstruktivismus aufzuzeigen: Lern- und Sozialisationsprozesse auf der europäischen Ebene sowie die normativen Aspekte der Europäisierung in den Mitgliedstaaten (Checkel 1999: 548). Im Rahmen von Lern- und Sozialisationsprozessen vollziehe sich „a process whereby actors, through interaction with broader institutional contexts (norms or discursive structures), acquire new interests and preferences – in the absence of obvious material incentives" (Checkel 1999: 548).

Generell zielt der Sozialkonstruktivismus auf die Analyse von komplexen Beziehungen zwischen Institutionen und Akteuren, die selten Gegenstand anderer Theoriekonzepte sind. Checkel betont denn auch, dass der Konstruktivismus eher andere Theorien ergänze als ersetze. Trotz dieser Einschränkungen hat der Sozialkonstruktivismus in der EU-Forschung schnell Anerkennung und Verbreitung gefunden. Er diente der Erklärung bestimmter Entscheidungen von europäischen Politikern, vermittelte ein Verständnis der Bedeutung von Normen und Ideen in der europäischen Beschlussfassung sowie bei größeren Integrationsschritten und er trug zum Verständnis von Identitätsbildungen im Rahmen der EU bei. So begründete Craig Parsons (2003) die Integrationsentscheidungen der französischen Präsidenten mit einem gewissen Set von Ideen. Ähnlich postulierten Jachtenfuchs, Dietz und Jung (1998), dass die Union nicht nur von den Interessen der Mitgliedstaaten, sondern auch von normativen Ideen über eine legitime politische Ordnung geprägt sei. Auch Rittberger (2005) begründete die Kompetenzerweiterungen für das EP mit normativen Vorstellungen der nationalen Regierungen über legitime Entscheidungsverfahren. Schimmelfennig (2003) erkannte Ähnliches bei den Entscheidungen zur Osterweiterung; Risse (2004) schließlich analysierte mithilfe des Sozialkonstruktivismus Fragen der europäischen Identität.

Insgesamt haben die in diesem Abschnitt vorgestellten Konzepte die Theoriebildung zur europäischen Integration und zur EU enorm ausgeweitet. Der neue Institutionalismus verschob den Schwerpunkt der Forschung von der Analyse des Integrationsprozesses hin zu der der institutionellen Struktur der EU. Damit rückten andere Fragen in den Vordergrund: die Motive für institutionelle Entscheidungen, die strukturierende oder sogar einschränkende Wirkung von Institutionen auf die Handlungen der Akteure sowie die Bedeutung von kulturellen Normen und Praktiken für die Identitätsbildung der Akteure sowie den institutionellen Wandel in der EU. Gleichzeitig wurde mit Begriffen wie Multi-level-Governance die institutionelle Architektur der Union neu beleuchtet. Zudem wurden mithilfe des Sozialkonstruktivismus Aspekte untersucht, die sonst kaum Beachtung finden. So steht gegenwärtig ein breites Spektrum von analytischen Ansätzen zur Verfügung, die zumeist der Vergleichenden Politikwissenschaft oder im weiteren Sinne den Sozialwissenschaften entlehnt sind. Mit diesen ausdifferenzierten Theorieansätzen können allerdings kaum Antworten auf die Grundfragen der EU-Forschung gefunden werden, nämlich die Ursachen der europäischen Integration sowie die Gesamtstruktur des Systems, das sich über den Integrationsprozess herausbildet. Vor diesem Hintergrund überrascht es wohl kaum, dass sich die Forschung in der Folge wieder stärker diesen Fragen zuwandte.

2.4 Theorien zur Gesamtstruktur des EU-Systems

Obwohl die oben präsentierten Theorien weiterhin die Analysen, insbesondere einzelner Dimensionen der EU prägten, stellte sich doch angesichts er Konsolidierung der Union zunehmend die Frage, wie das System in seiner Gesamtheit zu fassen sei. Diese Frage wurde umso drängender, als deutlich wurde, dass weder die Internationalen Beziehungen, noch die Vergleichende Politikwissenschaft befriedigende Antworten geben konnten angesichts der Tatsache, dass die EU spätestens seit dem Vertrag von Maastricht und der Einführung des Euro das Stadium einer internationalen Organisation überschritten hatte, ohne sich jedoch zu einem supranationalen Staat zu entwickeln.

Vor diesem Hintergrund bildete sich zunächst unter EU-Forschern ein Konsens heraus, dass die EU als ein System *sui generis*, also ganz eigener Art, zu fassen sei (Jachtenfuchs 1997). Allerdings war damit lediglich eine generelle Besonderheit der EU umrissen, die einfache Vergleiche ausschloss; was *sui generis* konkret beinhaltete und welche Merkmale ein solches System charakterisieren, blieb dagegen offen. Manche Wissenschaftler lehnten den Begriff ganz ab, weil er nach ihrer Meinung keine Vergleiche ermögliche (z. B. Scharpf 1999). Allerdings ist dieses Argument kaum stichhaltig, denn auch spezifische Merkmale eines Systems können nur über Vergleiche erschlossen werden.

Nicht von ungefähr spielten Vergleiche bei den neuerlichen theoretischen Anstrengungen eine bedeutende Rolle, wobei allerdings der Blick auf ein wesentlich breiteres Spektrum von Vorlagen erweitert wurde. Weiterhin war es naheliegend, die EU mit föderalen Systemen zu vergleichen. Allerdings wurde die EU nun nicht mehr als ein föderaler Staat (im Werden) gesehen, sondern als spezifische Form einer „federal balance" (Sbragia 1993), die sowohl Merkmale einer Föderation als auch einer Konföderation aufweise (Burgess 2000 und 2006, Howse und Nicolaidis 2003, Laursen 2011). Um das Spezifische der europäischen Föderation zu erfassen, wurden neue Begriffe lanciert, so beispielsweise „unachieved federation" (Harbo 2005: 141), „confederal union" (Burgess 2000), „new type of federal union" (Burgess 2004: 27), „transnational type of federalism" (Nicolaïdis 2006: 60) oder „hybrid type of federalism" (Hueglin and Fenna 2006: 240). All diese Begriffe verweisen auf die Abweichung der EU von klassischen Föderationen oder deuten an, dass es sich um einen neuen Typus von Föderation handelt. Michael Burgess, der seit Jahren die EU als Föderation analysiert, bringt diese Neuartigkeit am deutlichsten zum Ausdruck wenn er feststellt: „There is no historical precedent for the creation of a multinational, multicultural and multilingual federation composed of 15 to 20 established national states [...] with mature social, economic, political and legal systems" (Burgess 2006: 39). Dementsprechend schlussfolgert er: „The EU seems to point the way forward to a much more imaginative, flexible accommodation of organized local, regional, national, supranational and international interests than the United States of America" (Burgess 2006: 43). Insgesamt führt somit der Vergleich mit Föderationen zu dem Schluss, dass es sich bei der EU um ein sehr spezifisches föderales System handelt, mit anderen Worten, eine Föderation *sui generis* (Tömmel 2011a).

Einige EU-Forscher haben demgegenüber ganz neue Wege eingeschlagen, um die Union in ihrer Gesamtheit zu erfassen, wobei sie historische Formen politischer Herrschaft als Vergleichsdimension heranziehen oder die Union als neue politische Ordnung definieren, die aber vor dem Hintergrund eines längeren historischen Prozesses der Herausbildung politischer Ordnungen verstanden wird.

So vergleicht Giandomenico Majone (1996, 2005 und 2009) die EU mit vormodernen, mittelalterlichen Formen einer „mixed government", die aus einer Kombination von intergouvernementalen und supranationalen Institutionen bestehe und dementsprechend die Interessen der nationalen Staaten sowie die der Union in ihrer Gesamtheit vertrete (Majone 2005: 59). Eine solche gemischte „polity is composed, not of individual citizens, but of corporate bodies balanced against each other and governed by mutual agreement rather than by a political sovereign" (Majone 2005: 46). Für die EU identifiziert Majone drei Domänen („estates"): „national governments, represented by the Council; supranational institutions (the Commission and the Court); and the peoples of the states, represented by the EP" (Majone 2005: 47). Eine solche institutionelle Struktur schließe majoritäre Formen politischer Herrschaft und demokratischer Verfasstheit aus; stattdessen werde das System vom „principle of institutional balance" regiert (Majone 2005: 48). Dementsprechend gelte, „sovereignty is shared among the constituents of the polity", und Entscheidungen werden „by a political exchange among the three law-making institutions" getroffen (Majone 2005: 49). Nicht zuletzt wegen dieser spezifischen institutionellen Struktur konstatiert Majone auch eine ausgeprägte Asymmetrie in der Ausübung von Staatsfunktionen durch die EU: Während die gesetzliche Regulierung sehr ausgeprägt sei, komme es kaum zu Formen der Umverteilung („redistribution") oder der makroökonomischen Stabilisierung (Majone 1996, 2005 und 2009). In älteren Publikationen bezeichnete Majone denn auch die EU als einen „regulatory state" (Majone 1996).

Ulrich Beck und Edgar Grande (2004) sehen die EU ebenfalls als ein politisches System, das sich von Nationalstaaten grundsätzlich unterscheidet und eine neue Phase in der Bildung politischer Ordnungen markiert, gleichzeitig aber auch Ähnlichkeiten mit vormodernen Formen, nämlich Empires oder Imperien, aufweist. Ausgehend von einer scharfen Kritik am „methodologischen Nationalismus", der die EU fälschlicherweise im Rahmen nationalstaatlicher Analysekategorien erfasse, charakterisieren die Autoren die Union als ein kosmopolitisches Empire (Beck und Grande 2004). Ein solches Empire unterscheide sich aber grundsätzlich von modernen und vormodernen Imperien, insbesondere, weil es nicht durch Gewalt, sondern aufgrund des freiwilligen Beitritts von immer mehr Staaten expandiere. Das kosmopolitische Empire der EU ist nach Ansicht der Autoren durch eine „asymmetrische Herrschaftsordnung" und dementsprechend durch eine Zentrum-Peripherie-Struktur gekennzeichnet (Beck und Grande 2004: 101–102). Als weitere zentrale Charakteristika werden genannt: eine variable räumliche Struktur, eine multinationale gesellschaftliche Struktur, Integration durch Recht, Konsens und Kooperation, horizontale und vertikale institutionelle Integration, Netzwerkmacht sowie komplexe kosmopolitische Souveränität (Beck und Grande 2004: 101–114). Bezogen auf die Systemstruktur sehen Beck und Grande die EU als eine Kombination von intergouvernementaler Kooperation und supranationaler Integration (Beck und Grande 2004, insbesondere: 96–98).

Demgegenüber sieht Stefano Bartolini (2005a) die EU als eine neue Form politischer Herrschaft, die die nationalen Staaten transzendiere, ohne jedoch Vorbildern früherer Epochen zu entsprechen (vgl. auch Caporaso 1996). Im Rahmen einer historischen Langzeitperspektive wertet er Nationalstaaten als eine spezifische Form politischer Herrschaft, die einer bestimmten Phase in der Evolution der Staatsbildung in Europa zuzuordnen sei. Dabei sei es gelungen, die Eingrenzung von wirtschaftlichen, politischen und gesellschaftlichen Prozessen in einem bestimmten Territorium zur Deckung zu bringen, im Gegensatz zu vormodernen politischen Ordnungen, bei denen diese Begrenzungen niemals deckungsgleich waren. Demgegenüber vollziehe sich die europäische Integration „as a process of territorial and functional boundary transcendence", der bisher aber keineswegs vollendet sei (Bartolini 2005a: xii). Bartolini führt drei Analysekategorien für die Erfassung des EU-Systems und die einzelnen Dimensionen der Grenzüberschreitungen ein: „centre-formation", „system-building" und „political structuring". Die Zentrumsbildung bezieht sich auf den europäischen Integrationsprozess und das Bündeln von politischer Macht auf der europäischen

Ebene; Systemaufbau meint die Fähigkeit, Loyalität herzustellen, das heißt, „structures and processes of system maintenance represented by cultural integration, social sharing institutions, and political participation" (Bartolini 2005a: xii). Politische Strukturierung schließlich zielt auf „the institutionalization of conflict lines within the newly devised boundaries and borders of the EU" (Bartolini 2005a: xii). Bartolini analysiert das Ausmaß dieser drei Prozessdimensionen mithilfe von Hirschmans Konzept von „exit" und „voice", und damit der Fähigkeit der EU, den Exit aus dem System zu begrenzen und die Artikulation von Voice zu bündeln und zu kanalisieren. So stellt er fest, dass die Zentrumsbildung in der EU bereits weitgehend gelungen sei, während der Systemaufbau sowie insbesondere die politische Strukturierung hinter dieser Entwicklung weit zurückbleibe. Das heißt, die Überschreitung der Grenzen des Nationalstaats ist nach Bartolini in den drei Bereichen in unterschiedlichem Maße fortgeschritten. Während die ökonomische und rechtliche Integration sehr weit gediehen ist und die entsprechenden nationalstaatlichen Begrenzungen vergleichsweise einfach überwunden wurden, erweisen sich die Grenzen von politischen Prozessen und sozialen Strukturen als nur schwer überwindbar. Damit bietet Bartolini auch eine Erklärung für die Asymmetrien im europäischen Integrationsprozess (vgl. Kap. 5.5).

Wenngleich sich die oben präsentierten theoretischen Konzepte in ihren theoretischen Ausgangspunkten, Analysekategorien und empirischen Ergebnissen deutlich unterscheiden, weisen sie dennoch einige gemeinsame Grundannahmen auf. So betonen die jeweiligen Autoren das staatsähnliche Herrschaftssystem der EU, lehnen aber jede direkte Gemeinsamkeit mit nationalen Staaten ab. Stattdessen fassen sie die EU als eine politische Formation, die einer historischen Phase jenseits des Nationalstaats angehört. Zudem betonen die Autoren bestimmte Asymmetrien und Ungleichgewichte im System der EU: Majone verortet sie zwischen den einzelnen Staatsfunktionen, Beck und Grande zwischen Zentrum und Peripherie, also in der territorialen Dimension des Empires, und Bartolini zwischen der Zentrumsbildung einerseits und dem Systemaufbau sowie der politischen Strukturierung andererseits, also innerhalb des Prozesses der Grenzüberschreitung. Alle Autoren fassen die EU als ein zusammengesetztes System, das supranationale und intergouvernementale Elemente kombiniert, die für territoriale, funktionale und elektorale Formen der Repräsentation stehen. Schließlich sehen die Autoren auch gravierende Abweichungen von nationalen Staaten in der vergleichsweise schwächeren institutionellen Verfasstheit, den begrenzten und asymmetrischen Kompetenzen sowie den spezifischen Steuerungsmechanismen. Viele dieser Annahmen werden auch von anderen Wissenschaftlern geteilt, auch wenn sie kein theoretisches Konzept zur Erfassung der EU in ihrer Gesamtheit erarbeitet haben.

Insgesamt hat somit die jüngere Theoriebildung zur Systemstruktur der EU einerseits zu einer beträchtlichen Erweiterung der Erklärungsansätze geführt, andererseits aber auch zu einem gewissen Konsens in einigen Fragen. So wird die EU als ein politisches System jenseits des Nationalstaats gesehen, das auf Institutionen basiert, die die Mitgliedstaaten, die Völker Europas sowie die Union als Ganze repräsentieren. Zudem wird die Union durch Asymmetrien, unklare Begrenzungen, eine vergleichsweise schwache institutionelle Struktur sowie, in den Worten Bartolinis, durch unterentwickelten Systemaufbau und mangelnde politische Strukturierung charakterisiert.

2.5 Zurück zu den Antriebskräften: Neuer Intergouvernementalismus, Post-Funktionalismus und Core State Powers-Konzept

Durch die ab 2008 einsetzende Finanz-, Schulden- und Eurokrise und die darauffolgenden schwierigen Verhandlungen zwischen den Mitgliedstaaten zur Lösung dieser Krise gerieten die treibenden Kräfte der Integration erneut in den Fokus theoretischer Überlegungen. Während einige Autoren nunmehr eine Wende hin zu einem Neuen Intergouvernementalismus postulierten, bezogen andere eine dezidierte Gegenposition, ohne sich explizit als Neo-Funktionalisten zu positionieren. Gleichzeitig führte die zunehmende Politisierung europapolitischer Themen in den Mitgliedstaaten zur Formulierung einer neuen Theorie, dem Post-Funktionalismus, der die hemmenden Faktoren der Integration in den Mittelpunkt rückte. Demgegenüber konstatierten andere Autoren, dass der Integrationsprozess stetig fortschreite und nunmehr sogar die Kernfunktionen des Staates erfasse, allerdings ohne Zentralisierung von Kompetenzen auf der europäischen Ebene. Insgesamt entwickelte sich so aufgrund der Wahrnehmung und Erforschung neuer Phänomene im Integrationsprozess eine lebhafte Debatte teils innerhalb, teils aber auch jenseits des Koordinatenfelds der klassischen Theorien.

Den Auftakt der Debatte bildete Puetters Konzept eines Deliberativen Intergouvernementalismus (Puetter 2012, 2014), das bald auch von anderen Autoren unterstützt (Bickerton 2012) und schließlich unter dem Begriff *Neuer Intergouvernementalismus* breit propagiert wurde (Bickerton et al. 2015a, 2015b). Die Autoren postulieren, hauptsächlich aufgrund von Analysen der EU-Politik im Zeichen der Finanz-, Schulden- und Eurokrise, dass sich die Entscheidungsfindung und Politikgestaltung der Union weitestgehend zu den intergouvernementalen Organen und speziell zum Europäischen Rat verschoben habe. Damit gehe eine Veränderung der Funktionen dieser Organe einher: Der Rat entscheide weniger über Gesetzesvorhaben, sondern widme sich zunehmend der Politikkoordination. Auch der Europäische Rat betreibe eine umfassende Politikkoordination; zudem agiere er als Agenda-Setter und befasse sich nicht nur mit Grundsatzentscheidungen, sondern greife auch in die Tagespolitik ein. Kurzum, er habe sich zum „centre of gravity" in der EU entwickelt (Puetter 2012: 161). Um diese Rolle zu erfüllen, wurden deliberative Entscheidungsverfahren dominant, also „consensus formation among elites" (Puetter 2012: 164). Deliberation wird dabei als „reasoned argumentation about policy options" definiert (Puetter 2012: 165, vgl. auch Bickerton 2012). Dies wiederum resultiere in Anpassungen aufseiten der

Räte: einer Informalisierung der Entscheidungsprozesse in speziellen institutionellen Settings. Gegenüber Moravcsiks Liberalem Intergouvernementalismus betont Puetter einen „more co-operative intergovernmentalism", der sich dem Einfluss nationaler Interessengruppen entziehe (Puetter 2012: 164–165 und 175; vgl. auch ausführlicher Puetter 2014).

Insgesamt werten die Autoren den Neuen Intergouvernementalismus als eine Entwicklungsphase der Integration, die bereits mit dem Vertrag von Maastricht eingeleitet und durch den Lissabon-Vertrag wesentlich vertieft wurde. Drei Einflussfaktoren nennen sie als Erklärung für diese Entwicklung: Veränderungen in Europas politischer Ökonomie, Veränderungen in der Präferenzbildung der nationalen Regierungen, und schließlich das Ende des permissiven Konsenses und die damit einhergehende Krise der Repräsentation.

Die Gegenpositionen ließen nicht lange auf sich warten. Drei Argumentationslinien wurden dabei angeführt: Zum ersten, es gebe überhaupt keine neuen Entwicklungen (z. B. Schimmelfennig 2015); zum zweiten, die Rolle der Kommission und insgesamt der supranationalen Organe sei keineswegs entscheidend zurückgedrängt (z. B. Bauer und Becker 2014, Becker et al. 2016); zum dritten, die intergouvernementalen Organe seien nicht vornehmlich konsensorientiert, sondern weiterhin aufgrund tiefgreifender Interessendivergenzen und entsprechender Konflikte in ihrer Entscheidungs- und Handlungsfähigkeit eingeschränkt (z. B. Fabbrini 2013, Tömmel 2017a). Zudem richtete sich die Kritik auf die unzureichende theoretische Fundierung des Konzepts, insbesondere bezüglich der Annahme einer neuen Integrationsphase und der dafür präsentierten Erklärungen (Schimmelfennig 2015). Schließlich wurde der Neue Intergouvernementalismus von der realen Entwicklung der Integration überholt: einer ab etwa 2015 zunehmend herausgehobenen Stellung der Kommission (vgl. Kap. 5.2 und 5.3).

Die Finanz-, Schulden- und Eurokrise und insgesamt die Funktionsdefizite der EU brachten aber auch vergleichsweise neue Phänomene in den Fokus der Wissenschaft: die Politisierung Europa-bezogener Themen in den Mitgliedstaaten, die zunehmende Euroskepsis sowie die damit einhergehende Herausbildung explizit europafeindlicher politischer Parteien. Angesichts dieser Situation entwickelten Hooghe und Marks (2009) eine neue Theorie zur europäischen Integration unter der Bezeichnung *Post-Funktionalismus*. Anknüpfend an ihr Konzept der Multilevel-Governance, das die Verflechtung der Ebenen im EU-System betont, untersuchen die Autoren nunmehr „how domestic patterns of conflict across the European Union constrain the course of European integration". Konkret formulieren sie die These: „governments have become responsive to public pressures on European integration" (Hooghe und Marks 2009: 2). Gegenüber den älteren Theorien – Neofunktionalismus und Intergouvernementalismus – die gleichermaßen von wirtschaftlichen Interessen als Treiber der Integration ausgehen, postulieren Hooghe und Marks, dass seit dem Vertragsschluss von Maastricht das Ende des von den frühen Neofunktionalisten formulierten „permissive consensus" (Lindberg und Scheingold 1970: 41) gekommen sei. Statt dieser grundsätzlich wohlwollenden oder indifferenten Haltung mitgliedstaatlicher Öffentlichkeit(en) gegenüber der europäischen Integration bilde sich innerhalb der einzelnen Staaten ein „constraining dissensus" heraus, der die Regierungen in Integrationsfragen einschränke. „Elites, ... in positions of authority, must look over their shoulder when negotiating European issues" (Hooghe und Marks 2009: 5). Generell gelte seit dem Vertragsschluss von Maastricht: "European issues have entered party competition"; dementsprechend versuchten Regierungen und Parteiführer „to anticipate their decisions on domestic publics" (Hooghe und Marks 2009: 9). Als entscheidend für die Einstellungen der Öffentlichkeit zu Europa-Themen sehen die Autoren weniger ökonomische Interessen, als vielmehr Identitätsfragen, etwa nationale oder andere Gruppenzugehörigkeiten. Solche Identitäten werden von politischen Parteien, insbesondere des rechtsextremen Spektrums, als europaskeptische oder gar -feindliche konstruiert. Parteien nutzten somit Europa-Themen strategisch, um im Wettbewerb mit anderen Parteien Stimmen zu gewinnen. Identitätsfragen deckten sich dabei nicht mit der traditionellen links-rechts-Polarisierung politischer Parteien. Im Ergebnis komme es so im Rahmen europäischer Verhandlungen zu „greater divergence of politically relevant perceptions and a correspondingly more restricted scope of agreement" (Hooghe und Marks 2009: 14). Insgesamt könne dies den Integrationsprozess hemmen, ja sogar zur Desintegration führen (Hooghe und Marks 2019).

Mit dem Postfunktionalismus werden in der Theoriebildung erstmals gesellschaftliche und politische Prozesse in den Mitgliedstaaten als ausschlaggebend für den Fortschritt bzw. die Stagnation der Integration thematisiert. Insofern führen Hooghe und Marks mit dieser Theorie eine neue Perspektive in die Debatte ein. Dies wurde auch in der Fachwelt weitgehend begrüßt (z. B. Kuhn 2019) und löste eine Reihe von Studien aus, die den constraining dissensus empirisch belegen wollten. Lediglich Moravcsik (2018) ließ es sich nicht nehmen, das neue Konzept grundlegend zu kritisieren und erneut für den von ihm begründeten Liberalen Intergouvernementalismus zu werben. So kritisiert er, dass der Postfunktionalismus keine konsequent durchstrukturierte Theorie sei; seine Thesen ließen sich nur schwer falsifizieren. Zudem fehle der Theorie "any theoretical account of how and when public backlash influences substantive policies" (Moravcsik 2018: 1660). Insgesamt kommt Moravcsik zu dem Schluss, dass die EU in jüngster Zeit „has continued to widen and deepen, even as it has grown more intergovernmental", und dies trotz eines größeren gesellschaftlichen Dissenses in den Mitgliedstaaten (Moravcsik 2018: 1661–62).

Trotz oder gerade wegen der Kritik von Moravcsik ist der Postfunktionalismus als Beitrag zur Ausdifferenzierung des Intergouvernementalismus zu werten, indem er die Bedingungen, unter denen Integration aufgrund der Verhandlungen zwischen den Mitgliedstaaten (nicht) zustande kommt, genauer fasst. Gleichzeitig ist der Postfunktionalismus indirekt auch als Kritik am Neuen Intergouvernementalismus zu sehen, indem er mit der Hervorhebung des Dissenses innerhalb der Staaten und zwischen ihnen die Schwächen der Räte, kollektiv zu handeln, thematisiert. Allerdings konnten auch Hooghe und Marks das von Moravcsik, den Neuen Intergouvernementalisten und zahlreichen weiteren Autoren konstatierte – wenn auch nicht immer so genannte – Integrationsparadox nicht erklären: die Wahrnehmung zunehmender staatlicher Aufgaben auf der europäischen Ebene ohne signifikante Zentralisierung von Macht oder gar Stärkung der supranationalen Organe.

Genau diese Frage wurde von Genschel und Jachtenfuchs (2014, 2016 und 2018) aufgegriffen und als *Core-State-Power-Ansatz* zum Ausgangspunkt weitergehender theoretischer Überlegungen gemacht. Gegenüber den Autoren des Neuen Intergouvernementalismus und Postfunktionalismus behaupten sie, dass die beobachteten Trends „all flow from the same cause: the European integration of core state powers" (Genschel und Jachtenfuchs 2016: 42). In der Integration von Kernfunktionen des Staates ab etwa den 90er Jahren sehen Genschel und Jachtenfuchs eine neue Phase im Integrationsprozess, die jedoch nicht mit einer Zentralisierung von supranationaler Entscheidungsmacht einhergehe. Zwar gebe es aufgrund der zunehmenden Interdependenzen zwischen den Mitgliedstaaten einen funktionalen Demand für mehr Integration, dieser werde aber von der Supply-Seite – sowohl den intergouvernementalen als auch den supranationalen Organen – nicht mit einer Zentralisierung solcher Funktionen beantwortet. Vielmehr werden in diesem Prozess zwei Instrumente der Integration genutzt: einerseits „regulation", andererseits „capacity building". Über die Regulierung schafft die EU „common rules, hard or soft, for the exercise of national core state powers"; über das Capacity building installiert sie „common capabilities for the supranational exercise of such powers" (Genschel und Jachtenfuchs 2014: 11). In beiden Fällen kommt es jedoch nicht zu einer Ausweitung supranationaler Entscheidungs- und Handlungsmacht der entsprechenden Organe; vielmehr dominieren dezentrale Formen der Integration. Denn anders als bei der Marktintegration richtet sich die Regulierung nicht auf Endadressaten, sondern auf die Mitgliedstaaten, indem sie deren Ausübung von staatlichen Kernfunktionen einschränkt oder sogar kontrolliert. Soweit Capacity Building stattfindet, werden entsprechende Aufgaben an dezentrale Institutionen und Akteure delegiert, beispielsweise die EZB oder eine Vielzahl von unabhängigen Agenturen.

Die Autoren gehen auch explizit auf die treibenden bzw. hemmenden Kräfte einer solchen Integration ein: Anders als Hooghe und Marks postulieren sie „mass publics can be a source of demand for integration as well as an obstacle to integration" (Genschel und Jachtenfuchs 2016: 52). Und gegenüber Moravcsik betonen sie, dass die Übertragung von Kernfunktionen des Staates zwar von sektoralen Interessen vorangetrieben werde; diese wirkten sich jedoch primär auf staatliche Eliten, und nicht oder allenfalls indirekt auf Marktkräfte aus. Diese Eliten wiederum bevorzugten Regulierung auf der europäischen Ebene, die ihnen größere Handlungsspielräume erlaube; komme es dennoch zu Capacity building, bevorzugten sie deren Ausbau über dezentrale Institutionen. Zur genaueren Erfassung der treibenden oder hemmenden Kräfte der Integration präsentieren die Autoren eine Vier-Felder-Matrix, in der sie einerseits die sektoralen Interessen (der staatlichen Eliten) und andererseits die „mass publics" sowie deren jeweilige Orientierungen – pro- oder contra-Integration – gegenüberstellen. Daraus ergeben sich insgesamt vier Konstellationen der Integration: 1. Sektorale Interessen und Mass Publics sind für Integration: Permissive Consensus; 2. Sektorale Interessen sind gegen Integration, Mass Publics dafür: Sectoral Resistance; 3. Sektorale Interessen sind für Integration, Mass Publics dagegen: Constraining Dissensus; 4. Beide sind gegen Integration: General Opposition (Genschel und Jachtenfuchs 2016: 53–55).

Insgesamt beinhaltet der Core-State-Power Ansatz eine Auseinandersetzung mit vorangegangenen Theorien ebenso wie deren Weiterentwicklung und auch Komplexitätserhöhung: Vom Neofunktionalismus entlehnt er die funktionalen Demands und Spill-overs; vom Liberalen Intergouvernementalismus die Rolle sektoraler Interessen, die jedoch nunmehr von staatlichen Eliten vertreten werden; gegenüber dem Postfunktionalismus betont er, dass die europäische(n) Öffentlichkeit(en) auch pro-Integration gestimmt sein können. Allen neueren Theorien hält er entgegen, dass die beobachteten Phänomene eine Ursache haben: die Übertragung von Kernfunktionen des Staates auf die europäische Ebene. Damit wird diese Ursache zur unabhängigen Variablen erhoben, während der Integrationsmodus – weitgehend dezentral – als abhängige Variable gefasst wird. Dagegen spricht, dass der Trend zur dezentralen Integration etwa seit der Mitte der 90er Jahre auch in allen anderen Politikfeldern, die nicht Kernfunktionen des Staates betreffen, dominant ist; er hängt also nicht ursächlich mit den Kernfunktionen des Staates zusammen. Außerdem ist zu betonen, dass diese Kernfunktionen nach wie vor überwiegend von den Mitgliedstaaten wahrgenommen werden, auch wenn sie erheblichen Einschränkungen durch europäische Gesetze und Interventionen unterliegen.

Insgesamt führen somit die erneuten Versuche zur Theoriebildung über die europäische Integration und insbesondere zur Bedeutung der treibenden Kräfte – den intergouvernementalen Organen und Institutionen, den europaskeptischen Öffentlichkeiten in den Mitgliedstaaten, den Eliten der nicht-majoritären Institutionen – zu einer Ausdifferenzierung der bisherigen Theorien. Wenngleich sich die neuen Ansätze auf den ersten Blick zu widersprechen scheinen, sind sie doch im Wesentlichen einander komplementär, indem sie neuere Entwicklungen der Integration schärfer herausarbeiten: die Verbesserungen in der intergouvernementalen Entscheidungsfindung und Handlungsfähigkeit, die von der Euroskepsis in den Mitgliedstaaten ausgehenden Hemmnisse der Integration sowie die zunehmend dezentralen Formen der Integration. Zudem stimmen alle Ansätze darin überein, dass sich die Integration von Politiken seit dem Vertragsschluss von Maastricht dezentraler vollzieht. Zusammengenommen können die Theorien überzeugen, dass dies gleichermaßen der stärkeren Rolle der Mitgliedstaaten im Entscheidungsprozess, der zunehmenden Skepsis der jeweiligen Bevölkerungen sowie den Präferenzen staatlicher Eliten nicht-majoritärer Institutionen zuzuschreiben ist.

2.6 Die EU als hybrides oder bizephales System

In den vorangegangenen Abschnitten wurde gezeigt, in welcher Weise die Politikwissenschaft und verwandte Disziplinen die europäische Integration sowie das politische System der EU theoretisch fassen. Dabei wurde ein breites Spektrum von Konzepten und Erklärungsansätzen zur Herausbildung und Evolution der europäischen Integration, zur institutionellen Struktur der EU, zu den Machtverhältnissen zwischen den Institutionen und Akteuren, zur Einordnung des Systems im Vergleich zu anderen Formen der politischen Herrschaft, und schließlich zu den hemmenden und fördernden Kräften der Integration vorgestellt. Trotz dieses breiten Spektrums von Theorien, Erklärungsansätzen und Interpretationen lassen sich einige grundlegende Gemeinsamkeiten herausfiltern, die ihrerseits die Formulierung eines Konzepts zum Verständnis der Systemstruktur der EU sowie der Dynamik ihrer Herausbildung erlauben.

Fast alle EU-Forscher stimmen darin überein, dass die EU ein Misch- oder Hybridsystem ist, das auf einer Kombination von intergouvernementalen und supranationalen Institutionen beruht. Die supranationalen Institutionen – die Kommission, das Parlament[5], der Gerichtshof und die Zentralbank – handeln im Prinzip im Interesse der Union in ihrer Gesamtheit, während die intergouvernementalen Institutionen – der Rat und der Europäische Rat – die Interessen der Mitgliedstaaten, oder genauer, der nationalen Regierungen vertreten. Die supranationalen Institutionen tendieren dazu, den Integrationsprozess voranzutreiben und generell gemeinsames Handeln zu fördern; den intergouvernementalen Institutionen kommt demgegenüber die Aufgabe zu, die nationalen Interessen zu definieren, den gemeinsamen Nenner ihrer divergierenden Positionen zu finden und schließlich verbindliche Entscheidungen zum Fortgang der Integration zu treffen.

Ebenso besteht ein weitgehender Konsens über die atypische Kompetenzverteilung zwischen den europäischen Organen. Die intergouvernementalen Institutionen – der Rat und der Europäische Rat – die die Souveränität der Mitgliedstaaten bündeln, verfügen über die *Entscheidungsmacht* sowohl in der primären als auch der sekundären Rechtsetzung (Vertragsänderungen und Gesetzgebung). Allerdings müssen sie die gesetzgebenden Kompetenzen in fast allen Fällen mit dem Parlament teilen. Die supranationalen Institutionen verfügen demgegenüber über delegierte Kompetenzen, die in den Verträgen verankert sind. So verfügt die Kommission über ein exklusives Initiativrecht in der Gesetzgebung sowie über gewisse exekutive Befugnisse. Dem Parlament wurden über sukzessive Vertragsänderungen weitgehende legislative sowie Haushaltskompetenzen zugebilligt. Der Gerichtshof fungiert als oberste Instanz der

---

5 Im engeren Sinne ist das EP kein supranationales Organ; seine Beschlüsse repräsentieren aber idealtypisch die Mehrheit der europäischen Bürger und somit gesamteuropäische Interessen.

Auslegung und Anwendung des Unionsrechts. Der Zentralbank obliegt die Hoheit über die gemeinsame Währung.

Zieht man nur die formale Kompetenzverteilung zwischen den europäischen Organen in Betracht, erscheinen die Räte als entscheidende Instanzen, wie es ja auch der Liberale Intergouvernementalismus postuliert. Die meisten EU-Forscher gehen aber davon aus, dass die supranationalen Akteure und Institutionen über erhebliche Handlungsspielräume oder sogar partielle Autonomie verfügen. So gibt die Kommission die Themen und Tagesordnung des Ministerrats vor, gestaltet die Entscheidungsverfahren und formuliert häufig auch die Kompromissformeln für Ratsbeschlüsse. Mit anderen Worten: Die Kommission verfügt über eine umfassende *Verfahrensmacht*, über die sie die Ratsentscheidungen erheblich beeinflussen kann. Das Parlament kann im Gesetzgebungsprozess jeden ihm nicht genehmen Vorschlag mit einem Veto belegen. Der Gerichtshof wirkt über seine Urteile als rechtsetzende Instanz; seine Interpretationen des europäischen Rechts gehen in vielen Fällen weit über die Intentionen des eigentlichen Gesetzgebers, der nationalen Regierungen und zunehmend auch des EP, hinaus. Die Zentralbank entscheidet autonom über alle Fragen bezüglich der europäischen Währung. Insgesamt steht somit den supranationalen Institutionen ein breiter Handlungsspielraum zur Verfügung, den sie unter bestimmten Bedingungen nutzen können, um den Integrationsprozess über die erklärten Ziele und den aggregierten Willen der Mitgliedstaaten hinaus voranzutreiben (vgl. ausführlich Kap. 6 bis 9).

Diese Konstellation resultiert in einer dynamischen Interaktion zwischen den supranationalen und intergouvernementalen Organen, wobei jede Seite danach strebt, ihre Macht und Einflussnahme maximal auszuweiten oder aber die der Gegenseite einzuschränken. Die supranationalen Institutionen können allerdings lediglich ihren Handlungsspielraum voll ausnutzen; sie sind nicht in der Lage, ihr Gegenüber, den Ministerrat und den Europäischen Rat, als Institutionen einzuschränken. Sie können aber so agieren, dass sich der Entscheidungsbereich der Räte verengt. So kann die Kommission über ihre Vorschläge erheblichen Entscheidungsdruck auf die Räte ausüben, etwa über die Betonung funktionaler Erfordernisse, die Bildung von Allianzen, oder ihr Recht, ihre Vorlage ganz zurückzuziehen. Das Parlament kann mit seiner Vetomacht Gesetzesvorschläge blockieren oder aber mit der Drohung des Vetos Kompromisse erzielen, die näher an seinen Präferenzen liegen. Der Gerichtshof als unabhängige Judikative kann Urteile fällen, die den Regierungen der Mitgliedstaaten nicht genehm sind (vgl. Kap. 6.5). Die EZB kann Maßnahmen durchführen, die die Mitgliedstaaten als nicht durch die Verträge gedeckt werten (vgl. Kap. 5.1). Insgesamt können somit die supranationalen Organe, wenn sie ihre Kompetenzen maximal nutzen oder tendenziell überschreiten, den Entscheidungsspielraum der Räte erheblich einschränken oder unabhängig von diesen handeln, obwohl diese die Instanzen mit der höchsten Entscheidungsmacht im EU-System sind. Dabei ist zu berücksichtigen, dass Ministerrat und Europäischer Rat in ihren Entscheidungen und Aktivitäten aufgrund des immer präsenten internen Dissenses ohnehin großen Einschränkungen unterliegen.

Bei gegenwärtig 27 Mitgliedstaaten mit sehr divergierenden Interessen und Präferenzen sind kollektive Entscheidungen erheblich erschwert, vor allem dann, wenn das Einstimmigkeitsprinzip gilt.

Die Räte sind aber nicht hilflos gegenüber den supranationalen Institutionen; im Gegenteil, sie verfügen über machtvolle Instrumente, um deren Aktivismus einzuschränken. Abgesehen von ihrer Entscheidungsmacht über die Gesetzgebung und Politikgestaltung der EU verfügen sie über die ausschließliche Macht zu Vertragsänderungen; das bedeutet, sie haben die Hoheit über die institutionelle Konfiguration der EU. Diese Macht haben sie im Laufe der europäischen Integration extensiv genutzt, wie die nächsten Kapitel ausführlich belegen werden. Dennoch haben sie nie versucht, die formalen Kompetenzen der supranationalen Organe grundsätzlich zurückzudrängen; im Gegenteil, im Falle des Parlaments haben sie diese sogar sukzessive ausgeweitet. Die Widerrufung einmal übertragener grundlegender Kompetenzen würde die Glaubwürdigkeit der Mitgliedstaaten in Bezug auf die europäische Integration infrage stellen und damit das Gesamtprojekt unterminieren. Darüber hinaus brauchen die Räte aber auch ein institutionelles Gegengewicht, dem es obliegt, die gemeinsamen Interessen am Fortschritt der Integration zu formulieren und zu vertreten. Erst darüber ist es den Räten möglich, ihre individuellen Interessen gegenüber ihrem jeweils auch gegebenen Interesse am Fortschritt der Integration systematisch abzuwägen. Deshalb stellten die Räte die bestehenden Kompetenzen und vor allem die Unabhängigkeit der Kommission und des Gerichtshofs oder der Zentralbank nie infrage. Aber wenn die supranationalen Organe allzu selbständig agierten, versuchten die Räte deren Macht indirekt einzuschränken, vor allem, indem sie ihre eigene Rolle erheblich ausweiteten. Der bedeutendste Schritt in diesem Sinne war und ist die Einsetzung des Europäischen Rates als höchste Autorität und Entscheidungsinstanz in der EU (Kap. 6.3). Zudem wurde aber auch eine Reihe von anderen, weniger sichtbaren Institutionen und Verfahrensweisen geschaffen, die der Stärkung der intergouvernementalen Dimension der EU dienten.

Aus dem Vorgehenden ist zu schließen, dass die Konfiguration der intergouvernementalen und supranationalen Kräfte in der EU einen Strukturkonflikt zwischen ihnen beinhaltet, der die Beziehungen zwischen den einzelnen Organen prägt. Dieser Strukturkonflikt beruht auf den unterschiedlichen Funktionen, die die europäischen Institutionen wahrnehmen: Während die supranationalen Institutionen idealtypisch die Gesamtinteressen der Union repräsentieren, vertreten die intergouvernementalen Institutionen die divergierenden nationalen Interessen und Präferenzen, die erst nach ausgedehnten Verhandlungen in kollektive Entscheidungen transformiert werden. Die Beziehung zwischen den europäischen Organen ist somit der institutionelle Ausdruck der grundsätzlich konfligierenden Interessen an der europäischen Integration. Die bizephale Struktur der Union erlaubt es, diese gegensätzlichen Interessen über die Interaktion zwischen den Organen systematisch auszutarieren. Damit wird es möglich, den Integrationsprozess so zu gestalten, dass er einerseits dem gemeinsamen Interesse der Mitgliedstaaten am europäischen Projekt entspricht, andererseits aber auch ihre spezifischen nationalen Interessen und

Präferenzen so weit wie möglich berücksichtigt und einbindet. Mit anderen Worten: Die konfligierende Beziehung zwischen intergouvernementalen und supranationalen Institutionen und die kontinuierliche Vermittlung der Interessen, die sie repräsentieren, dient der Ausgestaltung der Integration in einer Form, die einerseits die Vorteile gemeinsamer Politiken und Handlungen nutzt, sie aber andererseits mit den jeweiligen wirtschaftlichen, sozialen und politischen Verhältnissen in den Mitgliedstaaten abgleicht und damit kompatibel macht.

Die Räte und die Kommission stehen im Zentrum dieser konfligierenden Beziehung und damit auch des Strukturkonflikts zwischen intergouvernementalen und supranationalen Institutionen. Der Gerichtshof als unabhängige Judikative ist nicht an der europäischen Entscheidungsfindung beteiligt; er übt seinen Einfluss durch juristische Urteile und Kontrollen und somit auf eher indirekte Weise aus, wenngleich mit weitreichenden Konsequenzen. Das Parlament ist zwar an der Gesetzgebung beteiligt, aber es verfügt nicht über ein Vorschlagsrecht; zudem hat es außerhalb seines eigenen Bereichs keinen Einfluss auf die Ausgestaltung von Institutionen oder Entscheidungsverfahren. Trotz seiner weitreichenden Kompetenzen kommt dem Parlament somit keine aktive Gestaltungsmacht im Integrationsprozess zu. Demgegenüber spielt die Kommission eine wesentlich umfassendere Rolle, nicht nur wegen ihres exklusiven Vorschlagsrechts in der Gesetzgebung und auch der Politikgestaltung, sondern auch aufgrund ihres Aktionismus im gesamten Entscheidungsprozess und der weitgehenden Gestaltung dieses Prozesses. Zudem kann die Kommission an der institutionellen Ausgestaltung des Systems mitwirken, wenngleich eher über indirekte oder informelle Mechanismen. Insgesamt ist somit die Kommission der mächtigste Gegenspieler gegenüber dem Ministerrat und dem Europäischen Rat; der institutionelle Ausbau der intergouvernementalen Dimension der EU gilt denn auch vornehmlich der Einschränkung der machtvollen Rolle der Kommission.

Abschließend bleibt festzuhalten, dass die Kombination von intergouvernementalen und supranationalen Institutionen in der EU die konfligierenden Interessen, die der Integration zugrunde liegen, widerspiegeln. Dementsprechend ist die EU durch einen fundamentalen Strukturkonflikt zwischen ihren Kerninstitutionen gekennzeichnet, wobei beide Seiten danach streben, den von ihnen vertretenen Interessen maximale Geltung zu verschaffen bzw. die der Gegenseite einzuschränken. Angesichts dieser Konstellation, die in den folgenden Kapiteln ausführlich analysiert wird, wird die EU hier als hybrides oder bizephales System bezeichnet. Der Begriff hybrides System verweist auf die Zusammensetzung der EU aus intergouvernementalen und supranationalen Organen und ist rein beschreibend. Mit dem Begriff bizephales oder zweiköpfiges System wird demgegenüber auf die Machtposition der zentralen europäischen Organe, insbesondere der Kommission und der Räte, verwiesen.

3 Die Herausbildung der Europäischen Union (1950–1995): supranationale Dynamik versus intergouvernementale Entscheidungsmacht

Das vorliegende sowie zwei weitere Kapitel sind der historischen Analyse der europäischen Integration als einem dynamischen Prozess gewidmet, den eine Vielzahl von interagierenden Akteuren und politischen Kräften vorangetrieben und ausgestaltet hat. Aus analytischen Gründen wird dieser Prozess in fünf Phasen eingeteilt; aus praktischen Gründen wird er in drei Kapiteln dargestellt. Das vorliegende Kapitel präsentiert die ersten drei Phasen von etwa 1950 bis 1995, die entscheidend waren für die Herausbildung der Europäischen Union in ihrer einmaligen Kombination von intergouvernementalen und supranationalen Institutionen. Das folgende Kapitel analysiert die vierte Phase der Integration von etwa 1995 bis 2009, in der die Union bereits ein ausgereiftes politisches System ist, jedoch weiteren Transformationen unterliegt: einer enormen Ausweitung der Zahl der Mitgliedstaaten und einer Vertiefung der Integration durch einschneidende Vertragsänderungen. Ein weiteres Kapitel, das die fünfte Phase von 2009 bis zur Gegenwart vorstellt, ist schließlich der Union im Krisenmodus gewidmet, worin die Integration zwar fortschreitet, aber eher über die Stärkung ihrer Funktionsweise statt formalen Vertragsänderungen oder Erweiterungen. Insgesamt zeigt die historische Darstellung von mehr als 70 Jahren Integration, dass sich die EU in ihrer heutigen Form durch einen kontinuierlichen Prozess der Ausgestaltung eines neuen politischen Systems jenseits der, aber auch mit den Nationalstaaten herausgebildet hat.

Die Phasen der Genese der europäischen Integration sind jeweils dominiert von unterschiedlichen Kräftekonstellationen: Die erste und dritte Phase unterliegen eher einer supranationalen Dynamik, während die zweite und vierte Phase von intergouvernementalen Kräften dominiert werden, die auch die fünfte Phase prägen, allerdings mit einer sich abschwächenden Tendenz zugunsten des Supranationalismus. Es sei allerdings betont, dass in allen Phasen das Spannungsverhältnis und schließlich der Kompromiss zwischen den entsprechenden Institutionen und Akteuren das Tempo und die Ausgestaltung der Integration bestimmen (siehe auch Kap. 14).

Im vorliegenden Kapitel wird die Herausbildung der Union als eine neue politische Ordnung jenseits des Nationalstaats von ihren Anfängen in der Nachkriegszeit bis zu ihrer entwickelten Form in den 90er Jahren analysiert. Diese Entwicklung verlief jedoch nicht geradlinig entsprechend einem einmal erstellten Plan oder durchdachten Konzept. Stattdessen entfaltete sie sich über einen Prozess von kleinteiligen Institutionalisierungsschritten, die sich aus je verschiedenen Antworten europäischer und nationaler Eliten auf externe Herausforderungen und interne Friktionen ergaben. Der Gesamtprozess ist durch einen Stop-go-Charakter (Sandholtz und Zysman 1989: 99) gekennzeichnet, das heißt, einen Wechsel zwischen beschleunigter Integra-

https://doi.org/10.1515/9783111191799-003

tion und relativer Stagnation. Die erste und die dritte Phase sind einer beschleunigten Integration, vornehmlich angetrieben durch supranationale Dynamiken, zuzuordnen; die zweite Phase der Stagnation war demgegenüber durch intergouvernementale Konstellationen und Konflikte zwischen den Mitgliedstaaten bestimmt. Dennoch war gerade die zweite Phase von herausragender Bedeutung für die Integration, denn die schwierige Konsensfindung zwischen den Mitgliedstaaten führte letztendlich zu einer Stärkung der intergouvernementalen Systemdimension und damit des Systems in seiner Gesamtheit. Somit sind alle drei Phasen durch einen kontinuierlichen Auf- und Ausbau des EU-Systems in seiner supranationalen *und* intergouvernementalen Dimension gekennzeichnet.

3.1 Gründung und Aufbau der Europäischen Gemeinschaften im Zeichen eines supranationalen Integrationswegs (1950–1966)

Die EU ist in ihrer heutigen Struktur und Organisationsform im Wesentlichen ein Produkt der Nachkriegsperiode, in der die zwischenstaatliche Kooperation und die Schaffung entsprechender Institutionen im Interesse einer neuen, friedlicheren Weltordnung auf der Tagesordnung standen. Den Konflikten zwischen Nationalstaaten, die im Zweiten Weltkrieg ihren Höhepunkt gefunden hatten, sollte eine strukturierte inter- und supranationale Zusammenarbeit gegenübergestellt werden. Im ökonomischen Bereich sollte dies in Marktintegration und sektoraler Steuerung auf der europäischen Ebene resultieren; im politischen Bereich sollten gemeinsame Sicherheitsstrukturen, aber auch andere funktionale Zweckverbände zur Lösung transnationaler Probleme und zur Verhinderung erneuter zwischenstaatlicher Konflikte beitragen. Solche Integrationskonzepte wurden sowohl von politischen Eliten als auch von Oppositionsbewegungen befürwortet (Loth 2020: 9–25). Insbesondere die europäischen Widerstandsbewegungen gegen den Faschismus hatten bereits während des Krieges entsprechende Vorschläge erarbeitet (Lipgens 1986). Fachwissenschaftler schließlich lancierten normative Theorien, die die Notwendigkeit internationaler Kooperation begründeten (Deutsch et al. 1957, Mitrany 1966).

Der Auf- und Ausbau entsprechender Organisationsstrukturen kam allerdings im Nachkriegseuropa nicht problemlos zustande. Schon bald erwiesen sich die nationalen Interessen der einzelnen Staaten als stärker als der politische Wille zur Integration (Milward 1984 und 2000, Dinan 2004a). Weder die weitreichenden Konzepte der europäischen Widerstandsbewegungen zur Schaffung eines föderalen Staates in Europa (Lipgens 1986, S. 19–188), noch die von den USA massiv geforderten und geförderten Schritte zu einer engen wirtschaftlichen und politischen Kooperation konnten umgesetzt werden (Milward 1984, insbes. 90–125). Während die Widerstandsbewegungen in den Nachkriegsstaaten Westeuropas ihren politischen Einfluss schnell einbüßten, konnten die USA über umfangreiche finanzielle Hilfen im Rahmen des Marshallplans zwar die Gründung einiger internationaler Organisationen vorantreiben, so beispielsweise der OEEC[1] (1948) sowie des Europarats (1949). Nach einer vielversprechenden Anfangsphase führten diese Organisationen aber bald ein Schattendasein oder richteten ihre Aktivitäten auf speziellere Themen.[2]

Um die Wende des Jahrzehnts ebbte die Europaeuphorie und mit ihr das Gründungsfieber ab; stattdessen wurden jetzt bescheidenere Kooperationsprojekte lanciert. Ein Konzept dieser Art war der am 9. Mai 1950 vom französischen Außenminister lancierte Schuman-Plan, der die Integration nur zweier Wirtschaftssektoren – Kohle und Stahl – vorsah. Kohle und Stahl waren allerdings zu dieser Zeit als Basisindustrien von herausragender Bedeutung, da sie Rohstoffe für zahlreiche weiterverarbeitende Industrien lieferten (Milward 1984: 380–420). Da diese Sektoren im 2. Weltkrieg als unabdingbare Voraussetzungen für die Waffenproduktion fungiert hatten, galt der Schuman-Plan auch als Projekt der Friedenssicherung. Der Plan entsprach zwar nicht den Grundvorstellungen der einzelnen Staaten (Dinan 2004a: 37–41), sondern vornehmlich den Präferenzen Frankreichs für staatlichen Dirigismus, aber auch Kontrolle der deutschen Grundstoffressourcen. Demgegenüber bevorzugten etwa die deutsche und vor allem die niederländische Regierung die Schaffung eines Freihandelsregimes (Gillingham 2003: 23–28, Loth 2020: 34–41). Dennoch fand der Plan den Grundkonsens einer – wenngleich kleinen – Gruppe von sechs europäischen Staaten: Frankreich, Deutschland, Italien und den Beneluxstaaten. Diese gründeten 1951 per Vertrag die Europäische Gemeinschaft für Kohle und Stahl (EGKS, Vertrag 1952 in Kraft getreten). Das Vereinigte Königreich blieb trotz expliziter Einladung dem Projekt fern (Dinan 2004a: 46–57).

Das von Jean Monnet, seinerzeit Berater der französischen Regierung, erarbeitete Grundkonzept für die EGKS beinhaltete zunächst die Schaffung einer Hohen Behörde, der weitgehende Regelungs- und Entscheidungsbefugnisse in Bezug auf die beiden Sektoren zugewiesen werden sollten. Unter dem Druck der Verhandlungen mit den anderen Partnern verwandelte sich dieses Konzept jedoch in eine institutionelle Struktur, die eher dem Grundmuster internationaler Organisationen entsprach (Dinan 2004a: 51, Loth 2020: 38): Der Hohen Behörde mit weitreichenden Exekutivbefugnissen wurde ein Ministerrat als Kontrollorgan gegenübergestellt; eine Parlamentarische Versammlung, bestehend aus Delegierten nationaler Parlamente, sollte Beratungs- und ebenfalls begrenzte Kontrollfunktionen wahrnehmen; ein Gerichtshof sollte der Klärung juristischer Streitfragen dienen. Die Einsetzung dieser letztgenannten Organe und insbesondere die Ausstattung der Hohen Behörde mit weitreichenden

---

1 Die OEEC (Organization for European Economic Cooperation) wurde später in OECD (Organization for Economic Co-operation and Development) umbenannt.

2 So war der Europarat ursprünglich als Organisation mit breitem Betätigungsfeld konzipiert, richtet sich aber bis heute nur auf die Überwachung der Einhaltung demokratischer Prinzipien sowie der Menschenrechte in den Mitgliedstaaten.

Entscheidungsvollmachten und Exekutivbefugnissen haben in der Folge zu der Einschätzung geführt, dass die EGKS in erster Linie als ein supranationales System konzipiert war (vgl. etwa Haas 1958, Lindberg und Scheingold 1970: 14–23; zur Kritik dieser Position Milward und Sørensen 1994). Faktisch handelte es sich aber bereits in diesem Stadium trotz der weitreichenden Kompetenzen der Hohen Behörde um ein hybrides System. Die Intention, die in jedem Falle dem Konzept der EGKS zugrunde lag, war die einer schrittweisen Ausweitung dieser Organisationsform auf andere Sektoren und Politikfelder, was Haas (1958) zu seinem Spill-over-Konzept inspirierte.

In der Folge wurde die europapolitische Debatte von konkurrierenden Modellen der Integration dominiert: einerseits dem Projekt eines gemeinsamen Marktes, andererseits einer weitreichenden politischen Union. Im Rahmen dieser Debatte trat zunächst das Konzept einer europäischen Verteidigungsgemeinschaft (EVG), nicht zuletzt unter massivem amerikanischen Druck, in den Vordergrund (Gillingham 2003: 29–33, Dinan 2004a: 57–64, Loth 2020: 41–56). Es sah die Zusammenlegung der militärischen Potenziale der beteiligten Staaten und ihre Unterstellung unter ein gemeinsames Kommando sowie Grundstrukturen einer politischen Union vor. Erneut waren es die sechs EGKS-Staaten, die 1952 einen entsprechenden Vertrag unterzeichneten, während das Vereinigte Königreich kaum Interesse zeigte. Allerdings scheiterte die EVG an der Ablehnung ihrer Ratifizierung durch die französische Nationalversammlung (1954); angesichts einer inzwischen veränderten politischen Lage traten Bedenken gegenüber dem implizierten Souveränitätsverlust in den Vordergrund (Loth 2007: 41). Damit blieb die 1949 gegründete NATO (North Atlantic Treaty Organization) als transatlantisches Verteidigungsbündnis unter Führung der USA (und mit einer starken Rolle des Vereinigten Königreichs) dominant; die 1954 gegründete Westeuropäische Union (WEU), die die Bundesrepublik Deutschland (BRD) in eine gemeinsame Verteidigungsstruktur integrierte, konnte keine vergleichbare Funktion erfüllen (Brown Wells und Wells 2008). Mit dem Scheitern der EVG war aber auch das ehrgeizigere Integrationsprojekt einer politischen Union vom Tisch.

Stattdessen gingen die EGKS-Staaten ab Mitte der 50er Jahre verstärkt zur Erweiterung der ökonomischen Integration über (Milward 2000). Zur Debatte standen das Projekt einer europäischen Wirtschaftsgemeinschaft (EWG) in der Form einer Zollunion sowie die Schaffung einer Organisation zur friedlichen Nutzung der Atomenergie (Europäische Atomgemeinschaft, EAG oder EURATOM). Während insbesondere die Niederlande Ersteres unterstützten, favorisierte Frankreich das EURATOM-Konzept, nicht zuletzt, weil dieses den Aufbau eines neuen Wirtschaftssektors und somit kaum gefestigte Kompetenzen und Machtstrukturen in den Mitgliedstaaten betraf (Gillingham 2003: 43–45, Brown Wells und Wells 2008: 35). Für Deutschland waren dagegen politische Gründe – die Westeinbindung der Bundesrepublik – maßgebend für die Unterstützung beider Projekte (Loth 2007: 42). Das Vereinigte Königreich lehnte dagegen beide Vorschläge aufgrund ihrer starken supranationalen Orientierung ab; stattdessen intensivierte es seine Bemühungen zur Schaffung einer Freihandelszone als Minimalkonzept der Integration (Gillingham 2003: 34–38). Trotz größerer Meinungsverschiedenheiten konnten sich die EGKS-Staaten nach einer relativ kurzen Verhandlungsphase auf einen Kompromiss einigen, indem sie beide Integrationskonzepte akzeptierten (Gilbert 2003: 62–69). 1957 unterzeichneten sie die Verträge von Rom zur Schaffung von EWG und EURATOM; zum 1.1.1958 traten diese in Kraft.

Die Organe der beiden neuen Gemeinschaften waren im Wesentlichen jenen der EGKS nachgebildet; allerdings wurde statt der Hohen Behörde nunmehr jeweils eine Europäische Kommission eingesetzt mit vergleichsweise geringeren Kompetenzen (Dinan 2004a: 77, Loth 2020: 70–71). Das Vereinigte Königreich reagierte auf die Gründung der beiden Gemeinschaften mit der Bildung einer europäischen Freihandelszone (European Free Trade Association, EFTA), die 1960 vertraglich verankert wurde und insgesamt sieben Staaten Europas einbezog.[3] Damit waren zum Ende der 50er Jahre zwei konkurrierende Systeme der zwischenstaatlichen Kooperation etabliert, die erst sehr spät zur Kooperation untereinander fanden.[4] Langfristig erwiesen sich allerdings die Europäischen Gemeinschaften mit ihrem umfassenderen Integrationsanspruch und der, wenngleich eingegrenzten, supranationalen Integrationsdynamik als das tragfähigere Konzept (Milward et al. 1994).

Die Anfangsjahre der EWG unter einem engagierten Kommissionpräsidenten – dem deutschen Professor und Europa-Politiker Walter Hallstein – verliefen zunächst ohne größere Konflikte (Loth 2020: 78–83). Die in den Verträgen festgelegten Integrationsziele, insbesondere der Abbau nationaler Schutzzölle sowie die Bildung einer Zollunion gegenüber Drittstaaten, konnten sogar schneller als geplant realisiert werden. Zudem erwies sich die Marktintegration als großer Erfolg (Gilbert 2003: 86–88). Ihr Start in einer Phase starken Wirtschaftswachstums bot günstige Voraussetzungen für expandierende Unternehmen und Märkte. Alle sechs Gründerstaaten der EWG haben denn auch in der Folge enorm vom gemeinsamen Markt profitiert und konnten dementsprechend auch außergewöhnlich hohe Wachstumsraten oder sogar ein „Wirtschaftswunder" realisieren (Loth 2007: 43). Nicht zuletzt aufgrund dieser sichtbaren Erfolge stellte das Vereinigte Königreich bereits 1963 sein erstes Beitrittsgesuch, das aber von Frankreichs damaligem Staatspräsidenten de Gaulle kategorisch abgelehnt wurde (Dinan 2004a: 97–102).

Auf der Grundlage der Erfolge der Anfangsjahre setzten die sechs Mitglieder der EWG auf die zügige Realisierung weiterer Integrationsschritte und insbesondere auf eine gemeinsame Wirtschaftspolitik. Im Zeichen dieser Perspektive wurden zu Beginn der 60er Jahre weitere Barrieren für den Freihandel beseitigt und eine gemeinsame

---

3 Dazu gehörten zunächst Dänemark, Norwegen, Österreich, Portugal, Schweden, die Schweiz und das Vereinigte Königreich; später kamen Island und Liechtenstein hinzu.
4 Diese Kooperation wurde mit der Schaffung des sogenannten Europäischen Wirtschaftsraums institutionell verankert, die im Mai 1992 vereinbart wurde und zum 01.01.1994 in Kraft trat. Bis 1995 waren allerdings 5 der ursprünglichen EFTA-Staaten der EG/EU beigetreten; die Schweiz trat nicht dem EWR bei.

Agrarpolitik – zur verbesserten Anpassung dieses sensiblen Sektors an liberalisierte Märkte – initiiert (Pinder 1991: 77–93, Milward 2000: 224–317).

Mitte der 60er Jahre kam diese Entwicklung allerdings abrupt zum Stillstand, nachdem zuvor schon Meinungsverschiedenheiten mit dem französischen Staatspräsidenten Charles de Gaulle aufgetreten waren. De Gaulle bestand nunmehr expliziter auf Frankreichs nationalen Interessen. Dies äußerte sich zunächst in fundamentalen Meinungsverschiedenheiten über die Gemeinsame Agrarpolitik sowie den Beitritt des Vereinigten Königreichs. In der Folge weigerte sich Frankreich, den in den Verträgen vorgesehenen Übergang zu Mehrheitsentscheidungen im Ministerrat zu akzeptieren. Da die übrigen Mitgliedstaaten zunächst nicht nachgaben, praktizierte Frankreich von Juli 1965 bis Januar 1966 eine „Politik des leeren Stuhls", das heißt, es entsandte keine Minister mehr in die Ratssitzungen, womit alle Entscheidungen blockiert waren (Lahr 1983, Timmermann 2001, Loth 2020: 134–142).

Diese Pattsituation konnte schließlich nur dadurch überwunden werden, dass die anderen Partner einlenkten und sich im sogenannten „Luxemburger Kompromiss" auf einen neuen Konsens einigten: Entscheidungen im Ministerrat sollten weiterhin einstimmig gefällt werden, wenn ein Mitgliedstaat seine vitalen nationalen Interessen gefährdet sah. Damit kam jedem Staat ein faktisches Vetorecht gegen Beschlüsse des Ministerrats zu. In der Folge setzte sich die Einstimmigkeitsregel als allgemeines Entscheidungsverfahren im Ministerrat durch; vom Vetorecht machten nicht nur Frankreich, sondern auch andere Staaten ausgiebig Gebrauch. Dies belegt, dass der Luxemburger Kompromiss nicht nur den Interessen Frankreichs oder speziell denen de Gaulles entsprach, sondern insgesamt dem Wunsch der nationalen Regierungen nach stärkerer Kontrolle im Integrationsprozess.

Der „Luxemburger Kompromiss" wird in der Regel als fundamentaler Umschlag im Prozess der europäischen Integration interpretiert (Knipping 2004: 140–141). Er beendete den – zumindest der Intention nach – supranationalen Integrationsweg zugunsten eines intergouvernemental geprägten Entscheidungssystems; er beendete so die Anfangsphase einer beschleunigten Integration und leitete eine lange Phase der Stagnation ein, die eher von Meinungsverschiedenheiten zwischen den Mitgliedstaaten beherrscht war als vom zügigen Fortgang der Integration. Man kann diesen Umschlag allerdings auch als Reaktion auf tiefer liegende Probleme des Integrationsprozesses werten und dementsprechend als Ausdruck einer notwendig werdenden Anpassung des Systems.

Denn zum Ersten war die Anfangsphase der Integration in den Verträgen festgeschrieben und somit von den ausgeprägten politischen Interessen am Zustandekommen der Integration getragen. Sobald weitergehende Schritte vereinbart werden sollten, konnte dieser einmalig erzielte Grundkonsens nicht mehr tragen. Zum Zweiten betraf die Anfangsphase der Integration vornehmlich die Herstellung des Gemeinsamen Marktes; in dem Moment, in dem andere Politikfelder einbezogen werden sollten, bei denen die Interessen der Mitgliedstaaten weniger konvergierten und zugleich eine stärker regulierende Rolle der Gemeinschaft anvisiert wurde, stockte der Prozess. Die sorgfältige Abwägung von nationalen Interessen erwies sich nunmehr als unerlässlich. Zum Dritten ließen wohl auch die ersten Anzeichen einer heraufziehenden Wirtschaftskrise die explizite Berücksichtigung nationaler Interessen als geboten erscheinen.

Vor diesem Hintergrund ist denn auch der Luxemburger Kompromiss als eine Anpassung des Systems an veränderte und erweiterte Erfordernisse und damit auch als erster Systemumbau zu werten, der die Ausweitung der Integration unter Stärkung intergouvernementaler Mechanismen der Interessenvermittlung und Konsensfindung ermöglichte.

3.2 Aus- und Umbau der Europäischen Gemeinschaften im Zeichen intergouvernementaler Entscheidungsmacht (1966–1985)

Trotz der beschriebenen Schwierigkeiten setzte die Sechsergemeinschaft auch ab der zweiten Hälfte der 60er Jahre ihren Integrationskurs fort. So wurde zunächst in einem Fusionsvertrag die Zusammenfassung der drei Gemeinschaften – EGKS, EWG, EURATOM – unter einem Dach mit einheitlichen Organen beschlossen (8.4.1965 Vertragsunterzeichnung, ab 1.7.1967 in Kraft); fortan firmierten sie unter dem Namen Europäischen Gemeinschaften (EG). Das stärkte die Position der Europäischen Kommission, da sie nunmehr einheitlich für alle drei Gemeinschaften zuständig war und in vielfältigen Politikbereichen tätig werden konnte.

Nach dem Rücktritt de Gaulles im Jahre 1969 und dem Antritt einer neuen, sozialdemokratisch geführten Regierung in der BRD schmiedete das deutsch-französische Tandem weitreichende Pläne zur Vollendung des gemeinsamen Marktes. An erster Stelle stand die Schaffung einer Wirtschafts- und Währungsunion, die nicht nur eine einheitliche Währung anvisierte, sondern zugleich auch eine gemeinsame Wirtschaftspolitik; damit sollte der Integrationsprozess wirtschaftsstrukturell stärker gesteuert werden (Gilbert 2003: 120–128, Gillingham 2003: 87–89, Dinan 2004a: 126–134, Brown Wells und Wells 2008). Die aus solchen Integrationsschritten möglicherweise resultierenden ökonomischen Divergenzen hoffte man mit einer regionalen Strukturpolitik abfedern zu können.

Diese ehrgeizigen Pläne erwiesen sich allerdings sehr schnell als kaum realisierbar. Sie scheiterten nicht nur an den enormen Interessengegensätzen zwischen den Mitgliedstaaten, sondern auch, weil deutliche Krisenzeichen das Ende einer außergewöhnlich langen wirtschaftlichen Wachstums- und Prosperitätsphase signalisierten (Streeck 2013). In dieser Situation traten die ökonomischen Schwächen der einzelnen Mitgliedstaaten und die strukturellen Disparitäten zwischen ihnen deutlich zutage, womit sich auch die politischen Divergenzen weiter verschärften (Gilbert 2003: 132–133).

Die Staaten Europas reagierten auf diese veränderte Situation, indem sie zuerst und vor allem Zuflucht zu nationalen Lösungen suchten. Der Wirtschaftskrise versuchten sie durch eine konsequentere makroökonomische und nachfrageorientierte Politik sowie durch neo-protektionistische Maßnahmen zu begegnen. Letztere beinhalteten den systematischen Rückgriff auf nicht-tarifäre Handelshemmnisse, beispielsweise über die Einführung und striktere Durchsetzung von je unterschiedlichen technischen Normen oder die Bevorzugung nationaler Anbieter im öffentlichen Beschaffungswesen. Damit wurden die Errungenschaften des gemeinsamen Marktes weitgehend zunichtegemacht beziehungsweise systematisch unterlaufen (Gillingham 2003: 106–120).

Auf der europäischen Ebene erhielt der Integrationsprozess eine neue Wendung, indem sich die sechs Gründerstaaten zu einer ersten Erweiterung der Gemeinschaft entschlossen (Dinan 2004a: 134–145). 1973 wurden Großbritannien, Irland und Dänemark nach einer relativ kurzen Verhandlungsphase in den europäischen Kooperationsverbund aufgenommen; Norwegen, das ebenfalls einen Aufnahmeantrag gestellt hatte, musste sich aufgrund eines negativen Referendums im Jahre 1972 zurückziehen. Die erste Erweiterung der EG hatte in der Folge tiefgreifende Konsequenzen. Die neuen Mitglieder befanden sich teilweise in einem schwierigen ökonomischen Entwicklungs- oder Umstrukturierungsprozess (Irland und das Vereinigte Königreich). Zudem waren die politischen Eliten Dänemarks und insbesondere Großbritanniens deutlich weniger integrationsorientiert als die der „alten" Sechs. Diese Situation resultierte in zusätzlichen politischen Divergenzen, was in der Folge Entscheidungsprozesse häufig blockierte und die Integration verlangsamte (Geary 2012: 17–18). In der wissenschaftlichen und politischen Debatte setzte sich die Ansicht durch, dass sich Erweiterungen der Gemeinschaft grundsätzlich zulasten der Vertiefung der Integration auswirkten (Pinder 1991: 51).

Gerade aber die zusätzlichen Divergenzen zwischen den Mitgliedstaaten, die oberflächlich gesehen in einer langen Phase der Stagnation resultierten, förderten in der Folge den Aus- und Umbau des EG-Systems in einer anderen als der ursprünglich anvisierten Richtung. Insbesondere die intergouvernementalen Entscheidungsverfahren wurden umgebaut und verfeinert durch die Schaffung entsprechender institutioneller Strukturen. Zudem wurden neue Politikfelder etabliert und Implementationsstrategien entwickelt, die den Divergenzen zwischen den Mitgliedstaaten stärker Rechnung trugen. Schließlich wurden insgesamt flexiblere und informellere Verfahren der Integration gegenüber solchen, die auf fest gefügten institutionellen Strukturen basierten, bevorzugt.

Der intergouvernementale Entscheidungsfindungsprozess wurde gestärkt und differenziert, vor allem aber auch erleichtert, durch die Einsetzung des Europäischen Rates als zusätzlicher Entscheidungsebene. Solche Gipfeltreffen der Staats- und Regierungschefs der Mitgliedstaaten hatten zwar zuvor schon in unregelmäßiger Folge stattgefunden; berühmt sind die Gipfel von Den Haag (1969) sowie Paris (1972), die weitreichende Integrationsbeschlüsse fassten (Geary 2012). Ab 1974 wurden die Gipfel aber als regelmäßig einzuberufende Treffen fest verankert (Werts 2008). Damit wurde ein – zunächst noch informelles – Forum für regelmäßige Konsultationen zwischen den Regierungsspitzen geschaffen, das später zum höchsten Entscheidungsorgan der EU aufstieg (vgl. Kap. 6.3).

Eine weitere Ausdifferenzierung europäischer Entscheidungsverfahren wurde im Laufe der 70er Jahre durch die Aufwertung der Position des Europäischen Parlaments erzielt. Dieser Schritt ist zwar nicht als Stärkung der intergouvernementalen Entscheidungsfindung zu werten, wohl aber als Ausweitung der parlamentarischen Kontrollfunktionen gegenüber der Kommission (Lord 2004: 151–152, Rittberger 2005). Über entsprechende Beschlüsse der Jahre 1970 und 1975 wurden dem Parlament wichtige Budgetbefugnisse übertragen, nachdem zuvor den Gemeinschaften eigene Finanzressourcen zugestanden worden waren. Insbesondere die jährlich erforderliche Zustimmung zu den nicht-obligatorischen Ausgaben[5] des EG-Haushalts konnte das Parlament in der Folge zur Einflussnahme auf die politischen Aktivitäten der Kommission nutzen. 1977 wurde schließlich – nach mehr als 10-jährigen Forderungen vonseiten des Parlaments – der Beschluss zur Einführung der Direktwahl der Europaabgeordneten gefasst; die erste Wahl fand 1979 statt. Mit diesem Schritt wurde nicht nur ein direkterer Bezug zu den Bürgern Europas hergestellt, sondern auch eine Professionalisierung des Parlaments eingeleitet, indem die Abgeordneten nunmehr ihre europäischen Funktionen hauptamtlich ausübten und nicht mehr, wie zuvor, delegierte Parlamentarier der Mitgliedstaaten waren. In der Folge trat denn auch das Parlament mit einer Reihe von neuen Aktivitäten und Initiativen in den Vordergrund, wobei insbesondere seine Rolle bei der Weiterentwicklung des EU-Systems hervorzuheben ist (siehe Kap. 8.3).

Auch die Politikfunktionen der EG wurden im Zeichen einer zunehmend heterogenen Gemeinschaft so aus- und umgebaut, dass sie die Ungleichheiten zwischen den Mitgliedstaaten stärker berücksichtigten oder gar zu kompensieren versuchten (Tömmel 2004a). Als Mittel zur Kompensation von Disparitäten zwischen „reichen" und „armen" Mitgliedstaaten wurde 1975 eine europäische Regionalpolitik eingeführt. Gleichzeitig wurde der Sozialfonds, der schon im Rahmen der EGKS eingerichtet worden war, in ein gezieltes Arbeitsmarktinstrument umgeformt, um soziale Härten bei industriellen Umstrukturierungsprozessen abzumildern Die Einführung des Europäisches Währungssystems (EWS) im Jahre 1979 sollte tendenziell Konvergenz zwischen den nationalen Währungen bei gleichzeitiger Berücksichtigung der unterschiedlichen wirtschaftlichen Tragkraft der Mitgliedstaaten fördern; dazu waren bereits 1972 die Wechselkurse innerhalb gewisser Bandbreiten fixiert worden (Gilbert 2003: 138–145, Brown Wells und Wells 2008: 35–37). Das Spektakuläre des EWS lag in seiner flexiblen Handhabung: Je nach Wirtschaftslage und politischen Präferenzen eines Landes

---

5 Nicht-obligatorische Ausgaben sind solche, die nicht vertraglich fixiert sind, also beispielsweise die Aufwendungen für Struktur- und Entwicklungspolitik, die Hilfsprogramme für Drittstaaten und generell ein breites Spektrum von Fördermaßnahmen.

konnten die Bandbreiten der Wechselkurse variieren und es war auch möglich, außerhalb des Währungsverbunds zu bleiben.[6] Insgesamt waren somit die neuen Politiken der EG primär auf die flexible Kopplung unterschiedlich strukturierter Staaten oder die tendenzielle Angleichung unterschiedlicher ökonomischer Strukturen ausgerichtet (Tömmel 2016a). Mit dem EWS wurde zudem erstmals eine differenzierte Integration erprobt (Leuffen et al. 2012: 145–147).

Trotz dieser weitreichenden, in der Öffentlichkeit allerdings kaum wahrgenommenen Veränderungen im europäischen Integrationsprozess stand die EG zu Beginn der 80er Jahre im Zeichen von Krise und Stagnation, von Europessimismus oder gar Eurosklerose (Dinan 2004a: 167–168). Grundlegende Meinungsverschiedenheiten und Interessenkonflikte bestimmten die jeweiligen Gipfeltreffen und drohten, den Entscheidungsprozess zu paralysieren. Die Budgetprobleme, die Stahlkrise, die steigenden Kosten der Agrarpreisstabilisierung und die sich vertiefende Wirtschaftskrise bei rapide wachsenden Arbeitslosenzahlen warfen die Frage auf, ob die EG nicht eher Teil der Probleme statt Mittel zu ihrer Lösung sei.

Doch auch in dieser Situation wurde der Um- und Ausbau des Systems weitergeführt, wenngleich zum Teil eher hinter den Kulissen als auf offener Bühne. 1981 kam es mit dem Beitritt Griechenlands zu einer zweiten Erweiterung der Gemeinschaft; 1986 erfolgte dann die dritte Erweiterung, die Spanien und Portugal in das europäische Projekt einbezog. Die Süderweiterung der EG war, wie zuvor schon zahlreiche Grundsatzentscheidungen der Integration, nicht primär von ökonomischen Kalkülen motiviert – man erwartete auf beiden Seiten mehr Nachteile als Vorteile – sondern vor allem von politischen Beweggründen (Leggewie 1979). Da die drei Länder sich erst Mitte der 70er Jahre von ihren faschistischen oder autoritären Regimen befreien konnten, war die Stabilisierung der jungen Demokratien sowohl für die EG als auch die Beitrittskandidaten das wichtigste Motiv für diesen Schritt. Gleichzeitig implizierte die Süderweiterung aber auch eine bewusste Entscheidung für eine Gemeinschaft von ökonomisch ungleichen Partnern, was in der Folge zur Ausweitung der Kohäsionspolitik führte (Tömmel1989). Dementsprechend wurde denn auch im Zuge dieser Erweiterungen die europäische Regionalpolitik intensiviert und der Sozialfonds stärker unter strukturpolitischen Gesichtspunkten subsumiert. Beides erwies sich in der Folge als wichtiges Wechselgeld beim Tauschhandel um den Binnenmarkt (Tömmel 1994).

Die EG dieser Jahre baute aber auch Politiken auf, die das System in seiner Gesamtheit stärken sollten. So wurde die internationale Handlungsfähigkeit der Gemeinschaft durch eine formalisierte außenpolitische Kooperation zwischen den Mitgliedstaaten ausgebaut (Europäische Politische Zusammenarbeit (EPZ, Cuccia 2018). Zur Stärkung der internationalen Wettbewerbsfähigkeit wurde eine europäische Techno-

---

6 Von dieser Möglichkeit machten das Vereinigte Königreich, Griechenland und später auch Portugal Gebrauch.

logiepolitik auf den Weg gebracht (Peterson und Sharp 1998). Dazu bildete die Kommission eine Allianz mit Spitzenindustriellen, die in einem sogenannten Round Table ein entsprechendes Konzept erarbeitete. Der Round Table spielte seinerseits in der Folge eine wichtige Rolle beim Zustandekommen des Binnenmarktes (Cowles 1995).

Gerade das Bewusstwerden der Schwächen der EG im internationalen Wettbewerb, aber auch ihrer internen ökonomischen und politischen Fragmentierung förderte in der Folge die Einsicht in die Notwendigkeit einer Vertiefung der Integration (Sandholtz und Zysman 1989). Zu Beginn der 80er Jahre entfaltete sich aber zunächst nur eine Debatte über Reformkonzepte, ohne dass ein breiterer Konsens über die einzuschlagende Zielrichtung zustande kam (Dinan 2004a: 192–201, Knipping 2004). So lancierte das Europäische Parlament auf Initiative von Altiero Spinelli[7] einen Vertragsentwurf zur Schaffung einer Europäischen Union (Vorschlag: November 1981, Verabschiedung: Februar 1984); ebenfalls 1981 präsentierten die Außenminister Deutschlands und Italiens den sogenannten Genscher-Colombo-Plan, der eine Stärkung intergouvernementaler Entscheidungsverfahren, signifikante Kompetenzerweiterungen für das Parlament sowie die Vollendung des Binnenmarkts vorsah (Cuccia 2018). Hinter den Kulissen übten die Spitzenindustriellen vielfachen politischen Druck zur Verwirklichung des Binnenmarkts aus (Sandholtz und Zysman 1989, Gillingham 2003: 237–240). Kommissionen wurden eingesetzt, die die Reformvorhaben überprüfen sollten; aber auch diese erreichten keinen Konsens. Die Folge war denn auch eine Lähmung der „relance européenne"[8], auch wenn grundsätzlich Konsens bestand über die Notwendigkeit von tiefgreifenden Reformen. Damit war die Zeit reif für einen neuerlichen Umschlag des europäischen Integrationsprozesses.

Insgesamt stellt sich somit die Phase des Aus- und Umbaus der EG als primär von intergouvernementalen Konstellationen bestimmt dar: Zunächst war es de Gaulle, der in den 60er Jahren die Fortsetzung von Einstimmigkeitsbeschlüssen durchsetzen konnte, und so weitere Integrationsschritte blockierte. Eine Auflösung dieser Blockade wurde in der Folge jedoch nicht über die Stärkung supranationaler Integrationsmechanismen erreicht, sondern umgekehrt über den weiteren Ausbau der intergouvernementalen Systemdimension. Insbesondere die Erhebung des Europäischen Rates zu einer zusätzlichen Entscheidungsebene verlieh den Regierungschefs mehr Kontrolle über den Integrationsprozess; zugleich wurden so die Möglichkeiten der Konsensfindung erhöht (Loth 2014). Auch die Stärkung des Europäischen Parlaments kam zumindest indirekt der intergouvernementalen Systemdimension zugute, indem sie die Kontrollfunktion des EP gegenüber der Kommission ausweitete und diese damit einschränkte (Rittberger 2005).

---

7 Spinelli war bereits während des Zweiten Weltkriegs im Rahmen der italienischen Widerstandsbewegung ein engagierter Befürworter der europäischen Einigung.

8 Europäischer Aufschwung oder Wiederbelebung.

Die zunehmenden politischen Divergenzen zwischen den nationalen Regierungen – einerseits infolge der Erweiterungen der EG, andererseits der zunehmenden ökonomischen Disparitäten – förderten aber auch die Suche nach Auswegen aus diesen Dilemmata. Dies führte zur Ausweitung von Gemeinschaftspolitiken, die auf vielfältige Weise den vordringlichsten Problemlagen Rechnung trugen: den ökonomischen, regionalen und sozialen Disparitäten (Regional- und Sozialfonds) und den unterschiedlich entwickelten Volkswirtschaften (EWS) innerhalb der EG, sowie ihrer mangelnden Wettbewerbsfähigkeit (Technologiepolitik) und Handlungsfähigkeit im Außenverhältnis (EPC). Trotz der offensichtlichen Stagnation während der zweiten Phase wurden dennoch entscheidende Fortschritte im Integrationsprozess erzielt. Damit wurden gerade in dieser Zeit die Weichen für den späteren Integrationsaufschwung gestellt (Knipping und Schönwald 2004, Tömmel 2004a).

Hinzu kam, dass in dieser Phase aber auch die supranationale Systemdimension eine Stärkung erfuhr: die Kommission entwickelte subtilere Strategien, um den Ministerrat unter Entscheidungsdruck zu setzen; das Parlament reizte seine Kompetenzen bis hin zu ihrer Überschreitung maximal aus; der EuGH praktizierte eine Rechtsprechung, die die supranationale Integrationslogik enorm vorantrieb (Burley und Mattli 1993, Alter 2001 und 2009; vgl. ausführlicher Kap. 6.5). Gerade diese weniger sichtbaren und daher erst spät ins wissenschaftliche Bewusstsein getretenen Handlungsweisen der supranationalen Organe bildeten in der folgenden Phase eine entscheidende Grundlage für den spektakulären Aufschwung der Integration. Innerhalb der vorliegenden Phase sind sie auch als Reaktionsbildungen auf den Ausbau und die Stärkung der intergouvernementalen Entscheidungsmacht zu werten.

Es ist somit auch in dieser Phase die Wechselwirkung zwischen Intergouvernementalismus und Supranationalismus und den jeweiligen Institutionen und Akteuren, die die Dynamik und die Entwicklungsrichtung des Integrationsprozesses hervorbringen. Dabei stützt sich der Integrationsprozess nunmehr zunehmend auch auf informelle oder schwach formalisierte Strukturen und Verfahrensweisen. Während sich die supranationale Integrationsdynamik eher auf der Verfahrensebene entfaltete, wurde die intergouvernementale Entscheidungsmacht über stärker formalisierte Institutionen und Verfahrensmodi ausgebaut.

3.3 Supranationaler Integrationsschub und Stärkung intergouvernementaler Regie (1985–1995)

Mit dem Antreten Jacques Delors' als Präsident der Kommission zu Beginn des Jahres 1985 wurde eine neue Phase des Integrationsprozesses eingeläutet, in der die supranationale Dynamik wieder in den Vordergrund trat und somit weitreichende Integrationsschritte erzielt werden konnten (Gillingham 2003: 149–151). Allerdings waren auch diese Schritte vom Dissens zwischen den Mitgliedstaaten begleitet, sodass wie zuvor schon die faktisch realisierten Reformen weit hinter den lancierten Vorschlägen zurückblieben.

Als Erstes gelang es der neuen Kommission, die verschiedenen Initiativen und Aktivitäten zur Erneuerung der EG in zwei Schwerpunkten zu bündeln: zum einen einem Projekt der ökonomischen Integration, das die Vollendung des Binnenmarktes unter dem Schlagwort „Europa 1992" vorsah; zum anderen einem Projekt der politischen Integration, das einschneidende institutionelle Reformen sowie eine Veränderung der Entscheidungsverfahren anstrebte. Dabei gelang es der Kommission, diese beiden Projekte als inhärent miteinander verbunden zu präsentieren (Gilbert 2003: 169–174, Dinan 2004a: 206–223).

Die Grundlage für das Europa 1992-Programm bildete ein unter der Regie von Kommissar Lord Cockfield erarbeitetes Weißbuch, das alle Maßnahmen auflistete, die zur Vollendung des Binnenmarkts notwendig waren (vorgelegt am 14.6.1985, Kommission 1985). Konkret ging es dabei um ca. 300 Entwürfe für Richtlinien und Verordnungen, über die eine Beseitigung noch bestehender Hemmnisse für den freien Verkehr von Waren, Kapital, Personen und Dienstleistungen sowie eine Harmonisierung der unterschiedlichen Regelsysteme der Mitgliedstaaten erreicht werden sollte. Bei den Hemmnissen für die sogenannten „vier Freiheiten" handelte es sich übrigens weniger um „noch bestehende" Barrieren, als vielmehr um solche, die die Mitgliedstaaten erst im Laufe der 70er Jahre im Rahmen nationaler Strategien zur Krisenbewältigung aufgebaut hatten: unterschiedliche Systeme technischer Normierung, Privilegierung nationaler Anbieter im öffentlichen Beschaffungswesen, versteckte Subventionierung öffentlicher und privater Unternehmen.

Unter dem Eindruck einer abnehmenden internationalen Wettbewerbsfähigkeit der EG konnte vergleichsweise schnell ein Grundkonsens zur Realisierung dieses anspruchsvollen Programms gefunden werden; faktisch war er eigentlich schon gegeben. Denn Delors besuchte vor seinem Amtsantritt die Hauptstädte der EG zu Konsultationen mit den Regierungen der Mitgliedstaaten; dabei erwies sich das Binnenmarktprojekt als das einzige, das von allen Regierungen unterstützt wurde. Verstärkt wurde der Druck auf die Staats- und Regierungschefs, weil führende Industrielle sowohl auf europäischer als auch auf nationaler Ebene auf eine rasche Realisierung der Marktintegration drängten (Sandholtz und Zysman 1989, Cowles 1995, Gillingham 2003: 237–240). Erleichtert wurden die notwendigen Entscheidungen durch die Vorlage zweier umfangreicher und detaillierter, im Auftrag der Kommission erarbeiteter Studien, die die Vorteile des Binnenmarkts mit eindrucksvollen Wachstumszahlen zu belegen suchten (Cecchini-Report, Cecchini 1988) und die möglicherweise ungleichen Effekte für die Mitgliedstaaten als mit entsprechenden politischen Maßnahmen lösbar darstellten (Padoa-Schioppa-Report, Padoa-Schioppa et al. 1988). Nicht zuletzt wegen dieser Studien entbrannte eine erhitzte öffentliche Debatte über die Pros und Kontras des Binnenmarkts. Seine Einführung wurde dann aber durch eine sich rasch ausbreitende Integrationseuphorie sowie die faktische Anpassung der Unternehmen an die zu erwartende Situation vorweggenommen. Die Abarbeitung der ca. 300 Verordnungen und Richtlinien wurde planmäßig bis 1992 vollzogen.

Für die Reform der institutionellen Strukturen des EG-Systems war dagegen weniger leicht Übereinstimmung zu finden. Trotzdem schälte sich auch hier im Rahmen einer eigens einberufenen Regierungskonferenz ein Minimalkonsens heraus, der sich erst in der Folge als Grundlage weitreichender Integrationsschritte entpuppte. In Form eines Grundsatzdokuments, das als Einheitliche Europäische Akte bezeichnet wurde, kam es erstmals zu einer einschneidenden Revision der EG-Verträge (Unterzeichnung: 17.02.86, Inkrafttreten: 01.07.1987; vgl. zum Inhalt der EEA stellvertretend für viele andere Pinder 1989, zum Zustandekommen der EEA Sandholtz und Zysman 1989, Moravcsik 1991, zur Bewertung der EEA Keohane und Hoffmann 1991, Gilbert 2003: 180–183). Kernstück der EEA war die Einführung von (qualifizierten) Mehrheitsentscheidungen im Ministerrat für eine Reihe von Bereichen – vor allem die, die mit der Vollendung des Binnenmarkts verbunden waren und somit schon auf einem Grundkonsens zwischen den Mitgliedstaaten beruhten. Des Weiteren wurde die Rolle des Europäischen Parlaments über die Ausweitung seiner Befugnisse im Gesetzgebungsprozess erheblich aufgewertet: das neue, sogenannte Kooperationsverfahrens führte zwei Lesungen von Gesetzesvorschlägen ein. Zwar beinhaltete dieses Verfahren keine Mitentscheidungsrechte für das Parlament, aber es verlieh ihm eine Stimme, die es in der Folge sehr offensiv nutzte und von Kommission und Ministerrat nicht gänzlich übergangen werden konnte (siehe ausführlich Kap. 7.1 und 8.3). Allerdings galt das Verfahren ebenfalls nur für ein begrenztes Spektrum von Themenbereichen, insbesondere die Regelungen zum Binnenmarkt.

Auch die Rolle der Kommission als politikimplementierender Instanz erfuhr indirekt eine Aufwertung, indem eine Reihe von Politikfeldern, die zuvor nur auf Ratsbeschlüssen oder sogar nur auf informellen Initiativen der Kommission beruhten, als explizite Aufgaben der EG vertraglich verankert wurden. Damit wurde vor allem die Dauerhaftigkeit dieser Kompetenzübertragungen unterstrichen: Regionalpolitik, Technologiepolitik sowie Umweltpolitik (vgl. respektive Artikel 130 a–e, 130 f–p sowie 130 r–t EGV-M; jetzt Art. 174–178, 179–190 sowie 191–193 AEUV). Für mögliche negative Effekte des Integrationsprozesses wurden nunmehr politische Lösungen auf EG-Niveau angestrebt. Der infolge der Marktintegration drohenden Zunahme ökonomischer Disparitäten zwischen den Mitgliedstaaten und ihren Regionen wurde mit einer Verdopplung der Finanzausstattung der Strukturfonds und einer einschneidenden Reform ihres Instrumentariums begegnet (Beschlussfassung 1988, Gillingham 2003: 262–263). Die drohende Zunahme sozialer Gegensätze wurde zumindest als Problem anerkannt, indem die „soziale Dimension" der Gemeinschaft, nicht zuletzt auch unter dem Druck der Gewerkschaften, als notwendige Ergänzung der ökonomischen Integration auf die Tagesordnung gesetzt wurde (Dinan 2004a: 225–229).

Mit dieser erweiterten Agenda der Delors-Kommission, die dem Spill-over-Prinzip der neo-funktionalistischen Integrationstheorie zu folgen schien, war dann aber die Konsenskraft der Gemeinschaft vorerst ausgeschöpft. Insbesondere die sozialpolitische Thematik rief in der Folge erhebliche Auseinandersetzungen hervor, wobei vor allem das Vereinigte Königreich eine eindeutig ablehnende Position einnahm. Aller-

dings gelang es der Kommission, über eine Sozialcharta (1989) und ein darauf aufbau-
endes Aktionsprogramm zumindest 11 Mitgliedstaaten für ein grundsätzliches Engagement im Sozialbereich zu gewinnen (Leibfried 2010: 262–264). Damit wurden Fakten
geschaffen, die bei späteren formalen Entscheidungen kaum noch negiert oder umgangen werden konnten.

Das ehrgeizigste Thema, das im Kielwasser des Binnenmarkts von der Delors-
Kommission lanciert wurde, war die Schaffung einer Wirtschafts- und Währungsunion.
Dieses Projekt, das als Krönung des Binnenmarkts konzipiert war, stieß zunächst auf
erhebliche Widerstände. Nicht nur die britische Regierung äußerte sich ablehnend, sondern auch die Bundesrepublik zeigte sich skeptisch (Brown Wells und Wells 2008: 39).
Unter dem Eindruck der raschen und unerwarteten Wende in den Staaten Mittel- und
Osteuropas und unter dem Druck, Frankreich als Verbündeten für die deutsche Wiedervereinigung gewinnen zu müssen, entschied sich dann aber die Regierung Kohl für
eine demonstrative Westeinbindung der BRD und damit auch für die Unterstützung des
Währungsprojekts (Gillingham 2003: 235, Brown Wells und Wells 2008: 41). Loth (2013)
weist allerdings darauf hin, dass der Bundeskanzler nach anfänglichem Zögern die
Währungsunion ohnehin befürwortete; die bevorstehende deutsche Einigung sei nicht
der Preis dafür gewesen, sondern habe ihm die Gelegenheit gegeben, dies durchzusetzen. Ende 1990 wurde eine Intergouvernementale Konferenz (IGK) einberufen, die die
Details einer Währungsunion erarbeiten und aushandeln sollte (Geary 2012: 13). Erst in
letzter Minute besann man sich auch auf die Notwendigkeit institutioneller Reformen.
Dies resultierte in der Einsetzung einer zweiten IGK, die die Schaffung einer politischen
Union vorbereiten sollte.

Wie schon so oft in der Geschichte der europäischen Integration verlief jedoch die
Arbeit an beiden Projekten sehr unterschiedlich (Ross 1995). Während die Vorbereitun-
gen zur Wirtschafts- und Währungsunion von technischen Sachverständigen (z. B. den
Vertretern der europäischen Notenbanken) bestimmt waren und dementsprechend
zügig vorangetrieben werden konnten, war die politische Union ein diffuses Projekt,
das vom Dissens zwischen den Mitgliedstaaten beherrscht war (Ross 1995, Gilbert 2003:
203–204, Gillingham 2003: 269–284, Brown Wells und Wells 2008: 39–41). Während im
Bereich Wirtschafts- und Währungsunion der auch hier bestehende Dissens zugunsten
von Kompromisslösungen überwunden werden konnte, verlagerten sich die Verhandlungen um die politische Union auf die höchste Ebene und auf die letzte Minute vor
Toresschluss: den Europäischen Rat in Maastricht (Dezember 1991). Der Vertrag über
die Europäische Union (VEU, unterzeichnet: 7.2.1992, In Kraft: 1.11.1993), dessen Endfas-
sung dort ausgehandelt wurde, ist denn auch von deutlichen Asymmetrien gekennzeichnet.

Generell wurde im Vertrag ein Bekenntnis zu einer weiteren Integration formuliert, nicht zuletzt auch durch die Umbenennung der Gemeinschaft in Europäische
Union; gleichzeitig wurde durch die Betonung des Subsidiaritätsprinzips die relative
Eigenständigkeit der Mitgliedstaaten anerkannt. Kernstück des Maastrichter Vertrags
war jedoch der Einstieg in die Wirtschafts- und Währungsunion, die in einem dreistu-

figen Verfahren realisiert werden sollte (VEU Art. 102–109; vgl. zu den Vertragsänderungen Duff 1994, zum Zustandekommen des Vertrags Ross 1995, zur Bewertung des Vertrags Dinan 2004: 245–264). Anders jedoch als in den Planungen der frühen 70er Jahre war die Währungsunion jetzt so konzipiert, dass auf der europäischen Ebene lediglich die gemeinsame Währung geschaffen und eine unabhängige Europäische Zentralbank (EZB) mit weitreichenden Entscheidungsbefugnissen eingesetzt wurde. Kontrollfunktionen, soweit nötig, behielten sich die intergouvernementalen Organe vor. Die parallel dazu erforderliche ökonomische Harmonisierung wurde dagegen in der Verantwortlichkeit der Mitgliedstaaten belassen. Das bedeutete jedoch nicht, dass den Letzteren damit volle Handlungsfreiheit blieb; im Gegenteil, durch die Erstellung „harter" Kriterien für die Teilnahme am Währungsprojekt, die sogenannten Konvergenzkriterien,[9] wurden klare Vorgaben für die nationalen Regierungen definiert. Die Kriterien, die zu größerer Sparsamkeit der öffentlichen Haushalte anleiten sollten, sichern nicht nur die Währungsstabilität, sondern schränken auch ein breites Spektrum weiterer Politiken der Mitgliedstaaten ein: etwa die Fiskalpolitik sowie Maßnahmen der Daseinsvorsorge und sozialen Sicherung. Mit der Währungsunion wurde ein System der differenzierten Integration eingeführt, indem nicht alle Staaten gleichermaßen an dem Projekt partizipieren müssen oder dürfen (Leuffen et al. 2012). Entscheidungen hierüber, die der Europäische Rat fällt, sollten grundsätzlich von der Erfüllung der Konvergenzkriterien abhängen. In der Praxis wurden allerdings entgegen den Regeln auch Staaten mit einer übermäßigen öffentlichen Verschuldung in den Währungsverbund aufgenommen, was sich Jahre später als großes Problem für die Stabilität des Euro erwies (vgl. Kap. 5.1).

Auf der institutionellen Ebene wurden mit dem Maastrichter Vertrag weniger weitreichende Integrationsschritte erzielt, vor allem im Vergleich zu den wesentlich ehrgeizigeren Reformvorschlägen der Delors-Kommission (Ross 1995, Gillingham 2003: 278–284). Dennoch beinhalteten die erzielten Neuerungen wichtige Etappen im Integrationsprozess, indem sie die Grundlage für weitere Reformen im institutionellen Gefüge der Union bildeten (Dinan 2004a: 249–258): so die Einführung des Mitentscheidungsverfahrens (Kodezision) für das Europäische Parlament in bestimmten Politikfeldern, das drei Lesungen, ein Vermittlungsverfahren sowie ein Vetorecht vorsah (vgl. Kap. 7.1); die Ausweitung von

---

9 Die Konvergenzkriterien beinhalten folgende Parameter (siehe EUV-M, Art. 104c sowie Protokoll über das Verfahren bei einem übermäßigen Defizit):
– der Anstieg der Verbraucherpreise darf das Mittel der drei preisstabilsten Länder um nicht mehr als 1,5 % übersteigen;
– das Zinsniveau darf das Mittel der drei bestplatzierten Mitgliedstaaten nicht um mehr als 2 % überschreiten;
– die jährliche Neuverschuldung des öffentlichen Haushalts der Mitgliedstaaten darf 3 % des BIP nicht überschreiten;
– die gesamte Staatsverschuldung darf 60 % des BIP nicht überschreiten. Vertrag von Maastricht, Protokoll über das Verfahren bei einem übermäßigen Defizit.

Mehrheitsentscheidungen im Ministerrat; das Recht des Parlaments, die neue Kommission als Ganze zu bestätigen (oder abzulehnen); und schließlich die Anerkennung des Europäischen Rates als „oberste Entscheidungsinstanz" der Union, indem dieser erstmals als gesonderte Institution im Vertragstext genannt wurde (VEU Art. D). All diese, zunächst noch halbherzigen Neuerungen wurden Jahre später mit dem Vertrag von Lissabon entscheidend ausgebaut (vgl. Kap.4.2).

Ein weiterer spektakulärer und langfristig folgenreicher Schritt war die Vereinbarung einer verstärkten europäischen Zusammenarbeit in zwei Politikfeldern, die sich bisher als nur schwer integrierbar erwiesen hatten: die Gemeinsame Außen- und Sicherheitspolitik (GASP) sowie der Bereich Justiz und Inneres (JI). Es wurden aber keine Kompetenzen in diesen Bereichen auf die europäische Ebene übertragen; vielmehr wurden sie einer rein intergouvernementalen Regie und Beschlussfassung unterstellt und somit dem Zugriff von Kommission, Parlament und Gerichtshof weitestgehend entzogen. Um diese Neuerungen zu veranschaulichen, wurde in den Vorverhandlungen zum Vertrag von Maastricht das Bild eines Tempels mit drei Säulen entworfen (Ross 1995). GASP und JI wurden als Zweite und Dritte Säule bezeichnet und einer Ersten Säule gegenübergestellt, die die gesamte bisherige Europäische Gemeinschaft und alle zugehörigen Politiken umfasste. Das Dach des Tempels bildete die Europäische Union. Die Tempel-Analogie verdeutlichte ein Nebeneinander zweier Integrationswege unter einem gemeinsamen institutionellen Dach: ein primär supranational strukturierter sowie ein vorwiegend intergouvernemental organisierter Weg. Dementsprechend gab es denn auch in der Folge zwei Verträge für die Union: Zum einen den Vertrag über die Europäische Union, der die Neuregelungen zum „Dach" der Union, aber auch die Regeln für die Zweite und Dritte Säule enthielt; zum anderen den Vertrag über die Gründung der Europäischen Gemeinschaft, in den bedeutsame Veränderungen des Maastricht-Vertrags eingearbeitet wurden, z.B. die Regelungen für die Währungsunion.[10]

Der Vertrag von Maastricht umfasste noch einige weitere Neuregelungen, die unspektakulär erscheinen, aber in der Folge ebenfalls eine beachtliche Eigendynamik entfalteten. So wurde eine Unionsbürgerschaft eingeführt, die die Bürger der Mitgliedstaaten in einen direkten Bezug zur EU setzte (VEU Art. 8). Zudem wurde ein neues Beratungsgremium geschaffen: der Ausschuss der Regionen (VEU Art. 4(2)). Damit erhielt die subnationale Ebene erstmals eine offizielle Stimme im europäischen Entscheidungsprozess (vgl. Kap. 10.2). Des Weiteren wurden neue Politikfelder als Kompetenzen der Gemeinschaft ausgewiesen: allgemeine und berufliche Bildung, Kultur, Gesundheitswesen, Verbraucherschutz und Ausbau transeuropäischer Netze (VEU Art. 126–129). Zwar waren hier zumeist nur koordinierende Zuständigkeiten der europäischen Ebene vorgesehen; sie eröffneten aber einen Einstieg in langfristig erweiterbare Aktivitäten. Nicht zuletzt wurde auch der Einstieg in eine gemeinsame So-

---

10 Letzterer wurde mit dem Lissabon-Vertrag umbenannt in Vertrag über die Arbeitsweise der Europäischen Union.

zialpolitik über ein entsprechendes Protokoll im Anhang des Vertrags vollzogen, das von allen Mitgliedstaaten mit Ausnahme des Vereinigten Königreichs unterzeichnet wurde (VEU: Protokoll über die Sozialpolitik; vgl. auch Kap. 11.2.1).

Insgesamt markiert der Vertrag zur Europäischen Union den Höhepunkt einer beschleunigten Integrationsphase (Geary 2012: 19); zugleich leitet er aber auch den Umschlag in eine neue, durch heterogenere Entwicklungen gekennzeichnete Phase ein. Denn schon bald wurden wieder die Risse im gemeinsamen europäischen Haus sichtbar: Die Ratifizierung des Vertrags gelang in den Mitgliedstaaten nur mit Mühe und unter erheblichen Verzögerungen (Dinan 2004a: 258–262). Die Dänen stimmten in einem Referendum (Juni 1992) zunächst gegen das Vertragswerk; erst nach weitgehenden Zugeständnissen in Form von Opting-outs, wie sie das Vereinigte Königreich zuvor schon erzielt hatte, fiel ein zweites Referendum positiv aus. In Frankreich wurde die nötige Mehrheit nur knapp erreicht (September 1992); in Deutschland mussten Kompromisse auf nationaler Ebene eingegangen werden, um die Zustimmung des Bundesrats zu gewinnen.[11] Aber auch nach der Ratifizierung des Vertrags blieben die Risse sichtbar: Die öffentliche Meinung erwies sich nunmehr als zunehmend skeptisch oder sogar gespalten, und das allgemeine Misstrauen gegenüber der Integration wuchs (Hooghe und Marks 2009). Verstärkt wurde diese Situation in dem Maße, wie sich die Währungsunion als ein sehr schwierig zu vollziehender Integrationsschritt entpuppte: Die enormen Folgekosten und -lasten, die dieses Projekt gerade auf der nationalen Ebene nach sich zog, ließen es als immer weniger konsensfähig erscheinen. Aber auch in anderen Bereichen und Themenfeldern bröckelte der mühsam erzielte Konsens sichtbar ab.

Neben diesen internen Problemen der europäischen Integration waren es aber auch externe Faktoren, die das Integrationsprojekt in dieser Phase vor gänzlich neue Herausforderungen stellten. Das Ende des Ost-West-Konflikts führte nicht nur zum Zerfall sowie der grundlegenden Transformation der mittel- und osteuropäischen Staaten und der entsprechenden Blockbildungen, sondern erhöhte auch enorm den Handlungsdruck auf die Union. Als ein relativ einfach zu vollziehender Schritt erschien in dieser Situation der Einbezug des wiedervereinigten Deutschlands – und damit der ehemaligen DDR – in den europäischen Verbund, der dann auch vergleichsweise geräuschlos erfolgte (Gilbert 2003: 198–203). Die Delors-Kommission schuf hierfür die formalen Voraussetzungen, indem sie den Beitritt als mit der deutschen Wiedervereinigung (zum 3.10.1990) vollzogen deklarierte und relativ schnell konkrete Lösungsvorschläge für die damit verbundenen Anpassungen lancierte (Grant 1994).[12]

---

11 In der BRD hatten die Länder gegen den Vertrag geklagt, mit dem Argument, dass die Bundesregierung mit diesem Vertrag Länderkompetenzen auf die europäische Ebene übertrage. Durch eine Änderung des Grundgesetzes, die den Ländern sowie dem Bundesrat eine Mitwirkung in europäischen Entscheidungen zubilligte, konnte dieser Konflikt schließlich beigelegt werden.

12 Dies betraf z. B. die Erhöhung der Zahl der Abgeordneten im Europäischen Parlament, aber auch die Ausweitung der Regionalförderung auf die ostdeutschen Gebiete.

Schwieriger erwies sich die Reaktion auf den Umbruch in den übrigen Staaten des ehemaligen Ostblocks. Zwar hatte die Kommission bereits 1989, also schon vor der eigentlichen politischen Wende in diesen Staaten, ein Hilfsprogramm (PHARE) für Polen und Ungarn aufgelegt. Im Zuge der Wende in diesen und weiteren Staaten Mittel- und Osteuropas weitete sie das PHARE-Programm ab 1990 erheblich aus. Für die Nachfolgestaaten der Sowjetunion (SU) entwickelte sie ein spezielles Programm unter dem Namen TACIS (Tömmel 1996). Im Rahmen dieser Programme waren Partnerschafts- und Kooperationsabkommen mit den Transformationsstaaten vorgesehen. Diese wollten aber wesentlich mehr erreichen: Sie drängten mit Macht zur Mitgliedschaft in der Union. Diesem Anliegen konnte die Union keine attraktive Alternative gegenüberstellen, sodass sie zunehmend unter Erweiterungsdruck geriet (Gilbert 2003: 237).

Der Zerfall Jugoslawiens und die damit einhergehenden Balkankriege forderten zudem die Handlungsfähigkeit der GASP heraus (Gilbert 2003: 251). Diese blieb allerdings weit hinter den Herausforderungen und Erwartungen zurück. Angesichts tiefgreifender Konflikte sowie komplexer Problemlagen in der unmittelbaren Nachbarschaft der EU waren somit neue Lösungswege gefragt; entsprechende Schritte erwiesen sich aber im Lichte wachsender Divergenzen zwischen den Mitgliedstaaten als schwer realisierbar (Gillingham 2003: 314).

Betrachtet man die Phase einer beschleunigten Integration seit 1985 in ihrer Gesamtheit, so ist diese als eine sehr dynamische Phase zu werten. Mit dem Binnenmarkt und dem Einstieg in die Wirtschafts- und Währungsunion wurde die ökonomische Integration „vollendet"; über die Einheitliche Europäische Akte und den Vertrag zur Europäischen Union wurden die Gründungsverträge erstmals signifikant erweitert und die institutionelle Struktur der Union sowie die Entscheidungsverfahren ausdifferenziert, rationalisiert und tendenziell demokratisiert. Zudem wurden eine Reihe von Politikfeldern – auch solche, die sich nicht notwendigerweise als Spill-over-Effekte der ökonomischen Integration ergaben – sowie entsprechende Kompetenzen auf die europäische Ebene übertragen.

Ohne Zweifel sind diese Entwicklungen – die von einer sehr aktiven Kommission unter der Präsidentschaft Delors' vorangetrieben wurden (Ross 1995, Brown Wells und Wells 2008, Geary 2012, Tömmel 2013, Müller 2020) – als Ausdruck einer gesteigerten supranationalen Integrationsdynamik werten. Der Übergang zu Mehrheitsentscheidungen im Ministerrat, die stärkere Rolle des Parlaments im Gesetzgebungsprozess und schließlich der Einbezug einer Vielzahl von externen Akteuren in die Entscheidungsverfahren bestätigen diese These; sie beleuchtet aber nur eine Seite der Medaille. Denn die Fortschritte im Bereich einer supranationalen Integrationsdynamik wurden begleitet von verfeinerten Verfahren der intergouvernementalen Kompromiss- und Konsensfindung; zudem bildete sich mit der Zweiten und Dritten Säule, aber auch der Währungsunion, eine alternative Integrationsmethode unter intergouvernementaler Dominanz heraus. Damit gelang es, die nach wie vor ausgeprägten Interessendivergenzen zwischen den Mitgliedstaaten über entsprechende Verhandlungen partiell zu vermitteln und die Vergemeinschaftung bestimmter Politikfelder auf differenzierte Weise voranzutreiben. Auf der Verfahrensebene sind es vor allem die groß angelegten Intergouvernementalen Konferenzen und die anschließenden Vertragsänderungen, über die die Aushandlungs- und Konsensfindungsprozesse zwischen den Mitgliedstaaten – unter Einbezug weiterer Akteure und Interessengruppierungen – verfeinert und austariert werden konnten (Moravcsik 1998). In struktureller Hinsicht ist es die zunehmende Flexibilisierung und Diversifizierung des Integrationsmodus, die weitere Fortschritte möglich machte. In diesem Zusammenhang sind in erster Linie die Schaffung der Währungsunion, der GASP und des Bereichs JI zu nennen; daneben sei aber auch an die vielfältigen Formen des Opting-out, der Sonderregelungen für einzelne Mitgliedstaaten, die Vereinbarung von Integrationsschritten unterhalb der offiziellen Vertragsregelungen (Sozialcharta, Sozialprotokoll) und schließlich an kodifizierte Formen der differenzierten Integration (Währungsunion) erinnert. Dem gesteigerten Supranationalismus im Hauptstrang der Integration entspricht also ein differenzierterer Intergouvernementalismus auf dem Nebengleis. Zwar hatte die Zusammenarbeit in Währungsfragen sowie in den Bereichen Außen- und Innenpolitik jeweils ihre Vorgeschichte – im EWS, in der EPZ, sowie im Rahmen des 1985 vereinbarten Schengener Abkommens – aber mit der Schaffung der Union wurden diese Formen der intergouvernementalen Kooperation vertraglich verankert und in die Systemstruktur der EU inkorporiert. Das bedeutet, der politische Wille zur Vergemeinschaftung der entsprechenden Politikfelder und somit zur Ausweitung der Integration war zwar gegeben, reichte jedoch nicht zum Ausbau einer supranationalen Integrationsdynamik aus. Integration wurde seit Maastricht somit nicht mehr nur über eine stärkere Zentralisierung von Entscheidungsmacht, sondern *auch* über eine institutionalisierte intergouvernementale Kooperation realisiert.

3.4 Schlussfolgerungen

In diesem Kapitel wurde der Prozess der europäischen Integration von seinen Anfängen in den Nachkriegsjahren bis hin zur Bildung der Europäischen Union zu Beginn der 90er Jahre nachgezeichnet. Die Anfangsjahre waren durch eine Gründungseuphorie gekennzeichnet, die zwar zunächst nur eine kleine Gruppe von sechs Staaten erfasste, jedoch nach anfänglichen Schwierigkeiten zum Aufbau von drei Europäischen Gemeinschaften führte. In deren Rahmen wurden sektorale Politiken integriert und die Basis für einen gemeinsamen Markt gelegt. Die institutionelle Struktur der Gemeinschaften umfasste eine Reihe von supranationalen Organen, denen allerdings mit dem Ministerrat ein mächtiges intergouvernementales Organ gegenübergestellt wurde. Die Bedeutung dieser ersten Phase liegt in der Schaffung der strukturellen Grundlagen für eine dauerhafte intergouvernementale Zusammenarbeit mit ausgeprägten supranationalen Zügen.

In den 60er Jahren schien der anfängliche Konsens nicht mehr für weitere Integrationsschritte auszureichen; dementsprechend kam es zu Blockaden in der Beschlussfassung und in der Folge zu einem allmählichen Aus- und Umbau der drei mittlerweile fusionierten Gemeinschaften. Zum einen wurde die EG um neue Mitgliedstaaten erweitert, zum anderen wurden neue Institutionen geschaffen und bestehende gestärkt. Des Weiteren wurden die Politikfunktionen der EG erheblich ausgeweitet. Trotz dieser weitgehenden Integrationsschritte wird die zweite Phase gemeinhin als Stagnationsphase gewertet. Diese Einschätzung ist vornehmlich der Uneinigkeit der nationalen Regierungen über eine Reihe von Kernfragen der Integration sowie einem zunehmenden Reformstau zuzuschreiben. Insgesamt liegt die Bedeutung dieser zweiten Phase im Umbau des EG-Systems hin zu einer stärker intergouvernementalen Verfasstheit.

Mit dem Antreten von Jacques Delors als Präsident der Kommission zum 1.1.1985 wendete sich das Blatt erneut hin zu einer ausgeprägten supranationalen Integrationsdynamik. Mit großem Elan wurde die Vollendung des Binnenmarkts durchgeführt und mit der Einheitlichen Europäischen Akte das institutionelle System der EG erstmals reformiert. Auf der Grundlage dieser Erfolge wurden weitere, ehrgeizigere Integrationsschritte geplant und mit dem Vertrag von Maastricht beschlossen: der Einstieg in eine Wirtschafts- und Währungsunion, erste Schritte zu einer gemeinsamen Sozialpolitik sowie neuerliche institutionelle Reformen, die insbesondere die demokratische Verfasstheit des nunmehr als EU bezeichneten Systems stärkten. Gleichzeitig wurde neben der traditionellen Methode der Vergemeinschaftung von Politiken ein zweiter, intergouvernementaler Integrationsweg für sensible Politikfelder erschlossen. Die Bedeutung dieser dritten Phase liegt in ihrer einmaligen supranationalen Dynamik; gleichzeitig ebnete sie aber auch schon den Weg für eine neuerliche intergouvernementale Dominanz.

Aus der Analyse der ersten drei Phasen des Aufbaus der Europäischen Union ergeben sich folgende Charakteristika des Integrationsprozesses:

1. Die europäische Integration ist ein *ungleichmäßiger Prozess*, in dem Phasen augenscheinlich beschleunigter Integration mit solchen der Stagnation abwechseln. Phasen beschleunigter Integration sind durch eine ausgeprägte supranationale Dynamik gekennzeichnet, während Stagnationsphasen primär von intergouvernementalen Konstellationen und damit von der schwierigen Kompromiss- und Konsensfindung zwischen den Mitgliedstaaten bestimmt sind.

2. Der europäische Integration ist ein *ungeplanter Prozess*, der nicht einem definierten Leitbild oder einem konkreten Entwicklungskonzept folgt; vielmehr kommt es in jeder Phase zu Anpassungen und Umstrukturierungen des institutionellen Systems, die als Reaktionen auf Blockaden zu werten sind. Während anfangs noch das Leitbild eines föderalen Staates zumindest als Orientierungsmarke diente, kam es in der zweiten Phase zu einer Stärkung der intergouvernementalen Dimension. In der dritten Phase gewann zunächst eine supranationale Dynamik die Oberhand; mit der Bildung der Säulen wurde jedoch der Integrationsmo-

dus in zwei Varianten aufgespalten, und damit der Weg für eine neuerliche inter-gouvernementale Dominanz geebnet.

3. Der europäische Integrationsprozess ist ein *selektiver Prozess*. Obwohl in jeder Phase weitreichende und innovative Integrationsschritte, Reformkonzepte oder gar Gesamtvisionen für das System der EG/EU lanciert wurden, konnten jeweils nur wenige und begrenzte Vorhaben den Konsens der Mitgliedstaaten finden und somit über kleinteilige und teilweise in sich widersprüchliche Schritte zum Auf- und Ausbau des Systems beitragen.

4. Der europäische Integrationsprozess ist ein *asymmetrischer Prozess*, indem vor allem die Regulierung der Wirtschaft und speziell des gemeinsamen Marktes zügig vergemeinschaftet wurde, während andere, sogenannte „sensible" Politik-bereiche und Themen, etwa die Sozialpolitik und ganz besonders die Außen- und Sicherheitspolitik, sich als schwer integrierbar erweisen.

Insgesamt ist der Werdegang der europäischen Integration als ein dynamischer Prozess zu werten, der einerseits das Resultat der Präferenzen und Optionen der Mitgliedstaaten ist, andererseits aber auch seinen Antrieb aus dem Wirken supranational orientierter Institutionen und Akteure – allen voran der Europäischen Kommission – bezieht. Es ist die Interaktion zwischen diesen unterschiedlichen Kräften, die den Verlauf der Integration bestimmt und das darüber auskristallisierende politische System ausgestaltet.

4 Die Konsolidierung der Europäischen Union: Erweiterung, Vertiefung, Ausdifferenzierung (1995–2009)

In diesem Kapitel wird die vierte Phase der europäischen Integration und damit der fortgesetzte Aus- und Umbau des EU-Systems analysiert. Zwar hatte die Union zu Beginn der 90er Jahre das Stadium einer reifen politischen Ordnung erreicht; dennoch kam es weiterhin zu umfangreichen Erweiterungen ihrer Mitgliedschaft, zum Umbau der Systemstruktur sowie zu Änderungen in den Entscheidungsverfahren. Auf diese Weise reagierten die verantwortlichen Politiker einerseits auf neue externe Herausforderungen, andererseits auch auf intern aufbrechende Friktionen. Zudem musste nun die Umsetzung der Währungsunion erfolgen, angesichts des Misstrauens der Bürger ein weiterhin umstrittenes Projekt. Insgesamt kam es in dieser Phase zu einer Konsolidierung des politischen Systems der EU unter sich stetig verändernden Rahmenbedingungen.

Bereits in den 90er Jahren, unmittelbar nach dem Vertragsschluss von Maastricht, stand die EU unter erhöhtem Reformdruck. Dieser Druck resultierte einerseits aus den externen Herausforderungen nach dem Ende des Ost-West-Konflikts, andererseits aber auch aus inneren Widersprüchen der bisherigen Integrationsdynamik. Erstmals in ihrer Geschichte musste die Union eine Erweiterung von bis *dato* nicht gekannten Ausmaßen und zugleich eine Vertiefung der Integration bewältigen. Während für Erstere neue Politiken zur Anpassung der Beitrittskandidaten an die Union entwickelt werden mussten und die Beitrittsverhandlungen breiten Raum einnahmen, wurde Letztere über sukzessive Vertragsänderungen erreicht. Zunächst folgten diese dem Muster eines vorsichtigen Inkrementalismus; nach der erfolgten Erweiterung gelang dann aber mit dem Vertragsschluss von Lissabon eine fundamentale und bis zur Gegenwart letzte Umarbeitung der EU-Verträge. Der Lissabon-Vertrag stärkte vornehmlich die intergouvernementale Dimension des Systems auf der europäischen Ebene; zudem stellte er die Weichen für einen Integrationsmodus, der stärkere Differenzierungen zwischen den Mitgliedstaaten und damit Formen der abgestuften Integration ermöglicht. Insgesamt entwickelte sich die Union in dieser Phase zu einem wesentlich größeren, aber auch intern stärker differenzierten System, das jedoch keine weitere Zentralisierung von Entscheidungsmacht erfuhr, sondern sich zunehmend auf machtvolle intergouvernementale Institutionen und entsprechende Verfahren der Konsensbildung stützte.

https://doi.org/10.1515/9783111191799-004

4.1 Vorsichtiger Inkrementalismus

Als vorsichtiger Inkrementalismus, mit dem die vierte Phase der Integration einsetzte, ist zunächst eine neuerliche Erweiterungsrunde zu werten, die bis zur Jahreswende 1994/95 realisiert wurde. Nach entsprechenden Verhandlungen und positiven Volksabstimmungen traten Schweden, Finnland und Österreich der Union bei (Dinan 2004a: 268–271, Loth 2020: 326–329). Zwar erwiesen sich die Verhandlungen als zäh, da die betroffenen Regierungen zwischen ihrem erklärten Willen zum Beitritt und den eher ablehnenden Haltungen ihrer Bürger balancieren mussten. Ein weiterer Beitrittskandidat – Norwegen – musste seinen Plan trotz ausgehandelter Verträge ein zweites Mal aufgrund eines negativen Referendums aufgeben. Insgesamt verlief diese vierte Erweiterungsrunde aber vergleichsweise problemlos, nicht zuletzt, weil die neuen Mitglieder schon vorher aufgrund ihrer Teilhabe am Europäischen Wirtschaftsraum[1] eine weitreichende Konvergenz mit den EU-Staaten erreicht hatten und aufgrund ihrer wirtschaftlichen Prosperität kaum Anspruch auf umfangreiche Fördermittel der EU hatten. Im Gegenteil, als überwiegende Nettozahler füllten sie die Kassen der Union vor der großen Erweiterung nach Osten.

Als wesentlich schwieriger erwies es sich, eine gemeinsame Haltung zu den mittel- und osteuropäischen Beitrittskandidaten zu entwickeln (Dinan 2004a: 271–279, Loth 220: 358–364). Zum einen stellte sich die Diskrepanz dieser Länder zu den EU-Staaten – in Bezug auf ihre ökonomische Struktur und Leistungskraft, aber auch ihre fragile politische Verfasstheit – als Hemmnis einer schnellen Integration dar (Gilbert 2003: 237). Zum anderen brachen innerhalb der EU sehr große Interessendivergenzen zwischen den Mitgliedstaaten[2], aber auch zwischen einzelnen Interessengruppierungen[3], bezüglich der Osterweiterung auf. Mit dem Abschluss von Assoziierungsabkommen, die als sogenannte Europa-Abkommen sehr weitreichende Marktöffnungen, politische Regelungen sowie Hilfsprogramme zur Transformation beinhalteten, wurde ein Konzept der Annäherung der Beitrittsstaaten an die EU entwickelt (Gilbert 2003: 237–241, Dinan 2004a: 271–279). Gleichzeitig wurden aber auf dem Gipfel von Kopenhagen (22.6.1993) hohe Hürden für den Beitritt aufgebaut, indem Kriterien formuliert wurden, die die Kandidatenstaaten zu erfüllen hatten.[4] Dies gewährte der EU zumin-

---

1 Der Europäische Wirtschaftsraum (EWR) umfasst die EU und die Staaten der EFTA mit Ausnahme der Schweiz; er beinhaltet die Ausdehnung des Binnenmarkts auf die EFTA-Staaten sowie eine Zusammenarbeit in ausgewählten Politikfeldern.

2 So plädierten vor allem Deutschland und das Vereinigte Königreich vehement für eine Osterweiterung, während Frankreich und die Mittelmeerstaaten eine eher zurückhaltende Position einnahmen.

3 Beispielsweise Arbeitnehmer bestimmter Sektoren fürchteten die Konkurrenz und damit Lohndumping vonseiten osteuropäischer Arbeitsmigranten.

4 Die unter dem Begriff „Kopenhagener Kriterien" firmierenden Beitrittskriterien wurden wie folgt formuliert: demokratische und rechtstaatliche Ordnung, Wahrung der Menschenrechte, Schutz von Minderheiten; funktionsfähige Marktwirtschaft und die Fähigkeit, dem Wettbewerbsdruck innerhalb der Union standzuhalten; Übernahme des „Acquis communautaire", also der gesamten bisherigen Ge-

dest einen Zeitgewinn. Auch für sich selbst baute die Union hohe Hürden auf: Die Osterweiterung sollte erst nach einer vorherigen Vertiefung der Integration, das heißt, nach einer Neuordnung der Organe und Entscheidungsverfahren vollzogen werden, um so die Handlungsfähigkeit der Union auch bei einer wesentlich umfangreicheren Mitgliederzahl gewährleisten zu können (Gilbert 2003: 241).

Vergleichsweise defensiv wurde die Ernennung eines neuen Kommissionspräsidenten zum Jahresanfang 1995 gehandhabt, nachdem Delors nach Ablauf zweier Amtsperioden nicht mehr wählbar war.[5] Während sich die Mitgliedstaaten mühsam auf einen Kandidaten einigten, sprach das Parlament ihm nur mit knapper Mehrheit das Vertrauen aus.[6] Der neue Präsident, der Luxemburger Jacques Santer, kündigte denn auch keine spektakulären Integrationsschritte an, sondern versprach lediglich die Konsolidierung des Bestehenden (Cini 2008: 117–118, Tömmel 2013: 798–799).

Um die Mitte der 90er Jahre wurden auch die Folgen der Beschlüsse zur Währungsunion deutlich sichtbar, was zu einem weiteren Vertrauensverlust der Bürger führte (Gilbert 2003: 228–230). Die meisten Regierungen der Mitgliedstaaten versuchten nunmehr, die Konvergenzkriterien zu erfüllen, womit sie harte Sparbeschlüsse und insbesondere weitreichende Einschnitte ins „soziale Netz" implementierten. Zur Absicherung einer verantwortungsvollen Wirtschafts- und Fiskalpolitik der Mitgliedstaaten auch nach dem Beitritt zur WWU wurde 1997 der sogenannte Stabilitäts- und Wachstumspakt beschlossen (SWP), womit die Verpflichtung zur Sparpolitik auch für die Zukunft festgeschrieben wurde (Heipertz und Verdun 2010). Trotz neu aufflammender Debatten über das „Esperanto-Geld"[7] wurde am Zeitplan der Währungsunion festgehalten: Zum Jahresanfang 1997 wurden die europäischen Währungsinstitutionen eingesetzt; 1999 wurde der Euro als Parallelwährung eingeführt und 2002 als alleiniges Zahlungsmittel in den Staaten der Eurozone zugelassen. Entgegen den ursprünglichen Erwartungen qualifizierten sich nicht nur 7 oder 8 Mitgliedstaaten für

---

setzgebung. https://eur-lex.europa.eu/DE/legal-content/glossary/accession-criteria-copenhagen-criteria.html. Abgerufen: 9.10.23.

5 Faktisch hatte man ihn sogar für weitere 2 Jahre über die bis dahin übliche Amtszeit von 2 x 4 Jahren bestätigt, um die Amtsperiode der Kommission mit der des Europäischen Parlaments (5-jährige Laufzeit) zu synchronisieren.

6 Die Kandidatenwahl der Regierungschefs zeigte deutlich, dass man keinen sehr selbstständigen Kommissionspräsidenten mit starken politischen Ambitionen wünschte, sondern eher einen Kandidaten, der der Kompromissbildung zwischen den Regierungen förderlich ist. Dementsprechend wurde in den Verhandlungen sowohl der Niederländer Lubbers (insbesondere vom deutschen Bundeskanzler Kohl) als auch der Belgier De Haene (vom britischen Regierungschef Major) abgelehnt (vgl. Tömmel 2013: 798–799).

7 Diese deutlich abschätzige Wortschöpfung wurde vom seinerzeitigen Finanzminister der BRD, Theo Waigel, in die Debatte eingebracht.

den Währungsverbund, sondern 12.[8] Im Rückblick ist allerdings festzuhalten, dass sich einige Staaten nicht wirklich durch die Erfüllung aller Kriterien qualifiziert hatten, sondern aufgrund politischer Erwägungen in den Währungsverbund aufgenommen wurden (Gilbert 2003: 234). Trotzdem hat dieses erste, vertraglich verankerte Konzept einer abgestuften Integration notorische Währungssünder und Schuldnerländer zumindest zeitweise unter Druck gesetzt, ihr Finanzgebaren den Konvergenzkriterien anzupassen und ihre Wirtschafts- und Sozialpolitik umzupolen. Gleichzeitig übte es auf fast alle Mitgliedstaaten erheblichen Druck zur Partizipation an diesem Integrationsschritt aus.

Angesichts der sinkenden Akzeptanz des europäischen Projekts in den Augen der Bürger und einer Vielzahl von – alten und neuen – Beitrittskandidaten im Wartestand wurde 1996 eine neuerliche Intergouvernementale Konferenz anberaumt. Diese sollte einerseits Vorschläge für ein demokratischeres und bürgernäheres System, andererseits für eine rationellere und effizientere Organisationsstruktur erarbeiten, um die Handlungsfähigkeit der Union auch mit 25 oder mehr Mitgliedstaaten zu sichern.

Eine Flut von Reformvorschlägen, kleineren und größeren Integrationskonzepten sowie Diskussionsvorlagen wurde der Konferenz vorgelegt. Kommission und Parlament, Regierungen der Mitgliedstaaten, Ausschuss der Regionen und subnationale Verwaltungseinheiten sowie ein breites Spektrum von Interessenverbänden und Nichtregierungsorganisationen erarbeiteten Positionspapiere und Stellungnahmen (Dinan 2004a: 284, Loth 329–342). Aber schon lange vor Abschluss der auf anderthalb Jahre angesetzten Konferenz wurde deutlich, dass die Regierungen sich allenfalls auf Minimalkompromisse und kleinere, inkrementelle Reformschritte einigen konnten, während eine grundlegende institutionelle Reform einmal mehr verschoben wurde.

Im Juni 1997 kam es denn auch auf dem Amsterdamer Gipfel zur Aushandlung eines Vertragsdokuments, das nur entfernt den ursprünglich hochgesteckten Erwartungen entsprach. Die vereinbarten Regelungen beinhalteten aber eine gewisse Ausweitung von Rechten, Kompetenzen un–d Handlungsmöglichkeiten der einzelnen Organe, die in der Summe den Integrationsprozess förderten und das institutionelle Gefüge der Union weiter ausdifferenzierten (vgl. zu den Vertragsregelungen Wessels 1997a; zum Zustandekommen des Vertrags Dinan 1999, Moravcsik und Nicolaïdis 1999; zur Bewertung des Vertrags Neunreither und Wiener 2000).

So stärkte der Vertrag von Amsterdam die legislative Rolle des Parlaments deutlich, indem er das Mitentscheidungsverfahren von 15 auf 38 Fälle ausweitete. Da gleichzeitig das mit der EEA eingeführte Kooperationsverfahren fallengelassen wurde, erweist sich dieses in der Rückschau nur noch als eine Übergangslösung zu erweiterten Rechten des Parlaments. Darüber hinaus wurde das Mitentscheidungsverfahren erheblich gestrafft

---

8 Insbesondere von den Mittelmeerländern wurde eine solche Qualifizierung nicht erwartet. Italien schaffte den Beitritt zum Euro dennoch bis zum diesbezüglichen Entscheidungstermin 1997, während Griechenland erst zum Jahresbeginn 1999 nachziehen konnte.

und vereinfacht (Art. 251 EGV-A). Dem Parlament wurde zudem die Aufgabe übertragen, Vorschläge für ein allgemeines europaweites Wahlverfahren auszuarbeiten (Art. 190, Abs. 4 EGV-A). Mit einer solchen Wahl könnte langfristig die Legitimation und Bürgernähe des Parlaments erhöht und zugleich auch die Herausbildung eines europäischen Parteiengefüges gefördert werden. Allerdings gelang es trotz detaillierter Vorschläge hierzu (vgl. etwa Duff 2010) bis heute nicht, eine definitive Entscheidung über ein solches Wahlverfahren herbeizuführen.

Die Kommission und insbesondere ihr Präsident wurden in ihrer Handlungsfreiheit gestärkt, letzterer vor allem durch ein Mitspracherecht bei der Auswahl der Kommissare (Art. 214(2) EGV-A) sowie durch das Zugeständnis eines „weiten Ermessens" bei der Neuordnung der Aufgaben (Erklärung für die Schlussakte). In Bezug auf den Ministerrat wurden qualifizierte Mehrheitsentscheidungen ausgeweitet, wenngleich auch dies nur recht vorsichtig. Immerhin wurden Beschäftigungs- und Teile der Sozialpolitik (Chancengleichheit), die so lange ein Zankapfel zwischen den Mitgliedstaaten waren, unter die Regel der qualifizierten Mehrheitsentscheidung gestellt (Art. 137 und 141 EGV-A).

Über ein Protokoll wurde die Rolle der einzelstaatlichen Parlamente im europäischen Entscheidungsprozess aufgewertet, indem diesen Konsultationsdokumente der Kommission (Grün- und Weißbücher) sowie Vorschläge für Rechtsakte zugeleitet werden sollten; umgekehrt sollten sich die Parlamente (über die Konferenz ihrer Europaausschüsse: COSAC[9]) mit Vorschlägen, Initiativen und Stellungnahmen an die europäischen Organe wenden können.

Als wichtige neue Politikfelder wurden Beschäftigungs- und Sozialpolitik partiell der Verantwortung der Gemeinschaft unterstellt. Während es im Falle der Sozialpolitik „nur" noch der Unterschrift des Vereinigten Königreichs bedurfte – das nach dem Wahlsieg der Labour-Partei im Mai 1997 einen solchen Schritt eindeutig befürwortete – um das in Maastricht vereinbarte Protokoll in den Vertrag aufzunehmen (Titel XI EGV-A), wurde ein sogenanntes Beschäftigungskapitel gänzlich neu vereinbart (Titel VIII, Art. 125–130 EGV-A). Dieses beinhaltete aber nur koordinative Kompetenzen der europäischen Ebene in Bezug auf die Politiken der Mitgliedstaaten. Dazu wurde allerdings ein verbindliches Verfahren der Interaktion von europäischer und nationaler Ebene festgelegt, das später als Offene Methode der Koordination bekannt wurde. Das Verfahren wurde seinerseits in der Folge ausgeweitet und auf vielfältige Politikfelder angewandt. Insbesondere die im Jahr 2000 proklamierte Lissabon-Strategie, die die Modernisierung und Effizienzsteigerung zahlreicher nationaler Politiken anstrebte, stand im Zeichen dieses Verfahrens (Tömmel 2016a: 413–414).

---

9 COSAC steht für „Conférence des Organes spécialisés en Affaires Communantaires" (deutsch: Konferenz der Europaausschüsse der nationalen Parlamente und des Europäischen Parlaments). Sie wurde 1989 auf französische Initiative gegründet (Winzen 2022).

Beziehen sich die im Vorgehenden skizzierten Neuerungen allesamt auf die Erste Säule der Union, wobei sie die Handlungsfähigkeit aller europäischen Organe ausweiteten und damit tendenziell die supranationale Integrationsdynamik stärkten, so wurde in der Zweiten sowie Dritten Säule deren intergouvernementale Dimension ausgebaut (vgl. Art. 11–28 sowie 29–42 EUV-A). Insbesondere im Bereich der Zweiten Säule wurde die Position eines „Hohen Vertreters für die GASP" geschaffen, der in Personalunion das Generalsekretariat des Rats führen sollte. Damit wurden Forderungen der Kommission, diese Funktion einem Kommissar anzuvertrauen, eine klare Absage erteilt. Auch eine „Strategieplanungs- und Frühwarneinheit" zur administrativen Unterstützung des Hohen Vertreters wurde beim Generalsekretariat des Rats eingerichtet und somit auf eine offizielle Unterstützung seitens der Kommissionsbeamten verzichtet.[10] Mit diesen Schritten wurde der intergouvernementale Integrationsmodus weiter konsolidiert.

Den wohl spektakulärsten und langfristig folgenreichsten Schritt des Amsterdamer Vertrags stellte aber der Einstieg in ein Konzept der abgestuften Integration oder ein Europa verschiedener Geschwindigkeiten dar, indem einer Gruppe von Mitgliedstaaten zugestanden wurde, im Rahmen der EG engere Integrationsschritte zu vereinbaren (Art. 11 EGV-A, Leuffen et al. 2012). Diese unter dem Begriff „verstärkte Zusammenarbeit" firmierende Vorgehensweise reflektiert Befürchtungen, dass nach der Osterweiterung der Konsens für weitere Integrationsschritte schwerer zu erzielen sei und es somit Möglichkeiten geben müsse, den Integrationsprozess dennoch voranzutreiben. Allerdings wurden solchen Schritten gewisse Hürden entgegengestellt: Zwar ist im Ministerrat lediglich ein qualifizierter Mehrheitsbeschluss erforderlich; ein Mitgliedstaat kann aber – unter Nennung der Gründe – einen solchen Beschluss mit einem Veto blockieren (Art. 11, Abs. 2 EGV-A).

Insgesamt spiegelt der Amsterdamer Vertrag somit eine Verlangsamung der Integrationsdynamik wider, indem nur kleinere Reformschritte ohne durchgreifende institutionelle Neuordnungen erzielt wurden. Gleichzeitig kann der Vertrag aber auch als Einstieg in einen veränderten Integrationsprozess gewertet werden. Denn die inkrementelle Stärkung von Ministerrat und EP, der Einbezug weiterer Akteure in den Entscheidungsprozess (so der nationalen Parlamente) und insbesondere der regulierte Einstieg in Formen der differenzierten Integration signalisieren einen Ausbau des Systems, der nicht mehr auf den Konsens aller Beteiligten setzt und einen dynamischen Zusammenhang zwischen Vorreitern und Nachzüglern der Integration konstituiert. Beide Entwicklungstendenzen hatten sich zwar zuvor schon abgezeichnet, sie wurden aber bis dahin nicht systematisch ausgebaut oder gar durch Vertragsregelungen verankert (Leuffen et al. 2012).

---

10 Inoffiziell wurde eine solche Unterstützung dennoch erwartet, da die Kommission wesentlich umfangreichere Ressourcen für die Erarbeitung von Politikstrategien besitzt. Zudem regelt der Vertrag, dass der Rat die Kommission ersuchen kann, Vorschläge für die GASP zu unterbreiten. Vgl. Art. 14 (4) EUV-A.

Mit der Unterzeichnung des Amsterdamer Vertrags (2.10.1997; in Kraft 1.5.1999) war zwar die anvisierte institutionelle Neuordnung im Hinblick auf die Osterweiterung kaum gelungen; dennoch wurden in der Folge konkrete Schritte zu ihrer Bewältigung unternommen. Noch während des Amsterdamer Gipfels hatte die Kommission empfohlen, mit zunächst sechs Staaten[11] Beitrittsverhandlungen aufzunehmen; gleichzeitig legte sie die „Agenda 2000" vor, ein Dokument, das die Reform der Agrarpolitik, der Strukturfonds sowie eine Heranführungsstrategie für die Beitrittskandidaten als notwendige Vorbereitung auf die Osterweiterung vorschlug (Kommission 1997, Gillingham 2003: 319–320). Nach zähen Verhandlungen – mit den Reformvorschlägen waren vielfältige Verteilungskonflikte verbunden – wurde die Agenda 2000 vom Europäischen Rat in Berlin angenommen (März 1999). Zuvor hatte der Europäische Rat von Luxemburg (Dezember 1997) die Aufnahme von Beitrittsverhandlungen mit den sechs von der Kommission vorgeschlagenen Staaten beschlossen. Auf Druck des Europäischen Parlaments, aber auch der Staaten, die nicht in die erste Verhandlungsrunde einbezogen waren, wurde wenig später auf dem Gipfel von Helsinki (Dezember 1999) beschlossen, mit allen Beitrittsaspiranten Verhandlungen aufzunehmen.[12]

Aber auch in anderen Bereichen konnten Integrationsfortschritte erzielt werden. Im Sommer 1999 wurde die Schaffung einer „Europäischen Sicherheits- und Verteidigungsidentität" (ESVI) beschlossen, die die Aufstellung eigener Verteidigungskräfte auf der Grundlage nationaler Kontingente in enger Kooperation mit WEU und NATO vorsah (Gilbert 2003: 250–251, Howorth 2007). Damit wurde für eine immer sehr kontrovers diskutierte Thematik ein konkretes Konzept zu einer gemeinsamen Vorgehensweise entwickelt.

Als weiterer, längerfristig bedeutsamer Integrationsschritt ist die Erstellung und Verabschiedung einer europäischen Grundrechtecharta zu werten (Alonso Garcia 2002). Der Inhalt der Charta zielt auf eine größere Bürgernähe der EU ab; gleichzeitig ist das Dokument aber auch auf die Formulierung klarer Prinzipien im Hinblick auf Erweiterungen der Union ausgerichtet, wie beispielsweise Wahrung der Menschenrechte und Schutz von Minderheiten. Bemerkenswert ist das Verfahren zur Erstellung der Charta: Zum ersten Mal in der Geschichte der Union war es nicht eine Regierungskonferenz, sondern ein aus Vertretern aller Organe sowie Delegierten der Mitgliedstaaten zusammengesetzter Konvent, der die Charta erarbeitete (Deloche-Gaudez 2001). Sowohl aufgrund dieses Verfahrens – das die Legitimität der Beschlussfassung erhöhte – als auch des Inhalts – die Charta wurde als Kernelement einer künftigen europäischen Verfassung gehandelt – ist die während der Gipfelkonferenz von Nizza

---

11 Dies waren: Estland, Polen, Slowenien, die Tschechische Republik, Ungarn sowie Zypern.
12 Dies waren neben den sechs bereits genannten Staaten Bulgarien, Lettland, Litauen, Malta, die Slowakische Republik und Rumänien. Hierbei handelt es sich um eine politische Entscheidung, da die Ausgeschlossenen sich von der EU abzuwenden drohten und zudem ihre Beeinflussung über die Beitrittsperspektive nicht mehr möglich gewesen wäre. Auch die Türkei wurde auf diesem Gipfel als Beitrittskandidat anerkannt.

(Dezember 2000) feierlich proklamierte Grundrechtecharta als ein Sprungbrett zu weiteren Integrationsschritten zu werten.

Trotz oder vielleicht auch wegen dieser beachtenswerten Fortschritte konnte die Akzeptanz der Europäischen Union in der Öffentlichkeit nicht erhöht werden (Hix 2008: 52–57). Sie sank weiter, als im Laufe des Jahres 1999 die Kommission – faktisch einzelne Kommissare – in den Verdacht von Misswirtschaft und Korruption gerieten (Gillingham 2003: 320–323). Nach erhitzten Debatten im Europäischen Parlament, das jetzt seine Kontrollrechte voll einsetzen wollte und mit einem Misstrauensvotum drohte, trat die Santer-Kommission geschlossen zurück (Schön-Quinlivan 2011: 57–63, vgl. auch van Miert 2000: 353–363). Im Herbst 1999 kam unter der Präsidentschaft von Romano Prodi eine neue Kommission ins Amt, die aber ebenfalls nicht die Statur der Delors-Kommission erreichte (Gillingham 2003: 329–334, Cini 2008, Tömmel 2013). Offensichtlich wollten die Mitgliedstaaten weiterhin die Oberhand im Integrationsprozess behalten.[13]

Die bis zur Jahrtausendwende erzielten Integrationsschritte konnten aber nicht darüber hinwegtäuschen, dass die institutionelle Reform der Union als Voraussetzung der Osterweiterung noch immer ausstand. Somit wurde eine neuerliche Intergouvernementale Konferenz anberaumt, die vor allem die in Amsterdam unerledigt gebliebenen „left-overs" bearbeiten sollte (Gillingham 2003: 334–340, Dinan 2004a: 287–289, Loth 2020: 353–356). Dazu gehörte die Neugewichtung der Stimmen im Rat, die Verkleinerung und Straffung der Kommission sowie die veränderte Sitzverteilung im Europäischen Parlament. Nach einjähriger Vorbereitung kam es auf dem Gipfel von Nizza im Dezember 2000 zur Aushandlung einer Vertragsrevision, die allerdings – einmal mehr – deutlich hinter den in sie gesetzten Erwartungen zurückblieb (vgl. zum Vertrag von Nizza Gray und Stubb 2001, Wessels 2001, Yataganas 2001, Sbragia 2002, Gilbert 2003: 243–244).

Bei der Neugewichtung der Stimmen im Rat ging es vor allem darum, das Gewicht der großen Mitgliedstaaten gegenüber den kleineren zu stärken, da die anvisierten Erweiterungen fast ausschließlich kleine Staaten betrafen, diese somit bei Beibehaltung des „alten" Verteilungsschlüssels[14] überproportional repräsentiert wären (Wessels 2001). Nach zähen, außergewöhnlich turbulenten Verhandlungen wurde eine Gewichtsverschiebung zugunsten der Großen erreicht, indem deren Stimmen im Schnitt mit dem Faktor 2,9, die der Kleinen jedoch nur mit 2,0 multipliziert wurden. Allerdings handelte es sich dabei nicht um eine durchgängig praktizierte Regel; vielmehr

---

13 Santers Nachfolger Prodi wurde denn auch gleich zu Amtsantritt von den Regierungen der Mitgliedstaaten gedeckelt, nachdem er vollmundig eigene Vorstellungen zur Osterweiterung formuliert hatte (Peterson 2004).

14 Dieser Verteilungsschlüssel geht auf die Gründungsphase der Europäischen Gemeinschaften zurück. Mit jeweils drei großen und kleinen Mitgliedstaaten war das Verhältnis ausgeglichen und den integrationsgesinnten Beneluxstaaten konnten problemlos überproportionale Beteiligungsrechte zugestanden werden (vgl. auch Tab. 6.1).

wurden die Stimmen von Spanien mit dem Faktor 3,4 multipliziert. Gleichzeitig scheute man sich nicht, die Stimmenzahl der Beitrittskandidaten, die ebenfalls schon festgelegt wurde, im Verhältnis zum Bevölkerungsumfang teilweise niedriger zu gewichten. Lediglich Polen gelang es, die gleiche Stimmenzahl wie Spanien, und damit ein überproportionales Gewicht im Ministerrat zu erhalten. Um das Risiko der Majorisierung der großen Mitgliedstaaten, die ja zugleich die bedeutendsten Altmitglieder der EU sind, weiter zu reduzieren, wurden zwei zusätzliche Bedingungen zur Erreichung einer qualifizierten Mehrheit im Rat eingeführt: Sie musste mindestens mehr als die Hälfte aller Mitgliedstaaten umfassen sowie 62 Prozent der Einwohnerschaft der EU repräsentieren.[15]

Bezüglich der Mitgliederzahl der Kommission konnte keine Reduktion erzielt werden, da insbesondere die kleinen Staaten befürchteten, Macht einzubüßen, wenn sie zeitweise keinen Kommissar stellen könnten. So beschloss der Rat – entgegen allen Effizienzgeboten – die Zahl der Kommissare auf maximal 27 auszuweiten; wenn die Zahl der Beitrittsländer 7 übersteige, sollten die großen Mitgliedstaaten auf einen zweiten Kommissar verzichten. Diese halbherzige Regelung reichte immerhin für 12 Beitrittsstaaten und damit für alle, mit denen bis zu diesem Zeitpunkt (Dezember 2000) bereits Beitrittsverhandlungen liefen; erst danach würde eine Neuregelung fällig werden.

Die in Amsterdam festgelegte Maximalzahl von 700 Sitzen im Europäischen Parlament konnte nicht gehalten werden. Vielmehr einigte man sich auf eine Sitzverteilung, die zwar die bestehenden Anteile der Mitgliedstaaten deutlich reduzierte, um für die Beitrittsländer Platz zu machen, zugleich aber das Gewicht der größeren Staaten relativ anhob. Auch diese Veränderung begünstigte indirekt die „alten" Mitgliedstaaten, stellen sie doch zugleich auch, abgesehen von Polen, die großen Staaten. Der Spielraum für diese Vorgehensweise war aber nach unten begrenzt, da eine gewisse Delegationsstärke für die kleinen Staaten gewährleistet sein muss (Wessels 2001: 12).

Gelang die Neuordnung der Organe schon nur mit Mühe, so blieb die anvisierte Reform der Entscheidungsverfahren weit hinter den Erwartungen zurück. Mehrheitsentscheidungen im Rat wurden auf 24 Fälle ausgeweitet; dem Parlament wurde aber nur in sieben weiteren Fällen der Übergang zum Mitentscheidungsverfahren zugestanden.[16] Damit schien die Zielsetzung des Parlaments, in allen Fragen das Recht der Mitentscheidung und somit eine vollwertige Legislativfunktion neben dem Rat zu erlangen, vorerst in weite Ferne gerückt.

Bemerkenswert problemlos ging demgegenüber eine Erleichterung des Verfahrens der „verstärkten Zusammenarbeit" über die Bühne: Die Vetomöglichkeit eines einzelnen Mitgliedstaats wurde abgeschafft; die Mindestteilnehmerzahl an einer „ver-

---

15 Die an die Bevölkerungszahl gebundene Mehrheit sollte nur auf Verlangen eines Mitgliedstaats überprüft werden. Die Regelung kam insbesondere Deutschland entgegen, das sich nicht mit dem Wunsch nach einer höheren Stimmenzahl als die übrigen großen Mitgliedstaaten durchsetzen konnte.
16 Diese Regelung galt für Art. 13, 62, 63, 65, 157, 159 und 191 EGV-N.

stärkten Zusammenarbeit" auf acht festgelegt. Das bedeutet, dass die noch in Amsterdam vereinbarte Regel, nach der mehr als die Hälfte der EU-Mitglieder an einer „verstärkten Zusammenarbeit" beteiligt sein muss, für den Fall der Erweiterung der EU auf weniger als ein Drittel reduziert wurde.

Nach dem Vertragsschluss von Nizza wurde – wie üblich – nicht mit Kritik gespart; doch zumindest die verantwortlichen Politiker waren der Meinung, die nötigen Weichen für die Osterweiterung gestellt zu haben. Zwar war die ersehnte Straffung der Organe nicht gelungen; aber die Gewichte zwischen den Staaten waren neu justiert: augenscheinlich zugunsten der größeren Staaten, faktisch aber vor allem zugunsten der Altmitglieder der EU. Das neue Vertragswerk wurde ohne größere Hindernisse ratifiziert; zum 1.2.2003 trat es in Kraft.

Eine zusammenfassende Betrachtung der ersten Jahre der vierten Phase zeigt, dass die europäischen Organe und auch die nationalen Regierungen während des letzten Jahrzehnts des 20. Jahrhunderts zunächst zurückhaltend und dann mit vorsichtigen inkrementellen Schritten auf die enormen Herausforderungen der Zeit reagierten. Nur verzögert entwickelten sie angesichts des enormen Drucks vonseiten der mittel- und osteuropäischen Staaten ein Konzept zur Osterweiterung der EU, die Agenda 2000. Zudem verstanden sie es nicht, die dramatisch sinkende öffentliche Akzeptanz des europäischen Projekts zu mildern. Erst nach anfänglichen Verzögerungen leiteten sie vorsichtige inkrementelle Reformen ein, die in moderaten Vertragsänderungen resultierten. Selbst die Kommission profilierte sich jetzt nicht mehr durch spektakuläre Projekte, sondern bemühte sich, das Bestehende zu konsolidieren und Vereinbartes zu implementieren, so die WWU. Dennoch kam es auch in dieser Zeit zu einigen Entscheidungen, die den Weg für spätere, weiterreichende Integrationsschritte bereiteten: die Annahme der Grundrechtecharta, die Einsetzung eines Konvents zu ihrer Erarbeitung, der Beschluss, Beitrittsverhandlungen mit 12 Kandidatenstaaten aufzunehmen, und schließlich die Schaffung einer militärischen Dimension der EU. Zudem beinhalteten die Vertragsänderungen einige Regelungen, die sich in der Folge als bedeutsame Zwischenschritte für wesentlich weiterreichende Reformen erwiesen: die Ausweitung von Mehrheitsbeschlüssen des Rats und der Mitentscheidung des Parlaments, die Reform des Systems der Stimmengewichtung im Rat und schließlich das Konzept der „verstärkten Zusammenarbeit".

4.2 Erweiterung der Union *und* Vertiefung der Integration

Nachdem mit dem Vertrag von Nizza zumindest teilweise Erfolge zur Vertiefung der Integration erreicht worden waren, konnte in der Folge die Erweiterung der Union zügig vorangetrieben werden. Beitrittsverhandlungen mit zunächst sechs Staaten waren im März 1998 aufgenommen worden; im Februar 2000 wurden die Verhandlungen auf die sechs übrigen Beitrittswilligen ausgeweitet. Obwohl im Laufe des Jahres 2001 schon zahlreiche der insgesamt 31 Verhandlungskapitel weitgehend abgeschlossen waren, blieben noch einige schwierige Probleme zu lösen (Avery 2004). Dies waren vor allem Fragen der Agrar- und Umweltpolitik sowie das Thema der Arbeitnehmerfreizügigkeit. Zudem zeigte sich, dass einige der Beitrittskandidaten Forderungen und Vorgaben der EU erhebliche Widerstände entgegensetzten.

Der strittigste Punkt zwischen Union und Beitrittsstaaten war aber die Festlegung der Zielmarke in Form eines klaren Datums für den Beitritt (Avery 2004). Dieses wurde vonseiten der Union sehr lange offengelassen: einerseits, weil sie selbst noch nicht ausreichend vorbereitet war, andererseits, weil sie den Anpassungsdruck auf die Beitrittsstaaten nicht lockern wollte. Nachdem sich aber die Verhandlungen mit zehn Beitrittskandidaten im Laufe des Jahres 2002 ihrem Ende näherten – Konfliktthemen wurden mit dem Zugeständnis längerer Übergangsfristen ausgeräumt – konnte zum Jahresende der 1. Mai 2004 als definitiver Erweiterungstermin festgelegt werden. Damit verlagerte sich das Pendel europäischer Politik wiederum auf die Vertiefung der Integration.

Denn auch Nizza hatte seine „left-overs", die nur über eine neuerliche Vertragsrevision zu lösen waren. Eine solche wurde mit der Erklärung des Gipfels von Laeken (einem Vorort von Brüssel) im Dezember 2001 eingeleitet; das Ende des Prozesses war für das Jahr 2004 anberaumt, der letztmögliche Zeitpunkt, bevor die große Erweiterung nach Osten und Süden erfolgen sollte. Erstmals in der Geschichte der EU wurde diese Vertragsrevision jedoch nicht ausschließlich einer Intergouvernementalen Konferenz – also den Regierungen der Mitgliedstaaten – anvertraut, sondern nach dem erfolgreichen Vorbild der Grundrechtecharta einem Konvent (Deloche-Gaudez 2001). Der Konvent zur Zukunft der Europäischen Union wurde am 28.2.2002 feierlich konstituiert; ihm gehörten neben Regierungsvertretern der Mitgliedstaaten (15), Mitgliedern der nationalen Parlamente (30) sowie des Europäischen Parlaments (16) auch Regierungsvertreter (13) und Parlamentarier (26) der Beitrittsländer an (Dinan 2004a: 296).[17] Auch die Kommission durfte zwei der insgesamt 105 Mitglieder des Konvents stellen (Wessels 2002).[18]

Die Zusammensetzung des Konvents wurde als Schritt und Zeichen einer weiteren Demokratisierung der EU präsentiert (Maurer 2003, Reh 2008). Immerhin gehörten dem Gremium 72, und damit mehr als zwei Drittel, direkt gewählte Parlamentarier an. Allerdings kann diese beeindruckende Zahl nicht darüber hinwegtäuschen, dass nur 18 seiner Vertreter, also weniger als ein Fünftel, Delegierte europäischer Organe waren; der Konvent war also eindeutig von den jetzigen und auch den künftigen Mitgliedstaaten dominiert und somit fest in der intergouvernementalen Systemstruktur verankert.

---

17 Zahlen in Klammern: die Anzahl der jeweiligen Delegierten. Neben Vertretern der zwölf Beitrittsstaaten waren auch solche der Türkei als Beitrittskandidat zugelassen.

18 Bei den an dieser Gesamtzahl fehlenden drei Mitgliedern des Konvents handelt es sich um seinen Präsidenten sowie zwei Vizepräsidenten, die direkt designiert wurden.

Inhaltlich wurde dem Konvent ein umfangreiches – und zugleich widersprüchliches – Aufgabenspektrum über die Erklärung des Gipfels von Laeken mitgegeben (Dinan 2002, Magnette 2005, Loth 2020: 370–378): Er sollte die Union zukunftsfähig machen, ihre Organe und Entscheidungsverfahren straffen, die Kompetenzen zwischen europäischer und nationaler Ebene klarer abgrenzen und eventuell sogar einen Verfassungsentwurf vorlegen. Kurzum, der Konvent „sieht sich mit kniffligen Reformfragen konfrontiert, die die Staats- und Regierungschefs der EU nicht lösten" (Frankfurter Rundschau, 28.2.2002: 8). Entgegen den zunächst eher gedämpften Erwartungen gelang es dem Konvent dann aber, eine Reihe der „kniffligen Reformfragen" zu lösen und – nach einer halbjährigen, intensiven und zugleich höchst kontroversen Sitzungsperiode – den Entwurf für einen Verfassungsvertrag der EU vorzulegen (vgl. dazu Wessels 2003, Crum 2004, Dinan 2004b). Und entgegen seinem ursprünglichen Auftrag arbeitete der Konvent auch nicht mehrere Alternativen aus, sondern nur einen Vertragsentwurf. Indem er zugleich die Regierungen der Mitgliedstaaten nachdrücklich davor warnte, das Paket wieder aufzuschnüren, da es sonst zu keinerlei Beschlussfassung komme, verlieh er seinem Entwurf zusätzlichen Nachdruck.

Die ausdrückliche Warnung an die Regierungen war berechtigt, hatte doch der Konvent ein Vertragsdokument erarbeitet, das in einigen, seit Langem strittigen Punkten Lösungen vorschlug, die die zu erwartenden Zugeständnisse der Mitgliedstaaten deutlich überschritten (Dinan 2004b). Als Überschreitung in diesem Sinne ist bereits die Bezeichnung des neuen Vertragswerks als Verfassung zu werten[19], womit der Staatscharakter der EU hervorgehoben wurde (Crum 2004). Eine weitere Überschreitung stellt die komplette und unveränderte Aufnahme der Grundrechtecharta in den Verfassungsvertrag dar, womit das Europa der Bürger gestärkt und einmal mehr der Staatscharakter der EU betont wurde. Die wohl spektakulärste Überschreitung manifestiert sich allerdings in einer signifikanten Umstrukturierung der europäischen Organe und ihrer Entscheidungsverfahren (Wessels 2003, Crum 2004, Tömmel 2004b, Dinan 2004b und 2005). So sah der Konventsentwurf vor:

die Kommission künftig auf 15 Mitglieder zu reduzieren;

deren Präsidenten auf Vorschlag des Rates durch das Parlament zu wählen;

rotierende Präsidentschaften der Räte abzuschaffen zugunsten von bis zu 2 ½ Jahre dauernden Amtszeiten;

für den Europäischen Rat einen hauptamtlichen Präsidenten einzusetzen, der von dem Gremium für 2 ½ Jahre gewählt wird;

die Position eines europäischen Außenministers zu schaffen, der zugleich als ständiger Vorsitzender des Rats Auswärtige Angelegenheiten und Vizepräsident der Kommission fungieren soll;

---

19 Zwar wurde im Auftrag von Laeken bereits die Möglichkeit der Ausarbeitung einer Verfassung genannt, aber eben nur als eine von mehreren Optionen.

dem Parlament die Rolle eines gleichberechtigten Mitgesetzgebers zuzuweisen, indem das Mitentscheidungsverfahren zum regulären Gesetzgebungsverfahren erhoben wird; und schließlich

die Säulenstruktur der Union aufzuheben.

Der wohl spektakulärste Vorschlag des Konvents war aber die Veränderung des Abstimmungsmodus im Rat: Statt gewichteter Stimmen sollten künftig alle Mitgliedstaaten über eine Stimme verfügen; Entscheidungen sollten nur noch mit absoluter Mehrheit gefasst werden. Um dann aber doch noch ein Korrektiv zugunsten der großen Mitgliedstaaten zu haben, sollten die positiven Voten mindestens 60 Prozent der EU-Bevölkerung repräsentieren. Schließlich wurden auch die Verfahren der „verstärkten Zusammenarbeit" noch einmal bestätigt und das in Gang setzen solcher Verfahren erleichtert.

Angesichts so weitreichender Vorschläge hätte es nahegelegen, dass heftige Debatten um das Für und Wider einzelner Bestandteile des Konventspakets entbrannt wären. Dieses Szenario trat aber nicht ein. Denn einige große und bedeutende Mitgliedstaaten – allen voran Frankreich und Deutschland – folgten sehr schnell der Argumentation des Konvents, dass das vorgelegte Paket in seiner Gesamtheit zu übernehmen sei, um ein Scheitern der Vertragsrevision zu verhindern. Damit reduzierte sich die Opposition gegen den Vorschlag auf zwei Staaten, die den Verlust der mit dem Vertrag von Nizza hinzugewonnenen Privilegien nicht hinnehmen wollten: Spanien und Polen. Als kleine unter den großen Mitgliedstaaten lehnten sie vor allem die Aufhebung der Stimmengewichtung im Ministerrat ab. Infolge dieser vehementen Opposition scheiterte denn auch die Verabschiedung des Verfassungsvertrags auf der Gipfelkonferenz von Brüssel zum Jahresende 2003 unter italienischer Präsidentschaft (Dinan 2004b). Allerdings wurde hierfür auch die halbherzige Verhandlungsführung von Ministerpräsident Berlusconi sowie die Intervention weiterer Bedenkenträger hinter den Kulissen verantwortlich gemacht. Damit schien eine einmalige Chance vertan, denn zum 1.5.2004 stand die Erweiterung der EU um 10 Beitrittsstaaten[20] an. Zwar waren diese bereits an den Beratungen im Konvent beteiligt gewesen; als Vollmitglieder der EU war von ihnen aber eher Opposition gegen den Verfassungsentwurf zu erwarten.

Pünktlich zum ersten Mai 2004 wurde dann die Ost-Erweiterung feierlich vollzogen, zu der auch zwei Mittelmeerstaaten, Zypern und Malta, gehörten. Kaum waren die euphorischen Feiern und Reden zur größten Erweiterung der EU in ihrer Geschichte verklungen und die Wahlen zum erweiterten Europäischen Parlament abgeschlossen, stand die Verabschiedung des Verfassungsentwurfs wieder auf der Tagesordnung des Europäischen Rats. Entgegen den pessimistischen Erwartungen kam es

---

20 Von den ursprünglich 12 Kandidaten waren zwei – Bulgarien und Rumänien – von dieser Beitrittsrunde zurückgestellt worden, da sie die Beitrittskriterien noch nicht erfüllen konnten. Ihnen wurde der Beitritt für das Jahr 2007 in Aussicht gestellt, der ja dann auch zum 1.1.2007 vollzogen wurde.

jedoch mit nunmehr 25 Mitgliedstaaten der Union sehr schnell zu einem Konsens. Unter irischer Präsidentschaft schaffte der Europäische Rat in Brüssel den Durchbruch: Am 18. Juni 2004 wurde der Entwurf eines Verfassungsvertrags der Europäischen Union von den Staats- und Regierungschefs der 25 einstimmig angenommen. Zwar konnten insbesondere die kleineren Mitgliedstaaten in den Schlussverhandlungen einige Zugeständnisse abringen; zu einer Verwässerung des Konventsentwurfs, wie eilige Kommentatoren meinten, kam es aber nicht.

Die wesentlichen Veränderungen gegenüber dem Konventsentwurf beziehen sich auf folgende Punkte (vgl. Tömmel 2004b, Wessels 2004, Dinan 2005):

Die Reduktion der Zahl der Kommissare wurde abgemildert, indem sie auf ein Drittel der Zahl der Mitgliedstaaten festgelegt wurde.[21] Zudem wurde die Einführung dieser Regelung auf das Jahr 2014 verschoben.

Die für 2 ½ Jahre zu wählende Ratspräsidentschaft wurde auf den Europäischen Rat beschränkt, während für die übrigen Ratsformationen die halbjährliche Rotation beibehalten wurde.

Mehrheitsentscheidungen im Rat wurden an mindestens 15 Stimmen der Staaten gebunden, die mindestens 65% der Bevölkerung repräsentieren sollten. Für eine blockierende Minderheit wurde eine Mindestzahl von vier Staaten festgelegt.

Diese Veränderungen beinhalten zusammengenommen, dass das Gewicht der einzelnen Staaten, insbesondere in Kommission und Rat, wieder etwas gestärkt wurde, was insbesondere für die kleineren Staaten bedeutsam war.

Insgesamt gelang mit dem Verfassungsvertrag, was die vorangegangenen Vertragsrevisionen nicht leisteten: eine fundamentale Restrukturierung der Organe der EU und ihrer Entscheidungsverfahren. Die anvisierten Regelungen waren geeignet, die Handlungsfähigkeit der Union signifikant zu stärken und ihre Demokratiefähigkeit zumindest zu verbessern. Gestärkte Handlungsfähigkeit beinhaltet allerdings nicht eine zunehmende Supranationalisierung der Union; vielmehr manifestiert sie sich in erster Linie in der gesteigerten Autorität und Entscheidungsfähigkeit der Räte. Diese geht weniger zulasten der Kommission; vielmehr sind es vor allem einzelne oder auch Gruppen von Mitgliedstaaten, deren Potenzial als Vetospieler ausgeschaltet oder entscheidend zurückgedrängt werden sollte (Tömmel 2010).

Fragt man nach den Gründen für diesen spektakulären Durchbruch, so ist es in erster Linie der Konventsmethode zuzuschreiben, dass ein so weitreichendes Ergebnis erzielt werden konnte. Die Arbeit des Konvents hatte sich nicht nur bewährt, weil in diesem Gremium das Arguing, das Vorbringen guter Argumente, gegenüber dem Bargaining, dem Anstreben maximaler Vorteile für das eigene Land, und somit deliberative Entscheidungsverfahren dominierten (vgl. Göler und Marhold 2003, Maurer

---

21 Damit kann jeder Staat für zwei Legislaturperioden einen Kommissar stellen, während er für eine dritte Periode aussetzen muss. Im ursprünglichen Entwurf war für jede zweite Periode ein Aussetzen vorgesehen.

2003, Magnette 2005, Risse und Kleine 2007, Reh 2008). Vielmehr gelang es mit diesem Verfahrensmodus auch, potenzielle Vetospieler unter den nationalen Regierungen bereits im Vorfeld einer Regierungskonferenz kaltzustellen. In diesem Kontext ist auch die Führungsstärke vonseiten des Konventspräsidenten – des früheren französischen Staatspräsidenten Valérie Giscard d'Estaing – als bedeutsamer Faktor zur Erzielung eines so weitreichenden Ergebnisses hervorzuheben (Dinan 2004b, Kleine 2007, Tsebelis und Proksch 2007). Damit waren in der Folge die Möglichkeiten, das fest verschnürte Paket noch einmal in seine Bestandteile aufzulösen und substanziell abzuändern, erheblich eingeschränkt.

Der historische Erfolg der Einigung auf einen Verfassungsvertrag lässt sich aber nicht alleine mit der EU-internen Dynamik erklären. Vielmehr war es auch der mit dem Ende des Ost-West-Konflikts außerordentlich gewachsene externe Problemdruck, der eine verstärkte Handlungs- und Entscheidungsfähigkeit der Union erforderte. Zwar wurde dieser zunächst durch eine defensive und allenfalls zu vorsichtigem Inkrementalismus neigende Haltung beantwortet. Aber in dem Maße, wie der Außendruck sich zunehmend konkreter als lautes Pochen der Beitrittsstaaten an die Tür der Union manifestierte, kam nicht nur die Erweiterungsstrategie, sondern auch das Vorhaben der Vertiefung der Integration in Schwung. Diese erfolgte dann in einem qualitativen Umbau des EU-Systems zugunsten der intergouvernementalen Organe und innerhalb dieser Organe zugunsten der Altmitglieder der Union. Das Konzept der „verstärkten Zusammenarbeit" signalisierte zudem den Einstieg in ein Europa von ungleichen Partnern (Gillingham 2003: 410–413).

Kaum war die Einigung auf einen Verfassungsvertrag im Juni 2004 gelungen, stand schon ein anderes Konfliktthema auf der Tagesordnung: die Ernennung einer neuen Kommission (Dinan 2005). Die Mitgliedstaaten konnten sich aber auch hier schnell auf den Portugiesen José Manuel Barroso einigen. Der Kandidat stand der Europäischen Volkspartei nahe, die sich nach den Parlamentswahlen im Juni 2004 erneut als stärkste politische Kraft des Europäischen Parlaments erwiesen hatte; zudem galt er als konsequenter Verfechter einer neoliberalen Politik. Schließlich war er kein besonders starker Kandidat, sodass eine eigenständige Kommissionspolitik kaum zu befürchten war (Müller 2020). Konflikte gab es aber dann mit dem EP, das seine Zustimmung zur Gesamtkommission erneut – und konsequenter als zuvor – dazu nutzte, einzelnen Kandidaten ihre Eignung für das Amt abzusprechen (Schild 2005, Spence 2006a: 37, Westlake 2006: 267–268). Im Ergebnis mussten so Italien und Lettland ihre designierten Kandidaten zurückziehen und andere benennen; zudem musste Barroso die Aufgaben der Kommissare entgegen seinen ursprünglichen Planungen teilweise umverteilen. Während das Parlament so seine Position – insbesondere in den Augen der Öffentlichkeit – stärken konnte, ging die Kommission geschwächt aus diesem Verfahren hervor (Dinan 2005: 52–54, Schild 2005).

Der Erfolg einer schnellen Einigung der Mitgliedstaaten auf einen Verfassungsvertrag währte jedoch nur kurze Zeit. Die Ratifizierung des ambitionierten Projekts in den Mitgliedstaaten – teils über Parlamentsentscheidungen, teils über Referenden –

stellte insbesondere in letzterem Falle eine hohe Hürde dar. Denn damit hatten die Bürger der Union die – seltene – Gelegenheit, ihre Meinung zur Integration zu äußern und ihre vorwärtsstrebenden politischen Eliten zurückzupfeifen. Zwar gelang es, den Vertragsentwurf nach und nach in 18 Parlamenten der Mitgliedstaaten zu ratifizieren; die Referenden erwiesen sich aber als Stolpersteine. Während in Spanien und Luxemburg eine Mehrheit der Bürger dem Verfassungsprojekt zustimmte[22], lautete das Votum in Frankreich und den Niederlanden mehrheitlich nein (Taggart 2006).[23] Im Vereinigten Königreich wurde gar nicht erst ein Referendum angesetzt, da auch hier ein klares Nein zu erwarten war. Auch andere Mitgliedstaaten, in denen Referenden vorgesehen waren, setzten diese nach den negativen Voten in Frankreich und den Niederlanden aus.

Die offene Ablehnung der Bürger – insbesondere in zwei Gründerstaaten der EG/ EU – und die allenthalben durchscheinende Skepsis auch derer, die kein Votum abgeben konnten, stürzten die EU in eine tiefe Krise. Einmal mehr wurde deutlich, dass es auch in einer erweiterten Union weniger die Divergenzen zwischen den Mitgliedstaaten sind, die das europäische Integrationsprojekt bremsen, als vielmehr die wachsende Kluft zwischen integrationsorientierten Eliten und einer skeptischen Öffentlichkeit (Hooghe und Marks 2009). Nach den negativen Referenden über das Verfassungsprojekt verordnete sich die EU denn auch eine sogenannte Reflexionsphase, also erst einmal Nichtstun, bis der Sturm sich gelegt hätte (Dinan 2006: 64). Es standen ja noch genügend andere Konfliktthemen auf der Agenda.

Als ein solches Konfliktthema erwies sich die im Jahre 2005 anstehende Entscheidung über die mittelfristige Finanzplanung für die EU, bei der aber, anders als erwartet, die Hauptkonfliktlinie nicht zwischen West und Ost – also zwischen Altmitgliedern und Beitrittsstaaten – verlief; vielmehr erwiesen sich die Interessendivergenzen zwischen Frankreich, Deutschland und dem Vereinigten Königreich als die größten Hindernisse einer Einigung (Dinan 2006). Zum Jahresende 2005 konnte der Europäische Rat jedoch eine Kompromisslinie finden, die von allen Staaten Abstriche verlangte. Im Oktober 2005 beschloss der Rat zudem, Beitrittsverhandlungen mit Kroatien und der Türkei zu eröffnen, trotz weiterhin großer Skepsis, insbesondere in einigen Mitgliedstaaten, und trotz der nicht gelösten Verfassungskrise. Ebenso war die Skepsis groß, als zum Jahresanfang 2007 Rumänien und Bulgarien wie geplant der Union beitraten, obwohl erhebliche Zweifel an der Erfüllung der Beitrittskriterien bestanden.

---

22 In Spanien stimmten 77 % der Wähler bei einer Wahlbeteiligung von 42 % dem Verfassungsvertrag zu; in Luxemburg fiel die Zustimmung mit 56,5 % bei einer obligatorischen Wahlbetei-ligung überraschend knapp aus. Maurer 2006: 11 und 67.

23 In Frankreich stimmten am 29.5.2005 55 % der Wähler gegen das Verfassungsprojekt bei einer Wahlbeteiligung von 70 %; in den Niederlanden stimmten am 1.6.2005 sogar 62 % der Wähler gegen den Vertrag bei einer Wahlbeteiligung von 63 %. Maurer 2006: 24 und 56.

Erst im ersten Halbjahr 2007 kam das Verfassungsthema unter deutscher Ratspräsidentschaft wieder auf die Tagesordnung (Loth 2020: 392–396). Der explizit formulierte Anspruch beschränkte sich zunächst darauf, einen Fahrplan zur Wiederbelebung des Verfassungsprozesses zu verabschieden; faktisch wurden jedoch wesentlich weiterreichende Aktivitäten entfaltet (Maurer 2008). Den Auftakt bildete die „Berliner Erklärung", die aus Anlass des 50-jährigen Bestehens der EG/EU am 25. März 2007 präsentiert wurde. Neben feierlichen Floskeln wurde darin der Wille proklamiert, die Reform der EU-Verträge bis zur Parlamentswahl 2009 abzuschließen (Goosmann 2007). Unter der Führung von Ratspräsidentin und Bundeskanzlerin Angela Merkel wurden dann intensive Verhandlungen um die Vertragsreform geführt. Die Ergebnisse verabschiedete der Europäische Rat vom Juni 2007 in der Form eines Mandats für eine nachfolgende Intergouvernementale Konferenz. Faktisch definierte das Mandat jedoch bereits die gesamte Vertragsreform, die nun nicht mehr in einen Verfassungsvertrag, sondern einen sogenannten Reformvertrag ausmünden sollte (Dinan 2008: 75).

Das neue Vertragsprojekt war nicht nur durch diese Namensänderung gekennzeichnet; vielmehr entkleidete es den Verfassungsvertrag auch von allen Elementen, die die EU als ein staatsähnliches Gebilde erscheinen ließen (vgl. Rat der EU 2007, Nr. 11177/07, S. 18 sowie Dinan 2008). So wurden Verweise auf Hymne und Fahne ersatzlos gestrichen, der Terminus Gesetze wieder durch die altbekannten Richtlinien und Verordnungen ersetzt und der Außenminister wieder zu einem Hohen Vertreter der GASP umbenannt. Zudem wurde die Charta der europäischen Grundrechte aus dem Vertragswerk herausgelöst; sie sollte dennoch für alle Mitgliedstaaten mit Ausnahme des Vereinigten Königreichs verbindlich gemacht werden. Des Weiteren wurde zur Zweiteilung der Verträge zurückgekehrt: also einerseits dem *Vertrag über die Europäische Union (EUV)*, andererseits dem *Vertrag über die Arbeitsweise der Europäischen Union (AEUV)*, der zuvor unter dem Namen *Vertrag zur Gründung der Europäischen Gemeinschaft (EGV)* firmiert hatte. Mit dieser erneuten Teilung der Verträge und ihrer partiellen Umbenennung wurde einmal mehr signalisiert, dass es jetzt nicht mehr um eine europäische Verfassung gehe; allenfalls dem EUV sowie der Grundrechtecharta konnte faktisch ein Verfassungsrang zugeschrieben werden.

Am institutionellen Gefüge der Union wurden keine Veränderungen vorgenommen; lediglich das anvisierte Verfahren für erleichterte Mehrheitsentscheidungen im Rat wurde modifiziert (vgl. Rat der EU 2007, Nr. 11177/07, S. 18 sowie Dinan 2008). So sollte dieses Verfahren erst ab 2014 zur Anwendung kommen; zudem sollte bis 2017 die Möglichkeit bestehen, auf Verlangen eines Mitgliedstaats das alte Verfahren anzuwenden. Das Verfahren der verstärkten Zusammenarbeit wurde erneut bestätigt, die erforderliche Mindestzahl an partizipierenden Staaten von 8 auf 9 geringfügig erhöht. Die Rolle der nationalen Parlamente im europäischen Entscheidungsprozess wurde – ebenfalls geringfügig – gestärkt (vgl. Rat der EU 2007, Nr. 11177/07).

Auch diese Veränderungen sind bis auf wenige Ausnahmen primär als kosmetische Korrekturen zu werten; soweit es dennoch zu inhaltlichen Veränderungen kam, zielten diese auf die Stärkung der einzelnen Staaten sowie auf die stärkere Rückbindung der europäischen Ebene an die Mitgliedstaaten ab. Als bemerkenswert ist hervorzuheben, dass es nicht zu fundamentalen Revisionen kam, sondern hauptsächlich zu einer Streckung der Zeiträume bis zur Umsetzung der neuen Regelungen.

Mit diesen Beschlüssen über den Reformvertrag war der Weg für eine IGK bis in alle Details vorgezeichnet (Dinan 2008). Die definitive Beschlussfassung über das Vertragswerk war auf die zweite Jahreshälfte 2007 unter portugiesischer Präsidentschaft terminiert, rechtzeitig, um die nachfolgende Ratifizierung vor der anstehenden Parlamentswahl im Juni 2009 abzuschließen. Denn diese sollte entsprechend der im Vertrag geregelten neuen Sitzverteilung erfolgen. Nach kurzen Scharmützeln, bei denen insbesondere Polen weiterhin Sonderpositionen vertrat, wurde im Oktober 2007 auf dem Gipfel von Lissabon der Reformvertrag ohne nennenswerte Änderungen angenommen (Dinan 2008). Das zuvor unter deutscher Präsidentschaft erarbeitete Mandat erwies sich rückblickend als eine bereits voll ausgearbeitete grundlegende Vertragsreform. Referenden zur Ratifizierung des nunmehr als Lissabon-Vertrag bezeichneten Reformwerks waren nach den Erfahrungen mit den Volksabstimmungen zum Verfassungsvertrag in den Mitgliedstaaten – mit Ausnahme Irlands – nicht mehr geplant; in den Worten des französischen Staatspräsidenten Sarkozy handelte es sich ja ohnehin nur um einen „Minivertrag". Einmal mehr trieben die Eliten den Integrationsprozess voran, während sie der Öffentlichkeit signifikante Abstriche am Verfassungsvertrag vorgaukelten, die es in der Sache aber kaum gab.

Wie so oft in der Geschichte der europäischen Integration entwickelten sich die Dinge in der Folge aber anders als geplant. Das für Juni 2008 angesetzte irische Referendum über den Lissabon-Vertrag endete mit einem klaren Nein (Dinan 2009). Einmal mehr geriet der Versuch zur Vertiefung der Integration in eine Sackgasse. Dieses Mal fiel die Reaktion der europäischen Eliten allerdings anders aus: Sie scheuten sich nicht, die Iren zu beschuldigen, dass sie 450 Millionen Bürgern der EU die Erreichung ihrer integrationspolitischen Ziele verwehrten. Ironischerweise argumentierte die irische Opposition gegen den Lissabon-Vertrag in der gleichen Weise: Das kleine Irland trage bei dem Referendum die Verantwortung für 450 Millionen EU-Bürger, denen eine Meinungsäußerung verwehrt sei. Obwohl die Ratifizierung bis zur Parlamentswahl nun nicht mehr möglich war, setzten europäische Politiker Irland unter Druck, ein zweites Referendum abzuhalten. Der Druck wurde erhöht durch vergleichsweise zügige parlamentarische Ratifikationen in den meisten Mitgliedstaaten der EU inklusive des Vereinigten Königreichs. In neuerlichen Verhandlungen wurden einige Zugeständnisse an die irische Bevölkerung vereinbart: so eine Erklärung der Nichteinmischung in innere Angelegenheiten, wie beispielsweise die Abtreibungsgesetzgebung oder die militärische Neutralität des Landes (Dinan 2009). Die irische Regierung setzte daraufhin, für November 2009 ein zweites Referendum an, das zur Erleichterung aller Beobachter positiv ausfiel (Dinan 2010a: 95–96). Allerdings war damit das Bild der Union als eines demokratischen und bürgernahen Systems schwer beschädigt. Polen und die Tschechische Republik zögerten auch noch nach dem irischen Referendum mit der Ratifizierung; ihre Bedenken konnten aber schließlich ausgeräumt, und damit das Vertragswerk endgültig ratifiziert werden (Dinan 2010a). Acht Jahre nach der Laeken-Erklärung traten die fundamental reformierten EU-Verträge zum 1.12.2009 schließlich in Kraft.

Nach der Annahme des Lissabon-Vertrags schien die EU in ruhigeres Fahrwasser zu gelangen. Der neue Vertrag wurde als Endpunkt einer langen Periode von Vertragsänderungen gesehen, die mit der EEA in den 80er Jahren begonnen hatte. Keine signifikanten „left-overs" waren mehr offen; somit schienen die Weichen für eine längere Periode der Integration gestellt zu sein. Im Juni 2009 wurde das EP gewählt; die Wahl musste jedoch noch nach dem alten Verteilungsschlüssel durchgeführt werden. Insgesamt entsprach das Wahlergebnis im Wesentlichen der Vorperiode, wenngleich europaskeptische Parteien ihr Gewicht erhöhen konnten (Dinan 2010a: 101–108). Auch die neue Kommission stand im Zeichen von Kontinuität: Barroso wurde trotz kritischer Stimmen im Parlament und lauwarmer Unterstützung vonseiten der Mitgliedstaaten wiederernannt, ebenso wie 14 Kommissare (Dinan 2010a: 108–109). Im Dezember 2009 wählte der Europäische Rat den belgischen Ministerpräsidenten Herman van Rompuy zu seinem ersten permanenten Präsidenten; Catherine Ashton wurde zur Hohen Vertreterin (HR) der GASP ernannt (Dinan 2010a: 99–100). Die Besetzung dieser Positionen stärkte einmal mehr die intergouvernementale Handlungsfähigkeit der Union. Auch die Politik der Erweiterung wurde, wenngleich mit deutlich verringertem Tempo, fortgesetzt: Zum 1.7.2013 trat Kroatien als 28. Mitglied dem europäischen Staatenbund bei.

Zusammenfassend lässt sich der zweite Teil der vierten Phase als durch spektakuläre Integrationsfortschritte gekennzeichnet werten, die einerseits durch hohen externen Druck, andererseits aber auch die offensichtlich unzureichende Verfasstheit der Union für eine Erweiterung ungekannten Ausmaßes ausgelöst wurden. Zur Realisierung dieser Schritte waren allerdings hohe Hürden zu überwinden. Die stärker als zuvor zutage tretenden Divergenzen zwischen den Mitgliedstaaten wurden einerseits durch Verfahrensregelungen – die Konventsmethode zur Erarbeitung eines Verfassungsvertrags – andererseits durch Führungsstärke einzelner Persönlichkeiten der nationalen Ebene – insbesondere Valérie Giscard d'Estaing und Angela Merkel – erheblich eingeschränkt. Auf diese Weise gelang schließlich eine Erweiterung der Union, die ihre Mitgliedschaft nahezu verdoppelte, und gleichzeitig eine Vertiefung der Integration, die mit dem Lissabon-Vertrag weitreichende institutionelle Innovationen, vornehmlich zugunsten der intergouvernementalen Systemdimension, einführte.

4.3 Schlussfolgerungen

Eine zusammenfassende Betrachtung der gesamten vierten Phase der europäischen Integration zeigt, dass diese durch einen neuerlich gestärkten Intergouvernementalismus – und damit eine gestärkte Dominanz der Mitgliedstaaten – gekennzeichnet ist. Anders als in der zweiten Phase hemmt diese Konstellation allerdings nicht die Integrationsdynamik; vielmehr kommt es nach anfänglichen Verzögerungen zu einer enormen Beschleunigung, *obwohl* die supranationalen Triebkräfte deutlich geschwächt sind. Tempo und Richtung der Integration wurden aber kaum vom expliziten Engagement der intergouvernementalen Akteure bestimmt; vielmehr waren es externe Herausforderungen, die den Handlungsdruck enorm erhöhten und somit gemeinsames Handeln trotz weiterhin bestehender oder sogar verstärkter Divergenzen zwischen den Mitgliedstaaten begünstigten. Reagierten die nationalen Regierungen zunächst abwartend auf die Umbrüche in Osteuropa, so leiteten sie bald schon erste, wenn auch kleine Schritte zu ihrer Bewältigung ein. Dies trifft sowohl auf Maßnahmen zur Vorbereitung der Osterweiterung als auch die Vertragsänderungen von Amsterdam und Nizza zu. Erst im zweiten Abschnitt dieser Phase entfalteten sie folgenreiche Aktivitäten, indem sie eine Erweiterung bisher nicht gekannten Ausmaßes und mit dem Lissabon-Vertrag eine fundamentale Revision des institutionellen Gefüges der Union realisierten. Gleichzeitig nutzten die großen Mitgliedstaaten und die Altmitglieder der Union die Gelegenheit der Osterweiterung, um ihre Dominanz in den intergouvernementalen Organen auszubauen (Tömmel 2010).

All diese Integrationsfortschritte wurden im Wesentlichen unter der Führung der intergouvernementalen Institutionen realisiert. Das bedeutet jedoch nicht, dass der Dissens zwischen den Mitgliedstaaten keine Rolle gespielt hätte; aber anders als in der zweiten Phase resultierte er nicht mehr in Stagnation (vgl. Kap. 3.2), sondern in integrationsorientierten Lösungen. Diese Entwicklung verdankt sich nicht zuletzt auch dem Umstand, dass die Union inzwischen auf ein differenziertes Spektrum von Verfahrensregeln und Praktiken zurückgreifen konnte, die die Konsensfindung erleichterten. Allerdings manifestierten sich die Hindernisse der Integration in dieser Phase an ganz anderer Stelle: Die Bürger Europas mit ihrer weitverbreiteten Skepsis sowohl zur Erweiterung der Union wie zur Vertiefung der Integration nutzten ihre Stimme in Referenden, um den europäischen Zug zum Stehen zu bringen. Zwar konnten diese Vetos im Zuge von acht Jahren Vertragsreform durch Vermeidung oder auch Wiederholung von Referenden umgangen werden; das weitere Anwachsen der Euroskepsis ließ sich aber so nicht eindämmen; im Gegenteil, es setzte sich unvermindert fort.

5 Die EU im Krisenmodus (2009–Gegenwart)

Die fünfte Phase der europäischen Integration ist durch eine dichte Folge von Krisen und die Bemühungen um ihre Bewältigung gekennzeichnet. Denn kaum waren die enormen Erweiterungen und notwendigen Vertragsänderungen unter Dach und Fach gebracht, zeichneten sich neue, heftigere Turbulenzen ab. Noch bevor der Lissabon-Vertrag ratifiziert war, setzte zunächst die internationale Finanzkrise und in der Folge die Schuldenkrise ein, die sich ihrerseits zu einer Eurokrise ausweitete. Nachdem diese notdürftig beruhigt, aber nicht wirklich gelöst war, zogen weitere Krisen auf: zunächst die Flüchtlings- oder auch Migrationskrise, ein zutiefst umstrittenes und bis heute ungelöstes Problem auf der europäischen Ebene und daher eine schwelende Herausforderung; sodann der Austritt des Vereinigten Königreichs aus der Union, der sogenannte Brexit, ein bis *dato* noch nie vorgekommener Schritt der Desintegration. Nachdem für den Brexit ein *Modus Vivendi* gefunden worden war, folgte die COVID 19-Krise. Sie betraf alle Mitgliedstaaten in mehr oder minder starkem Maße, sodass weitreichende Maßnahmen der europäischen Ebene nach anfänglicher Kritik begrüßt wurden. Den vorläufigen Höhepunkt bildete dann der Überfall Russlands auf die Ukraine, und damit ein Krieg in der unmittelbaren Nachbarschaft der Union. Ein Ende dieses Krieges, der weit mehr ist als eine Krise, ist nicht in Sicht; er fordert die begrenzten und überwiegend indirekten Mittel der EU zur Unterstützung der Ukraine in extremem Maße heraus. Schließlich lauert im Hintergrund noch eine Dauerkrise, zu deren Lösung die EU einen relevanten Beitrag liefern möchte: der Klimawandel, der sich in den letzten Jahren immer sichtbarer in katastrophalen Hitzewellen und Unwettern, aber auch in ansteigenden Migrationsströmen manifestiert. Und all dem liegt eine tiefe Legitimationskrise der EU zugrunde, die sich bisher weder mit kleinteiligen Schritten zu mehr Demokratie noch mit erfolgreichen Problemlösungen der EU beheben ließ. Kommissionspräsident Juncker prägte denn auch bei seinem Amtsantritt 2015 den Begriff der Polykrise, der seitdem in aller Munde ist.

All diese Krisen erforderten schnelle Reaktionen, die jedoch angesichts der komplexen Entscheidungsprozesse in der Union und der immer präsenten Meinungsverschiedenheiten in den Räten zumeist nur verzögert zustande kamen. Dennoch wurden auch in dieser Situation teilweise weitreichende Integrationsfortschritte erzielt, die nunmehr weniger in institutionellen Veränderungen der Organe lagen, als vielmehr in der Ausweitung und Stärkung ihrer Handlungsmöglichkeiten und -fähigkeiten unterhalb der Ebene von Vertragsänderungen. Zudem kam es nach einer anfangs noch sehr ausgeprägten Dominanz der intergouvernementalen Organe zu einer zunehmend bedeutenderen Rolle der supranationalen Institutionen und Akteure: der Kommission als Agenda-Setter, aber auch als Agentin einer gemeinsamen Politik; des Parlaments als Hüterin rechtsstaatlicher Prinzipien; und schließlich der EZB als Bewahrerin der Währungsstabilität.

https://doi.org/10.1515/9783111191799-005

5.1 Finanz-, Schulden- und Euro-Krise: verzögerte Reaktionen und halbherzige Lösungen (2009–2015)

Bereits 2008, noch bevor der Vertrag von Lissabon in Kraft getreten war, schwappte eine von den USA ausgehende Finanzkrise auf Europa über (Menendez 2013: 499–500). Im September dieses Jahres war die Lehmann Brothers Investmentbank zusammengebrochen, und mit ihr das amerikanische System der Eigenheimfinanzierung. Dies riss auch europäische Banken, die eng mit dem Banken- und Finanzsystem der USA verflochten sind, mit in die Krise. Die Mitgliedstaaten der EU reagierten zunächst zögerlich, dann aber mit rein nationalen Maßnahmen, indem sie ihre als systemrelevant eingestuften Banken mit umfangreichen Finanzmitteln stützten, um deren Zusammenbruch zu verhindern. In der Folge schnellte der öffentliche Schuldenstand von fast allen Mitgliedstaaten enorm in die Höhe, was seinerseits den Wachstums- und Stabilitätspakt der Währungsunion unterminierte (Dinan 2010a: 112).

Auf der europäischen Ebene resultierte die Bankenkrise zunächst in einer Schockstarre. Nachdem sich allerdings die negativen Folgen der nationalen Alleingänge für die Währungsunion abzeichneten, wurden erste Konzepte für eine gemeinsame europäische Reaktion auf die internationale Krise diskutiert; energische Schritte in diese Richtung blieben aber aus (Menendez 2013: 502).

Im Oktober 2009 tauchten dann die ersten Zeichen tiefergehender Probleme auf, als der neu gewählte sozialistische Ministerpräsident Griechenlands, Giorgos Papandreou, erklären musste, dass der Schuldenstand des Landes nicht 3,6 %, wie von der Vorgängerregierung behauptet, sondern 12,8 % des Bruttoinlandsprodukts (BIP) betrug; später musste diese Zahl sogar auf 13,6 % korrigiert werden (Featherstone 2011: 199). Diesen Schuldenstand konnte die griechische Regierung nicht mehr alleine stemmen; sie wandte sich daher an die EU um Hilfe. Da in Finanz- und Währungsfragen einseitig die Räte zuständig sind und die Kommission unter Barroso nicht als besonders aktiv in diesen Themen hervortrat, waren die Regierungen der Mitgliedstaaten zur Krisenlösung am Zuge.

Diese reagierten aber nur langsam und eher widerwillig auf das griechische Hilfsgesuch. Zunächst unterschätzten sie offensichtlich die Brisanz der sich abzeichnenden Schuldenkrise, und später waren sie kaum zur Implementation von Hilfsmaßnahmen bereit, die zuhause unpopulär waren (Dinan 2010a, Featherstone 2011). Dies galt besonders für die deutsche Bundeskanzlerin, die beispielsweise 2009 Entscheidungen über solche Maßnahmen bis nach den Landtagswahlen in Nordrhein-Westfalen im Mai 2010 hinauszögerte (Paterson 2011). Als Folge dieser Verzögerungen sank das Vertrauen der Finanzmärkte in die griechische Kreditwürdigkeit, womit die Zinslast für das Land rapide anstieg. Schließlich schnürte der Europäische Rat im Mai 2010 ein erstes Hilfspaket für Griechenland, das umfangreiche Kredite bereitstellte, aber auch strenge Auflagen zur Reduktion der Staatsausgaben und zur Implementation tiefgreifender Reformen beinhaltete. Die Union bildete zu diesem Zweck einen Europäischen Finanzstabilisierungsmechanismus (EFSM) sowie eine Europäische Finanzstabilisierungsfazilität (EFSF) als vorläufige Instrumente zur Bereitstellung von Krediten für Schuldnerstaaten (Gocaj und Meunier 2013). Die Gelder wurden aber zunächst nicht ausgezahlt, weil sich die Bundesregierung quer stellte. Den Schaden hatte Griechenland zu tragen: einen enormen Abfluss von Kapital aus dem Land (Jones 2012: 60).

Kurz darauf zeigte sich allerdings, dass nicht nur Griechenland, sondern auch eine Reihe von anderen Mitgliedern der Eurogruppe Schwierigkeiten mit ihrer übermäßigen Schuldenlast hatten. Das traf besonders für Irland zu, das erst aufgrund der Bankenrettung in die Schuldenfalle geraten war, aber auch für die Mittelmeerstaaten, die mit wirtschaftlichen Umbrüchen kämpften, sodass die ohnehin schon hoch verschuldeten öffentlichen Haushalte erheblich unter Druck gerieten. Ratingagenturen setzten die Kreditwürdigkeit dieser Staaten herab, was die Zinssätze in bis dahin ungekannte Höhen trieb. In dieser Situation wurde deutlich, dass die Schuldenkrise sich zusehends zu einer Eurokrise auswuchs (Loth 2020: 409).

Obwohl es wieder nicht zu schnellen Reaktionen kam, antworteten die Regierungen der Eurogruppe[1] und teilweise auch der gesamten Union schließlich mit einer Reihe von Maßnahmen, die einerseits kleinere inkrementelle Schritte, andererseits aber auch neue Wege zur Steuerung der Währungsunion beinhalteten (Hodson 2012a). Bereits 2010 hatten sie die Überwachung der Fiskal- und Wirtschaftspolitiken der Mitgliedstaaten durch die Einführung des sogenannten „Europäischen Semesters" verstärkt. Das Europäische Semester beinhaltet eine jährliche Überprüfung der öffentlichen Haushalte, noch bevor die nationalen Parlamente darüber entschieden haben. Sowohl die Kommission als auch der Rat können in diesem Rahmen Empfehlungen an die Mitgliedstaaten aussprechen, die aber nicht bindend sind (Hodson 2012a: 186–187).

Zum Zeitpunkt der Einführung des Europäischen Semesters setzten die Regierungschefs primär auf schärfere Kontrollen der nationalen Ausgabenpolitik, während sie weitergehende Maßnahmen ablehnten. Doch bald darauf mussten sie erkennen, dass die bisherigen Schritte nicht ausreichten. Denn Irland und Portugal beantragten nun auch Hilfe aus dem EFSM, während Spanien und Italien ebenfalls Bedarf hatten, sich aber vorerst noch zurückhielten, um den strengen Auflagen zu entgehen. Dementsprechend beschloss der Europäische Rat im Februar 2011, einen permanenten Ret-

---

1 Euro-Gruppe bezeichnet zunächst nur die Mitgliedstaaten, die am Euro partizipieren. Als Euro-Gruppe bezeichnet man aber auch ein informelles Gremium, das sich aus den Finanzministern der Euro-Staaten zusammensetzt und das 1998 erstmals zusammentrat. 2004 beschloss die Gruppe, einen Präsidenten für zwei Jahre zu wählen. Ihr erster und langjähriger Vorsitzender war Jean-Claude Juncker in seiner Eigenschaft als Finanzminister Luxemburgs (2005–13). In einem Protokoll (Nr. 14) zum Lissabon-Vertrag wurde die Rolle der Euro-Gruppe erstmals definiert und die Wahl Ihres Präsidenten für 2 ½ Jahre festgelegt. Trotzdem gilt die Gruppe weiterhin als ein informelles Gremium. Seit 2008 gibt es auch die sogenannten Euro-Gipfel, in denen die Regierungschefs der Euro-Staaten zusammenkommen. Solche Gipfel finden mindestens zweimal im Jahr statt. 2013 legte die Gruppe Verfahrensmodi für diese Gipfeltreffen fest. https://www.consilium.europa.eu/de/eurogroup/ (Abruf: 17.10.2025).

tungsschirm für hoch verschuldete Staaten einzuführen, den Europäischen Stabilitätsmechanismus (ESM) (Gocaj und Meunier 2013). Im November 2011 trat dann das sogenannte Sixpack in Kraft, das fünf Verordnungen und eine Richtlinie zum Stabilitäts- und Wachstumspakt umfasst. Vier Verordnungen richten sich auf die Verschärfung des SWP und sehen quasi-automatische Sanktionen im Falle der Verletzung seiner Regeln vor; die beiden verbleibenden Rechtsakte regeln die Überwachung von exzessiven makroökonomischen Ungleichgewichten zwischen den Mitgliedstaaten (Leuffen et al. 2012: 151). Durch die intensivierte Überwachung der Haushalte und auch der makroökonomischen Entwicklungen in den Mitgliedstaaten konnte die Kommission entscheidende Kompetenzen hinzugewinnen (Bauer und Becker 2014). Schließlich beschlossen die Regierungen unter dem Druck insbesondere der Bundesrepublik im Dezember 2011 einen Europäischen Fiskalpakt (EFP), der unter dem Namen Vertrag über Stabilität, Koordinierung und Steuerung in der Wirtschafts- und Währungsunion (SKS-Vertrag) firmiert. Der Pakt verpflichtet die Mitgliedstaaten zu einer strengen Haushaltsdisziplin und zur Einführung einer Art Schuldenbremse (Hodson 2012a: 189, Tömmel 2017a: 153). Da Großbritannien und die Tschechische Republik nicht zustimmten, musste der Vertrag außerhalb der EU-Regelungen als ein rein intergouvernementales Konstrukt verabschiedet werden (Loth 2020: 409).

Trotz dieser weitreichenden Maßnahmen beruhigten sich die Finanzmärkte kaum; die Krise bedrohte weiterhin die Stabilität des Euro und damit auch die politische Stabilität der Union. Die Räte erwiesen sich als unfähig, die Lage einschneidend zu verändern. Dies gelang erst, nachdem die EZB das Heft in die Hand genommen hatte (Verdun 2017); insbesondere ihr dritter Präsident, Mario Draghi, leitete eine Wende ein. Zunächst entschied er, billige Kredite zur Rekapitalisierung der europäischen Banken bereitzustellen, um eine neuerliche Bankenkrise zu verhindern (Hodson 2012a: 184). 2012 kündigte er dann an, unbegrenzt Staatsanleihen der Schuldnerstaaten zu kaufen. Frühere Vorschläge zur Krisenregulierung durch den Ankauf solcher Anleihen oder gar die Ausgabe von Eurobonds wurden von mehreren Regierungschefs und insbesondere der Bundeskanzlerin strikt abgelehnt (Paterson 2011). Zudem positionierte sich Draghi eindeutig zur Rettung der europäischen Währung. Berühmt wurde sein Satz: „Within our mandate, the ECB is ready to do whatever it takes to preserve the euro. And believe me, it will be enough" (Draghi 2012, zitiert in Verdun 2017: 215). Es waren diese Äußerungen und die begleitenden Maßnahmen der EZB, die nach Ansicht zahlreicher Beobachter die Finanzmärkte beruhigten und das Vertrauen in die Fähigkeit der EU zur Rettung des Euro und der Schuldnerstaaten stärkten. Dies wiederum erweiterte den Spielraum, um längerfristige Schritte zur Steuerung der WWU einzuleiten.

Der wichtigste Schritt in diese Richtung wurde in der Schaffung einer Bankenunion gesehen, das heißt eines Regelsystems, mit dessen Hilfe Banken stärker kontrolliert und wenn nötig, abgewickelt werden konnten, anstatt sie mit Stützungsmaßnahmen über Wasser zu halten. Erste Überlegungen zu einem solchen Projekt wurden bereits 2010 angestellt; das Projekt rief aber großen Dissens zwischen den Mitgliedstaaten hervor. Insbesondere die großen Mitgliedstaaten und vor allem die deutsche Regierung lehnten europäische Eingriffe in ihren Bankensektor ab (Epstein und Rhodes 2016). Die Kommission hatte bereits 2012 ein Konzept zur Bankenregulierung vorgelegt, das weitreichende Kompetenzen für die europäische Ebene vorsah, wenngleich es den Mitgliedstaaten auch eine Rolle zuwies (European Commission 2012). Auch in der Folge trat sie vergleichsweise aktiv zur Realisierung des Projekts in der von ihr vorgeschlagenen Form ein. Zudem spielte die EZB unter ihrem Präsidenten Draghi eine entscheidende Rolle beim Zustandekommen der Bankenunion (Epstein und Rhodes 2016). Angesichts der Euro-Krise hatte der Europäische Rat dem Vorhaben zwar bereits 2012 im Grundsatz zugestimmt; konkrete Regelungen blieben jedoch weiterhin umstritten. Insbesondere die Bundesrepublik weigerte sich, die Überwachung der Banken der EZB anzuvertrauen. Längerfristig konnte sie diese Weigerung allerdings nicht aufrechterhalten; im Jahre 2015 wurde die Bankenunion schließlich eingeführt. Dabei obliegt die Supervision aller Banken grundsätzlich der EZB; für die kleineren Banken dürfen aber die Staatsbanken der Mitgliedstaaten diese Funktion in Kooperation mit der EZB ausüben (Epstein und Rhodes 2016).

Insgesamt sind somit die ersten Jahre der fünften Phase vornehmlich durch die Eindämmung der Finanz-, Schulden- und Eurokrise gekennzeichnet. Nach anfangs zögerlichen, inkrementellen Schritten kam es zu einschneidenden institutionellen und prozeduralen Neuerungen, zum Abschluss eines neuen Vertrags, wenngleich außerhalb der EU-Verträge, sowie zur Schaffung einer Bankenunion. Die Erfolge dieser Maßnahmen blieben jedoch begrenzt, sodass bis zur Gegenwart weitere Reformen eingefordert werden, bisher jedoch ohne Konsequenzen. In institutioneller Hinsicht ist diese Phase durch die Dominanz der intergouvernementalen Organe gekennzeichnet (Puetter 2014); diese erwiesen sich aber als weitgehend unfähig, angesichts der anstehenden Krisen schnell, effektiv und geeint zu handeln (Tömmel 2017a). Denn in Rat und Europäischem Rat bildeten sich neue Spaltungen zwischen den Mitgliedstaaten, vornehmlich der Euro-Gruppe, heraus: zwischen großen und kleinen Staaten, zwischen Gläubiger- und Schuldnerstaaten, und generell zwischen Nord und Süd. In dieser Situation waren es die supranationalen Akteure, in erster Linie die EZB, die die Eurorettung durch zahlreiche, zuvor undenkbare Maßnahmen ermöglichten. Zudem setzte sich die Kommission erfolgreich für eine weitgehend supranational strukturierte Bankenunion ein. Ohnehin konnte sie durch die vielfältigen Neuregelungen zur Überwachung der Fiskalpolitiken der Mitgliedstaaten entscheidende Kompetenzen hinzugewinnen. Einmal mehr zeigte sich, dass nationale Alleingänge oder die Durchsetzung der Präferenzen einiger weniger Staaten nicht zu einer erfolgreichen Krisenlösung beitragen. Die Legitimationskrise der EU, das heißt, die wachsende Kluft zwischen Bürgern und Politik, konnte so aber nicht eingedämmt werden; im Gegenteil, sie vertiefte sich dramatisch weiter. In fast allen Mitgliedstaaten gelang es rechten und rechtsextremen Parteien, diese Situation für sich zu instrumentalisieren und enorme Stimmengewinne zu erzielen.

5.2 Herausbildung der Polykrise: zentralisierende Gegenentwürfe und nationale Widerstände (2015–2019)

Im Mai 2014 wurde das Europäische Parlament neu gewählt; damit konnten zum ersten Mal die Regeln des Lissabon-Vertrags angewandt werden, die unter anderem die Wahl des Kommissionspräsidenten durch das EP nach vorheriger Nomination einer geeigneten Persönlichkeit durch den Europäischen Rat vorsieht (Art. 17 EUV). Das Parlament, besorgt um die geringe und stetig sinkende Beteiligung an seiner Wahl und generell die demokratische Legitimation der EU (Dinan 2015: 94), „erfand" dazu eine spezifische Vorgehensweise, das sogenannte Spitzenkandidaten-Verfahren (Christiansen 2016, Heidbreder und Schade 2020, 2024). Die Parteiengruppierungen des EP sollten zu den Wahlen jeweils Spitzenkandidaten nominieren; der Kandidat oder die Kandidatin der Gruppierung, die die meisten Stimmen erhielte, sollte dann vom EP zum Kommissionspräsidenten gewählt werden.

Die Europäische Volkspartei (EVP) stellte den luxemburgischen Premierminister Jean-Claude Juncker als Spitzenkandidat auf; die Fraktion der Sozialdemokraten und Sozialisten (S&D) den Präsidenten des EP, Martin Schulz. Die kleineren Parteiengruppierungen nominierten ebenfalls Spitzenkandidaten, auch wenn sich damit keine Aussicht auf die Kommissionspräsidentschaft verband. Erwartungsgemäß konnte die EVP die meisten Stimmen, wenn auch mit insgesamt 28.84%[2] weniger als ein Drittel aller Voten auf sich vereinigen, und das EP vollzog sehr schnell die Wahl Junckers zum Kommissionspräsidenten. Im Europäischen Rat wurde die Wahl nur ungern akzeptiert, hauptsächlich wegen des Verfahrens, teilweise aber auch wegen der Person. Insbesondere Bundeskanzlerin Merkel hätte gerne die Ernennung Junckers verhindert, hatte er ihr doch als Chef der Euro-Gruppe häufig widersprochen (Loth 2020: 407–408); eine Mehrheit zu seiner Verhinderung war jedoch außer Reichweite (Dinan 2015: 96–97). Juncker trat somit zum Jahresanfang 2015 sein Amt an; aufgrund seiner Nominierung und Wahl durch das EP fühlte er sich diesem besonders verbunden. Gleichzeitig scheute er sich nicht davor zurück, offensiv gegenüber den nationalen Regierungen aufzutreten (Tömmel 2018, 2020a). Bereits in seiner Antrittsrede vor dem Europäischen Parlament prägte Juncker den Begriff der Polykrise; zu ihrer Behebung legte er eine anspruchsvolle Agenda vor. Dabei hatte er vor allem den weit verbreiteten Euro-Skeptizismus im Blick, dem er durch Stärkung der europäischen Institutionen und der politischen Legitimation der EU entgegentreten wollte (Tömmel 2018: 141–142). Aber noch bevor er entsprechende Schritte einleiten konnte, geriet die Union durch eine Reihe von weiteren Krisen erneut unter Druck.

Als erstes flammte die *Euro-Krise* wieder auf, obwohl sie mit den oben beschriebenen Maßnahmen erfolgreich eingedämmt, wenn auch nicht wirklich behoben wor-

---

2 Offizielle Webseite des EP: https://results.elections.europa.eu/en/european-results/2014-2019/outgoing-parliament/ (Abruf: 06.09.2025).

den war. Mit dem Wahlsieg von Syriza im Mai 2015 trat in Griechenland eine linke Regierungspartei an, die von den europäischen Partnern deutlich bessere Konditionen für die Bewältigung der Staatsschulden erzielen wollte (Featherstone 2016, Hodson 2016). Leider erwies sich dieses Vorhaben als nicht realisierbar; die Mitglieder des Europäischen Rates und auch der Euro-Gruppe wiesen entsprechende Vorstöße des griechischen Ministerpräsidenten Alexis Tsipras und seines Finanzministers Jannis Varoufakis brüsk zurück (Varoufakis 2017). Insbesondere Bundesfinanzminister Schäuble profilierte sich dabei als Hardliner; er scheute sich auch nicht, offen einen vorübergehenden Exit Griechenlands aus dem Euro zu thematisieren, womit er das Misstrauen der Finanzmärkte enorm anheizte (Featherstone 2016: 55, Loth 2020: 423). Zwar kam es nicht zu einem solchen Schritt, aber Griechenland wurden keinerlei Konzessionen bei der Vereinbarung eines dritten Memorandums zugestanden; stattdessen musste die Regierung einmal mehr ein harsches Paket von Konditionen schlucken, das tiefe Einschnitte in das ohnehin schon löcherige soziale Netz beinhaltete (Featherstone 2016). Zudem wurde Griechenland zu Privatisierungsmaßnahmen seiner Infrastruktur gezwungen, an erster Stelle zur Überlassung des Hafens von Piräus zu einem Schleuderpreis von insgesamt 368 Mio. Euro an das chinesische Unternehmen COSCO.[3] Es versteht sich, dass damit sowohl die eigene Regierung als auch die gesamte EU in den Augen der griechischen Bevölkerung delegitimiert waren.

Noch im Jahr 2015 kam es dann zu einer gravierenden *Flüchtlingskrise,* die die Union vor enorme Herausforderungen stellte. Insbesondere über die sogenannte Balkanroute strömten Tausende Geflüchtete Richtung Zentraleuropa, was zumeist harsche Reaktionen auf der nationalen Ebene auslöste. Entgegen den seit dem Schengen-Abkommen geltenden Freizügigkeitsregeln schlossen die meisten Staaten ihre Grenzen; lediglich Deutschland nahm eine große Zahl der Geflüchteten auf, was aber auch dort zu internen Differenzen führte (Loth 2020: 431). Vielen Geflüchteten gelang es jedoch nicht, aus den Staaten ihrer ersten Ankunft weiterzureisen; insbesondere Italien und Griechenland waren damit von einer hohen Zahl an Zuwanderern betroffen. Nach andauernden Beschwerden dieser Staaten über die unzumutbare Situation legte die Kommission schließlich einen obligatorischen Verteilungsschlüssel zur Aufnahme der Geflüchteten vor, der alle EU-Staaten einbezog, dabei aber ihre unterschiedliche Bevölkerungszahl und Wirtschaftskraft berücksichtigte (Tömmel 2020: 1150–1151). Eine entsprechende Entscheidung wurde 2016 mit qualifizierter Mehrheit vom Rat angenommen. Mehrere osteuropäische Staaten, insbesondere Polen und Ungarn, opponierten heftig gegen diese Regelung und weigerten sich konsequent, Geflüchtete aufzunehmen (Loth 2020: 432–433). Aber auch andere Mitgliedstaaten kamen ihren Verpflichtungen, wenn überhaupt, nur schleppend nach. Einmal mehr zeigte sich, das supranationale Vorstöße in nationale Hoheitsdomä-

---

3 https://www.spiegel.de/wirtschaft/soziales/griechenland-verkauft-hafen-piraeus-an-chinesische-ree derei-a-1086152.html. (Abruf: 06.12.2023).

nen, auch dann, wenn sie vom Rat mit großer Mehrheit beschlossen wurden, auf der Implementationsebene ausgebremst werden.

Die nächste Herausforderung für die EU war der von den Briten 2016 per Referendum befürwortete *Brexit,* also der Austritt des Vereinigten Königreiches aus der EU, den die aufeinanderfolgenden konservativen Regierungen trotz nur einer knappen Mehrheit der Befürworter konsequent realisieren wollten. Der Kommission gelang es, ein Verhandlungsmandat zu sichern, obwohl der Europäische Rat zunächst selbst die notwendigen Schritte einleiten wollte (Eckert 2018). In der Folge bildete Kommissionspräsident Juncker eine hochkarätige Task Force und ernannte Michel Barnier, einen umfassend erfahrenen französischen Politiker, zum Chefunterhändler der EU mit der britischen Regierung (Schütte 2021: 1146–1147). Barnier entschied seinerseits, die Verhandlungen über den Austritt aus der Union strikt zu trennen von denen über die künftigen Beziehungen zwischen dem Vereinigten Königreich und der EU. Damit erlangte die Kommission ein Verhandlungsmandat, dass von allen Mitgliedstaaten unterstützt wurde; in der Frage des Brexits konnte so eine vergleichsweise große Einigkeit zwischen ihnen erreicht werden (Schütte 2021). Die Verhandlungen mit dem Vereinigten Königreich zogen sich allerdings in die Länge, was primär die britische Seite zu verantworten hatte. Grundlegende Meinungsverschiedenheiten innerhalb der konservativen Regierungspartei, aber auch der Opposition, sowie der Wechsel an der Regierungsspitze von der eher gemäßigten Theresa May zum Hardliner Boris Johnson verzögerten eine Einigung. Wesentlicher Streitpunkt waren die Regelungen bezüglich der EU-Außengrenze zwischen der Republik Irland und Nordirland, die aber zugleich als innerirische Grenze offengehalten werden sollte, was wiederum Grenzziehungen innerhalb des Vereinigten Königreichs beinhaltete (Schütte 2021: 1150). Nach einem ersten Lösungsvorschlag 2018, der jedoch vom britischen Parlament abgelehnt wurde und den Rücktritt von Premier-Ministerin May auslöste, gelang es schließlich 2019 unter der folgenden Regierung von Johnson, den Austritt zu vollziehen.

Juncker bemühte sich allerdings auch, der grundlegenden *Legitimationskrise* der EU zu begegnen. Dazu lancierte er eine Reihe von Vorschlägen, die sich auf die Konsolidierung und Innovation der europäischen Wirtschaft nach der Finanzkrise, die Vertiefung der Integration, die Ausdifferenzierung der Systemstruktur der EU und insbesondere die Stärkung der Position der Europäischen Kommission, sowie auf das „democratic backsliding", also das Abgleiten einiger osteuropäischer Mitgliedstaaten in undemokratische Systemstrukturen bezogen (Tömmel 2020). Dabei oszillierten seine Vorschläge zwischen der bloßen Anregung von Diskussionen zum Thema und handfesten, mit gesetzlichen Regelungen oder finanziellen Zuwendungen untermauerten Schritten. Zur Anregung vermehrter Investitionen legte er bereits 2015 den sogenannten „Europäischen Fonds für strategische Investitionen" (EFSI) auf, auch kurz Juncker-Fonds genannt, der vor allem Innovationen im Klimaschutz, in der Digitalisierung und anderen strategischen Sektoren förderte und gleichzeitig Arbeitsplätze schaffte. Die Vertiefung der Integration befürwortete Juncker nicht explizit; vielmehr legte er 2017 im Rahmen eines „Weißbuches zur Zukunft Europas" (European Commission 2017) fünf mögliche Szenarien vor, in der Hoffnung auf intensive Debatten darüber und schließlich eine Entscheidung zugunsten weiterer Integrationsschritte. Allerdings fielen die Debatten, soweit solche überhaupt in der Öffentlichkeit geführt wurden, eher halbherzig aus und blieben folgenlos; in den Räten kam es nicht zu expliziten Stellungnahmen. Wesentlich konkretere Vorschläge zur Systemstruktur, die in ihrer Gesamtheit die Position der Kommission gestärkt hätten, lancierte die Juncker-Kommission 2018 zusammen mit dem Konzept für den Mehrjährigen Finanzrahmen (MFR) der EU: so den Vorschlag, die Ämter von Kommissionspräsident und Präsident des Europäischen Rates zusammenzulegen, die signifikante Erhöhung der Eigenmittel der EU, sowie die Synchronisierung der Entscheidungen über den MFR mit der Amtszeit der Kommission und des Parlaments, um so einer neuen Kommission jeweils die Möglichkeit zu geben, ihre Ziele und Prioritäten auch mit entsprechenden finanziellen Ressourcen umsetzen zu können. Aber auch diese Vorschläge lösten keine grundlegenderen Debatten aus, geschweige denn Schritte zu ihrer Realisierung.

Schließlich griff die Kommission das Problem des „democratic backsliding" in einigen Staaten Mittel- und Osteuropas auf. Da sich alle Versuche, die Probleme durch sanften Druck oder entsprechende Beschlüsse des Europäischen Rates einzudämmen, als erfolglos erwiesen hatten, rekurrierte der Kommissionsvorschlag auf eine direkte gesetzliche Maßnahme, die allerdings das erwünschte Ziel über einen sehr indirekten Weg anstrebte. Zusammen mit dem MFR legte die Kommission einen Verordnungsvorschlag vor, der die Auszahlung von EU-Finanzmitteln im Rahmen verschiedener Förderprogramme an die Einhaltung rechtsstaatlicher Prinzipien in den Mitgliedstaaten band (Tömmel 2020: 1155–1156). Da es sich bei dem Vorschlag um ein Thema des Umgangs mit EU-Finanzen handelte, konnte die entsprechende Verordnung mit qualifizierter Mehrheit im Rat angenommen und somit ein potentielles Veto von Polen oder Ungarn ignoriert werden. Gleichzeitig deckte die Bedingung der Einhaltung von Rechtsstaatlichkeit eine Reihe von weitergehenden demokratischen Werten ab, wie etwa die Wahrung der Gewaltenteilung. Damit gelang es erstmals, ein Sanktionsinstrument gegenüber Staaten zu entwickeln, die die demokratischen Werte der Union missachten. Seine tatsächliche Einführung gelang aber erst Jahre später, und das auch erst nach heftigen internen Auseinandersetzungen und starkem politischen Duck vonseiten des EP. Die konsequente Umsetzung des Instruments erweist sich dagegen bis zur Gegenwart als äußerst schwierig und bleibt sehr lückenhaft.

Insgesamt sind somit die Jahre der Polykrise im europäischen Integrationsprozess durch einen erneuten Aktivismus vonseiten der supranationalen Organe gekennzeichnet. Dieser umfasste nicht nur eine wesentlich proaktiver auftretende Kommission in zahlreichen Themenbereichen, sondern auch wirksame Eingriffe der EZB in Fragen der Finanz-, Schulden- und Euro-Krise. Damit wurde die Definitionsmacht der intergouvernementalen Organe über die jeweils einzuleitenden Integrationsschritte und Politikmaßnahmen tendenziell zurückgedrängt und in entscheidenden Situationen eine größere Einigkeit zwischen den Mitgliedstaaten erreicht, wie etwa in den Brexit-Verhandlungen. Die systemrelevanten Reformvorschläge der Kommission blieben dagegen größtenteils im Netz der Nicht-Entscheidung hängen; offensichtlich waren die Regierungen nicht bereit, Veränderungen im politischen System der EU oder gar eine formelle Stärkung der Position der Kommission zu akzeptieren. Dennoch wurden in dieser Phase Schritte eingeleitet, die weitere, grundlegendere Veränderungen in der Folge erleichterten: Die Errichtung und spätere Verlängerung des Juncker-Fonds leitete den Einstieg in umfangreiche Investitionsinstrumente der europäischen Ebene ein; der Vorschlag der Sanktionierung von Verletzungen der Rechtsstaatlichkeit in den Mitgliedstaaten hob die Bedeutung gemeinsamer Werte für das Funktionieren der EU hervor; die einheitliche Haltung der Mitgliedstaaten im Brexit-Verfahren und damit in systemrelevanten Fragen verdeutlichte die Wirksamkeit von gebündelter Macht; und insgesamt erwies sich die gelegentliche Delegation von entscheidenden Aufgaben an die Kommission als Gewinn an Handlungsfähigkeit für die gesamte EU.

5.3 Klimawandel, Pandemie und Krieg: gesteigerte Handlungsfähigkeit bei schwacher Zentralisierung (2019 bis zur Gegenwart)

Mit dem Wechsel in der Führung der Europäischen Kommission zum Jahresende 2019 schien es zunächst so, als könne die EU endlich wieder in ruhigeres Fahrwasser gelangen. Zwar war die Nominierung der Kommissionspräsidentin – mit Ursula von der Leyen zum ersten Mal eine Frau – durch erhebliche Turbulenzen gekennzeichnet, denn der Europäische Rat hatte das Spitzenkandidatenverfahren beiseitegeschoben; das brüskierte Parlament gab von der Leyen nur mit hauchdünner Mehrheit die Zustimmung. Die darauffolgende Bestätigung der Gesamtkommission fand jedoch breite Unterstützung im EP und die Aufregung legte sich schnell (Müller und Tömmel 2022: 314–317).

Von der Leyen trat mit einer ehrgeizigen Agenda an, die primär auf Dauerprobleme zielte, zugleich aber auch den Präferenzen verschiedener Fraktionen im Parlament entgegenkam: die Modernisierung der europäischen Wirtschaft und eine proaktive Politik zur Eindämmung des Klimawandels (Müller und Tömmel 2022: 317–320). Dementsprechend rief sie einen „European Green Deal" aus, den sie mit hochfliegenden konkreten Zielsetzungen unterlegte, die zu diesem Zeitpunkt die Ziele der Mitgliedstaaten deutlich übertrafen: Reduzierung der Treibhausgase bis 2030 um 55% (gegenüber dem Basisjahr 1990); Erreichung der Klimaneutralität bis 2050 (Von der Leyen 2019). Weitere Schwerpunkte ihres Programms waren die Förderung der Digitalisierung, die Demokratisierung des EU-Systems sowie die Stärkung der außenpolitischen Dimension der Union. Von der Leyen legte nicht nur eine ambitionierte Agenda vor, sondern versprach auch, diese zügig umzusetzen (Von der Leyen 2019: 21). Doch schon bald traten diese Vorhaben in den Hintergrund, denn die Covid 19-Pandemie breitete sich in atemberaubenden Tempo in Europa aus.

Von der Leyen und insgesamt die Kommission erkannten schnell das „window of opportunity"[4], die einmalige Gelegenheit zu handeln, und leitete zunächst eine Reihe von Sofortmaßnahmen ein (Ladi und Wolff 2021: 36, Müller und Tömmel 2022: 323): Regelungen zum Offenhalten der Binnengrenzen der EU, die die nationalen Regierungen teilweise panikartig geschlossen hatten; Lockerung der gesetzlichen Beschränkungen von Staatshilfen; Koordination des gemeinsamen Ankaufs medizinischer Produkte. Angesichts der tiefgreifenden wirtschaftlichen Einbußen infolge der Pandemie ging sie schon schnell zu weiterreichenden Maßnahmen über: der Bereitstellung eines Fonds von 37 Mia Euro zugunsten der angeschlagenen Wirtschaft der Mitgliedstaaten sowie der Einrichtung eines Programms zur Ermöglichung von Kurzarbeit (SURE). Es gelang ihr, die Finanzierung dieser Sofortmaßnahmen durch die Umschichtung interner Ressourcen sicherzustellen.

Von der Leyen versuchte aber auch, mit direkteren Mitteln in das Pandemie-Geschehen einzugreifen, indem sie mit den potenziellen Herstellern von Impfstoffen im Namen der Union Verträge aushandelte (Müller und Tömmel 2022: 323). Diese sahen einerseits die Förderung entsprechender Forschungen privater Pharmaunternehmen vor, andererseits den Ankauf von Impfstoffen für die gesamte Union. Diese mutigen Schritte, bevor die Impfstoffe überhaupt marktreif waren, brachten ihr viel Kritik vonseiten der nationalen Regierungen, aber auch der Medien sowie der Öffentlichkeit in den Mitgliedstaaten ein (Kassim 2023: 626–627). Nach zahlreichen Verzögerungen stimmten aber auch hier die Regierungen letztendlich im Rat zu, wurde doch deutlich, dass nationale Alleingänge zur Impfstoffbeschaffung die Kosten enorm in die Höhe getrieben hätten.

Abgesehen von den direkten Auswirkungen der Pandemie auf die Bevölkerungen in den Mitgliedstaaten zeichneten sich aber auch in zunehmendem Maße die gravierenden Folgen für die Wirtschaft ab. Dementsprechend wurden neben einer Vielzahl von nationalen Fördermaßnahmen auch solche für die europäische Ebene diskutiert, insbesondere Vorschläge zur Bereitstellung von Finanzierungsinstrumenten für die angeschlagene Wirtschaft. Im Fokus standen die Ausweitung des ESM zu einem potenten Finanzierungsinstrument oder die Auflage von Euro-Bonds (Müller und Tömmel 2022: 323–324, Kassim 2023: 622–625). Für jeden dieser Vorschläge meldeten sich jedoch Bedenkenträger oder gar erbitterte Kritiker zu Wort, sodass keinerlei Konsens in Sicht war. Schließlich schälte sich ein Vorschlag heraus, den die Regierungschefs Frankreichs und Deutschlands ausgehandelt hatten: Die Auflage eines speziellen Ret-

---

4 Der in der Politikwissenschaft vielfach benutzte Begriff „window of opportunity" wird im Deutschen als Gelegenheitsfenster wörtlich übersetzt, gibt aber so nicht die Bedeutung dieses Begriffs vollständig wieder. Vielmehr bezeichnet er eine günstige Gelegenheit zu handeln, die aber, wie ein geöffnetes Fenster, nur für eine begrenzte Zeitspanne gilt.

tungsfonds zur Ankurbelung der Wirtschaft, der die enorme Summe von 500 Mia Euro umfassen und größtenteils verlorene Zuschüsse bereitstellen sollte. In dieser Situation ergriff von der Leyen wiederum die günstige Gelegenheit, indem sie den Vorschlag um weitere 250 Milliarden Euro toppte und für die Kommission eine entscheidende Rolle in diesem Verfahren einforderte. Diese sollte die benötigten Summen auf internationalen Finanzmärkten leihen können und über einen langfristigen Schuldendienst abbezahlen. Damit brach der Vorschlag mit einem Tabu, das während der Finanzkrise, selbst angesichts der größten Schwierigkeiten und Gefahren, *unisono* hochgehalten wurde: der Ausschluss einer gemeinsamen Schuldenaufnahme durch die EU (siehe Kap. 5.1).

Natürlich fehlten auch hier nicht die notorischen Bedenkenträger, insbesondere verkörpert durch die sogenannten „frugalen Vier" (Müller und Tömmel 2022: 324). So wurden Dänemark, die Niederlande, Österreich und Schweden bezeichnet, die sich vehement gegen den neuen Fonds aussprachen. Sie konnten sich aber letztendlich nicht durchsetzen, sondern allenfalls marginale Zugeständnisse erreichen. Von den insgesamt vorgesehenen 750 Milliarden Euro des Fonds, der zunächst unter dem Namen Recovery and Resilience Facility firmierte, im Kommissionsvorschlag dann aber beschönigender als NextGenerationEU bezeichnet wurde, wurde das Verhältnis zwischen verlorenen Zuschüssen und Darlehen zugunsten der letzteren auf respektive 390 zu 360 Mia Euro verschoben (Ladi und Wolff 2021: 37). Der Vorschlag, die Mittel des Fonds gemeinsam, das heißt, vertreten durch die Kommission auf internationalen Finanzmärkten zu leihen, wurde allseits akzeptiert; dies geschah allerdings nur unter der Bedingung, dass es sich um eine einmalige Ausnahme handelte.

Die Kommission förderte die Konsensbildung im Europäischen Rat, indem sie die Entscheidung über den Fonds mit der – bereits überfälligen – Verabschiedung des MFF 2021–2027 koppelte. Zudem band sie die Zuschüsse des Fonds für die Mitgliedstaaten an strenge Vergaberegeln nach den Verfahren der Strukturfonds, und somit an bekannte und bewährte Vorgehensweisen. Schließlich koppelte sie den Fonds in inhaltlicher Hinsicht eng an die Agenda der Union: Oberste Priorität genossen Investitionen im Rahmen des European Green Deals und der Digitalisierung (Müller und Tömmel 2022: 324). Zusammen mit diesem Paket wurde auch die von der Juncker-Kommission vorgeschlagene Richtlinie zur Wahrung der Rechtsstaatlichkeit in der Union zur Verabschiedung vorgelegt. Das Parlament hatte zuvor diese Richtlinie noch durch Änderungsvorschläge präzisieren und damit verschärfen können; insgesamt gelang es ihm jedoch nicht, eine stärkere Position in Budgetfragen zu erringen (Gianna 2025). Im Juli 2020 wurde das Gesamtpaket einstimmig vom Europäischen Rat angenommen. Diese Einigkeit wurde begünstigt, weil alle Mitgliedstaaten in mehr oder minderem Maße von der Corona-Krise betroffen waren und sich dementsprechend Vorteile von den umfangreichen Fördermitteln des neuen Fonds erhofften.

Neben Kommission und Parlament bezog aber auch die EZB unter der Führung ihrer Präsidentin Lagarde schon frühzeitig eine proaktive Rolle in der COVID 19-Krise (Quaglia und Verdun 2023). Dazu konnte sie sich auf Instrumente stützen, die zuvor im Rahmen der Finanz- und Schuldenkrise entwickelt worden waren. Konkret nutzte die Bank alle ihr zur Verfügung stehenden monetären Instrumente, um vor allem die Kapitalkosten für die Unternehmen niedrig zu halten: So hielt sie die Zinsraten auf historisch niedrigem Niveau und initiierte das PEEP-Programm (Pandemic Emergency Purchase Programme) zum Ankauf von Anleihen öffentlicher und privater Schuldner. Schließlich legte die Bank auch sogenannte PELTROs auf (Pandemic Emergency Longer-term Refinancing Operations), die günstige Bedingungen für die Refinanzierung von Banken förderten, was wiederum deren Kreditvergabe an die Realwirtschaft erleichterte (Quaglia und Verdun 2023: 641). Die Autorinnen schlussfolgern daher, dass die EZB seit ihrer Gründung über die Wahrnehmung eines breiteren Mandats signifikante institutionelle Veränderungen durchlaufen habe: „It has become a more mature central bank" (2023: 645).

Insgesamt konnten somit die negativen Effekte der Covid-19 Pandemie vor allem durch das offensive Vorgehen der supranationalen Institutionen der EU wirksam eingedämmt werden, was zu signifikanten Ausweitungen deren Kompetenzen und Handlungsmöglichkeiten führte. Insbesondere die Kommission nutzte die Gunst der Stunde, um gemeinsames Handeln im Gesundheitssektor und in der Wirtschaftsförderung voranzutreiben, und gleichzeitig die Prioritäten der EU-Agenda konsequent in den Vordergrund zu rücken. Als spektakulär sind dabei ihre neuen Kompetenzen im Bereich der Schuldenaufnahme an internationalen Finanzmärkten zu bewerten, auch wenn diese Maßnahme zeitlich begrenzt und als Ausnahme definiert ist. Die EZB konsolidierte die Ausweitung ihres Mandats auf Stabilisierungsmaßnahmen für das Finanzwesen. Lediglich das EP konnte zwar in gewissem Maße Einfluss ausüben, insbesondere beim Thema Rechtsstaatlichkeit, und damit der Wahrung europäischer Werte; es gelang ihm aber nicht, relevante Handlungsspielräume hinzuzugewinnen. Die Mitgliedstaaten, wenngleich nicht immer einer Meinung, folgten diesen Vorschlägen und Maßnahmen mit einiger Verzögerung, während derer zwar Bedenken geäußert wurden, die jedoch nicht in grundsätzlichem Dissens oder gar völliger Entscheidungslosigkeit resultierten. Insofern kann die Covid 19-Pandemie letztlich als Katalysator einer Stärkung der Handlungsfähigkeit der Union in ihrer Gesamtheit gewertet werden.

Doch kaum war die Pandemie einigermaßen in handhabbare Bahnen gelenkt, traf die nächste Krise, oder besser, das nächste Unheil mit voller Wucht die EU und gleichermaßen ihre Mitgliedstaaten: der Krieg Russlands gegen die Ukraine. Da es hier primär um außenpolitische Probleme geht, erschienen die Handlungsmöglichkeiten der EU von vornherein eingeschränkt. Zwar ringt die EU schon seit langem um eine stärkere außenpolitische Rolle, insbesondere mithilfe erweiterter personeller und institutioneller Ressourcen, wie der Schaffung der Position des Hohen Vertreters/ der Hohen Vertreterin der Union für Außen- und Sicherheitspolitik sowie einem zugehörigen diplomatischen Dienst, dem Europäischen Auswärtigen Dienst (EAS). In der Praxis blieb es aber in den meisten Fällen bei einer Koordination der Politiken der

Mitgliedstaaten über die Räte, was angesichts der vielfältigen Differenzen an sich schon schwierig war.

Mit dem Überfall Russlands auf die Ukraine kam es jedoch zu einer grundlegenden Veränderung dieser Situation. "Whereas the EU had traditionally been highly divided over Russia, it now took a strong, united stance as soon as the invasion started" (Casier 2023: 36). Bereits vor Ausbruch des Krieges erkannte von der Leyen, die unter anderem auch mit der Forderung nach einer stärker geopolitisch ausgerichteten Union angetreten war, die historische Tragweite der russischen Invasion und setzte ihr umgehend ein deutliches Zeichen entgegen: Als eine der ersten bezeichnete sie das Geschehen als Verletzung des Völkerrechts sowie europäischer Werte, und damit als Fall für das Eingreifen der EU (Baracani 2023). Frühzeitig leitete sie harsche Sanktionen gegen Russland ein, reiste nach Kiew um der dortigen Regierung die Solidarität der EU zuzusagen, eröffnete eine Beitrittsperspektive für die Ukraine und markierte so den einzuschlagenden Weg für die Mitgliedstaaten, noch bevor der Europäische Rat zu einer Meinung, geschweige denn einem Konsens kommen konnte (Casier 2023, Tömmel 2025). Der Europäische Rat folgte weitestgehend den Kommissionsvorschlägen; bereits am 24.02.2022, dem Tag der russischen Invasion, fasste er einen Beschluss, der die Kriegsschuld eindeutig Russland zuschrieb, der Ukraine Unterstützung zusicherte und das historische Ausmaß der Aggression unterstrich (Helwig 2023: 59). Jenseits dieser verbalen Verurteilungen und Zielbestimmungen schlug die Kommission aber auch eine Reihe von konkreten Maßnahmen vor, die sich einerseits im Rahmen von EU-Kompetenzen und Handlungsspielräumen bewegen, andererseits diese aber auch deutlich überschreiten (Casier 2023): ein breites Spektrum von Sanktionen gegen Russland; humanitäre und wirtschaftliche Hilfe für die Ukraine, Vorzugsregeln für ukrainische Flüchtlinge; militärische Hilfe inklusive Waffenlieferungen; Einleitung des EU-Beitritts der Ukraine. All diese Maßnahmen wurden vom Europäische Rat weitestgehend einstimmig angenommen, wenngleich Ungarn notorisch opponierte und auch andere Staaten fallweise Bedenken äußerten (Helwig 2023).

Bemerkenswert an all diesen Schritten ist, dass sie zwar kaum in Kompetenzerweiterungen der Union resultierten, aber in vielen Fällen Neuland erschlossen und damit die Handlungs-und Funktionsfähigkeit des EU-Systems stärkten (siehe dazu ausführlich: Tömmel 2025 sowie Anghel und Jones 2023, Casier 2023, Genschel et al. 2023). EU-Sanktionen gegen Russland wurden zwar bereits 2014 nach der Besetzung der Krim und dem Beginn eines hybriden Kriegs im Donbass aufgelegt. Sie waren aber kaum zielgerichtet, blieben zwischen den Mitgliedstaaten umstritten und verfehlten so ihre Wirkung. Demgegenüber verabschiedete die EU seit Kriegsbeginn insgesamt 19 Sanktionspakete,[5] die auf eine empfindliche Einschränkung wesentlicher Bereiche der russischen Wirtschaft – Rohstoffexporte und Technologieimporte – und damit auf die Grundlagen der Kriegsführung zielen. Zudem wurde der russische Finanzhandel

---

5 Stand: Oktober 2025.

mit Sanktionen belegt und große Vermögenswerte von Banken und Privatpersonen eingefroren. Zuletzt gab es einen Beschluss, die Zinserträge aus diesen Mitteln für Waffenlieferungen an die Ukraine einzusetzen. Bei all diesen Schritten wurde eine intensive Koordination mit westlichen Verbündeten, insbesondere den USA, verfolgt (Anghel und Jones 2023: 772).

Humanitäre und wirtschaftliche Hilfe sind zwar keine neuen Aufgaben der EU; angesichts der enormen Zerstörungen in der Ukraine mussten jedoch gigantische Mittel durch Umschichtungen innerhalb des EU Budgets mobilisiert werden. Für die Eingliederung von über 4 Millionen Flüchtlingen aus der Ukraine in die EU wurde eine seit 2001 bestehende, aber nie umgesetzte Richtlinie aktiviert, die den Geflüchteten formelle Asylverfahren erspart und unmittelbaren Zugang zum Arbeitsmarkt oder Sozialleistungen gewährt. Als spektakuläre Neuerung ist die Bereitstellung von militärischer Hilfe und insbesondere die Lieferung von Waffen und Munition an die Ukraine zu werten. Auch in diesem Falle wurde ein bestehendes Instrument, die Europäische Friedensfazilität (EFF), grundlegend umdefiniert und ihre Finanzausstattung erheblich aufgestockt. Schließlich trieb die Kommission auch den Beitritt der Ukraine zur EU voran; ein Beschluss zur Eröffnung von Beitrittsverhandlungen wurde vom Europäischen Rat im Dezember 2023 angenommen.

Insgesamt stellt sich somit die EU-Politik angesichts des russischen Angriffskriegs gegenüber der Ukraine als ein breit gefächertes Maßnahmenpaket dar, das sich nicht auf rein außenpolitische Instrumente stützt, sondern das gesamte Instrumentarium europäischer Interventionsmöglichkeiten extensiv einsetzt und zugleich signifikant ausweitet oder umorientiert.

Trotz der unerwarteten Krisen versuchte die Kommission aber auch, ihre Agenda bezüglich des Klimawandels und anderer Modernisierungsprojekte konsequent umzusetzen Pollex und Lenschow 2024). Allerdings stellte sich in diesem Rahmen eine gänzlich neue Frontstellung vonseiten des Europäischen Parlaments ein. Hatte das EP in Sachen Umweltschutz immer als Vorreiter in der EU agiert, indem es umweltpolitische Gesetzesvorlagen verschärfte und regelmäßig weitergehende Maßnahmen in diesem Bereich einforderte, so versuchte nun die Europäische Volkspartei, teilweise unterstützt von den rechtsextremen Fraktionen des EP, umweltpolitische Auflagen zu verhindern, so beispielsweise bei der „Verordnung über die Wiederherstellung der Natur" (Verordnung (EU) 2024/1991). Nur weil ein Teil der Abgeordneten der EVP nicht mit ihrer Fraktion stimmten, wurde das sogenannte Renaturierungsgesetz am 27. Februar 2024 mit knapper Mehrheit vom Parlament angenommen, wobei allerdings zuvor schon die Kommissionsvorlage stark verwässert worden war. Dieses Geschehen, bei dem sich Konservative und Rechte gegen die Mitte links-Parteien positionierten, deutet bereits an, dass es mit der starken Position des EP, die auf breiten Mehrheiten von Fraktionen um die politische Mitte getragen wurde, bald ein Ende haben könnte.

Am 9. Juni 2024 wurden die Mitglieder des Europäischen Parlaments neu gewählt, wobei insbesondere die rechten und rechtsextremen Parteien starke Stimmengewinne erzielen konnten (siehe ausführlicher Kap. 8.3). Obwohl diese Gruppierungen notorisch zerstritten sind, gelang es dem ungarischen Ministerpräsident Viktor Orbán im Handumdrehen, eine starke, rechtsextreme Fraktion unter dem Namen Patrioten für Europa zu bilden.[6] Mit 84 Abgeordneten belegt diese Fraktion den dritten Platz im EP; erklärte Ziele sind unter anderem der Kampf gegen den Green Deal, die Ukraine-Politik der EU und natürlich auch gegen die sogenannte illegale Migration. Schon bald nach der Konstituierung des neuen Parlaments kam es mehrfach zum – jetzt erfolgreichen – Schulterschluss zwischen der EVP-Fraktion und den drei rechten Fraktionen. So setzten sie bei einem weiteren Gesetz im Rahmen des Green Deals, dem sogenannten Waldschutzgesetz, eine signifikante Abschwächung der Kommissionsvorlage durch (Becker et al. 2025).

Die Besetzung der Spitzenämter in der Union erfolgte vergleichsweise geräuschlos: von der Leyen wurde vom Europäischen Rat für eine zweite Amtszeit als Kommissionspräsidentin nominiert und vom EP mit breiter Mehrheit gewählt; der Portugiese António Costa wurde zum Präsidenten des Europäischen Rates und die Estin Kaja Kallas zur Hohen Vertreterin der EU für Außen- und Sicherheitspolitik ernannt. Indem diese Persönlichkeiten die wichtigsten demokratischen Parteiengruppierungen des EP repräsentieren, wurde der Proporz zwischen diesen gewahrt.

Die Funktionsfähigkeit der EU ist aber seitdem zunehmenden Einschränkungen, sowohl aufgrund veränderter äußerer Rahmenbedingungen als auch verstärkter interner Friktionen, ausgesetzt. Im internationalen Kontext ist es vor allem seit dem Amtsantritt von US-Präsident Trump zunehmend schwieriger geworden, eine konsistente Politik zur Unterstützung der Ukraine umzusetzen, aber auch angesichts der Zollpolitik Trumps wirtschaftliche Erfolge insbesondere für die Exportindustrien zu erzielen. Der Gaza-Krieg verdeutlicht grundlegende Differenzen zwischen den EU-Staaten bezüglich des Nahostkonflikts und möglicher Ansätze zu seiner Lösung. Intern bröckelt der bisher schon eher fragile Konsens für eine konsequente Umsetzung des European Green Deals. Scharfe Proteste vonseiten einzelner Sektoren, wie etwa der Energiewirtschaft oder dem Agrarsektor und ihren mächtigen Verbänden, der Druck vonseiten konservativer und rechtsgerichteter Parteien und schließlich das abnehmende Interesse der Öffentlichkeit an Umweltthemen resultieren in kleineren oder größeren Kehrtwenden der nationalen Regierungen und somit in einer schrittweisen Aushöhlung einer gemeinsamen europäischen Politik.

Insgesamt konnte die EU in der jüngsten Phase der Integration angesichts der Covid-19 Pandemie, der enorm bedrohlichen Kriegssituation in ihrer unmittelbaren Nachbarschaft und schließlich der zunehmenden Bedrohungen durch den Klimawandel gemeinsame Positionen und Vorgehensweisen entwickeln, indem die Kommission mit wegweisenden Vorschlägen nach vorne preschte und die Mitgliedstaaten zunächst

---

6 Offizielle Webseite des EP: https://www.europarl.europa.eu/about-parliament/de/organisation-and-rules/organisation/political-groups (Abruf: 25.06.2025).

eher zögerlich, dann aber weitestgehend vereint folgten. Für die Union in ihrer Gesamtheit bedeutete das die Erschließung von neuen Handlungsmöglichkeiten in vielfältigen Bereichen: der Gesundheitspolitik, der Wirtschaftsförderung, der Klimapolitik, des selbständigen Agierens auf internationalen Finanzmärkten, der Außenpolitik sowie in der Erweiterungspolitik. Innerhalb des EU-Systems wurde die Initiativrolle der Kommission, aber auch deren erheblich ausgeweitete Funktionen in der Umsetzung der beschlossenen Maßnahmen weitestgehend akzeptiert oder sogar dankbar angenommen. Allerdings schwelten unterschwellig und teilweise auch offen zahlreiche Konflikte zwischen den Mitgliedstaaten weiter, die sich mindestens in Verzögerungen von Entscheidungen des Europäischen Rates manifestierten. Bei rezent veränderten externen Rahmenbedingungen und intern zunehmend komplexeren und daher schwer zu lösenden Problemlagen könnten diese Konflikte weiter aufbrechen und das derzeit erreichte relative Gleichgewicht in Gefahr bringen.

5.4 Schlussfolgerungen

Eine zusammenfassende Betrachtung der fünften Phase in ihrer Gesamtheit verdeutlicht, dass die Union in dieser Phase mit vielfältigen Krisen konfrontiert war, die sie nur teilweise bewältigen, zumindest aber eindämmen konnte. Das begann zunächst mit der Finanz-, Schulden- und Euro-Krise, auf die die EU nur mit erheblicher zeitlicher Verzögerung, mit vertieftem Dissens zwischen den Mitgliedstaaten, und schließlich mit einer Reihe von Maßnahmen reagierte, die vor allem eine Verschärfung der Regeln zur Wahrung der Währungsstabilität sowie eine verschärfte Kontrolle der Banken beinhalteten und die Schuldnerstaaten im Austausch gegen Kreditzahlungen an ein strenges Regime von Konditionalitäten band.

Dies beinhaltete seinerseits Verschiebungen im Machtgefüge der Union, indem vor allem die intergouvernementalen Organe und insbesondere der Europäische Rat eine ausgeprägte Führungsrolle übernahmen, während der Einfluss der Kommission zurückgedrängt wurde, auch wenn ihr gewisse Kompetenzen, insbesondere bei der Überwachung der Einhaltung des SWP zukamen. Demgegenüber konnte die EZB ihren Einfluss stark ausweiten, einerseits, indem sie Initiativen ergriff, die faktisch ihr ursprüngliches Mandat überschritten, andererseits, indem sie neue Aufgaben hinzugewann (Bankenunion). Schließlich kam es auch zwischen den Mitgliedstaaten zu einer Machtverschiebung durch eine zunehmende Dominanz der großen gegenüber den kleinen Staaten sowie der Gläubiger bzw. Kreditgeber gegenüber den Schuldnern.

Die negativen Kehrseiten dieser Entwicklung schwächten das politische System der Union. Wiederholt erwiesen sich Rat und Europäischer Rat als zerstritten, entscheidungsschwach und somit als unfähig, die kollektive Führung der Union zu übernehmen. Dies wiederum führte zu einem enormen Vertrauensverlust der Bürger in die Institutionen der EU, und damit zu einer politischen Krise, die bis heute anhält und sich in steil ansteigenden Wahlerfolgen euroskeptischer Parteien, vornehmlich des rechten und extrem rechten Spektrums, manifestiert.

Mit dem Antreten der Juncker-Kommission sollte gerade diese politische Krise der EU gemildert werden. Es traten nunmehr aber gehäuft neue Krisen auf, die die EU vor große Herausforderungen stellten. Gegenüber der neu aufgeflammten Euro-Krise infolge einer selbstbewusst auftretenden Links-Regierung in Griechenland reagierte die EU wie zuvor schon kompromisslos, indem sie an den aufgestellten Regeln und Verfahren festhielt. Bei der darauffolgenden Flüchtlingskrise bestand die Reaktion im Wesentlichen in nationalen Alleingängen, denen die Kommission allerdings mit einem ersten, kaum erfolgreichen Versuch der Regulierung der Zuwanderung durch Einführung von festen Quoten für die Mitgliedstaaten entgegentrat. Bei den Brexit-Verhandlungen konnte die Kommission dagegen Erfolge verbuchen, indem sie für das Verfahren ein Mandat erwarb, Eckpunkte für die Verhandlungen festlegte und die Mitgliedstaaten ihr weitgehend folgten. Schließlich leitete die Kommission auch Schritte ein, die den Weg zur Lösung weiterer Probleme bereiteten: die Mobilisierung von umfangreichen Fonds zur Stützung der Wirtschaft sowie der Vorschlag eines Verfahrens zur Sicherung der Rechtsstaatlichkeit in den Mitgliedstaaten. Reformvorschläge der Kommission bezüglich der Systemstruktur der EU oder gar einer weiteren Demokratisierung verliefen dagegen im Sande.

Unter der von der Leyen-Kommission sollten zunächst die Dauerkrise Klimawandel und andere dringliche Modernisierungsprojekte – Stichwort Digitalisierung – angegangen werden; diese Prioritäten wurden aber schnell von einer neuerlichen Krise überlagert: der Covid 19-Pandemie. Diese Krise bot der Kommission die Gelegenheit; das Heft in die Hand zu nehmen: zur Einleitung von ad hoc-Maßnahmen der Linderung der Nebeneffekte der Pandemie, zur gemeinsamen Beschaffung von Impfstoffen, und schließlich zur Einrichtung und Verwaltung eines umfangreichen Fonds zur Unterstützung der angeschlagenen Wirtschaft. Letzterer bescherte der Kommission auch eine gänzlich neue Kompetenz, wenn auch nur auf Zeit, die zuvor in der Eurokrise tabu war: die Aufnahme umfangreicher Kredite auf internationalen Finanzmärkten.

Kaum war die Pandemie einigermaßen überwunden, stellte der Angriffskrieg Russlands gegen die Ukraine die EU vor völlig neue Herausforderungen. Wieder ergriff die Kommission schnell die Initiative, indem sie humanitäre Hilfe leistete, eine Reihe von Sanktionspaketen vorlegte, Waffenlieferungen an die Ukraine organisierte und dem Land eine Beitrittsperspektive eröffnete. Der Europäische Rat verurteilte frühzeitig und einstimmig den russischen Angriffskrieg und nahm auch die entsprechenden Maßnahmen ohne langes Zögern an. In jüngster Zeit nimmt der Widerstand einzelner Staaten, insbesondere Ungarns, gegen die Ukraine-Politik zu, sodass die Reformdebatte in der EU mit der Kernforderung nach Abschaffung des Einstimmigkeitsprinzips erneut aufflammte. Allerdings ist eine solche Reform derzeit kaum realisierbar; stattdessen werfen zunehmende Divergenzen sowohl zwischen den Mitgliedstaaten als auch im neu gewählten Parlament ihre Schatten voraus. Gemeinsames Handeln auf der europäischen

Ebene wird somit auch in Zukunft – insbesondere auch aufgrund veränderter externer und interner Rahmenbedingungen – ein steiniger Weg bleiben.

Eine Bewertung der gesamten fünften Phase verdeutlicht, dass die anfänglichen Versuche von Seiten des Europäischen Rates, die kollektive Führung der Union weitgehend zu übernehmen, sich letztendlich als nicht erfolgreich erwiesen, indem sie den Dissens zwischen den Mitgliedstaaten akzentuierten sowie schnelle und effektive Problemlösungen angesichts bedrohlicher Krisen verhinderten. Insofern erscheint es als konsequent, dass zunächst die Juncker-Kommission und sodann die von der Leyen-Kommission zunehmend die Initiative ergriffen, um Krisenlösungen vorzuschlagen und gemeinsame Wege zu ihrer Umsetzung einzuleiten. Während Wissenschaftler die verstärkte Führungsrolle des Europäischen Rates als Zeichen der Herausbildung eines „neuen Intergouvernementalismus" interpretierten (siehe Kap. 2.5), sind die jüngeren Entwicklungen nicht als „neuer Supranationalismus" zu werten. Vielmehr stehen sie für ein ausgereifteres System, in dem sich die supranationale Initiative mit der intergouvernementalen Entscheidungsmacht verschränkt und so vergleichsweise effektive und auch schnelle Reaktionen gegenüber den Krisen ermöglicht. Dabei bleibt festzuhalten, wie Genschel und Jachtenfuchs betonen (siehe Kap. 2.5), dass diese Entwicklung zwar zu mehr Handlungsfähigkeit, nicht jedoch zu einer Übertragung von relevanten Ressourcen auf die europäische Ebene führen. Nach wie vor, oder vielleicht mehr denn je, stützt sich das EU System auf die Kombination von gemeinsamer Beschlussfassung auf der europäischen Ebene und Umsetzung der Beschlüsse über die Ressourcen und Kompetenzen der Mitgliedstaaten, allerdings konsolidiert durch stetig erweiterte Überwachungsfunktionen der Kommission.

5.5 Schlussfolgerungen zum Gesamtprozess der europäischen Integration von seinen Anfängen bis zur Gegenwart

Eine abschließende Betrachtung des europäischen Integrationsprozesses in seiner Gesamtheit von den Gründungsjahren bis zu ihrer heutigen, ausdifferenzierten Form verdeutlicht zunächst die in Kapitel 3 genannten Besonderheiten, die somit als elementare Strukturmerkmale der Integration zu werten sind: zum Ersten das Auf und Ab unterschiedlicher Integrationsphasen, wobei Phasen beschleunigter Integration mit Phasen relativer Stagnation alternieren; zum Zweiten die wechselnde Dominanz einer vorwiegend intergouvernemental gesteuerten sowie einer sich supranational entfaltenden Integrationsdynamik; zum Dritten die Diskrepanz zwischen anspruchsvollen Integrationskonzepten und kleinen, inkrementellen Schritten zu ihrer Realisierung; und zum Vierten eine ausgeprägte Asymmetrie zwischen einerseits Integrationskonzepten, für die ein Konsens vergleichsweise einfach zu finden ist, und solchen, für die dies regelmäßig nicht gelingt. Dabei ist deutlich, dass diese Strukturmerkmale mit dem Fortschreiten der Integration immer weniger interdependent sind: In der ersten und dritten Phase ging die beschleunigte Integration einher mit einer verstärkten supranationalen Integrationsdynamik, aber auch mit vergleichsweise selektiven Integrationsschritten vornehmlich im ökonomischen Bereich. Die zweite Phase der relativen Stagnation war dagegen durch die Dominanz intergouvernemental gesteuerter Integrationsschritte gekennzeichnet bei gleichzeitiger Erweiterung der Integrationsziele und anvisierten -schritte. Demgegenüber kommen in der vierten und fünften Phase Integrationsfortschritte auch unter intergouvernementaler Dominanz zustande, allerdings auch dies vornehmlich im ökonomischen Bereich. Aber auch hier bedurfte es für andere Fortschritte einer starken supranationalen Dynamik, vertreten durch die Kommission und teilweise auch das Parlament oder die EZB. Lediglich die Diskrepanz zwischen hochgesteckten Zielsetzungen und Konzepten der Integration und ihrer tatsächlichen Realisierung scheint für alle Phasen gleichermaßen zu gelten.

Fasst man diese Phänomene zu einer Gesamtbetrachtung des Integrationsprozesses zusammen, dann ergibt sich das Bild einer kontinuierlichen Systementwicklung auf der europäischen Ebene, die allerdings durch wiederholte Umbrüche gekennzeichnet ist. Der Prozess der Herausbildung des EU-Systems verläuft somit nicht geradlinig entlang einer einmal ausgelegten Leitlinie, eines ausgearbeiteten Konzepts oder gar einer Vision; vielmehr gilt umgekehrt, dass Leitlinien, Konzepte und Visionen, sofern sie überhaupt formuliert werden, in der Praxis regelmäßig scheitern oder sich als nicht umsetzbar erweisen. Damit stößt die Entfaltung des EU-Systems wiederholt an strukturelle Grenzen. Diese Situationen bilden den Ausgangs- und zugleich Umschlagspunkt für eine Systementwicklung entlang anderer als den anvisierten Bahnen, was zugleich eine Transformation, eine Ausdifferenzierung oder auch eine Anpassung der ursprünglichen Systemkonzeption an veränderte Erfordernisse beinhaltet. Veränderte äußere Rahmenbedingungen und Herausforderungen können solche Umbrüche oder auch Anpassungen weiter verstärken.

Tatsächlich haben externe Faktoren den Prozess der europäischen Integration in seiner konkreten Ausrichtung entscheidend beeinflusst. So ist für die Anfangsphase der Integration das supranationale Leitbild als Reaktion auf den Zweiten Weltkrieg und die Kriegsfolgen zu werten, die eine europäische Einigung nach dem Vorbild der USA als geboten erscheinen ließen. Die folgende Stagnationsphase der Integration ist als Reaktionsbildung auf die sich erstmals nach einer langen Phase kontinuierlichen Wachstums abzeichnende Wirtschaftskrise zu werten, wobei Lösungen zunächst auf nationaler Ebene angestrebt wurden. Erst als sich dieser Weg angesichts verschärfter Wettbewerbsbedingungen in globalem Maßstab als dysfunktional erwies, gelang der Durchbruch zu neuerlichen Integrationsschritten: der Vollendung des Binnenmarkts sowie der Schaffung einer Währungsunion. Das Ende des Ost-West-Konflikts schließlich veränderte das internationale Umfeld der Union so stark, dass einerseits die Voraussetzungen für eine Erweiterung des EU-Systems geschaffen, andererseits ein grundlegender Umbau des Systems eingeleitet werden musste. Indem dieser die Führungs- und Handlungsfähigkeit der EU stärkte, aber auch die Weichen für differenzierte Formen der Integration stellte, trug er insgesamt den gewachsenen Divergenzen im EU-System Rechnung. Schließlich stellen die vielfältigen Krisen der jüngsten

Phase die Union vor ganz neue Herausforderungen, die überwiegend mit einer Stärkung der Handlungsfähigkeit der Union beantwortet werden, ohne dass es jedoch zu relevanten Übertragungen von Kompetenzen oder gar Ressourcen auf die europäische Ebene kommt.

Neben diesen auf die einzelnen Phasen bezogenen externen Einflüssen lässt sich aber ein weiterer, grundlegender Faktor ausmachen, der einen einschneidenden Umbruch im Integrationsprozess auslöste: die Transformation des staatlichen Regulationsmodus gegenüber der Wirtschaft. So dominierte bis in die 70er Jahre ein Regulationsmodus, der auf ausgeprägtem Staatsinterventionismus, verbunden mit keynesianischen Steuerungsmustern, beruhte. Ab der Mitte der 70er Jahre kam es dagegen zu einer neoliberalen Wende, die auf die Ausweitung der Marktsphäre und das Zurückdrängen (sozial)staatlicher Regelungen zielte (Streeck 2013). Der einschneidende Integrationsaufschwung ab Mitte der 80er Jahre ist auch als Reaktion auf diese grundlegende Transformation des staatlichen Regulationsmodus zu werten: Mit gewisser zeitlicher Verzögerung erkannten die Mitgliedstaaten das enorme Potenzial der EG, die Regulierung der Ökonomie auf eine höhere Ebene zu verlagern und damit die neoliberale Wende von außen bzw. oben zu realisieren (Jessop 2003, S. 204–210). Dennoch ist diese Wende nicht von einer radikalen, staatsfeindlichen Marktlogik begleitet, wie sie gegenwärtig vor allem in den USA unter der Trump-Regierung praktiziert wird. Vielmehr bemüht sich die Union weiterhin auch um eine öffentliche Regulierung der privaten Wirtschaft, was sich insbesondere an neuen Gesetzen zur Eindämmung der Freiheiten der großen Tech-Konzerne zeigt.

Abschließend bleibt festzuhalten, dass die europäische Integration auf der Akteursebene als Prozess zu werten ist, dessen vorwärtstreibende Dynamik aus dem Spannungsverhältnis zwischen intergouvernementalen und supranationalen Institutionen resultiert. Kommt aufgrund eines Konsenses der Mitgliedstaaten in Teilbereichen eine Stärkung der supranationalen Organe zustande, so ruft diese ihrerseits eine verstärkte Reaktion der intergouvernementalen Seite hervor, die sich zunächst im Ausbau entsprechender institutioneller Strukturen und Entscheidungsverfahren manifestiert, sodann im Auf- und Ausbau von Politiken, die den Interessendivergenzen zwischen den Mitgliedstaaten verstärkt Rechnung tragen, und gelegentlich auch in einem Integrationsmodus, der diese Divergenzen in die Systementwicklung und -struktur inkorporiert: die flexible, variable oder abgestufte Integration. Jeder dieser Schritte ruft aber seinerseits eine Stärkung der supranationalen Dynamik des Systems hervor beziehungsweise ermöglicht diese erst: die sukzessive Übertragung von Politiken und Kompetenzen auf die europäische Ebene oder auch nur die Stärkung ihrer Handlungsspielräume, die Ausdifferenzierung von Entscheidungsprozessen und -verfahren, die nicht ausschließlich von den Mitgliedstaaten kontrolliert werden können, und schließlich insgesamt eine (scheinbare) Eigendynamik der Integration. Letztere erweist sich trotz vielfacher Versuche des Gegensteuerns als nur schwer zu bremsen oder gar umzulenken, nicht zuletzt auch deshalb, weil sie von externen Faktoren, funktionalen Erfordernissen oder langfristig wirkenden Entwicklungstendenzen begünstigt wird.

Insgesamt lässt sich dabei über den gesamten Zeitraum beobachten, dass die Dominanz entweder der supranationalen oder der intergouvernementalen Seite im Gesamtverlauf der Integration abnimmt, die Umbrüche sich in „weichere" Anpassungen verwandeln und insgesamt das System in der Gegenwart zu einer mehr oder weniger ausgewogenen Dynamik zwischen den jeweils treibenden oder hemmenden Kräften tendiert. Dabei ist hervorzuheben, dass die bizephale Struktur des EU-Systems über alle Phasen erhalten blieb und sich weder in die eine noch die andere Richtung – also hin zu einem rein supranationalen Staat oder einer eindeutig intergouvernementalen Organisation – aufgelöst hat. Die bizephale Struktur der EU ist somit als die vorerst optimale Organisationsform der Union zu werten.

Das Resultat des Gesamtprozesses der europäischen Integration ist die Herausbildung eines politischen Systems, in dem intergouvernementale und supranationale Komponenten und entsprechende Verfahrensweisen erlauben, die Interessen und Präferenzen der einzelnen Mitgliedstaaten sowie ihre gemeinsamen Interessen immer wieder aufs Neue gegeneinander abzuwägen. In den folgenden Kapiteln soll diese Struktur sowie ihre Funktionsweise detailliert analysiert werden.

6 Die institutionelle Grundstruktur der EU

In den drei vorangegangenen Kapiteln wurde der historische Prozess der Herausbildung des EU-Systems analysiert; im Ergebnis kam es dabei zur Entstehung einer neuen politischen Ordnung jenseits der nationalen Staaten, die einerseits auf einer supranationalen Dynamik beruht, andererseits von intergouvernementalen Konstellationen gesteuert wird. In diesem Kapitel steht die institutionelle Grundstruktur dieser politischen Ordnung im Zentrum des Interesses, die durch das Nebeneinander und die intensive Verflechtung von supranationalen und intergouvernementalen Organen gekennzeichnet ist.

Fünf Organe üben die Kernfunktionen der Union aus, treffen oder überprüfen die gesetzgeberischen und politischen Entscheidungen und/oder führen sie aus (Art. 13 EUV-L). Das sind: das Europäische Parlament, der Europäische Rat, der Rat (früher und teilweise gegenwärtig als Ministerrat bezeichnet), die Europäische Kommission sowie der Gerichtshof der Europäischen Union. Art. 13 EUV-L nennt zwei weitere Organe, die Europäische Zentralbank (EZB) und den Europäischen Rechnungshof. Diese erfüllen ebenfalls Kernfunktionen im EU-System; es handelt sich dabei aber um Spezialaufgaben, die EZB und Rechnungshof weitestgehend unabhängig von den übrigen Organen wahrnehmen. Sie sind also nicht an der eigentlichen Politikformulierung und -umsetzung beteiligt und sollen daher in Kapitel 9 näher behandelt werden.

Drei der fünf Organe – die Kommission, der Rat sowie das Parlament – sind in verschiedenen Rollen am Gesetzgebungsprozess beteiligt, während das vierte Organ, der Europäische Rat, als oberste Autorität und Entscheidungsinstanz über die Geschicke der Union in ihrer Gesamtheit entscheidet. Das fünfte Organ – der Gerichtshof – sichert die „Wahrung des Rechts bei der Auslegung und Anwendung der Verträge" (Art. 19 EUV-L); das heißt, ihm obliegt die Rechtsprechung zu allen EU-bezogenen Entscheidungen, Vertrags- und Gesetzestexten sowie auch den Konsequenzen, die sich jeweils daraus ergeben (Boin und Schmidt 2021). Die exekutiven Funktionen liegen im Wesentlichen bei der Kommission; Europäischer Rat und Ministerrat nehmen aber ebenfalls solche Funktionen wahr (Tömmel 2020b).

Vier der fünf Organe wurden bereits mit der Gründung der Europäischen Gemeinschaften geschaffen, wir können sie daher als stabilen Kern des EU-Systems werten. Das bedeutet jedoch nicht, dass diese Organe keinen Veränderungen unterlagen; im Gegenteil, ihre Kompetenzen und ihr Einflussbereich wurden regelmäßig ausgeweitet, ihre institutionelle Struktur transformiert, und ihre Funktionsweise reformiert; innerhalb der Gesamtstruktur der EU veränderte sich ihre Position jedoch kaum. Demgegenüber wurde der Europäische Rat erst später in diese Struktur eingefügt und über einen schrittweisen Prozess seiner Konsolidierung schließlich im EU-Vertrag von Lissabon verankert (Art. 15 EUV-L). Diese tiefgreifende Veränderung der Grundstruktur des EU-Systems wurde von den Regierungschefs der Mitgliedstaaten systematisch vorangetrieben, um die Führung der Union ihrer Regie zu unterstellen.

https://doi.org/10.1515/9783111191799-006

Hier zeigt sich, dass die Struktur des EU-Systems einem ständigen Prozess der Anpassung an veränderte politische Konstellationen und Präferenzen unterliegt; weitere Beispiele hierfür werden in Kapitel 9 präsentiert.

Vor der Darstellung der einzelnen Organe der EU soll einleitend zunächst die Gesamtstruktur des Systems mit bekannten Formen politischer Ordnung verglichen werden: einerseits internationalen Organisationen, andererseits nationalen Staaten. Obwohl die Union von diesen Formen politischer Ordnung deutlich abweicht, weist sie doch auch einige Gemeinsamkeiten mit ihnen auf. So ist die dominante Position von Rat und insbesondere Europäischem Rat, also der intergouvernementalen Organe der EU, mit internationalen Organisationen vergleichbar, da auch in diesen jeweils die Regierungen der Mitgliedstaaten dominant sind. Im Gegensatz zu internationalen Organisationen verfügt die Union aber auch gleichzeitig über starke supranationale Organe mit weitreichenden Befugnissen: die Kommission, das Parlament, den Gerichtshof und auch die EZB. Damit erweist sie sich eher nationalen politischen Systemen vergleichbar. Allerdings hebt sich das institutionelle Gefüge der Union von dem der nationalen Staaten durch eine stärkere Fragmentierung der politischen Macht zwischen einer Vielzahl von Organen ab. Zudem fehlt der Union eine Regierung oder eine zentrale Institution, die als starke Exekutive fungieren könnte. Dazu passt, dass die EU keine klare Gewaltenteilung zwischen den Organen aufweist: Sowohl die Kommission als auch die Räte üben legislative und Exekutivfunktionen aus; lediglich die unabhängige Position des Gerichtshofs entspricht dem Prinzip der Gewaltenteilung (Tömmel 2016b). Immerhin verfügt die Union mit Rat und Parlament inzwischen – ebenso wie die meisten nationalen Demokratien – über zwei Organe, die Legislativentscheidungen treffen.

Insgesamt stellt sich die Grundstruktur der EU somit als eine einmalige Kombination von intergouvernementalen und supranationalen oder staatsähnlichen Institutionen dar. Damit weist sie einerseits Gemeinsamkeiten mit bekannten Formen politischer Ordnung auf, weicht aber andererseits auch von diesen ab. Vor diesem Hintergrund wird die EU hier als ein bizephales System gefasst mit im strukturellen Sinne 2 Machtzentren. Die supranationalen Institutionen repräsentieren die Macht der EU in ihrer Gesamtheit; dementsprechend streben sie danach, den Integrationsprozess voranzutreiben oder zu konsolidieren. Die intergouvernementalen Institutionen repräsentieren die Macht der nationalen Ebene; sie streben danach, den Integrationsprozess entsprechend den Interessen und Präferenzen der Mitgliedstaaten zu gestalten (Craig 2021).

Im Folgenden sollen die Organe der EU, die die Kernstruktur des europäischen Entscheidungs- und Politikfindungsprozesses konstituieren, in ihrer Zusammensetzung, Organisationsstruktur, Beschlussfassungs- sowie Handlungskompetenz näher betrachtet werden, um die Grundlagen ihres Handlungsspielraums und Aktionsradius sowie die Relevanz und Reichweite ihrer Entscheidungen ausloten zu können. Dabei werden auch die Interessenlagen, die sich in der Struktur und Kompetenzausstattung der einzelnen Organe widerspiegeln, beleuchtet. Abschließend werden die formalen Beziehungen zwischen den Organen gewertet und gewichtet.

6.1 Die Kommission

Laut EU-Vertrag fördert die Europäische Kommission „die allgemeinen Interessen der Union und ergreift geeignete Initiativen zu diesem Zweck" (Art. 17(1) EUV-L). Die Kommission ist als Kollegialorgan konzipiert, das derzeit, entsprechend der Zahl der EU-Staaten, aus 27 Mitgliedern besteht. Folgte die Zusammensetzung der Mitglieder zunächst einem gewissen Proporz zwischen den Mitgliedstaaten, indem kleinere Staaten je einen Kommissar, größere dagegen zwei entsandten[1], so gilt seit der „großen" Erweiterung des Jahres 2004 das mit dem Vertrag von Nizza festgelegte Prinzip: pro Land ein Kommissar (Art. 17(4) EUV-L). Aber auch dieses Prinzip sollte eigentlich nicht auf Dauer Bestand haben, denn der Lissabon-Vertrag sah vor, ab 2014 die Zahl der Kommissare auf zwei Drittel der Zahl der Mitgliedstaaten zu reduzieren, sofern der Europäische Rat nicht anderweitig beschließt (Art. 17(5) EUV-L). Nach dem gescheiterten irischen Referendum über den Lissabon-Vertrag beschloss der Europäische Rat aber anderweitig. Als Konzession gegenüber Irland hielt er vorerst am Prinzip „ein Kommissar pro Land" fest (Dinan 2010b: 153–154). Diese Regelung wurde 2013 durch Beschluss des Europäischen Rates bestätigt und gilt bis heute, obwohl die große Gesamtzahl des Kollegiums erhebliche Funktionsprobleme mit sich bringt.

Als Kollegialorgan fällt die Kommission ihre Beschlüsse gemeinsam, wobei in der Regel lediglich eine absolute Mehrheit erforderlich ist (Art. 250 AEUV).

Den Vorsitz der Kommission führt ein Präsident oder eine Präsidentin, die in ihrer Arbeit von Vizepräsidenten unterstützt werden. Die Präsidenten sind nach den Verträgen als *primus inter pares*, also als Erste unter Gleichen, konzipiert. Allerdings hat sich im Laufe der Zeit eine gewisse Hierarchisierung oder Präsidentialisierung herausgebildet (Kassim 2022), was vor allem einem zunehmendem Bedarf an politischer Führung vonseiten der Kommission zuzuschreiben ist.[2] Die zunehmend herausgehobene Position der Präsidenten wurden über mehrere Vertragsänderungen formal bestätigt und jeweils ausgebaut. So regelt der Lissabon-Vertrag, dass die Präsidenten die Leitlinien der Kommissionsarbeit festlegen, über die interne Organisation der Kommission beschließen, die Vizepräsidenten ernennen und einzelne Kommissare zum Rücktritt auffordern können (Art. 17(6) EUV-L).

---

1 Bei Letzteren handelte es sich um Deutschland, Frankreich, Italien, Spanien und das Vereinigte Königreich.

2 Als besondere Führungspersönlichkeiten, die das Präsidentenamt bleibend geprägt und weiterentwickelt haben bzw. noch prägen, gelten Walter Hallstein (1957–1967) Jacques Delors (1985–1994) und zuletzt Ursula von der Leyen (seit 2019). Nicht von ungefähr wurden sie für eine zweite Amtszeit wiederernannt (Tömmel 2013, Müller 2020, Müller und Tömmel 2022).

Die Mitglieder der Kommission wurden lange Zeit von den Regierungen der Mitgliedstaaten „im gegenseitigen Einvernehmen" für eine Amtszeit von fünf Jahren benannt (Art. 214 (2) EGV-N). Dabei einigte man sich zunächst auf die Person des Präsidenten oder der Präsidentin, während die übrigen Mitglieder dann in Abstimmung mit dieser Person ernannt wurden. Bereits mit dem Vertrag von Maastricht wurde dem Parlament ebenfalls eine Rolle im Verfahren zuerkannt: Sowohl der Präsident/die Präsidentin, als auch – in der Folge – die Gesamtkommission mussten vom EP bestätigt (oder abgelehnt) werden. Der Lissabon-Vertrag führte dann eine grundlegende Neuerung ein, indem er regelte: „Der Europäische Rat schlägt dem Europäischen Parlament [...] mit qualifizierter Mehrheit einen Kandidaten für das Amt des Präsidenten der Kommission vor. [...] Das Parlament wählt diesen Kandidaten mit der Mehrheit seiner Mitglieder" (Art. 17(7) EUV-L). In der Folge benennt dann der Rat wie bisher die übrigen Kommissare, allerdings nunmehr im Einvernehmen mit dem gewählten Präsidenten (Art. 17(7) EUV-L). Über diese Regelungen soll trotz zu erwartender Heterogenität ein arbeitsfähiges „Kollegium" zustande kommen.

Insgesamt sind somit die Mitgliedstaaten die entscheidenden Akteure im Ernennungsprozess, wenngleich ihre Rolle zunehmend durch den Einbezug des Parlaments und letztlich auch der Kommissionspräsidenten eingeschränkt wurde. So gelang es dem EP, das mit dem Vertrag von Maastricht verliehene Recht der Zustimmung zum Gesamtkollegium für eine intensive Überprüfung der einzelnen Kandidaten zu nutzen; befindet es diese als ungeeignet für das Amt, werden sie von den Mitgliedstaaten ausgetauscht (Art. 17(7) EUV-L, Ripoll Servent 2018: 204–206, Kassim 2022: 117). Sein Recht (ab 2014), den Kommissionspräsidenten/die Präsidentin zu wählen, nutzte das Parlament zur Einführung des sogenannten Spitzenkandidatenverfahrens, das die Auswahl geeigneter Kandidaten faktisch in das Parlament verlegt. Allerdings gelang das bisher nur 2014, bei der Ernennung von Jean-Claude Juncker; 2019 holte sich der Europäische Rat sein Nominierungsrecht zurück (Heidbreder und Schade 2024, vgl. ausführlicher dazu Kap. 8.3).

Die Kommissionspräsidenten ordnen den Kommissaren jeweils einen inhaltlichen Aufgabenbereich zu, der zumeist einer Generaldirektion (GD) des Verwaltungsapparats der Kommission entspricht. Diese Aufgabenbereiche sind allerdings nicht ohne weiteres mit den Portefeuilles von Ministerien auf nationalem Niveau gleichzusetzen (Spence 2006a, Nugent 2010: 105–108). So weist die EU ein asymmetrisches Aufgabenspektrum auf, indem sich ein Großteil der Aufgaben auf ökonomische Themen bezieht; innerhalb dieses Spektrums sind die Aufgaben aber sehr ausdifferenziert. Zudem nehmen die GD teilweise rein technische oder administrative Aufgabenbereiche wahr, wie etwa Haushalt oder Übersetzung (vgl. Übersicht 6.1). Schließlich ist das System der Portefeuilles wesentlich flexibler, indem es mit den wachsenden Aufgaben der Kommission wächst und, je nach politischer Lage, gänzlich neue Aufgabenbereiche hinzukommen können. So hat Von der Leyen 2024 angesichts des fortdauernden Kriegs in der Ukraine und der generell zunehmenden Sicherheitsbedrohungen unter anderen eine GD für den Aufgabenbereich Verteidigungsindustrie und Raumfahrt eingeführt (vgl. Übers. 6.1).

Laut Vertrag sollen die Mitglieder der Kommission unabhängig gegenüber den Mitgliedstaaten sein; sie dürfen weder Weisungen von diesen entgegennehmen noch solche einholen (Art. 17(3) EUV-L). Diese Anforderung lässt sich zwar in der Praxis nicht immer durchhalten; es zeigt sich jedoch, dass die Bekleidung eines solchen Amtes früher oder später bei den Betroffenen eher zu konvergierenden „europäischen" Haltungen führt, als dass die Loyalitäten gegenüber den einzelnen Mitgliedstaaten dominierten. Zudem kann es während der Amtszeit der Kommissare im Herkunftsland zu Regierungswechseln kommen, wodurch potentielle Loyalitäten obsolet werden.

Wie bereits angesprochen, steht der Kommission ein Verwaltungsapparat zur Seite, der derzeit 41 Generaldirektionen (GD) umfasst (vgl. Übers. 6.1); hinzu kommen noch insgesamt 19 spezialisierte Dienststellen und Ausführungsagenturen. Die Zahl der Generaldirektionen wurde im Laufe der Jahre enorm erhöht: 2015 waren es noch 33, 2005 23, und in den Anfangsjahren der Kommission nur 12 GD. Die Ausweitung der GD hängt vor allem mit dem gewachsenen Aufgabenspektrum der Union und den zunehmenden Kompetenzen der Kommission zusammen, trägt aber auch der gewachsenen Zahl der Kommissare Rechnung. In der Vergangenheit unterstanden einem Kommissar oder einer Kommissarin entweder eine größere oder – seltener – zwei kleinere, meist inhaltlich verwandte Generaldirektionen. Seit der „großen" Erweiterung des Jahres 2004 überstieg die Zahl der Kommissare die der Generaldirektionen, sodass eine klare Zuordnung zunehmend erschwert wurde. Bei der gegenwärtig großen Zahl der GD gelingt es nun wieder, ganze oder sogar mehrere Verwaltungseinheiten und Dienststellen den Kommissaren zuzuordnen.

Übersicht 6.1: Generaldirektionen der Europäischen Kommission, 2025 (Bezeichnungen der GD deutsch, Abkürzungen in Klammern, englisch)

Behörde für die Krisenvorsorge und -reaktion bei gesundheitlichen Notlagen (HERA)
Beschäftigung, Soziales und Integration (EMPL)
Bildung, Jugend, Sport und Kultur (EAC)
Binnenmarkt, Industrie, Unternehmertum und KMU (GROW)
Digitale Dienste (DIGIT)
Dolmetschen (SCIC)
Energie (ENER)
Erweiterung und östliche Nachbarschaft (ENEST)
Europäische Nachbarschaft und Erweiterungsverhandlungen (NEAR)
Europäischer Katastrophenschutz und humanitäre Hilfe (ECHO)

Europäisches Amt für Betrugsbekämpfung (OLAF)
Eurostat – Europäische Statistiken (EUROSTAT)
Finanzstabilität, Finanzdienstleistungen und Kapitalmarktunion (FISMA)
Forschung und Innovation (RTD)

Gemeinsame Forschungsstelle (JRC)
Generalsekretariat (SG)
Gesundheit und Lebensmittelsicherheit (SANTE)
Handel (TRADE)
Haushalt (BUDG)
Humanressourcen und Sicherheit (HR)

Inspirieren, Debattieren, Engagieren und Beschleunigen von Maßnahmen (IDEA)
Interner Auditdienst (IAS)
Internationale Partnerschaften (INTPA)
Juristischer Dienst (SL)
Justiz und Verbraucher (JUST)
Klimaschutz (CLIMA)
Kommunikation (COMM)
Kommunikationsnetze, Inhalte und Technologien (CONNECT)
Landwirtschaft und ländliche Entwicklung (AGRI)
Maritime Angelegenheiten und Fischerei (MARE)

Migration und Inneres (HOME)
Mobilität und Verkehr (MOVE)
Naher Osten, Nordafrika und Golf (MENA)
Regional- und Stadtpolitik (REGIO)
Steuern und Zollunion (TAXUD)
Übersetzung (DGT)
Umwelt (ENV)
Unterstützung von Strukturreformen (REFORM)
Verteidigungsindustrie und Raumfahrt (DEFIS)
Wettbewerb (COMP)

Wirtschaft und Finanzen (ECFIN)

Quelle: Offizielle Webseite der Europäischen Kommission: https://commission.europa.eu/about-euro
pean-commission/departments-and-executive-agencies/translation_en?prefLang=de&etrans=de (Abruf:
14.09.2025).

Der Europäische Auswärtige Dienst (EEAD), der dem Hohen Vertreter der Union für
Außen- und Sicherheitspolitik (HV) zuarbeitet, nimmt eine Sonderstellung ein und ist
nicht in der Übersicht 6.1 aufgeführt. Entsprechend der Doppelfunktion der HV als Vizepräsidenten der Kommission und als Präsidenten des Rates Auswärtige Angelegenheiten umfasst der EEAD sowohl Beamte der Kommission wie des Rates sowie Diplo-
maten der nationalen Ebene.

Gegenwärtig beschäftigt der gesamte Verwaltungsapparat der Kommission ca. 32 000
Personen (einschließlich Übersetzungsdienst),[3] was entgegen vielfach geäußerten anders-
lautenden Einschätzungen als ein im Verhältnis zur Aufgabenfülle geringer Personalbe-

---

3 Offizielle Webseite der Europäischen Kommission: https://commission.europa.eu/about-european-
commission/organisation-european-commission/commission-staff_de (Abruf: 14.09.2025).

stand zu werten ist (vgl. Kap. 12.1.1). Die – stetig wachsende – Aufgabenfülle der Kommission lässt sich auch nur bewältigen, weil viele Teilaufgaben an andere Akteure und Institutionen delegiert beziehungsweise auf die Mitgliedstaaten abgewälzt werden (vgl. dazu Kap. 11 und 12).

Die Aufgaben- und Kompetenzbereiche der Kommission lassen sich in drei Kategorien einteilen:
1. Gesetzgebende und im weitesten Sinne Initiativfunktionen,
2. Exekutivfunktionen,
3. Repräsentativfunktionen.

Die gesetzgebenden Funktionen der Kommission beinhalten in erster Linie das Initiativrecht, das heißt, den Entwurf sowie die Ausarbeitung aller Rechtsakte der Union (Art. 17(2) EUV-L). Dabei handelt es sich um ein Exklusivrecht; ohne Beschlussvorlage der Kommission darf der Rat nicht tätig werden. Allerdings können der Rat und auch das Parlament die Kommission zur Ausarbeitung einer Vorlage auffordern (Art. 225 und 241 AEUV). Seit dem Lissabon-Vertrag können sogar die Bürger der Union eine solche Aufforderung lancieren, wenn es ihnen gelingt, eine Million Befürworter dafür zu finden (Art. 11(4) EUV-L). Umgekehrt ist die Kommission auch berechtigt, eine Vorlage zurückzuziehen, und somit eine ihr nicht genehme Beschlussfassung in Rat und Parlament zu verhindern. Das Initiativrecht erlaubt der Kommission aber auch, Initiativen zu lancieren, die nicht an eine konkrete Gesetzgebung gebunden sind und somit weitergehende Integrationsfragen betreffen können. Das Initiativrecht eröffnet der Kommission somit einen weiten Handlungsspielraum, indem sie nicht nur die Inhalte der Gesetzestexte, sondern auch weitere Integrationsstrategien vorlegen kann. Zudem kann sie auch die Verfahren zur weiteren Beschlussfassung stark strukturieren oder sogar vorgeben (vgl. Kap. 7.1 und 8.1). Damit kann sie die Agenda des Rats und auch des EP weitgehend bestimmen und fallweise sogar den Integrationsprozess auch gegen den erklärten Willen der Räte voranzutreiben. Neben dem Initiativrecht kann die Kommission auch kleinere Rechtsakte wie Mitteilungen, Empfehlungen und Entscheidungen oder sogar Verordnungen selbstständig erlassen, was im Wesentlichen der Ausübung ihrer Exekutivfunktionen dient (vgl. Kap. 7.1).

Die Exekutivfunktionen der Kommission beinhalten in erster Linie die Umsetzung von Beschlüssen des Rates sowie des Europäischen Rates sowie des Parlaments beziehungsweise die Überwachung von deren Umsetzung in den Mitgliedstaaten, soweit letztere die Hauptverantwortlichen für die Implementation sind, was zumeist der Fall ist (Tömmel 2020b). Die Kommission verfügt über direkte Exekutivbefugnisse im Bereich des Binnenmarkts sowie in allen Fragen, die die Wahrung eines freien und fairen Wettbewerbs in der Union betreffen (Art. 3 AEUV). Die damit verbundenen Aufgaben reichen von einer generellen Überprüfung der Einhaltung der Wettbewerbsregeln über die Überwachung der Subventionspolitik der Mitgliedstaaten bis hin zur Kontrolle von Unternehmensfusionen (Cini und McGowan 2008, Thatcher 2020). Zudem nimmt die Kommission über die Verwaltung der verschiedenen Fonds und Finanzinstrumente

(z. B. Strukturfonds, kleinere Programme und Pilotaktionen in sehr unterschiedlichen Politikfeldern sowie zuletzt das NextGenerationEU-Programm) ein weites Spektrum von Exekutivfunktionen wahr. Zwar fällt auch in diesen Bereichen die eigentliche Ausführung in die Verantwortung der Mitgliedstaaten; der Kommission kommt aber eine wichtige Rolle bei der Zuweisung von Fördermitteln sowie bei allen diese begleitenden Maßnahmen zu (Schramm et al. 2022).

Die Repräsentativfunktionen der Kommission beziehen sich in erster Linie auf die Außen- und speziell die Außenwirtschaftsbeziehungen der EU. So vertritt die Kommission die Union in Beitritts- oder Assoziierungsverhandlungen mit Drittstaaten sowie in internationalen Organisationen. Während sie im ersten Falle eines Mandats des Rats bedarf, kann sie im Rahmen internationaler Organisationen weitgehend selbstständig tätig werden, soweit es um außenwirtschaftliche Fragen geht.

Insgesamt stellt sich die Kommission als ein vielschichtiges Organ dar, das einerseits über ein hohes Maß an Autonomie verfügt, andererseits aber von den Entscheidungen der anderen Organe sowie der Mitgliedstaaten und infolgedessen der Kooperation mit ihnen abhängig ist. Im Gesetzgebungsbereich und bei zusätzlichen Initiativen verfügt sie über weitreichende Befugnisse, kann diese jedoch nur im Wechselspiel mit Rat und Parlament und deren Entscheidungen ausüben. Im exekutiven Bereich und speziell im Prozess der Politikimplementation ist sie von der Kooperation der Regierungen und Verwaltungen der Mitgliedstaaten abhängig. Bei ihren repräsentativen Aufgaben kann sie ebenfalls nur in Teilen selbständig handeln. Bei all ihren Aktivitäten, die sie selbständig entwickeln kann, muss sie die Präferenzen der anderen Organe sowie der Mitgliedstaaten berücksichtigen. Man sollte Macht und Einfluss der Kommission im EU-System allerdings nicht unterschätzen; faktisch kommt ihr aufgrund ihrer weitreichenden Kompetenzen und Ressourcen eine herausgehobene politische Funktion zu (Hartlapp et al. 2014, Nugent und Rhinard 2019).

6.2 Der Rat

Der Ministerrat oder, wie er seit dem Vertrag von Maastricht offiziell heißt, der Rat der Europäischen Union, ist in erster Linie ein Rechtsetzungsorgan, indem ihm die Entscheidungsgewalt über alle Rechtsakte der EU obliegt. Seit Inkrafttreten des Lissabon-Vertrags muss er diese Rolle allerdings mit dem Parlament teilen (Nugent 2010: 139–160). Dem Rat kommen darüber hinaus aber auch noch weitergehende Kompetenzen zu: Er fällt richtungsweisende Beschlüsse über die Politiken der EU, vor allem solche, die nicht durch Gesetze geregelt werden (z. B. Außenpolitik) und nimmt auch bestimmte Exekutivfunktionen wahr (Tömmel 2020b, Craig 2021). Im Rat sind die derzeit 27 Mitgliedstaaten gleichermaßen vertreten, in der Regel durch einen Minister oder eine Ministerin; es können aber auch Stellvertreter mit entsprechenden Befugnissen entsandt werden (Art. 16(2) EUV-L). Damit kommt großen und kleinen Staaten eine gleichgewichtige Repräsentanz zu, auch wenn ihre Stimmen unterschiedlich gewichtet werden.

Hinter dem Ministerrat verbirgt sich allerdings in der Praxis eine Vielzahl von Räten. An erster Stelle steht der Rat der Außenminister, der je nach Themenbereich in zwei Formationen zusammenkommt: einerseits als Rat Allgemeine Angelegenheiten, andererseits als Rat Auswärtige Angelegenheiten. Während Ersterer für alle Grundsatzfragen und -entscheidungen zuständig ist, führt Letzterer die Außenpolitik der Union. Daneben gibt es eine Vielzahl von Fachräten, die sich aus den Ministern verschiedenster Ressorts zusammensetzen und sich mit den entsprechenden Politikfeldern befassen. Der wichtigste und traditionsreichste ist der Rat Wirtschaft und Finanzen (ECOFIN-Rat), der in den 90er Jahren insbesondere die Einführung der Währungsunion vorangetrieben hatte und während der Finanz- und Schuldenkrise eine herausgehobene Rolle bei deren Eindämmung spielte. Auch der Rat Landwirtschaft und Fischerei kann auf eine lange Tradition zurückblicken. Andere Räte, wie beispielsweise der Umwelt-, der Verkehrs- oder der Raumordnungsrat, haben sich erst im Zuge der Vergemeinschaftung oder Europäisierung entsprechender Politikfelder herausgebildet.

Bis zum Ende der 90er Jahre war die Zahl der Ratsformationen auf 22 angestiegen, womit diese fast das gesamte Spektrum nationaler Ministerien und Politiken abdeckten. Dann allerdings wurde einem weiteren institutionellen Wildwuchs ein Riegel vorgeschoben: Im Juni 2000 wurde die Zahl der Ministerräte zunächst auf 16, im Juni 2002 dann auf 9 reduziert. Faktisch ist die Reduktion der Zahl der Räte jedoch Augenwischerei; denn bestimmte Formationen, wie etwa Justiz und Inneres oder Beschäftigung, Sozialpolitik, Gesundheit und Verbraucher müssen je nach Themenbereich von unterschiedlichen nationalen Ministerien beschickt werden. Seit Inkrafttreten des Lissabon-Vertrags setzt sich der Rat aus 10 Formationen zusammen, wobei der Rat der Außenminister in zwei Formationen auftritt (Übers. 6.2):

Übersicht 6.2: Formationen des Rates der Europäischen Union, seit 2009

Allgemeine Angelegenheiten
Auswärtige Angelegenheiten
Wirtschaft und Finanzen
Justiz und Inneres
Verkehr, Telekommunikation und Energie
Landwirtschaft und Fischerei
Umwelt
Bildung, Jugend, Kultur und Sport
Beschäftigung, Sozialpolitik, Gesundheit und Verbraucherschutz
Wettbewerbsfähigkeit (Binnenmarkt, Industrie, Forschung, Innovation und Raumfahrt).

Quelle: Offizielle Webseite des Rates der EU: https://www.consilium.europa.eu/de/councileu/configurations/ (Abruf: 14.10.2024).

Die wichtigsten Räte treten in der Regel einmal monatlich in Brüssel sowie während dreier Monate des Jahres auch in Luxemburg zusammen[4], die übrigen tagen mehrmals im Jahr. Der Vorsitz des Rates wird je von einem Mitgliedstaat für eine Periode von sechs Monaten geführt (Art. 16(9) EUV-L und 236 AEUV); lediglich der Rat Auswärtige Angelegenheiten bildet eine Ausnahme, da die jeweiligen Hohen Vertreter dort qua Amt den Vorsitz für 5 Jahre ausüben. Die Reihenfolge des Vorsitzes richtete sich zunächst nach dem Alphabet; sie wird aber zunehmend vom Prinzip der Alternanz zwischen kleinen und großen Staaten sowie Alt- und Neumitgliedern modifiziert (Hayes-Renshaw und Wallace 2006: 139). Um trotz der Kürze der Vorsitzperiode – die aber auch nicht länger sein sollte, denn dann hätte jeder Staat nur sehr selten die Gelegenheit zu dieser Führungsposition – eine gewisse Kontinuität zu sichern, hat sich das Prinzip der Troika herausgebildet. Es beinhaltet, die jeweils vorangegangenen und folgenden Vorsitzstaaten unterstützen die amtierenden in ihrer Arbeit. Der Konvent zur Erarbeitung einer grundlegenden Vertragsreform hatte ursprünglich eine einjährige Präsidentschaft auf Basis eines Wahlverfahrens vorgesehen; die Regierungen der Mitgliedstaaten akzeptierten den Vorschlag jedoch nicht und lancierten stattdessen ein modifiziertes Troika-System, bei dem eine Gruppe von drei Staaten für jeweils 18 Monate den Vorsitz gemeinsam führt (Crum 2004). Aber auch diese Regelung wurde nicht in den Lissabon-Vertrag übernommen.

Dem Rat steht ein Generalsekretariat mit Sitz in Brüssel zur Seite, das derzeit 3 147 Personen beschäftigt[5]; sein Verwaltungsapparat ist somit deutlich kleiner als der der Kommission. Das Generalsekretariat bereitet die Sitzungen des Rats und seiner Ausschüsse sowie die Beschlussfassung vor und besorgt auch die technische Durchführung der Sitzungen (Übersetzungen etc.). Allerdings nimmt es auch zunehmend politische Funktionen wahr, insbesondere in den Bereichen, die einer intergouvernementalen Führung unterliegen (Hayes-Renshaw und Wallace 2006: 101–104, Gilloz 2023).

Dem Rat steht bereits seit den Anfangsjahren der Integration eine umfangreiche Substruktur zur Vorbereitung seiner Beschlüsse zur Verfügung, deren Rückgrat der „Ausschuss der Ständigen Vertreter der Regierungen der Mitgliedstaaten" (AStV) bildet und entsprechend der französischen Abkürzung als COREPER[6] firmiert. Er agiert sozusagen als Rat „im Kleinen", indem er die Beschlussfassung des Ministerrats vorbereitet und zu Konfliktthemen Lösungsvorschläge erarbeitet.[7] COREPER wird von den Ständigen Vertretungen der Mitgliedstaaten in Brüssel, die als eine Art Botschaft fun-

---

4 Diese letztere Regelung ist ein Zugeständnis an die Forderungen einzelner Mitgliedstaaten nach einer Sitzverteilung über verschiedene Hauptstädte.

5 Offizielle Webseite des Rates der EU: https://www.consilium.europa.eu/de/general-secretariat/staff-budget/ (Abruf: 14.09.20245.

6 COREPER ist die französische Abkürzung für „Comité des Représentants Permanents", auf deutsch: „Ausschuss der Ständigen Vertreter".

7 COREPER nahm bereits 1958 seine Arbeit auf, mit dem Fusionsvertrag (1965) wurde der Ausschuss vertraglich verankert.

gieren, beschickt. Anders jedoch als Botschaften nationaler Staaten in anderen Ländern erfüllen die Ständigen Vertretungen eine herausgehobene inhaltliche Position im EU-System, indem sie maßgebend an der Beschlussfassung der Räte beteiligt sind. Entsprechend dieser Rolle haben sich die Ständigen Vertretungen im Laufe der Zeit mit dem stetig gewachsenen Aufgabenspektrum der Union enorm vergrößert (vgl. ausführlicher Kap. 8).

Ähnlich wie beim Rat bildete sich auch beim AStV eine Doppelstruktur aus, indem es zu einer Trennung zwischen COREPER I und II kam. Während in COREPER I vor allem die wirtschaftspolitischen Fragen behandelt werden, widmet sich COREPER II den im engeren Sinne politischen Fragen, also der Außenpolitik, aber auch größeren Integrationsschritten (Lewis 2012: 319). Dementsprechend wird COREPER I auch als „technischer Ausschuss", COREPER II dagegen als „politischer Ausschuss" bezeichnet, wenngleich beide herausragende politische Funktionen ausüben. COREPER I setzt sich in der Regel aus den Stellvertretenden Ständigen Vertretern zusammen, während COREPER II den Ständigen Vertretern vorbehalten ist. Neben COREPER gibt es aber auch noch eine Reihe von festen, spezialisierten Ausschüssen, die für bestimmte Politikfelder zuständig sind, etwa die Außen- und Sicherheitspolitik, die Agrarpolitik oder den Bereich Wirtschaft und Finanzen (Hayes-Renshaw und Wallace 2006: 82–95, Lewis 2019).

Die Arbeit von COREPER und den Ständigen Ausschüssen wird ihrerseits von sogenannten Arbeitsgruppen vorbereitet, die die einzelnen Gesetzesvorschläge und Sachfragen intensiv prüfen und nach ersten Lösungen für Konfliktthemen suchen (Hayes-Renshaw und Wallace 2006: 96–99, Lewis 2019). Die Arbeitsgruppen setzen sich in der Regel aus Mitarbeitern der Ständigen Vertretungen zusammen; in Einzelfällen werden aber auch Beamte der nationalen Ministerien hinzugezogen. Der Rat nennt auf seiner Webseite für das Jahr 2024 über 150 solcher Arbeitsgruppen und Ausschüsse.[8] Ihre Zahl lag in früheren Jahren deutlich höher, beispielsweise im Jahr 2000 bei 298 (Häge 2012: 23). Häge schreibt diesen Rückgang der Reduktion der Ratsformationen zu. Doch auch hier handelt es sich eher um scheinbare Rationalisierungen, denn häufig wurden Arbeitsgruppen fusioniert oder Untergruppen gebildet; in jedem Falle ist die Reduktion der Zahl der Arbeitsgruppen nicht als Abnahme ihrer Bedeutung aufzufassen. Im Gegenteil, Lewis (2019: 143) schlussfolgert: „In terms of scale and the density of interactions, this is the world's most encompassing transnational form of cooperation yet devised".

Die Aufgaben des Rates sind vergleichsweise klar definiert: Gegenwärtig ist er eines der beiden Rechtsetzungsorgane der EU und damit eine bedeutende Entscheidungsinstanz. Allerdings ist diese Rolle sowohl durch die Kommission als auch das EP eingeschränkt, indem der Rat nur auf Vorschlag der Kommission tätig werden kann

---

8 Offizielle Webseite des Rates der EU: https://www.consilium.europa.eu/de/council-eu/decision-ma king/ (Abruf: 16.09.2025).

(Art. 241 AEUV) und das Parlament im Rahmen des Ordentlichen Gesetzgebungsverfahrens in fast allen Bereichen gleichberechtigt mitentscheidet. Die Aufgaben des Rates übersteigen aber die des Parlaments, indem er in bestimmten Politikfeldern Rechtsregelungen alleine erlassen kann. Zudem trifft er politische Entscheidungen in Bereichen, die kaum durch Gesetze geregelt werden, wie etwa der Außen- und Sicherheitspolitik (Lewis 2019). Des Weiteren koordiniert der Rat die Wirtschaftspolitiken der Mitgliedstaaten, eine Funktion, die mit der Schaffung der Wirtschafts- und Währungsunion (WWU) eingeführt und seitdem erheblich aufgewertet wurde, indem er „Empfehlungen", „Abmahnungen" und im Falle von Fehlverhalten sogar „Sanktionen" gegenüber den Mitgliedstaaten aussprechen kann (Art. 121(4) und 126(11) AEUV, siehe auch Verdun 2009, Puetter 2014). Schließlich verfügt der Rat über Ernennungsrechte in Bezug auf die Mitglieder von EU-Institutionen[9] sowie über Haushaltsrechte (er erstellt auf Vorschlag der Kommission den Haushaltsplan); zudem schließt er Abkommen mit Drittstaaten oder internationalen Organisationen ab (Borchardt 2010: 63). Insgesamt ist der Rat somit auch nach dem Lissabon-Vertrag ein wesentlich machtvolleres Organ als das EP.

Die Entscheidungsverfahren des Rates stellen sich trotz eindeutiger Vertragsregeln relativ kompliziert dar (Borchardt 2010: 65–68). Zwar fasst der Rat im Prinzip seine Beschlüsse mit einfacher Mehrheit, wobei jeder Staat über eine Stimme verfügt, jedoch nur insoweit, als die Verträge nichts Anderes bestimmen. In den meisten Fällen sehen sie aber Anderes vor: So gilt derzeit für sehr viele Politikfelder und Themenbereiche die qualifizierte Mehrheitsentscheidung, während für bestimmte sensible, das heißt, Grundsatzfragen oder vitale Interessen der Mitgliedstaaten betreffende Bereiche weiterhin Einstimmigkeit erforderlich ist. In den ursprünglichen EG-Verträgen waren qualifizierte Mehrheitsentscheidungen nach einer gewissen Übergangsperiode als Regelfall vorgesehen; Frankreichs Politik des „leeren Stuhls" verhinderte aber für eine lange Zeit, dass es zu diesem Übergang kam. Erst mit der Verabschiedung der EEA konnte das Einstimmigkeitsprinzip zugunsten von qualifizierten Mehrheitsentscheidungen zurückgedrängt werden, was in der Folge einen enormen Integrationsaufschwung ermöglichte (vgl. Kap. 3.3).

Im Falle von qualifizierten Mehrheitsentscheidungen wurde seit der Gründung der EG eine Gewichtung der Stimmen der Mitgliedstaaten vorgenommen (Art. 205 EGV-N). Die Gewichtung reflektierte die unterschiedliche Größe (Bevölkerungszahl) der Mitgliedstaaten, trug ihr aber nur annäherungsweise Rechnung. Denn die kleinen Staaten waren trotz geringerer Stimmengewichte überrepräsentiert. Dies ist als berechtigter Schutz deren vitaler Interessen zu werten. Gleichzeitig bot die Stimmengewichtung aber auch den Interessen der großen Staaten Schutz, indem diese kaum überstimmt werden konnten. Dementsprechend verfügten die großen Staaten seit der

---

9 So ernennt er die Mitglieder des Wirtschafts- und Sozialausschusses, des Ausschusses der Regionen sowie des Rechnungshofs (Borchardt 2010: 63).

Gründung der Gemeinschaften bis zum Vertragsschluss von Nizza über jeweils zehn Stimmen, während die kleineren im Spektrum von zwei bis fünf Stimmen rangierten (Art. 205(2) EGV). Mit dem Vertrag von Nizza und angesichts der bevorstehenden Erweiterungen um eine Vielzahl kleinerer Staaten wurde die Stimmengewichtung stärker zugunsten der großen Mitgliedstaaten verschoben und sehr stark ausdifferenziert; das Spektrum von Stimmengewichten reichte von 29 für die großen Staaten über 12 für größere Kleinstaaten bis hinunter zu 3 für den Kleinststaat Malta (Vertrag von Nizza, Erklärung zur Erweiterung der Europäischen Union). Dieses ausgeklügelte System führte aber zu vielfacher Unzufriedenheit, da sich einzelne Staaten benachteiligt fühlten.

Mit dem Lissabon-Vertrag wurde das System zur Annahme qualifizierter Mehrheitsbeschlüsse radikal verändert: Demnach verfügt nunmehr jeder Mitgliedstaat gleichermaßen über eine Stimme; eine qualifizierte Mehrheit ist erreicht, wenn 55 Prozent der Mitgliedstaaten, mindestens aber 15 Staaten, einen Beschluss annehmen; gleichzeitig müssen sie mindestens 65 Prozent der EU-Bevölkerung repräsentieren (Art. 16(4) EUV-L). Für eine Sperrminorität sind mindestens vier Mitgliedstaaten erforderlich. Es werden also nicht mehr Einzelstaaten gewichtet, sondern die Summe der Bevölkerungszahl der zustimmenden (oder ablehnenden) Staaten bildet das jeweilige Stimmengewicht. Diese Regelungen, die ab dem 1.11.2014 in Kraft traten, beinhalten eine Absenkung der Erfordernisse für eine qualifizierte Mehrheit; zugleich gestalten sie die Beschlussfassung transparenter. In der Praxis strebt der Rat allerdings seit den Anfangsjahren der Integration und trotz der jüngsten Vertragsänderungen nach einem Konsens zwischen seinen Mitgliedern ohne formale Abstimmungen (Lewis 2019).

Insgesamt beinhalten die formalen Abstimmungsverfahren im Ministerrat eine schwierige Gratwanderung zwischen einerseits der Wahrung der Interessen der einzelnen Staaten, andererseits einer effizienten Beschlussfassung im Interesse einer handlungs- und funktionsfähigen Union. Es geht also um eine faire Balance zwischen intergouvernementalen Prinzipien und einer tendenziell supranationalen Entscheidungsfindung. Für Erstere steht das Prinzip „one country, one vote", aber auch das faktische Vetorecht eines Staates bei einstimmigen Beschlüssen; Letzteres drückt sich in erleichterten Mehrheitsentscheidungen sowie der Gewichtung der Stimmen nach der Bevölkerungsgröße der Staaten aus. Trotz der erleichterten Entscheidungsverfahren wird aber auch in Zukunft die Suche nach komplexen Kompromiss- und Konsenslösungen im Vordergrund stehen (vgl. Kap. 8.2.1).

Eine zusammenfassende Betrachtung von Organisationsstruktur, Zusammensetzung, Aufgabenstellung sowie Entscheidungsverfahren des Rats zeigt, dass dieses Organ grundlegende Widersprüche in sich vereinigt, indem es einerseits die gegensätzlichen Interessen der Mitgliedstaaten abbilden und abwägen soll, andererseits aber auch zu gemeinsamen Beschlüssen kommen muss. Diese Widersprüche spiegeln sich in den komplizierten Abstimmungsverfahren und deren sukzessiver Erleichterung, sowie in einem komplexen System der Kompromiss- und Konsensfindung mithilfe einer ausdifferenzierten Substruktur. Als widersprüchlich ist aber auch die Aufgabenstellung des Rats zu werten, indem er sowohl legislative als auch exekutive Aufgaben wahrnimmt. Die Komplexität des Rats zeigt sich zudem in seiner inhaltlichen Ausdifferenzierung nach Politikfeldern und Themenbereichen, denen die jeweiligen Ratsformationen entsprechen. Insgesamt ist der Rat somit zwar als eine intergouvernementale Arena zu werten, die aber zunehmend auch den Fortgang der Integration gewährleistet und somit Beschlüsse mit supranationaler Wirkung fasst.

6.3 Der Europäische Rat

Vier der fünf in diesem Kapitel vorgestellten Organe der EU wurden bereits im Zuge der Gründung der Europäischen Gemeinschaften geschaffen; ein fünftes Organ, der Europäische Rat, bildete sich demgegenüber erst im Laufe der Integration über einen schrittweisen Prozess seiner Institutionalisierung heraus (Hayes-Renshaw und Wallace 2006: 165–167, Wessels 2015, Craig 2021, Van Middelaar und Puetter 2022, vgl. auch Kap. 4). Der Europäische Rat stellt eine bemerkenswerte institutionelle Innovation dar, die das gesamte Machtgefüge der Union veränderte. Generell stärkt dieses Organ die intergouvernementale Dimension der EU, indem es die Abwägung gegensätzlicher Interessen auf der höchsten politischen Ebene ermöglicht. Gleichzeitig verleiht der Europäische Rat durch seine Beschlüsse dem EU-System Autorität und politische Führung, wodurch er die supranationale Systemdimension festigt (Lewis 2019). Eine solche institutionelle Suprastruktur war jedoch bei der Gründung der Gemeinschaften nicht vorgesehen; der Bedarf zeigte sich erst im Zuge der Vertiefung der europäischen Integration, wachsender externer Herausforderungen sowie zunehmender interner Differenzen. Angesichts der wiederholt auftretenden Integrationsblockaden erkannten die Regierungen den Bedarf an einer zusätzlichen Arena für intergouvernementale Verhandlungen und Konsensbildungsprozesse auf der höchsten Ebene. Dementsprechend etablierten sie den Europäischen Rat zunächst als eine informelle Ratsformation, die in der Folge schrittweise in den Verträgen verankert wurde. Den Höhepunkt dieser Entwicklung markiert der Lissabon-Vertrag, mit dem der Europäische Rat zum ersten Mal als eigenständiges Organ der EU anerkannt wurde (Art. 13(1) EUV-L).

Die ersten Schritte zur Etablierung des Europäischen Rates reichen bis in die Anfangsjahre der Integration zurück. So schlug der französische Staatspräsident de Gaulle bereits 1959 regelmäßige Treffen der Regierungschefs vor; die anderen Mitgliedstaaten lehnten den Plan aber ab (Wessels 2015: 28–29). Erst nach dem Rücktritt de Gaulles wurden gelegentlich solche Gipfeltreffen abgehalten, so etwa 1969 und 1972; ab 1974 fanden sie dann auf Vorschlag des französischen Präsidenten Giscard d'Estaing regelmäßig unter dem Namen Europäischer Rat statt (Dinan 2004a: 126–129). Mit dem Vertrag von Maastricht wurde der Status des Gremiums erstmals formalisiert. So heißt es in Art. D (EUV-M): „Der Europäische Rat gibt der Union die für ihre Entwicklung erforderlichen Impulse und legt die allgemeinen politischen Zielvorstellungen für diese Entwicklung fest". In der Folge wurde die Autorität des Europäischen Rates durch weitere Vertragsmodifizierungen gestärkt. Ihren Höhepunkt fand diese Entwicklung durch die Regelungen des Lissabon-Vertrags, der den Europäischen Rat explizit als eigenständiges Organ in die Liste der EU-Organe aufnimmt (Art. 13(1) EUV-L). Zuvor wurde das Gremium als eine spezifische Ratsformation eingeordnet. Dementsprechend ist in älteren Vertragstexten häufig die Rede vom „Rat, der in der Zusammensetzung der Staats- und Regierungschefs tagt" (siehe beispielsweise Art. 11(2), 121(2–4) und 122(2) EGV-A).

Der Lissabon-Vertrag schuf zudem die Position eines permanenten Präsidenten des Europäischen Rates; zuvor wurde das Gremium, wie alle Ratsformationen, von einem Mitgliedstaat im Rahmen der rotierenden Präsidentschaft geführt (Dinan 2017, Tömmel 2017b). Die Präsidenten werden vom Europäischen Rat mit qualifizierter Mehrheit für eine 2 ½ jährige Amtszeit gewählt, mit der Möglichkeit einer einmaligen Wiederwahl (Art. 15(5) EUV-L). Sie sollen herausragende Persönlichkeit sein, die kein anderes Amt auf nationalem Niveau innehaben dürfen (Art. 15(6) EUV-L). Laut Vertrag sollen die Präsidenten den Arbeiten des Europäischen Rates Impulse geben, den Zusammenhalt und Konsens fördern sowie die Außenvertretung der Union in Fragen der Außen- und Sicherheitspolitik wahrnehmen (Art. 15(6) EUV L, vgl. auch Müller und Tömmel 2024).

Mit der Schaffung der Position eines permanenten Präsidenten zielten die Staats- und Regierungschefs auf eine weitere Stärkung der Autorität und Führungsrolle des Europäischen Rates (Craig 2021). Frühere Präsidentschaften, die von einem Staats- oder Regierungschef der Mitgliedstaaten geführt wurden, waren teilweise von nationalen Interessen geprägt. Nicht von ungefähr regelt der EU-Vertrag, dass die Präsidenten des Europäischen Rates kein weiteres Amt auf nationalem Niveau wahrnehmen dürfen (Art. 15(6) EUV-L). Ausgestattet mit einem europäischen Mandat können die Präsidenten die Agenda des Europäischen Rates erstellen, die Konsensfindung und Beschlussfassung innerhalb des Gremiums erleichtern sowie generell seine Handlungsfähigkeit stärken (Hagemann 2020, Müller und Tömmel 2024). Insgesamt ermöglicht somit diese institutionelle Innovation, dass der Europäische Rat mehr denn je in der Lage ist, kollektiv die Führungsrolle in der EU zu übernehmen und das Tempo und die Richtung der Integration zu bestimmen, wie er es in der Finanz- und Schuldenkrise versucht hatte, allerdings mit begrenztem Erfolg (Puetter 2014, Tömmel 2017a).

Der Europäische Rat setzt sich aus den Staats- und Regierungschefs der Mitgliedstaaten, seinem Präsidenten sowie dem Präsidenten der Kommission zusammen. Je nach Sachlage können auch Minister oder ein Kommissionsmitglied an den Sitzungen teilnehmen (Art. 15(3) EUV-L). Vor Inkrafttreten des Lissabon-Vertrags hatte sich die Praxis eingebürgert, dass die Außenminister der Mitgliedstaaten regelmäßig an den Gipfeltreffen teilnahmen. Nach den Erweiterungen der Jahre 2004 und 2007 erwiesen sich allerdings Sitzungen mit mehr als 50 Teilnehmern als kaum noch handhabbar, vor allem, wenn hoch kontroverse Themen zur Diskussion standen. Deshalb sieht der Lissabon-Vertrag die Präsenz von Ministern lediglich als Möglichkeit, und nicht als

Regelfall vor (Art. 15(3) EUV-L). In der Praxis wird seitdem ohne die Minister getagt; lediglich der HV nimmt an den Sitzungen teil.

Der Lissabon-Vertrag bestätigte auch die Praxis, dass der Europäische Rat zweimal pro Halbjahr tagt (Art. 15(3) EUV-L). Darüber hinaus können aber auch informelle Ratstreffen einberufen werden, was während der Finanzkrise sowie der COVID-19 Krise besonders häufig der Fall war (Van Middelaar und Puetter 2022). Der Gipfel von Nizza (2000) hatte beschlossen, dass die Treffen fortan in Brüssel statt rotierend in Städten der Mitgliedstaaten stattfinden sollten; diese Regel, die auf Vorschlag von COREPER zustande kam, hatte jedoch nicht durchgängig Bestand. Zu sehr sind Gipfeltreffen in den Mitgliedstaaten mit Prestigegewinnen verbunden, wie etwa die Namensgebung der Verträge nach den Orten ihres Abschlusses belegt.

In der Regel trifft der Europäische Rat seine Entscheidungen „im Konsens" (Art. 15(4) EUV-L), wobei die Präsidenten nicht stimmberechtig sind. Lediglich Personalentscheidungen – die Wahl des Präsidenten, die Nominierung einer Person für die Kommissionspräsidentschaft – werden mit qualifizierter Mehrheit getroffen (Art. 15 (5) sowie 17(7) EUV-L). Die Konsensregel beinhaltet einstimmige Beschlüsse, wobei meist nicht formal abgestimmt wird, sowie ein faktisches Vetorecht für einzelne Regierungschefs. Um Vetos und damit Entscheidungsblockaden zu verhindern, gibt es aber das Konstrukt der konstruktiven Enthaltung, die einem Konsens nicht entgegensteht. Im Dezember 2023 wurde Ungarns Ministerpräsident Victor Orbán sogar gebeten, den Saal zu verlassen, um trotz seiner ablehnenden Haltung zu einem gemeinsamen Beschluss zu kommen.[10] Gelingt es nicht, den Konsens herzustellen, wird die Thematik oft vertagt und kommt dann in abgeänderter Form bei der nächsten Sitzung wieder auf die Agenda.

Zusammenfassend ist die Einsetzung des Europäischen Rates als Kernorgan der Union als eine bemerkenswerte Innovation im EU-System zu werten. Dieser Rat hat sich selbst dazu ermächtigt, der EU einen „locus of power" zu bieten (Hayes-Renshaw und Wallace 2006: 165), die Führungsfunktion über den Integrationsprozess zu übernehmen sowie als oberste Instanz zur Lösung von hartnäckigen Konfliktsituationen zu fungieren. Die gesteigerten und intensiven Aktivitäten des Europäischen Rates während der zahlreichen Krisen der letzten Jahre belegen dies (vgl. Kap. 5). Dennoch ist das Gremium gleichzeitig als intergouvernementale Arena zu werten, die von den omnipräsenten Interessengegensätzen zwischen den Mitgliedstaaten geprägt ist. Damit wird seine Funktion einer obersten Autorität und Führungsmacht im EU-System deutlich eingeschränkt.

---

10 Euronews: https://de.euronews.com/my-europe/2023/12/19/sitzungspause-bei-eu-gipfeltreffen-fur-orban-geniestreich-oder-gefahrlicher-prazedenzfall (Abruf: 17.09.2025).

6.4 Das Europäische Parlament

Das Europäische Parlament, das diesen Namen offiziell erst seit dem Vertrag von Maastricht trägt[11], stellt die Volksvertretung im politischen System der EU dar, das heißt, „es setzt sich aus Vertretern der Unionsbürger und Unionsbürgerinnen zusammen" (Art. 14(2) EUV-L). Die sukzessiven Erweiterungen der EG/EU und die wachsende Bedeutung dieses Organs haben auch zu einer stetigen Zunahme seiner Mitgliederzahl geführt. Waren es im Jahre 1958 lediglich 142 Mandatsträger, die der damaligen Versammlung angehörten, so stieg ihre Zahl mit der Direktwahl und den jeweiligen Erweiterungen der Union stetig an. Ein Maximum wurde 2007 nach dem Beitritt Rumäniens und Bulgariens mit 785 Abgeordneten erreicht. Der Lissabon-Vertrag legte dann eine Obergrenze von maximal 750 Volksvertretern zuzüglich des Präsidenten fest (Art. 14(2) EUV-L). Nach dem Austritt des Vereinigten Königreiches wurde die Gesamtzahl der Mandatsträger neu justiert und auf 720 begrenzt[12], ein Umfang, der immer noch die Größe der nationalen Parlamente übersteigt.

Jedem Mitgliedstaat stehen festgelegte Quoten an Abgeordneten zu; diese mussten aber ebenfalls im Laufe der Integration mehrfach neu bestimmt werden, um das jeweils sich ändernde Verhältnis zwischen kleinen und großen Staaten einigermaßen gerecht auszutarieren. Der Lissabon-Vertrag bestimmt, dass die maximale Zahl an Abgeordneten eines Staates nicht mehr als 96 betragen darf, während das Minimum bei 6 liegt (Art. 14(2) EUV-L). Diese, als „degressiv proportional" bezeichnete Verteilung trägt der Einwohnerzahl der einzelnen Staaten Rechnung. Allerdings handelt es sich nicht um eine präzise Proportionalität; vielmehr steht den kleineren Mitgliedstaaten ein relativ größerer Anteil an Abgeordneten zu. Diese Regelung soll den Kleinststaaten eine arbeitsfähige Delegationsstärke gewährleisten, die sowohl das Parteienspektrums des jeweiligen Landes abbildet als auch die Präsenz in möglichst vielen Ausschüssen des EP erlaubt. Umgekehrt soll die relative Unterrepräsentation der großen Mitgliedstaaten verhindern, dass diese das EP zu stark majorisieren. Die degressiv proportionale Verteilung der Sitze verletzt zwar das Gleichheitsprinzip der Repräsen-

---

11 Zuvor hieß das Parlament offiziell Europäische Parlamentarische Versammlung. Zwar hatte es sich selbst schon den Namen Europäisches Parlament gegeben, er wurde aber erst mit dem Vertrag zur Europäischen Union 1992 offiziell festgelegt (Borchardt 2010: 50).
12 So stieg die Zahl der Abgeordneten nach der ersten Erweiterung 1973 auf 198, im Zuge der Direktwahl des Parlaments 1979 auf 410, nach den Süderweiterungen von 1981 und 1986 auf 518 und mit der vierten Erweiterung 1995 auf 626. Zwei umfangreiche Erweiterungen der Jahre 2004 und 2007 steigerten die Zahl der Abgeordneten zunächst auf 732 und sodann vorübergehend auf 785 Sitze. Mehrere Überarbeitungen reduzierten in der Folge wieder die Zahl der Mandate: 2014 auf 750 und nach dem Austritt des Vereinigten Königreichs 2020 auf 720. Diese Zahl war erstmals für die Wahl von 2024 maßgebend. Alle Zahlen: Offizielle Webseite des Europäischen Parlaments: https://www.europarl.europa.eu/factsheets/de/sheet/11/das-europaische-parlament-geschichtlicher-hintergrund (Abruf: 06.10.2025).

tation[13]; namhafte Wissenschaftler betonen jedoch, dass die degressive Repräsentation für eine supranationale Institution ohne Staatlichkeit legitim ist (Habermas 2017), vorausgesetzt, es werden klare Kriterien zu ihrer Festlegung verwendet (Pascua Mateo 2023). In der Praxis ist die Verteilung der Sitze auf die EU-Staaten allerdings das Ergebnis zäher Verhandlungen zwischen den Mitgliedstaaten.

Tabelle 6.1: Zahl der Abgeordneten des Europäischen Parlaments nach Mitgliedstaaten, Legislaturperiode 2024–2029.

Mitgliedstaat	Abgeordnete
Deutschland	96
Frankreich	81
Italien	76
Spanien	61
Polen	53
Rumänien	33
Niederlande	31
Belgien	22
Tschechische Republik, Schweden, Portugal, Griechenland, Ungarn	21
Österreich	20
Bulgarien	17
Dänemark, Finnland, Slowakei	15
Irland	14
Kroatien	12
Litauen	11
Slowenien, Lettland	9
Estland	7
Zypern, Luxemburg, Malta	6
Gesamtzahl der Abgeordneten	720

Quelle: Offizielle Webseite des Europäisches Parlament: https://www.europarl.europa.eu/resources/library/images/20240613PHT21973/20240613PHT21973_original.png (Abruf: 17.10.2024).

Die Abgeordneten des Parlaments werden für eine Amtsperiode von fünf Jahren gewählt. Obwohl in den Verträgen allgemeine, europaweite Wahlen vorgesehen sind, finden die Wahlen nach wie vor in den Einzelstaaten getrennt statt. Das beinhaltet zum einen, dass in jedem Land nur die eigene Quote der Abgeordneten entsprechend dem vorhandenen Parteienspektrum gewählt wird; zum anderen, dass nationale Wahlverfahren gelten (Duff 2010: 58–63). Allerdings haben die Mitgliedstaaten ihre

---

[13] So vertritt ein deutscher Abgeordneter ungefähr zehnmal so viele Wähler wie ein luxemburgischer Abgeordneter.

Wahlverfahren für das EP teilweise europäischen Gepflogenheiten angepasst; so gilt heute in allen Staaten ein Verhältniswahlrecht. Unterschiede bestehen aber weiterhin, beispielsweise bezüglich des Wahlalters, des Wahltags, der Wahlkreise, der Möglichkeit zu Vorzugsstimmen und insbesondere der Handhabung einer Sperrklausel (Diaz Crego 2021). Deutschland hat nach einem fragwürdigen Urteil des Verfassungsgerichtes aus dem Jahre 2011 die Sperrklausel für das EP gänzlich abgeschafft (BVerfG Urteil vom 09.11.2011, 2 BvC 4/10, siehe auch Pascua Mateo 2023).[14] Nach der Wahl 2024 konnten neun deutsche Kleinstparteien mit ca. 1% der Stimmen mindestens ein Mandat im EP erringen, was zu einer unnötigen Zersplitterung des Gremiums führt.[15]

Die in den einzelnen Mitgliedstaaten getrennt durchgeführten Wahlen haben zur Folge, dass in Wahlkämpfen Themen der nationalen Politikarena dominieren und dass ein sehr breites und heterogenes Parteienspektrum die Parlamentsbühne betritt. Zwar kommt es in der Praxis zu einer Bündelung verwandter Parteien zu transnationalen Fraktionen, diese bleiben jedoch – entsprechend den unterschiedlichen nationalen Traditionen und politischen Kulturen – sehr heterogen (vgl. ausführlich Kap. 8.3). Angesichts dieser Situation wurde bereits mit dem Vertrag von Amsterdam die Erarbeitung eines europaweiten Wahlverfahrens vereinbart (Art. 190(4) EGV-A). In der Folge gab es zahlreiche Versuche zu einer entsprechenden Reform des Wahlrechts. Insbesondere das EP hat dazu mehrfach Vorschläge vorgelegt. Kernidee ist dabei die Schaffung eines europäischen Wahlkreises, der 25–46 Sitze umfassen sollte (Diaz Crego 2021: 25). Zudem steht auch die Forderung nach Angleichung der nationalen Wahlverfahren und insbesondere der Sperrklauseln zur Debatte. Definitive Entscheidungen hierzu hat es aber bisher nicht gegeben (Pascua Mateo 2023). Das ist auch kein Wunder, denn europaweite Wahlverfahren und selbst die Anpassung der Sperrklauseln bringen immer Nachteile entweder für die kleinen oder die großen Staaten mit sich (Diaz Crego 2021). Trotzdem haben sich bereits zwei kleinere Parteiengruppierungen herausgebildet – Volt und DIEM25 – die europaweit antreten wollen; sie konnten bisher aber – soweit überhaupt – nur wenige Sitze im EP erringen.

Dem Parlament steht ein Präsident oder eine Präsidentin vor, der von 14 Vizepräsidenten unterstützt und von sechs Quästoren mit beratender Funktion begleitet wird (Borchardt 2010: 51). Dieser Personenkreis bildet zugleich das Präsidium des EP, das die Agenda bestimmt und den Verfahrensablauf der Sitzungen regelt.

Die Aufgaben und Befugnisse des Parlaments lassen sich in fünf Kernbereiche einteilen:
1. Rechtsetzungsbefugnisse,
2. Haushaltsbefugnisse,
3. Kontrollbefugnisse,

---

14 Fragwürdig ist das Urteil, weil das Bundesverfassungsgericht als wesentliche Begründung anführte, das EP habe ja keine Regierung zu wählen, mit anderen Worten, sei ja kein echtes Parlament.
15 Offizielle Webseite des Europäischen Parlaments: https://results.elections.europa.eu/de/deutsch land/ (Abruf: 06.10.2025)

4. Zustimmungsrechte in auswärtigen Angelegenheiten,
5. Andere Zustimmungsrechte.

Die Rechtsetzungsbefugnisse des Parlaments beschränkten sich seit den Gründungsjahren der Gemeinschaften auf eine beratende Funktion: Zu allen Vorschlägen der
Kommission musste das EP angehört werden und konnte entsprechende Stellungnahmen vorlegen. Der Rat war aber in keiner Weise verpflichtet, diese zu berücksichtigen. Im Gegenteil: Häufig kam es sogar vor, dass er Beschlüsse fällte, bevor das Parlament seine Stellungnahme abgegeben hatte. Mit der EEA wurde dann erstmals ein –
begrenztes – Mitentscheidungsrecht über die Einführung des sogenannten Kooperationsverfahrens (Art. 189c EGV-M) gewährt (vgl. ausführlich: Kap. 7.1). Der Vertrag von
Maastricht erweiterte die Mitwirkungsrechte des Parlaments durch die Einführung
des sogenannten Kodezisionsverfahrens (Art. 189c EGV-M), das bereits einen Vermittlungsausschuss zwischen Rat und Parlament vorsah und dem Parlament ein Vetorecht einräumte. Beide Verfahren galten allerdings nur für jeweils begrenzte Bereiche. Mit den Verträgen von Amsterdam und Nizza wurde das Kodezisionsverfahren
auf wesentlich mehr Bereiche ausgeweitet und das Kooperationsverfahren weitestgehend abgeschafft.

Der Lissabon-Vertrag vollzog dann den entscheidenden Schritt, der das Parlament
in eine gleichberechtigte Legislative neben dem Rat transformierte. So heißt es dort:
„Das Europäische Parlament wird gemeinsam mit dem Rat als Gesetzgeber tätig"
(Art. 14(2) EUV-L). Statt Begriffe wie Kodezision oder Mitentscheidung zu verwenden,
wird im Vertrag durchgängig vom „Ordentlichen Gesetzgebungsverfahren" gesprochen.
Damit gelang es dem Parlament nach einer langen Phase der Subordination, einen Status zu erreichen, der es in der Gesetzgebung mit dem Rat gleichstellt. Allerdings fehlen
ihm noch Rechte, die nationale Legislativen haben: Ebenso wie der Rat kann das EP
keine Gesetzesinitiativen ergreifen, sondern allenfalls die Kommission auffordern, entsprechend tätig zu werden (Art. 225 AEUV). Zudem gibt es neben der Ordentlichen Gesetzgebung auch noch spezielle Gesetzgebungsverfahren, an denen das Parlament,
wenn überhaupt, nur in untergeordneter Position beteiligt ist (vgl. Kap. 7.1).

Die Haushaltsbefugnisse des Europäischen Parlaments wurden ebenfalls sukzessive ausgeweitet. Seit den 70er Jahren kam dem Parlament die Entscheidung über die
nicht-obligatorischen Ausgaben der EG zu, während die Entscheidung über die obligatorischen Ausgaben allein dem Rat oblagen.[16] Mit dem Vertrag von Lissabon erhielt
das EP dagegen das Recht, gemeinsam mit dem Rat über alle Ausgaben der EU zu entscheiden (Art. 14(1) EUV-L sowie Art. 310 und 314 AEUV); gleichzeitig wurde die Trennung in obligatorische und nicht-obligatorische Ausgaben aufgehoben (Borchardt

---

16 Obligatorische Ausgaben sind solche, die sich unmittelbar aus den Gemeinschaftsverträgen ablei-
ten, z. B. die Ausgaben für Agrarpolitik. Dementsprechend umfassen die nicht-obligatorischen Ausgaben solche, die nicht vertraglich fixiert sind, also beispielsweise die Aufwendungen für die Strukturpolitik und generell ein breites Spektrum von Fördermaßnahmen.

2010: 56). Dementsprechend nimmt das Parlament den jährlichen Haushalt der EU an und es muss auch seine Zustimmung zum „mehrjährigen Finanzrahmen" geben (Art. 312 AEUV). Dem Parlament kommt somit in Budgetfragen eine weitgehend gleichberechtigte Position neben dem Rat zu, allerdings fällen Rat und Europäischer Rat die Grundsatzentscheidungen über die zur Verfügung stehenden Haushaltsmittel, sodass letztlich „nicht das Parlament, sondern die Staaten über die längerfristige Ausgabenpolitik der Union entscheiden" (Lieb und Maurer 2009: 15).

Die Kontrollbefugnisse des Parlaments, die sich ausschließlich auf die Kommission beziehen, sind vergleichsweise begrenzt; sie beschränken sich auf den Einsatz indirekter Mechanismen wie Berichterstattung und Anhörungsverfahren (Judge und Earnshaw 2003: 234–241). Allerdings kann das Parlament anlässlich der Vorlage des jährlichen Tätigkeitsberichts der Kommission dieser auch mit Zweidrittelmehrheit das Misstrauen aussprechen; das Kollegium der Kommission muss dann in seiner Gesamtheit zurücktreten (Art. 17(8) EUV-L und Art. 234 AEUV, Borchardt 2010: 56–57). Dieses Recht wurde bisher jedoch noch nie genutzt; 1999 reichte allerdings die Drohung eines Misstrauensvotums, um die Santer-Kommission zum kollektiven Rücktritt zu bewegen (Judge und Earnshaw 2003: 227–230). Das Parlament kann überdies Missständen über Untersuchungsausschüsse nachgehen; außerdem können sich die Bürger Europas mit Petitionen an das Parlament wenden. Seit dem Maastrichter Vertrag ist hierfür ein Bürgerbeauftragter (Ombudsmann) zuständig.

Schließlich kommen dem Parlament auch gewisse *Zustimmungsrechte*, insbesondere in den Außenbeziehungen zu. Es bedarf seiner Zustimmung zu allen wichtigen internationalen Abkommen der Union sowie zum Beitritt neuer Staaten, was einem Vetorecht gleichkommt (Art. 49 EUV-L und 218 AEUV). Diese Rechte können genutzt werden, um die Berücksichtigung zumindest gewisser Präferenzen des Parlaments in entsprechenden Verträgen durchzusetzen.

Weitere Zustimmungsrechte des EP beziehen sich lediglich auf die Kommission. Seit dem Vertrag von Maastricht muss die Kommission in ihrer Gesamtheit vom Parlament durch ein positives Votum bestätigt werden (Art. 17(7) EUV-L). Der Lissabon-Vertrag berechtigt das EP sogar zur Wahl des Kommissionspräsidenten, allerdings nominiert der Europäische Rat eine entsprechende Person nach vorheriger Konsultation des Parlaments (Art. 14(1) sowie 17(7) EUV-L). In beiden Fällen konnte das EP diese Rechte nutzen, um seinen Einfluss über die Vertragsvorgaben hinaus auszudehnen (vgl. Kap. 8.3).

Insgesamt konnte des Europäische Parlament im institutionellen Kontext der Union eine zunehmend einflussreiche Position erringen, indem es mit dem Lissabon-Vertrag zu einer gleichberechtigten Legislative neben dem Rat erhoben und auch in Haushaltsangelegenheiten dem Rat nahezu gleichgestellt wurde. Dennoch bleiben weiterhin Einschränkungen bestehen: die Befugnisse des EP beinhalten im Wesentlichen Vetorechte, die zwar Einfluss gegenüber Kommission und Rat, jedoch nur eine begrenzte aktive Gestaltungsmacht verleihen. Zudem spielt das Parlament in Grundfragen der Integration, etwa Vertragsänderungen, nur eine untergeordnete Rolle.

In der Praxis nötigen die Entscheidungsrechte des EP diesem nach innen eine Politik des breiten Konsenses auf, da Einfluss nach außen häufig nur über große Mehrheiten zu erzielen ist (vgl. ausführlich Kap. 8.3). Zudem ist das EP auch gegenüber Rat und Kommission zu einer konsensorientierten Verhaltensweise gezwungen, da es ja nur mitentscheidet. Schließlich erfährt es vonseiten der Bürger kaum Vertrauen, Unterstützung oder gar Interesse an seiner Arbeit, was seine Legitimation schwächt. Insgesamt erweist sich die Position des Parlaments als widersprüchlich: Einer enorm gewachsenen formalen Machtposition stehen zahlreiche strukturelle sowie situativ bedingte Restriktionen gegenüber. Dennoch gelingt es dem Parlament in zahlreichen Fällen, seine Kompetenzen maximal zu nutzen oder gelegentlich sogar zu überschreiten, wie die nächsten Kapitel noch ausführlich zeigen werden (vgl. besonders Kap. 8.3).

6.5 Der Gerichtshof

Der Gerichtshof der Europäischen Union (Art. 13(1) EUV-L), wie er seit dem Lissabon-Vertrag heißt (zuvor: Europäischer Gerichtshof), bildet die Judikative des EU-Systems; damit ist er die Instanz, die die Rechtmäßigkeit europäischer Entscheidungen sowie die Einhaltung des im Rahmen der EU gesetzten Rechts überwacht. In den Worten des EU-Vertrags sichert er „die Wahrung des Rechts bei der Auslegung und Anwendung der Verträge" (Art. 19(1) EUV-L).

Mit der Schaffung eines Europäischen Gerichtshofs schon im EGKS-Vertrag und später im Rahmen von EWG und EURATOM hatten die Gründerstaaten von Anfang an entschieden, die Gemeinschaften mit einer unabhängigen Judikative auszustatten, um dem gemeinsam gesetzten Rechtsbestand Geltung zu verschaffen (Borchardt 2010: 73–74). Damit akzeptierten sie gleichzeitig die tendenzielle Einschränkung ihrer Souveränität durch eine europäische Rechtsordnung. In der Folge traf der Gerichtshof denn auch häufig Entscheidungen, die die supranationale Dynamik der Integration enorm vorantrieben (Burley und Mattli 1993, Alter 2001 und 2009, Schmidt 2018, Von Bogdandy 2022). Aufgrund der Unabhängigkeit des Gerichtshofs ist mit diesem Organ – als einzigem im EU-System – dem Prinzip der Gewaltenteilung Rechnung getragen (Tömmel 2016b). Dementsprechend ist der Status des Gerichtshofs mit dem eines Verfassungsgerichts auf nationaler Ebene vergleichbar, auch wenn die EU-Verträge nicht als Verfassungen zu werten sind (Boin und Schmidt 2021, Von Bogdandy 2022).

Der Europäische Gerichtshof besteht derzeit aus 27 Richtern und elf Generalanwälten, die von den Mitgliedstaaten „im Einvernehmen" für sechs Jahre benannt werden (Art. 19(2) EUV-L); Wiederernennung ist möglich. Es versteht sich, dass die Richter unabhängige Persönlichkeiten sein sollen; trotzdem wird bei der Besetzung der

Ämter ein Proporzprinzip gewahrt, indem jeder Mitgliedstaat mit je einem Vertreter am Gerichtshof repräsentiert ist.[17] Auch bei der Ernennung der Generalanwälte wird auf Proporz geachtet.

Der EG-Vertrag sieht eine Reihe von Verfahrensarten vor, mit denen sich der Gerichtshof zu befassen hat (Borchardt 2010: 115–123, Saurugger und Terpan 2022: 157–160):[18]

1. *Vorabentscheidungsverfahren:* Sie dienen der Auslegung des Rechts; dabei geht es um Verfahren, die in den Mitgliedstaaten anhängig sind, das Gemeinschaftsrecht aber für die Entscheidungsfindung von Bedeutung ist. Die Gerichte der Mitgliedstaaten holen deshalb eine Vorabentscheidung vom EuGH zur Rechtsauslegung ein, die für sie dann verbindlich ist. Vorabentscheidungsverfahren werden vor allem damit begründet, dass sie einer möglichst einheitlichen Rechtsauslegung in allen EU-Staaten dienen. Weit mehr als die Hälfte aller Verfahren vor dem EuGH fallen in diese Kategorie; allerdings nehmen die Gerichte der Mitgliedstaaten die Vorabentscheidung in sehr unterschiedlichem Maße in Anspruch (Keleman und Pavone 2016, Dyevre et al. 2019).[19]

2. *Vertragsverletzungsverfahren:* Sie dienen der Durchsetzung des Rechts; dabei ruft die Kommission den Gerichtshof wegen Nicht-Einhaltung des EG-Vertrags durch einen Mitgliedstaat an. In solchen Fällen geht es meist um das Versäumnis, europäische Richtlinien in nationales Recht umzusetzen. Auch die Mitgliedstaaten haben das Recht, andere Staaten wegen Vertragsverletzungen zu verklagen. Meist rufen sie dazu aber die Kommission an, die das Verfahren dann führt.

3. *Nichtigkeitsklagen:* Diese zielen auf eine Annullierung von Rechtsakten; sie können angestrengt werden, um Rechtshandlungen der EU-Organe zu überprüfen. Stellt sich heraus, dass diese das Gemeinschaftsrecht verletzen, werden die entsprechenden Rechtshandlungen für nichtig erklärt.

4. *Untätigkeitsklagen:* Diese sollen das Tätigwerden der EU-Organe gewährleisten und werden erhoben, falls diese in Bereichen, in denen die Verträge Entsprechendes vorschreiben, nicht tätig werden.

5. *Schadenersatzklagen:* Bei diesen können Strafmaßnahmen gegen EU-Institutionen verhängt werden, falls Privatpersonen oder Unternehmen durch die EU geschädigt werden.

---

17 Diese Regelung erweist sich als vorteilhaft, weil die Richter jeweils vertraut sind mit den nationalen Rechtssystemen und weil bei Verhandlungen das Sprachenproblem gemindert werden kann.

18 Offizielle Webseite der Europäischen Union: https://european-union.europa.eu/institutions-law-budget/institutions-and-bodies/search-all-eu-institutions-and-bodies/court-justice-european-union-cjeu de (Abruf 10.10.2025).

19 Vorabentscheidungsverfahren sind bei weitem die am häufigsten genutzten Verfahren. 2023 waren von insgesamt 821 neuen Rechtssachen 518 Vorabentscheidungsverfahren sowie von 783 erledigten Rechtssachen 532 Vorabentscheidungsverfahren. Offizielle Webseite des Europäischen Gerichtshofs: https://curia.europa.eu/jcms/upload/docs/application/pdf/2024-04/ra_pan_2023_de_2024-04-23_10-54-23_873.pdf (Abruf: 11.10.2025).

Neben diesen Verfahren werden auch Streitsachen zwischen den EU-Organen und ihren.

Bediensteten vor dem Europäischen Gerichtshof verhandelt (Art. 270 AEUV).

Seit Gründung der Europäischen Gemeinschaften ist die Aufgabenfülle des Gerichtshofs stetig gewachsen. Dieser Zuwachs ist einerseits der enormen Zunahme europäischer Gesetze, andererseits den sukzessiven Erweiterungen der Union um neue Mitgliedstaaten zuzuschreiben. Um diese Arbeitslast abzumildern, wurde 1988 über eine Vertragsrevision in der EEA ein Gerichtshof erster Instanz gebildet (Borchardt 2010: 79); seit dem Lissabon-Vertrag wird er offiziell als „Gericht" bezeichnet (Art. 19 (19) EUV-L). Dem Gericht gehören derzeit jeweils zwei Richter aus jedem Mitgliedstaat, also insgesamt 54 Richter an. Das Gericht ist generell für alle obengenannten Verfahren zuständig. Lediglich die Vertragsverletzungsverfahren sowie die Vorabentscheidungen fallen in die Zuständigkeit des Gerichtshofs; allerdings ist zu beachten, dass es sich hierbei um die meisten und größtenteils auch die anspruchsvollsten Fälle handelt. Der Gerichtshof fungiert zudem gegenüber dem Gericht als Berufungsinstanz.

Der Gerichtshof sowie das Gericht können im Plenum oder aber in kleinerer Besetzung tagen, etwa von drei, fünf oder sieben Richtern. Dazu wurden feste Kammern eingerichtet, die einem spezifischen Sachbereich zugeordnet sind. Entscheidungen und Urteile werden grundsätzlich mit einfacher Mehrheit gefällt; deshalb muss die Zahl der Mitglieder der Gerichtshöfe wie der Kammern immer ungerade sein.

Der Europäische Gerichtshof ist nicht nur im formalen Sinne unabhängig, sondern auch in seiner faktischen Arbeitsweise. Seine Urteile genießen europaweit hohe Anerkennung, auch dann, wenn sie nicht den Optionen, Präferenzen und Interessen der Mitgliedstaaten entsprechen. Dies gilt vor allem dort, wo der Gerichtshof nicht nur Rechtsstreitigkeiten beilegt, sondern über die Auslegung der Verträge faktisch auch Recht setzt oder zumindest einen „shadow of law" auf die europäischen Gesetzgeber wirft (Schmidt 2018). In solchen Fällen stehen die Urteile häufig in scharfem Gegensatz zu den Interessen einzelner und manchmal auch aller Mitgliedstaaten. Umgekehrt belegen neuere empirische Studien, dass die Präferenzen der Mitgliedstaaten auch den Gerichtshof steuern oder zumindest beeinflussen (Blauberger und Schmidt 2017). Angesichts des notwendigerweise lückenhaften Charakters der europäischen Verträge und auch des Sekundärrechts kommt es vergleichsweise häufig zu sehr weitreichenden und selbstständigen Interpretationen des Gerichtshofs, womit er tendenziell die ihm zugedachten Aufgaben übersteigt, Recht setzt und die Politikgestaltung weiterentwickelt oder signifikant beeinflusst, und somit insgesamt als ein eminent politischer Akteur zu werten ist (Blauberger und Schmidt 2017, Schmidt 2018, Boin und Schmidt 2021). Insbesondere die Vorabentscheidungsverfahren können in diesem Sinne genutzt werden, wobei auch die Gerichte der Mitgliedstaaten und einzelne Klage führende Akteure ihre spezifischen strategischen Interessen ins Spiel bringen (Guth 2016, Schmidt 2018).

Insbesondere in den Anfangsjahren der Integration wurden weitreichende rechtsetzende Urteile gefällt, indem der Gerichtshof bedeutsame Prinzipien des Europarechts formulierte, die in den Verträgen so nicht vorgesehen waren (Alter 2001, Borchardt 2010). So wurde bereits im Jahre 1963 die unmittelbare Wirksamkeit von EG-Recht für die Bürger Europas festgestellt (Rs. 26/62, Urteil v. 5.2.1963; Van Gend & Loos). 1964 folgte ein Urteil, das den Vorrang von EG-Recht gegenüber dem nationalen Recht konstatierte (Rs. 6/64, Urteil v. 15.7.1964; Costa/ENEL). Mit diesen Urteilen, die in der Folge weitreichende Auswirkungen auf die gesamte europäische Rechtsprechung hatten, wurde die Souveränität der Mitgliedstaaten empfindlich eingeschränkt (Alter 2001 und 2009); zudem wurde eine eigenständige europäische Rechtsordnung etabliert, wodurch auch der Gerichtshof als Institution von einem primär international konzipierten zu einem föderal agierenden Gremium mutierte (Dehousse 1998). Langfristig akzeptierten die Mitgliedstaaten allerdings die weitreichenden Urteile des Gerichtshofs; in einer Erklärung zum Lissabon-Vertrag betonen sie, dass „die Verträge und das auf der Grundlage dieser Verträge gesetzte Recht [...] Vorrang vor dem Recht der Mitgliedstaaten haben" (EUV-L und AEUV, Erklärungen zu Bestimmungen der Verträge: 17. Erklärung zum Vorrang).

Der Gerichtshof setzte aber nicht nur Recht, sondern trieb auch den gesamten Integrationsprozess durch seine Urteile entscheidend voran, insbesondere in Phasen der Stagnation beziehungsweise der Entscheidungsblockaden im Ministerrat (Burley und Mattli 1993). Das wohl berühmteste Beispiel hierfür ist das vielfach zitierte Urteil im Fall „Cassis de Dijon" (Rs. 120/78, Urteil v. 20.2.1979, Cassis de Dijon; Alter 2009, 139–158). Hier formulierte der Hof das Prinzip der „gegenseitigen Anerkennung". Es besagt, dass Produkte, die in einem Mitgliedstaat nach den dortigen Rechtsnormen produziert werden, in einem anderen Mitgliedstaat ohne Einschränkungen auf den Markt gebracht werden dürfen, auch wenn sie den dort geltenden Gesetzen nicht entsprechen. Dieses Urteil markiert den Beginn des Durchbruchs zur Vollendung des Binnenmarkts, indem es alle Versuche, nationale Märkte durch Sonderregelungen zu schützen, zunichtemachte und darüber die Widerstände der Mitgliedstaaten gegen eine weitergehende Marktintegration aushebelte (Alter 2009, Schmidt 2009). Gleichzeitig wurde damit aber auch der Schutz nationaler Rechtssysteme beziehungsweise ihrer Besonderheiten vor europaweiter Harmonisierung oder gar Vereinheitlichung unmöglich gemacht (Scharpf 1999).

Darüber hinaus hatte dieses Urteil aber auch weitreichende Folgewirkungen auf die gesamte Politikgestaltung der EU, indem fortan nicht mehr nach einer – in der Praxis schier unmöglichen – Harmonisierung der nationalen Rechts- und Regelsysteme gestrebt, sondern nach dem Prinzip der Anerkennung der Regeln der jeweils anderen Staaten verfahren wurde. Damit wurde die Umstellungslast von der europäischen auf die nationale Ebene zurückverlagert (Schmidt 2009).

Trotz dieser Rechtsprechung, die eine eigenständige europäische Rechtsordnung über der der nationalen Staaten etablierte, ist der Gerichtshof als Organ nicht den nationalen Staaten übergeordnet im Sinne einer letzten beziehungsweise obersten Instanz. Vielmehr ist er – insbesondere über das Verfahren der Vorabentscheidung – mit den Gerichten der nationalen Staaten zu einem Rechtssystem verbunden. Da allerdings die Vorabentscheidungen für die nationalen Gerichte verbindlich sind und nicht von einem Berufungsgericht überprüft werden können, kann der EuGH einen sehr weitreichenden Einfluss auf die Rechtsprechung, und damit auch auf die gesamte Rechtsordnung der Mitgliedstaaten, ausüben, womit ihm eine supranationale Position zukommt, die ihm im formalen Sinne nicht zugedacht war (Alter 2001). Schmidt (2018) zeigt zudem auf, dass die Rechtsprechung des Gerichtshofes die Gesetzgebung der europäischen Ebene empfindlich einschränkt; die Gewaltenteilung zwischen Legislative und Exekutive wird so tendenziell verwischt.

Insgesamt stellt sich somit auch der Europäische Gerichtshof als ein widersprüchlich konzipiertes Organ dar: Zwar ist er die oberste rechtswahrende Instanz im EU-System, aber nicht den Gerichten der Mitgliedstaaten übergeordnet. Zwar sind seine Entscheidungen für die Letzteren verbindlich; aber es sind in vielen Fällen die nationalen Gerichte, die die letztendlichen Urteile aussprechen, wobei der EuGH für diese nicht als Berufungsinstanz fungieren kann. In seiner Eigenschaft als rechtsetzende Instanz weist der EuGH Züge einer Verfassungsgerichtsbarkeit auf, ohne jedoch mit einem entsprechenden Auftrag ausgestattet zu sein; vielmehr wurde er in den Verträgen primär als internationaler Gerichtshof konzipiert (Dehousse 1998, Alter 2009, Schmidt 2018). In der Literatur wird der Gerichtshof allerdings als supranationales Organ kategorisiert, insbesondere wegen der Spill-over-Dynamik, die seine Tätigkeit häufig auslöste (Burley und Mattli 1993). Tatsächlich hat der Gerichtshof die supranationale Dynamik der Integration häufig gestärkt, auch wenn dies in den Verträgen so nicht vorgesehen war.

6.6 Schlussfolgerungen

In diesem Kapitel wurde die institutionelle Grundstruktur der EU anhand ihrer Organe untersucht. Dabei zeigten sich einerseits Abweichungen von bekannten Formen politischer Ordnung, andererseits aber auch Ähnlichkeiten mit deren institutionellem Aufbau. Im Wesentlichen stellt sich das EU-System jedoch als eine neue Form politischer Ordnung jenseits der nationalen Staaten dar, die neben einem gewissen Maß an Zentralisierung immer auch die Einzelpositionen der sehr unterschiedlich strukturierten Mitgliedstaaten repräsentiert.

Vereinfachend gesprochen sind drei der fünf Kernorgane der EU – die Kommission, das Parlament und der Gerichtshof – dem supranationalen Spektrum zuzuordnen, während zwei – Rat und Europäischer Rat – als intergouvernementale Arenen zu werten sind. Während erstere idealtypisch die Interessen der Union in ihrer Gesamtheit vertreten, bringen letztere die Interessen der einzelnen Mitgliedstaaten in die Entscheidungsfindung ein. Im Einzelnen sind die Organe aber nicht so eindeutig strukturiert, vielmehr vereinen sie in je unterschiedlichem Maße supranationale und intergouvernementale Dimensionen, was sich in einer hohen Komplexität der jeweiligen Organisationsstrukturen und teilweise auch in tiefgreifenden Widersprüchen manifestiert.

Die Kommission verfügt über weitreichende Kompetenzen, die ihr große Gestaltungsspielräume eröffnen; sie ist jedoch in allen Entscheidungen vom Rat und zunehmend auch vom Parlament abhängig und muss somit deren Präferenzen immer berücksichtigen. Der Rat ist ein mächtiger Akteur in der Gesetzgebung und anderen politischen Entscheidungen; als ein intergouvernementales Gremium ist er jedoch intern fragmentiert entsprechend den divergierenden Interessen der Mitgliedstaaten und somit in der Ausübung seiner Funktionen eingeschränkt. Das Gleiche trifft auch auf den Europäischen Rat zu: Er strebt nach der obersten Führungsrolle in der EU; der Dissens zwischen seinen Mitgliedern behindert ihn aber in der Ausübung dieser Rolle. Das Parlament hat im Laufe der Integration beträchtliche Kompetenzen hinzugewonnen; aber es ist ebenfalls intern fragmentiert aufgrund der heterogenen parteipolitischen Zusammensetzung seiner Mitglieder. Der Gerichtshof ist zwar die oberste Autorität in allen die EU betreffenden Rechtsfragen; er ist jedoch den Gerichten der Mitgliedstaaten nicht übergeordnet. Bei allen Entscheidungen, die die EU-Organe treffen, sind also immer Abwägungen zwischen dem Fortgang der Gesamtintegration und den Einzelinteressen der Mitgliedstaaten im Spiel.

Setzt man die einzelnen Organe ins Verhältnis zueinander und damit zu einem Gesamtbild des EU-Systems zusammen, so ergeben sich weitere Widersprüche. Einerseits scheint es eine klare Aufgabenverteilung zwischen den Organen zu geben: Die Kommission schlägt vor, Rat und Parlament entscheiden, der Europäische Rat bestimmt die Gesamtrichtung, und der Gerichtshof überwacht die Rechtmäßigkeit von allem. Andererseits kommt es aber auch zu vielfältigen Überschneidungen und Überlappungen. Kommission und Rat sowie das Parlament stehen in einem wechselseitigen Abhängigkeitsverhältnis zueinander, nähern sich aber auf vielfältige Weise an. Der Europäische Rat gibt die Gesamtrichtung vor, ist aber ebenfalls von Vorschlägen der Kommission und teilweise auch der Zustimmung der anderen Organe abhängig. Der Gerichtshof, der häufig von der Kommission angerufen wird, neigt zu Urteilen, die die supranationale Systemdimension stärken. Diese Gemengelage wird verstärkt, weil es im EU-System keine klare Gewaltenteilung gibt: sowohl Kommission wie auch Rat und Europäischer Rat nehmen gleichermaßen Legislativ- und Exekutivfunktionen wahr; nur das EP nimmt im Wesentlichen nur Legislativfunktionen wahr, diese sind jedoch unvollständig. Die Position des Gerichtshofs entspricht zwar grundsätzlich dem Prinzip der Gewaltenteilung; faktisch nimmt er allerdings durch seine Urteile an der Rechtsetzung teil oder beeinflusst diese in weitgehendem Maße.

Es könnte nun so scheinen, dass die EU aufgrund ihrer komplexen institutionellen Struktur sowie der Widersprüche, die jedes ihrer Organe charakterisieren, ein vergleichsweise schwaches politisches System ist. Eine solche Annahme wäre jedoch verfehlt. Die Union erweist sich oft und speziell in Krisensituationen als erstaunlich handlungsfähig, trotz der scheinbaren Schwächen im System. Dieses Paradox löst sich bei näherer Betrachtung auf. Denn faktisch stellen die Institutionen in ihrer Gesamtheit ein hochgradig funktionsfähiges institutionelles Gefüge dar, das es sowohl erlaubt, die Interessengegensätze zwischen den Mitgliedstaaten auszutarieren, als auch den Integrationsprozess in seiner Gesamtheit voranzutreiben. Diese Tatsache ist nicht zuletzt dem Umstand zuzuschreiben, dass die einzelnen Organe ein hohes Maß an Flexibilität erlauben und der Initiative institutioneller sowie individueller Akteure breiten Raum bieten. Die folgenden Kapitel werden zeigen, wie die Organe miteinander interagieren, wie die jeweiligen Akteure die Möglichkeiten nutzen, die ein solches System bietet, und wie sie mit den inhärenten Einschränkungen, die es begleiten, umgehen.

7 Die Funktionsweise der EU: Konflikt versus Konsens im Entscheidungsprozess

Wurde im Vorgehenden die Grundstruktur des EU-Systems anhand der einzelnen Organe dargestellt, so wird deren Stellung, Bedeutung und Machtposition in diesem System doch erst deutlich durch die Analyse der Interaktion zwischen ihnen, und damit der Funktionsweise des Systems. Die Interaktion zwischen den europäischen Organen findet im Wesentlichen im Rahmen von drei Arten von Entscheidungen statt, die sich in ihrer Bedeutung und Reichweite unterscheiden: 1. Entscheidungen, die der Recht- und Regelsetzung gelten und zumeist der Ausgestaltung europäischer Politiken in ihren Inhalten und Verfahrensweisen dienen; 2. Grundsatzentscheidungen, die den Gesamtprozess der europäischen Integration betreffen, also bedeutende Integrationsschritte, Reformen der Systemstruktur oder Erweiterungen der Union um neue Mitgliedstaaten; 3. Entscheidungen, die der Ausübung von Exekutivfunktionen der EU gelten und somit die Art und Weise der Politikimplementation begleiten und strukturieren.

Alle drei Kategorien von Entscheidungen sind in ihren Verfahrensabläufen zwar grundsätzlich über die Verträge und zusätzliche Kodifizierungen geregelt; gleichzeitig sind sie aber auch so offen gestaltet, dass sich ein breiter Handlungs- und Gestaltungsspielraum für die einzelnen Organe und ihre Akteure eröffnet. Es lässt sich unschwer erraten, dass dieser Spielraum nicht nur im Interesse von effizienten und effektiven Abläufen der jeweiligen Entscheidungsverfahren genutzt wird, sondern zugleich auch für die Austragung von Konflikten und Machtkämpfen um Kompetenzen, Kontrollbefugnisse, Definitionshoheit und Gestaltungsmacht und generell um maximale Einflussnahme im Prozess der europäischen Integration. Gleichzeitig nötigt diese „offene" Situation den betroffenen Akteuren ein hohes Maß an Bereitschaft zum Konsens sowie eine zunehmende Fertigkeit im Herausfinden, Aushandeln und Eingehen von Kompromisslösungen auf. Es sind die darüber auskristallisierenden spezifischen Formen und Verfahren des Konfliktaustrags und der Konsensfindung, die die Funktionsweise des EU-Systems in allen Bereichen der Entscheidungsfindung charakterisieren.

Die einzelnen Organe der EU sind in unterschiedlichem Maße an den jeweiligen Entscheidungen beteiligt. Während in der Recht- und Regelsetzung im Wesentlichen die Kommission, der Rat und das Parlament interagieren, obliegen die Grundsatzentscheidungen, die sich zumeist in Vertragsänderungen manifestieren, vornehmlich dem Rat und insbesondere dem Europäischen Rat; den anderen Organen kommt allenfalls eine beratende Funktion in diesem Bereich zu. Exekutiventscheidungen sind dagegen primär eine Aufgabe der Kommission; häufig übt sie solche Aufgaben jedoch in Zusammenarbeit mit dem Rat aus, der es sich nicht nehmen lässt, auch in dieser Phase Kontrolle auszuüben.

https://doi.org/10.1515/9783111191799-007

Im Folgenden sollen die drei Entscheidungsverfahren und die sie begleitende Praxis näher analysiert werden, um so die Besonderheiten der Funktionsweise des EU-Systems sowie der Interaktion zwischen den beteiligten Organen und Akteuren herauszuarbeiten. Der Gerichtshof und die EZB bleiben dabei außer Betracht, da sie aufgrund ihrer unabhängigen Positionen nicht direkt mit den anderen Organen interagieren.

7.1 Recht- und Regelsetzung

Ein großer Teil der europäischen Beschlussfassung bezieht sich auf den Erlass von Gesetzen und anderen mehr oder weniger verbindlichen Regeln. Da die Union inzwischen in einem breiten Spektrum von Politiken über entsprechende Kompetenzen verfügt, ist der Korpus an europäischen Gesetzen sehr umfangreich, ja kaum noch zu übersehen. Die Recht- und Regelsetzung der EU fächert sich in ein breites Spektrum auf, das der Ausgestaltung oder auch Umstrukturierung und Reform ganzer Politikfelder oder lediglich der Festlegung von Einzelregelungen dient, beispielsweise im Bereich von Marktordnungen, technischen Standards oder der Definition von Produktqualitäten. Es kommt somit zu einer deutlichen Differenzierung zwischen einerseits politischen Entscheidungen, andererseits solchen mit eher „technischem" Charakter.

In der Rechtsetzung verfügt die Kommission über ein ausschließliches Initiativrecht, das heißt, sie allein arbeitet die Gesetzesvorlagen aus, während Rat und Parlament über diese Vorlagen entscheiden und somit die Gesetze annehmen oder ablehnen. In der Vergangenheit war das Parlament in unterschiedlichem Maße an der Rechtsetzung beteiligt, zunächst nur in beratender Funktion, dann aber über Kooperations- und Kodezisionsverfahren sowie schließlich das Ordentliche Gesetzgebungsverfahren als mitentscheidende Instanz.

Unabhängig von der jeweiligen Rolle des Parlaments wird das europäische Gesetzgebungsverfahren unter Beteiligung der drei Organe im EU-Jargon und auch in der Fachliteratur als „Gemeinschaftsmethode" bezeichnet; dies im Gegensatz zu rein intergouvernementalen Entscheidungsverfahren, bei denen im Wesentlichen der Rat oder auch der Europäische Rat entscheiden, während Kommission und Parlament, so überhaupt, allenfalls eine marginale Rolle spielen. Die Gemeinschaftsmethode gilt als „unique", weil sie sowohl den supranationalen als auch den intergouvernementalen Organen eine eminente Rolle in der Gesetzgebung zuweist (Dehousse 2011). Allerdings wird die Methode auch kritisiert, vor allem wegen der weitgehenden Rechte der Kommission als einem nicht gewählten Organ (Majone 2009).

Europäische Rechtshandlungen werden in den Verträgen durch eine spezifische Terminologie bezeichnet. Demnach sind fünf Arten von Rechtshandlungen zu unterscheiden, von denen drei Gesetzescharakter haben (Art. 288 AEUV, siehe auch Borchardt 2010: 97–107):

1. *Verordnungen:* Diese haben „allgemeine Geltung" und sind in „allen Teilen verbindlich"; sie gelten „unmittelbar in jedem Mitgliedstaat".
2. *Richtlinien:* Diese sind „für jeden Mitgliedstaat, an den sie gerichtet sind, hinsichtlich des zu erreichenden Ziels verbindlich"; die „Wahl der Form und der Mittel" ist jedoch den Mitgliedstaaten überlassen.
3. *Beschlüsse:* Diese sind ebenfalls verbindlich, beziehen sich jedoch in der Regel auf einen eng begrenzten Themenbereich und werden an bestimmte Adressaten gerichtet.
4. *Empfehlungen:* Diese haben keinen verbindlichen Charakter; es werden lediglich zu erreichende Ziele definiert und den Adressaten nahegelegt.
5. *Stellungnahmen:* Diese sind ebenfalls nicht verbindlich; über diese kann eine (politische) Lagebeurteilung zum Ausdruck gebracht werden.[1]

Empfehlungen und Stellungnahmen, die sowohl von der Kommission als auch vom Rat ohne Einbezug der jeweils anderen Organe erlassen werden können, bringen lediglich politische Optionen zum Ausdruck, können allerdings in einem späteren Stadium in verbindliche Rechtsakte einfließen. Dagegen sind Verordnungen, Richtlinien und Entscheidungen rechtsverbindliche Instrumente, deren Inhalte oder Regelungen von den Adressaten einzuhalten sind. Auch die Entscheidungen, über die meist Ausführungsmodalitäten in Bezug auf bereits vereinbarte Politiken geregelt werden, können jeweils von Rat oder Kommission ohne Beteiligung anderer Organe getroffen werden, womit lediglich Richtlinien und Verordnungen dem Ordentlichen Gesetzgebungsverfahren beziehungsweise der Gemeinschaftsmethode unterliegen.

In der rechtswissenschaftlichen Literatur werden die Verordnungen als die „schärfste Form" der Ausübung des Gemeinschaftsrechts bezeichnet, da diese „die Verdrängung nationaler Regelungen durch Unionsnormen" beinhalten (Borchardt 2010: 98). Wenngleich diese Aussage richtig ist, ist sie doch insofern irreführend, als in der politischen Praxis Verordnungen primär da eingesetzt werden, wo es um die explizite Regelung von EU-Politiken und die Modalitäten ihrer Implementation (z. B. Strukturfonds) oder aber um Marktordnungen und die Definition von Produktstandards geht. Demgegenüber beinhalten Richtlinien wesentlich weitergehende politische Zielbestimmungen, die meist EU-weite Harmonisierungen anstreben und somit sehr tief in die nationale Gesetzgebung und damit in die gesamte Logik politischer Regelungssysteme der Mitgliedstaaten einschneiden. So kann eine einzige Richtlinie – beispielsweise zur Gleichstellung von Mann und Frau beim Arbeitsentgelt – die Revision einer Vielzahl von Ge-

---

1 Mit dem Verfassungsvertrag wurde der Versuch unternommen, diese Terminologie dem „normalen" Sprachgebrauch anzupassen und damit verständlicher zu machen. So wurde zwischen folgenden Rechtshandlungen unterschieden (Art. I-33, Abs. 1 VVE): 1. Europäisches Gesetz, 2. Europäisches Rahmengesetz, 3. Europäische Verordnung, 4. Europäischer Beschluss, 5. Empfehlung und Stellungnahme. Leider wurde bei der Erarbeitung des Lissabon-Vertrags diese Terminologie wieder fallengelassen und damit die alte Begriffsbildung beibehalten.

setzen und Regelungen auf der nationalen Ebene erfordern, um das Gesamtziel zu erfüllen. Nicht zuletzt erklären diese komplexen Folgewirkungen auch, warum die Mitgliedstaaten so häufig, so lange und so systematisch bei der Umsetzung von Richtlinien hinter dem gesetzten Zeitrahmen hinterherhinken (vgl. Falkner et al. 2005, König und Mäder 2014, Treib 2014, Zhelyazkova et al. 2024). Im politischen Sinne und in ihren Konsequenzen für die Mitgliedstaaten sind also eher die Richtlinien als die weiterreichenden Rechtshandlungen der Union zu werten, da sie sich generell auf ein wesentlich breiteres Feld von politischen Regelungen beziehen und zugleich die Transformation nationaler Gesetze und ganzer Regelsysteme erfordern.

Betrachtet man den konkreten Ablauf der Entscheidungsverfahren im Gesetzgebungsbereich, ist es zunächst die Kommission, die die Initiative ergreift. Allerdings kann sie zuvor vom Europäischen Rat oder Ministerrat und seit dem Vertrag von Maastricht auch vom Parlament aufgefordert worden sein, in Bezug auf bestimmte Themen oder Problemfelder tätig zu werden. Der Lissabon-Vertrag hat sogar den Bürgern der EU dieses Vorschlagrecht eingeräumt; allerdings bedarf es dazu mindestens einer Million Unterstützer „einer erheblichen Anzahl von Mitgliedstaaten" (Art. 11(4) EUV-L). Seit Inkrafttreten des Lissabon-Vertrags ist es zudem häufiger der Europäische Rat, der in die Gesetzgebungsinitiative der Kommission mit eigenen Vorschlägen eingreift; zumeist sind es Krisen, die hierfür den Anlass bieten (Bocquillon und Dobbels 2014). Trotz all dieser Möglichkeiten wird der größere Teil der Gesetzesvorschläge von der Kommission initiiert und ausgearbeitet, da sie als Motor der Integration systematisch nach Bereichen sucht, die einer gemeinsamen Regelung bedürfen, und zudem über die umfangreichsten Ressourcen zur Vorlage von konkreten Textvorlagen verfügt.

Die Kommission erarbeitet auf der Grundlage ihrer internen Verfahren (vgl. ausführlich Kap. 8.1) einen Gesetzesvorschlag, der nach Verabschiedung durch die Gesamtkommission Rat und Parlament zugeleitet wird. Je nach Sachgebiet sind eventuell der Wirtschafts- und Sozialausschuss sowie der Ausschuss der Regionen zu hören (vgl. Kap. 10.2 und 11.1), wobei deren Stellungnahmen keinerlei bindende Wirkungen haben. Der weitere Verfahrensablauf variierte in der Vergangenheit entsprechend dem Grad der Beteiligung des Parlaments; je nachdem, ob das Vorschlagsverfahren, das Verfahren der Kooperation oder das der Kodezision vertraglich vorgesehen war, kam es zu einer, zwei oder drei Lesungen im Parlament.

Das *Vorschlags- oder Konsultationsverfahrens* beinhaltete, dass der Rat den Kommissionsvorschlag dem Parlament zur Anhörung zuleitete. In der Folge gab das Parlament eine Stellungnahme ab, die jedoch für den Rat nicht bindend war. Die Kommission konnte allerdings die Stellungnahme des Parlaments ganz oder teilweise in ihren

Vorschlag aufnehmen, womit diese ein stärkeres politisches Gewicht erhielt.[2] Der Vorschlag konnte sodann nach Beratungen im Rat definitiv verabschiedet werden.

Das *Kooperationsverfahren,* das mit der Einheitlichen Europäischen Akte (1987 in Kraft) erstmals eingeführt wurde, sah zwei Lesungen des EP vor (Art. 189c EGV-M und 252 EGV-A). Bei diesem Verfahren stellte der Rat nach Anhörung des Parlaments (erste Lesung) einen Gemeinsamen Standpunkt fest, mit dem er seine Präferenz zum Ausdruck brachte. Das Parlament gab dazu in zweiter Lesung seine Stellungnahme ab, mit der es den Vorschlag bestätigte, ablehnte oder, am wahrscheinlichsten, weiter abänderte. Im Falle der Bestätigung genügte eine qualifizierte Mehrheit des Rates, um das Gesetz anzunehmen; bei Ablehnung des Parlaments musste der Rat Einstimmigkeit erreichen, um die Meinung des Parlaments zu überstimmen. Schlug das Parlament Änderungen vor, hing das weitere Verfahren von der Kommission ab. Übernahm sie die Vorschläge des EP, konnte der Rat mit qualifizierter Mehrheit entscheiden; war das nicht der Fall, musste er wiederum Einstimmigkeit erzielen. Das Kooperationsverfahren wurde mit dem Amsterdamer Vertrag auf nur noch wenige Anwendungsfälle reduziert und mit dem Lissabon-Vertrag gänzlich abgeschafft.

Das *Kodezisions- oder Mitentscheidungsverfahren,* das mit dem Vertrag von Maastricht eingeführt wurde (1993 in Kraft), erweiterte die Rechte des Parlaments erheblich (Art. 189b EGV-M). Es sah insgesamt drei Lesungen vor: Die ersten beiden verliefen nach dem Muster des Kooperationsverfahrens; bei weiterhin bestehender Uneinigkeit zwischen Rat und Parlament kam nach der zweiten Lesung ein Vermittlungsausschuss zum Einsatz. Gelang es dem Ausschuss, einen Konsens zu finden, konnte die Vorlage in dritter Lesung von beiden Seiten angenommen werden; beim Rat reichte dazu die qualifizierte Mehrheit. Kam kein Konsens zustande und das Parlament lehnte den Vorschlag in dritter Lesung mit absoluter Mehrheit ab, war das Gesetzesvorhaben definitiv gescheitert. Das Parlament hatte in diesem Falle ein Vetorecht ausgeübt. Mit dem Vertrag von Amsterdam wurde das Verfahren vereinfacht: Das EP konnte bereits in der zweiten Lesung eine Vorlage definitiv annehmen oder ablehnen (Art. 251(2) EGV-A); zudem galt eine solche bereits als gescheitert, wenn der Vermittlungsausschuss keine Einigung erzielen konnte (vgl. Art. 251(6) EGV-A).

Die sukzessive Ausweitung der legislativen Kompetenzen des Parlaments zeigt, dass der Rat nur zögernd bereit war, die Einschränkung seiner ursprünglich exklusiven Rechte in der Gesetzgebung zu akzeptieren. Beim Vorschlagsverfahren konnte er die Position des EP noch gänzlich ignorieren; beim Kooperationsverfahren musste er immerhin schon Einstimmigkeit erzielen, um das EP zu überstimmen; erst bei der Mitentscheidung war der Rat aufgrund des Vetorechts des Parlaments gezwungen, mit diesem Kompromisse einzugehen, jedenfalls dann, wenn er an einer Gesetzgebung interessiert war. Allerdings blieb die Rolle des Parlaments bei der Kodezision

---

2 Versuche des Parlaments, die grundsätzliche Übernahme seiner Vorschläge durch die Kommission verbindlich zu regeln, scheiterten am Widerstand von Kommission und Ministerrat (vgl. Nicoll 1994).

weiterhin eingeschränkt, da das Verfahren nur für eine begrenzte Anzahl von Fällen galt, meist solche, die weniger kontrovers waren. Drei aufeinanderfolgende Vertragsänderungen (Amsterdam, Nizza, Lissabon) waren nötig, um den Anwendungsbereich der Kodezision sukzessive zu erweitern, bis schließlich der Lissabon-Vertrag die Kodezision unter dem Namen Ordentliches Gesetzgebungsverfahren für die meisten Politiken der EU einführte. Damit ging die EU definitiv zu einem Zweikammernsystem über (Roederer-Rynning 2019).

Doch auch unter diesem neuen Vertrag ist das Parlament noch nicht in allen Bereichen gleichberechtigter Gesetzgeber. Vielmehr bestehen noch besondere Gesetzgebungsverfahren, bei denen dem Parlament zumeist nur eine beratende Funktion zukommt (Lieb und Maurer 2009: 46–47). In diesen Fällen handelt der Rat mit Beteiligung des Europäischen Parlaments, oder umgekehrt, das Parlament mit Beteiligung des Rates (Art. 289(2) AEUV). Die Fälle, an denen das EP nur beteiligt wird, beziehen sich auf die Währungsunion, soziale und justizielle Angelegenheiten, Bürgerrechte sowie die Annahme des mehrjährigen Finanzrahmens und die Wahlverfahren zum EP (Dialer et al. 2015: 223–224). Das Verfahren gilt somit für sensible Politikfelder und Themenbereiche, die häufig einer Kooperation zwischen den Mitgliedstaaten unterliegen. Im Rat gilt dann Einstimmigkeit, während das EP nur konsultiert wird. In den wenigen Fällen, in denen das Parlament unter Mitwirkung des Rates entscheidet, ist dessen Zustimmung grundsätzlich erforderlich. Faktisch besteht somit das Konsultationsverfahren weiter, obwohl es eigentlich längst abgeschafft ist. Allerdings ist zu betonen, dass das Verfahren heute zumeist für Politiken gilt, von denen man sich zu Zeiten seiner Einführung nicht vorstellen konnte, dass sie jemals Gegenstand europäischer Entscheidungen sein würden.

An diesem Punkt stellt sich die Frage, warum die Regierungen der Mitgliedstaaten überhaupt bereit waren, das Parlament so sehr zu ermächtigen; denn ein solcher Schritt passt kaum zu Theorien des hard-core Realismus oder Rational-Choice-Ansätzen, die von nutzenmaximierenden, Eigeninteressen verfolgenden Akteuren ausgehen. Verschiedene Erklärungsansätze wurden dazu lanciert (vgl. zusammenfassend: Héritier et al. 2019:1–4, Roederer-Rynning 2019: 961). So hebt Rittberger (2005, 2012) hervor, dass die nationalen Regierungen den Mangel an Verfahrenslegitimation erkannten und deshalb schrittweise bereit waren, das Parlament zu ermächtigen; dabei fungierten jeweils Übergänge zu Mehrheitsentscheidungen im Rat als Auslöser, da sie die Legitimationskette über die Regierungsvertreter schwächten. Héritier et al. (2019) sehen demgegenüber das Parlament und dessen vielfältige Strategien der Selbstermächtigung als den wesentlichen Grund dieser Entwicklung. Beide Erklärungen ergänzen einander und bilden zusammengenommen eine differenzierte Begründung für den erstaunlichen Ausbau der Position des EP.

Gegenwärtig ist das *Ordentliche Gesetzgebungsverfahren* nach dem Lissabon- Vertrag in drei Lesungen organisiert (Art. 294 AEUV): Wenn der Rat in erster Lesung die Position oder Änderungsvorschläge des Parlaments annimmt, gilt der Rechtsakt als erlassen. Formuliert der Rat eine andere Position, geht das Verfahren in die zweite

Lesung. Das Parlament kann den Gesetzentwurf bereits in zweiter Lesung ablehnen, womit er definitiv als nicht erlassen gilt (Vetorecht). Umgekehrt gilt der Rechtsakt als erlassen, wenn das Parlament ihn in zweiter Lesung billigt; es bedarf dann nicht mehr einer Ratsentscheidung. Wenn das EP die Ratsposition abändert und der Rat diese Änderungen nicht billigt, wird der Vermittlungsausschuss einberufen. Kommt der Ausschuss nicht zu einer Einigung, gilt der Entwurf als abgelehnt. Bei Einigung auf einen gemeinsamen Entwurf müssen beide Organe in einer dritten Lesung ihre Zustimmung geben, um den Rechtsakt anzunehmen. In allen Phasen des Verfahrens reicht eine qualifizierte Mehrheitsentscheidung im Rat; ausgenommen sind Änderungsanträge des Parlaments, zu denen die Kommission ein negatives Votum abgegeben hat; sie bedürfen der Einstimmigkeit. Das Parlament entscheidet mit einfacher Mehrheit, wenn es die Ratsposition oder den Kompromiss des Vermittlungsausschusses annimmt, also in der ersten und dritten Lesung; lehnt es dagegen die Ratsposition ab (zweite Lesung), ist eine absolute Mehrheit erforderlich. Graphische Darstellung 7.1 zeigt den Ablauf des Ordentlichen Gesetzgebungsverfahrens, wie es derzeit gültig ist.

Der Vermittlungsausschuss setzt sich aus einer gleichen Zahl von Delegierten aus Rat und Parlament zusammen; der Umfang jeder Delegation entspricht der Zahl der Mitgliedstaaten (Art. 294(10) AEUV). Das Parlament entsendet in der Regel einen Vizepräsidenten oder eine Vizepräsidentin, die als erfahren in der Verhandlungsführung gelten. Hinzu kommen die jeweiligen Berichterstatter des betreffenden Dossiers sowie die Vorsitzenden der zuständigen Ausschüsse. Weitere Delegierte werden entsprechend dem Gewicht der politischen Parteiengruppierungen im EP entsandt. Der Rat wird generell von COREPER beziehungsweise den Arbeitsgruppen vertreten, die über Erfahrung und Professionalität in europäischen Verhandlungen verfügen. Die Kommission hat ebenfalls einen Sitz in dem Ausschuss, jedoch nur als Vermittlerin ohne Stimmrecht (Art. 294(11) AEUV).

Trotz seiner Komplexität steht das Ordentliche Gesetzgebungsverfahren einer zügigen Annahme der Kommissionsvorschläge durch Rat und EP nicht im Wege. Im Gegenteil, die meisten Verfahren enden nicht in der Sackgasse von gescheiterten Gesetzesvorlagen, sondern werden häufig schon nach der ersten Lesung mit einem Rechtsakt abgeschlossen. Da das Verfahren in nahezu gleicher Form bereits seit dem Vertrag von Amsterdam (in Kraft seit 1999) praktiziert wird, gelang es im Laufe der Zeit zunehmend, die Entscheidungsfindung in die vorderen Phasen des Verfahrens zu verlagern. Insgesamt wurden seit 1999 bis Juli 2024 2 234 Verfahren abgeschlossen, davon 1 685 in erster Lesung, 428 in zweiter Lesung und nur 121 nahmen das Vermittlungsverfahren in Anspruch; 4 Verfahren endeten nach der dritten Lesung in einer Ablehnung. In der Anfangsphase, dem Jahr 2000, konnten aber nur 19 von insgesamt 72 Verfahren bereits nach der ersten Lesung verabschiedet werden; 2023 galt das dagegen für 113 von 114 Verfahren, also nahezu 100% (Zahlen aus oder teilweise berechnet nach: Council of the European Union 2024).

Graphische Darstellung 7.1: Das Ordentliche Gesetzgebungsverfahren nach dem Lissabon-Vertrag.

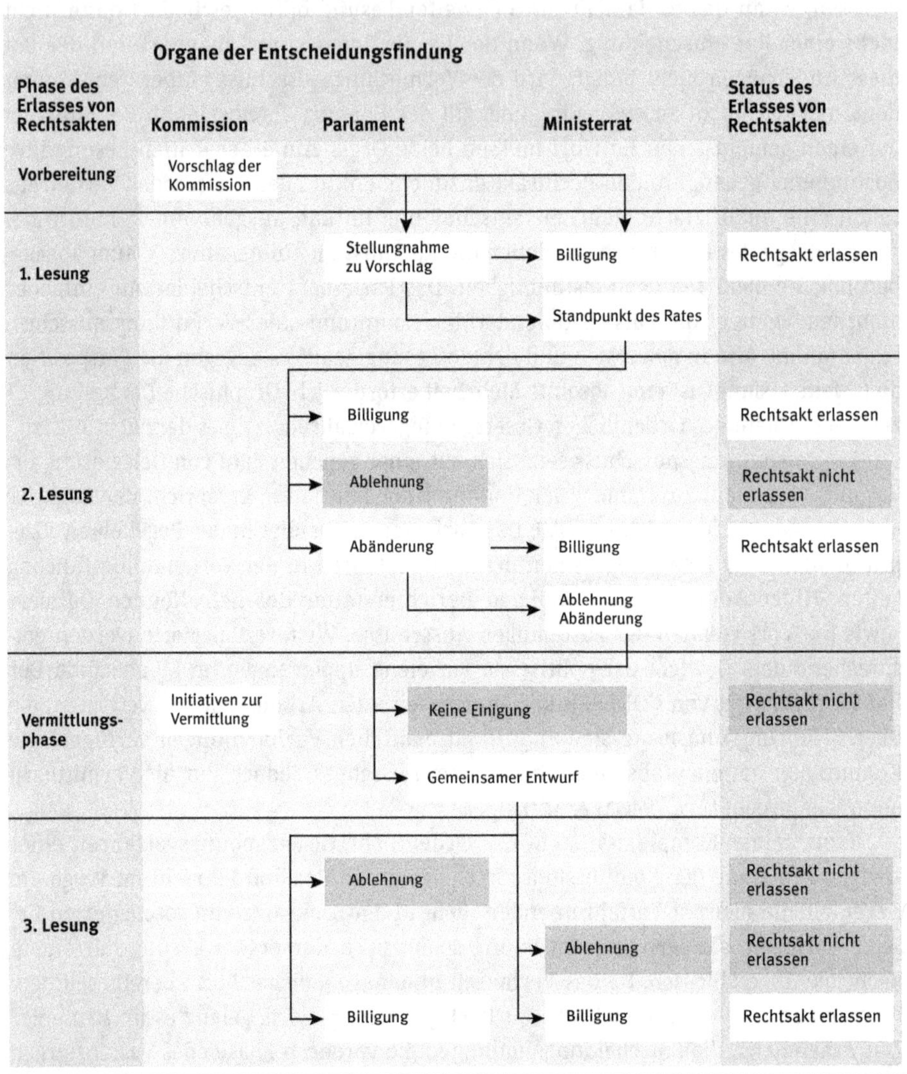

Quelle: eigene Darstellung nach Art. 294 AEUV, Kartographie: Gabriele Fließbach.

Fragt man, warum die Verfahren überhaupt so kompliziert sind – wobei in der obigen Darstellung die schwierige Entscheidungsfindung innerhalb der einzelnen Organe noch nicht einmal einbezogen ist – so ist dies zunächst dem vorsichtigen, schrittweisen Prozess ihrer Institutionalisierung, und damit einer ausgeprägten Pfadabhängigkeit zuzuschreiben. Zudem erhöhten die widersprüchlichen Positionen der beteiligten Akteure die Komplexität: Einerseits der politische Druck vonseiten der Parlamentarier, die Rechte des EP auszuweiten; andererseits die zögerliche Haltung der nationalen Regierungen, ihre Vormachtstellung abzugeben. Erst nach jeweils positiven Erfahrungen konnte das Verfahren zunächst schrittweise ausgeweitet und dann über die Praxis wieder erheblich vereinfacht werden, sodass gegenwärtig fast alle Gesetzesvorschläge bereits nach der ersten Lesung angenommen werden. Dazu wurde eine Reihe von zusätzlichen, informellen Verfahren entwickelt, die die Konsensfindung zwischen den Organen erleichterten.

Zunächst wurde parallel zum Vermittlungsausschuss ein informelles Schlichtungsverfahren in der Form des sogenannten Trilogs eingeführt, an dem Vertreter von COREPER, dem Parlament und der Kommission partizipierten (Farrell und Héritier 2004: 1197). Ziel war es, möglichst schon vor der ersten Sitzung des Vermittlungsausschusses einen Kompromiss zu finden, der dann nur noch abgesegnet werden musste. Gelang das nicht, begleitete der Trilog die weitere Arbeit des Vermittlungsausschusses. Zusätzlich konnten auch noch fachbezogene Sitzungen der Sekretariate der drei Organe die Kompromissfindung unterstützen. Damit bildete sich eine dichte Interaktionen zwischen den Organen heraus, um die Entscheidungsverfahren zu einem erfolgreichen Abschluss zu bringen.

Mit weiteren Praxiserfahrungen verschob sich dann die interinstitutionelle Vermittlung in frühere Phasen der Gesetzgebung, indem informelle Triloge zwischen der ersten und der zweiten Lesung eingesetzt wurden (Farrell und Héritier 2004: 1197, Rasmussen 2011, Héritier und Reh 2012). In der Folge konnten sich weitere Beschleunigungs- bzw. Vermittlungsschritte herausbilden. So legt der Rat inzwischen bereits vor seinem formellen Gemeinsamen Standpunkt eine sogenannte „Allgemeine Ausrichtung" fest, um das Parlament frühzeitig über seine Position zu informieren. Zudem finden die Triloge bereits während der ersten Lesung statt, wie die oben präsentierten Zahlen belegen (Council of the European Union 2024). Sie bestehen aus verschiedenen „Schichten" von Trilog-Gremien, über die die beteiligten Organe Kompromisslinien ausloten (Roederer-Rynning und Greenwood 2015). Diese Entwicklung wird insbesondere vom Rat gerne als Effizienzgewinn dargestellt. Faktisch wurden die Kompromissfindungsprozesse in die Phase der ersten Lesung verschoben, haben sich dort aber enorm ausdifferenziert. Die damit verbundene Informalisierung und Intransparenz des Gesetzgebungsprozesses hat ihrerseits Kritiker auf den Plan gerufen, die den mit dem Ordentlichen Gesetzgebungsverfahren erzielten Gewinn an demokratischer Legitimation durch die informellen Triloge gefährdet sehen (Roederer-Rynning 2019).

Die hoch differenzierten Vermittlungsverfahren über die Triloge haben weitreichende Implikationen für die beteiligten Organe, indem diese in einen permanenten, simultanen Prozess der Kompromiss- und Konsensfindung eintreten. Die Kommission, die an allen Trilog- und auch den Ratssitzungen beteiligt ist, erfüllt in diesem Kontext einerseits die Rolle einer Vermittlerin sowohl gegenüber dem Rat als auch dem Parlament. Andererseits agiert sie auch als ein „committed broker", das heißt, sie verfolgt in diesem Prozess durchaus mit Erfolg ihre eigenen Präferenzen (Panning 2021) und kann ihre ursprünglichen Vorschläge häufig in den definitiven Gesetzestext einbringen (Laloux und Delreux 2021, Laloux 2024).

Parlament und Rat versuchen ebenfalls, ihre Standpunkte einander anzunähern sowie Übereinstimmungen und Konfliktthemen zu identifizieren. Diese Vorgehensweise hat zu einer Informalisierung der Beziehungen zwischen den beiden Organen geführt; während der Rat dabei primär auf Effizienzgewinne bedacht ist, wird das Parlament in eine ihm ungewohnte „culture of diplomacy" hineingezogen (Roederer-Rynning und Greenwoord 2015).

Für das Parlament wurden interne Machtverschiebungen zwischen den an der Kompromissfindung Beteiligten und den übrigen Abgeordneten beobachtet: „Indeed, being at the centre of interorganisational negotiations in all policy areas seems to have brought a certain loss of open parliamentary debate, a marginalisation of rank-and-file MEPs, in particular those from small political groups and, thus, a challenge to institutional legitimacy" (Héritier und Reh 2012: 1154). Neuere Studien schreiben vor allem den Rapporteuren als wesentliche Verhandlungsführer im Trilog besonders großen Einfluss auf das jeweilige Gesetzgebungsvorhaben zu (Brandsma und Hoppe 2021). Nach der Erzielung einer Einigung im Trilog erhöht sich der Druck insbesondere auf die großen Fraktionen des EP, geschlossen dem ausgehandelten Kompromiss zuzustimmen (Bressanelli et al. 2016). Aber auch der Rat weicht in der Folge von seinen traditionellen Praktiken der internen Konsensfindung ab, indem die Vertreter der nationalen Regierungen stärker auf die Durchsetzung ihrer Präferenzen achten (Brandsma et al. 2021). In dieser Situation kommt der Präsidentschaft eine herausgehobene Vermittlerrolle zu.

In diesem komplexen und hochgradig informellen Prozess der Konsensfindung zwischen den beteiligten Organen sind alle drei Organe in ihrer Handlungsweise eingeschränkt. Die Kommission verfügt zwar über ein exklusives Vorschlagsrecht sowie die Möglichkeit, ihren Vorschlag zu jedem Zeitpunkt zu verändern oder zurückzuziehen; allerdings kann sie dies im Falle einer frühzeitigen Einigung zwischen Rat und Parlament kaum praktizieren. Das Parlament kann in den Verhandlungen zwar mit seinem Vetorecht drohen, jedoch nicht häufiger davon Gebrauch machen, da es dann kaum als kooperativer Partner auftreten könnte. Dies würde seinerseits die Bereitschaft des Rates vermindern, dem Parlament mit Kompromissen entgegenzukommen. Aber auch der Rat kann nicht mehr vorrangig den Gesetzgebungsprozess dominieren. Im Gegenteil: durch die Beteiligung des EP werden seine internen Kompromissfindungsprozesse erschwert.

Das Ergebnis europäischer Gesetzgebung ist aber nicht nur von Einschränkungen bestimmt, sondern auch von den Fähigkeiten der drei Organe. Als vorteilhaft erweist sich (a) ein erfolgreiches Verfahrensmanagement, (b) das Auffinden tragfähiger und allseits akzeptabler Kompromisslösungen, (c) die Mobilisierung von Unterstützung durch externe Akteure (beispielsweise über die öffentliche Meinung oder starke Interessenverbände) sowie (d) die Erzielung einer einheitlichen Position innerhalb des eigenen Organs. Es versteht sich, dass die drei Organe diese Fähigkeiten in unterschiedlichem Maße besitzen und nutzen. Während die Kommission a, b und c erfolgreich ausübt, sind c und vor allem d für das Parlament von Bedeutung; beide Organe können so ihre Positionen in der Entscheidungsfindung stärken. Für den Rat ist d besonders relevant; dies umso mehr, als interne Uneinigkeit nicht nur die eigene Position schwächt, sondern auch von Kommission und Parlament, wenn sie an einem Strang ziehen, zugunsten ihrer Position strategisch genutzt werden kann. Der Druck zu Kompromisslösungen bestimmt somit nicht nur das Verhältnis zwischen den Organen im Entscheidungsprozess, sondern strukturiert auch in starkem Maße deren Binnenverhältnisse (vgl. dazu ausführlich Kap. 8).

Der Druck zu Kompromisslösungen resultiert aber auch aus den gegensätzlichen Interessen, die die drei Organe vertreten. Die Entscheidungsachse, auf der in aller Regel die größten Differenzen und Konflikte auftreten und komplexe Kompromisslösungen gefunden werden müssen, ist die zwischen Kommission und Rat. Denn es sind diese beiden Organe, die, vereinfachend gesprochen, die primären Interessen am europäischen Integrationsprozess in ihren Positionen zum Ausdruck bringen: die Kommission das Interesse am Fortgang der Integration, der Ministerrat die Interessen der (einzelnen) Mitgliedstaaten an diesem Prozess, zugleich aber auch an einer akzeptablen Verteilung von Nutzen und Lasten der Integration. Das Parlament, das die Interessen der europäischen Bürger in diesen Prozess einbringen soll, hat bisher häufig Positionen eingenommen, die den kollektiven Interessen der Bürger entsprechen, und damit europäische Regulierungen vorangetrieben (vgl. Kap. 13.3). Allerdings bewirkt die zunehmende Politisierung von EU-Themen, dass parteipolitische Auseinandersetzungen das Parlament stärker als bisher bestimmen, was zu einer Polarisierung der Standpunkte und damit auch zum Ausbremsen europäischer Regulierungen führt (vgl. Kap. 8).

Insgesamt stellen sich die europäischen Gesetzgebungsprozesse als eine komplexe und simultane Interaktion zwischen den Organen dar, wobei die formalen Verfahren lediglich das Gerüst für diese Prozesse abgeben. In der Praxis stehen die Organe für unterschiedliche Interessen am Integrationsprozess, was Konflikte zwischen ihnen um maximale Einflussnahme bedingt. Andererseits steht dem die Notwendigkeit, aber auch der politische Wille der beteiligten Akteure gegenüber, Kompromisse und Konsenslösungen zu erzielen. In Konfliktfällen verläuft die Trennlinie häufig zwischen dem Rat auf der einen sowie Kommission und Parlament auf der anderen Seite; ebenso kann es aber auch zu einer expliziten Opposition des Parlaments gegenüber Kommission und Rat kommen. Trotz solcher Konflikte um kleinere oder größere Fragen der europäischen Gesetzgebung werden die jeweiligen Vorhaben in der Praxis meist zügig verhandelt und zu einem positiven Abschluss gebracht.

7.2 Politische Grundsatzentscheidungen

Für politische Grundsatzentscheidungen zum EU-System, etwa seinen Mitgliedern, seiner juristischen Verfasstheit oder seiner institutionellen Struktur, kurz: zu Erweiterungen der Union sowie Vertiefungen der Integration, die zumeist in vertraglichen

Regelungen festgehalten werden, gelten sowohl auf offener Bühne als auch hinter den Kulissen andere Spielregeln. Die wichtigsten Unterschiede liegen zum einen in den vergleichsweise offeneren Entscheidungsverfahren, wobei allerdings ein Trend zu deren zunehmender Konstitutionalisierung festzustellen ist, zum anderen in der Dominanz von Ministerrat und insbesondere Europäischem Rat, also der intergouvernementalen Systemdimension im gesamten Entscheidungsprozess. Kommission und Parlament sind zwar an diesen Verfahren beteiligt, können aber meist kaum gestaltend Einfluss ausüben; lediglich in Beitrittsverfahren um neue Mitgliedstaaten kommt ihnen eine bedeutendere Funktion zu, indem die Kommission die Verhandlungen führt und das Parlament einer Erweiterung der Union zustimmen muss (vgl. Kap. 6).

Die Gründe für die Dominanz der Räte liegen auf der Hand: Bei solchen politischen Grundsatzentscheidungen sind sensible Fragen staatlicher Souveränität berührt, die die Konsensfindung zwischen den Mitgliedstaaten erheblich erschweren; dementsprechend zögern sie, Entscheidungsmacht an andere Instanzen zu delegieren oder gar permanent abzutreten. Kommission und Parlament können allerdings ihre schwache Position in gewissem Maße kompensieren, indem sie im Vorfeld solcher Entscheidungen und auch während des Prozesses Stellungnahmen abgeben, die unter günstigen Umständen auch Berücksichtigung finden.

Im Falle der Erweiterung der EU um neue Mitgliedstaaten sind die Entscheidungsverfahren weitgehend formalisiert (Art. 49 EUV-L). In der Regel entscheidet der Europäische Rat über die Aufnahme von Beitrittsverhandlungen mit einem Staat oder einer Staatengruppe; ein Mandat zur Führung dieser Verhandlungen, in dem auch die inhaltlichen Parameter für diese festgelegt sind, wird dann der Kommission übertragen. Der Inhalt der Verhandlungen steht insofern weitgehend fest, als die Neuankömmlinge den „Acquis communautaire", also das bis dahin aufgebaute Recht- und Regelsystem der EU, in seiner Gesamtheit übernehmen müssen. Allerdings können, je nach Sachlage im Beitrittsland, Ausnahmeregelungen und längere oder kürzere Übergangsfristen gewährt werden, um den Anpassungsprozess zu erleichtern. Zudem können über die Strukturfonds und andere Finanzinstrumente kompensatorische Maßnahmen zur Bewältigung von Anpassungsproblemen angeboten werden. Es besteht also ein beträchtlicher Verhandlungsspielraum, der in aller Regel auch von beiden Seiten intensiv genutzt wird.

Die Kommission erweist sich in solchen Verhandlungen als zähe Streiterin für die Interessen der Union, aber auch als geschickte Vermittlerin. Strittige Fragen muss sie jedoch jeweils mit dem Rat abstimmen oder sogar vom Europäischen Rat abklären lassen. Sind die Beitrittsverträge entscheidungsreif, werden sie vom Rat mit einstimmigem Beschluss ratifiziert; das Parlament muss zuvor seine Zustimmung gegeben haben (Art. 49 EUV-L). Das Zustimmungsverfahren verleiht dem EP eine gewisse Machtposition (bei Ablehnung kann der Beitritt nicht stattfinden), die aber in der Praxis allenfalls zur Erzielung von einigen Zugeständnissen an seine Präferenzen genutzt werden kann.

Zur Vereinbarung größerer Integrationsschritte – wie dem Binnenmarktprogramm, der Einführung einer Wirtschafts- und Währungsunion oder von grundlegenden Systemreformen – die in der Regel in weitreichenden Vertragsänderungen resultieren, hat sich demgegenüber eine spezifische Praxis herausgebildet. Wieder ist es zunächst der Europäische Rat, der einen entsprechenden Grundsatzbeschluss fällt. Das bedeutet nicht, dass der Gesamtprozess hier seinen Anfang nimmt – im Gegenteil, meist hat es zuvor schon vielfältige Stimmen gegeben, die auf die Notwendigkeit von Reformen hinweisen – sondern nur, dass die Mitgliedstaaten ihre grundsätzliche Zustimmung zu einem solchen größeren Projekt signalisieren. In der Folge wird ein spezifisches Entscheidungsverfahren eingeleitet, das in der Regel in der Einberufung einer Intergouvernementalen Konferenz kulminiert (Art. 48(4) EUV-L).

Solche Konferenzen sind im Prinzip nichts anderes als eine Sitzung des Europäischen Rates; da sie jedoch zu einer spezifischen Zielsetzung einberufen werden, sich als eine ganze Sitzungsabfolge mit abschließendem Verhandlungsmarathon (Stichwort: „Nacht der langen Messer") über eine längere Zeitperiode hinziehen und damit auch unter einem gewissen Erfolgsdruck gegenüber der Öffentlichkeit stehen, sind sie doch auch als Spezialveranstaltungen zu werten (Christiansen und Reh 2009). Die Kommission erfüllt für solche Konferenzen eine Art Sekretariatsfunktion, indem sie alle nötigen Dokumente, Politikkonzepte und Vertragsänderungsentwürfe zusammenstellt. Allerdings geht ihre Funktion über die eines Sekretariats hinaus, da sie selbst Vorschläge zu den anstehenden Integrationsschritten vorlegen kann (Art. 48(2) EUV-L, siehe auch Christiansen und Reh 2009: 102–107). Die Reaktion des Europäischen Rates auf solche Initiativen kann allerdings stark variieren zwischen den Extremen einer weitgehenden Übernahme der Kommissionsvorschläge und der Ablehnung jeglicher Einmischung. So behauptete Kommissionspräsident Delors, er habe 85% der EEA geschrieben; nach Grant (1994: 79) waren es 60–70%, was aber immer noch ein hoher Prozentsatz ist. Demgegenüber wurden Prodis Konzepte zum Verfassungsvertrag von den nationalen Regierungen brüsk zurückgewiesen (Tömmel 2013). Allerdings war der situative Kontext in diesen Fällen sehr unterschiedlich: während Delors' Vorschläge auf einen bereits weitgehend auskristallisierten Konsens zwischen den Mitgliedstaaten trafen, waren die Mitgliedstaaten rund um den Verfassungsvertrag stark zerstritten und zudem grundsätzlich skeptisch gegenüber Kommissionsvorschlägen.

Andere betroffene oder engagierte Akteure können ebenfalls Stellungnahmen zu den Reformvorschlägen abgeben oder selbst solche lancieren. Das kann von einem ganzen Vertragsentwurf, wie er in den 80er Jahren und erneut 2004 vom Parlament vorgelegt wurde (Kaiser et al. 2023), bis zu kleinen Verbesserungsvorschlägen in Bezug auf einzelne Organe und Institutionen oder Politikfelder reichen.[3] Zudem kön-

---

3 So hat beispielsweise der Ausschuss der Regionen in der Vergangenheit verschiedene Forderungen zur Verbesserung seiner Position erhoben, die von der Einrichtung eines eigenen Sekretariats bis zur Gewährung eines Klagerechts reichten.

nen auch unabhängige Experten ihre Meinungen und Einschätzungen einbringen; häufig werden sie auch durch die Aufforderung zur Erstellung von Reformberichten und -gutachten formell beauftragt.[4] Schließlich werden spezielle Ausschüsse eingesetzt, die die Klärung von inhaltlichen Sachfragen sowie das Aushandeln von Kompromissen übernehmen.[5] Die meisten Aushandlungsprozesse zwischen den Regierungen werden von COREPER und seinen Arbeitsgruppen vorberaten.

Es könnte nun so scheinen, als seien die Intergouvernementalen Konferenzen eine Methode, um zumindest über weitreichende Integrationsschritte oder Reformvorhaben so etwas wie eine europäische Öffentlichkeit herzustellen. Eine solche Interpretation wäre allerdings verfehlt. Denn in der Regel sind die lancierten Vorschläge so detailliert, so technisch oder so juristisch gehalten, dass selbst politisch interessierte und gebildete Bürger nichts mit ihnen anfangen, geschweige denn ihre Implikationen einschätzen können. Das Verfahren ist denn auch nichts anderes als eine groß angelegte und zeitlich terminierte Konsensfindungsmaschinerie, bei der Eliten und Experten weitgehend unter sich über kleinste Reformschritte und technische Detailfragen zäh verhandeln. Das Ergebnis, das schließlich wieder von einer Gipfelkonferenz des Europäischen Rates einstimmig angenommen (und später vom Rat und den Mitgliedstaaten ratifiziert) wird, ist denn auch in aller Regel eine unübersichtliche Menge von kleineren Vertragsänderungen, die aber in der Summe bedeutende Integrationsschritte beinhalten können (vgl. Kap. 3 und 4).

Das Problem der fehlenden Öffentlichkeit bei politischen Grundsatzentscheidungen wurde von den nationalen Regierungen zunehmend als Legitimationsdefizit wahrgenommen und vor allem vonseiten des EP, aber auch in der breiteren Öffentlichkeit, scharf kritisiert: Zu seiner Behebung wurde daher ein neues Konzept zur Erarbeitung von Vertragsänderungen eingeführt, die sogenannte Konventsmethode. Bereits 1999 hatten der Europäische Rat erstmals einen Konvent mit der Aufgabe betraut, eine Charta der europäischen Grundrechte zu erarbeiten (Deloche-Gaudez 2001). Nachdem dieses Experiment erfolgreich abgeschlossen war, beauftragte der Europäische Rat mit der Erklärung von Laeken (Dez. 2001) einen Konvent, eine grundlegende Vertragsreform zu erarbeiten (Kleine 2007, vgl. auch Kap. 4.2). Das Gremium wurde sogar beauftragt, die Möglichkeiten zur Annahme einer europäischen Verfassung zu prüfen. Der Verfassungskonvent, wie er umgangssprachlich genannt wurde, setzte sich zu ca. zwei Dritteln aus Parlamentariern der Mitgliedstaaten, der Beitritts-

---

4 In diesem Zusammenhang sind insbesondere die „großen" Reformberichte der späten 70er und frühen 80er Jahre zu nennen: der Spierenburg Report, der Bericht der Drei Weisen Männer sowie der Dooge-Report.

5 So wurde vor Abschluss des Vertrags von Maastricht je ein Komitee zur Ausarbeitung des Konzepts einer Währungsunion sowie von Vorschlägen für eine Politische Union eingerichtet (Ross 1995).

staaten sowie der europäischen Ebene zusammen[6]; mit der Dominanz der Parlamentarier verband sich die Erwartung, dass das Gremium aufgrund seiner direkteren demokratischen Legitimation eher in der Lage sei, die erarbeiteten Vorschläge sowie strittige Themen in der Öffentlichkeit zu debattieren.

In der Praxis gingen diese hochfliegenden Erwartungen aber kaum auf. Denn auch der Konvent sah sich angesichts einer sehr umfangreichen Aufgabenstellung mit einer Reihe von „technischen" Fragen konfrontiert, die für die Öffentlichkeit kaum interessant oder transparent waren. Größere Debatten entspannen sich daher erst in der Schlussphase des Konvents sowie während der darauffolgenden Intergouvernementalen Konferenz. Dabei ging es vornehmlich um die allgemeine Frage, ob die EU überhaupt eine Verfassung brauche, und damit um die Grundeinstellung zu einer weitergehenden Integration; spezifischere Themen zur Ausgestaltung der Integration wurden dagegen kaum diskutiert.[7] Zudem wurden die eigentlichen Entscheidungen in Bezug auf den Verfassungsvertrag letztendlich doch von den erfahrenen Profis der europäischen Integration getroffen, zunächst im Rahmen des Konvents und sodann der Intergouvernementalen Konferenz. So übte im Konvent das Präsidium unter Giscard d'Estaing starken Druck auf die Entscheidungsfindung aus (Kleine 2007); zudem waren die Außenminister der Mitgliedstaaten während der Schlussphase mit Sitz und Stimme in dem Gremium vertreten, sodass sie die finalen Entscheidungen dominieren konnten. In der nachfolgenden Regierungskonferenz setzten sich dann vor allem die großen Staaten und die Altmitglieder der EU mit ihren Vorstellungen durch (Crum 2008). Es ist allerdings zu betonen, dass die Konventsmethode zu einem wesentlich weitergehenden Vertragsentwurf geführt hat, als es einer Intergouvernementalen Konferenz allein gelungen wäre (vgl. Kap. 4.2).

Die Erfahrung mit dem Konvent wurde von den nationalen Regierungen offensichtlich als so positiv bewertet, dass sie mit dem Lissabon-Vertrag ein sogenanntes „Ordentliches Änderungsverfahren" für künftige Vertragsrevisionen kodifizierten (Art. 48(3) EUV-L). Das Verfahren verpflichtet den Europäischen Rat zur Einberufung eines Konvents, dem Vertreter „der nationalen Parlamente, der Staats- und Regierungschefs der Mitgliedstaaten, des Europäischen Parlaments und der Kommission" angehören sollen (Art. 48(3) EUV-L). Ob die Staats- und Regierungschefs selbst im Konvent teilnehmen oder ihre Außenminister in das Gremium delegieren, ist im Vertrag offengelassen. In jedem Falle sollen auch in Zukunft die definitiven Entscheidungen über Vertragsänderungen von einer „Konferenz der Vertreter der Regierungen der Mitgliedstaaten", kurzum, einer IGK, angenommen werden (Art. 48(3) EUV-L). Aller-

---

6 Über die Mitglieder des Konvents hinaus waren auch Vertreter des Ausschusses der Regionen, des Wirtschafts- und Sozialausschusses, der Europäischen Sozialpartner sowie der Europäische Bürgerbeauftragte als Beobachter beim Konvent zugelassen (Crum 2008: 10).

7 Soweit andere Fragen öffentlich debattiert wurden, wie beispielsweise der Gottesbezug in der Präambel, handelte es sich nur um ideologische Scharmützel, nicht jedoch um die konkrete Ausgestaltung des politischen Systems der EU.

dings bleibt dabei noch ein Schlupfloch offen: Im sogenannten „Vereinfachten Änderungsverfahren", das sich auf Teile des AEUV bezieht (Art. 48(6) EUV-L), sowie bei nur geringfügigen Änderungsvorhaben kann der Europäische Rat ohne die Einberufung eines Konvents entscheiden. Bisher kam das vereinfachte Verfahren nur einmal zur Anwendung (Von Ondarza 2024: 116). Seit dem Lissabon-Vertrag sind somit die Verfahren zur Änderung der Verträge einschließlich bestimmter Ausnahmeverfahren vertraglich geregelt. Zudem sind die Rollen von Kommission und Parlament jetzt deutlicher definiert, indem sie Vorschläge unterbreiten können und das EP im Falle der Nicht-Einberufung eines Konvents zustimmen muss.

Insgesamt hat sich der Entscheidungsprozess über Grundsatzfragen der europäischen Integration von zunächst spontan erarbeiteten *Ad-hoc*-Verfahren über stärker geregelte formale Abläufe bis hin zu vertraglich kodifizierten Entscheidungssequenzen entwickelt; mit der Verankerung der Konventsmethode im Lissabon-Vertrag hat diese Entwicklung ihren vorläufigen Höhepunkt erreicht. Die Verfahren beziehen eine zunehmende Vielfalt von Akteuren ein, jedoch ohne ihnen weitgehende Gestaltungsmöglichkeiten zuzuweisen; vielmehr behalten Rat und Europäischer Rat die Hoheit über den gesamten Entscheidungsprozess und vor allem auch über dessen Resultate.

Diese Resultate stellen sich häufig als paradox dar: Einerseits kommen Grundsatzentscheidungen nur sehr mühsam und in kleinen Schritten zustande; andererseits reichen sie häufig wesentlich weiter, als die technischen und detailversessenen Vertragsänderungen vermuten lassen. In diesem Paradox zeigen sich grundlegende Spezifika der europäischen Entscheidungsfindung: Systemveränderungen kommen nur über die Aneinanderreihung einer Vielzahl von kleineren, inkrementellen Reformschritten zustande; Entscheidungen, die weitreichende politische Implikationen haben, kommen im Gewande „technischer" Detailfragen und scheinbarer Spitzfindigkeiten daher. Die Folge ist zunächst, dass der Gesamtprozess der europäischen Integration entpolitisiert oder auch gänzlich verkannt wird; langfristig baut sich allerdings durch ein solches Versteckspiel umso mehr politische Brisanz auf, da sich der Integrationsprozess scheinbar hinter dem Rücken der Bürger vollzieht. Diese Problematik wurde bei der Erarbeitung des Verfassungsvertrags besonders deutlich. Dessen weitreichende Implikationen für die europäische Integration wurden zunächst kaum von einer breiteren Öffentlichkeit wahrgenommen; als dies dann aber doch der Fall war, schlug das latent vorhandene Misstrauen der Bürger in offene Ablehnung um, wie die gescheiterten Referenden in Frankreich und den Niederlanden bezeugten.

Seit der Verabschiedung des Lissabon-Vertrags ist es nicht mehr zu weiteren Vertragsänderungen gekommen: einerseits, weil die bis dato erreichten Vertragsregelungen als sehr weitreichend und umfassend zu bewerten sind, sodass es vorerst keiner Veränderungen bedarf; andererseits aber auch, weil ein Konsens für weitere Reformschritte kaum zu erwarten ist (von Ondarza 2024: 116–117). Zwar wird in jüngster Zeit immer wieder diskutiert, dass es unbedingt zu verstärkten Mehrheitsentscheidungen im Rat sowie insbesondere im Europäischen Rat kommen müsse, vor allem in außenpolitischen Fragen, aber auch angesichts der in Aussicht gestellten Erweiterungen um die Ukraine und einige kleinere Staaten.[8] Solche Debatten werden angeheizt, da bestimmte Mitgliedstaaten, die zudem durch „democratic backsliding"[9] und Autoritarismus im Inneren gekennzeichnet sind, immer öfter in den Räten Fundamentalopposition betreiben und somit wichtige Entscheidungen enorm behindern oder zumindest verzögern. Da Vertragsänderungen, auch wenn sie unter dem Vereinfachten Verfahren beschlossen würden, wiederum Einstimmigkeit erforderten, sind vorerst nicht einmal begrenzte Veränderungen zu erwarten (Von Ondarza 2015, 2024: 116–117).

7.3 Exekutivfunktionen und Politikimplementation

Die Europäische Union übt auch eine Reihe von Exekutivfunktionen aus, die mit den stetig zunehmenden Aufgaben in immer mehr Politikfeldern enorm ausgeweitet und ausdifferenziert wurden. Dabei sind die Verantwortlichkeiten auf viele Akteure und Institutionen verteilt, woraus sich intensive Interaktionen, Konfliktsituationen und wiederum Konsensfindungsprozesse ergeben. Auf der europäischen Ebene nehmen sowohl die Kommission wie auch der Rat sowie zunehmend auch der Europäische Rat Exekutivfunktionen wahr; es besteht also auch in diesem Bereich keine klare Gewaltenteilung (Tömmel 2016b, 2020b). Soweit die Union ausschließliche Kompetenzen besitzt, obliegen die Exekutivfunktionen der Kommission. Sind die Kompetenzen zwischen europäischer und nationaler Ebene geteilt, fungieren die nationalen Staaten als wichtigste Akteure; allerdings üben Kommission und Rat dabei viele steuernde und rahmensetzende Funktionen aus. In Politikfeldern, die intergouvernementalen Entscheidungsprozessen unterliegen, nehmen dagegen Rat und Europäischer Rat neben den Mitgliedstaaten die Exekutivfunktionen wahr (Puetter 2014, 2022). Schließlich implementiert die EZB Politiken im Bereich der Währungsunion (vgl. Kap. 9.1). Spezifischere exekutive Aufgaben werden auch an unabhängige, quasi-staatliche Institutionen und Agenturen delegiert (vgl. Kap. 9.4); in manchen Politikfeldern wird ein Teil der Implementation sogar auf private oder korporative Akteure übertragen (vgl. Kap. 11.2). Gerade aber diese Auffächerung der Verantwortung erfordert ihrerseits eine entsprechende Rahmensteuerung vonseiten der EU, die sowohl Verfahren der sekundären Regelsetzung und Entscheidungsfindung sowie Überwachungsfunktionen beinhaltet. Im Folgenden werden die Exekutivfunktionen der europäischen Ebene in ihren strukturellen Grundmustern dargestellt, während andere beteiligte Akteure sowie die Inhalte und Details der Politikimplementation außer Betracht bleiben.

---

8 Das sind Bosnien-Herzegowina, Moldau und Georgien.
9 Demokratischer Rückfall oder Rückschritt: Abbau demokratischer Institutionen durch staatliche Akteure, meist gewählte Regierungen.

Grundsätzlich werden Exekutivfunktionen von der Kommission wahrgenommen, die dazu vom Rat – meist im Rahmen der für spezifische Politikfelder erlassenen Verordnungen – ermächtigt wird. Dabei ist zwischen zwei Kategorien von Exekutivfunktionen zu unterscheiden, nämlich solchen der direkten und solchen der indirekten Ausführung (Pedler und Bradley 2006).

In den Bereich der *direkten Ausführung* fallen Politiken, in denen die Union über weitgehende oder gar ausschließliche Kompetenzen verfügt, etwa die Wettbewerbspolitik, sowie die Verwaltung der Finanzinstrumente der EU (Art. 3 und 4 AEUV). In der *Wettbewerbspolitik* obliegt der Kommission die generelle Überwachung der Einhaltung der Wettbewerbsregeln; das reicht von der Verhinderung von Kartellen und Monopolen über die Kontrolle von staatlichen Beihilfen bis hin zur Fusionskontrolle (Cini und McGowan 2008, Warlouzet 2016, Thatcher 2020). In all diesen Fällen kann die Kommission bei Verdacht auf Vertragsverletzungen den Gerichtshof anrufen; die meisten Fälle werden aber unterhalb dieser Ebene über entsprechende Verhandlungen gelöst, in denen die Kommission Auflagen erlassen kann. Bei ernsthafter Verletzung der Wettbewerbsregelungen kann sie aber auch empfindliche Geldstrafen verhängen, wie sie es regelmäßig gegenüber den großen Tech-Giganten tut (Cini und Czulno 2022). Ein stetig wachsender Exekutivbereich besteht in der Verwaltung der verschiedenen *Fonds und Finanzinstrumente* der EU (Pedler und Bradley 2006: 237). Hierunter fallen die Strukturfonds der Union, die Fördermittel zugunsten ökonomisch geringer entwickelter Länder und Regionen bereitstellen, Teile der Agrarpolitik, Förderprogramme im Rahmen der europäischen Technologiepolitik, ein breites Spektrum von kleineren Fördermaßnahmen in einer Vielzahl von Politikfeldern sowie zuletzt die umfangreiche Förderung im Rahmen des Programms NextGenerationEU, das der wirtschaftlichen Erholung der EU Staaten nach der Corona-Pandemie dient. In all diesen Fällen obliegt es der Kommission, Entscheidungen über die Zuweisung von Fördermitteln zu treffen sowie die Ausführung der jeweiligen Projekte und Programme zu überprüfen (Tömmel 2016c, Schramm et al. 2022). Dies impliziert seinerseits, dass Regeln für die Modalitäten der Implementation erlassen, Verhandlungen mit den Mitgliedstaaten oder anderen involvierten Instanzen und Akteuren geführt, und schließlich Überwachungssysteme, meist über den Einsatz indirekter Instrumente, entwickelt werden müssen. Es sind also auch hier eher regelsetzende und Überwachungsfunktionen, die die Kommission übernimmt, während die Ausführung der Maßnahmen in die Verantwortlichkeit der Mitgliedstaaten fällt.

In allen anderen Bereichen übt die Kommission nur *indirekte exekutive Funktionen* aus, indem sie die Einhaltung und Ausführung von Ratsbeschlüssen in den Mitgliedstaaten überwacht. Dies beinhaltet allerdings ebenfalls ein umfangreiches Arbeitspensum (Pedler und Bradley 2006: 237–240). Denn bei der Umsetzung von Richtlinien in nationale Gesetzgebung kommen die Mitgliedstaaten ihren Verpflichtungen nur sehr schleppend nach (Falkner et al. 2005, Treib 2014, Zgaga and Zhelyazkova 2024). In solchen Fällen muss zunächst die Überschreitung der gesetzten Fristen festgestellt werden; es folgen schriftliche Abmahnungen und bei weiterer Nichterfüllung der Verpflichtungen Anrufung des Gerichtshofs (Falkner et al. 2005: 205–208). Meist führt aber eine anhängige Klage schon zu dem gewünschten Erfolg. Wegen der Fülle der Fälle kann die Kommission diese aber nur sehr selektiv ahnden.

Wie jede Exekutive versucht auch die Kommission, ihren Handlungsspielraum in der Praxis maximal auszuweiten. Hierfür bietet sich auf der europäischen Ebene aufgrund des lückenhaften Regelsystems und der insgesamt eher „offenen" Situation ein breites Spektrum von Möglichkeiten. Andererseits sind aber die Freiräume auch eingeschränkt, da die Kommission in den meisten Fällen nicht eigenständig handeln kann, sondern stets auf die Mitarbeit anderer Akteure – in erster Linie der Regierungen und staatlichen Instanzen der Mitgliedstaaten – angewiesen ist.

Der Rat versucht seinerseits, durch die Stärkung seiner Rolle im Exekutivbereich der tendenziellen Eigenmächtigkeit der Kommission entgegenzutreten. Um die Entscheidungsfreiheit der Kommission einzudämmen, hat er ein System von Ausschüssen geschaffen, das im EU-Jargon unter dem Begriff Komitologie firmiert. Die Ausschüsse bestehen aus Vertretern der Mitgliedstaaten; ihnen obliegt, als „Rat im Kleinen", die Tätigkeit der Kommission zu überwachen und, wo nötig, einzuschränken, insbesondere soweit es um den Erlass sekundärer Rechtsakte geht (Pedler und Bradley 2006: 240–261, Hustedt et al. 2014: 105–142). Nach offizieller Lesart dienen die Ausschüsse allerdings der Beratung und Unterstützung der Kommission.

Das Komitologie-System wurde 1987 durch Ratsbeschluss eingerichtet, nachdem es sich zuvor bereits über eine informelle Praxis, die bis in die 60er Jahre zurückreicht, herausgebildet hatte (Héritier et al. 2013: 4–7, Hustedt et al. 2014: 106–108). In der Folge wurde das System mehrfach durch Ratsentscheidungen (1999, 2006) und zuletzt durch Vertragsänderungen reformiert (2009 mit dem Lissabon-Vertrag). Grundsätzlich gab es drei Arten von Ausschüssen, denen unterschiedliche Kontrollbefugnisse zukamen. *Beratende Ausschüsse* hatten lediglich die Funktion, die Kommission beim Treffen von Verwaltungsentscheidungen zu beraten; die Stellungnahmen der Ausschüsse waren nicht verbindlich. *Verwaltungsausschüsse* waren vor Erlass von Maßnahmen anzuhören; vertraten die Ausschüsse eine andere Position als die Kommission, konnte der Rat dann über die Angelegenheit verbindlich entscheiden. *Regelungsausschüsse* beinhalteten eine noch striktere Einschränkung der Kommission, wobei auch hier im Falle von abweichenden Positionen oder bei Nicht-Entscheidung der Ausschüsse der Rat eingeschaltet wurde. Er konnte den Vorschlag der Kommission abändern oder sogar ablehnen und damit blockieren.

Zusätzlich zu diesen drei Ausschussverfahren mit mehreren Entscheidungsvarianten wurde 2006 ein weiteres Verfahren eingeführt, die *Regelungsausschüsse mit Kontrolle,* die dem EP erstmals die Möglichkeit boten, die Kommission im Exekutivbereich zu überwachen. Das Parlament hatte seit Langem seine Beteiligung an den Verfahren eingefordert, da es bei diesen häufig um sekundäre Rechtsetzung gehe. Bei Regelungsausschüssen bedürfen Kommissionsvorschläge der Zustimmung von Rat *und* Parlament (Töller 2013: 221).

Seit ihrem Bestehen bildeten die Ausschüsse und deren Befugnisse sowie die daraus resultierende Möglichkeit der Einschaltung des Rates in bereits an die Kommission delegierten Kompetenzen einen erheblichen Zankapfel zwischen Kommission und Rat (vgl. beispielsweise Héritier et al. 2013, Töller 2013). Dabei spielte sich der Machtkampf zwischen den Organen auf zwei Ebenen ab: zum einen bei der Entscheidung über die Art des einzusetzenden Ausschusses und die jeweilige Verfahrensvariante; zum anderen über die konkrete Arbeit der Ausschüsse. Durch die Beteiligung des EP wurden die interinstitutionellen Konflikte verschärft (Héritier et al. 2013).

Mit dem Lissabon-Vertrag wurden die Regelungen zum Komitologie-System im primären Recht der Union verankert. Es wurde ein zweigleisiges System eingeführt, das zwischen delegierten Rechtsakten und Durchführungsrechtsakten unterscheidet (Christiansen und Dobbels 2013, Töller 2013, Héritier et al. 2013, Hustedt et al. 2014). Im Falle von *delegierten Rechtsakten* werden der Kommission Kompetenzen zum Erlass von „Rechtsakte(n) ohne Gesetzescharakter" übertragen; die genauen Regeln hierfür werden in jedem Gesetz festgelegt (Art. 290(1) AEUV). In diesen Fällen können Rat und Parlament lediglich die Delegation von Kompetenzen an die Kommission widerrufen oder die Annahme eines delegierten Rechtsakts ablehnen (Christiansen und Dobbels 2013: 43).

Im Falle von *Durchführungsrechtsakten* liegt die Kompetenz zum Erlass sekundärer Rechtsakte bei den Mitgliedstaaten (Art. 291(1) AEUV). Wenn jedoch einheitliche Regeln für die gesamte EU erfordert sind, kann dieses Recht der Kommission übertragen werden (Art. 291(2) AEUV, Christiansen und Dobbels 2013: 44). Rat und Parlament können „allgemeine Regeln und Grundsätze" zur Kontrolle der Kommission durch die Mitgliedstaaten festlegen (Art. 291(3) AEUV). Eine entsprechende Verordnung sieht zwei Verfahren vor: ein Beratungsverfahren und ein Prüfverfahren sowie entsprechende Ausschüsse, die den vorherigen Komitologie-Ausschüssen gleichen, im ersteren Falle den Beratungsausschüssen, im letzteren den Verwaltung- und Regelungsausschüssen (Christiansen und Dobbels 2013: 45, Töller 2013: 222–225, Hustedt et al. 2014: 115–117). Außerdem enthält die Verordnung eine institutionelle Innovation: Im Falle eines Dissenses zwischen der Kommission und den Mitgliedstaaten über einen Durchführungsrechtsakt kann ein Berufungsausschuss angerufen werden, während zuvor immer der Rat das letzte Wort hatte (Christiansen und Dobbels 2013: 45, Töller 2013: 225).

Die Neuordnung des Komitologie-Systems durch den Lissabon-Vertrag führte kaum zu seiner Vereinfachung oder Rationalisierung, vielmehr ist eine ausgeprägte Pfadabhängigkeit mit wenigen Innovationen festzustellen: „although the legal base of the comitology system has changed fundamentally, the new system in a material sense resembles the old comitology system to a great degree" (Brandsma und Blom-Hansen 2012: 955). Zudem schlussfolgern die Autoren: „it is evident [...] that the new system is a Byzantine arrangement" (Brandsma und Blom-Hansen (2012: 952). Andere Autoren befürchten wegen der unklaren Abgrenzung von delegierten und Durchführungsrechtsakten „political conflict, legislative deadlock and judicial review in the future" (Christiansen und Dobbels, 2013: 55).

Faktisch verleiht die Reform mit ihrer zweigleisigen Struktur Rat und Parlament direkte Kontrolle über die Kommission, wenn sie *delegierte Rechtsakte* annimmt; diese Kontrolle wird aber nicht automatisch, sondern nur bei Bedarf von Rat und Parlament *ex post* wahrgenommen. Im Falle der *Durchführungsrechtsakte* gilt weiterhin das Komitologie-System und damit die Überwachung durch die Mitgliedstaaten, wenngleich in leicht veränderter Form; in Konfliktfällen wird der Rat durch einen Berufungsausschuss ersetzt. Insgesamt scheint somit die Reform in erster Linie dem Anliegen zu dienen, einerseits den Rat von kleinteiligen Kontrollaufgaben zu entlasten, andererseits das Parlament als potenziellen Vetospieler zufriedenzustellen; gleichzeitig sollen die vielfältigen Kontrollmöglichkeiten bewirken, dass die Kommission bereits *ex ante* mitgliedstaatliche Interessen berücksichtigt.

Ohnehin war es schon immer zweifelhaft, ob das System der Überwachung der Kommission in der sekundären Rechtsetzung tatsächlich zu der vom Rat erhofften Wirkung führte (Hustedt et al. 2014). Ältere empirische Studien belegen, dass Kommissionsvorschläge von den Ausschüssen nur selten, das heißt, in weniger als 1% der Fälle, abgelehnt und an den Rat zurückverwiesen wurden (Alfé et al. 2008: 211). Dies indiziert eine *ex ante* Anpassung der Kommission an die Präferenzen der nationalen Regierungen (Alfé et al. 2008: 211, Töller 2013: 221), oder einen fehlenden Konsens zwischen den Mitgliedstaaten (Guéguen 2011). Zudem kann die Kommission die Ausschüsse in strategischer Absicht nutzen: zur Förderung der transnationalen Konsensbildung über ihre Politik; zum Transfer von Know-how über die beabsichtigten Maßnahmen auf die mitgliedstaatliche Ebene; ja sogar zur „Generierung und Aufrechterhaltung von Folgebereitschaft in den Mitgliedstaaten" (Töller 2013: 217). Auch die Mitgliedstaaten können die Ausschüsse zur Durchsetzung ihrer Interessen nutzen, etwa zur nachträglichen Korrektur – zumeist Abschwächung – von gesetzlichen Regelungen, an denen das EP über die Kodezision maßgeblich beteiligt war (Héritier et al. 2013).

Neuere empirische Studien zeigen, dass sich die Situation seit den Reformen des Lissabon-Vertrags nicht wesentlich verändert, sondern allenfalls ausdifferenziert hat: Nach wie vor sind Konflikte um die Auswahl des zuständigen Verfahrens omnipräsent; nach wie vor enden die Verfahren mit hoher Zustimmung zu den Kommissionsvorschlägen, obwohl im Vorfeld durchaus Opposition geäußert wird; Dissens tritt vor allem dann auf, wenn es sich um „sensible" Themen oder Politikfelder handelt. Die Kommission tritt in allen Verfahren als ein strategisch handelnder Akteur auf; der Rat versucht, bereits verabschiedete Gesetze „durch die Hintertür" abzuschwächen; das Parlament übt seine Einflussnahme vornehmlich indirekt aus, indem es die Kommission zu Zugeständnissen an seine Präferenzen bewegt (Burns und Tobin 2020, Pasarin et al. 2021, Finke und Blom-Hansen 2022, Lange und Kaeding 2023).

Eine Reihe von Exekutivfunktionen werden aber nicht primär von der Kommission ausgeübt, sondern von Rat und sogar dem Europäischen Rat. Dies gilt insbesondere für Politikfelder, die überwiegend einer intergouvernementalen Regie unterliegen, also die GASP sowie Teile der WWU und des Bereichs Justiz und Inneres (Puetter 2014, 2022).

In der *Wirtschafts- und Währungspolitik* nimmt ECOFIN, der Rat der Wirtschafts- und Finanzminister, exekutive Aufgaben in der Überwachung der Konvergenzpolitiken der Mitgliedstaaten wahr, wie sie im Rahmen des Maastricht-Vertrags sowie des Stabilitätspakts von 1997 vereinbart worden waren. Er steht faktisch im Zentrum der multilateralen Überwachung (Puetter 2022: 85), ist aber auch auf die Interaktion mit der Kommission angewiesen. Die Kommission überwacht die ökonomische Politik und vor allem das Haushaltsgebaren der Mitgliedstaaten, um übermäßige Defizite und damit eine Schwächung des Euro zu vermeiden (Art. 126(2) AEUV). Im Rahmen des sogenannten Europäischen Semesters erstellt sie halbjährlich Berichte und gibt Empfehlungen ab; der Rat erlässt dann verbindliche Richtlinien gegenüber den Mitgliedstaaten und überprüft auch deren Einhaltung. Entscheidungen über eventuelle Verletzungen der Regeln sind dem Rat vorbehalten (Art. 126(6) AEUV, siehe auch Puetter 2022: 85). Gelegentlich schaltet sich selbst der Europäische Rat in diese Überwachungsaktivitäten mit entsprechenden Beschlüssen ein (Wessels 2015: 74–75).

In der GASP sind Rat und Europäischer Rat die entscheidenden exekutiven Akteure, während die Kommission allenfalls unverbindliche Vorschlagsrechte besitzt. Beide Ratsgremien entscheiden dabei sowohl über vielfältige Formen der koordinierten Zusammenarbeit zwischen den Mitgliedstaaten wie auch über direkte Maßnahmen, etwa auswärtige militärische Missionen, gemeinsame Beschaffung von Waffen oder auch Waffenlieferungen an Drittstaaten. Insbesondere der Angriffskrieg Russlands gegen die Ukraine hat diese Art von exekutiven Maßnahmen enorm intensiviert, wobei die Kommission in diesem Falle mit entsprechenden Vorschlägen als treibende Kraft fungierte (Casier 2023, Baracani 2023, Tömmel i. E.). Der Europäische Rat trifft dabei alle Grundsatzentscheidungen, z. B. über Sanktionen gegen Russland, während der Rat eher die weitere Konkretisierung und die Ausführungsmodalitäten regelt.

Zusammenfassend lässt sich also feststellen, dass die Kommission auf der einen Seite sowie Rat und Europäischer Rat auf der anderen gemeinsam eine „dual executive" im EU-System konstituieren (Hix and Hoyland 2022: 54–56, siehe auch Tömmel 2020b). Zwar ist das Spektrum exekutiver Aufgaben der Kommission wesentlich breiter und facettenreicher; allerdings nimmt der Rat dabei über die Komitologie-Ausschüsse wichtige Überwachungsfunktionen wahr, unter begrenztem Einbezug des EP. Umgekehrt unterstützt die Kommission den Rat sowie den Europäischen Rat bei der Ausübung exekutiver Funktionen, indem sie Vorschläge unterbreitet und auch mit bestimmten Überwachungsfunktionen betraut ist. Grundsätzliche oder auch letztendliche Entscheidungsbefugnisse liegen aber aufseiten des Rates und vor allem des Europäischen Rates. Carammia et al. (2016: 809) kommen daher zu dem Schluss, dass der Europäische Rat „is developing into the EU's de facto government".

7.4 Schlussfolgerungen

In diesem Kapitel wurden die Interaktionen zwischen den zentralen Organen der EU im Prozess der Entscheidungsfindung untersucht; denn erst über diese Interaktionen können die Stellung, die Machtposition sowie die Fähigkeit der einzelnen Organe, den Integrationsprozess zu beeinflussen oder gar zu gestalten, verdeutlicht werden. Dabei wurden drei Arten von Entscheidungen unterschieden: zum einen die Recht- und Regelsetzung, über die die Politiken der EU reguliert werden, zum Zweiten Grundsatzentscheidungen, die Erweiterungen der Union sowie Vertiefungen der Integration betreffen und meist in Vertragsreformen ausmünden, sowie zum Dritten exekutive Entscheidungen, die sich auf die Art und Weise der Politikimplementation beziehen. Dabei zeigte sich, dass die jeweiligen Organe in diese Entscheidungsprozesse in unterschiedlichem Maße, mit unterschiedlichen Kompetenzen sowie mit bestimmten strategischen und taktischen Fähigkeiten einbezogen sind, womit auch ihr Gestaltungsspielraum jenseits formaler Kompetenzen variiert.

So ist die *Kommission* ein machtvoller Akteur in der Gesetzes- und Politikinitiierung sowie, trotz gewisser Einschränkungen, auch in der Implementation. Unter maximaler Nutzung ihrer Kompetenzen strukturiert sie die Entscheidungsverfahren, bestimmt die Agenda, definiert inhaltliche Positionen und schlägt Konsenslösungen vor. Die Kommission ist allerdings in der Ausübung dieser Funktionen durch den Rat und das Parlament eingeschränkt, die die Entscheidungen über Gesetzesvorlagen fällen. Zudem übt der Rat auch nach der Gesetzgebung Kontrolle über die Kommission aus, insbesondere durch die Regelungen bezüglich der Annahme sekundärer Rechtsakte. Dem Parlament wurden ebenfalls einige Rechte in der Überprüfung der sekundären Gesetzgebung zugewiesen. In der täglichen Praxis der Gesetzgebung bilden Kommission und Parlament jedoch häufig eine Allianz, um ihre Machtposition gegenüber dem Rat zu stärken.

Der *Rat* ist ein mächtiger Akteur in allen drei Dimensionen europäischer Entscheidungsfindung: In der Gesetzgebung war er lange Zeit der entscheidende Akteur; seit dem Inkrafttreten des Lissabon-Vertrags muss er allerdings diese Funktion mit dem EP teilen und somit Kompromisse eingehen. In den Bereichen, die nahezu ausschließlich unter intergouvernementale Regie fallen, nimmt der Rat weitgehende Funktionen in der Politikformulierung und -implementation wahr. Auch im Falle von Grundsatzentscheidungen ist der Rat an der Vorbereitung von Entscheidungen, der Diskussion von Details und schließlich auch am Abschluss des Verfahrens über die formelle Ratifizierung, beispielsweise von Vertragsänderungen, in hohem Maße beteiligt. In exekutiven Angelegenheiten nimmt der Rat Überwachungsfunktionen gegenüber der Kommission wahr, auch wenn diese Aufgabe häufig an Spitzenbeamte und andere Repräsentanten der Mitgliedstaaten delegiert wird. Zudem nimmt er zunehmend exekutive Aufgaben wahr, teilweise im Wechselspiel mit der Kommission; dies betrifft vor allem neuere Politikfelder wir die WWU und GASP, die überwiegend einer intergouvernementalen Regie unterliegen.

Das *Parlament* nimmt seit Inkrafttreten des Lissabon-Vertrags in der Gesetzgebung eine weitestgehend gleichberechtigte Position neben dem Rat ein, nachdem zuvor schon seine diesbezügliche Rolle schrittweise ausgeweitet worden war. Diese weitreichenden Kompetenzen kann das EP allerdings nur wirksam nutzen, wenn es zu Kompromissen mit dem Rat bereit ist; allenfalls in Extremfällen kann es seine Vetomacht einsetzen. Durch die Bildung einer Allianz mit der Kommission hat es aber die Möglichkeit, seine Position gegenüber dem Rat zu stärken. Bei exekutiven Entscheidungen ist die Rolle des Parlaments sehr begrenzt, etwa über gewisse Kontrollrechte in der sekundären Gesetzgebung. An fundamentalen Entscheidungen ist das Parlament mit Vorschlägen beteiligt, nicht jedoch mit verbindlichen Entscheidungen; im Falle von Erweiterungen der Union verfügt es allerdings über ein Zustimmungs- und damit auch ein Vetorecht.

Der *Europäische Rat* ist das machtvollste Organ der Union, indem er über Erweiterungen der Union, institutionelle Reformen sowie den generellen Verlauf und die Richtung der Integration entscheidet. Auch wenn er in all diesen Fällen von den anderen Organen sowie den jeweiligen Substrukturen unterstützt wird, bleiben ihm dennoch die definitiven Entscheidungen vorbehalten. Mit der Einführung der Konventsmethode für Vertragsänderungen hat er sich allerdings eine spezifische Unterstützungsstruktur geschaffen, die seinen Entscheidungen Legitimation verschafft. Aber auch in diesem Falle ist ihm das letzte Wort vorbehalten. Zudem nimmt der Europäische Rat aber auch zunehmend exekutive Funktionen in den Bereichen wahr, die im Wesentlichen intergouvernemental gesteuert werden. Er greift damit weit in die Funktionen der anderen drei Organe ein.

Darüber hinaus konnte dieses Kapitel zeigen, dass die Interaktionen zwischen den Organen der EU nicht nur durch ihre jeweiligen formalen Kompetenzen strukturiert werden, sondern auch von den jeweiligen strategischen und taktischen Kalkülen bestimmt sind. Dementsprechend verdeutlicht die Praxis jedes einzelnen Organs seine Bestrebungen, den Integrationsprozess so weit wie möglich zu beeinflussen und zu gestalten; dies schließt die maximale Nutzung und tendenzielle Überschreitung der jeweiligen formalen Kompetenzen ein. Insbesondere die supranationalen Institutionen versuchen, ihre vergleichsweise schwächere Machtposition durch strategisches Handeln und geschicktes Taktieren zu stärken. Die Kommission setzt diese Möglichkeiten während des gesamten Verlaufs der Entscheidungsverfahren erfolgreich ein; Kommission und Parlament bilden häufig Allianzen; das Parlament nutzt Interessengegensätze zwischen den Mitgliedstaaten, um Kompromisse in seinem Sinne zu erzielen. Allerdings schränken sich die europäischen Organe über ihre Interaktionen auch gegenseitig ein. Das ist vor allem beim Rat offensichtlich, der insbesondere die Kommission, teilweise aber auch das Parlament, einzuschränken versucht. Aber auch das Parlament versucht, die Kommission über indirekte Druckmittel einzuschränken.

Vor diesem Hintergrund wundert es denn auch nicht, dass Konflikte zwischen den Institutionen über Kompetenzen, tendenzielle Machtausweitungen und direkte oder indirekte Einflussnahmen auf die jeweils anstehenden Entscheidungen an der Tagesordnung sind. Allen Organen ist allerdings bewusst, dass sie ohne konsensuelle Lösungen weder die kollektiven, noch ihre individuellen Zielsetzungen erreichen können; deshalb treten sie sowohl auf offener Bühne als auch hinter den Kulissen in komplexe Prozesse der Kompromiss- und Konsensfindung ein, um effektive Problemlösungen zu finden und den Integrationsprozess gemeinsam voranzutreiben. Die Funktionsweise der EU ist somit auf allen Ebenen gleichermaßen durch Konflikt und Konsens bestimmt.

8 Struktur, Entscheidungsfindung und Performance der einzelnen Organe

Wurde im vorangegangenen Kapitel die Interaktion zwischen den Kernorganen der Union in verschiedenen Entscheidungsprozessen dargestellt, so soll im Folgenden die – parallel dazu verlaufende – Entscheidungsfindung innerhalb der einzelnen Organe analysiert werden. Dies schließt die Analyse der internen Organisationsstruktur und Arbeitsweise sowie der Performance der einzelnen Organe und ihrer jeweiligen Besonderheiten ein. Jedes der europäischen Organe strebt danach, über die maximale Nutzung formaler Kompetenzen und institutioneller Ressourcen sowie die Optimierung seiner Performance seine Macht und Einflussnahme im EU-System auszuweiten. Um dies zu erreichen, bedarf es differenzierter Mechanismen der Konsensfindung im Innern sowie strategischer und taktischer Fähigkeiten gegenüber den anderen Organen. Welche Strategien und Verfahrensweisen dabei eingesetzt werden, soll im Folgenden für die einzelnen Organe herausgearbeitet werden.

8.1 Die Kommission: kollegial oder hierarchisch?

Die Kommission hat angesichts ihrer vielfältigen Funktionen gegensätzliche Anforderungen zu bewältigen, was in ihrer internen Strukturierung und den Verfahrensweisen der Entscheidungsfindung zum Ausdruck kommt. Einerseits trägt sie kollektive Verantwortung für all ihre Aktivitäten und vertritt sie über ihre gemeinsame Beschlussfassung. Andererseits übernehmen die einzelnen Kommissare ein bestimmtes Aufgabenfeld als spezifischen Verantwortungsbereich; das kann zu Konflikten zwischen ihnen führen und die kollektive Entscheidungsfindung im Kollegium erschweren. Weitere Widersprüche ergeben sich aus den politischen und administrativen Funktionen der Kommission: Einerseits fungiert sie als „Motor der Integration", und damit als ein herausragender politischer Akteur und Initiativnehmer in der EU; andererseits obliegt ihr die Umsetzung der Ratsbeschlüsse und die Überwachung ihrer Einhaltung, was eine Reihe von eher „technischen", administrativen und ausführenden Aufgaben beinhaltet. Schließlich ist die Kommission als ein von den Mitgliedstaaten unabhängiges Organ konzipiert; gleichzeitig wird sie aber von diesen beschickt, wobei streng auf Proporz und gleichberechtigte Repräsentanz geachtet wird, nicht zuletzt, weil jeder Staat sich so einen gewissen Einfluss erhofft.

Die *Organisationsstruktur* der Kommission spiegelt diese gegensätzlichen Funktionsbereiche. Den Kommissaren, die als politische Akteure gelten (Wille 2013, Kassim et al. 2013, Hartlapp et al. 2014), sind bestimmte Aufgabenbereiche, und damit auch eine oder sogar mehrere entsprechende Generaldirektionen zugeordnet (vgl. Tab. 8.1); über die Zuordnung entscheiden die jeweiligen Kommissionspräsidenten. Insbesondere die großen Mitgliedstaaten erwarten allerdings, dass „ihren" Kommissaren prestigeträchtige Ressorts zugewiesen werden. Die Aufgabenbereiche der Kommissare

https://doi.org/10.1515/9783111191799-008

richten sich daher nicht nur nach Qualifikationen, sondern auch nach politischen und Proporzgesichtspunkten (Nugent 2010: 113).

Unter den Kommissaren hat sich eine gewisse Hierarchisierung herausgebildet, indem zunächst nur einige wenige, seit der Juncker-Präsidentschaft jedoch sieben Vizepräsidenten übergreifende, breitere Querschnittsaufgaben übernehmen (Bürgin 2018). Unter Kommissionspräsidentin von der Leyen wurden diese Ämter zunächst auf Wunsch des Europäischen Rates weiter hierarchisiert durch die Einführung von drei exekutiven Vizepräsidenten gegenüber fünf weiteren Vizepräsidenten (Kassim 2023). In ihrer zweiten Amtszeit seit 2024 hat von der Leyen diese Hierarchisierung wieder zurückgenommen durch die Ernennung von insgesamt sechs exekutiven Vizepräsidenten (siehe Tab. 8.1). Ihnen sind breite Kernaufgaben der EU zugeordnet, die verschiedene politische Ziele miteinander verbinden, so etwa der saubere und wettbewerbsfähige Wandel, wobei mit sauber angedeutet wird, dass die Klimaschutzfra-

Tabelle 8.1: Zusammensetzung der Europäischen Kommission, 2024–2029.

Name, Funktion, Staatsangehörigkeit	Aufgabenbereich	Zugeordnete Generaldirektion
Ursula VON DER LEYEN Präsidentin		SG (Generalsekretariat) COMM (Kommunikation) IDEA (Inspirieren, Debattieren, Engagieren und Beschleunigung von Maßnahmen) SJ (Juristischer Dienst)
Teresa RIBERA RODRÍGUEZ Exekutiv-Vizepräsidentin	Sauberer, fairer und wettbewerbsfähiger Wandel	COMP (Wettbewerb)
Henna VIRKKUNEN Exekutiv-Vizepräsidentin	Technologische Souveränität, Sicherheit und Demokratie	CONNECT (Kommunikationsnetze, Inhalte und Technologien) DIGIT (Digitale Dienste)
Stéphane SÉJOURNÉ Exekutiv-Vizepräsident	Wohlstand und Industriestrategie	GROW (Binnenmarkt, Industrie, Unternehmertum und KMU)
Kaja KALLAS Hohe Vertreterin und Vizepräsidentin	Außen- und Sicherheitspolitik	EEAS Europäischer Auswärtiger Dienst[1]

---

1 Dieser Dienst ist keine Generaldirektion der Kommission, sondern umspannt Mitarbeiter der Kommission und des Rats der EU.

Tabelle 8.1 (fortgesetzt)

Name, Funktion, Staatsangehörigkeit	Aufgabenbereich	Zugeordnete Generaldirektion
Roxana MÎNZATU Exekutiv-Vizepräsidentin	Soziale Rechte und Kompetenzen, hochwertige Arbeitsplätze und Vorsorge	EAC (Bildung, Jugend, Sport und Kultur) EMPL (Beschäftigung, Soziales und Integration)
Raffaele FITTO Exekutiv-Vizepräsident	Kohäsion und Reformen	REGIO (Regional- und Stadtpolitik)
Maroš ŠEFČOVIČ Kommissar	Handel und wirtschaftliche Sicherheit, interinstitutionelle Beziehungen und Transparenz	TRADE (Handel und wirtschaftliche Sicherheit) TAXUD (Steuern und Zollunion)
Valdis DOMBROVSKIS Kommissar	Wirtschaft und Produktivität, Umsetzung und Vereinfachung	ECFIN (Wirtschaft und Finanzen) EUROSTAT (Europäische Statistiken)
Dubravka ŠUICA Kommissarin	Mittelmeerraum	NEAR (Nachbarschaftspolitik und Erweiterungsverhandlungen) MENA (Naher Osten, Nordafrika und Golf)
Olivér VÁRHELYI Kommissar	Gesundheit und Tierwohl	SANTE (Gesundheit und Lebensmittelsicherheit)
Wopke HOEKSTRA Kommissar	Klima, Netto-Null-Emissionen und sauberes Wachstum	CLIMA (Klimaschutz) TAXUD (Steuern und Zollunion)
Andrius KUBILIUS Kommissar	Verteidigung und Weltraum	DEFIS (Verteidigungsindustrie und Weltraum)
Marta KOS Kommissarin	Erweiterung	ENEST (Erweiterung und östliche Nachbarschaft) NEAR (Nachbarschaftspolitik und Erweiterungsverhandlungen)
Jozef SÍKELA Kommissar	Internationale Partnerschaften	INTPA (Internationale Partnerschaften)
Costas KADIS Kommissar	Fischerei und Meer	MARE (Maritime Angelegenheiten und Fischerei)
Maria LUÍS ALBUQUERQUE Kommissarin	Finanzdienstleistungen, Spar- und Investitionsunion	FISMA (Finanzstabilität, Finanzdienstleistungen und Kapitalmarktunion)

Tabelle 8.1 (fortgesetzt)

Name, Funktion, Staatsangehörigkeit	Aufgabenbereich	Zugeordnete Generaldirektion
Hadja LAHBIB Kommissarin	Gleichberechtigung, Krisenvorsorge und -management	HERA (Krisenvorsorge und -reaktion bei gesundheitlichen Notlagen) JUST (Justiz und Verbraucher) ECHO (Europäischer Katastrophenschutz und humanitäre Hilfe)
Magnus BRUNNER Kommissar	Inneres und Migration	HOME (Migration und Inneres)
Jessika ROSWALL Kommissarin	Umwelt, resiliente Wasserversorgung und wettbewerbsfähige Kreislaufwirtschaft	ENV (Umwelt)
Piotr SERAFIN Kommissar	Haushalt, Betrugsbekämpfung und öffentliche Verwaltung	BUDG (Budget) HR (Humanressourcen und Sicherheit) OLAF (Europäisches Amt für Betrugsbekämpfung) IAS (Interner Auditdienst) SCIC (Dolmetschen) DGT (Übersetzen)
Dan JØRGENSEN Kommissar	Energie und Wohnungswesen	ENER (Energie)
Ekaterina ZAHARIEVA Kommissarin	Start-Ups, Forschung und Innovation	EAC (Bildung, Jugend, Sport und Kultur) JRC (Gemeinsame Forschungsstelle) RTD (Forschung und Innovation)
Michael McGRATH Kommissar	Demokratie, Justiz und Rechtsstaatlichkeit	JUST (Justiz und Verbraucher)
Apostolos TZITZIKOSTAS Kommissar	Nachhaltiger Verkehr und Tourismus	MOVE (Mobilität und Verkehr)
Christophe HANSEN Kommissar	Landwirtschaft und Ernährung	AGRI (Landwirtschaft und ländliche Entwicklung)
Glenn MICALLEF Kommissar	Generationengerechtigkeit, Jugend, Kultur und Sport	EAC (Bildung, Jugend, Sport und Kultur)

Quelle: Offizielle Webseite der Europäischen Kommission:
Spalten 1 und 2: https://commission.europa.eu/about/organisation/college-commissioners_de
Spalte 3: https://commission.europa.eu/about/departments-and-executive-agencies_en?prefLang=de&
page=1 (Abruf: 18.07.2025)

gen zu berücksichtigen hat. Auch den übrigen Kommissaren sind komplexe Aufgaben und Zielstellungen zugeordnet, die sich nicht ohne Weiteres mit den zugeordneten Generaldirektionen decken. Es sind also bereits in dieser Aufgabenverteilung Kooperationserfordernisse zwischen Kommissaren und Generaldirektionen eingeschlossen.

Das Kommissionskollegium wird von einem Präsidenten oder einer Präsidentin geführt, deren Rolle ursprünglich als erste unter gleichen konzipiert war, womit primär die moderierenden Aufgaben im Vordergrund standen. Herausragende Führungspersönlichkeiten haben aber das Amt zunehmend offensiv geführt, sodass den Präsidenten schließlich auch in den Verträgen eine herausgehobene Stellung gewährt wurde (Art. 17(6) EUV-L). Mittlerweile gelten die Präsidenten als machtvolle Akteure im EU-System, die vorwärtsweisende Initiativen ergreifen, diese gegenüber den Mitgliedstaaten nachdrücklich vertreten und mit strategischem und taktischem Geschick häufig auch durchsetzen. In früheren Phasen der Integration galten insbesondere Walter Hallstein und Jacques Delors als herausragend in diesem Sinne (vgl. z. B. Tömmel 2013, Müller 2020). In der Gegenwart ist es Ursula von der Leyen, die mit Verve eine Reihe von spektakulären Politikinitiativen entwickelt und erfolgreich durchsetzt (Müller und Tömmel 2022, Baracani 2023, Kassim 2023, Abels et al. 2025). Kassim sieht in dieser Entwicklung eine zunehmende Präsidentialisierung der Kommission (vgl. Kassim et al. 2013, Kassim 2022); da die Kommission jedoch nicht als Regierung zu werten ist, erscheint es mir angemessener, von einer zunehmend expliziten Führungsposition der Präsidenten gegenüber dem Kollegium, aber auch den übrigen europäischen Organen und den Repräsentanten der Mitgliedstaaten zu sprechen (vgl. auch Buonanno und Nugent 2013, Müller 2020).

Die Kommission verfügt über eine umfangreiche administrative Substruktur, die inzwischen 41 Generaldirektionen sowie 19 spezialisierte Dienststellen umfasst (vgl. Tab. 8.1). Die Aufgabengebiete der Generaldirektionen sind von sehr unterschiedlicher Qualität und Bedeutung: Teilweise umfassen sie sehr weite und bedeutende Politikbereiche und -felder, wie beispielsweise Wirtschaft und Finanzen (ECFIN) oder Beschäftigung, Soziales und Integration (EMPL). Der Bereich Außenbeziehungen gehört ebenfalls dazu, ist jedoch seit seiner Umbildung zum Europäischen Auswärtigen Dienst unter Einschluss von Beamten der Ratsverwaltung nicht mehr ausschließlich ein Kommissionsdienst. Andere GD beziehen sich demgegenüber auf engere oder sehr spezielle Bereiche, wie etwa Regional- und Stadtpolitik (REGIO) oder Maritime Angelegenheiten und Fischerei (MARE). Zudem sind einige Generaldirektionen überhaupt nicht einem – engeren oder weiteren – Politikfeld gewidmet; vielmehr befassen sie sich mit EU-internen Funktionsmechanismen oder Verwaltungsaufgaben, wie Haushalt (BUDG), Digitale Dienste (DIGIT) oder Dolmetschen (SCIC). Entsprechend dem Aufgabenbereich variiert auch der Umfang der einzelnen Direktionen; ihre Beschäftigtenzahl kann zwischen 200 und 3000 variieren. Weniger der Umfang als vielmehr der Aufgabenbereich der GD definiert ihre Bedeutung: So gelten insbesondere Wettbewerb (COMP), Wirtschaft und Finanzen (ECFIN), Handel (TRADE) sowie Binnenmarkt (MARKT) als sehr bedeutend, da sie Kernpolitiken der EU betreffen und dementsprechend häufig auch über weitgehende Kompetenzen verfügen. Die Bedeutung von Generaldirektionen kann allerdings auch mit der Agenda der Kommissionspräsidenten variieren. So ist von der Leyens Kernanliegen, der European Green Deal, zwar eine Querschnittsaufgabe, hat aber die Umwelt-DG (ENV) deutlich aufgewertet.

Den Generaldirektionen stehen beamtete Generaldirektoren vor, die die inhaltliche Verantwortung für den jeweiligen Sachbereich tragen und auch als oberste Vorgesetzte gegenüber dem zugehörigen Beamtenstab fungieren (Spence 2006b: 128–135). Zwar werden die Generaldirektoren den Verwaltungsfunktionen der Kommission zugeordnet (Wille 2013); faktisch übernehmen sie aber eine Reihe von politische Funktionen, indem sie Politikkonzepte vorschlagen, mit ihren Stäben weitgehend ausarbeiten und auch in Auseinandersetzungen innerhalb der Kommission vertreten (Hartlapp et al. 2014, Nugent und Rhinard 2019).[2]

Die Kommission verfügt zudem über ein Generalsekretariat, dessen Funktion es ist, einerseits für eine verbesserte Koordination zwischen den einzelnen GD und ihren sektoralen Aufgabenbereichen zu sorgen, andererseits die Präsidenten der Kommission in ihrer Arbeit zu unterstützen. Wie alle Institutionen der EU hat sich dieses Sekretariat jedoch weit über die ihm ursprünglich zugedachten Funktionen hinaus entwickelt. So fungiert es zunehmend als Schaltstelle und Schiedsrichter für ein breites Spektrum von Aufgaben, das von der systematischen Planung der Kommissionsprioritäten über die Strukturierung der Erarbeitung von Politikinitiativen bis hin zur Entscheidung inhaltlich kontroverser Fragen reicht; zudem arbeitet es selbstständig Dossiers von hoher Priorität oder zu sehr umstrittenen Themen aus (Kurpas et al. 2008: 42–43, Hartlapp et al. 2014, Hustedt und Seyfried 2018). Schließlich hat sich das Sekretariat zunehmend zu einer mächtigen Unterstützungsstruktur der Kommissionspräsidenten entwickelt (Kassim et al. 2013, Tömmel 2022).

Den Kommissaren stehen sogenannte Kabinette im Umfang von gegenwärtig 6 bis maximal 12 Mitgliedern zur Seite, die als Bindeglied zwischen der im engeren Sinne politischen und der administrativen Ebene fungieren und die selbst als politische Akteure zu werten sind (Spence 2006a: 60–72, Gouglas et al. 2017, Mérand 2022). Ihnen obliegt die horizontale und vertikale Koordination der Kommissionsarbeit, die strategische Beratung und Unterstützung der jeweiligen Kommissare bzw. Präsidenten sowie die Bildung von Mehrheiten für Politikinitiativen (Cini 1996: 112–116, Spence 2006a: 63–65 und 69). Über die Jahre haben sie sich zu einer effektiven Substruktur unterhalb des Kollegialorgans der Kommission herausgebildet (Bauer et al. 2023). Ähnlich wie im Falle von COREPER finden wöchentliche Sitzungen der „chefs de cabinet" statt, die der Vorklärung und teilweise auch Vorentscheidung von Kommissions-

---

2 Wille betont zwar in ihrem Buch, dass die EU inzwischen über eine klare Trennung zwischen der politischen und der Verwaltungsebene verfügt; die von ihr dazu angeführten Belege und zahlreichen Originalzitate verweisen aber eher auf das Gegenteil.

beschlüssen dienen (Mérand 2022). Gleichzeitig betätigen sich die Kabinette und vor allem ihre Chefs als politische Initiativnehmer (Ross 1995, Mérand 2022). Schließlich pflegen sie enge Kontakte zu den GD, was allerdings zu erheblichen Friktionen und Konflikten führen kann (Spence 2006a: 69–70, Gouglas et al. 2017). Seit den Reformen der Prodi-Kommission sind die Kabinette multinationaler zusammengesetzt; Bauer et al. (2023) beobachteten zudem eine Tendenz zu einer stärkeren top-down-Koordination.

Die *Entscheidungsfindung* der Kommission stellt sich als ein recht komplexer und vielfältiger Abstimmungs- und Abwägungsprozess dar, der sowohl ein breites Spektrum von kommissionsinternen wie auch externen Akteuren umfasst (Spence 2006b: 144–155). Am Anfang stehen Grundsatzentscheidungen, die in der Agenda der Kommissionpräsidenten, derjenigen der Gesamtkommission sowie auch der Agenda des Europäischen Rats definiert worden sind. Kommissionsintern werden über einen sogenannten „Strategic Planning and Programming Cycle", der alle Institutionen der Kommission einbezieht, regelmäßig Prioritäten für die gesetzgeberische Tätigkeit festgesetzt (Tholoniat 2009). Für einzelne Gesetzesvorschläge arbeitet zunächst eine Abteilung einer GD eine erste Vorlage aus. Diese durchläuft einen vertikalen Abstimmungs- und Abänderungsprozess innerhalb der GD und sodann einen horizontalen Abwägungsprozess mit anderen, von der Materie betroffenen GD (Hartlapp et al. 2014). Häufig treten dabei Konflikte zwischen den GD auf, die einerseits an einer Kooperation interessiert sind – über diese lassen sich bereits im Vorfeld von Entscheidungen Gewinnerkoalitionen schmieden – andererseits aber auch konkurrierende Positionen vertreten (Hartlapp et al. 2014). Bei anhaltendem Dissens trifft das Generalsekretariat eine Entscheidung, dem ohnehin zunehmend eine steuernde Rolle in der Prioritätensetzung zukommt (Kassim et al. 2013, Tömmel 2022). Zudem setzt die Kommission in der Folge der internen Reformen zu Anfang des Jahrhunderts sogenannte Impact Assessments ein, um die Folgen einer geplanten Gesetzgebung genauer zu erfassen. Damit will sie die Qualität ihrer Vorlagen optimieren und die Wahrscheinlichkeit ihrer Annahme durch die Mitgliedstaaten erhöhen (Tholoniat 2009).

In weiteren Schritten kommt es zu Abstimmungsprozessen mit internen und externen Akteuren. Intern ist es jetzt die politische Ebene – das Kollegium der Kommissare, die „chefs de cabinet" sowie spezielle Ausschüsse von Kabinettsmitgliedern – die die Vorlage unter breiten politischen, strategischen und integrationsspezifischen Gesichtspunkten unter die Lupe nehmen und entsprechend modifizieren. Als wichtigste externe Akteure treten Vertreter der Mitgliedstaaten, meist Spitzenbeamte der betroffenen Ministerien, über entsprechende beratende Ausschüsse oder Expertengruppen in den Abstimmungsprozess ein (Nugent 2010: 124–125). Dies erlaubt der

Kommission, frühzeitig nationale Präferenzen zu erfahren sowie gegebenenfalls ihre Initiativen den jeweiligen Erwartungen und Optionen der Mitgliedstaaten anzupassen.

Nicht-staatliche Experten und Berater werden dagegen in den Prozess eingeschaltet, um die Expertise der Kommission zu erweitern (Hartlapp et al. 2014: 24–26). Der Einbezug von Interessengruppierungen, Verbänden und Lobbyisten in den Entscheidungsprozess erfolgt in der Regel über deren Teilnahme an entsprechenden Ausschüssen, wobei auch hier nicht nur deren Präferenzen ausgelotet, sondern auch frühzeitig Unterstützerkoalitionen geschmiedet werden können (vgl. Kap. 11.1). In all diesen Phasen tritt das Generalsekretariat als moderierende und strukturierende Instanz auf. Aber auch das Kommissionskollegium, das wöchentlich im Plenum tagt, begleitet und strukturiert den im Vorgehenden skizzierten Prozess in all seinen Phasen. Insbesondere Kommissionspräsidentin von der Leyen wird dabei ein sehr inklusiver Führungsstil nachgesagt (Scherpereel et. al. 2025).

Ist ein Vorschlag schließlich intern und extern abgestimmt, tritt er in die definitive Beschlussfassungsphase auf der politischen Ebene ein. Zunächst sind es die „chefs de cabinet", die als „Kommission im Kleinen" über die Vorlage entscheiden und, wo nötig, Kompromisse zwischen den GD aushandeln (Spence 2006b: 150–152). Gelingt dies, wird der Vorschlag von der Gesamtkommission nicht mehr diskutiert, sondern nur noch formal abgestimmt. Bleiben Differenzen bestehen, werden diese im Plenum des Kommissionskollegiums ausdiskutiert und formal angenommen. Nur selten kommt es dabei zu einer formalen Abstimmung; zumeist wird ein Konsens angestrebt (Mérand 2022).

Die Regel der kollektiven Entscheidungsfindung der Kommission – die ursprünglich vor allem das Durchschlagen nationaler Interessen im Entscheidungsprozess verhindern sollte – hat ihrerseits spezifische Rückwirkungen auf die Verfahrensmodi und Inhalte. Denn im Wesentlichen kommt es bei Kommissionsentscheidungen auf die Konsensfindung an, was vielfältige Anpassungen und Modifikationen der lancierten Vorschläge impliziert. Sehr kontroverse Initiativen sind daher häufig von vornherein ausgeschlossen oder benötigen eine starke Unterstützung vonseiten der jeweiligen Präsidenten (Kurpas et al. 2008: 23). Die Kommissare müssen neben der eigenen inhaltlichen Position auch die Möglichkeiten der Koalitionsbildung im Auge behalten, was zu Tauschgeschäften und einer Art von Package Deals bei der Verabschiedung mehrerer Vorschläge führt. Die konsensorientierte Haltung der Kommissare bietet aber umgekehrt die Gewähr, dass nationale Interessen, aber auch extremere politische Positionen, eher in den Hintergrund treten.

Die vorgehenden Ausführungen beziehen sich primär auf die „reguläre" Recht- und Regelsetzung; die Kommission lanciert aber auch umfassendere politische Vorhaben bis hin zu weitreichenden Integrationskonzepten. In solchen Fällen kann sie ihre

eigenen politischen Ideen und Konzepte – wobei den Präsidenten eine ganz besondere Rolle zukommt[3] – in die Debatte insbesondere zwischen den Mitgliedstaaten einbringen. Die Präsenz der Kommissionspräsidenten im Europäischen Rat bietet dazu
vielfältige Möglichkeiten. Die Kommission kann aber auch allerlei Strategien und Taktiken einsetzen, um diesbezügliche Erfolge zu erzielen. So hat Kommissionspräsidentin von der Leyen beispielsweise während des russischen Angriffskriegs gegen die Ukraine häufig schon öffentlich politische Statements oder sogar Zusagen abgegeben,
bevor der Europäische Rat sich eine Meinung bilden konnte; zugleich konnte sie aber
auch sehr schnell konkrete Handlungskonzepte dazu vorlegen, die die Kommissions-
verwaltung zuvor schon erarbeitet hatte (Baracani 2023, Kassim 2023, Tömmel 2025).
Diese Strategien der Kommissionspräsidentin haben entsprechend positive Beschlüsse
durch den Europäischen Rat erleichtert und beschleunigt.

Abschließend stellt sich daher die Frage, ob die Trennung zwischen einer politischen und einer Verwaltungsebene in der Kommission überhaupt so deutlich besteht,
wie es teilweise in der Fachliteratur dargestellt wird (vgl. etwa Wille 2013). Eindeutig
übt die Kommission eine Reihe von Verwaltungstätigkeiten aus (vgl. Kap. 7.3), aber
ihre politischen Initiativen stehen im Vordergrund. Das ergibt sich schon aus ihrem
Initiativrecht, das nicht nur für einzelne Gesetze, sondern auch für weitreichende
Programme und Konzepte eingesetzt wird, wie gegenwärtig etwa den European
Green Deal der von der Leyen-Kommission (Pollek und Lenschow 2024). Hierbei treiben die Präsidentin, das Kommissionskollegium und die GD gleichermaßen, wenngleich mit interner Arbeitsteilung, eine vorwärtsweisende Klimapolitik voran, die
alles übersteigt, was die Mitgliedstaaten *bis dato* eingeleitet haben. Insofern erfüllt die
Kommission eine eminent politische Funktion, die aber nicht von parteipolitischen
Partikularinteressen getragen wird, sondern sich am europäischen Gemeinwohl orientiert. Diese Orientierung wird möglich, weil die Kommission einerseits vergleichsweise unabhängig ist, andererseits eine langfristige Perspektive einnehmen kann, da
sie nicht oder allenfalls indirekt von Wahlen abhängig ist. Gleichzeitig wird sie durch
den ausdifferenzierten internen und externen Abstimmungsprozess begünstigt, bevor
die Vorlagen offiziell Rat und Parlament oder, im Falle weiterreichender Konzepte,
dem Europäischen Rat zur Beschlussfassung vorgelegt werden. Allerdings ist auch
festzuhalten, dass Kommissionsvorlagen nicht immer dem europäischen Gemeinwohl
entsprechen, sondern von vielfältigen Partikularinteressen beeinflusst werden können; zudem können über den weiteren Entscheidungsfindungsprozess zwischen den
europäischen Organen Partikularinteressen häufig die Oberhand gewinnen.

---

3 Insbesondere die Präsidentschaft Delors hat gezeigt, welche Rolle die Kommission unter einem
proaktiven Präsidenten spielen kann (Ross 1995, Tömmel 2013, Müller 2020).

8.2 Rat und Europäischer Rat: Verhandlung oder Problemlösung?

Der Rat sowie der Europäische Rat sind, ganz im Gegensatz zur Kommission, keine fest organisierten Institutionen; vielmehr sind sie als Vertretungen der Mitgliedstaaten heterogene Gremien, eben Räte. Ihre Mitglieder sind in erster Linie Funktionsträger in den jeweiligen nationalen Regierungen; ihre Aufgaben in der EU sind somit ein Nebenprodukt ihrer Funktion im Heimatland. Das bedeutet jedoch nicht, dass die beiden Organe nebensächlich wären, im Gegenteil, Rat und Europäischer Rat nehmen eminent wichtige Funktionen im EU-System war: Ersterer, indem er gesetzgeberische Entscheidungen trifft, intergouvernemental organisierte Politikfelder reguliert und in beiden Fällen auch Exekutivfunktionen wahrnimmt; letzterer, indem er Grundsatzentscheidungen über den Gesamtprozess der Integration fällt, die Weichen für politische Initiativen stellt und die Politiken des intergouvernementalen Spektrums steuert. Es bedeutet auch nicht, dass beide Organe keine institutionelle Basis hätten: im Gegenteil sie sind in Brüssel sowohl durch ein gemeinsames Sekretariat wie auch durch die Vertretungen der Mitgliedstaaten sehr gut organisiert. Beide Organe sind von tiefgreifenden Widersprüchen durchzogen: Einerseits fungieren sie als Verhandlungsarenen für die Vertreter der einzelnen Staaten; andererseits müssen sie zu gemeinsamen, europäischen Entscheidungen kommen. Es stehen also auch in diesen beiden Organen angesichts divergierender Partikularinteressen der Mitgliedstaaten differenzierte Verfahren der Konsensfindung im Vordergrund.

8.2.1 Der Rat

Der Rat besteht einerseits aus einer Reihe verschiedener Formationen (vgl. Kap. 6.2), andererseits aus heterogenen Mitgliedern, Ministern, die die Interessen und Präferenzen ihrer nationalen Regierungen vertreten. Damit umfasst die *Organisationsstruktur* des Rats sowohl ein sektoral weitgehend aufgefächertes Spektrum von Räten, in denen die Regierungen der Mitgliedstaaten interagieren, wie auch eine hoch differenzierte Substruktur, die die Arbeit der Räte vorbereitet, unterstützt oder teilweise trägt. Die einzelnen Formationen des Rates unterscheiden sich nicht nur nach den jeweiligen Politikfeldern und Aufgabenbereichen, sondern auch je nach ihrem politischen Gewicht (vgl. Übers. 6.2). An der Spitze stehen der Rat Allgemeine Angelegenheiten, der für alle Grundsatzentscheidungen zuständig ist, sowie der Rat Auswärtige Angelegenheiten, der die Außenpolitik maßgeblich lenkt; beide Formationen werden gleichermaßen von den Außenministern der Mitgliedstaaten beschickt. Die verbleibenden, sogenannten „technischen" Räte gliedern sich ihrerseits in wichtige und entsprechend häufig tagende Räte (ECOFIN und Agrarministerrat) sowie alle anderen, die seltener zusammenkommen. Die Frequenz der Sitzungen hängt generell davon ab, ob der betreffende Rat in Bezug auf etablierte EU-Politiken tätig wird oder primär Koordinationsaufgaben bezüglich der nationalen Politiken wahrnimmt (Hayes-Renshaw und Wallace 2006, Hayes-Renschaw und Wallace 2006: 38-39, Puetter 2022).

Alle Ratsformationen mit Ausnahme des Rats Auswärtige Angelegenheiten werden von einer unter den Mitgliedstaaten im Halbjahresrhythmus rotierenden Präsidentschaft geführt (Art. 16(9) EUV-L). Da diese Konstruktion die Kontinuität und Effektivität der Ratsarbeit erheblich einschränkte, wurde bei den Verhandlungen zum Verfassungsvertrag der Versuch unternommen, die Präsidentschaften des Rates generell zu verstetigen und in ein Wahlamt zu transformieren. Dieser Vorschlag, der möglicherweise nur einige wenige Mitgliedstaaten begünstigt hätte, konnte sich aber nicht durchsetzen; in den abschließenden Verhandlungen wurde lediglich der ständige Vorsitz für den Rat Auswärtige Angelegenheiten angenommen, eine Regelung, die dann in den Lissabon-Vertrag einfloss (Art. 18(3) EUV-L). Für die übrigen Ratsformationen wurde dagegen der halbjährlich rotierende Vorsitz beibehalten (vgl. auch Kap. 4.2), wobei die Einführung eines Troika-Systems, also der Zusammenarbeit von jeweils drei aufeinanderfolgenden Präsidentschaften, die Gefahr der Diskontinuität der Amtsführung mindert.

Die rotierenden Präsidentschaften haben zunächst zwei Aufgaben: sie können die Agenda des Rats bestimmen und Vorschläge zur Beschlussfassung lancieren (Tallberg 2008, Häge 2017, 2019). Darüber hinaus sollen sie aber auch generell eine Managementfunktion im Rat wahrnehmen sowie die Konsensfindung unter den Mitgliedstaaten erleichtern und fördern. Schließlich kommen ihnen auch repräsentative Aufgaben zu. Von den Präsidentschaften wird erwartet, dass diese die Rolle eines „ehrlichen Maklers" übernehmen, also ihre nationalen Interessen während ihrer Vorsitzperiode zurückstellen zugunsten von gemeinsamen Entscheidungen. Die Qualität der Präsidentschaft hängt von den Kapazitäten und Ressourcen des jeweiligen Mitgliedstaats ab; generell gelten große und „alte" Mitgliedstaaten als handlungsfähiger als kleinere und „jüngere" Mitglieder (Schout und Vanhoonacker 2006). Als strukturelles Hemmnis jeder Präsidentschaft stellt sich die kurze Dauer der jeweiligen Amtsperiode dar.

Unterhalb des Rates hat sich eine weit gefächerte Substruktur herausgebildet, die im Wesentlichen aus zwei Komponenten besteht: einerseits COREPER und den ihm neben- oder untergeordneten Institutionen, zum anderen dem Generalsekretariat des Rates (Hayes-Renshaw und Wallace, 2006: 68–132, Lewis 2022). Während COREPER und seine Unterorganisationen aus mitgliedstaatlichen Vertretern besteht, ist das Generalsekretariat eine genuin europäische Institution. COREPER I und II obliegt die inhaltliche und politische Vorbereitung aller Ratsbeschlüsse; beide Gremien tagen in wöchentlichem Rhythmus. Zusätzlich haben sich für die wichtigsten Räte Spezialausschüsse herausgebildet, so für den ECOFIN-Rat, den Agrarbereich, Außenhandelsfragen, die Außen- und Sicherheitspolitik, Justiz und Inneres sowie weitere Politikfelder oder Themenbereiche (Council of the European Union 2025, Annex I). Trotz dieser Zersplitterung nach Sachbereichen laufen aber die wichtigsten Fäden zu Entscheidungen des Ministerrats bei COREPER zusammen (Lewis 2022). Unterhalb von COREPER und den Spezialausschüssen bearbeiten zahlreiche fest oder *ad hoc* eingerichtete Arbeitsgruppen (Council preparatory bodies) die Vorschläge der Kommission und klopfen sie auf ihre inhaltlichen Wirkungen auf die Mitgliedstaaten ab. Im Jahr 2025 waren nicht weniger als 192 solcher Arbeitsgruppen tätig.[4] Der Rat verfügt somit über einen weit aufgefächerten Unterbau zur Vorbereitung seiner Beschlüsse.

Der den Vorsitz führende Mitgliedstaat nimmt auch den Vorsitz in allen Unterorganisationen des Rates wahr, also in COREPER, den speziellen Ausschüssen sowie den Arbeitsgruppen. Das bedeutet für diese Gremien, dass sie ihre Aufgaben ebenfalls unter häufig wechselnder Führung wahrnehmen müssen. Andererseits ermöglicht diese Regelung aber auch, dass die jeweilige Ratspräsidentschaft die vertikale Kommunikation zwischen allen Beteiligten koordinieren und erleichtern kann.

Dem Konglomerat von Ausschüssen und Arbeitsgruppen steht das Ratssekretariat als eine permanente Organisationsstruktur gegenüber (Hayes-Renshaw und Wallace 2006: 101–132). Seine Aufgaben bestehen im Wesentlichen darin, die Sitzungen des Rates technisch und logistisch vorzubereiten und zu begleiten; daneben nahm und nimmt das Sekretariat aber auch politische Funktionen wahr, wie Kirchner bereits in den frühen 90er Jahren feststellte (Kirchner 1992: 27–28). Aufgrund seiner Expertise zu den anstehenden Politikfeldern, Vertrautheit mit den einzelnen Dossiers, umfangreichen Erfahrungen mit zwischenstaatlichen Verhandlungsprozessen und nicht zuletzt seiner intensiven Vernetzung mit den anderen Brüsseler EU-Dienststellen ist das Generalsekretariat bestens platziert, um die jeweilige Präsidentschaft in inhaltlichen Fragen, in der Verhandlungsführung sowie im Schmieden von Kompromissen zu beraten und zu beeinflussen (Beach 2008, Gilloz 2023). Gilloz (2023: 268–269) wertet das Ratssekretariat als einen „crucial player that contributes to strengthening the rotating presidency", als „power behind the throne".

Die *Entscheidungsprozesse* des Rates sind grundsätzlich durch die Interessendivergenzen zwischen den Mitgliedstaaten gekennzeichnet. War in der Vergangenheit in vielen Fällen Einstimmigkeit erforderlich, was zu ernsthaften Entscheidungsblockaden führen konnte, so werden gegenwärtig die meisten Entscheidungen mit qualifizierter Mehrheit gefällt, kommen also wesentlich leichter zustande. Die Interessendivergenzen zwischen den Mitgliedstaaten sind nicht statisch, sondern manifestieren sich fallweise, je nach anstehender Thematik; allerdings gab und gibt es auch notorische Neinsager. Nahm in der Vergangenheit vor allem das Vereinigte Königreich eine solche Position ein, da es weitergehende Integrationsschritte zumeist ablehnte, so sind es zunehmend Vertreter rechtsgerichteter, autoritärer Regierungen, wie beispielsweise Polen unter der PiS-Partei oder Ungarn, die sich als Daueropposition gerieren. Konnten diese bei Mehrheitsentscheidungen zumeist überstimmt werden, so besteht bei weiterer Zunahme von rechtsgerichteten Regierungen die Gefahr der Entstehung von Sperrminoritäten (Becker und von Ondarza 2024).

Die Entscheidungsprozesse im Rat beginnen zunächst mit dem Agenda-Setting, wobei der jeweiligen Präsidentschaft sowie der Troika eine wichtige Rolle zukommt.

---

4 Zahlen berechnet nach: Council of the European Union 2025.

Sie erarbeiten gemeinsam ein Arbeitsprogramm, in dem für 18 Monate die Prioritäten festgelegt werden (Häge 2017, 2019).[5] Da eine erfolgreiche Präsidentschaft eine Prestigefrage ist, versuchen die jeweils verantwortlichen Regierungen beim Agenda-Setting Themenbereiche auszuwählen, die weniger kontrovers sind oder für deren Abschluss sie besonders günstige Voraussetzungen mitbringen (Tallberg 2008). Allerdings kann die jeweilige Präsidentschaft und auch die Troika die Agenda nicht alleine bestimmen; vielmehr wird die Auswahl der Themen und Dossiers in enger Abstimmung mit der Kommission getroffen, wobei insgesamt auf eine zügige Abhandlung von Gesetzesvorschlägen geachtet wird (Hayes-Renshaw 2007).

Die eigentlichen Entscheidungsprozesse verlaufen im Prinzip nach einem „hierarchischen" Muster, indem zunächst die unteren Gremien, also die Ratsarbeitsgruppen, Vorentscheidungen treffen, sodann COREPER oder die Spezialausschüsse weiterverhandeln, während dem Rat die letztendliche Entscheidung obliegt. Auch hier ist der Ablauf in der Praxis komplexer, denn Gesetzentwürfe können wiederholt hin- und hergeschoben und revidiert werden. Faktisch werden die meisten Entscheidungen – nach Schätzungen etwa 90% – von COREPER getroffen (Lewis 2022). Der Rat stimmt dann solchen Vorlagen nur noch pauschal und ohne weitere Diskussion zu. Geht es hingegen um eine sehr kontroverse Thematik, bemüht sich COREPER zwar um eine Vorentscheidung; die eigentliche Konfliktlösung erfolgt jedoch erst im Rat. Seit das Europäische Parlament in fast allen Bereichen der Gesetzgebung mitentscheidet, muss der Rat nicht nur intern, sondern auch mit dem Parlament zu einem Konsens kommen. (vgl. Kap. 7.1 sowie Schaubild 7.1). In diesen Fällen ist es immer COREPER, das den Rat vertritt.

Die im Vorgehenden skizzierte Situation verdeutlicht, dass ein Großteil der Tätigkeit des Rates bereits im Rahmen von COREPER und seinen Arbeitsgruppen stattfindet. Bei tiefergreifenden Differenzen müssen allerdings die Minister im Rat selbst einen Kompromiss finden, wobei sie auch dann noch häufig auf COREPER zurückgreifen. Bei der Konsensfindung spielt die Präsidentschaft eine wichtige Rolle, indem sie Kompromissvorschläge ausarbeitet, Koalitionen für bestimmte Vorschläge schmiedet, Zögerer überredet, Gegenspieler isoliert oder auch für hartnäckige Verhandlungspartner Side-Payments bereithält (Hayes-Renshaw 2007, Lewis 2015). Auch das Ratssekretariat mit seiner reichen Erfahrung in der Entscheidungsfindung kann mit taktischen Ratschlägen und Kompromissformulierungen zur Seite stehen. Schließlich spielt auch die Kommission eine wichtige Rolle, indem sie ebenfalls Kompromissvorschläge lanciert oder Paketlösungen zusammenschnürt. Wenn alle Stricke reißen, kann auch noch der Europäische Rat eingeschaltet werden. Zudem können hinter den Kulissen vielfältige bi- und multilaterale Verhandlungen geführt werden, um zu einem Durchbruch in der Entscheidungsfindung zu kommen (Clark und Jones 2011). Bekannt und

---

5 Der Arbeitsplan wird auch dem Parlament vorgelegt, das aber in dieser Angelegenheit keine Entscheidungsbefugnisse besitzt.

berühmt ist in diesem Kontext die Achse Deutschland–Frankreich, die einerseits als Repräsentant der Hauptkontrahenten, andererseits aber auch als Kristallisationskern sich ausbildender Kompromisse fungieren kann.[6]

Dabei ist hervorzuheben, dass sich in Rat, COREPER und auch den Arbeitsgruppen ein Verhandlungs- und Arbeitsstil herausgebildet hat, der nicht primär durch hartes Bargaining (Verhandeln, Feilschen), und kompromissloses Vorbringen nationaler Interessen gekennzeichnet ist, als vielmehr durch einen kooperativen Umgang, der sich auch und besonders am gemeinsamen Ziel des zügigen Fortschritts der Integration sowie der Erhaltung der Funktionsfähigkeit des Gesamtsystems, also an Normen, orientiert (vgl. z. B. Lewis 2005, 2012, Clark und Jones 2011). Lewis (2019) sieht sogar im Rat und seiner gesamten Substruktur ein Metanetzwerk, dass durch die Norm des „consensus-seeking" geprägt ist, eine Norm, die eine hohe Konstanz unabhängig von Veränderungen im EU-System aufweist. An anderer Stelle betont er: „… the systemic practice of consensus-seeking has survived all Treaty reforms, as well as the expanded scope for QMV[7], inter-institutional shifts in power and the rounds of enlargement" (Lewis 2015: 224). Insbesondere COREPER nimmt dabei eine ganz wesentliche Scharnierfunktion zwischen den nationalen Interessen der Mitgliedstaaten und dem EU-System in seiner Gesamtheit wahr. Dieses Janusgesicht von COREPER (Lewis 2005, 2022) wurde in der deutschen Debatte auch mit dem Slogan der Ständigen Vertreter als „Ständige Verräter" plastisch bezeichnet.

Trotz all dieser elaborierten Verfahren der Kompromiss- und Konsensfindung kann es in der Praxis dennoch zu unüberwindbaren Pattsituationen kommen. In solchen Situationen ist es entscheidend, ob im Rat mit Einstimmigkeit oder mit qualifizierter Mehrheit abgestimmt wird.[8] Zwar legen die Verträge im Prinzip fest, welches Verfahren für welche Thematik anzuwenden ist, in der Praxis ist die Zuordnung jedoch nicht eindeutig, sodass sich ein erheblicher Spielraum für Interpretationen, aber auch für taktische Manöver ergibt. Insbesondere die Kommission nutzt diese Möglichkeit, indem sie in ihren Vorlagen bevorzugt das Verfahren des Mehrheitsentscheids festlegt. Dies erschwert es einzelnen Mitgliedstaaten, strikte Opposition zu praktizieren; allenfalls gelingt es, bei von der Mehrheit abweichenden Präferenzen kleinere Konzessionen zu erzielen. Aber auch bei einstimmigen Entscheidungen ist eine absolute Blockadehaltung nicht mehr angesagt; sie würde kaum noch als berechtigte Wah-

---

6 Die sogenannte „Motorenfunktion" dieser beiden Staaten besteht, entgegen landläufiger Meinung, nicht darin, dass sie die gleichen Integrationsziele anstreben und verfolgen, sondern dass sie im Vorfeld von größeren Entscheidungen Kompromisse zwischen ihren häufig gegensätzlichen Positionen aushandeln, die zumeist repräsentativ sind für die übrigen Mitgliedstaaten. Das wohl deutlichste Beispiel für diese Konstellation ist das Zustandekommen der Währungsunion; ein neues Beispiel ist die Einigung auf die Schaffung eines Rescue-Fonds während der Corona-Pandemie. Vgl. Schild 2013, Schelkle 2021.

7 QMV-Qualified majority voting, also Mehrheitsentscheidungen.

8 Das Verfahren der einfachen Mehrheit kommt so selten zur Anwendung (meist nur in Verfahrensfragen), dass es hier vernachlässigt werden kann.

rung nationaler Interessen gewertet werden, sondern eher als Affront gegenüber den anderen Partnern.

Insgesamt stellt sich die Entscheidungsfindung im Rat als ein differenziertes Abwägen von gegensätzlichen Interessen der Mitgliedstaaten dar, die in einem stufenweisen Prozess des Aushandelns und Austarierens jeweils unterschiedlicher Positionen und Präferenzen in gemeinsamen Entscheidungen und damit Problemlösungen resultieren. Zwar kommt es zu wechselnden Konjunkturen der Entscheidungsfindung und gelegentlich sogar zu manifesten Integrationshemmnissen[9]; die Substrukturen des Rates und insgesamt die auf allen Ebenen wirksamen Normen der Konsenssuche bilden jedoch wirkmächtige Gegengewichte zu potentiellen Blockaden. Die Entscheidungsfindung im Rat ist somit einerseits von intergouvernementalen Aushandlungsprozessen geprägt; andererseits erlauben seine einmaligen Verfahren der Konsensfindung, dass es regelmäßig zu Entscheidungen mit supranationaler Wirkung kommt.

8.2.2 Der Europäische Rat

Betrachtet man die Entscheidungsfindung im Europäischen Rat, so ist zunächst festzuhalten, dass für dieses Gremium grundsätzlich die gleichen Prinzipien, Regeln und Verfahrensweisen wie für den Rat gelten (Lewis 2015). Allerdings gibt es auch signifikante Abweichungen. So ist die Art der Entscheidungen von anderer Natur. Der Europäische Rat „wird nicht gesetzgeberisch tätig"; vielmehr gibt er der Union „die für ihre Entwicklung erforderlichen Impulse und legt die allgemeinen politischen Zielvorstellungen und Prioritäten hierfür fest" (Art. 15(1) EUV-L). Da sich der Europäische Rat aus den Staats- und Regierungschefs und damit den höchsten Autoritäten der Mitgliedstaaten zusammensetzt, trägt er die Verantwortung für ein wesentlich breiteres und umfassenderes Spektrum von Themen und Entscheidungsbereichen. Dementsprechend ist die Entscheidungsfindung im Europäischen Rat von tiefergreifenden Konflikten geprägt; gleichzeitig besteht aber auch ein erheblicher Druck, eine gemeinsame Position zu grundlegenden Fragen der europäischen Integration zu finden.

Die Arbeit des Europäischen Rates wird von mehreren Institutionen vorbereitet und strukturiert, der Kommission, dem Rat sowie den Substrukturen des Rats. In sehr vielen Fällen ist es die Kommission, die Entscheidungsentwürfe vorlegt; häufig wurde sie zuvor dazu auch vom Europäischen Rat aufgefordert. Die Kommission stellt Berichte, Analysen sowie auch umfassende Politikkonzepte oder Handlungsvorschläge für das Gremium bereit. Die Kommissionspräsidenten nehmen als reguläre Mitglieder, allerdings ohne Stimmrecht, an allen Sitzungen des Europäischen Rates teil

---

9 Dies war vor allem in den 70er Jahren der Fall, in denen sehr viele Gesetzesvorschläge wegen nicht-Entscheidung im Rat in der Schublade landeten.

(Art. 15(2) EUV-L); das ermöglicht es ihnen, ihre Vorschläge direkt in dem Gremium zu vertreten sowie im Falle von Dissens mögliche Kompromissformeln zu lancieren.

In Politikfeldern, die unter intergouvernementaler Regie stehen, ist es zumeist der Rat, der Vorschläge für den Europäischen Rat erarbeitet. Insbesondere in der Außen- und Sicherheitspolitik sowie im Bereich Justiz und Inneres arbeiten beide Organe Hand in Hand: Während der Europäische Rat die Grundsatzentscheidungen trifft, obliegen dem Rat sowohl vorbereitende als auch exekutive Entscheidungen. Die Abgrenzung zwischen diesen Entscheidungen ist aber häufig unklar; dementsprechend kommt es zu zahlreichen Überschneidungen (Hayes-Renshaw und Wallace 2006: 165, Puetter 2014). Für die Vorbereitung der eigentlichen Entscheidungen nutzt der Europäische Rat die gleichen Substrukturen wie der Rat; so sind es COPERER, insbesondere sein politischer Arm COPEPER II, sowie das Generalsekretariat, die die entsprechende Zuarbeit leisten.

Bis zum Inkrafttreten des Lissabon-Vertrags unterstand der Europäische Rat ebenso wie alle Räte der rotierenden Präsidentschaft. Das bedeutete, dass die Qualität seiner Arbeit und damit seine Fähigkeit zur Erzielung von Kompromissen stark variierten.[10] Es waren diese unvorhersehbaren Erfolge und Fehlschläge, aber auch der Wunsch, weniger von Kommissionsvorlagen abhängig zu sein, die die Staats- und Regierungschefs bewogen, eine permanente Präsidentschaft für den Europäischen Rat einzurichten (Wessels 2015: 110–116). Seit 2009 wurde das Amt von insgesamt drei Präsidenten – Hermann van Rompuy, Donald Tusk, Charles Michel – für jeweils 5 Jahre geführt; seit 2024 ist der Portugiese António Costa im Amt.

Die *Entscheidungsprozesse* des Europäischen Rats stehen unter der Prämisse, dass grundsätzlich ein Konsens erforderlich ist (Art. 15(4) EUV-L), also Einstimmigkeit, auch wenn nicht formal abgestimmt wird. Ausnahmen von dieser Regel beziehen sich auf personelle Entscheidungen, die Nominierung der Kommissionspräsidenten oder die Wahl der Präsidenten des Europäischen Rates, die mit qualifizierter Mehrheit getroffen werden können. Dennoch überwiegt auch bei diesen Entscheidungen zumeist die „culture of consensus" (Heisenberg 2005, Lewis 2022).

Seit der Präsidentschaft von Donald Tusk legt auch der Europäische Rat wiederholt eine Agenda fest, in der Prioritäten für mindestens ein Jahr definiert werden (Hagemann 2020, Müller und Tömmel 2024). Allerdings ist auch hier eine Abstimmmung mit Kommission und Rat erforderlich. Die eigentlichen Entscheidungen über Vorlagen der Kommission oder des Rates werden stark von der Vor- und Zuarbeit von COREPER und dem Ratssekretariat und schließlich von den Beschlussvorlagen der jeweiligen Präsidenten des Europäischen Rates beeinflusst.

---

10 Fehlschläge waren beispielsweise der Gipfel von Nizza 2001 unter französischer Präsidentschaft, die vehement nationale Interessen vertrat, sowie der Gipfel im Dezember 2003 unter italienischer Präsidentschaft, der die Verabschiedung des Verfassungsvertrags verfehlte, weil Premierminister Berlusconi als notorischer Euroskeptiker kaum Interesse an einem erfolgreichen Abschluss hatte.

Die Amtsführung der bisherigen Präsidenten entsprach kaum den hohen Erwartungen. Van Rompuy konnte zwar während der Finanzkrise mit seiner ökonomischen Expertise punkten, verhielt sich aber insgesamt sehr zurückhaltend gegenüber den Regierungschefs (Dinan 2017, Tömmel 2017). Tusk führte die Geschäfte mit ruhiger Hand; war aber insbesondere in außenpolitischen Fragen den Regierungschefs zu eigenmächtig (Hagemann 2020). Ähnliches gilt für Michel, der allerdings vor allem wegen seiner Rivalität zur Kommissionspräsidentin negativ auffiel (Müller und Tömmel 2024). Alle bisherigen Amtsinhaber konnten aber das Verfahrensmanagement graduell verbessern: durch häufigere Sitzungen, einen höheren Anteil an informellen Sitzungen sowie zuletzt unter Michel die Kompromisssuche in kleineren, wechselnden Zirkeln (Müller und Tömmel 2024).

Die Abhängigkeit von Kommissionsvorschlägen konnte so jedoch nicht wesentlich reduziert werden; im Gegenteil, insbesondere in den jüngsten Krisen war es die Kommission, die sehr weitgehend die Agenda und auch die Beschlussfassung im Rat dominierte (Baracani 2023, Tömmel i. E.). Dies liegt nicht zuletzt auch daran, dass die Kommission über einen umfassenden und versierten Verwaltungsapparat verfügt, der in vielfacher Hinsicht fähig ist, schnell auf neue Krisen und Konflikte zu reagieren oder auch überfällige Probleme, die seit langem einer Lösung harren, mit geeigneten Vorschlägen zu adressieren. Wenngleich also der Europäische Rat durch seine permanenten Präsidenten ein strafferes Agenda-Management, eine stärkere Kontinuität seiner Arbeit, und insgesamt eine intensivierte Kompromisssuche erfuhr, erweisen sich die strukturellen Rivalitäten zwischen Kommission und Europäischem Rat doch auch als ein Hindernis (vgl. auch Wessels 2015: 95–101, 105–106). Insgesamt sehen viele Autoren die Interaktion zwischen Kommission und Europäischem Rat von wechselnder Dominanz der einen oder anderen Seite geprägt (Molony und Princen 2023).

Dabei ist davon auszugehen, dass weiterhin tiefgreifende Konflikte die Entscheidungsfindung im Europäischen Rat erschweren. War es in der Vergangenheit häufig das Vereinigte Königreich, das Fundamentalopposition betrieb, so sind es gegenwärtig vor allem Ungarn, zuvor auch Polen, und insgesamt die Mitgliedstaaten mit rechtsgerichteten und antidemokratischen Regierungen, die solche Positionen einnehmen (Becker und von Ondarza 2024, Müller und Slominski 2024). Zwar ist es zuletzt auch selbst in so sensiblen Fragen wie der Hilfestellung für die Ukraine zumeist gelungen, einen Konsens zu erzielen, dies oft aber nur nach Verzögerungen in der Entscheidungsfindung oder Side-Payments an die Opponenten (Tömmel i. E.).

Insgesamt lässt sich somit schlussfolgern, dass es dem Europäischen zwar Rat gelungen ist, seine internen Verfahrensweisen der Konsensfindung zu verbessern; dieser Fortschritt zahlt sich aber nicht in erleichterten oder beschleunigten Entscheidungen aus. Erfolge werden von der Zunahme euroskeptischer Regierungen im Kreise der Mitgliedstaaten konterkariert. Die Schwierigkeiten des Europäischen Rates bei der Konsensfindung sind aber auch den zunehmend komplexeren und entsprechend kontroverseren Themen zuzuschreiben, die zur Entscheidung anstehen, sowie insbesondere den unvorhergesehenen und gehäuft auftretenden Krisen im EU-System (vgl. Kap. 5).

8.3 Das Parlament: parteipolitisch geeint oder polarisiert?

Im Gegensatz zu Kommission und Ministerrat nimmt das Parlament als politischer Repräsentant der Bürger Europas eine gänzlich andere Funktion im europäischen Entscheidungsprozess wahr. Seine Entscheidungen sollen im Idealfall das Gemeinwohl oder die kollektiven Interessen der Bürger Europas repräsentieren; die entsprechenden Positionen müssen über einen komplexen Abwägungsprozess zwischen den im Parlament vertretenen politischen Parteien und Parteiengruppierungen gefunden werden. Es muss also intern ein großer Bogen an Meinungen und Positionen überspannt und gleichzeitig gegenüber Rat und Kommission eine einheitliche Position vertreten werden, um Einfluss ausüben zu können (vgl. Héritier und Reh 2012).

Das Europäische Parlament wird in den Mitgliedstaaten gesondert nach den dortigen Parteiensystemen gewählt; dementsprechend setzt es sich aus einem bunten politischen Spektrum zusammen, das die Addition aller nationalen Parteienspektren repräsentiert. Dieses Spektrum ist aber nicht nur bunt, sondern auch hochgradig und zunehmend fragmentiert Das ergibt sich schon aus den regelmäßigen Erweiterungen der Union sowie den unterschiedlichen Parteiensystemen innerhalb der einzelnen Mitgliedstaaten (Ripoll Servent 2018: 185). Weitere Fragmentierungen ergeben sich, weil die Wähler bei Europawahlen bevorzugt die Regierungsparteien abstrafen und für kleinere und insbesondere Anti-Systemparteien votieren (Hix und Høyland 2022: 161–162). Schließlich wirkt auch das Fehlen einer Sperrklausel fragmentierend. So hat Deutschland 2011 die 5%-Hürde für EP-Wahlen durch ein Urteil des Bundesverfassungsgerichts abgeschafft (BVerfG, Urteil des Zweiten Senats vom 09.11.2011, 2 BvC 4/10).[11] Dementsprechend ist es in der aktuellen Legislaturperiode mit insgesamt 15 Parteien, davon acht Splitterparteien, im EP vertreten.

Trotz dieser starken Fragmentierung der Parteien erreicht das EP in der Praxis eine gewisse Kohärenz unter seinen Abgeordneten, indem nach den Wahlen Fraktionen von politisch und ideologisch verwandten Parteien verschiedener Herkunftsländer gebildet werden (Hix et al. 2007, McElroy und Benoit 2010, Ripoll Servent 2018: 188–190). Die Regeln hierfür sind in der Geschäftsordnung des Parlaments festgelegt: Eine Fraktion muss mindestens 23 Mitglieder umfassen, die mindestens aus einem Viertel der Mitgliedstaaten, also derzeit sieben, kommen müssen (Art. 33(2) Geschäftsordnung des Europäischen Parlaments).

In der gegenwärtigen Legislaturperiode sind acht Fraktionen vertreten: Fünf sind dem demokratischen Spektrum zuzuordnen, drei gelten als rechts oder rechtsextrem; hinzu kommt eine Gruppe von Fraktionslosen (NI) (Tab. 8.2). Innerhalb des demokratischen Spektrums stellen die Europäische Volkspartei (EVP) mit 188 Mandaten sowie

---

11 Offizielle Webseite des BVG: https://www.bundesverfassungsgericht.de/SharedDocs/Pressemitteilungen/DE/2011/bvg11-070.html (Abruf: 10.09.2025). Dabei begründete das Gericht seine Entscheidung u. a. damit, dass das EP ja keine Regierung unterstützen müsse, also kein normales Parlament sei.

die Progressive Allianz der Sozialdemokraten (S&D) mit 136 Mandaten die größten Fraktionen dar. Mit Abstand folgen hinter diesen beiden Fraktionen die Liberalen (Renew Europa), die Grünen (Grüne/EFA) sowie die Linke mit respektive 77, 53 und 46 Sitzen. Die drei rechten Fraktionen Patrioten für Europa (Patrioten), Europäische Konservative und Reformer (EKR) sowie Europa der souveränen Nationen (ESN) verfügen über jeweils 84, 78 und 25 Mandate. 33 Abgeordnete bilden derzeit die Gruppe der Faktionslosen (NI). Grundsätzlich folgt diese Fraktionsbildung im EP einer Rechts-Links-Dimension; gleichzeitig bildet sich zunehmend eine Kluft zwischen pro- und antieuropäischen Gruppierungen heraus, die nur begrenzt deckungsgleich ist mit der Rechts-Links-Dimension (Ripoll Servent 2018: 188–189).

Trotz dieser ausgeprägten Gruppenbildungen, die insbesondere im demokratischen Spektrum die wesentlichen in den Mitgliedstaaten vertretenen politischen Strömungen abbilden, bleiben die Fraktionen intern heterogener, als das auf nationalem Niveau der Fall ist (McElroy und Benoit 2010, Ripoll Servent 2018: 188–190). So gibt es – je nach Herkunftspartei – beträchtliche politische und ideologische Divergenzen, beispielsweise innerhalb der S&D-Fraktion zwischen spanischen Sozialisten und deutschen Sozialdemokraten. Besonders große ideologische Divergenzen weist die EVP-Fraktion auf, die traditionell aus Christdemokraten und Konservativen besteht und aktuell nicht weniger als 49 Einzelparteien umfasst.[12] Allerdings verfolgt die EVP die Strategie, stärkste Kraft im EP zu sein und zu bleiben; deshalb nahm und nimmt sie großzügig rechte Parteiendelegationen wie Forza Italia, die ungarische Fidesz-Partei sowie zuletzt die neu gegründete niederländische Bauernpartei (BauerBürgerBewegung, BBB) in ihre Reihen auf.[13] Der Preis für diese Strategie sind starke interne Friktionen, vor allem zwischen proeuropäischen und europaskeptischen Parteiendelegationen.

Die rechten Fraktionen im EP sind nicht nur intern heterogen, sondern häufig auch grundlegend zerstritten. Das zeigt sich schon daran, dass fast mit jeder neuen Legislaturperiode bestimmte Fraktionen verschwinden, während andere neu gegründet werden (vgl. Tab. 8.2). Zwar erweisen sich Euroskeptizismus und Ausländerfeindlichkeit als verbindende Elemente; ausgeprägte nationalistische Orientierungen sowie unterschiedlich starke Radikalisierungen wirken aber als vielfältige Trennlinien (Becker und von Ondarza 2024). Hinzu kommt, dass einzelne Parteiendelegationen sehr stark auf den heimischen Parteienwettbewerb ausgerichtet sind, weswegen sie nicht gerne mit radikaleren Vertretern anderer Delegationen in Verbindung gebracht werden wollen (McDonnell und Werner 2018). Dies gilt insbesondere für die EKR, die

---

12 Berechnet nach offizielle Webseite der EVP-Fraktion im EP: https://www.eppgroup.eu/who-we-are/our-members?s=GzCCG00oV3fT3AZT0zGXvcWQM2i_fnT00mgEVeDqOqA6dkafFLoJk6uoF6ijAAAAAhQBEQrpX c2K1upo7wMuFAIRBXF1ZXJ5EQVwYXJt0eREFdmFsdWURBjEyMzAyNg%3D%3D (Abruf 19.06.2025).
13 Allerdings gab es auch wiederholt Austritte aus der EVP: 2009 verließen die britischen Konservativen, 2021 die ungarische Fidesz-Partei die Fraktion.

2009 von britischen Konservativen gegründet wurde und als einzige eine hohe Konstanz aufweist. Mit insgesamt 78 Sitzen bilden gegenwärtig vor allem die Fratelli d'Italia sowie die polnische PiS-Partei ihre stärksten Stützen. Umgekehrt zeigt sich dies in der Ausgrenzung der AfD, die mit der nationalsozialistischen Vergangenheit Deutschlands identifiziert wird, sodass sie gegenwärtig mit einer Reihe von rechtsextremen Kleinstparteien eine eigene Fraktion von 25 Mandatsträgern (ESN) bildet. Umso bemerkenswerter ist, dass es Ungarns Regierungschef Orbán nach der Wahl 2024 im Handumdrehen gelungen ist, eine neue Fraktion, die Patrioten für Europa zu bilden. Ihr haben sich 12 nationale Delegationen angeschlossen, unter anderen der französische Rassemblement National; mit 84 Abgeordneten bildet diese Fraktion nunmehr die stärkste rechtsextreme Kraft im EP.

Insgesamt sind die Fraktionen des EP somit zusätzlich zu ihrer generellen parteipolitischen Rechts-Links-Polarisierung intern fraktioniert: entlang politischer und ideologischer Divergenzen sowie insbesondere Differenzen in der – positiven oder negativen – Einstellung zur europäischen Integration. Da im EP zudem im Gegensatz zu nationalen Parlamenten die explizite Bindung der Fraktionen an Regierungs- und Oppositionsparteien und somit auch der Fraktionszwang fehlt, können individuelle Haltungen und Positionen der Abgeordneten stärker zum Zuge kommen.

Nicht zuletzt wegen der vergleichsweise schwachen Bindungskraft der Fraktionen im EP können verbindende Faktoren quer zu den Fraktionen eine gewisse Bedeutung erlangen. So haben Haltungen zu spezielleren politischen Themen – beispielsweise Kinderrechte, Kleine und mittlere Unternehmen oder Kampf gegen Armut – zur Bildung von parteiübergreifenden Intergruppen geführt, die sich besonders für die betreffenden Themen engagieren (Ripoll Servant 2018: 37–38).[14] Auch die Nationalität kann, je nach Themen und Sachlage, Abgeordnete verschiedener Parteien oder Fraktionen auf einen Nenner bringen. Lord (2004: 101) spricht in diesem Zusammenhang sogar von einem „second party system behind the dominant organising framework of the EP". Schließlich kann auch das Geschlecht der Abgeordneten ein verbindendes Element darstellen. So haben sich Frauen verschiedenster politischer Richtungen wiederholt für eine progressive Gleichstellungspolitik auf der europäischen Ebene eingesetzt (Mazey 2012, Hartlapp et al. 2021); ausschlaggebend hierfür war der vergleichsweise hohe Anteil an weiblichen Abgeordneten im EP, der derzeit 38,5%[15] erreicht (vgl. auch Dingler und Rittberger 2022: 75–77).

---

14 Gegenwärtig gibt es 28 registrierte Intergruppen im EP. Offizielle Webseite des EP https://www.europarl.europa.eu/meps/en/about/groupings (Abruf 19-08-2025). Berühmte und sehr einflussreiche Intergruppen waren während der 80er Jahre der Krokodil-Club und die Känguru-Gruppe, die sich für das Vorantreiben der Integration eingesetzt hatten: erstere für die Schaffung eines föderalen Europas, letztere für die Realisierung des Binnenmarktes.

15 Offizielle Webseite des EP, https://www.europarl.europa.eu/resources/library/images/20240820PHT23718/20240820PHT23718_original.png (Abruf: 11.08.2025).

Tabelle 8.2: Sitze im Europäischen Parlament nach Fraktionen, 8. bis 10. Legislaturperiode (2014–2029)

Fraktion	Legislaturperiode 2014–2019	Legislaturperiode 2019–2024	Legislaturperiode 2024–2029
EPP	216	179	188
S&D	185	138	136
Renew Europa	69	98	77
Grüne/EFA	52	70	53
Die Linke	52	37	46
EKR	77	69	78
EFDD	42	-	-
ENF	36	-	-
Patrioten	–	–	84
ESN	-	-	25
ID	-	49	-
NI	20	63	33
Summe	749	705	720

EVP	Fraktion der Europäischen Volkspartei
S&D	Fraktion der progressiven Allianz der Sozialdemokraten im EP
Renew Europa	Fraktion Renew Europa
Grüne/FEA	Fraktion der Grünen/Freie Europäische Allianz
Die Linke	Fraktion die Linke im EP
EKR	Fraktion der Europäischen Konservativen und Reformer
EFDD	Fraktion Europa der Freiheit und der direkten Demokratie
ENF	Fraktion Europa der Nationen und Freiheit
Patrioten	Fraktion Patrioten für Europa
ESN	Fraktion Europa der souveränen Nationen
NI	Non-Inscrit – Fraktionslos

Qellen: Offizielle Webseite des Europäischen Parlaments, Zahlen 2014–2019 und 2019–2024: Fraktionsgröße zu Ende der Legislaturperiode, 2024–2029: Fraktionsgröße in der konstituierenden Sitzung. https://results.elections.europa.eu/en/tools/comparative-tool/ (Abruf: 16.06.2025).

Seit den 70er Jahren haben sich über den Fraktionen des Parlaments insgesamt 12 europäische Parteienzusammenschlüsse herausgebildet, die von der EU als Europaparteien rechtlich anerkannt sind.[16] Während sich die klassischen Parteien der rechten und linken Mitte bereits seit Langem auf der europäischen Ebene zusammengeschlossen haben, wurden insbesondere die Gruppierungen am rechten Rand erst in jüngster Zeit gebildet und auch mehrfach umgebildet. Als Föderationen nationaler Parteien erarbeiten und vertreten die Europaparteien gemeinsame Standpunkte und Positionen, insbesondere zu Themen der europäischen Integration. In der Öffentlichkeit treten sie jedoch kaum in Erscheinung. Ähnlich wie die Dachverbände von Interessengrup-

---

16 Offizielle Webseite der Authority for European Political Parties and European Political Foundations: https://www.appf.europa.eu/appf/en/parties-and-foundations/registered-parties (Abruf: 17.08.2025).

pierungen widmen sie sich eher der Abwägung nationaler parteipolitischer Standpunkte als der Generierung spezifisch europäischer politischer Inhalte und Positionen. Zudem werden die Föderationen in erster Linie von den Fraktionen des EP getragen, als dass sie umgekehrt deren Basis bildeten (Dialer et al. 2015: 161–166).

Zur Vorbereitung seiner Entscheidungen und zur Gewährleistung der Effizienz seiner Arbeit hat das Parlament eine Reihe von ständigen Ausschüssen (derzeit 22) sowie 2 Unterausschüsse gebildet, die sich mit wichtigen Politikbereichen und Themenfeldern sowie mit institutionellen Fragen befassen oder aber politische Querschnittsthemen bearbeiten (vgl. Übers. 8.1). Die Unterausschüsse wurden dort gebildet, wo das Themenspektrum sehr breit war: im Rahmen der Auswärtigen Angelegenheiten zum Thema Menschenrechte; bei Wirtschaft und Währung zum Thema Steuerfragen (vgl. Übers. 8.2). Die Arbeitsgebiete der Ausschüsse decken die wichtigsten Politikfelder der EU ab und sollten weitgehend den Themen der Generaldirektionen der Kommission entsprechen, um die Zusammenarbeit zu erleichtern (vgl. Übers. 6.1 und 8.1). Allerdings hat sich über die Jahre das Spektrum der Kommissionsdirektionen so stark ausdifferenziert, dass das EP damit nicht Schritt halten konnte. Zu speziellen, meist dringlichen Fragen können auch Sonderausschüsse eingesetzt werden (Dialer et al. 2015: 185–186). Gegenwärtig bestehen zwei Sonderausschüsse zu den Themen Europäischer Schutzschild für die Demokratie sowie Wohnraumkrise in der EU (vgl. Übers. 8.1). Seit dem Vertrag von Maastricht ist dem Parlament zudem die Einsetzung von Untersuchungsausschüssen zur Klärung von Missständen zugestanden (Art. 193 EGV-M).

Die Ausschüsse leisten die Hauptarbeit in der Beschlussfassung über Gesetzesvorschläge und die Verhandlungen im Rahmen der Triloge; teilweise befassen sie sich mit Themenbereichen, die keine Gesetzgebungsprozesse beinhalten, aber ebenfalls sehr bedeutsam sind, etwa der Außenpolitik, konstitutionellen Fragen oder Geschlechtergleichstellung (Ripoll Servent 2018: 215–231). Ein früher Beobachter bezeichnete die Ausschüsse sogar als „legislative backbone" des EP (Westlake 1994: 191). Je nach Politikfeldern oder Themenspektrum kann die Arbeitsbelastung der Ausschüsse stark variieren (Maurer 2012: 148–150). Insbesondere Ausschüsse mit hoher Gesetzgebungsintensität sind besonders stark belastet; ihre Mitglieder haben allerdings auch mehr Einfluss. Jeder Parlamentarier ist in der Regel Mitglied in zwei Ausschüssen, wobei in einem der Schwerpunkt der Arbeit liegt.

Die Führungspositionen im Europäischen Parlament – Präsidenten, Vizepräsidenten, Quästoren und Ausschussvorsitzende – werden nach einem Parteienproporz je nach politischem Gewicht der einzelnen Fraktionen vergeben, wobei sich die beiden großen Fraktionen EVP und S&D in der Regel die Präsidentenposition vorbehalten.[17] Das Amt des Parlamentspräsidenten wird während der Legislaturpe-

---

17 Seit 1979 gab es insgesamt drei Ausnahmen von dieser Regel, die letzte mit Pat Cox (Liberale) von 2002–2004.

Übersicht 8.1: Ausschüsse des Europäischen Parlaments, 10. Legislaturperiode (2024–2029)

Ständige Ausschüsse und Unterausschüsse

AFET	Auswärtige Angelegenheiten
DROI	Menschenrechte
SEDE	Sicherheit und Verteidigung
DEVE	Entwicklung
INTA	Internationaler Handel
BUDG	Haushalt, Haushaltskontrolle
CONT	Wirtschaft und Währung
ECON	FISC Steuerfragen
EMPL	Beschäftigung und soziale Angelegenheiten
ENVI	Umwelt, Klima und Lebensmittelsicherheit
SANT	Öffentliche Gesundheit
ITRE	Industrie, Forschung und Energie
IMCO	Binnenmarkt und Verbraucherschutz
TRAN	Verkehr und Tourismus
REGI	Regionale Entwicklung
AGRI	Landwirtschaft und ländliche Entwicklung
PECH	Fischerei
CULT	Kultur und Bildung
JURI	Recht
LIBE	Bürgerliche Freiheiten, Justiz und Inneres
AFCO	Konstitutionelle Fragen
FEMM	Rechte der Frau und Gleichstellung der Geschlechter
PETI	Petitionen

Sonderausschüsse

EUDS	Europäischer Schutzschild für die Demokratie
HOUS	Wohnraumkrise in der EU

Quelle: https://www.europarl.europa.eu/committees/de/about/list-of-committees (Abruf: 23.06.2025).

riode von fünf Jahren in zwei Phasen aufgeteilt, sodass jeweils ein Vertreter der EVP oder der S&D das Präsidentenamt übernimmt.[18] Ähnlich kooperativ – wenngleich meist erst nach zähen und hart geführten Verhandlungen – werden auch die Ämter der Vizepräsidenten, Quästoren und Ausschussvorsitzenden jeweils für die halbe Legislaturperiode vergeben (Tab. 8.3). Auch die Berichterstatter werden möglichst proportional nach dem politischen Gewicht der Fraktionen ausgewählt. Es versteht sich, dass in all diesen Fällen auch auf eine möglichst proportionale Aufteilung zwi-

---

18 Dabei ergeben sich zunehmend für einzelne Präsidenten 5-Jahres-Positionen durch die Kopplung von zwei Phasen in unterschiedlichen Legislaturperioden, so im Falle von Martin Schulz (2012–2017) und gegenwärtig Roberta Metsola (seit 2022 im Amt, gewählt bis 2027).

schen den Nationalitäten geachtet wird. Die sprichwörtliche Konsensorientierung der Parteien im EP wird somit gestärkt.

Seit dem Erstarken der rechten und rechtsextremen Parteien und Fraktionen hat dieses Bild einer weitgehenden Konsensorientierung im EP jedoch tiefe Risse bekommen. Nunmehr ging es darum, die Rechtsextremen von einflussreichen Ämtern auszuschließen, ihnen somit Positionen als Vizepräsidenten, Quästoren und Ausschussvorsitzende zu verwehren. Das Hochziehen einer Brandmauer gelang aber bisher nur teilweise, indem zwischen der EKR, die als gemäßigter gilt, und den beiden rechtsextremen Fraktionen Patrioten und ESN unterschieden wird. Während die beiden Letztgenannten in der gegenwärtigen ersten Phase der 10. Legislaturperiode weder eine Vizepräsidenten- noch eine Quästoren-Position bekleiden, stellt die EKR sowohl zwei Vizepräsidenten wie auch einen Quästor. Sie sind damit der Liberalen Fraktion gleichgestellt, während Grüne und Linke mit einem Vizepräsidentenposten vergleichsweise schwach repräsentiert sind. EVP und S&D nehmen fast gleiche Positionen ein, wenn man berücksichtigt, dass die EVP gleichzeitig die Präsidentin – Roberta Metsola – stellt (vgl. Tab. 8.3). Bei den Ausschuss-Vorsitzenden sieht die Verteilung ähnlich aus, wobei die EVP mit 8 gegenüber der S&D mit 5 Positionen dominiert, Renew Europa, EKR und jetzt auch Grüne mit jeweils 3 Vorsitzen gleichgestellt sind, während die Linke mit nur 2 das Schlusslicht bildet.[19]

Die *Entscheidungsprozesse* des Europäischen Parlaments sind ein schrittweiser Prozess der Erörterung von Konfliktthemen und der Herausarbeitung konsensueller Lösungen. Im Falle von *legislativen Entscheidungen* werden die Vorschläge der Kommission einem inhaltlich zuständigen Ausschuss zugeleitet, der in der Regel auch die weitere Erörterung, Beschlussfassung und Kompromissbildung leistet (Neuhold und Settembri 2007, Dialer et al. 2015: 179–180). Zur Erarbeitung eines Vorschlags für eine Parlamentsposition wird im Ausschuss ein Berichterstatter (EU-Jargon: Rapporteur) beauftragt; ihm oder ihr werden sogenannte Schattenberichterstatter zugeordnet, die die jeweils anderen Fraktionen des EP repräsentieren (Dialer et al. 2015: 177). Die Berichterstatter tragen auch die Verantwortung für ihr „Dossier" während des gesamten Gesetzgebungsverfahrens einschließlich der Verhandlungen mit Rat und Kommission im Rahmen der Triloge. Beim Aushandeln von Kompromissen mit den anderen Organen – Kommission und Rat – sowie bei der Schlichtung parlamentsinterner Auseinandersetzungen spielen die Vorsitzenden der Ausschüsse ebenfalls eine wichtige Rolle (Neuhold und Settembri 2007: 157–159).

Unter der Regie der Berichterstatter und in Abstimmung mit den Schattenberichterstattern werden zunächst inhaltliche Stellungnahmen und vor allem Abänderungsvorschläge zu den Gesetzesvorlagen erstellt und – soweit sachlich erforderlich – mit

---

19 Quelle: Offizielle Webseite des Europäischen Parlaments: https://www.europarl.europa.eu/topics/en/article/20190711STO56847/meet-the-chairs-of-parliament-s-committees (Abruf: 11.09.2025).

Tabelle 8.3: Führungspositionen im Europäischen Parlament: Vizepräsidenten und Quästoren (Juli 2024 – Januar 2027)

Fraktion	Vizepräsidenten	Quästoren
EVP	3	2
S&D	5	1
Renew Europa	2	1
Grüne/FEA	1	–
Die Linke	1	–
EKR	2	1
Patrioten	–	–
ESN	–	–
Summe	**14**	**5**

EVP	Fraktion der Europäischen Volkspartei
S&D	Fraktion der progressiven Allianz der Sozialdemokraten im EP
Renew Europa	Fraktion Renew Europa
Grüne/FEA	Fraktion der Grünen/Freie Europäische Allianz
Die Linke	Fraktion die Linke im EP
EKR	Fraktion der Europäischen Konservativen und Reformer
Patrioten	Fraktion Patrioten für Europa
ESN	Fraktion Europa der souveränen Nationen

Quelle: Offizielle Webseite des Europäischen Parlaments: https://www.europarl.europa.eu/news/en/press-room/20240710IPR22814/parliament-s-new-bureau-elected (Abruf: 11.07.2025).

anderen Ausschüssen abgestimmt. Schließlich verabschiedet der zuständige Ausschuss die Vorlage und leitet sie an das Plenum weiter. Damit geht der Vorschlag in einen abschließenden politischen Abwägungsprozess zwischen den Fraktionen ein. Zumeist wird allerdings das Votum des Ausschusses übernommen, der ja schon intern eine politische Abwägung vorgenommen hat und grundsätzlich sehr konsensuell arbeitet (Settembri und Neuhold 2009, Roger und Winzen 2015). Insbesondere wenn im Rahmen der informellen Triloge bereits ein Kompromiss mit Rat und Kommission ausgehandelt wurde, kann das Plenum den Vorschlag nur noch unbesehen annehmen (Héritier und Reh 2012). Ist jedoch ein Vermittlungsverfahren erforderlich, muss eine differenziertere Kompromissfindung zwischen den Fraktionen erfolgen.

Bei der Kompromissfindung im EP sind die beiden großen Fraktionen von EVP und S&D grundsätzlich die dominierenden Akteure, während die kleineren eher eine Nebenrolle spielen (Judge und Earnshaw 2003: 151–154, Brack et al. 2022). Deshalb spricht man in diesem Zusammenhang von einer „Großen Koalition"; allerdings handelt es sich nicht um eine wirkliche Koalition, denn Kompromisse werden lediglich fallweise ausgehandelt und nicht vorab in einem Koalitionsvertrag festgeschrieben. Die kleineren Fraktionen, insbesondere die Liberalen, die Grünen und eventuell auch die Linke, können sich diesen Kompromissen anschließen, günstigenfalls unter Einbringung gewisser Modifikationen, oder aber auf einer Minderheitenposition beharren. In der Regel ziehen sie aber Ersteres vor, und sei es jeweils erst in der letzten

Minute. Denn die Partizipation an einem breiten Konsens bringt langfristig mehr Einflussmöglichkeiten mit sich als die Rolle der Daueropposition; dies umso mehr, als auch die beiden großen Parteiengruppierungen an einem solchen, umfassenden Konsens interessiert sind. Denn mit der Unterstützung einer der kleineren Fraktionen kann jede große Fraktion die interne Kompromisslinie zu ihren Gunsten verschieben; zudem bietet der breite Konsens unter Einschluss fast aller Fraktionen mehr politisches Gewicht in der Auseinandersetzung mit Kommission und Rat und insgesamt mehr demokratische Legitimität.

Seit der Wahl von 2019 verfügen EVP und S&D zusammen jedoch nicht mehr über eine absolute Mehrheit, sodass sie zunehmend auf andere Fraktionen angewiesen sind, um überhaupt zu der notwendigen Mehrheit zu kommen, in erster Linie die Liberalen und auch die Grünen (Brack et al. 2022). Damit müssen die Präferenzen dieser Fraktionen stärker in die definitive Entscheidung einfließen, was die Kompromissfindung erschwert. Durch die zunehmende Stärke der rechten und rechtsextremen Fraktionen, die zusammen derzeit etwa ein Viertel der Sitze einnehmen, ist es neuerdings aber auch rechnerisch möglich, dass sich eine Rechts-links-Polarisierung ergibt.

Einen Vorgeschmack auf ein solches Szenario gab es bereits im Februar 2024, also noch unter der vorherigen Legislaturperiode. Die von der Leyen-Kommission hatte als Teil ihres Green Deals ein ehrgeiziges Gesetz vorgelegt, die „Verordnung über die Wiederherstellung der Natur", kurz Renaturierungsgesetz genannt (Verordnung (EU) 2024/1991, Pollek und Lenschow 2024). Trotz längerer Verhandlungen im EP und einer starken Verwässerung der ursprünglichen Gesetzesvorlage konnte die Frontstellung unter den Abgeordneten nicht beseitigt werden. Unter dem Eindruck der Bauernproteste wollte die EVP-Fraktion und insbesondere ihr Vorsitzender Manfred Weber (Christlich Soziale Union, CSU), das Gesetz grundsätzlich verhindern.[20] Um dieses Ziel zu erreichen, scheute Weber sich nicht, den Schulterschluss mit den rechten Fraktionen zu suchen, die als notorische Klimawandel-Leugner das Gesetz ebenfalls gerne zu Fall bringen wollten. Nur weil ein Teil der Abgeordneten der EVP nicht mit ihrer Fraktion stimmte, konnte das Renaturierungsgesetz am 27. Februar 2024 mit knapper Mehrheit vom Parlament angenommen werden.[21]

Im neu gewählten Parlament kam es dann in mehreren Fällen zu erfolgreichen gemeinsamen Abstimmungen von EVP und den drei rechten Fraktionen (Becker et al. 2025). Insbesondere Gesetze im Rahmen des Green Deals werden so abgeschwächt, beispielsweise das sogenannte Waldschutzgesetz. Das Gesetz war bereits 2023 von Rat und EP angenommen worden; lediglich sein Inkrafttreten sollte um ein Jahr verschoben werden. Die EVP setzte jedoch darüber hinaus eine erhebliche Abschwächung des Gesetzes durch; zusammen mit den rechten Fraktionen und den fünf deutschen

---

20 Insider vermuteten sogar, dass es Weber dabei auch um die Gewinnung der neu gebildeten niederländischen Bauernpartei (BBB) für seine Fraktion ging, ein Kalkül, das nach der Wahl 2024 aufging.
21 Webseite Abgeordnetenwatch: https://www.abgeordnetenwatch.de/eu/9/abstimmungen/gesetz-zur-wiederherstellung-der-natur-finale-abstimmung.

FDP-Abgeordneten im EP erzielte sie dafür eine knappe Mehrheit (Genovese 2024). Die Brandmauer, die im EP über einen längeren Zeitraum zwischen allen demokratischen Fraktionen Konsens war, wurde so ohne Zögern eingerissen.

Inzwischen scheut sich die EVP-Fraktion auch nicht, offen für eine zumindest fallweise Zusammenarbeit mit den rechten Fraktionen einzutreten. Dazu führt sie bestimmte Bedingungen an: „pro EU, pro Ukraine, pro Rechtsstaatlichkeit" (Becker und von Ondarza 2024: 2). Dabei wird ausgeblendet, dass nicht einmal die als gemäßigter geltende EKR diese Bedingungen erfüllt. Ihre tragenden Kräfte, die Fratelle d'Italia und die PiS, haben sich zwar pro Ukraine positioniert; in ihrer Regierungstätigkeit auf nationalem Niveau bau(t)en sie allerdings aktiv die Rechtsstaatlichkeit ab und die Europa-Orientierung ist zumindest bei der Pis fragwürdig. Ebenso wird ausgeblendet, dass die EKR auch von zahlreichen kleineren Rechtsparteien getragen wird, die in Europafragen durchaus andere Standpunkte vertreten. Die beiden anderen Fraktionen des EP – Patrioten und ESN – erfüllen ohnehin keines der drei Kriterien. Demgegenüber haben Liberale, Sozialdemokraten sowie die Grünen explizit gegen jegliche Zusammenarbeit mit den Rechtsfraktionen Stellung bezogen und der EVP mit dem Ende der Zusammenarbeit gedroht (Becker et al. 2025). Es sind also weitere Polarisierungen im EP sowie ein zunehmendes Durchlöchern der Brandmauer zu erwarten.

Die in der Vergangenheit vergleichsweise stabile „Große Koalition" und ihr weiteres Umfeld von konsensorientierten kleineren Fraktionen hatten weitreichende Auswirkungen auf den gesamten Politikfindungsprozess im Parlament und auch auf die einzelnen Parlamentarier. So bildeten sich zwischen Vertretern unterschiedlicher politischer Parteien konvergierende Positionen, Haltungen und Erwartungen heraus. Die Chancen hierfür waren umso größer, je mehr es sich um (neue) Themen oder Sachgebiete handelte, die nicht zum klassischen Spektrum parteipolitischer Positionen auf nationalem Niveau gehörten. Nicht von ungefähr konnte das Parlament so insbesondere in Fragen wie Schutz der Menschenrechte, Umweltschutz, Asyl und Migration, Datenschutz sowie Gleichstellung von Mann und Frau breite Mehrheiten und damit auch Erfolge gegenüber Kommission und Rat erzielen (Brack et al. 2022). Die weitgehende Konsensorientierung der Abgeordneten prägte auch die Entscheidungsverfahren im EP: Zwar wurden unterschiedliche Standpunkte durchaus formuliert, es fehlte aber die polemische Debatte und scharfe Parteienkonkurrenz, wie sie häufig nationale politische Auseinandersetzungen charakterisiert (Lord 2018). Diese Situation wird auch begünstigt, weil die Bindung zwischen den Abgeordneten des EP und ihren Wählern schwach ist und somit die Parteien kaum Anreize haben, sich vor den Wählern durch die Akzentuierung der eigenen Position (und die Diffamierung der anderen Parteien) zu profilieren. Mit dem Einzug und Erstarken der rechten und rechtsextremen Fraktionen verändert sich diese Situation zusehends. Da die entsprechenden Abgeordneten kein Interesse an der europäischen Integration haben, sondern hauptsächlich nach Macht- und Einflussgewinn in ihren Heimatländern streben, nutzen sie die europäische Bühne gerne zu scharfen Polemiken (Hwang 2025). Allerdings konnten sie bisher nur in Einzelfällen breitere konsensuelle Beschlüsse des EP verhindern (Brack et al. 2022).

Mit der Einführung von Kooperations- und Kodezisionsverfahren und der Überführung des Letzteren in das Ordentliche Gesetzgebungsverfahren wurde die Beziehungen des EP zu den anderen Organen intensiver. Mit der Kommission hat sich – trotz Differenzen im Einzelnen – über die Jahre hinweg eine relativ stabile Zusammenarbeit ergeben, die im Interesse beider Organe liegt. Da das Parlament über relativ begrenzte Ressourcen und fachinhaltliche Expertise verfügt, kann es seine diesbezüglichen Kapazitäten über die Kooperation mit der Kommission erweitern. Wichtiger ist aber die Übernahme seiner Änderungsvorschläge durch die Kommission, denn damit erhöhen sich die Zustimmungschancen im Rat. Auch für die Kommission ist die Kooperation von Vorteil, kann sie doch so die Legitimität ihrer Vorschläge erhöhen und das Risiko von Entscheidungsblockaden verringern.

Mit dem Rat hat das Parlament erst seit den grundlegenden Veränderungen der Entscheidungsverfahren festere Beziehungen aufbauen können. So kommt es im Rahmen von Kodezision und dem Ordentlichen Gesetzgebungsverfahren, insbesondere durch die Möglichkeiten einer frühen Übereinkunft im Rahmen informeller Triloge, zu einem intensiven Austausch zwischen den beiden Organen. Da die Verhandlungen des Rates von dem in Brüssel vertretenen COREPER geführt werden, gelang es dem EP, stabile Beziehungen aufzubauen, die zunehmend von Vertrauen und Kooperation zwischen den Akteuren beider Seiten geprägt sind. Dennoch scheut sich das Parlament nicht, gelegentlich von seinem Vetorecht Gebrauch zu machen.

Über seine Teilnahme am Gesetzgebungsprozess hinaus trifft das Parlament auch eine Reihe von *Entscheidungen*, für die es zumeist keine klaren Vorgaben und Verfahrensregeln gibt. In solchen Fällen werden daher bestehende Kompetenzen entweder systematisch überschritten oder in anderer als der ursprünglich intendierten Weise genutzt; teilweise werden dazu neue Verfahren „erfunden". Darüber hinaus wird das Parlament auch in Bereichen tätig, für die es keinerlei definierte Kompetenzen besitzt. Allerdings haben sich diese Aktivitäten in jüngster Zeit aufgrund der gestiegenen Arbeitsbelastung im Gesetzgebungsbereich tendenziell verringert.

Die systematische Überschreitung bestehender Kompetenzen findet in der Praxis des Parlaments regelmäßig statt. So hat das Parlament schon lange vor dem Vertrag von Maastricht ein informelles Recht der Aufforderung der Kommission zur Initiative praktiziert. Nach der Einführung des Kooperationsverfahrens und vor der Einführung der Kodezision wurden bereits informelle Vermittlungsverfahren zwischen Rat und Parlament erprobt (Earnshaw und Judge 1997). Diese Beispiele zeigen, dass informelles Vorgehen nicht nur der Lösung des jeweiligen Problems, sondern längerfristig auch der Ausweitung von Kompetenzen des EP dient. Nach einer experimentellen Erprobungsphase sind die nationalen Regierungen eher bereit, solche Vorgehensweisen in der Folge vertraglich zu verankern.

Die Nutzung bestehender Befugnisse zu anderen als den intendierten Zwecken wird besonders extensiv in Budgetfragen praktiziert. Wiederholt lehnte es das Parlament mit dem Argument einer ungleichgewichtigen Verteilung der Haushaltsmittel zwischen den Politikbereichen und Ressorts ab, den Gesamthaushalt der EU zu genehmigen. Auch bei einzelnen Haushaltsposten verlangt das Parlament häufig eine andere Gewichtung. So konnte es in der Vergangenheit sukzessive eine Reduktion der Agrarsubventionen zugunsten der Strukturfonds erzielen und mit der Umschichtung der Haushaltsmittel auch Einfluss auf die Gestaltung dieser Politikfelder ausüben (Westlake 2006: 266).

Als Beispiel für das erfolgreiche „Erfinden" neuer Verfahrensweisen kann das mit dem Vertrag von Maastricht erworbene Recht der Zustimmung zur Ernennung der Kommission angeführt werden (Lord 2004: 139–143, Spence 2006a: 36–38). Obwohl sich dieses Recht auf die gesamte Kommission bezieht, nutzte das Parlament die Gelegenheit, um die einzelnen Kommissare auf ihre Qualifikation für die ihnen zugeordneten Portefeuilles hin zu überprüfen. Befand das Parlament die Qualifikation und in Einzelfällen auch die politische Orientierung[22] als unzureichend, mussten die jeweiligen Regierungen ihre Kandidaten zurückziehen und andere vorschlagen (Ripoll Servent 2018: 204–206).

Ein weiteres Beispiel stellt die „Erfindung" des Spitzenkandidatenverfahrens nach Inkrafttreten des Lissabon-Vertrags dar. Der Vertrag sieht vor, dass das Parlament die Kommissionspräsidenten wählen darf, allerdings obliegt es dem Europäischen Rat, einen Kandidaten hierfür vorzuschlagen (Art. 17(7) EUV-L). Wenn die Person dann im Parlament nicht die absolute Mehrheit der Stimmen gewinnt, muss der Rat einen neuen Kandidaten benennen. Mit anderen Worten: Dem Parlament kommt ein explizites Vetorecht gegenüber der Entscheidung der Regierungschefs zu. Das Parlament drehte allerdings diese Reihenfolge um, indem es sich selbst das Recht der Auswahl von Kandidaten über die Einführung des sog. Spitzenkandidatenverfahrens zuschrieb (Christansen 2016). Demnach stellt jede Fraktion einen Kandidaten für das Amt des Kommissionspräsidenten für die Wahlen zum Parlament auf; der Spitzenkandidat der Fraktion, die die meisten Stimmen auf sich vereinigt, wird dann zum Kommissionspräsidenten gewählt. Das Verfahren hat aber nur einmal, bei der Wahl Jean-Claude Junckers 2014, funktioniert. 2019 holten ich die Regierungschefs ihr Vorschlagsrecht mit der Nominierung von Ursula von der Leyen zurück, nicht zuletzt, weil das EP keine geeigneten Kandidaten ins Rennen geschickt hatte und nach der Wahl keine Einigkeit erzielen konnte (Heidbreder und Schade 2020 und 2024, Müller und Tömmel 2022). Das „Erfinden" neuer Verfahrensweisen dient somit der Ausweitung der Kompetenzen und Handlungsspielräume des EP; beim Spitzenkandidatenverfahren wurde allerdings das Maß überzogen.

---

22 Insbesondere beim Antreten der Barroso-Kommission I 2004 fiel der designierte Kommissar Italiens, Rocco Buttiglione, durch negative Äußerungen zu Homosexuellen, Frauenrechten und Asylfragen auf; das EP befand, dass eine solche Haltung nicht mit europäischen Werten zu vereinbaren sei und lehnte den Kandidaten ab. Schild 2005.

Das Entfalten von Initiativen, für die es keine expliziten Befugnisse gibt, kann auf vielfältige Weise geschehen, zum Beispiel, indem über entsprechende Initiativentscheidungen Stellungnahmen zu größeren oder kleineren politischen Ereignissen abgegeben werden. Solche Resolutionen werden in der Folge zwar nicht direkt von den EU-Organen aufgegriffen, üben aber Einfluss auf die öffentliche Meinung aus oder stellen in bestimmten Fragen überhaupt erst Öffentlichkeit her. Mitunter können sie aber auch Auswirkungen auf die EU-Politik haben. In diesem Zusammenhang ist z. B. das wiederholte Anprangern von Verletzungen der Menschenrechte in bestimmten Staaten zu nennen, das häufig zum Einfrieren von bilateralen Handelsbeziehungen oder Entwicklungshilfemaßnahmen führte.

Am bedeutsamsten in diesem Kontext sind aber die Aktivitäten des Parlaments in Bezug auf die Systementwicklung der EU und damit wiederum auf die Ausweitung seiner eigenen Befugnisse zu werten (Maurer 2012: 124–138). So preschte das Parlament zu Anfang der 80er Jahre in der Reformdebatte um die EG mit einem „Vertragsentwurf zur Gründung einer Europäischen Union" vor (vgl. Kap. 3.2). Zwar wurde dieses Konzept von keiner Seite angenommen; es konnte aber in der Folge die Diskussion um die Systemstruktur der EU nachhaltig beeinflussen, sodass zahlreiche Einzelregelungen über sukzessive Reformen in die Verträge einflossen. Auch in seinem beharrlichen Kampf um die Ausweitung seiner gesetzgebenden Kompetenzen konnte das Parlament schrittweise große Erfolge erzielen.

Insgesamt ist es dem Europäischen Parlament gelungen, trotz anfänglich eng begrenzter Kompetenzen eine beachtliche Position im europäischen Entscheidungs- und Politikfindungsprozess zu erwerben: einerseits durch die geschickte Handhabung der bestehenden Verfahren, andererseits durch die maximale Nutzung oder systematische Überschreitung der ihm zugewiesenen Kompetenzen und zum Dritten durch das ständige und beharrliche Aufkommen für das Vorantreiben der europäischen Integration sowie die Verbesserung seiner eigenen Position. Der Preis, den es für seine wachsenden Erfolge gegenüber den anderen Organen bezahlen muss, ist eine zunehmende Konsensorientierung nach innen, bei der parteipolitische Divergenzen und Polarisierungen in den Hintergrund treten müssen. Dies hat die Erbringung eines weiteren Preises zur Folge: die Entfremdung des EP von seinen Wählern. Denn die Bürger Europas sind kaum in der Lage, die politischen Positionen, Präferenzen und Taktiken des Parlaments und die komplexen Konsensfindungsprozesse zwischen den Fraktionen zu durchschauen. Andererseits wäre allerdings eine stärkere parteipolitische Polarisierung, wie sie von manchen Autoren schon seit langem gefordert wird (z.B: Hix 2007) angesichts der Position des EP im institutionellen Gefüge der EU kaum wünschenswert (vgl. Bartolini 2005b).

8.4 Schlussfolgerungen

In diesem Kapitel wurden die Organe der EU in ihrer internen Struktur und Organisationsform sowie in ihrer Arbeitsweise bei der Entscheidungsfindung und Konsensbildung analysiert. Dabei lässt sich der Schluss ziehen, dass alle vier Institutionen – die Kommission, der Rat, der Europäische Rat und das Parlament – hoch komplexe und differenzierte Verfahren der Entscheidungsfindung entwickelt haben. Darüber hinaus haben sie zusätzliche institutionelle Arrangements geschaffen, um im Innern zu einem Konsens zu finden. Für die supranationalen Institutionen ist die Konsensfindung von Bedeutung, da sie geeint ihr Gewicht gegenüber den intergouvernementalen Organen erhöhen können. Für die Letzteren ist die Konsensfindung ein Muss, denn nur über diese können sie vorwärtsweisende Beschlüsse fällen und – im Falle des Europäischen Rates – die politische Führung in der EU übernehmen.

Die vier Institutionen unterscheiden sich jedoch in den Methoden, Verfahren und Praktiken der Entscheidungsfindung und Konsensbildung. Die *Kommission* erarbeitet mithilfe ihres umfangreichen Verwaltungsapparats Gesetzesvorlagen und Politikkonzepte; das beinhaltet einen differenzierten Prozess der Erstellung, Abänderung und Feinabstimmung von solchen Konzepten, der alle Ebenen der Organisation erfasst. Zudem muss die Kommission den Ausgleich zwischen der technischen und der politischen Dimension ihrer Vorlagen herstellen. Obwohl sie Entscheidungen mit einfacher Mehrheit treffen kann, versucht sie dennoch, den Konsens zwischen allen Kommissaren herbeizuführen und so ihren Vorschlägen politisches Gewicht zu verleihen. Zur Erarbeitung ihrer Politikkonzepte nutzt die Kommission auch in umfangreichem Maße den Input und die Expertise externer Akteure und Berater. Damit passt sie ihre Vorschläge bereits in einem frühzeitigen Stadium den Erwartungen und Präferenzen der Mitgliedstaaten und einer Vielzahl von Betroffenen an.

Der *Rat* als intergouvernementales Organ ist naturgemäß von der Diversität seiner Mitglieder geprägt. Da die Konsensfindung nicht einfach eine Frage des guten Willens ist, sondern von handfesten Interessen abhängt, hat er sich eine zusätzliche, umfangreiche und hoch differenzierte Substruktur zur Vorbereitung seiner Arbeit geschaffen. Zudem kann er auf die Initiative und Vermittlungstätigkeit der Ratspräsidentschaft sowie die Unterstützung des Generalsekretariats zurückgreifen. Darüber hinaus wurden durch sukzessive Vertragsänderungen Mehrheitsentscheidungen zunehmend erleichtert und somit die Veto-Player in den eigenen Reihen eingeschränkt. Zwar strebt der Rat weiterhin den Konsens zwischen all seinen Mitgliedern an; der „shadow of a vote" sowie die Notwendigkeit, Kompromisse mit dem EP zu erzielen, setzen aber die Minister unter Druck, auch solche Beschlüsse zu akzeptieren, die allenfalls eingeschränkt ihren Interessen und Präferenzen entsprechen.

Der *Europäische Rat* hat sich als eine Suprastruktur oberhalb des Rates sowie als oberste intergouvernementale Entscheidungsinstanz in der EU herausgebildet. Da er allerdings über fundamentale und zugleich sensible Integrationsfragen zu entscheiden hat, ist die Konsensfindung hier besonders erschwert. Der Europäische Rat nutzt teilweise COREPER, die Kommission und bestimmte Ratsformationen zur Vorbereitung seiner Entscheidungen. Um seiner Arbeit Stabilität und Kontinuität zu verleihen und zudem die Konsensfindung zu erleichtern, hat er die Position eines permanenten Präsidenten geschaffen. Trotzdem werden die Gipfeltreffen weiterhin von Meinungsverschiedenheiten und Dissens zwischen den Regierungschefs dominiert, nicht zuletzt deshalb, weil der Europäische Rat mit zunehmend komplexen und kontroversen Politikproblemen konfrontiert wird.

Das *Parlament* erzielt dagegen breite Mehrheiten im Entscheidungsprozess, indem es die engen Grenzen von Parteipolitik überschreitet und möglichst viele Gruppen und Fraktionen in einen Konsens einzubinden versucht. Das gibt dem Parlament mehr politisches Gewicht in den Auseinandersetzungen mit den anderen Organen und stärkt seinen Einfluss im europäischen Konzert. Dem Parlament gelingt es überdies, sein politisches Gewicht über die maximale Nutzung oder auch tendenzielle Überschreitung seiner Kompetenzen zu erhöhen. Es „erfindet" neue Verfahren, um seinen Handlungsbereich auszuweiten, und lenkt die öffentliche Aufmerksamkeit auf brisante politische Probleme. Kontinuierlich setzt es so die anderen Organe unter Druck, seine Positionen und Präferenzen zu berücksichtigen. Die Strategie des breiten Konsenses im Innern zur Vergrößerung des politischen Gewichts nach außen hat jedoch ihren Preis. Sie verwischt die Parteienkonkurrenz sowie die Trennlinien zwischen den politischen Gruppen und führt letztlich zu einer Entpolitisierung der europäischen Legislative. Allerdings hat sich diese Situation in letzter Zeit signifikant gewandelt. Mit der starken Politisierung von EU-Themen in den Mitgliedstaaten und dem Einzug rechter und rechtsextremer Parteien ins EP bilden sich zunehmend stärkere Polarisierungen in der europäischen Legislative heraus, die möglicherweise die starke Position des Parlaments gegenüber den anderen Institutionen der EU und insbesondere seine traditionell konsequente Unterstützung von Integrationsfortschritten untergräbt.

Insgesamt lässt sich somit schlussfolgern, dass die europäischen Organe zur Stärkung ihrer Kapazitäten der Entscheidungsfindung und Konsensbildung differenzierte Verfahren und Praktiken sowie zusätzliche institutionelle Arrangements entwickelt haben. Dabei werden die Prozesse der internen Konsensfindung in starkem Maße von den interinstitutionellen Beziehungen strukturiert, die ihrerseits durch Konflikte und Konsenssuche bestimmt sind. Die drei am Gesetzgebungsverfahren beteiligten Institutionen können ihren Einfluss gegenüber den anderen Organen nur vergrößern, wenn es ihnen gelingt, intern Konsens herzustellen. Der Europäische Rat bedarf des internen Konsenses, um die angestrebte Führungsrolle in der EU ausüben zu können. Vor diesem Hintergrund ist die Annahme berechtigt, dass die Konsensfindungsmaschinerie, die alle europäischen Entscheidungsprozesse charakterisiert, als ein Grundmerkmal der Europäischen Union zu werten ist.

9 Die institutionelle Ausdifferenzierung des EU-Systems

Die vorangegangene Analyse der institutionellen Grundstruktur der EU einschließlich ihrer Sub- und Suprastrukturen zeigte bereits, dass das EU-System eine inhärente Tendenz zur Ausweitung und Ausdifferenzierung seiner Institutionen und Funktionsweisen aufweist. Diese Tendenz geht aber weit über die bisher aufgezeigten Differenzierungsprozesse hinaus. So haben sich eine Reihe weiterer Ausdifferenzierungen ergeben, die die europäische Ebene, aber auch die Mitgliedstaaten und schließlich die nicht-staatlichen Akteure und Organisationen erfassen. In diesem Kapitel werden die Ausdifferenzierungen auf der europäischen Ebene vorgestellt; zwei folgende Kapitel sind dem Einbezug der nationalen Staaten sowie der nicht-staatlichen Akteure und Organisationen in das EU-System gewidmet.

Auf der europäischen Ebene wurde mit der EZB ein neues Organ geschaffen, um die Währungspolitik der EU zu steuern. Zudem wurden neue Entscheidungsverfahren eingeführt, um bestimmte Politikfelder unter gemeinsame, aber intergouvernementale Regie zu stellen. Ähnlich diente die Einführung differenzierter Formen der Integration der Ausweitung von Politiken auf der europäischen Ebene, an denen nicht alle Mitgliedstaaten partizipieren wollen oder können. Und mit der Bildung eines vielfältigen Spektrums von unabhängigen Agenturen wurden Teile der Politikformulierung und –implementation einer breiteren Unterstützungsstruktur überantwortet. Insgesamt ging es um den Ausbau und die Stärkung der Funktionsfähigkeit der Union.

Es waren aber nicht nur Effizienz- und Effektivitätsgesichtspunkte oder eine klare Strategie zum Auf- und Ausbau des EU-Systems, die dem Prozess der institutionellen Ausdifferenzierung zugrunde lagen. Vielmehr resultierte diese Entwicklung auch aus einer Reihe von Reaktionen auf die vielfältigen Hemmnisse, die sich im Integrationsprozess manifestieren, und die jeweils mit zusätzlichen institutionellen Arrangements überbrückt, kompensiert oder überwunden werden sollten. Als Hemmnisse erwiesen sich dabei einerseits der Konflikt zwischen Kommission und den Räten, der für den inhaltlichen Widerspruch zwischen mehr Integration oder Erhalt nationaler Souveränität steht. Andererseits spielt auch der Dissens innerhalb der Räte zwischen den Mitgliedstaaten eine Rolle, der ebenfalls den Widerspruch zwischen Integration und nationaler Souveränität widerspiegelt, indem einige Mitgliedstaaten wesentlich mehr als andere Vorteile darin sehen, auf nationale Souveränität zugunsten gemeinsamer Politiken der europäischen Ebene zu verzichten. Die aus diesen Konstellationen resultierenden Prozesse der institutionellen Erweiterung und Ausdifferenzierung des EU-Systems soll im Folgenden in ihren wesentlichen Komponenten dargestellt werden.

https://doi.org/10.1515/9783111191799-009

9.1 Spezialisierte Organe: Europäische Zentralbank und Europäischer Rechnungshof

Zwei Organe des EU-Systems wurden bisher noch nicht näher dargestellt: Die europäische Zentralbank (EZB) sowie der Europäische Rechnungshof (ERH). Beide Organe sind spezialisierten Aufgaben gewidmet – die Bank der Führung der europäischen Währungspolitik, der Rechnungshof der öffentlichen Finanzkontrolle in der EU. Sie führen ihre Arbeit in größter Unabhängigkeit durch und interagieren mit den anderen Organen allenfalls indirekt. Beide Organe wurden erst im Laufe der Integration gegründet, der Rechnungshof in den 70er Jahren, zusammen mit der Ausweitung der Budgetbefugnisse der EU, die Zentralbank zu Ende des 20. Jahrhunderts im Zuge der Schaffung einer Wirtschafts- und Währungsunion. In diesem Sinne sind sie typisch für die institutionelle Ausdifferenzierung des EU- Systems, auch wenn sie gleichzeitig zu den Kerninstitutionen, eben den Organen der Union, gehören.

Die Gründung der *Europäischen Zentralbank* (EZB) 1999 im Rahmen der Schaffung einer Wirtschafts- und Währungsunion (WWU) stellt die wohl bemerkenswerteste institutionelle Innovation in der EU dar, die zur Erweiterung der Systemstruktur um ein zusätzliches formelles Organ führte (Dyson und Quaglia 2010: 677–687, Howarth und Verdun 2020). Die Einrichtung der Bank markierte den Beginn der dritten und letzten Stufe zur Bildung der Währungsunion; ihr wurden weitreichende autonome Befugnisse überantwortet (Art. 105 EGV-M, jetzt Art. 282 AEUV). So legte der Vertrag von Maastricht fest, dass die Bank die Währungspolitik der Union bestimmt; im Einzelnen beinhaltet das die Steuerung der Geldmenge, die Festlegung von Leitzinssätzen sowie die Bestimmung von Wechselkursparitäten gegenüber anderen Währungen. Oberstes Ziel ist dabei, die Preisstabilität zu gewährleisten (Art. 105(1) EGV-M, jetzt Art. 282(2) AEUV). Darüber hinaus kann die Bank selbstständig Regeln setzen, denen Gesetzescharakter für die Mitgliedstaaten und ihre Bürger zukommt, ohne dass jedoch die regulären Gesetzgebungsorgane der EU an diesen Entscheidungen beteiligt wären (Art. 108a EGV-M, jetzt Art. 132 AEUV). Die Unabhängigkeit der Bank ist durch zahlreiche Vertragsbestimmungen garantiert (Art. 107 EGV-M, jetzt Art. 130 und 282(3) AEUV). So darf sie weder Weisungen von den EU-Organen noch von den Regierungen der Mitgliedstaaten entgegennehmen; diese sind ihrerseits gehalten, jeglichen Versuch der Einflussnahme zu unterlassen (Art. 130 AEUV). Indirekte Einflussnahme auf die Bank kann allenfalls über die Ernennung der Mitglieder ihres Direktoriums – es besteht aus einem Präsidenten, einem Vizepräsidenten sowie vier weiteren Mitgliedern und nimmt die Geschäftsführung wahr – ausgeübt werden, da diese Funktionsträger vom Europäischen Rat mit qualifizierter Mehrheit gewählt werden (Art. 283(2) AEUV). Die Kandidaten müssen allerdings „aus dem Kreis der in Währungs- oder Bankfragen anerkannten und erfahrenen Persönlichkeiten" ausgewählt werden, sodass der Spielraum für Einflussnahme von vornherein eingeschränkt ist (Art. 283(2) AEUV).[1]

Im Zuge der Schaffung der Europäischen Zentralbank wurden die Mitgliedstaaten aufgefordert, selbst unabhängige Zentralbanken – nach dem Vorbild der BRD – einzurichten oder bestehende Banken entsprechend zu transformieren. Allerdings sind die nationalen Zentralbanken seit Tätigwerden der EZB ihrer wichtigsten Funktionen entkleidet; sie spielen somit nur noch über die europäische Zusammenarbeit eine relevante Rolle, indem sie unter dem Dach der EZB das Europäische Zentralbankensystem (EZBS) konstituieren (Dyson und Quaglia 2010: 685–687, Hodson 2022). Zusammen mit den Mitgliedern des Direktoriums der EZB bilden die Präsidenten der nationalen Zentralbanken der Eurozone den EZB-Rat (Art. 283 AEUV). Ein sogenannter erweiterter Rat umfasst auch die Präsidenten der Zentralbanken der Mitgliedstaaten, die nicht der Eurozone angehören. Somit haben die Architekten der Währungsunion zu deren Implementierung eine Zwei-Ebenen-Struktur gewählt, auch wenn die letztendliche Autorität über die Währungspolitik der europäischen Ebene zukommt (Hodson 2022). Die EZB trifft weitreichende Entscheidungen in Währungsfragen ohne jegliche Einflussnahme vonseiten der nationalen Regierungen oder europäischen Institutionen. Damit ist die EZB, obwohl nach dem Muster der deutschen Bundesbank konzipiert, wesentlich unabhängiger als es diese jemals war (Elgie 1998).

Was diese Unabhängigkeit in der Praxis bedeuten kann, hat die Wirtschafts-, Finanz- und Eurokrise deutlich gezeigt. Schon 2007, bevor in den Mitgliedstaaten überhaupt Debatten zur Lösung der sich abzeichnenden Finanzkrise aufkamen, hatte der damalige EZB-Präsident, Jean-Claude Trichet, Finanzmittel freigemacht, um die Liquidität der Banken in der Eurozone zu gewährleisten (Verdun 2017). Als dann die Finanz- und Schuldenkrise zu einer Eurokrise eskalierte, übernahm EZB-Präsident Mario Draghi die Führungsrolle in der Bewältigung der Krise (Verdun 2017). Denn während die Regierungen der Mitgliedstaaten noch über Auswege aus der Krise stritten – etwa die Einführung von Eurobonds, also Staatsanleihen der europäischen Ebene, die die Zinsraten für die hoch verschuldeten Staaten hätten senken können – kündigte Draghi an, dass die EZB unbegrenzt Staatsanleihen der Schuldnerländer ankaufen werde (siehe Kap. 5.1). Solche Ankäufe haben nahezu den gleichen Effekt wie die Ausgabe von Euro-Anleihen. Zudem entschied Draghi, Banken in Schwierigkeiten mit billigen Krediten zu versorgen und somit als „lender of last resort" zu fungieren, obwohl die damit einhergehende Ausweitung der Geldmenge mit dem obersten Ziel der Bank, der Gewährleistung von Preisstabilität und der Bekämpfung der Inflation, kollidierte. Auf dem Höhepunkt der Finanzkrise wurde Draghi zudem berühmt mit der Aussage: „Within our mandate, the ECB is ready to do whatever it takes to preserve the euro. And believe me, it will be enough." (Draghi 2012, zitiert in Verdun 2017: 215). Die EZB traf somit eigen-

---

1 Die Wiederwahl der Mitglieder des Direktoriums nach einer achtjährigen Amtszeit ist nicht möglich; dies stärkt ebenfalls ihre Unabhängigkeit.

mächtig effektive Entscheidungen, die die Finanzmärkte beruhigten, während die nationalen Regierungen nicht einmal in untergeordneten Fragen Einigung erzielen konnten.

Allerdings waren die Entscheidungen der Bank unter Wissenschaftlern und politischen Beobachtern umstritten. Während Rechtswissenschaftler argumentierten, die Bank überschreite ihr Mandat und verletze damit die EU-Verträge (z. B. Joerges 2012), betonten Ökonomen und Politikwissenschaftler, dass die Verträge solche Maßnahmen nicht verbieten (z. B. De Grauwe 2010), ja, dass die „unorthodoxen" Schritte der Bank sogar unausweichlich waren (Schelkle 2013). In jedem Falle scheint es, dass die Regierungen der Mitgliedstaaten die unorthodoxen Maßnahmen der EZB stillschweigend begrüßten; denn diese führten nicht nur zu einer Beruhigung der Finanzmärkte, sondern ersparten den politisch Verantwortlichen auch das Fassen unpopulärer Beschlüsse und die Rechtfertigung teurer und riskanter Finanztransaktionen vor ihren Wählern. Zudem bewirkten die Entscheidungen, dass das Mandat der Bank bleibend weiter ausgelegt wurde, als die Vertragsregeln zunächst nahelegen.

Die Finanz- und Schuldenkrise bildete auch den Auslöser für eine weitreichende Kompetenzerweiterung der EZB, indem auf der europäischen Ebene eine sogenannte Bankenunion eingeführt wurde (Epstein und Rhodes 2016). Zwar war ein solches Projekt schon seit längerem in der Diskussion, die Krise verdeutlichte jedoch den dringenden Handlungsbedarf und beschleunigte dementsprechend den Verhandlungsprozess. Ein Grundsatzbeschluss zur Schaffung der Bankenunion wurde bereits 2012 gefällt; die Details wurden dann bis 2015 ausgehandelt (Glöckler et al. 2017). Der EZB kommt dabei die Überwachung aller Banken in der Union zu; dazu wurden einheitliche Standards und entsprechende Verfahren entwickelt. Kleinere Banken können allerdings von den Zentralbanken der Mitgliedstaaten in Zusammenarbeit mit der EZB überwacht werden (Epstein und Rhodes 2016: 424). Die prinzipielle Supranationalisierung der Bankenunion wurde somit durch ein kooperatives Arrangement zwischen den Ebenen ergänzt.

Insgesamt wurde mit der Schaffung der EZB unter einem unabhängigen Mandat, der schrittweisen Herausbildung ihrer Praxis, insbesondere während der Finanz-, Schulden- und Eurokrise, sowie schließlich der Institutionalisierung einer Bankenunion auf der europäischen Ebene die Währungspolitik der EU supranational organisiert. Allerdings ist einschränkend zu bemerken, dass die Währungsunion bis in die Gegenwart hinein ein Projekt der differenzierten Integration ist – indem nicht alle Mitgliedstaaten an ihr partizipieren – und dass ihr zweites Standbein – die Wirtschaftspolitik – unter intergouvernementaler Regie steht, also im Wesentlichen von den Mitgliedstaaten gesteuert wird (vgl. Kap. 9.2 und 9.3). Dies beinhaltet Asymmetrien zwischen den beiden Teilen der Wirtschafts- und Währungsunion sowie auch zwischen den Mitgliedern der Eurozone und den übrigen EU-Staaten; zahlreiche Beobachter werten diese Asymmetrien als Auslöser der Eurokrise und auch als Gefahr für die künftige Stabilität der WWU (z.B. Howarth und Verdun 2020).

Der *Europäische Rechnungshof* wurde im Jahre 1977 gegründet, nachdem dem EP weitgehende Budgetrechte zuerkannt worden waren, u.a. die alleinige Zuständigkeit für die jährliche Haushaltsentlastung. Der Hof sollte dem Parlament hierfür die nötige Expertise liefern (Stephenson und Sánchez-Barrueco 2024: 185). Der Hof baute auf der Fusion von entsprechenden Vorgängerorganisationen der drei Gemeinschaften auf, die jedoch weder unabhängig waren noch die nötige Expertise bereitstellen konnten (Karakatsanis und Laffan 2012: 243). Mit dem Vertrag von Maastricht wurde der Rechnungshof als eigenständiges Organ der EU anerkannt; nachfolgende Vertragsänderungen erweiterten sein Mandat. Zudem konnte der Hof selbst im Zuge der Erweiterungen der Union, der Zunahme ihrer Ausgaben sowie der verschiedenen Krisen seine Kapazitäten weiterentwickeln und sich zunehmend professionalisieren (Stephenson und Sánchez-Barrueco 2024: 186–187).

Der Europäische Rechnungshof wird von einem kollegialen Gremium geführt, das aus Vertretern der 27 Mitgliedstaaten besteht, die, ähnlich wie das Kommissionskollegium, gemeinsam die Leitung innehaben. Mit diesem Leitungsgremium wollte man die verschiedenen Ansätze der mitgliedstaatlichen Auditierungen berücksichtigen und tendenziell vereinheitlichen. Das Führungsgremium wählt aus seiner Mitte einen Präsidenten, der als *primus inter pares* die Geschäftsführung übernimmt. Beobachter halten diese Konstruktion allerdings für problematisch, da so die Ausübung einer klaren Führungsrolle erschwert wird (Bovens und Wille 2021: 192–193).

Die Aufgabe des Rechnungshofes ist es, alle Finanztransaktionen, also Einnahmen und Ausgaben der Union, auf ihre Rechtmäßigkeit, Wirtschaftlichkeit, Effizienz sowie effektive Ausführung zu überprüfen. Zu diesem Zwecke führt der Hof entsprechende Kontrollen bei der Kommission, den Mitgliedstaaten sowie bei dezentralen Empfängern von EU-Finanzmitteln durch. Dabei kann er auch mit Rechnungshöfen der Mitgliedstaaten auf freiwilliger Basis zusammenarbeiten. Über die Ergebnisse der Prüfverfahren werden Jahresberichte erstellt, die dem Parlament als Grundlage für die jährliche Entlastung der Kommission in Bezug auf die Haushaltsführung dienen (Art. 319 AEUV, siehe auch Karakatsanis und Laffan 2012: 249). Die Europäischen Organe, insbesondere die Kommission und in gewissem Maße das Parlament, können zu den Ergebnissen der Jahresberichte Stellungnahmen abgeben, die zusammen mit den Berichten veröffentlich werden.

Erscheinen diese Funktionen der Finanzkontrolle zunächst als eher „technische" Maßnahmen, so nimmt der Rechnungshof jedoch auch eminent politische Funktionen wahr (Stephenson und Sánchez-Barrueco, 2024). In seinen Berichten wird nicht nur der langsame Abfluss sowie die säumige Auszahlung von Fördermitteln kritisiert, sondern auch eine Vielzahl von Missständen angeprangert oder zumindest aufgedeckt: Subventionsbetrug, beispielsweise im Agrarbereich, oder eine nicht zielkonforme Verwendung von Fördergeldern, beispielsweise im Rahmen der Strukturfonds (vgl. hierzu die Jahresberichte des Rechnungshofs sowie Karakatsanis und Laffan 2012). Die Kommission reagiert auf solche Berichte sehr empfindlich, indem sie versucht, Imageverluste zu vermeiden und angeprangerte Missstände entweder kleinzureden oder, soweit möglich, zu beheben (Karakatsanis und Laffan 2012: 251–254).

Es waren auch Informationen des Rechnungshofs, die im Jahre 1999 entscheidend zum Rücktritt der Santer-Kommission beigetragen haben (Karakatsanis und Laffan 2012: 253–254). Dieser Rücktritt wiederum bildete den Anlass, eine unabhängige Agentur im Bereich der Finanzkontrolle zu gründen, die speziell der Betrugsbekämpfung dient: OLAF (Office de la Lutte Anti-Fraude). Mit der Schaffung dieser Agentur versuchte die Prodi-Kommission, transnationalem Subventionsbetrug zu begegnen; kurzum, „legal Europe is attempting to catch up with criminal Europe" (Karakatsanis und Laffan 2012: 254).

Über die beschriebenen regulären Funktionen hinaus kann der Rechnungshof auch – auf eigene Initiative – zu bestimmten Themen Stellung beziehen und entsprechende Sonderberichte erarbeiten. Die Zahl solcher Sonderberichte ist über die Jahre stetig gewachsen (Nastase und Neuhold 2022). Sie beziehen sich auf wichtige Aspekte von EU Politiken, so im Jahr 2025 Themen wie: Digitaler Zahlungsverkehr in der EU, Umweltbelastung in den Städten der EU, Militärische Mobilität in der EU, Einsatz von Kohäsionsmitteln zugunsten von Flüchtlingen in Europa oder Mehrwertsteuerbetrug bei Einfuhren.[2] Die Sonderberichte verweisen auf Performanz- oder Implementationsprobleme europäischer Politiken und gehen somit über klassisches Auditing hinaus; damit erfüllen sie eine weitgehende politische Funktion im EU-System (Stephenson 2015, Stephenson und Sánchez-Barrueco 2024). Schließlich erarbeitet der Hof auch Stellungnahmen, falls ihn die übrigen Organe, zumeist Rat und Europäischer Rat, zu entsprechenden Aktivitäten auffordern. Solche Stellungahmen beziehen sich in der Regel auf Gesetzentwürfe der Kommission.

Insgesamt wird der Europäische Rechnungshof in der Literatur als „Wachhund" (Bovens und Wille 2021) oder als „Gewissen der Union" gewertet (Stephenson und Sánchez-Barrueco 2024). Er verleiht somit dem EU-System Legitimation, indem er mithilfe seiner Berichte und Stellungnahmen alle Finanztransaktionen überprüft und die Performanz der Unionspolitiken kritisch analysiert. Allerdings kann der Hof bei identifiziertem Fehlverhalten keine Sanktionen auferlegen; er ist immer davon abhängig, dass andere Organe seine Erkenntnisse zu entsprechenden Schritten nutzen. Der Europäische Rechnungshof ist als ein supranationales Organ zu werten, auch wenn sein Leitungsgremium aus Vertretern der Mitgliedstaaten besteht. In großer Unabhängigkeit führt er seine Kontrollaufgaben durch, was nicht nur eine Frage von Effizienz und Effektivität ist, sondern auch politische Einschätzungen zur Durch- und Ausführung von EU-Politiken beinhaltet.

---

2 Offizielle Webseite des Europäischen Rechnungshofes: https://www.eca.europa.eu/de/search-publica tions#k=#l=1031 (Abruf 28.06.2025).

9.2 Spezifische Entscheidungsverfahren: intergouvernementale Integration

Die inhärente Tendenz des EU-Systems, sich institutionell weiter auszudifferenzieren, zeigt sich auch in der Schaffung spezifischer Entscheidungsverfahren neben der gängigen Gemeinschaftsmethode, die die Interaktion zwischen den drei gesetzgebenden Organen bezeichnet. So kam es im Rahmen des Vertragsschlusses von Maastricht zur Schaffung von spezifischen institutionellen Arrangements, um ein gewisses Maß an Vergemeinschaftung besonders sensibler Politikfelder zu erreichen und zugleich die Widerstände der nationalen Regierungen dagegen abzumildern. Es ging dabei um eine gemeinsame Außen- und Sicherheitspolitik, verschiedene Aktivitäten im Bereich Justiz und Inneres, sowie die Koordination der Wirtschaftspolitiken der Mitgliedstaaten im Rahmen der WWU. Alle drei Politikbereiche gelten als Kernbestand nationaler Souveränität, oder auch als „core state powers" (Genschel und Jachtenfuchs 2014); dementsprechend wurden sie einer einseitigen intergouvernementalen Regie unterstellt.

Das neue institutionelle Konstrukt, das man sich dazu ausdachte, wurde als Tempel mit drei Säulen unter dem gemeinsamen Dach der EU vorgestellt. Die bestehende EG wurde als Erste Säule definiert, der eine Zweite und Dritte Säule gleichrangig nebengeordnet wurde. Während die Erste Säule alle die Marktintegration betreffenden Politiken, aber auch eine Reihe von später hinzugekommenen Politikfeldern einschließlich der Währungsunion sowie die aus dem EGKS- sowie dem EURATOM-Vertrag resultierenden Aktivitäten umfasste, bezog sich die Zweite Säule auf die Außen- und Sicherheitspolitik der EU; unter dem Label Dritte Säule wurden bestimmte Bereiche von Justiz und Inneres zusammengefasst. Die Tempelmetapher konnte aber kaum verhüllen, dass die drei Säulen – ganz im Gegensatz zur Ausgewogenheit eines Tempels der klassischen Antike – sehr ungleichwertige Konstruktionen waren, trug doch die Erste Säule den gesamten „Acquis communautaire" und somit das Hauptgebäude der europäischen Integration, während die Zweite und Dritte Säule allenfalls erste Schritte in Richtung Vergemeinschaftung der entsprechenden Politiken darstellten. Von der Wirtschaftspolitik der Mitgliedstaaten unter intergouvernementaler Regie wurde dabei nicht eigens gesprochen; ein früher Beobachter prägte allerdings hierfür den Begriff der Vierten Säule (Nicoll 1994: 195–196).

Mit dem Lissabon-Vertrag wurde der EU Rechtspersönlichkeit zuerkannt (Art. 47 EUV-L); zuvor hatte nur die EG, also die Erste Säule, diesen Status. Infolgedessen verschwand der Begriff Europäische Gemeinschaft aus den Verträgen, und ebenso verschwanden die Begriffe Zweite und Dritte Säule aus der Debatte, die ohnehin niemals in Verträgen erwähnt worden waren. Faktisch blieb aber die intergouvernementale Steuerung der entsprechenden Politikfelder mit ihren spezifischen Zuordnungen von Kompetenzen und Verfahrensmodi der Entscheidungsfindung erhalten, auch wenn es zu gewissen Veränderungen kam.

Betrachtet man vor diesem Hintergrund zunächst die sogenannte *Zweite Säule*, die die Gemeinsame Außen- und Sicherheitspolitik (GASP) der Union umfasst, so kann diese auf eine lange Vorgeschichte von gescheiterten beziehungsweise nur mäßig erfolgreichen Integrationsversuchen zurückblicken (vgl. z.B. Bretherton und Vogler 2006). Mit dem Vertrag von Maastricht (1993 in Kraft) wurde dann die Gemeinsame Außen- und Sicherheitspolitik einerseits fest im EU-System verankert, andererseits aber als Aktivität kooperierender Regierungen *neben* den eigentlichen Gemeinschaftspolitiken und Entscheidungsverfahren fortgeführt (Bretherton und Vogler 2006: 167–168). Entscheidungen in diesem Bereich wurden dem Rat der Außenminister sowie dem Europäischen Rat unterstellt. Während der Europäische Rat die allgemeinen Grundlinien der GASP festlegte, kam dem Ministerrat die konkrete Ausarbeitung und Umsetzung einer gemeinsamen Politik zu. Grundsatzbeschlüsse wurden dabei einstimmig gefasst; davon abgeleitete Folgeentscheidungen konnten jedoch mit qualifizierter Mehrheit verabschiedet werden. Zur Vorbereitung der Beschlüsse wurde ein sogenanntes „Politisches Komitee" eingesetzt, das aus hohen Beamten der Mitgliedstaaten bestand und die Rolle von COREPER in der GASP wahrnahm (Hayes-Renshaw und Wallace 2006: 82–86). Kommission und Parlament blieben weitgehend von den Entscheidungsverfahren, der Gerichtshof gänzlich von dem gesamten Handlungsfeld ausgeschlossen.

Mit dem Vertrag von Amsterdam (1999 in Kraft) wurde die intergouvernementale Grundstruktur der Zweiten Säule erneut bestätigt und verstärkt, gleichzeitig aber auch eine weitergehende Integrationsanstrengung unternommen (Bretherton und Vogler 2006: 168–170). Erstmals wurde die Position eines Hohen Vertreters der GASP geschaffen (Art. 18(3) EUV-A), der gleichzeitig als Generalsekretär des Rates fungierte. Unter der Verantwortung der Amtsinhaber wurde zudem eine „Strategieplanungs- und Frühwarneinheit" eingerichtet (Erklärung Nr. 6 für die Schlussakte des Vertrags von Amsterdam). Ihre Aufgaben lagen in der Analyse und Beurteilung der außen- und sicherheitspolitischen Lage sowie in der Ausarbeitung von politischen Handlungsoptionen. Diese institutionellen Neuschöpfungen zeigten die Notwendigkeit, das Politikfeld auf der europäischen Ebene zu stabilisieren bei gleichzeitiger Beibehaltung der intergouvernementalen Regie. Juncos (2022) spricht in diesem Zusammenhang von einer „Brüsselisierung" der GASP. Zusätzlich kam es auch zu vorsichtigen Schritten einer tendenziellen Supranationalisierung: Der Kommission wurde ein nichtexklusives Vorschlagsrecht in außenpolitischen Fragen verliehen (Art. 22(1) und 27 EUV-A); dem Parlament wurden Informations- und Anhörungsrechte zugestanden (Art. 21 EUV-A).

Mit der Erarbeitung des Verfassungsvertrags sollten weitere Schritte zur Stärkung der supranationalen Dimension der GASP eingeleitet werden. Der Vertragsentwurf sah die Position eines europäischen Außenministers vor, der sowohl Mitglied der Kommission als auch Vorsitzender des Rates Auswärtige Angelegenheiten sein und somit einen „Doppelhut" tragen sollte (Art. I-28(3 und 4) VVE). Nach dem Scheitern des Verfassungsvertrags infolge negativer Referenden wurde das ehrgeizige Projekt jedoch heruntergestuft. Im Lissabon-Vertrag verschwand die Bezeichnung „Außenminister" zugunsten des bekannten Begriffs „Hoher Vertreter der Union für Außen- und Sicherheitspolitik". Zwar wurde die Doppelfunktion des Amtsträgers beibehalten (Art. 17(4) EUV-L) und ein Europäischer Auswärtiger Dienst (EAD) zur Vorbereitung seiner Arbeit geschaffen, dem sowohl Kommissionsbeamte als auch solche des Ratssekretariats angehören. Der Hohe Vertreter (HV) blieb jedoch weiterhin der intergouvernementalen Regie unterstellt. So heißt es im Vertrag, der HV führt die GASP „im Auftrag des Rates" (Art. 18(2) EUV-L); „Für die Gemeinsame Außen- und Sicherheitspolitik gelten besondere Bestimmungen und Verfahren. Sie wird vom Europäischen Rat und vom Rat einstimmig festgelegt und durchgeführt" (Art. 24(1) EUV-L, siehe auch Giegerich 2020).

Verbunden mit der GASP widmeten sich die Mitgliedstaaten auch der Bildung und Stärkung einer europäischen Verteidigungsdimension (Mérand und Angers 2014). Angesichts der Balkankriege, aber auch außereuropäischer kriegerischer Konflikte und Sicherheitsrisiken erschien dies zunehmend dringlicher. Allerdings kam es in diesem Bereich nur zu begrenzten institutionellen Neuerungen. Das Politische Komitee der GASP wurde in ein Politisches und Sicherheitspolitisches Komitee (PSK) umgewandelt (Giegerich 2020: 396–397); ihm arbeitet ein sogenannter Militärausschuss (European Union Military Committee, EUMC) zu (Howorth 2012). Bezogen auf die Sicherheitspolitik der EU sieht der Lissabon-Vertrag auch die Möglichkeit einer „ständige(n) strukturierte(n) Zusammenarbeit" vor, für den Fall, dass nicht alle Mitgliedstaaten an entsprechenden Aktivitäten teilnehmen wollen (Art. 42(6) und 46 EUV-L).

Zusammenfassend zeigt der Auf- und Ausbau einer europäischen Außen-und Sicherheitspolitik, dass diese trotz verschiedener Ansätze zu ihrer Supranationalisierung bis zur Gegenwart ein intergouvernementales Konstrukt blieb, mit begrenzten Elementen einer Brüsselisierung, die in erster Linie einer verbesserten Koordination zwischen einer Außen- und Sicherheitspolitik im engeren Sinne und dem übrigen auswärtigen Handeln der Union dient. Dementsprechend konnte die Union angesichts zahlreicher internationaler Konflikte bisher keine starke außenpolitische Rolle spielen, denn der omnipräsente Dissens zwischen den Mitgliedstaaten verhinderte zumeist gemeinsame Positionen (Costa and Barbé 2023). Dies änderte sich tendenziell erst unter dem Druck des russischen Angriffskriegs gegen die Ukraine. Hier gelang es, eine vergleichsweise große Einigkeit im Rat über einen längeren Zeitraum aufrecht zu erhalten (Anghel und Jones 2023, Casier 2023). Dieses nach Ansicht vieler Beobachter erstaunliche Ergebnis ist einerseits einer proaktiven Rolle der Kommission zu verdanken (Baracani 2023, Tömmel i.E.); andererseits einer Vorgehensweise, die zwar die Handlungsfähigkeit der Union gestärkt, nicht jedoch grundsätzlich an der intergouvernementalen Regie gerüttelt hat (Giegerich 2020)

Die sogenannte *Dritte Säule* der EU, die dem Bereich Justiz und Inneres und damit einer ganzen Reihe von heterogenen Einzelpolitiken gewidmet ist, wurde ebenfalls mit dem Vertrag von Maastricht nach dem Muster der Zweiten Säule geschaffen. Anreize zur – begrenzten – Kooperation in diesem Bereich lassen sich als Spill-over-

Effekte des Binnenmarktprogramms erklären (Lavenex 2020). So beinhalten offene Grenzen für Waren, Kapital, Personen und Dienstleistungen nicht nur vielfältige Freiheiten; vielmehr rufen sie auch zahlreiche Folgeprobleme hervor: Immigration und Asylsuche, Drogenhandel, organisierte Kriminalität, Subventionsbetrug. Dennoch kam es zunächst nicht zu einer Antwort auf diese Probleme. Stattdessen erprobte eine kleinere Gruppe von Staaten – Deutschland, Frankreich sowie die Beneluxstaaten – einen „koordinierten Alleingang" (Gehring 1999), indem sie 1985 das Schengener Abkommen außerhalb der EG-Strukturen vereinbarten (Lavenex 2009: 257). Das Abkommen sah einerseits die Aufhebung von Grenzkontrollen zwischen den beteiligten Staaten vor, andererseits aber auch eine verstärkte Zusammenarbeit in Immigrationsfragen, der Verbrechensbekämpfung sowie im Polizeiwesen.[3] Weitere Formen einer begrenzten Kooperation zwischen den Mitgliedstaaten bildeten sich seit 1975 im Rahmen der sogenannten Trevi-Gruppe heraus (Lavenex 2009: 256).

Mit dem Maastricht-Vertrag wurde dann die Schaffung der Dritten Säule vereinbart, zunächst allerdings ohne Einbezug des Schengener Abkommens. Folgende Aufgabenbereiche wurden hierfür im Vertrag vorgesehen (Art. 2(29 und 30) EUV-M): Asylpolitik, Einwanderungspolitik, Schutz der Außengrenzen, Kampf gegen Drogenabhängigkeit, Bekämpfung der organisierten Kriminalität und schließlich justizielle sowie polizeiliche Zusammenarbeit. Ebenso wie bei der GASP war aber auch hier nur die Stärkung der intergouvernementalen Kooperation vorgesehen (Lavenex 2010); dementsprechend oblagen dem Europäischen Rat die Grundsatzentscheidungen, dem Ministerrat (hier vertreten durch die Minister für Inneres und Justiz) die Durch- und Ausführung gemeinsamer Aktivitäten. Zur Koordinierung einer gemeinsamen Vorgehensweise wurde ebenfalls ein spezieller ständiger Ausschuss für die innere Sicherheit gebildet (vgl. Art. 36 EUV-M sowie Art. 71 AEUV).

Mit dem Amsterdamer Vertrag wurde der Aufgabenbereich der Dritten Säule in Raum der Freiheit, der Sicherheit und des Rechts (RFSR) umbenannt. Zudem wurden einige Kompetenzen im Bereich Innere Sicherheit und speziell Einwanderung der regulären Gemeinschaftsmethode als Entscheidungsmodus unterstellt. Gleichzeitig wurde das Schengener Abkommen in den institutionellen Rahmen der Dritten Säule integriert. Der Vertrag verlieh der Kommission ein partielles Ko-Initiativrecht sowie dem Parlament Anhörungsrechte. An der Dominanz der intergouvernementalen Entscheidungsfindung änderte sich jedoch nichts (Lavenex 2020). Operative Aufgaben wurden unabhängigen Agenturen übertragen, beispielsweise die polizeiliche Zusammenarbeit an EUROPOL, der Grenzschutz an FRONTEX (vgl. Kap. 9.4).

---

3 In den Folgejahren wurde das Abkommen schrittweise von weiteren Mitgliedstaaten sowie den vier verbliebenen EFTA-Staaten übernommen; Zum 31.03.2024 traten Bulgarien und Rumänien dem Abkommen bei. Damit partizipieren nunmehr alle EU-Staaten mit Ausnahme von Zypern an dem Abkommen. Offizielle Webseite der EU: https://eur-lex.europa.eu/DE/legal-content/glossary/schengen-agreement-and-convention.html (Abruf: 03.07.2025).

Mit Inkrafttreten des Lissabon-Vertrags wurde die institutionelle Struktur des Raums der Freiheit, der Sicherheit und des Rechts weitergehend verändert. Einerseits wurden Teile des RFSR dem Ordentlichen Gesetzgebungsverfahren unterstellt; Ausnahmen bildeten lediglich Teile der justiziellen Zusammenarbeit in Strafsachen sowie der polizeilichen Zusammenarbeit. Andererseits kam es zu einer Stärkung der Führungsposition der Räte, indem dem Europäischen Rat die Festlegung der „strategischen Leitlinien für die gesetzgeberische und operative Programmplanung" im gesamten Politikbereich Justiz und Inneres zukam (Art. 68 AEUV). Der Rat übernahm neben der Gesetzgebung verschiedene Durchführungsmaßnahmen, etwa zur Koordinierung der transnationalen Kooperation oder zur Überprüfung nationaler Politiken (Art. 70 und 74 AEUV), wobei er nur teilweise auf Vorschlag der Kommission handelte. Der Ständige Ausschuss sollte sicherstellen, „dass innerhalb der Union die operative Zusammenarbeit im Bereich der inneren Sicherheit gefördert und verstärkt wird" (Art. 71 AEUV). Die Politikfelder des RFSR wurden somit zunehmend über eine komplexe Mischung von Governance-Modi gesteuert. Helen Wallace charakterisiert diesen Modus als „intensive transgovernmentalism" (Wallace 2010). Lavenex bezeichnet ihn als „transgovernmental governance", der Elemente der Gemeinschaftsmethode und intergouvernementalen Steuerung kombiniert; sie sieht ihn gekennzeichnet „by the relative weakness of legal harmonization and a focus on more operational aspects of coordination between national authorities, usually under the auspices of an independent regulatory agency" (Lavenex 2020: 344).

Zusammenfassend ergibt sich für die institutionelle Struktur der vormaligen Dritten Säule ein vergleichsweise heterogeneres Bild. Die anfangs rein intergouvernementale Organisationsstruktur differenzierte sich aus, indem einerseits begrenzte Teile der entsprechenden Politiken vergemeinschaftet wurden, andererseits der größere Teil dieses Politikbereichs bis zur Gegenwart transnationalen Formen der Kooperation untersteht. Die Erfolge dieser Formen der Kooperation sind denn auch eher als bescheiden zu werten. Die andauernden Konflikte um eine gemeinsame Politik in Sachen illegale Migration sowie die Zunahme einzelstaatlicher, unkoordinierter Alleingänge verdeutlichen dies.

Ein dritter Bereich, der mit dem Vertrag von Maastricht der intergouvernementalen Regie unterstellt, jedoch nie als eigene Säule definiert wurde, war die Wirtschaftspolitik im Rahmen der WWU. Denn die Schaffung einer gemeinsamen Währung, des Euro, war von Anfang an mit dem Problem einer sehr ungleichmäßigen ökonomischen Entwicklung zwischen den Mitgliedstaaten konfrontiert; Fachleute warnten, dass die EU kein idealer Wirtschaftsraum für eine gemeinsame Währung sei. Vor diesem Hintergrund erschien es unabdingbar, auf eine größere Konvergenz hinzuarbeiten. Diese Aufgabe wurde ebenfalls den Räten überantwortet, also intergouvernemental organisiert. Nach dem bekannten Muster sollte der Europäische Rat bedeutende Grundsatzentscheidungen fällen, während ECOFIN, der Rat der Wirtschafts- und Finanzminister, weitreichende Aufgaben der Überwachung der Konvergenzpolitiken der Mitgliedstaaten wahrnehmen sollte, wie sie im Rahmen des Maastricht-Vertrags sowie des Stabilitätspakts von 1997 vereinbart worden waren. Zur Unterstützung des ECOFIN-Rats wurde ebenfalls ein spezieller Ausschuss gebildet, der sogenannte Wirtschafts- und Finanzausschuss (Art. 134 AEUV). Er setzt sich aus hochrangigen Vertretern der Kommission, der Mitgliedstaaten sowie der EZB zusammen, ist also stärker als vergleichbare Ausschüsse mit Experten besetzt (Dyson und Quaglia 2010: 685–687).

Die Kommission wurde nur eine begrenzte Rolle in der WWU zugewiesen. Sie sollte die ökonomische Politik und vor allem das Haushaltsgebaren der Mitgliedstaaten überwachen, um übermäßige Defizite zu vermeiden (Art. 126(2) AEUV). Entscheidungen über eventuelle Verletzungen der Regeln blieben aber dem Rat vorbehalten (Art. 126(6) AEUV). Zudem verfügt die Kommission über ein nicht-exklusives Vorschlagsrecht, während das Parlament lediglich informiert oder gehört werden muss.

Angesichts der Wirtschafts-, Finanz und Eurokrise erschien dieses Entscheidungssystem aber als zu schwach, um eine tendenzielle Konvergenz der Ökonomien der Mitgliedstaaten zu erreichen. Weit schlimmer, die Krise wurde angesichts schwacher Kontrollmechanismen als Folge von eklatantem Fehlverhalten einiger Mitgliedstaaten interpretiert; dementsprechend wurde schrittweise eine Reihe von zusätzlichen Maßnahmen eingeführt, die eine wirksamere Kontrolle bewirken sollten, allerdings weiterhin im Wesentlichen unter intergouvernementaler Regie. In diesem Zusammenhang ist an erster Stelle das sogenannte Europäische Semester zu nennen, das die Überwachungsmechanismen gegenüber den Mitgliedstaaten deutlich verschärfte. Zudem wurde ein neues Vertragskonzept erarbeitet, das nach dem Muster der deutschen Schuldenbremse entsprechende Regeln auf die gesamte EU übertragen wollte. Allerdings scheiterte dieses Konzept am Widerstand des Vereinigten Königreichs sowie Tschechiens, sodass der Vertrag außerhalb des EU-Systems als sogenannter Fiscal Compact zwischen 26 Mitgliedstaaten vereinbart werden musste. Nach zähem Ringen wurde lediglich mit der Einführung der Bankenunion ein supranationaler Integrationsschritt eingeleitet (vgl. Kap. 9.1). Die Bankenunion, die auch eine weitergehende Finanzmarktaufsicht beinhaltet, zog ihrerseits die Schaffung von drei unabhängigen Agenturen nach sich, denen verschiedene Sparten der Finanzaufsicht obliegen und die über weitgehende formale Befugnisse verfügen (Busuioc 2013: 112, Hustedt et al. 2014: 163, vgl. Kap. 9.4).

Zusammenfassend ergibt sich somit, dass die Wirtschafts- und Finanzkrise die Übertragung weiterer Kompetenzen auf die europäische Ebene unausweichlich machte. Soweit eine Supranationalisierung erforderlich erschien, wurde diese der EZB sowie unabhängigen Agenturen übertragen, während den Räten weiterhin die Wahrnehmung entsprechender Regulativ- und Überwachungsfunktionen vorbehalten blieben, auch in diesem Bereich mit begrenztem Erfolg, wie die nach wie vor hohe Schuldenquote vieler Mitgliedstaaten belegt.

9.3 Differenzierte Integration

Mit den sukzessiven Erweiterungen der Union, der wachsenden Anzahl ihrer Mitglieder und der enormen Ausweitung europäischer Politik auf nahezu alle denkbaren Bereiche wurde es immer schwieriger, alle Staaten in gleichem Maße und gleichem Tempo zu Integrationsfortschritten zu bewegen. Außerdem wurde es zunehmend schwieriger, ganze Politikfelder und die entsprechenden Kompetenzen auf die europäische Ebene zu übertragen. Dementsprechend schienen differenzierte Formen der Integration einen Ausweg zu bieten. Während jedoch in den Anfangsjahren solche Auswege tabu waren, sodass Meinungsverschiedenheiten zwischen den Mitgliedstaaten über anstehende Integrationsschritte regelmäßig in Pattsituationen oder gar Stagnation endeten, fanden die Regierungen im Laufe der Zeit zunehmend an ihnen Geschmack. Differenzierte Formen der Integration boten Lösungswege im Falle von unüberwindbaren Divergenzen zwischen den Mitgliedstaaten.

Differenzierte Integration kann in der Form horizontaler oder vertikaler Differenzierung auftreten (Leuffen et al. 2012: 12, Schimmelfennig et al. 2015). *Horizontale Differenzierung* bezieht sich auf die Fälle, in denen ein Politikfeld auf die europäische Ebene verlagert wird, jedoch nicht alle Mitgliedstaaten an dieser Politik partizipieren. In solchen Fällen hofft die integrationsorientierte Gruppe als Avantgarde zu fungieren, der schrittweise die übrigen Staaten folgen. *Vertikale Differenzierung* bezieht sich auf Politikfelder, bei denen lediglich ein Teil der Aufgaben und Kompetenzen auf die europäische Ebene übertragen wird, während andere Verantwortlichkeiten auf der nationalen Ebene verbleiben. Diese Form wird bevorzugt, wenn ein ausgeprägter funktionaler Druck zu mehr Integration besteht, die Mitgliedstaaten aber entsprechende Kompetenzübertragungen ablehnen; in solchen Fällen kann die Übertragung von Teilkompetenzen auf die europäische Ebene als geeignete Kompromisslösung erscheinen. Beide Formen der differenzierten Integration können auch in Kombination auftreten. Zudem sind Opt-outs, also das sich Ausklinken bestimmter Mitgliedstaaten aus Integrationsschritten, als Formen der differenzierten Integration zu werten (Holzinger und Tosun 2019).

Gegenüber diesen zusammenfassenden Begriffsbildungen werden neuerdings unterschiedliche Formen der differenzierten Integration hervorgehoben: so Unterschiede zwischen interner und externer Differenzierung, wobei letztere den Einbezug von Drittstaaten in EU-Regelungen bezeichnet (Holzinger und Tosun 2019), zwischen differenzierter Integration und differenzierter Kooperation, wobei letztere auf Politikfelder verweist, die durch intergouvernementale Kooperation gekennzeichnet sind (Klose et al. 2023), sowie rezent zwischen differenzierter Integration und flexibler Implementation, die die Differenzierungen bei der Umsetzung gemeinsamer Politiken beleuchtet (Princen et al. 2024). Wenngleich diese Begriffspräzisierungen das Phänomen der differenzierten Integration in ihren vielfältigen Varianten genauer erfassen, sollen im Folgenden jedoch nur deren Hauptformen beleuchtet werden.

Mit dem Vertrag von Amsterdam wurde die differenzierte Integration erstmalig im Primärrecht der EU verankert. So definierte der Vertrag diese Möglichkeit als „verstärkte Zusammenarbeit" zwischen einer Gruppe von Mitgliedstaaten (Titel VII EUV-A). Insbesondere wegen der bevorstehenden Osterweiterung und der weniger integrationsgesinnten Haltung der Beitrittskandidaten befürchteten die „alten" Mitgliedstaaten häufigere Blockaden im Integrationsprozess. Der Lissabon-Vertrag vereinfachte und straffte sodann die Regelungen zur Verstärkten Zusammenarbeit (Titel IV EUV-L). Vielfältige Formen der differenzierten Integration weisen vor allem die Politikfelder auf, die vergleichsweise spät integriert wurden und Kernaufgaben der Nationalstaaten betreffen, also die Politiken der Zweiten und Dritten Säule sowie der WWU (Dyson und Sepos 2010, Leuffen et al. 2012, Schimmelfennig et al. 2015, 2023). Im Folgenden soll exemplarisch der prominenteste Fall, die WWU, dargestellt werden, die sowohl Elemente der horizontalen wie der vertikalen Differenzierung umfasst.

Die Währungsunion der EU ist ein Beispiel der horizontalen Differenzierung, weil nicht alle Mitgliedstaaten in ihr partizipieren wollen oder dürfen. Für die Teilnahme müssen sich die Staaten durch die Einhaltung bestimmter wirtschaftlicher Parameter qualifizieren, die erstmalig mit dem Vertrag von Maastricht definiert worden waren (Art. 109j(1) EGV-M). Diese sogenannten Konvergenzkriterien beziehen sich auf die Einhaltung von Preisstabilität, die Beschränkung öffentlicher Ausgaben sowie die Stabilisierung der Wechselkurse und der langfristigen Zinsraten. Mit diesen Kriterien wollte der Europäische Rat sicherstellen, dass nur wirtschaftlich und fiskalpolitisch stabile Staaten, die zudem ein hohes Maß an wirtschaftlicher Konvergenz erreichen, Mitglieder der Währungsunion werden konnten. 1997 wurde dann der Stabilitäts- und Wachstumspakt angenommen, der die Eurostaaten auch nach dem Beitritt zur Währungsunion zur Einhaltung fiskalpolitischer Kriterien verpflichtet. So darf die jährliche Neuverschuldung eines Staates 3%, die Gesamtverschuldung 60% des BIP nicht überschreiten. Die Einhaltung der übrigen Kriterien lag fortan in der Verantwortung der EZB.

Bei Entscheidungen über die Teilnahme an der Währungsunion hielt sich der Europäische Rat allerdings nicht strikt an die aufgestellten Kriterien, sondern ließ auch Staaten zu, die nicht alle Parameter erfüllten. Politische Motive spielten somit teilweise eine größere Rolle als die rein wirtschaftliche Rationalität. Beim Start der dritten Stufe der Währungsunion im Jahr 1999 wurden zunächst 11 der damals 15 Mitgliedstaaten zur Währungsunion zugelassen (die sechs Gründerstaaten der EG sowie Finnland, Irland, Österreich, Portugal und Spanien); zwei Jahre später folgte Griechenland als zwölfter Mitgliedstaat. Dänemark, Schweden und das Vereinigte Königreich hätten zwar die Kriterien erfüllt, wählten aber ein Opt-out. Seit den umfangreichen Erweiterungen der EU der Jahre 2004, 2007 und zuletzt 2013 qualifizierten sich weitere acht Staaten für die Währungsunion (Estland, Kroatien, Lettland, Litauen,

Malta, Slovakei, Slowenien und Zypern).[4] Die Regierungen der nunmehr 20 Mitglieder der Eurozone bilden innerhalb des Rates und des Europäischen Rates die sogenannte Euro-Gruppe.

Die WWU ist gleichzeitig auch ein Fall einer vertikal differenzierten Integration. So fallen alle Kompetenzen der Währungspolitik der europäischen Ebene und speziell der EZB sowie dem EZB-System zu, während die Wirtschaftspolitik weiterhin der Verantwortlichkeit der Mitgliedstaaten, und damit Rat und Europäischem Rat unterliegt (Howarth und Verdun 2020). Die Wirtschaftspolitik, die eine Fiskalpolitik sowie die makroökonomische Stabilisierung der Mitgliedstaaten umfasst, stellt einen unerlässlichen Baustein der Währungsunion dar, denn sie soll die Konvergenz zwischen den Ökonomien der Mitgliedstaaten fördern. Dementsprechend wurden mit dem Beginn der Währungsunion der europäischen Ebene auch spezielle Koordinations- und Überwachungsfunktionen übertragen (Art. 103 EGV-M). Der Rat nimmt entsprechende Leitlinien an und richtet Empfehlungen an Staaten, die diese nicht einhalten (Art. 103(3) EGV-M). Zudem obliegt es dem Rat, die Einhaltung der fiskalen Regeln des Wachstums- und Stabilitätspaktes zu überwachen. Im Falle übermäßiger Defizite kann er sogar Strafen verhängen (Art. 104c EUV-M). Bemerkenswert ist, dass diese Funktionen der europäischen Ebene auch horizontal differenziert sind. Das multilaterale Überwachungsverfahren bezieht sich auf alle Staaten der EU. Die fiskale Überwachung bezog sich anfangs lediglich auf die Mitglieder der Eurozone, wurde aber inzwischen auf alle EU-Staaten ausgeweitet. Sanktionen können jedoch nur den Euromitgliedern auferlegt werden.

Es versteht sich, dass diese vielfältigen Formen der differenzierten Integration in der WWU ihren Ausdruck in entsprechenden Institutionen fanden. Wie so oft in der Geschichte der Integration wurden hierzu jedoch keine expliziten Entscheidungen getroffen; vielmehr behalf sich die Union mit einer Institutionenbildung ohne formalrechtliche Verankerung (Hodson 2011: 39–43). So kam es ab April 1998, kurz vor Eintritt in die dritte Stufe der Währungsunion, zu regulären, aber informellen Treffen der Finanzminister der Staaten der Euro-Gruppe. Sie trafen sich am Vorabend der Sitzungen des ECOFIN-Rates, um dringliche Politikprobleme und mögliche Lösungen zu besprechen. Formelle Entscheidungen mussten jedoch während der Ratssitzungen getroffen werden. Betrafen solche Entscheidungen die gemeinsame Währung, waren jeweils nur die Minister der Eurozone stimmberechtigt (Art. 136(2) AEUV). Dies führte zu Konflikten mit den übrigen Mitgliedern des Rates, denn diese sahen sich von den jeweiligen Entscheidungen ebenfalls betroffen.

Trotz ihres informellen Status hat sich die Euro-Gruppe zunehmend zu einem politischen Schwergewicht in der institutionellen Architektur der EU entwickelt. 2004 wählte sie erstmals einen permanenten Präsidenten für eine (verlängerbare) Amt-

---

4 Offizielle Webseite der EZB: https://www.ecb.europa.eu/euro/intro/html/index.de.html (Abruf: 09.07.2025).

speriode von zwei Jahren. Luxemburgs Premierminister Jean-Claude Juncker erhielt diese Position, und entgegen allen Normen und Regeln der EU hatte er sie für nahezu neun Jahre inne. Im Rahmen des Lissabon-Vertrags wurde die Euro-Gruppe erstmalig über ein angehängtes Protokoll als Institution genannt, aber weiterhin als informelles Gremium geführt (Protokoll (Nr. 14) betreffend die Eurogruppe, EUV-L). Im Zuge der Eurokrise bildete sich zudem ein höheres Autoritätsniveau heraus, indem die Regierungschefs der Mitgliedstaaten den sogenannten Euro-Gipfel etablierten. 2008 trat erstmals ein Euro-Gipfel zusammen; ab 2011 fanden sie regelmäßig jeweils am Ende einer Sitzung des Europäischen Rates statt. Der Euro-Gipfel ist ebenfalls ein informelles Gremium; dennoch steht seine enorme Bedeutung außer Frage (Puetter 2014). Neben der Schaffung einer Suprastruktur für die Eurogruppe kam es auch zur Herausbildung einer spezifischen Substruktur, indem eine permanente Arbeitsgruppe zur Vorbereitung der Ministertreffen eingesetzt wurde.

In der Schulden-, Finanz- und Eurokrise traf der Euro-Gipfel eine Reihe von bedeutsamen Entscheidungen: 2010 die Einrichtung eines temporären „Rettungsschirms" für Schuldnerstaaten, die sogenannte Europäische Finanzstabilisierungsfazilität (EFSF) sowie 2012 die Schaffung eines permanenten Rettungsschirms, des Europäischen Stabilitätsmechanismus (ESM). Zudem entschied er über die Kreditvergabe an einzelne, hoch verschuldete Mitgliedstaaten unter Auflage von strikter Konditionalität, d.h., der Auferlegung von drastischen Kürzungen der öffentlichen Haushalte und tiefgreifenden Reformen im Gegenzug für die Kreditgewährung. Diese Schritte vertieften einerseits die Integration zwischen den Staaten der Eurozone, andererseits die Kluft zu den übrigen Mitgliedstaaten, und damit insgesamt die differenzierte Integration (Holzinger und Schimmelfennig 2015). Zudem vertieften sie innerhalb der Euro-Gruppe die Kluft zwischen Schuldner- und Gläubigerstaaten (Howarth und Verdun 2020). Allerdings kam es auch zu Schritten, die alle Mitgliedstaaten betrafen. So verschärfte der Europäische Rat die Überwachung der Wirtschaftspolitiken aller Mitgliedstaaten über die Einführung des Europäischen Semesters sowie eines Fiskalpakts, der aber nur von 26 der seinerzeit 28 Mitgliedstaaten unterschrieben wurde. Zudem führte er eine Bankenunion ein, die im Wesentlichen supranational organisiert ist, aber ebenfalls Elemente einer differenzierten Integration enthält (vgl. Kap. 5.1).

Seit der Eurokrise kam es kaum noch zu neuen Formen der differenzierten Integration. Schimmelfennig und Tekin (2023) führen das auf mehrere Faktoren zurück: seit dem Beitritt Kroatiens 2013 gab es keine Erweiterungen mehr der Union; mit dem Brexit hat der Staat, der am häufigsten Opt-outs einforderte, die Union verlassen; differenzierte Integration eignet sich eher für eine erstmalige Integration, und weniger für bereits integrierte Politikfelder, die zumeist von den jüngsten Krisen betroffen waren. Diese Situation könnte sich allenfalls verändern, falls es zu neuerlichen Erweiterungsrunden kommt.

Insgesamt ist die differenzierte Integration „fester Bestandteil des Instrumentenkastens und Strukturmerkmal der europäischen Integration geworden" Schimmelfennig und Tekin 2023: 94), denn sie ermöglicht institutionelle Antworten auf die enorme Diversität in der EU. Dabei können sowohl strukturelle Disparitäten – etwa ökonomische Entwicklungsunterschiede zwischen den Mitgliedsländern – als auch politische Divergenzen zwischen den nationalen Regierungen über Ausmaß und Zielrichtung der Integration Anlass für entsprechende institutionelle Lösungen bilden. Die Formen der differenzierten Integration, die gewählt werden, können einerseits zeitlich begrenzte institutionelle Arrangements sein, wobei bestimmte Staaten einem Abkommen erst nach einer Übergangsperiode beitreten. Andererseits können differenzierte Formen der Integration aber auch institutionelle Muster beinhalten, die über längere Zeiträume stabil sind, entsprechend der Diversität zwischen den Mitgliedstaaten.

Formen der differenzierten Integration sind aber nicht nur als elegante institutionelle Lösungen für Divergenzen und Konflikte zwischen den Mitgliedstaaten zu werten; vielmehr können sie sich auch zu einer Bedrohung der Grundprinzipien der Union entwickeln, indem sie die formale Gleichheit der Mitgliedstaaten aushebeln. Zudem sind die zugehörigen Entscheidungsverfahren fragwürdig, denn wenn eine kleinere Gruppe von Mitgliedstaaten Entscheidungen treffen kann, die die übrigen Staaten – möglicherweise negativ – betreffen, dann werden demokratische Prinzipien verletzt. Schließlich verstärken Formen der differenzierten Integration das ohnehin schon virulente Problem der institutionellen Fragmentierung und Intransparenz der EU, was seinerseits die Zurechnung von Entscheidungen zu bestimmten Verantwortlichen und generell demokratische Kontrollen erschwert.

9.4 Jenseits von intergouvernemental und supranational: unabhängige Agenturen

Im EU-System werden bestimmte Funktionen und Aufgaben zunehmend auch auf unabhängige Agenturen – in der Sprache der Union dezentrale Agenturen – ausgelagert; zumeist handelt es sich um unterstützende Funktionen für die Politikformulierung und –implementation, in seltenen Fällen auch um Regulierungsaufgaben (Hustedt et al. 2014: 143–192). Grundsätzlich können Agenturen in allen Politikbereichen der EU eingesetzt werden, unabhängig von den jeweiligen Verfahrensmodi (Gemeinschaftsmethode, intergouvernementale Integration oder Kooperation). Häufiger unterstützen sie jedoch die intergouvernemental gesteuerten Politiken; zudem werden sie dort eingesetzt, wo es um neue Themenfelder geht, die besondere Expertise erfordern. Die Bildung von unabhängigen Agenturen stärkt die Politikfunktionen der EU, ohne jedoch die regulären supranationalen Organe mit weiteren Aufgaben zu betrauen. Zudem werden so bestimmte Aktivitäten den Interessendivergenzen zwischen den Mitgliedstaaten, aber auch zwischen den supranationalen und intergouvernementalen Kräften entzogen. Im Folgenden sollen der Prozess der Herausbildung solcher Institutionen sowie ihre Charakteristika dargestellt werden.

Der US-Wissenschaftler Giandomenico Majone (1996, 2005) war der erste, der auf die in seinen Augen exzessive Nutzung von Methoden der Delegation im EU-System hinwies, das damit dem Vorbild der USA folge. Anders allerdings als in den USA und teilweise auch in den Mitgliedstaaten der Union sind die meisten EU-Agenturen nicht mit regulativen Aufgaben betraut, sondern dienen der Wissensgenerierung und -vermittlung, der Vorbereitung von regulativen Entscheidungen oder auch der Stärkung operativer Aufgaben der Union. Wood (2018) sieht darüber hinaus die Agenturen sogar als „political entrepreneurs", als politische Unternehmer. Die Verfasstheit unabhängiger Agenturen kann variieren: einige sind direkt den europäischen Organen unterstellt, andere unterliegen allenfalls indirekten Kontrollen. Dementsprechend variiert auch der Grad ihrer Unabhängigkeit (Ruffing et al. 2024). Kontrollen üben die europäischen Organe vornehmlich über Änderungen der Verfasstheit der Agenturen aus. Ruffing et al. (2024: 751) nennen im Durchschnitt vier Änderungen je Agentur; in einem Einzelfall kam es sogar zu 13 Anpassungen. Die Autoren schlussfolgern „that EU-level principals, changed their preferred steering mode from controlling individual agency decisions to controlling general decision-making in EU agencies" (Ruffing et al. 2024: 741).

Erste unabhängige Agenturen bildeten sich in der damaligen EG bereits in den 70er Jahren heraus; dem folgte in den 90er Jahren bis zu Beginn der 2000er Jahre eine zweite Welle von Neugründungen; ab Mitte der 2000er setzte sich dieser Trend als dritte Welle unvermindert bis zur Gegenwart fort, mit einem Höhepunkt während der Eurokrise (Egeberg und Trondal 2017, Rimkuté 2022). Gegenwärtig listet die EU 35 Agenturen auf,[5] Ruffing et al. (2024) analysieren 38, und Rimkuté (2022) nennt sogar insgesamt 46.[6]

Die Gründungswelle der 90er Jahre ist als bedeutende institutionelle Innovation im EU-System zu werten, da die betreffenden Agenturen wesentlich zur Ausweitung und Stärkung der Politikfunktionen der EU beitrugen (Majone 2002). An erster Stelle ist in diesem Kontext die *Europäische Umweltagentur* (EUA) (gegr. 1994) zu nennen, die Expertise für bestehende Politiken und Vorschläge für neue Konzepte bereitstellt und auch Lobbyfunktionen in Sachen Umweltschutz wahrnimmt (Hustedt et al. 2014: 179–183). Die *Europäische Arzneimittelagentur* (EMA) (gegr. 1993) prüft die Qualität, Sicherheit und Wirksamkeit von Medikamenten für den gesamten europäischen Markt; ihr kommen faktisch auch Regulierungsfunktionen zu, denn die Kommission übernimmt häufig ihre Vorschläge ohne Änderungen (Hustedt et al. 2014: 184–189, Egeberg und Trondal 2017). Die *Europäische Behörde für Lebensmittelsicherheit* (EFSA) (gegr. 2002) nimmt im Wesentlichen Beratungsfunktionen gegenüber den EU-Entscheidungsträgern wahr. In all diesen Fällen ist es in erster Linie die ge-

---

5 Offizielle Webseite der Europäischen Union: https://european-union.europa.eu/institutions-law-budget/institutions-and-bodies/types-institutions-and-bodies_de (Abruf: 16.07.25).

6 Die Differenzen in den Zahlen ergeben sich aus Zuordnungsproblemen; manche von Rimkuté genannte Institutionen sind keine unabhängigen Agenturen im engeren Sinne.

bündelte fachliche Qualifikation und Expertise dieser Agenturen, die europäischen Politiken eine konkrete inhaltliche Dimension und ebenso sehr die von Majone (2005) betonte Glaubwürdigkeit verleihen.

Eine andere Kategorie von Agenturen, die ebenfalls in den 90er Jahren oder zu Beginn der 2000er Jahre gegründet wurden, nehmen operative Funktionen im EU-System wahr, insbesondere im Bereich Justiz und Inneres (Lavenex 2020). So obliegt EUROPOL (gegr. 1993) eine Reihe von Aufgaben im Bereich der polizeilichen Zusammenarbeit. Die Agentur „unterstützt Strafverfolgungsbehörden in der EU bei der Bekämpfung von groß angelegten kriminellen Aktivitäten wie Terrorismus, Betrug und Drogenhandel." EUROJUST (gegr. 2001) fördert die justizielle Zusammenarbeit in der EU bei grenzüberschreitenden Straftaten wie Terrorismus, Drogenhandel und Cyberkriminalität. Schließlich dient FRONTEX (gegr. 2004) dem Schutz der Außengrenzen der EU. Laut EU-Webseite unterstützt die Agentur „die EU-Länder bei der Verwaltung ihrer Außengrenzen und der Harmonisierung ihrer Grenzkontrollen – mit technischer Unterstützung und Fachwissen."[7] Faktisch nimmt sie allerdings weitgehend selbständig operative Aufgaben an den Außengrenzen wahr, insbesondere Push Backs von Geflüchteten. Entsprechend der trotz zahlreicher Versuche nicht gelingenden Harmonisierung einer europäischen Migrations- und Flüchtlingspolitik wurden Kompetenzen, Ressourcen und Personal von FRONTEX bis zur Gegenwart signifikant ausgeweitet (Lavenex 2020: 353–354). Insgesamt zeigt die Zunahme von unabhängigen Agenturen im Bereich Justiz und Inneres einerseits den erklärten Willen der Mitgliedstaaten, in diesem Bereich handlungsfähiger zu werden, andererseits aber auch ihre Schwäche in der Vereinbarung und Implementation gemeinsamer Entscheidungen (Lavenex 2010: 467–470).

Spätere Gründungen von Agenturen seit Mitte der 2000er Jahren beziehen sich auf neu auftretende Probleme, wie etwa ENISA, die Agentur der Europäischen Union für Cybersicherheit (gegr. 2004), EDA, die Europäische Verteidigungsagentur (gegr. 2004), oder EASO, das Europäische Unterstützungsbüro für Asylfragen (gegr. 2010), das 2022 ersetzt wurde durch die EUAA, die Asylagentur der Europäischen Union. Die bemerkenswertesten Neugründungen dieser Phase sind allerdings drei Agenturen, die 2011 während der Eurokrise zur Stärkung der Finanzaufsicht gegründet wurden: EBA, die Europäische Bankenaufsichtsbehörde, der „die Annahme von Standards für die Regulierung und Überwachung des Bankwesens in allen EU-Ländern" obliegt; ESMA, die Europäische Wertpapier- und Marktaufsichtsbehörde, „die die Stabilität des EU-Finanzsystems schützt"; und schließlich EIOPA, die Europäische Aufsichtsbehörde für das Versicherungswesen und die betriebliche Altersversorgung, die ebenfalls der Finanzmarktaufsicht dient.[8] Diese Agenturen unterscheiden sich von den

---

7 Alle Angaben und Zitate: siehe Fußnote 5.

8 Alle Angaben und Zitate: Offizielle Webseite der Europäischen Union: https://european-union.europa. eu/institutions-law-budget/institutions-and-bodies/types-institutions-and-bodies_de (Abruf: 16.07.25).

übrigen durch die Zuweisung relevanter regelsetzender Befugnisse; Busuioc wertet dies als Höhepunkt im Prozess der Bildung von EU Agenturen, ja sogar als Sprengung des Rahmens („break the mould", Busuioc 2013: 112).

Viele der genannten Agenturen fungieren nicht nur als Berater oder Unterstützer der europäischen Organe; vielmehr bilden sie auch Netzwerke mit entsprechenden nationalen Agenturen. Damit können sie ihre Expertise an diese weiter vermitteln; zudem arbeiten sie tendenziell auf eine Harmonisierung entsprechender Vorgehensweisen in der gesamten EU hin. Die drei Agenturen zur Finanzmarktregulierung können sogar den nationalen Agenturen oder auch direkt Finanzinstitutionen der Mitgliedstaaten bindende Entscheidungen auferlegen (Busuioc 2013: 112). Durch die Vernetzung im Rahmen europäischer Agenturen erlangen die nationalen Agenturen ein größeres Maß an Unabhängigkeit gegenüber der Einflussnahme von Seiten der jeweils zuständigen Ministerien (Egeberg und Trondal 2017).

Grundsätzlich gehört auch eine Kartellbehörde zum klassischen Spektrum unabhängiger Agenturen; erstaunlicherweise fehlt aber eine solche Agentur auf der europäischen Ebene. Denn in diesem Bereich gelang es den Mitgliedstaaten, trotz entsprechender Vorstöße und weit gediehener Planungen vonseiten der Kommission zu Ende der 70er und zu Beginn der 80er Jahre, die Einrichtung einer solchen Behörde zu verhindern und die entsprechenden Aufgaben der – in diesem Falle wesentlich schwächer erscheinenden – Kommission zu übertragen. Seitdem haben sich die Verhältnisse allerdings grundlegend verändert. Nach anfangs eher zögerlichen Aktivitäten nutzte die Kommission ihre Kompetenzen in der Wettbewerbspolitik zunehmend offensiv, indem sie Vertragsverletzungen in diesem Bereich konsequent verfolgte und ihre Einflussnahme signifikant ausweiten konnte (Cini und McGowan 2008, Thatcher 2020, Foster und Thelen 2024). Dies schließt die Entwicklung neuer Instrumente und Verfahrensweisen gegenüber der enormen Marktmacht der sogenannten Tech-Giganten ein (Cini und Czulno 2022, Damro 2024); dementsprechend wird die europäische Wettbewerbskontrolle in der Gegenwart als die effektivste weltweit gewertet.

Abschließend stellt sich die Frage, warum es zu einer so ausgeprägten Proliferation von weitgehend unabhängigen Agenturen im EU-System kommen konnte. Majone, als der profilierteste Befürworter solcher Institutionen, sieht eine solche Entwicklung aus mehreren Gründen als besonders vorteilhaft für die Union (Majone 1996, 2005, 2009). Aus seiner Sicht verfolgen die Agenturen ihre Aufgaben weitgehend losgelöst von politischen Konflikten mit „technischer Sachrationalität" und spezifischer Expertise; damit verleihen sie der europäischen Politik ein hohes Maß an Glaubwürdigkeit. Die einzelnen Politiken werden mit größerer Kontinuität, höherer Effizienz und besserem Output implementiert; zudem werden sie flexibler und genauer an unterschiedliche Kontexte und Problemsituationen angepasst. Es sind also im Wesentlichen funktionale Argumente, die für die Bildung unabhängiger Agenturen sprechen. Allerdings werden hier indirekt auch schon die politischen Konflikte angesprochen.

Gegenüber funktionalen Argumenten betonen andere Forscher politische Motive als Hauptgrund für die Bildung unabhängiger Agenturen (z.B. Kelemen und Tarrant 2011). Tatsächlich ist es die doppelte Konfliktsituation im EU-System, die den Einsatz der Delegation von Politikfunktionen an unabhängige Agenturen hervorruft und zunehmend verstärkt. So sind es einerseits die Konflikte und Interessengegensätze zwischen den Mitgliedstaaten, die möglicherweise noch das Fassen von Grundsatzentscheidungen erlauben, die konkrete Ausgestaltung von Politikfunktionen und regulativen Aufgaben jedoch erheblich erschweren (Scharpf 1999); zudem verhindern solche Konflikte schnelle Reaktionen auf Krisensituationen. Damit erweist sich die Delegation von speziellen Aufgaben an unabhängige Agenturen als ein Weg, solche Konflikte zu umgehen oder außer Kraft zu setzen. Andererseits ist es der Konflikt zwischen Rat und Kommission, der die Einsetzung weiterer unabhängiger Institutionen und Agenturen fördert (Dehousse 2008). Denn in dem Maße, wie sich die Machtposition der Kommission ausweitet und verdichtet, ziehen es Rat und Europäischer Rat zunehmend vor, Macht und Kompetenzen an neutrale Dritte zu delegieren. Aus Sicht von Principal-Agent-Theorien erscheint es zudem einfacher, viele kleinere Agenturen mit begrenzten Mandaten zu kontrollieren, als den Machtbereich der Kommission einzuschränken (vgl. die Argumentation im Rahmen der neuen Intergouvernementalismus: Puetter 2014, Bickerton et al. 2015). Bemerkenswerterweise ist es aber auch die Kommission, die die Bildung unabhängiger Agenturen häufig vorschlägt und vorantreibt (Dehousse 2008). Ihre Motive sind dabei andere als die der Räte. Sie hofft über die Agenturen den Handlungsbereich europäischer Politiken auszuweiten, und damit auch ihre eigene Handlungsfähigkeit zu stärken. Empirische Studien belegen denn auch, dass die meisten Agenturen sehr eng mit der Kommission zusammenarbeiten und sehr viel weniger mit den Räten (Egeberg und Trondal 2017).

Insgesamt sind es somit einerseits funktionale Überlegungen, andererseits die Interessenkonflikte zwischen den Mitgliedstaaten sowie der Strukturkonflikt zwischen Kommission und Rat, die die Proliferation unabhängiger Institutionen und Agenturen hervorbringen. Die enorme Zunahme und die zunehmende Komplexität regulativer Funktionen der europäischen Ebene sowie der gleichzeitige Mangel an politischen Instrumenten und Institutionen zu ihrer erfolgreichen Wahrnehmung liegen dieser Entwicklung zugrunde. Gleichzeitig hat diese Entwicklung aber auch problematische Seiten: Unabhängige Agenturen können Ziele verfolgen, die von denen ihrer Prinzipale, also ihrer Auftraggeber, deutlich abweichen; sie können sehr leicht von Interessengruppen oder speziell Betroffenen „eingefangen" („captured") werden; und schließlich verstärkt ihre Vielzahl die institutionelle Fragmentierung des EU-System, was die Transparenz und Zurechenbarkeit von Entscheidungen erschwert (Hustedt et al. 2014: 169–178).

9.5 Schlussfolgerungen

In diesem Kapitel wurden Prozesse der institutionellen Ausdifferenzierung des EU-Systems anhand ausgewählter Beispiele analysiert, die einerseits die supranationale, andererseits die intergouvernementale Systemdimension der Union direkt oder indirekt stärken und/oder die negativen Seiten der dichotomen Systemstruktur umgehen. So dienen EZB und Europäischer Rechnungshof eindeutig der Stärkung der supranationalen Dimension, indem erstere die gemeinsame Geldpolitik in großer Unabhängigkeit steuert, letztere den Umgang mit den Finanzmitteln der Union sorgfältig analysiert und, wo nötig, Kritik und Handlungsempfehlungen ausspricht. Umgekehrt hat die Union sensible Politikfelder – die Außen- und Sicherheitspolitik, bestimmte Felder von Justiz und Inneres sowie die Wirtschaftspolitik im Rahmen der WWU – tendenziell als gemeinsame Aufgaben etabliert, jedoch nahezu ausschließlich unter der Regie der intergouvernementalen Organe und den entsprechenden Entscheidungsprozessen. Zudem hat sie verschiedene Formen der differenzierten Integration eingeführt, um Hemmnisse im Integrationsprozess – in der Regel Widerstände einzelner oder Gruppen von Mitgliedstaaten gegen weitere Integrationsschritte – zumindest temporär zu umgehen. Schließlich hat sie eine Reihe von unabhängigen Agenturen gegründet, die der Stärkung der Funktionsfähigkeit von EU-Politiken dienen; gleichzeitig werden die Aufgaben der Agenturen der Dichotomie und den zugrundeliegenden Konflikten zwischen den jeweiligen Systemdimensionen entzogen. Im EU-System bilden sich somit institutionelle Varianten heraus, die die Stärkung supranationaler Institutionen auf das Nötigste beschränken, gemeinsames Handeln jedoch schrittweise vorantreiben über intergouvernementale Entscheidungsverfahren, Formen der differenzierten Integration oder Delegation von Aufgaben an unabhängige Agenturen. Dabei kommen diese Integrationsvarianten häufig auch kombiniert zur Anwendung. So unterstützen unabhängige Agenturen die Arbeit der GASP, des RFSR und der WWU und differenzierte Formen der Integration charakterisieren die drei Politikbereiche. Die beschriebenen Varianten der institutionellen Ausdifferenzierung der EU sind somit als Grundmuster ihrer Systementwicklung werten, die vor allem zur Lösung drängender politischer Probleme bei gleichzeitig großer Diversität zwischen den Mitgliedstaaten zum Einsatz kommen. Es ist somit zu erwarten, dass diese institutionellen Muster auch in Zukunft eine bedeutende Rolle im EU-System spielen werden. Insgesamt führt dieses Grundmuster auf der einen Seite zu einer tendenziellen institutionellen Fragmentierung der supranationalen Systemdimension, auf der anderen zu einer Stärkung und weiteren Ausdifferenzierung intergouvernementaler Steuerung.

10 Die Strukturierung der EU als Mehrebenensystem

Wie im vorigen Kapitel gezeigt wurde, tendiert das EU-System zu einer kontinuierlichen Erweiterung und Ausdifferenzierung seiner institutionellen Strukturen, ein Prozess, der in erster Linie die europäische Ebene erfasst. Darüber hinaus tendiert die EU aber auch zum Einbezug oder zur Einbindung der Mitgliedstaaten sowie ihrer Teilstrukturen und Institutionen in ihr Regelsystem sowie ihre Verfahren der Entscheidungsfindung und Politikimplementation. Dieser Prozess erfasst primär die nationale politische Ebene, schließt aber zunehmend auch die Regionen ein. So kommt es zu einer vertikalen institutionellen Erweiterung und Ausdifferenzierung der EU und somit zum Aus- und Umbau des gesamten Systems. Gleichzeitig bildet sich auch eine stärkere horizontale Integration zwischen den Mitgliedstaten heraus, indem diese unter dem Dach der EU ihre unterschiedlichen Regelsysteme koordinieren und in bestimmten Politikfeldern kooperieren.

Diese institutionellen Veränderungen folgen nicht einer zielgerichteten und kohärenten Strategie zur Strukturierung des EU-Systems; vielmehr bilden sie sich pfadabhängig als Antworten auf Probleme heraus, die sich jeweils als Hürden im Entscheidungsprozess und in der Politikimplementation stellen. Die mangelnde Bereitschaft der nationalen Regierungen, starke, zentralisierte Institutionen auf der europäischen Ebene zu schaffen, bei gleichzeitig hohem und stetig wachsendem Problemdruck führt zu einem Ausbau des Systems und seiner Handlungsfähigkeit in dezentralisierter Form (z. B. Genschel und Jachtenfuchs 2016). Das bedeutet konkret, auf der europäischen Ebene werden weitreichende Beschlüsse getroffen, meist in der Form von Gesetzgebung; die Ausführung verbleibt aber in der Verantwortung der Mitgliedstaaten (Heidbreder 2014a). Dies hat weitreichende Folgen für die Systementwicklung der EU: über die Kooperation mit der europäischen Ebene kommt es zu einer Durchdringung der bestehenden politischen Systeme der Mitgliedstaaten und längerfristig zu Anpassungsprozessen. In der Fachliteratur spricht man in diesem Zusammenhang von *Europäisierung* (z. B. Börzel und Risse 2000, Featherstone und Radaelli 2003). Zudem bildet sich längerfristig auch eine engere Interaktion und Kooperation mit der regionalen Ebene heraus; das EU-System entwickelt sich so zu einem *multilevel* oder *Mehrebenen-System* heraus (Marks 1996, Hooghe und Marks 2001). Da im Mehrebenensystem die Politikimplementation den Mitgliedstaaten obliegt und der europäische Raum dementsprechend keine einheitliche Verwaltung aufweist, ergibt sich auch zunehmend die Notwendigkeit einer horizontalen Kooperation zwischen den Verwaltungen der Mitgliedstaaten, um die jeweils unterschiedliche administrative Verfasstheit auszugleichen und zu einer gelingenden Umsetzung europäischer Gesetzgebung zu kommen (Hartlapp und Heidbreder 2018).

Im vorliegenden Kapitel werden die verschiedenen Mechanismen des Einbezugs nationaler und regionaler Instanzen der Mitgliedstaaten in das Regelsystem und die

https://doi.org/10.1515/9783111191799-010

Implementationsstrategien der EU sowie Formen transnationaler Koordination und Kooperation unter dem Dach der EU analysiert. Während das europäische Regelsystem über die Gesetzgebung einen indirekten *Nexus* zwischen den Ebenen konstituiert, der weitreichende Folgewirkungen und Anpassungsprozesse aufseiten der Mitgliedstaaten nach sich zieht, führen die Verfahren der Entscheidungsfindung und Politikimplementation zu einer Fülle von direkten Interaktionen. Die „unteren" Ebenen werden so in die Funktionsweise des Systems einbezogen und partiell transformiert, unabhängig von der jeweiligen Staats- und Verwaltungsgliederung, die von zentralisierten unitarischen Systemen über Formen der Regionalisierung bis hin zu voll entwickelten föderalen Strukturen reichen kann. Ebenso führen vielfältige Formen der transnationalen Koordination und Kooperation sowohl zu indirekten als auch direkten Interaktionen zwischen den Mitgliedstaaten.

10.1 Die nationale Regierungs- und Verwaltungsebene

Kommissionspräsident Jacques Delors hat als erster betont – und in der Folge wurde seine Aussage vielfach zitiert – dass nach der Vollendung des Binnenmarkts ca. 80 Prozent der nationalen Gesetzgebung im ökonomischen Bereich von EU-Rahmenregelungen und -Vorgaben bestimmt sein werden. Eine solche Entwicklung beinhaltet nicht nur eine erhebliche Einschränkung der Handlungsfreiheit der nationalen Gesetzgebungsorgane, sondern auch weitgehende inhaltliche Anpassungen der jeweiligen Regelsysteme an einen von oben vorgegebenen Rahmen. Die Gesetzgebung der EU konstituiert somit zwischen europäischer und nationaler Ebene – trotz der formalen Souveränität der Mitgliedstaaten – einen ausgeprägten *indirekten systemischen Nexus,* über den die Union die Staaten „mit unsichtbarer Hand" steuert.

Diese Steuerung variiert allerdings sehr stark von Politikfeld zu Politikfeld; während sie im ökonomischen Bereich offensichtlich die 80-Prozent-Marke erreicht oder inzwischen sogar übersteigt, liegt sie in anderen Politikfeldern wesentlich niedriger, je nachdem, ob diese durch gesetzliche Regelungen der EU – wie beispielsweise die Umweltpolitik – oder durch Verfahren der Koordination nationaler Politiken – wie etwa die Arbeitsmarktpolitik – gesteuert werden. Ziel ist in letztgenanntem Falle, die freiwillige Anpassung der Mitgliedstaaten an einen europäischen Rahmen zu fördern und so längerfristig ein gewisses Maß an Konvergenz herbeizuführen.

Zudem variiert die Steuerung der EU, je nachdem, ob es sich um Regelungen der „negativen" oder der „positiven" Integration handelt (Scharpf 1999, 2008). Im Falle der negativen Integration erlässt die Union Gesetze oder Maßnahmen, die Barrieren eines gemeinsamen Marktes beseitigen, wie beispielsweise Zölle oder nicht-tarifäre Handelshemmnisse. Obwohl solche Maßnahmen eher indirekte Effekte hervorrufen, beinhalten sie doch eine effektive Steuerung über die Kräfte des Marktes. Demgegenüber benötigen Politiken der positiven Integration aktive Entscheidungen der Union über konkrete Steuerungskonzepte und entsprechende Maßnahmen. Da für solche

Konzepte der Konsens zwischen den Mitgliedstaaten nur schwer zu erzielen ist, sind die entsprechenden Gesetze oder Maßnahmen häufig vage formuliert und belassen den Mitgliedstaaten weite Handlungsspielräume. Dementsprechend kommt politische Steuerung in der Form positiver Integration seltener zustande und ihre Steuerungswirkung bleibt zumeist schwächer (vgl. Kap. 12.2).

Zudem ist zu berücksichtigen, dass die Steuerung der EU, insbesondere im Falle der positiven Integration, keinen Dirigismus „von oben" beinhaltet; vielmehr belässt die Union den Mitgliedstaaten – zumeist über das Medium der Richtlinie, die lediglich inhaltliche Zielvorgaben festlegt – einen beträchtlichen Handlungs- und Gestaltungsspielraum (z. B. Falkner et al. 2005). Dabei werden bei der Erstellung von Gesetzestexten die Möglichkeiten zur jeweils unterschiedlichen Umsetzung von Richtlinien teilweise einkalkuliert. Die Kunst der europäischen Gesetzgebung besteht geradezu darin, einen flexiblen Rahmen zu schaffen, der vielfältige Umsetzungsmöglichkeiten zulässt. Kommt es jedoch zu nicht intendierten unterschiedlichen Umsetzungen durch die Mitgliedstaaten, werden diese häufig toleriert.

An dieser Stelle ist zu betonen, dass die EU-Gesetzgebung nicht vom Himmel fällt, also den Mitgliedstaaten nicht einfach übergestülpt wird, sondern über eine Beschlussfassung von Delegierten der nationalen Ebene – den Regierungsvertretern im Rat sowie den Abgeordneten des EP – zustande kommt, in aller Regel unter Beteiligung einer weiteren Vielzahl von Akteuren der nationalen Politik- und Verwaltungsebene. Der Schaffung eines indirekten Nexus zwischen europäischer und nationaler Ebene ist also immer eine vielschichtige direkte Interaktion zwischen den Ebenen vorausgegangen (vgl. Kap. 7).

Betrachtet man die *direkten Interaktionsformen* zwischen den Ebenen, so sind Verfahren der Politikformulierung von denen der Implementation zu unterscheiden, auch wenn im Einzelnen fließende Übergänge zwischen beiden Bereichen bestehen können. Im Rahmen der *Politikformulierung,* deren Kern die Gesetzgebung ist, kommt es, wie bereits beschrieben, zu vielfachen Verflechtungsbeziehungen zwischen den Ebenen (vgl. Kap. 7). So macht die Kommission bereits in einem frühzeitigen Stadium der Erarbeitung von Politikkonzepten und Gesetzestexten Gebrauch von den Beratungsdiensten sowie der Expertise einer Vielzahl von Spitzenbeamten der betroffenen Ministerien und Experten verschiedener Bereiche. Die Kommission nennt auf ihrer Webseite insgesamt 1123 Expertengruppen; in dieser Zahl sind allerdings auch Beratungsgruppen für den Rat enthalten.[1] Zwar erfolgt die Teilnahme nationaler Beamter in solchen Gremien „à titre personnel", also auf persönliche Verantwortung und nicht als Amtsinhaber; es versteht sich aber, dass die in diesem Stadium eingebrachten Positionen nicht grundsätzlich von denen abweichen, die sie als Amtsinhaber vertreten.

---

1 Offizielle Webseite der Europäischen Kommission: https://ec.europa.eu/transparency/expert-groups-register/screen/expert-groups?lang=de (Abruf 19.07.2025).

Häufig partizipieren denn auch die gleichen Beamten zu einem späteren Zeitpunkt in einer der Ratsarbeitsgruppen (Wessels 2008: 235).

Die Vorteile dieses teilweise formalisierten, teilweise aber auch einen *Ad-hoc*-Charakter aufweisenden Expertengruppenwesens liegen auf der Hand: Gesetzestexte und Vorschläge der Kommission können bereits im Vorfeld formaler Entscheidungen an Wünsche und Interessen der Mitgliedstaaten angepasst werden, sodass ein breiterer Konsens für die jeweiligen Vorhaben entsteht. Darüber hinaus stellen sich über die Zusammenarbeit in den Expertengruppen aber auch längerfristig wirksame Vorteile ein: Bei den Beteiligten bilden sich konvergierende Haltungen und Erwartungen heraus und es kommt zu einem kollektiven Prozess des „institutional learning"; die europäische Perspektive wird in die Politiken der Mitgliedstaaten tranferiert. Es finden somit intensive Prozesse der institutionellen Verflechtung und wechselseitigen Durchdringung der Ebenen statt und es bilden sich, je nach inhaltlichem Bereich, zwischen den beteiligten Akteuren Netzwerke heraus, die sich jenseits des konkreten Entscheidungsbereichs verstetigen und somit weitere Integrationsschritte erleichtern.

Entsprechend der Theoriebildung über Politiknetzwerke ist davon auszugehen, dass auch im EU-System solche Netzwerke auf dem Austausch unterschiedlicher Ressourcen zwischen den beteiligten Akteuren beruhen (Héritier 1993, Mayntz 1993). Vertreter der nationalen Ebene stellen ihr Insiderwissen sowie ihre Expertise zur Verfügung im Austausch gegen Politikkonzepte, die ihren Interessen maximal angepasst oder angenähert sind. Darüber hinaus können beide Seiten aber auch im machtpolitischen Sinne von der Zusammenarbeit profitieren: Die Kommission erweitert ihre – institutionell schwache – Macht- und Legitimationsbasis für ihre Vorschläge; Beamte und Experten der Mitgliedstaaten können ihre jeweiligen Positionen gegenüber anders orientierten Vertretern in ihren Herkunftsländern stärken.

Neben der Kommission bildet auch der Rat intensive Verflechtungsbeziehungen mit Vertretern nationaler Regierungen und Verwaltungen aus, denn ihm arbeitet eine weit aufgefächerte Substruktur von ständigen und *Ad-hoc*-Arbeitsgruppen im Rahmen von COREPER und der jeweiligen Sonderausschüsse zu (Lewis 2015). So bildet sich ein dichtes Beziehungsgeflecht zwischen europäischen Organen und nationalstaatlichen Akteuren heraus (vgl. Kap. 7.2). Zwar haben die Vertreter der Arbeitsgruppen aufseiten des Rats die Funktion, die Vorschläge der Kommission auf ihre Kompatibilität mit nationalen Interessen zu überprüfen; da aber auch hier letztendlich Konsens erzielt werden muss, bilden sich längerfristig gemeinsame Haltungen und „europäische" Perspektiven heraus, insbesondere im Falle größerer personeller Kontinuität der Arbeitsgruppen und geringerer Verteilungskonflikte zwischen den Mitgliedstaaten (Lewis 2019). Auch die ständige Präsenz der Kommission in diesen Gruppen fördert eine solche Entwicklung.

Direkte Interaktionen zwischen europäischer und nationaler Ebene charakterisieren auch die *Politikimplementation*; ja sie sind für diese geradezu konstitutiv. Als erstes Medium der Interaktion sind in diesem Kontext die verschiedenen Varianten von Verwaltungsausschüssen zu nennen, besser bekannt unter dem Schlagwort Komitologie, die nicht nur jedem Politikfeld, sondern zum Teil auch deren Einzelbereichen zugeordnet werden. Solche Ausschüsse nehmen eine Überwachungsfunktion gegenüber der Kommission beim Erlass sekundärer Rechtsakte sowie generell im Implementationsprozess einzelner Politiken wahr (vgl. Kap. 7.3). Dementsprechend sind sie ebenfalls mit Spitzenbeamten nationaler Ministerien und Verwaltungen besetzt. Den Ausschüssen kommt eine wichtige Rolle in der Verflechtung und Netzwerkbildung zwischen europäischer und nationaler Ebene zu, während die intendierte Kontrollfunktion eher in den Hintergrund tritt (Fernández Pasarín et al. 2021).

Die bisher beschriebenen Formen der institutionellen Verflechtung beziehen sich primär auf den Einbezug nationaler Akteure in die europäischen Strukturen; im Rahmen der Politikimplementation kommt es jedoch auch umgekehrt zu einer zunehmenden „Einmischung" der europäischen Ebene in die nationalen Politiken und dementsprechend auch in die dortigen Entscheidungsverfahren. Eine solche „Einmischung" bildet sich sowohl im Bereich regulativer Politiken – beispielsweise in der Wettbewerbspolitik, bei der die EU über konkrete Handlungs- und Überwachungskompetenzen verfügt – als auch im Bereich distributiver und redistributiver Politiken – beispielsweise im Rahmen der Strukturfonds und anderer größerer und kleinerer Förderprogramme[2] – sowie schließlich auch im wachsenden Spektrum rein koordinativ gesteuerter Politiken heraus.

Bei den *regulativen* Politiken, insbesondere der Wettbewerbskontrolle, wird die Lösung von konkreten Problemfällen – beispielsweise bei größeren Fusions- oder Subventionsvorhaben – über Verhandlungen mit den verantwortlichen Instanzen der nationalen Ebene sowie den betroffenen Unternehmen angestrebt (Cini und McGowan 2008). Zudem haben sich zunehmend direkte Interaktionen zwischen der Kommission und den nationalen Wettbewerbsbehörden herausgebildet. Seit der Reform der Wettbewerbspolitik von 2004 wurden feste Netzwerke zwischen Kommission und den nationalen Behörden gebildet, was zu einer strukturierten Zusammenarbeit und zu einer engen Kooperation zwischen den Ebenen führte (Tömmel 2011b).

Bei den distributiven und redistributiven Politiken sind es demgegenüber die Verfahren der Subventionsvergabe, die zu einer intensiven Interaktion zwischen europäischer, nationaler und in zunehmendem Maße auch regionaler Ebene führen. Waren es zunächst *Ad-hoc*-Verhandlungen über die Zuweisung von Fördermitteln, die das Bild bestimmten, so wurde mit der „großen" Reform der Strukturfonds im Jahre 1989 ein formalisiertes Verfahren der Entscheidungsfindung eingeführt. Dieses unter dem Namen „Partnerschaft" geführte Verfahren beinhaltet komplexe Verhandlungsprozesse, an denen Vertreter der europäischen, der nationalen sowie der regionalen Ebene beteiligt sind (vgl. Kap. 10.2). Gemeinsam verhandeln sie über die Erstellung von Förderprogrammen, die Zuweisung von EU-Fördermitteln sowie die Modalitäten der Politikimplementation. Auch die Überwachung der Politikimplementation wird von allen drei Ebenen gemeinsam vorgenommen. Es bilden sich auch in diesem Kon-

---

2 Zu den Begriffen regulativ, distributiv und redistributiv vgl. Lowie 1964.

text längerfristig feste Netzwerkbeziehungen zwischen den beteiligten Akteuren heraus, die ihrerseits zu konvergierenden Erwartungen und Einstellungen führen.

Im Fall von Politiken, die weder dem regulativen noch dem distributiven Spektrum zuzuordnen sind, sondern über die Offene Methode der Koordination (OMK) oder vergleichbare Verfahren gesteuert werden, kommt es ebenfalls zu einem intensiven Austausch zwischen den Ebenen. Faktisch beinhaltet die OMK ein formalisiertes Koordinationsverfahren, bei dem zunächst der Rat auf Vorschlag der Kommission Leitlinien für die Politiken der Mitgliedstaaten erstellt. Die Mitgliedstaaten legen regelmäßig Berichte über die Implementation der jeweiligen Politiken vor, die ihrerseits die Grundlage für neuerliche Beratungen auf der europäischen Ebene sowie eventuelle Anpassungen der Leitlinien bilden. Flankiert wird diese vertikale Koordination von Benchmarking und Peer-Review-Verfahren, die die einzelnen Staaten über den horizontalen Erfahrungsaustausch zur Optimierung ihrer Politiken anregen sollen. Es versteht sich, dass ein solches Politikkonzept die Interaktionsdichte zwischen der europäischen und der nationalen sowie teilweise auch der regionalen Ebene signifikant erhöht.

Zusätzlich zu den vertikalen Interaktionen zwischen europäischer und nationaler Ebene kommt es in der Praxis aber auch zunehmend zu einer horizontalen Interaktion und Kooperation. Nach Heidbreder (2014a und b) ergibt sich diese Notwendigkeit aus dem Widerspruch zwischen einer einheitlichen europäischen Gesetzgebung, insbesondere im Bereich der Binnenmarktregulierung, und den weiterhin bestehenden Differenzen zwischen den jeweiligen administrativen Systemen der Mitgliedstaaten, die für die Umsetzung der Binnenmarktregelungen verantwortlich sind. Aus den einheitlichen europäischen Regeln bei je unterschiedlichen Umsetzungsbedingungen in den Mitgliedstaaten ergeben sich zahlreiche Probleme und negative Externalitäten, etwa im transnationalen Handel bei der Entrichtung der Mehrwertsteuer[3], der Anwendung der Dienstleistungsrichtlinie oder der Anerkennung von Ausbildungsabschlüssen. Dementsprechend haben sich zwischen den Verwaltungen der Mitgliedstaaten Kooperationsbeziehungen zum direkten Informationsaustauch herausgebildet (Heidbreder 2014a und b, Hartlapp und Heidbreder 2018). Diese Formen der transnationalen Kooperation werden von der europäischen Kommission aktiv unterstützt und gefördert, vor allem über die Bereitstellung eines elektronischen Systems, das den wechselseitigen Informationsaustausch sehr erleichtert (Heidbreder 2014b). Es werden somit Kooperationsverfahren gefördert, die weder eine Zentralisierung von Kompetenzen, noch eine Harmonisierung nationaler Verwaltungsstrukturen anstre-

---

3 Die Mitgliedstaaten der EU erheben sehr unterschiedliche Mehrwertsteuersätze, die von 17% (Luxemburg) bis 27% reichen können. Deutschland liegt mit 19% im unteren Mittelfeld. Zudem gibt es unterschiedliche reduzierte Mehrwertsteuersätze, die auf unterschiedliche Produktkategorien Anwendung finden können. Offizielle Webseite der Europäischen Union. Your Europe: https://europa.eu/your europe/business/taxation/vat/vat-rules-rates/index_de.htm (Abruf: 19.07.2025).

ben, sondern lediglich die Handlungskapazitäten in grenzüberschreitenden Fragen in den Mitgliedstaaten stärken.

Insgesamt bilden sich somit im Rahmen der Politikimplementation vielfältige Interaktionen zwischen europäischer und nationaler sowie fallweise auch der regionalen Ebene heraus, wodurch ein *direkter systemischer Nexus* zwischen den Ebenen hergestellt wird. Zudem bilden sich transnationale Formen einer horizontalen Kooperation heraus. Diese Beziehungen strukturieren sich primär über komplexe Verhandlungsverfahren und dementsprechende Kompromissfindungsprozesse; teilweise beschränken sie sich aber auch auf Formen der Politikkoordination oder -kooperation. Längerfristig kommt es über diese Interaktionen zu Anpassungsprozessen aufseiten der Mitgliedstaaten an die Politikmuster und Entscheidungsverfahren der Union, ohne jedoch die nationalen Divergenzen in den Verwaltungstraditionen der einzelnen Staaten grundlegend zu verändern.

Eine zusammenfassende Betrachtung der Inkorporation der nationalen Regierungen und Verwaltungen in das EU-System zeigt ein komplexes Muster von vielfältigen Formen der direkten und indirekten Interaktion. Indirekte Interaktionen ergeben sich primär aus der legislativen Tätigkeit der EU, die den Mitgliedstaaten einen Rahmen für weitreichende Anpassungsprozesse setzt. Direkte Interaktionen resultieren einerseits aus der Einbindung mitgliedstaatlicher Akteure in europäische Entscheidungsprozesse, andererseits aus der zunehmenden „Einmischung" der Union in nationale Angelegenheiten und Politiken sowie partiell auch aus der Notwendigkeit zu transnationaler Kooperation. Über intensive Formen der Kommunikation und Interaktion sowie Verhandlungen und Netzwerkbildungen zwischen den Akteuren und Ebenen kommt es zu Anpassungsprozessen auf der nationalen Ebene. Im Ergebnis führt dies jedoch weder zur Auflösung der nationalen Systeme noch zu ihrer vollständigen Inkorporation in das EU-System. Vielmehr kommt es über die allmähliche Diffusion von spezifischen, insbesondere kommunikations- und verhandlungsgestützten Politikstilen zu selektiven Anpassungen an diese Stile, die sich insgesamt zu Modernisierungs- und Innovationsprozessen beziehungsweise zu einer Europäisierung der nationalen politischen Systeme summieren. Langfristig werden die Mitgliedstaaten so in kompatible und dennoch relativ autonome Elemente eines gesamteuropäischen Systems transformiert, ohne jedoch die vielfältigen Unterschiede in ihren politischen und administrativen Strukturen zu beseitigen.

10.2 Die regionale Regierungs- und Verwaltungsebene

Da die EU im Wesentlichen ein Produkt nationaler Politik ist – auch wenn sie sich von dieser Ausgangssituation weit entfernt und dementsprechend verselbstständigt hat – mag die intensive Interaktion zwischen europäischer und nationaler Ebene als Selbstverständlichkeit erscheinen. Umso bemerkenswerter ist demgegenüber die Inkorporation der Regionen in das EU-System, da ja zunächst keinerlei systemische Verbindung zwischen diesen Ebenen bestand. Im Gegenteil, solche Verbindungen waren sogar explizit ausgeschlossen – europäische Angelegenheiten galten als Außenpolitik, und somit als ausschließliche Domäne der nationalen Regierungen – und wurden, soweit sie sich dennoch entwickelten, über einen langen Zeitraum hinweg von den Regierungen der Mitgliedstaaten misstrauisch überwacht oder in manchen Fällen sogar explizit verboten.

Bemerkenswert ist zudem die Tatsache, dass solche Verbindungen relativ unabhängig von der jeweiligen innerstaatlichen konstitutionellen Ordnung oder Verwaltungsgliederung zustande kamen. Denn entgegen der landläufigen Annahme, dass lediglich subnationale Einheiten föderaler Systeme eine Rolle im EU-System spielen könnten, hat es sich erwiesen, dass eine starke Präsenz der Regionen in der EU mehr oder weniger flächendeckend gegeben ist, auch wenn gewisse Disparitäten auftreten. Zudem haben unitarische Mitgliedstaaten ihre Systeme teilweise regionalisiert, um besser auf die Angebote der EU reagieren zu können (z. B. Griechenland, Irland und Portugal, Rowe 2011). Den Transformationsstaaten Mittel- und Osteuropas wurde schon vor ihrem EU-Beitritt ein gewisses Maß an Regionalisierung empfohlen; diese ist aber bis zur Gegenwart nur unvollständig entwickelt (Rodean 2020). Die Initiative zum aktiven Einbezug der Regionen in das EU-System ging somit im Wesentlichen von der Union und insbesondere der Kommission aus (Keating et al. 2015, Tömmel 2016a und c), während sich die Regionen zunächst nur zögernd ins Spiel brachten, nicht zuletzt wegen der überwiegend ablehnenden Haltung der nationalen Regierungen.

In der Tat entwickelte die Kommission im Rahmen des Regionalfonds bereits im Jahre 1977 (!) eine erste Strategie, um die Regionen stärker als Akteure in die europäische Politik einzubinden (Hooghe 1996, Tömmel 1998). Trotz enormer Schwierigkeiten – die Empfängerregionen waren in keiner Weise auf eine solche Rolle vorbereitet – gelang es der Kommission, ihre diesbezügliche Strategie durch mehrere Reformen (1979, 1985 und 1989) und die Einführung von speziellen Förderprogrammen, die sich direkt an die Regionen richteten, auszubauen. Insbesondere die „große" Reform der Strukturfonds (1989) im Kielwasser des Binnenmarktprojekts verlieh den Regionen eine herausragende Rolle in der europäischen Strukturpolitik, die nunmehr unter dem Namen Kohäsionspolitik firmierte. Mit dieser Reform wurde das System der „Partnerschaft" eingeführt, das die Beziehungen zwischen den drei Regierungs- und Verwaltungsebenen institutionalisierte (Tömmel 2016a und c, Schakel 2020). Die Partnerschaft beinhaltet strukturierte und sequenzierte Verhandlungen zwischen der Kommission sowie den zuständigen nationalen und regionalen Vertretern der jeweiligen Politikfelder über die Genehmigung, Implementation und schließlich Evaluation von Förderprogrammen zugunsten geringer entwickelter oder industrieller Umstrukturierungsregionen. Indem die Regionen nunmehr explizit in das System einbezogen wurden, konnten bereits bestehende, informelle Kontakte zwischen der EU und der „dritten" Ebene stärker formalisiert und damit legitimiert werden. Die daraus resultierenden Interaktionen zwischen der Kommission als Initiator von Förderpolitiken und den Regionen als Verantwortlichen für deren Implementation erlaubten eine zunehmende Feinabstimmung von Inhalten und Verfahrensweisen der Kohäsionspolitik.

Die direkte Interaktion zwischen Kommission und Regionen im Rahmen der europäischen Kohäsionspolitik führte ihrerseits zur Herausbildung von stabilen Netzwerkbeziehungen, die auch die nationale Ebene einschlossen. Zwar verfolgt jede Ebene im Rahmen solcher Netzwerke ihre spezifischen Interessen; gleichzeitig kommt es aber auch zur Herausbildung neuer Interessenkoalitionen, etwa zwischen nationaler und regionaler Ebene gegenüber der Kommission. Am häufigsten bildete sich jedoch eine Koalition zwischen der europäischen und der regionalen Ebene heraus (Hooghe und Marks 2001). Solche Koalitionen sind bemerkenswert, denn die regionale Ebene untersteht ja zumeist den Weisungen der nationalen Regierung[4]; zudem sind sie bemerkenswert, weil sie längerfristig zu einer tendenziellen Lockerung der hierarchischen Beziehungen innerhalb der Mitgliedstaaten führen. Insgesamt kommt es so zur Herausbildung eines *direkten systemischen Nexus* zwischen der europäischen und der regionalen Ebene.

Angesichts solcher sicht- und greifbarer Erfolge entwickelte die Kommission weitere Strategien zur Aktivierung und Mobilisierung der Regionen als Akteure im System der EU. So legte sie im Rahmen der Strukturfonds spezielle Programme auf, die die Regionen zur grenzüberschreitenden und transnationalen Kooperation aktivierten. In diesem Kontext ist speziell die Gemeinschaftsinitiative INTERREG zu nennen, die nach drei Phasen einer sehr erfolgreichen Implementation mit der Reform der Strukturfonds von 2007 in den Hauptstrom der Förderpolitik aufgenommen und seitdem stetig erweitert wurde (Reitel et. al. 2018). Damit treten die betreffenden Regionen direkt in Kontakt mit dem EU-System und speziell der Kommission; zudem bilden sich zwischen den Regionen neue, horizontale Kooperationsformen und Netzwerkbeziehungen heraus. Der systemische Nexus zwischen europäischer und regionaler Ebene wird weiter gestärkt.

In der Folge der beschriebenen Entwicklungen blieben die Regionen nicht mehr länger passive Objekte europäischer Politik; vielmehr „emanzipierten" sie sich zunehmend von der Bevormundung ihrer Regierungen und suchten von sich aus Zugang zur europäischen Arena. Als wohl bemerkenswertester Schritt in diesem Kontext ist die Gründung von eigenen „Vertretungen" in Brüssel zu werten (Rowe 2011).[5] Die deutschen Bundesländer waren die ersten, die ab Mitte der 80er Jahre diesen Weg wählten und nunmehr mit insgesamt 15 solcher Vertretungen in Brüssel präsent

---

4 Dies ist insbesondere in unitarischen Systemen der Fall, wo die regionalen und lokalen Gebietskörperschaften praktisch dezentralisierte Verwaltungseinheiten des Staates sind.

5 Die Verwendung des Ausdrucks „Vertretung" wurde den Bundesländern zunächst ausdrücklich von der Bundesregierung untersagt. Lediglich Bayern nutzte dennoch diesen Begriff für sein Brüsseler Büro. Inzwischen hat die Bundesregierung jedoch nachgegeben, und der Begriff Vertretung wird von allen Bundesländern offiziell benutzt.

sind.[6] Ihnen folgten aber schon bald andere Regionen Europas, wobei die großen Mitgliedstaaten den Anfang machten: Frankreich, das Vereinigte Königreich, Spanien und Italien. Aber auch die kleineren Staaten mit Ausnahme von Luxemburg beschritten diesen Weg, auch wenn ihre Regionen nicht immer flächendeckend vertreten sind. Schließlich gelang es auch den Beitrittsstaaten Mittel- und Osteuropas, Regionalbüros in Brüssel zu eröffnen (Moore 2008). Die Webseite des Ausschusses der Regionen nennt für das Jahr 2025 insgesamt ca. 200 Vertretungen.[7] Neben den Regionen sind aber auch Kommunen oder lokale Gebietskörperschaften mit eigenen Büros in Brüssel vertreten; teils sind es einzelne große Städte (z. B. Wien), teils aber auch Zusammenschlüsse von Kommunen (z. B. die bayrischen Kommunen), die auf diese Weise ihre Interessen vertreten. Empirische Analysen über die Motive für die Einrichtung regionaler und lokaler Vertretungen in Brüssel haben ergeben, dass es rationale Kosten-Nutzen-Erwägungen sind, die zu diesen Schritten führten (Studinger 2012).

Die Vertretungen der Regionen und Kommunen in Brüssel sind allerdings nicht mit denen der Mitgliedstaaten gleichzusetzen. Dies ergibt sich schon aus den völlig andersgearteten Kompetenzen: Während die Ständigen Vertretungen der Staaten eine eminent wichtige Position *im* System der EU einnehmen – faktisch vertreten sie den Ministerrat vor Ort –fungieren die Vertretungen der Regionen und Kommunen eher als Lobbyisten und Vertreter funktionaler Interessen ihrer Herkunftsgebiete (Trobbiani 2016). Zudem unterscheiden sich die Regionalvertretungen untereinander in ihrer Organisationsstruktur. Während die der deutschen Bundesländer „Zweigstellen" der Länderregierungen und -verwaltungen darstellen, können Büros in anderen Ländern Mischformen aufweisen unter Beteiligung von öffentlich-privaten Konsortien (Moore 2008, Trobbiani 2016).

Trotz aller Diversität zwischen den Regionalvertretungen ist dennoch ein gemeinsamer Nenner festzustellen: Alle engagieren sich als Interessenvertreter ihrer jeweiligen Herkunftsregion (Rowe 2011: 83–125, Callanan und Tatham 2014, Tatham 2019). Dies reicht von Versuchen der Beeinflussung europäischer Entscheidungsprozesse bis zum Transfer von Know-how über die EU an die eigene Region. Zudem beinhaltet es die Akquisition europäischer Fördergelder sowie die Werbung für heimische Unternehmen, Forschungsinstitute, öffentliche Einrichtungen oder die Region in ihrer Gesamtheit (Keating et al. 2015, Trobbiani 2016). Im Einzelnen können allerdings das Gewicht sowie der Mix solcher Aktivitäten erheblich variieren (Donas et al. 2014, Tatham 2019).

Die Arbeit der Regional- und teilweise Kommunalvertretungen richtet sich in erster Linie auf die Kommission, einerseits um frühzeitig Informationen über europäi-

---

6 Die Bundesländer Hamburg und Schleswig-Holstein führen ein gemeinsames Büro unter dem Namen „Hanse-Office", sodass sich nur eine Gesamtzahl von 15 Ländervertretungen für die BRD ergibt.

7 Offizielle Webseite des Ausschusses der Regionen: https://cor.europa.eu/en/about/work-us/regional-offices (Abruf 19.07.2025).

sche Entscheidungen zu erlangen, andererseits um Fördermöglichkeiten zu eruieren. Soll der europäische Entscheidungsprozess in der Folge beeinflusst werden, bieten sich zwei Kanäle an: einerseits die nationale Schiene – insbesondere dann, wenn die gleiche politische Partei die Zentralregierung stellt – andererseits wiederum die Kommission, wozu aber meist mit mehreren Regionen – entweder des eigenen Staates oder aber themenspezifisch mit Vertretungen anderer Staaten – zusammengearbeitet wird (Keating et al. 2015).

Des Weiteren gilt ein Großteil der Arbeit der subnationalen Vertretungen der eigenen Landesregierung oder Regionalverwaltung, die über alle relevanten Entwicklungen in Brüssel auf dem Laufenden gehalten werden muss (Keating et al. 2015). Dabei geht es nicht nur um die Vermittlung von Informationen, vielmehr werden auch – aus der genaueren Kenntnis der „Szene" vor Ort – den Länderregierungen Handlungsoptionen und -strategien nahegelegt („jetzt müsst ihr kommen"; Zitat eines Vertreters einer deutschen Ländervertretung). Zur Informationsvermittlung für die Länder gehört auch eine gewisse didaktische Aufgabe, indem Politiker und Beamte im Rahmen von Arbeitsbesuchen mit der Funktionsweise sowie dem Diskussionsstand der „Brüsseler Bürokratie" vertraut gemacht werden, denn „die sind nicht im Film" (Aussage eines Insiders). Zudem wird auch eine intensive Kontaktpflege mit nichtstaatlichen Akteuren und Organisationen der eigenen Region betrieben – also mit Unternehmen, Forschungsinstituten, Verantwortlichen für die Implementation von Strukturpolitiken etc. – um auch diese über relevante Entscheidungen oder interessante Förderprogramme zu informieren sowie deren Interessen gegenüber europäischen Institutionen zu vertreten. Die Vertretungen der Regionen betätigen sich somit als „top-down and bottom-up information broker" (Schakel 2020: 769).

Schließlich pflegen die Vertretungen auch intensive Kontakte untereinander, sowohl im Rahmen eines Staates als auch transnational. Dabei geht es zunächst um den Austausch von Informationen, von denen sie gleichermaßen betroffen sind. Die deutschen Bundesländer haben den Austausch untereinander systematisiert, indem sie eine Reihe von Arbeitsgruppen zu wichtigen und wiederkehrenden Themenbereichen eingerichtet haben und bei der Kommission gemeinsam vorsprechen. Auch über Staatsgrenzen hinweg werden vielfältige Kontakte – etwa über Einladungen zu entsprechenden Veranstaltungen – gepflegt und gelegentlich sogar Projekte oder politische Aktivitäten in Zusammenarbeit entwickelt. Zunehmend haben sich auch festere Netzwerkbeziehungen herausgebildet, vor allem, um gegenüber den europäischen Organen und insbesondere der Kommission themen- und politikfeldspezifische, sektorale und funktionale Interessen gemeinsam zu vertreten (Trobbiani 2016); teilweise ermöglichen sie überhaupt erst intensiveres Lobbying (Donas et al. 2014). Die regionalen und lokalen Vertretungen in Brüssel sind also nicht nur als territoriale, sondern zunehmend auch als funktionale Interessenvertreter aktiv. Rowe (2011: 3) bezeichnet denn auch die Vertretungen in Brüssel als „Euro-savvy entrepreneurs", als kluge Euro-Unternehmer. Dies beinhaltet allerdings auch gewisse Konkurrenzbeziehungen untereinander (Keating et al. 2015).

Insgesamt bilden die Regional- und Kommunalvertretungen in Brüssel ein wichtiges Bindeglied zwischen einerseits dem EU-System und andererseits den Regionen und Kommunen, seien sie die Vertreter selbstständiger, föderaler Gliedstaaten wie in der BRD, semiautonomer Regionen wie in Spanien oder lediglich dezentralisierter, lokaler Verwaltungseinheiten wie in zahlreichen anderen Mitgliedstaaten. Über eine intensive vertikale und horizontale Kontakt- und Kommunikationspflege lancieren sie Politikkonzepte und -ideen auf der europäischen Ebene und transferieren wertvolle Informationen, politisches Know-how und strategische Einsichten in ihre Herkunftsregionen. Zudem übernehmen sie Lobbyfunktionen im Dienste der territorialen und funktionalen Interessen ihrer jeweiligen Herkunftseinheit.

Neben den Vertretungen jeder einzelnen Region oder lokalen Gebietskörperschaft in Brüssel hat sich ein weiteres Bindeglied zwischen EU und regionaler Regierungs- und Verwaltungsebene herausgebildet, der *Europäische Ausschuss der Regionen* (AdR) (Jeffery und Rowe 2012). Dieses mit dem Vertrag von Maastricht eingesetzte Beratungsgremium, das die vielfältigen Stimmen und Meinungen der „unteren" Ebenen aggregieren soll, wurde nach dem Muster des Wirtschafts- und Sozialausschusses (WSA) konzipiert (vgl. Kap. 11.1); es berät die EU-Organe in allen die Regionen betreffenden Angelegenheiten (Art. 13(4) EUV-L). Insbesondere in den Bereichen Bildung, Kultur, Gesundheitswesen, Ausbau der transeuropäischen Netze, Verkehrs-, Telekommunikations- und Energieinfrastruktur, wirtschaftlicher und sozialer Zusammenhalt, Beschäftigungspolitik und Sozialgesetzgebung ist der AdR laut Vertrag zu hören (Borchardt 2010: 86). Darüber hinaus kann der Ausschuss „wenn er dies für zweckdienlich erachtet, von sich aus eine Stellungnahme abgeben" (Art. 307 AEUV). Damit kommt dem AdR eine nahezu unbegrenzte Zuständigkeit zu. Seit dem Lissabon Vertrag kann der Ausschuss auch den EuGH anrufen, wenn er die Beachtung des Subsidiaritätsprinzips gefährdet sieht (Art. 263 AEUV sowie Art. 8 Protokoll Nr. 2). Dem AdR steht ein Sekretariat mit derzeit 497 Beschäftigten[8] zur Verfügung, das seine Stellungnahmen vorbereitet (Schönlau 2017: 1172). Zwar ist der Ausschuss kein Organ der EU; als festes Beratungsgremium und zugleich Repräsentant der aggregierten Interessen der regionalen und lokalen Gebietskörperschaften ist er jedoch ein wichtiger Baustein des EU-Systems und vor allem seiner Mehrebenenstruktur (vgl. Kap. 14).

Eine solche Rolle war jedoch keineswegs bei der Einsetzung des Ausschusses intendiert; vielmehr war seine endgültige Form das Resultat eines halbherzigen Kompromisses zwischen den an der Entscheidung beteiligten Organen und Akteuren (Schönlau 2017: 1170). So waren die deutschen Bundesländer seinerzeit mit Maximalforderungen nach der Schaffung einer Dritten Kammer aufgetreten; die Kommission favorisierte ein eher „technisches" Beratungsgremium, nachdem sie zuvor schon ein solches Gremium informell eingesetzt hatte; der Rat war gespalten zwischen einerseits Befürwortern eines begrenzten Mitspracherechts unter dem Motto der Subsidia-

---

8 Planstellen, Stand 2024. Amtsblatt der EU (L, v. 27.02.2025: 33).

rität und andererseits strikten Gegnern (vgl. Tömmel 1998, Cîrlig 2021). Der Kompromiss lag dann in der Schaffung eines Gremiums, dem lediglich beratende Funktionen für Rat, Kommission und Parlament zugestanden wurden (Art. 307 AEUV). In der Praxis konnte der Ausschuss jedoch eine bedeutendere Rolle einnehmen.

Die Bedeutung des Ausschusses ist zum einen seiner vergleichsweise hochrangigen Besetzung zu verdanken, die ebenfalls als solche nicht intendiert war. Vielmehr legte der Vertrag lediglich die Gesamtzahl der Mitglieder (maximal 350) (die von 189 bei seinerzeit 12 Mitgliedstaaten auf gegenwärtig 329 stieg), den Proporz zwischen den Mitgliedstaaten (große Staaten entsenden 21 bis 24, kleinere 5 bis 15 Delegierte) sowie das Verfahren zur Ernennung der Delegierten fest (Ernennung durch den Rat auf Vorschlag der Mitgliedstaaten; Protokoll Nr. 36 AEUV; Cîrlig 2021). In der Folge entspann sich dann ein Konflikt, ob die Delegierten über ein politisches Mandat verfügen mussten oder auch Beamte der jeweiligen Gebietskörperschaften sein konnten; die Entscheidung fiel letztendlich zugunsten von gewählten Politikern aus (Art. 300(3) AEUV). Auch über den Proporz zwischen Vertretern der regionalen und lokalen Ebene kam es zu Konflikten; hier folgte man im Wesentlichen den Nominierungen der einzelnen Staaten, die ihrerseits von der jeweiligen Staats- und Verwaltungsgliederung abhingen. In der Gesamtheit führte dies zu einer vergleichsweise ausgewogenen Struktur; laut Schätzungen stellen die Delegierten der Regionen etwa zwei Drittel, die der lokalen Gebietskörperschaften ein Drittel der Ausschussmitglieder.

Die Entscheidung, den Ausschuss mit gewählten Politikern zu besetzen, hatte weitreichende Konsequenzen für seine Arbeit. Bei der ersten Ernennungsrunde 1993 zeigte sich, dass sich Ministerpräsidenten, Provinz- und Regionsoberhäupter oder Bürgermeister europäischer Großstädte um die Wahrnehmung eines Mandats rangelten.[9] Zwar hat sich seitdem die hochrangige Besetzung des Ausschusses deutlich abgeschwächt, sie ist aber immer noch bemerkenswert. So standen 2019 71% der Vertreter von Regionen an der Spitze ihrer Herkunftsregion; bei den lokalen Gebietskörperschaften waren es immerhin noch 50% (Schakel 2020: 769). Ein Mandat im AdR bietet durchaus Vorteile: So lassen sich über den Ausschuss direkte Kontakte zu Amtskollegen aus anderen Ländern knüpfen und damit etwa transnationale Kooperationen zur Initiierung EU-geförderter Programme anbahnen. Zudem kann die europäische Bühne zur politischen Profilierung zuhause genutzt werden, und schließlich eröffnet der Umweg über Brüssel gewisse Möglichkeiten, die heimische Regierung zur Erfüllung politischer Forderungen der Regionen unter Druck zu setzen. Die Besetzung des Ausschusses mit gewählten Politikern verleiht dem Ausschuss Bedeutung, die ihm aufgrund seines formalen Status kaum zukäme. Zudem verleiht sie dem Ausschuss demokratische Legitimität, ein seltenes und kostbares Gut auf der europäischen Ebene.

---

9 In der Bundesrepublik wollten die Bundesländer alle 24 Sitze besetzen, mussten dann aber drei an die kommunalen Spitzenverbände abtreten (Tömmel 1994b).

Für den Ausschuss war es zunächst schwierig, angesichts seiner heterogenen Zusammensetzung zu einer internen Bündelung von Positionen zu kommen (Jeffery und Rowe 2012). Inzwischen haben sich aber, analog zum Europäischen Parlament, sechs Parteiengruppen im AdR formiert: die fünf demokratischen Fraktionen des EP sowie die EKR. Es fehlen aber bisher weitere, extrem rechte Fraktionen (Cîrlig 2021). Und ähnlich wie im EP bildete sich auch im AdR eine „große Koalition" zwischen Christ- und Sozialdemokraten heraus, die sich bemüht, politische Entscheidungen abzuklären, Mehrheiten vorab zu bündeln und Ämter im Proporz zu verteilen; das Amt des Präsidenten wird im Wechsel zwischen diesen beiden Fraktionen für jeweils 2 ½ Jahre besetzt. Die Positionen politischer Parteien spiegeln jedoch nur begrenzt die Interessen und Präferenzen der regionalen und lokalen Abgesandten wider. Dementsprechend fungieren die Parteiengruppen bei der Einigung auf gemeinsame Positionen eher aus pragmatischen Gründen als aufgrund ideologischer Bindungen als konsensfördernde Instanzen. Generell sind die parteipolitischen Loyalitäten eher schwach ausgeprägt und werden, je nach Sachlage, zugunsten anderer Erwägungen gewechselt.

Angesichts der begrenzten Bindekraft der Parteiengruppierungen spielen alternative Bindungen ebenfalls eine Rolle: die Nationalität, die Zugehörigkeit zum regionalen oder lokalen „Lager", zum Norden oder Süden und zunehmend auch Westen oder Osten der EU, sowie zu „reichen" oder „armen" Regionen (Brunazzo und Domorenok 2008, Schönlau 2017). Auch sektorale Gesichtspunkte können verbindend wirken und zur Bildung entsprechender Arbeitsgruppen führen, etwa zum Thema European Green Deal (Cîrlig 2021: 8). Angesichts solcher vielfältiger Fragmentierungen stellt die gemeinsame Beschlussfassung eine Herausforderung dar; in der Regel werden aber die meisten Beschlüsse im Konsens gefasst (Cîrlig 2021: 11).

Trotz seiner begrenzten Kompetenzen und der vielfältigen internen Fraktionierungen versucht der Ausschuss, sich als Wortführer der „dritten Ebene" im EU-System zu profilieren und eine gemeinsame Plattform zu schaffen, um das gesamte politische Gewicht regionaler und lokaler Instanzen gebündelt in die europäische Waagschale zu werfen.[10] Neben seinen vielfältigen Stellungnahmen zu europäischen Gesetzgebungen und anderen Initiativen der EU verfolgt er eine Reihe weiterer Aktivitäten, die sich unter dem Radar der obligatorischen Stellungnahmen bewegen (Schönlau 2017, Blavoukos und Oikonomou 2024). So rückt er beispielsweise relevante, auf die Regionen bezogene Themen regelmäßig über Kongresse und Diskussionsforen in die öffentliche Wahrnehmung, um so einen breiteren Zuspruch für seine Forderungen zu mobilisieren. Zudem praktiziert der Ausschuss eine enge Kooperation mit Regionen und lokalen Gebietskörperschaften von Drittstaaten, vornehmlich im Rahmen

---

10 Zwar gibt es auch zwei Interessenverbände – VRE (Versammlung der Regionen Europas) und RGRE (Rat der Gemeinden und Regionen Europas) – die seit Jahren auf der europäischen Ebene aktiv sind; deren Arbeit ist jedoch nicht mit einem unionsinternen Beratungsgremium der regionalen und lokalen Gebietskörperschaften zu vergleichen.

der europäischen Nachbarschaftspolitik, und erfüllt so eine paradiplomatische Aufgabe (Blavoukos und Oikonomou 2024). Politisch fordert der Ausschuss, analog zum EP, seit Jahren die Ausweitung seiner Rechte sowie seiner Position im Gesamtsystem der EU; insbesondere strebt er seine Umwandlung in eine Dritte Kammer[11] an, bisher allerdings ohne Erfolg (Cîrlig 2021).

Die Beziehungen zwischen dem AdR und den europäischen Organen stellen sich sehr unterschiedlich dar (Jeffery und Rowe 2012: 373). Die Kommission, die das Zustandekommen des Ausschusses maßgeblich favorisierte, sorgte auch in der Folge für kontinuierliche Unterstützung. Sie konsultiert den AdR nicht erst im Rahmen der regulären Gesetzgebungsverfahren, wie es die Verträge vorsehen, sondern bereits im Stadium der Erstellung eines Initiative (Jeffery und Rowe 2012). Zudem berichtet die Kommission auch dem Ausschuss regelmäßig über die Verwendung seiner Empfehlungen (Schakel 2020: 769). Die enge Kooperation mit dem AdR ist für die Kommission vorteilhaft, denn sie kann so die Konsensfähigkeit ihrer Vorschläge ausloten, wertvolle Informationen, Ideen und Anregungen für neue Politikkonzepte gewinnen und schließlich Allianzen im Vorfeld von Ratsentscheidungen schmieden.

Der Rat versucht, den Ausschuss weitestgehend zu ignorieren; jede einzelne Regierung muss aber bei Nichtbeachtung seiner Meinung mit erheblichen Widerständen rechnen. Das Parlament nimmt gegenüber dem Ausschuss eine ambivalente Rolle ein. Einerseits fürchtet es die unerwartete Konkurrenz (Christiansen und Lintner 2005); andererseits braucht es ebenfalls Verbündete für die Durchsetzung seiner Positionen gegenüber dem Rat. Seit dem Amsterdamer Vertrag kann das Parlament den Ausschuss anhören (Art. 307 AEUV). Insgesamt haben sich die Beziehungen zwischen beiden Gremien zunehmend verstetigt und verdichtet.

Abschließend stellt sich die Frage, wieviel Einfluss dem Ausschuss auf europäische Entscheidungen zuzuschreiben ist und inwiefern er zur Stärkung der demokratischen Legitimation der Union beiträgt. Beide Fragen werden ambivalent beantwortet. Während einige Autoren kaum Einfluss im europäischen Entscheidungsprozess feststellen, sehen andere durchaus positive Wirkungen, vor allem, wenn der Ausschuss seine Stellungnahme sehr frühzeitig präsentiert (Hönnige und Panke 2013, Cîrlig 2021: 10). Zudem kann der Ausschuss dann Wirkung erzielen, wenn er zusätzliche Aktivitäten entfaltet, die seine Stellungnahme unterstützen (Hönnige und Panke 2016). Schließlich ist die Wirkung des Aktivismus des Ausschusses über seine definierten Kompetenzen hinaus kaum erfassbar. Die demokratische Legitimation durch den Ausschuss für die EU wird aufgrund seines begrenzten Einflusses auf Entscheidungsprozesse generell als eher gering eingeschätzt; einige Autoren sehen aber im Ausschuss einen relevanten Beitrag zur Stärkung der demokratischen Legitimation des EU-Systems (Piattoni und Schönlau 2015).

---

11 Dabei wird der Rat als Erste Kammer und das EP als Zweite Kammer angenommen; der Rat ist aber nicht als Kammer zu werten.

Insgesamt hat sich der Ausschuss der Regionen als Interessenvertreter der „dritten Ebene" auf der europäischen Bühne etabliert. Dass er als solcher gehört, beachtet oder sogar hofiert wird, liegt einerseits an der unterstützenden Haltung der Kommission, andererseits am politischen Gewicht seiner Mitglieder, das seinerseits Folge der zunehmenden Bedeutung der „unteren" Ebenen in den nationalen politischen Systemen ist. Hinzu kommt, dass vom Ausschuss ein positives Feedback über europäische Entwicklungen und Entscheidungen in die Heimatregion erwartet wird. Der Ausschuss ist jedoch nicht als Vorform einer Dritten Kammer der EU zu werten. Vielmehr wird er weiterhin als Interessenvertretung der regionalen und lokalen Ebene in europäischen Entscheidungsprozessen fungieren und zugleich die Rolle des „Übersetzers" europäischer Ideen, Diskurse und Politikkonzepte für die Herkunftsregionen übernehmen.

Eine zusammenfassende Betrachtung des Einbezugs der regionalen und lokalen Regierungs- und Verwaltungsebene in das EU-System zeigt, dass dieser Prozess über mehrere Wege verläuft: zum Ersten über die direkte Interaktion zwischen europäischer und regionaler Ebene im Rahmen der Implementation europäischer Politik; zum Zweiten über die Präsenz der Regionen in Brüssel mit dem Ziel, ihre Einzelinteressen wirksam zu vertreten; zum Dritten über den Ausschuss der Regionen als Beratungsgremium im europäischen Entscheidungsprozess, der die aggregierten Interessen der „dritten Ebene" repräsentiert. In allen Fällen kommt es aber nicht zur Herausbildung eindeutig formalisierter oder gar hierarchisch strukturierter Beziehungen; vielmehr wird allenfalls ein loser institutioneller Rahmen für formelle und informelle Verhandlungen und direkte Kommunikations- und Interaktionsformen geschaffen; dies mit dem Ziel, die Interessen und Präferenzen der Regionen wirksam in das System einzubringen beziehungsweise diese in die Systementscheidungen einzubeziehen. Dabei ist zu betonen, dass diese Entwicklung von den nationalen Regierungen weder erwünscht, noch aktiv gefördert wurde. Vielmehr bildete sie sich zunächst auf Initiative der Kommission heraus; von den Regionen wurde sie in ihrem Streben nach größerer Autonomie zunehmend aktiv beantwortet. Diesem Prozess liegt eine partielle Interessenkongruenz zwischen der europäischen und der regionalen Ebene zugrunde.

10.3 Schlussfolgerungen

In diesem Kapitel wurden die Inkorporation der nationalen und regionalen Regierungs- und Verwaltungsebene in das EU-System sowie die daraus resultierenden Strukturbildungen analysiert. Dabei stand der selektive Einbezug von Institutionen und Akteuren der nationalen und teilweise auch der regionalen Ebene in europäische Politikprozesse und Entscheidungsverfahren im Vordergrund. Im Ergebnis zeigte sich ein differenziertes Spektrum von direkten und indirekten Interaktionen. So partizipieren Delegierte nationaler Regierungen auf vielfältige Weise an europäischen Entscheidungen, einerseits über eher informelle Beratungsgremien im Dienste der Kommission, andererseits über die Räte und ihre vielfältigen Substrukturen. Zudem ergibt sich aus der europäischen Gesetzgebung ein indirekter Nexus zwischen der europäischen und nationalen Ebene. Schließlich versuchen europäische Akteure, über direkte Interaktionen mit den Verantwortlichen der „unteren" Ebenen Einfluss auf deren Politiken auszuüben. Zusätzlich bilden sich transnationale Formen der Kooperation heraus.

Auch die regionale Regierungs- und Verwaltungsebene wird in zunehmendem Maße in europäische Politikprozesse und Entscheidungsverfahren einbezogen. Zunächst gelang es der Kommission, über die europäische Kohäsionspolitik regionale Akteure für die Implementation von Förderprogrammen zu mobilisieren. In der Folge strebten die Regionen selbst danach, ihre Stimme auf der europäischen Ebene zu erheben. Dementsprechend gründeten sie eigene Vertretungen in Brüssel, um für die Interessen ihrer Regionen zu werben, aber auch, um über das Brüsseler Geschehen Informationen von strategischer Bedeutung zu gewinnen und in die Herkunftsregion zu transferieren. Schließlich gelang es der „dritten Ebene", über den Ausschuss der Regionen eine gemeinsame Stimme in den europäischen Entscheidungsprozess einzubringen, wenngleich nur in beratender Funktion. Über die vielfältigen Interaktionen zwischen den drei Regierungs- und Verwaltungsebenen bildete sich ein komplexes Zusammenspiel (interplay, Keating et al. 2014), und damit ein systemischer Nexus heraus, der das Fehlen hierarchischer Beziehungen zwischen ihnen kompensiert. Die EU konnte sich so als Mehrebenensystem konstituieren.

Die Bildung eines europäischen Mehrebenensystems war keineswegs die bewusste Intention der nationalen Regierungen oder der supranationalen Institutionen; vielmehr resultierte diese Entwicklung aus einer Kette von kleinteiligen Schritten zur Lösung komplexer Politikprobleme und dysfunktionalen Hemmnissen der Implementation. Denn der Union fehlen die Kompetenzen, um Politikprobleme, die sich ihr stellen, über hierarchische Entscheidungen zu lösen; die Mitgliedstaaten sind nach wie vor formal souverän. Deshalb rekurrierte die EU auf den Einbezug und die sukzessive Ausweitung des Kreises mitgliedstaatlicher Akteure in ihre Politik, die Dezentralisierung von Entscheidungsprozessen und Verantwortung auf bestehende Institutionen sowie die Optimierung und Feinsteuerung von Verfahren der Politikimplementation. Hierbei handelt es ich jedoch nicht um einen flächendeckenden Prozess; vielmehr kommt es zu einer selektiven Einbindung der „unteren" Ebenen und dementsprechend auch nur um selektive Anpassungsprozesse, die die Mitgliedstaaten allenfalls partiell „europäisieren". Insgesamt tendiert das europäische Mehrebenensystem nicht zu einer Zentralisierung von Macht, sondern zu deren Teilung und Diffusion unter einer Vielzahl von beteiligten Akteuren und Institutionen auf den verschiedenen Ebenen. Es bedarf keiner näheren Erläuterung, dass diese Form des Ausbaus des EU-Systems zur Erhöhung seiner Komplexität und Intransparenz führt, und damit den Bürgern das Verständnis seiner Funktionsweise zusätzlich erschwert.

11 Die Inkorporation nicht-staatlicher Akteure in das EU-System

Wurde im vorangegangenen Kapitel der Einbezug mitgliedstaatlicher Institutionen und Akteure in die Funktionsweise des EU-Systems und damit die Herausbildung eines Mehrebenensystems dargestellt, so weitet sich das System zugleich aber auch über die Inkorporation nicht-staatlicher Organisationen und Akteure in seine Entscheidungsprozesse und – bemerkenswerterweise – seine Verfahren der Politikimplementation aus. Im Rahmen der europäischen Entscheidungsfindung kommt es dabei zu fließenden Übergängen von „klassischen" Formen der Interessenvertretung oder des Lobbyings über organisierte Formen der Beratung europäischer Organe bis hin zur Mitwirkung an der Politikformulierung und -implementation (Coen und Richardson 2009, Greenwood 2017).

Hauptadressat des Lobbyings in den verschiedenen Formen ist die Kommission (Bouwen 2009); mit den zunehmenden Kompetenzen des Parlaments im Gesetzgebungsprozess sind aber auch dessen Mitglieder einer wachsenden organisierten Beeinflussung ausgesetzt (Lehmann 2009, Dionigi 2019). Die Mitglieder des Rates oder auch die jeweiligen Ständigen Vertreter in Brüssel werden demgegenüber eher individuell vonseiten organisierter Interessen adressiert. Umgekehrt ist es die Kommission, die den Kontakt zu Verbänden und Interessengruppen sucht, sie bei der (Selbst-)Organisation auf europäischer Ebene unterstützt und bestimmte Verbände oder Organisationen bevorzugt in ihre Arbeit einbeziehet und damit stärkt (Greenwood 2017).

Insgesamt erhalten somit nicht-staatliche Akteure eine bedeutende Funktion im EU-System, indem sie einen inhaltlichen Input in dessen Entscheidungen leisten sowie teilweise auch dessen Output unterstützen. Die entsprechenden Organisationen stellen somit ein konstitutives Element der erweiterten Systemstruktur der EU dar.

11.1 Interessenvertretung im europäischen Entscheidungsprozess

Ebenso wie in nationalen politischen Systemen spielt die Vertretung organisierter Interessen eine bedeutende Rolle im EU-System. Der Lissabon-Vertrag erkennt die Interessenvertretung sogar als Bestandteil der demokratischen Grundsätze der Union an (Titel II, EUV-L). Dazu heißt es im Vertrag: „Die Organe geben den Bürgerinnen und Bürgern und den repräsentativen Verbänden in geeigneter Weise die Möglichkeit, ihre Ansichten in allen Bereichen des Handelns der Union öffentlich bekannt zu geben und auszutauschen" (Art. 11(1) EUV-L). Zudem gilt: „Die Organe pflegen einen offenen, transparenten und regelmäßigen Dialog mit den repräsentativen Verbänden und der Zivilgesellschaft" (Art. 11(2) EUV-L). Im Vertrag werden somit sowohl die Be-

https://doi.org/10.1515/9783111191799-011

lange von Bürgern und Interessenverbänden als auch die Verpflichtung der europäischen Organe, sie zu hören, betont.

Im Kontext der EU nimmt die Interessenvertretung allerdings spezifische Formen und Funktionsweisen an (Greenwood 2017: 24–25). Zum einen ist es die fragmentierte institutionelle Struktur der EU, die zu differenzierten Formen und Strategien der Interessenvertretung mit vergleichsweise unsicheren Ergebnissen führt. Zum anderen sind es die derzeit 27 Mitgliedstaaten mit ihren unterschiedlichen wirtschaftlichen, politischen und sozialen Strukturen und Traditionen, die divergierende Interessenlagen begründen und dementsprechend auch die Vielfalt und Komplexität der Interessenvertretung auf der europäischen Ebene erhöhen. Es fließen somit sowohl die spezifischen Interessen nationaler Gruppen und Verbände als auch die aggregierten europäischen Interessen in die Gesetzgebung der EU und andere politische Entscheidungen ein. Schließlich unterscheidet sich die EU durch ihre konsensuellen Formen der Entscheidungsfindung von nationalen politischen Systemen mit zumeist majoritären Entscheidungen; dementsprechend führt europäische Interessenvertretung eher zu pluralistischen Ergebnissen (Greenwood 2017: 7–8, 22). Insgesamt ist die Interessenvertretung in der EU durch eine komplexe Mehrebenenstruktur gekennzeichnet.

Bereits in der Gründungsphase der Europäischen Gemeinschaften konnten sich Interessenverbände auf der europäischen Ebene etablieren. Insbesondere dem Agrarsektor gelang es über die Bildung zweier Dachverbände – COPA und COGECA[1], die 1962 zu einem Verband unter dem Namen COPA-COGECA fusionierten – die Interessenvielfalt seiner nationalen Mitgliedsverbände zu bündeln und darüber erfolgreich die Agrarpolitik der Gemeinschaft zu beeinflussen, so erfolgreich, dass er als Musterfall europäischer „Verbandsmacht" galt (Kohler-Koch 1996: 193).

Mehr noch als der Agrarsektor war es aber die europäische Industrie und die übrige private Wirtschaft, die sich passende Einflusskanäle zu schaffen wusste: sei es im Alleingang einzelner großer Unternehmen, sei es im Rahmen von Branchen-, Sektor- oder nationalen Zusammenschlüssen, sei es in der Form eines allumfassenden Dachverbands, BUSINESSEUROPE, der bis 2008 unter dem Namen UNICE firmierte.[2] Mit der Namensänderung signalisierte der Verband seine zunehmende Unabhängigkeit von den nationalen Mitgliedsverbänden und zudem seine Ambitionen, für die gesamte Geschäftswelt der Union zu sprechen. Neben BUSINESSEUROPE gibt es weitere

---

1 Die Abkürzung COPA steht für Committee of Professional Agricultural Organisations, COGECA für General Committee for Agricultural Cooperation in the European Union. COPA-COGECA vertritt mehr als 100 Verbände der Mitgliedstaaten und einiger Drittstaaten sowie 36 Partnerorganisationen. Mit mehr als 50 festangestellten Mitarbeitern ist er einer der am besten ausgestatteten Euroverbände; zudem verfügt er über eine hoch entwickelte interne Struktur (Nugent 2010: 356–357).

2 UNICE steht für Union of Industries of the European Community. BUSINESSEUROPE vertritt 41 Unternehmensverbände aus 35 Staaten. Seine Mitgliedschaft ist somit ebenso wie im Falle von COPA-COGECA nicht deckungsgleich mit dem Gebiet der EU.

Spitzenverbände privater Unternehmen, so beispielsweise die UEAMPE, die Handwerks- sowie Klein- und Mittelbetriebe vertritt.[3]

Die Präsenz und Dominanz privater Unternehmen und ihrer Verbände auf der europäischen Ebene wurde in der Fachliteratur als Verzerrung pluralistischer Interessenvertretung und somit als Problem des Regierens im EU-System gewertet (z. B. Coen 2007). Da die europäische Gesetzgebung und Regulierungsleistung sich lange Zeit vornehmlich auf wirtschaftliche Aspekte, insbesondere im Bereich der Marktintegration, konzentrierte und somit Unternehmensinteressen direkt berührt waren, mag diese Dominanz zumindest als naheliegend erscheinen. Hinzu kam, dass bereits im Rahmen von EGKS und EURATOM weitreichende und zugleich spezifische Sektorbefugnisse der Hohen Behörde eine enge Zusammenarbeit mit – wenigen – betroffenen Großunternehmen förderten. Umgekehrt konnte die Behörde und später die Kommission im eigenen Haus kaum über die erforderliche spezielle Expertise verfügen, sodass sie von Anfang an auf die „Beratertätigkeit" von Interessenverbänden und Lobbygruppen angewiesen war (Bouwen 2009, Greenwood 2017). Schließlich mag auch die explizit technokratische und zugleich unpolitische Selbstdefinition beider Organe zu dieser Situation beigetragen haben.

Trotz der unbestreitbaren Dominanz der Unternehmensseite konnten sich aber auch die Gewerkschaften schon frühzeitig auf der europäischen Ebene formieren, auch wenn es erst 1973 zur Gründung eines einheitlichen Dachverbands – des EGB – kam[4], der allerdings aus einer Gruppe von Vorgängerorganisationen hervorging (Greenwood 2017: 123–125). Als Hemmnis einer früheren Einigung erwiesen sich im Nachkriegseuropa die ideologischen Gegensätze zwischen einerseits parteipolitisch ausgerichteten Gewerkschaften, wie sie insbesondere die romanischen Länder kennzeichnen, und andererseits Einheitsgewerkschaften mit einer Branchen- und Sektorstruktur, wie sie für Deutschland, die Niederlande, das Vereinigte Königreich und die skandinavischen Länder typisch sind.[5] In dem Maße jedoch, wie ideologische Gegensätze an Bedeutung verloren, gewann der EGB an Mitgliedsverbänden und somit auch an politischem Gewicht. Der Anreiz zur Einflussnahme blieb aber für die Gewerkschaften vergleichsweise schwach, weil sich die Gemeinschaften lange Zeit kaum auf Arbeitnehmerfragen richteten. Dennoch formierten sich auch die sektor- und branchenbezogenen Einzelgewerkschaften in zunehmendem Maße in europäischen Dach-

---

3 UEAMPE steht für Union Européenne de l'Artisanat et des Petites et Moyennes Entreprises.

4 Die Abkürzung EGB steht für Europäischer Gewerkschaftsbund, der im Eurojargon häufiger unter der englischen Abkürzung ETUC (European Trade Union Confederation) firmiert. Der Verband umfasst inzwischen 104 Mitgliedorganisationen, wobei es sich um 94 nationale Verbände aus insgesamt 42 Staaten sowie 10 europäische Gewerkschaftsbünde handelt (Offizielle Webseite des EGB: https://etuc.org/en/organisation-and-people (Abruf: 27.07.2025). Damit hat der Verband eine Doppelstruktur. Zudem ist er, ebenso wie BUSINESSEUROPE und COPA-COGECA, nicht deckungsgleich mit EU-Europa, sondern umfasst auch nach den jüngsten Erweiterungen europäische Drittstaaten.

5 Dabei ging es nach Aussagen von Insidern vor allem darum, die kommunistisch orientierten Gewerkschaften aus dem europäischen Dachverband herauszuhalten.

verbänden, um zumindest die ihren Bereich betreffenden Entscheidungen verfolgen zu können. Schließlich suchten auch nationale Gewerkschaftsverbände sowie Einzelgewerkschaften eine Präsenz in Brüssel, waren sie doch je spezifisch von EG-Entscheidungen betroffen. Insgesamt zeichnet sich somit das Gewerkschaftslager – ebenso wie das der Unternehmer – durch eine ausgeprägte Diversifizierung oder sogar Fraktionierung seiner Präsenz auf der europäischen Ebene aus (Greenwood 2017: 121–125). Unternehmensverbände und Gewerkschaften – wie asymmetrisch auch immer vertreten – bildeten somit frühzeitig die Eckpfeiler europäischer Interessenvertretung.

Zusätzlich zu Unternehmerverbänden und Gewerkschaften konnten sich aber auch Verbraucherinteressen schon frühzeitig auf der europäischen Ebene organisieren. Bereits 1962 kam es zur Bildung eines entsprechenden Dachverbands, BEUC[6], der zunächst 9 Dachverbände der ursprünglichen 6 Mitgliedstaaten repräsentierte; bis zur Gegenwart stieg diese auf 44 Mitglieder aus 31 Ländern[7], womit BEUC ebenfalls nicht nur alle EU-Staaten vertritt, sondern auch eine Reihe weiterer europäischer Länder (Kleist 2019).

Mit dem Binnenmarktprojekt sowie der Verabschiedung der Einheitlichen Europäischen Akte und der damit einhergehenden Ausweitung von Kompetenzen der Gemeinschaft in Bezug auf ein breites Spektrum von neuen Politikfeldern kam es dann aber zu einer Proliferation von Interessengruppen und Lobbys auf der europäischen Ebene (Coen und Richardson 2009, Greenwood 2017, Coen et al. 2021). Einzelne Unternehmen und Verbände stärkten ihre Präsenz in Brüssel oder ließen sich durch professionelle Lobbyisten vertreten. Private sowie gesellschaftliche Gruppierungen und sogar öffentliche Institutionen begaben sich auf den Weg der organisierten Interessenvertretung. Das bemerkenswerteste dieser Wende ist aber, dass sich nunmehr auch zivilgesellschaftliche Akteure und Gruppen auf der europäischen Ebene zunehmend formierten (z. B. Della Porta und Caiani 2009, Kohler-Koch und Quittkat 2011, Liebert und Trenz 2011).

Solche zivilgesellschaftlichen Gruppen sind häufig dem Spektrum neuer sozialer Bewegungen zuzurechnen, wie beispielsweise das Europäische Umweltbüro (EEB) oder die Europäische Frauenlobby, die in dieser Zeit gegründet wurden. Aber auch kleinere und spezialisiertere zivilgesellschaftliche Gruppen suchten nunmehr den Kontakt zu den Brüsseler Organen, um ihre Stimme wirksam in die Entscheidungsprozesse der EU einzubringen. Einen weiteren Schub erhielt die Repräsentanz zivilgesellschaftlicher Interessen um die Jahrtausendwende. Wissenschaftliche Beobachter schreiben diesen Schub der Kommission zu, die in ihrem 2001 veröffentlichten Weißbuch zur europäischen Governance explizit die Beteiligung der Zivilgesellschaft an der europäischen Politik hervorgehoben hatte (Heidbreder 2012). Dabei erweiterte die

---

6 BEUC steht für European Consumer Organization.
7 Offizielle Webseite von BEUC: https://www.beuc.eu/

Kommission nicht nur den Einbezug zivilgesellschaftlicher Organisationen in ihre Entscheidungsprozesse; vielmehr richtete sie sich zunehmend auf die Konsultation der Bürger Europas (Kohler-Koch und Quittkat 2011). Ihren Höhepunkt fand diese Entwicklung in der Konferenz zur Zukunft Europas, die in den Jahren 2021–2022 als umfangreiche Online-Befragung der Bürger zu Wegen der Demokratisierung der EU, aber auch einer Reihe anderer Fragen zur Weiterentwicklung von Wirtschaft und Gesellschaft durchgeführt wurde. Im Ergebnis wurde ein Abschlussbericht erstellt, der eine Reihe von Vorschlägen und Maßnahmen zur Gestaltung der Zukunft Europas benennt.[8]

Trotz dieser Entwicklungen blieb die Unternehmensseite über einen längeren Zeitraum weiterhin dominant, wenngleich mit sinkender Tendenz. So waren zu Beginn der 90er Jahre noch 95 Prozent der Eurogruppierungen dem Unternehmerlager zuzurechnen, während sich Gewerkschaften, Umwelt- und Verbrauchergruppen die restlichen 5 Prozent teilten (Mazey und Richardson 1993: 7). Greenwood (2011: 13) stellte demgegenüber für 2011 fest: „business interest associations constitute a little more than half of the entire constituency of EU associations, compared to two thirds in 2000"; vgl. auch Wonka et al. 2010). Klüver (2013: 176) kommt auf der Grundlage von extensiven empirischen Studien zu dem Schluss, „that both business as well as citizen interests have similar chances to influence policy formulation in the European Union". Manche Studien schlussfolgern sogar, dass Bürgerinteressen teilweise einflussreicher sein können als die der Unternehmen (Greenwood 2017: 10–11).

Ungeachtet der Selbstorganisation von Interessenverbänden auf der europäischen Ebene strebten die Gründer der Europäischen Gemeinschaften eine ausgewogene sowie eine formalisierte Interessenvertretung vonseiten wirtschaftlicher und gesellschaftlicher Repräsentanten der Mitgliedstaaten an. Bereits im Rahmen des EGKS-Vertrags wurde ein entsprechender Beratender Ausschuss eingesetzt, der später im Rahmen von EG/EU in *Europäischer Wirtschafts- und Sozialausschuss* (EWSA, kurz WSA) umbenannt wurde.[9] Seine Funktion bestand und besteht im Wesentlichen darin, als permanentes Beratungsgremium für die europäischen Organe zu fungieren (Abels 2022). Ebenso wie der Ausschuss der Regionen wird der WSA in Gesetzgebungsverfahren und vielen anderen Themenbereichen konsultiert; zudem kann er auf eigene Initiative Stellungnahmen abgeben (Art. 300–304 AEUV). Derzeit setzt sich der Ausschuss aus 329 Mitgliedern zusammen, wobei die großen Mitgliedstaaten 21 bis 24, die kleinen 5 bis 15 Vertreter entsenden. Die Mitglieder des Ausschusses rekrutieren sich aus drei Kategorien sozialer Gruppierungen: Arbeitgeber, Arbeitnehmer sowie weitere Interessen-

---

8 Offizielle Webseite des Rates der EU: https://www.consilium.europa.eu/de/policies/conference-on-the-future-of-europe/ (Abruf: 30.08.2025).

9 Jean Monnet, der Protagonist der europäischen Integration und erste Präsident der Hohen Behörde, beschreibt in seinen Memoiren, dass er immer wieder die Unterstützung der Gewerkschaften suchte und bekam, vor allem dann, wenn die Regierungen der Mitgliedstaaten seine Vorstöße blockierten (Jean Monnet 1978).

gruppierungen oder Berufsverbände (z. B. Landwirte, Verbraucher).[10] Sie sollen die „Gesellschaft" beziehungsweise bestimmte Gruppierungen der Gesellschaft im europäischen Entscheidungsprozess repräsentieren.

Die Definition dieser gesellschaftlichen Gruppierungen hat sich jedoch im Laufe der Zeit signifikant verändert. So heißt es im EGKS-Vertrag, der Ausschuss besteht „aus einer gleichen Anzahl von Vertretern der Erzeuger, der Arbeitnehmer sowie der Verbraucher und Händler" (Art. 18 VEGKS). Der Amsterdamer Vertrag fasste die Mitgliedschaft wesentlich weiter: „Der Ausschuss besteht aus Vertretern der verschiedenen Gruppen des wirtschaftlichen und sozialen Lebens; insbesondere der Erzeuger, der Landwirte, der Verkehrsunternehmer, der Arbeitnehmer, der Kaufleute und Handwerker, der freien Berufe und der Allgemeinheit" (Art. 257 EGV-A). Der Lissabon-Vertrag gab demgegenüber der Zivilgesellschaft eine herausgehobene Stellung, indem er die Mitgliedschaft wie folgt definierte: „Der Wirtschafts- und Sozialausschuss setzt sich zusammen aus Vertretern der Organisationen der Arbeitgeber und der Arbeitnehmer sowie anderen Vertretern der Zivilgesellschaft, insbesondere aus dem sozialen und wirtschaftlichen, dem staatsbürgerlichen, dem beruflichen und dem kulturellen Bereich" (Art. 300(2) AEUV, vgl. auch Abels 2022).

Nicht nur die Mitgliedschaft, sondern auch die Aufgabenstellung des WSA hat sich im Laufe der Zeit verändert. So war der Ausschuss in den Anfangsjahren ausschließlich der Hohen Behörde zugeordnet (Art. 19 VEGKS). Mit der Bildung der drei Gemeinschaften waren sowohl die Kommission als auch der Rat seine Adressaten (Art. 262 EGV-A). Gegenwärtig berät der Ausschuss die Kommission, den Rat sowie das Parlament (Art. 300 AEUV). Trotz dieser Veränderungen, die im Wesentlichen der zunehmenden Ausdifferenzierung des EU-Systems Rechnung tragen, blieb aber die Beratungsfunktion des Ausschusses bis zur Gegenwart seine Kernaufgabe (Abels 2022). Darüber hinaus versucht er aber, ähnlich wie der AdR, über entsprechende Veranstaltungen und Events die Öffentlichkeit für bestimmte Themen zu mobilisieren; Abels (2022: 387) spricht in diesem Zusammenhang von „institutional activism".

Eine nähere Betrachtung der *Organisationsformen* der Interessenvertretung in der EU zeigt eine kleinteilige, fragmentierte Struktur. So gilt für die meisten Lobbyisten, dass sie nicht im Namen großer bürokratischer Verbände auftreten, sondern als Repräsentanten kleiner, flexibler, häufig nur von einer Person geführter Büros (Greenwood 2017, Coen et al. 2021). Nach einem Bericht der Kommission aus dem Jahre 1993 waren etwa 3000 Verbände und Organisationen mit insgesamt 10 000 Beschäftigten in Brüssel aktiv; seitdem hat sich ihre Zahl jedoch signifikant erhöht. So nennen Wonka und Koautoren 3 700 Gruppen, schätzen allerdings, dass deren Zahl deutlich höher liegt (Wonka et al. 2010: 466). Das Europäische Transparency-Register

---

10 Offizielle Webseite des EWSA: https://european-union.europa.eu/institutions-law-budget/instituti ons-and-bodies/search-all-eu-institutions-and-bodies/european-economic-and-social-committee-eesc_ de (Abruf: 26.07.2025).

nennt für 2025 15 674 registrierte Organisationen.[11] Gleichzeitig bleibt jedoch jede einzelne Organisation kleinmaßstäblich: So sind beispielsweise nationale Gewerkschaftsverbände zumeist nur mit einigen wenigen Personen vertreten, Branchendachverbände beschäftigen ca. fünf bis zehn Mitarbeiter, und selbst der EGB zählt nur 23 Vollzeitarbeitskräfte die sich der Interessenvertretung widmen (Hix und Høyland 2022: 185). Nicht einmal die Unternehmensseite erscheint in dieser Hinsicht als überdimensioniert. Ein machtvoller Verband der chemischen Industrie (European Chemical Industry Council, CEFIC), ragt mit 93 Angestellten größenmäßig heraus[12]; BUSINESS-EUROPE weist dagegen nur 49 Mitarbeiter auf (Hix und Høyland 2022: 183). Große Unternehmen leisten sich oft nur einen Vertreter in Brüssel. Viele Unternehmen haben gar keine Präsenz in Brüssel, lassen sich aber in für sie wichtigen Fragen von professionellen Beratern oder Anwaltskanzleien vertreten.

Auf den ersten Blick erscheinen diese Zahlen als extrem gering angesichts der Vielfalt an Aufgaben, die Interessenvertreter und Lobbyisten im Gefüge der EU zu erfüllen haben. Dabei ist jedoch zu berücksichtigen, dass Dachverbände auf die Ressourcen ihrer Mitgliedsverbände, einzelne Lobbbyisten auf ihren Herkunftsverband – in Bezug auf Know-how, wissenschaftliche Forschung, spezielle Recherchen oder die Delegierung von Experten in die Beratungsgremien der Kommission – zurückgreifen können.

Die kleinteilige Organisation der Interessenvertretung bietet einerseits Vorteile; andererseits ist sie aber auch mit Nachteilen behaftet. So ist die Szene unübersichtlich und vielfältig fraktioniert, was es insbesondere der Kommission erschwert, die richtigen Gesprächspartner für Konsultationen zu finden. Noch schwieriger ist es, seriöse von unseriösen Lobbyisten zu trennen sowie einen offenen und pluralistischen Zugang zu den Entscheidungen der EU zu gewährleisten. Auf der anderen Seite beinhalten die kleinteiligen Strukturen aber auch vielfältige Möglichkeiten der inhaltlichen Spezialisierung und erlauben ein flexibles Auftreten gegenüber den europäischen Organen. Zudem können Netzwerkbeziehungen in verschiedene Richtungen geknüpft werden: Gewerkschafts- oder Unternehmensvertreter können sich beispielsweise im Rahmen der gleichen Branche oder Nationalität konsultieren oder gewisse Absprachen vereinbaren; auch Unternehmensverbände können bei Interessenkonvergenz mit zivilgesellschaftlichen Organisationen kooperieren (Dür und Mateo 2016). Die kleinteilige Organisationsstruktur erlaubt somit flexible Aggregationen von Interessen und damit eine passgenauere Reaktion auf europäische Initiativen.

Die Interessenvertretung in der EU ist auch entlang nationaler Trennlinien stark fraktioniert. Zwar gab es bereits 1993 über 500 europäische Dachverbände oder Zusammenschlüsse, und ihre Zahl hat sich bis 2010 auf 1 674 erhöht (Wonka et al. 2010:

---

11 Offizielle Webseite European Transparency Register: https://transparency-register.europa.eu/index_en (Abruf: 30.08.2025).
12 Offizielle Webseite European Transparency Register: https://transparency-register.europa.eu/search-register-or-update/organisation-detail_en?id=64879142323-90 (Abruf: 30.08.2025).

469). Dennoch bleibt ein großer Teil der Interessenvertretungen an ihre nationale Herkunft gebunden (Kohler-Koch und Friedrich 2020). Neuere Untersuchungen werfen ein genaueres Licht auf die Struktur und Arbeitsweise der nationalen Verbände in der europäischen Interessenvertretung. 1. Es sind eher Wirtschafsverbände als zivilgesellschaftliche Gruppen, die von der nationalen Ebene aus Lobbying betreiben; 2. sie sind erfolgreicher, wenn sie über umfangreiche personelle und finanzielle Ressourcen verfügen; 3. sie sind extrem ungleich über die Mitgliedstaaten verteilt: während die „alten" Mitgliedstaaten mit besonders vielen Verbänden oder Organisationen als europäische Lobbyisten agieren, sind die der jüngeren Beitrittsstaaten und vor allem der Transformationsstaaten Mittel- und Osteuropas deutlich weniger oder kaum präsent; 4. sie betreiben ein ausgeprägtes Venue-Shopping, d. h., sie suchen gezielt die für sie vorteilhafteste Arena für das Lobbying aus, entweder in der EU oder im eigenen Staat; 5. sie sind dann besonders erfolgreich, wenn sie sektorübergreifende Interessen vertreten und/oder Koalitionen mit anderen, Gleichgesinnten schmieden können (Dür und Mateo 2012, Eising et al. 2019, Kohler-Koch et al. 2019). Zivilgesellschaftliche Akteure und Verbände sind demgegenüber seltener nach ihrer nationalen Herkunft segmentiert, nicht zuletzt, weil sie zumeist breite, gesamtgesellschaftliche Interessen vertreten, die die Mitgliedstaaten in mehr oder minder gleichem Maße betreffen.

Demgegenüber erscheint die starke Präsenz nationaler Interessenverbände in der EU, vornehmlich aus dem Spektrum der Wirtschaft, als bedauerlich, denn sie signalisiert die weiterhin bestehende Fragmentierung der Union entlang nationaler Trennlinien. Auf der anderen Seite ist sie Ausdruck der realen Verhältnisse: Solange die nationalen Staaten je spezifische Regulierungssysteme bilden, sind ihre Unternehmen, aber auch die Arbeitnehmer oder Verbraucher, in sehr unterschiedlicher Weise von europäischen Gesetzen betroffen. Diese Unterschiede müssen daher auch in der Entscheidungsfindung Berücksichtigung finden und somit von den entsprechenden Interessengruppen differenziert in den Diskussionsprozess eingebracht werden. Die national fraktionierte und differenzierte „Interessenvertretungslandschaft" ist somit als adäquater Ausdruck von sehr komplexen Gemengelagen im EU-System zu werten. Umgekehrt läge in der verstärkten oder gar ausschließlichen Berücksichtigung von Eurogruppen keineswegs der Schlüssel zu einer effektiveren Interessenvertretung begründet; im Gegenteil, sie würde die tatsächlichen Gegensätze nur überdecken und somit die Annahme allseits akzeptierbarer Regulierungen erschweren.

Die vielfach fraktionierten Formen der Interessenvertretung sind nicht nur der Komplexität von europäischen Entscheidungen zuzuschreiben, sondern auch der spezifischen Systemstruktur der EU (z. B. Coen und Richardson 2009, Coen et al. 2021). Aufgrund ihrer Machtteilung zwischen zahlreichen Organen und Institutionen bietet die EU vielfältige Ansatzpunkte für die organisierte Interessenvertretung und erschwert so zu entscheiden, wo die Einflussnahme die höchste Wirkung entfalten kann (Beyers et al. 2008). Erste und wichtigste Anlaufstelle ist die Kommission, da sie die Gesetzesvorschläge und andere Entscheidungen vorbereitet und ausarbeitet. Die

Kommission sucht ihrerseits den Kontakt zu Interessenvertretern und lädt sie zu Konsultationen und Partizipation in ihren Beratungsgremien ein, was deren Präsenz in Brüssel verstärkt (Bouwen 2009, Princen und Kerremans 2010). Zudem bietet sie zu zahlreichen Themen zunehmend online-Konsultationen an, an denen sich alle Unionsbürger beteiligen können (Kohler-Koch und Quittkat 2013). Aber auch das Parlament ist im Zuge der Ausweitung seiner Gesetzgebungskompetenzen in wachsendem Maße Adressat von Lobbyisten (Coen et al. 2021). Diese konnten sich selbst zu den Trilogen einen gewissen Zugang verschaffen (Greenwood und Roederer-Rynning 2021). Ebenso sehen sich Rat beziehungsweise die Ständigen Vertretungen zunehmend Versuchen externer Beeinflussung ausgesetzt, wenngleich diese sich primär auf die einzelstaatlichen Repräsentanten richtet (Hayes-Renshaw 2009). Der Übergang zu Mehrheitsentscheidungen im Rat reduziert allerdings die Wirksamkeit dieser Formen des Lobbyings, da ein einzelner Mitgliedstaat nicht mehr die Entscheidungen blockieren und darüber Zugeständnisse zu seinen Gunsten erzielen kann. Schließlich greifen inzwischen auch die unabhängigen Agenturen der EU auf Lobbygruppen zur ihrer Beratung sowie zur Abwägung gegensätzlicher Interessen zurück (Arras und Beyers 2020). Insgesamt erfordert somit die komplexe Struktur des EU-Systems und die Vielfalt möglicher Zugangswege zu seinen Entscheidungen eine flexible und differenzierte Lobbyarbeit sowie entsprechende Organisationsstrukturen.

Betrachtet man die Praxis der Interessenvertretung in der EU, so zeigt sich, dass die Lobbyisten von sich aus den Zugang zu den entsprechenden Instanzen – in erster Linie der Kommission – suchen. Dabei stellt sich die Schwierigkeit, genaue Informationen über die Vorhaben der Kommission und die Verantwortlichen für ihre Ausarbeitung zu erlangen. Obwohl die Kommission ihr Arbeitsprogramm frühzeitig offenlegt, ergeben sich doch zahlreiche Informationsprobleme und -lücken, nicht zuletzt wegen späterer Prioritätsverschiebungen und Programmänderungen. Es kommt also bereits in diesem Stadium zu Ungleichheiten zwischen Eingeweihten mit guten Kontakten und Außenstehenden. Hat eine Organisation den richtigen Zugang gefunden, dann stellt sich das Problem einer erfolgreichen, das heißt, einer im Interesse der Lobbyisten liegenden, aber auch für die Kommission vorteilhaften Form der Beeinflussung. Die Kommission hat vor allem für die Lobbyisten ein offenes Ohr, die einen relevanten inhaltlichen Input in *ihre* Arbeit zu leisten imstande sind (Klüver 2013). Das beinhaltet, dass sie technisch versierten Experten den Vorzug gibt vor allgemein politisch oder ideologisch argumentierenden Interessenvertretern (Coen 2007, De Bruycker 2016). Zudem bevorzugt die Kommission Inputs, die schon im Vorfeld mit mehreren Gruppen oder Akteuren abgestimmt sind und Interessendivergenzen bündeln; insofern sind Gruppen, die diese Vorarbeit leisten, in der Regel erfolgreicher in der Beeinflussung als individuelle Interessenvertreter.

Trotz der Bevorzugung „technischer" Experten, meist aus Unternehmerkreisen, haben aber auch politisch oder gesellschaftlich orientierte Gruppen Chancen der Einflussnahme (Greenwood 2017). So sind etwa die Gewerkschaften besonders willkommen, um sozialpolitische Gesetze und Initiativen im Rat durchzudrücken. Ihre Mitarbeit ist auch erwünscht, weil sie ein großes Spektrum von Mitgliedsverbänden repräsentieren, denen die jeweiligen Positionen und Kompromisse vermittelt werden können. Aber auch Umweltgruppen oder andere schwach organisierte Interessen finden zunehmend Gehör, weil sie einerseits sehr genau die Regelungslücken und Umsetzungsdefizite im System indizieren, Alternativvorschläge lancieren und als Verbündete bei der Durchsetzung weitgehender europäischer Regelungen fungieren können. Zudem kann ihre Unterstützung dem EU-System und insbesondere der Kommission Legitimation verleihen; allerdings besteht in der Fachliteratur zu dieser Frage kein Konsens (z. B. Mazey und Richardson 2006: 249, Greenwood 2017:194–217; für eine kritische Position vgl. Kohler-Koch und Quittkat 2013).

Angesichts der Vielfalt und Fragmentierung organisierter Interessenvertretung in der EU versucht die Kommission, diese zu ordnen, zu strukturieren oder sogar ihren Bedürfnissen anzupassen. Als Schritt der Ordnung ist der auf Druck des Parlaments erlassene „code of conduct" für Lobbyorganisationen sowie die Einführung eines Transparency Registers für diese zu werten. Das Register soll den europäischen Organen Orientierung über die Lobbygruppen bieten und generell Transparenz in diesem Bereich herstellen; dementsprechend ist es auch öffentlich zugänglich. Es umfasst gegenwärtig 15 874 Lobbying-Gruppen und -Verbände oder auch einzelne Lobbyisten.[13] Die Kommission legte den Lobbyisten auch nahe, einen Berufsverband zu gründen, der ein gewisses Maß an Selbstregulierung übernehmen sollte.

Darüber hinaus verfolgt die Kommission aber eine Strukturierung, indem sie die Bildung von *europäischen* Interessengruppen fördert und teilweise nur diese in ihre Arbeit einbezieht; damit setzt sie einen starken indirekten Anreiz zu deren Formierung. Teilweise finanziert die Kommission auch Interessengruppen, meist aus dem zivilgesellschaftlichen Bereich, indem sie ihnen Forschungs- oder Rechercheaufträge erteilt (Greenwood 2017: 134–139). Im Gegenzug leisten die Konsultationspartner den Ausgleich von Interessendivergenzen unter ihren Unterstützern, insbesondere zwischen nationalen Akteuren und Gruppierungen; damit entlasten sie die Kommission von Abwägungsprozessen. Dennoch ist die Kommission auf genaue Informationen über unterschiedliche Effekte ihrer Vorhaben in den Mitgliedstaaten angewiesen, sodass sie auch den Kontakt zu national organisierten oder individuell agierenden Interessenvertretern sucht.

Die Anpassung von Interessenvertretern an die Bedürfnisse der Kommission vollzieht sich in einem längerfristigen Interaktionsprozess zwischen den beteiligten Akteuren. So ist die Einladung zur Partizipation in Sachverständigengremien an sich schon ein starker Anreiz, um den Erwartungen der Kommission zunehmend zu entsprechen. Diese Erwartungen beziehen sich vor allem auf die Vorlage technisch versierter und detailgenauer Vorschläge, während politische Grundsatzargumentationen

---

13 Offizielle Webseite der Europäischen Union: https://transparency-register.europa.eu/index_en (Abruf 25.09.2025).

eher unerwünscht sind (De Bruycker 2016). Im Tausch für eine in diesem Sinne konstruktive Partizipation bietet die Kommission Gelegenheit zur Mitarbeit an der Ausformulierung von Gesetzestexten oder Politikprogrammen. Es versteht sich, dass diese Form der technischen Detailarbeit eher von direkt Involvierten – insbesondere den betroffenen Unternehmen – geleistet werden kann, während indirekt Betroffene – beispielsweise Umwelt- oder Verbrauchergruppen – eher dazu neigen, allgemeinere politische Argumente einzubringen. In der technischen Ausrichtung der Kommission liegt somit bereits eine inhärente Tendenz zur Ungleichbehandlung wirtschaftlicher und gesellschaftlicher Interessen begründet. Dennoch haben sich die Vertreter diffuser gesellschaftlicher Interessen im Laufe der Jahre zunehmend an die Erwartungen der Kommission angepasst, indem sie mehr und mehr im Gewande von Experten auftreten und insgesamt Erfolge erzielen können (Ruzza 2004, Kohler-Koch 2011).

Bei der Erstellung von Gesetzestexten oder anderen Vorlagen überprüft die Kommission sorgfältig, welche Interessenvertreter in den Entscheidungsprozess und konkret in die Sachverständigengruppen einzubeziehen sind. Dabei wählt sie einerseits gerne Gesprächspartner aus, die ohnehin zu ihren Vorschlägen tendieren; andererseits muss sie aber die Positionen im Rat so weit wie möglich antizipieren, und somit auch die Kontrahenten einladen. Zudem bezieht sie bevorzugt Verbände ein, die in der Lage sind, den erreichten Konsens in ihre Mitgliedsverbände hinein zu vermitteln und somit die Unterstützung für die Kommissionsvorschläge zu verbreitern. Die Auswahl passender Verbände und Gesprächspartner stellt somit eine schwierige Gratwanderung zwischen der maximalen Erschließung technischer Expertise und der Mobilisierung von politischer Unterstützung dar. Zudem muss sie dem Postulat eines pluralistisch ausgewogenen Zugangs zum Entscheidungsprozess gerecht werden.

Während die Kommission vornehmlich technisch versierte Akteure anzieht und auch stärker belohnt, bietet das Parlament eher ein Forum für politisch orientierte Verbände und Gruppen (De Bruycker 2016, Greenwood und Roederer-Rynning 2021). Dementsprechend finden Gewerkschaften, Umwelt- und Verbrauchergruppen sowie Frauenlobbys hier ein offenes Ohr für ihre Anliegen und Forderungen. Trotzdem sind auch die Parlamentarier gezielten Beeinflussungsversuchen von Unternehmensseite ausgesetzt. Dabei suchen Lobbyisten häufig Kontakt zu Abgeordneten ihrer eigenen Nationalität, in der Hoffnung auf deren „Solidarität". Umgekehrt nutzen die Europarlamentarier die Kontakte zu Interessenvertretern, um ihre eigene Expertise auszuweiten. Insbesondere die Berichterstatter zu Gesetzesvorlagen stützen sich auf derart erworbenes Expertenwissen. Es scheint allerdings, dass Interessenvertreter nicht immer die Regeln demokratischer Gepflogenheiten respektieren; dementsprechend forderte das Parlament wiederholt eine striktere Kontrolle des Lobbywesens sowie effektive Schritte der Kommission in diese Richtung.

Schließlich richtet sich die organisierte Interessenvertretung auch auf den Rat, wobei Beeinflussungsversuche eher im Vorfeld der Entscheidungen dieses Organs stattfinden, nämlich auf der Ebene der Einzelstaaten sowie der Ständigen Vertretungen und deren Arbeitsgruppen. Dabei steht die Verfolgung nationaler Interessen im Vordergrund und weniger die Erarbeitung gesamteuropäischer Lösungen.

Zusammenfassend ist die organisierte Interessenvertretung in der EU als ein komplexer Prozess zu werten. Eine große Zahl von kleinteiligen und vielfach fragmentierten Interessenverbänden, zivilgesellschaftlichen Gruppierungen und individuellen Lobbyisten versucht über verschiedene Zugangswege, den europäischen Entscheidungsprozess zu beeinflussen. Zwar ist die Kommission in all ihren Differenzierungen – Kommissare, Kabinette, Dienststellen – der erste Ansprechpartner; parallel dazu werden aber auch das Parlament und der Rat einschließlich seiner Substrukturen bearbeitet. Umgekehrt nutzen insbesondere die Kommission und gelegentlich auch das Parlament die Expertise der Interessenvertreter für eigene Zwecke; zudem erhoffen sie sich die Mobilisierung von politischer Unterstützung. Es bildet sich so in gewissem Sinne eine Symbiose zwischen europäischen Organen und Interessenvertretern heraus. Die Formen und Strukturen der Interessenvertretung bleiben jedoch in Anpassung an das „offene" System der EU fluid.

Vor diesem Hintergrund sind Begriffe wie Pluralismus oder Neo-Korporatismus, die für die Interessenvermittlung auf der nationalen Ebene geprägt wurden, auf die EU kaum anwendbar. Denn hier kommt es nicht zu systematischen Abwägungsprozessen zwischen den beteiligten Akteuren unter der Regie einer übergreifenden Instanz, in der Regel dem Staat, wie sie sowohl für pluralistische als auch korporatistische Systeme der Interessenvermittlung auf nationalem Niveau kennzeichnend sind. Stattdessen bilden sich lose geknüpfte Kooperations- und Netzwerkbeziehungen zwischen öffentlichen und privaten sowie zivilgesellschaftlichen Akteuren heraus (Mazey und Richardson 2006, Greenwood 2017). Das politische System der EU ist somit durch neue Formen der Interessenvertretung sowie des Einbezugs nicht-staatlicher Akteure in europäische Entscheidungsprozesse gekennzeichnet (vgl. auch Kap. 13.3).

Abschließend stellt sich die Frage, wie erfolgreich die Interessenvertretung auf der europäischen Ebene ist. Dazu gehen die Meinungen in der Fachliteratur weit auseinander. Während einige Autoren zeigen, dass zivilgesellschaftliche Akteure nicht weniger Erfolge erzielten als ihre Konkurrenten von der Unternehmerseite (Klüver 2012), berichten andere weiterhin von der Dominanz der Wirtschafts- bzw. Unternehmensinteressen aufgrund ihrer Ressourcenstärke sowie ihrer direkteren Betroffenheit von EU-Entscheidungen (Dür und Mateo 2016). Das Instrument der Online-Konsultationen wird kritisch gesehen, da es sehr einseitig genutzt wird von bestimmten Akteursgruppen, die keineswegs repräsentativ sind für europäische Gesellschaften (Kohler-Koch und Quittkat 2013). Zudem vereinzele es die Bürger als demokratisches Subjekt und verhindere so politische Auseinandersetzungen, die Aggregation von Interessen sowie die Vermittlung zwischen unterschiedlichen Positionen (z. B. Oleart 2023). Es hängt also stark von den jeweiligen Politikfeldern und Themenbereichen sowie der Offenheit der europäischen Organe gegenüber den Lobbyisten ab, inwieweit die Protagonisten der Interessenvertretung im Sinne ihrer Zielsetzungen erfolgreich sind.

11.2 Nichtstaatliche Akteure in der Verantwortung: Politikformulierung und -implementation

Interessenvertreter und generell nicht-staatliche Akteure spielen aber nicht nur eine Rolle in der Beeinflussung europäischer Entscheidungen; vielmehr werden sie auch verantwortlich in bestimmte Prozesse der Politikformulierung sowie dezentrale Implementationsaufgaben einbezogen (Heidbreder 2012). Insbesondere die europäische Kommission fördert diesen Prozess und treibt ihn aktiv voran. In diesem Kontext sind drei Verfahren besonders hervorzuheben: (1) der *Soziale Dialog* zwischen Arbeitgebern und Gewerkschaften, der in Vereinbarungen mit Legislativcharakter ausmünden kann; (2) die Delegation von Verantwortung an private Organisationen und Verbände, die technische Normen und Standards festlegen; sowie (3) der Einbezug nicht-staatlicher Akteure in die Implementation europäischer Förderprogramme. In allen genannten Fällen nehmen nicht-staatliche Akteure Aufgaben wahr, die normalerweise dem Staat oder öffentlichen Instanzen vorbehalten sind. In der Union mit ihrer begrenzten Autorität gelingt es über eine solcherart erweiterte Akteursstruktur, die Reichweite und Effektivität ihrer Politik auszudehnen beziehungsweise zu stärken (Heidbreder 2012). Allerdings ist diese Vorgehensweise auch mit zahlreichen Risiken behaftet, wie im Folgenden zu zeigen sein wird.

Der *Soziale Dialog* zwischen Arbeitgebern und Gewerkschaften wurde im Rahmen des Maastrichter Vertrags erstmals formalisiert. Zuvor waren vielfältige Versuche vonseiten der Delors-Kommission zu seiner Institutionalisierung auf freiwilliger Basis am Widerstand der Unternehmerseite gescheitert (Streeck und Schmitter 1991, Falkner et al. 2005). Da die damalige konservative Regierung des Vereinigten Königreichs entsprechende Vertragsregeln ablehnte, wurde dem Vertrag von Maastricht ein „Sozialprotokoll" angehängt, dem die übrigen Mitgliedstaaten zustimmten. Das Protokoll sah ein spezielles Verfahren zum Erlass von sozialpolitischen Gesetzen auf der europäischen Ebene vor. Danach kann die Kommission den Sozialpartnern ein Mandat zur Erarbeitung eines Gesetzes erteilen; Arbeitgeber und Gewerkschaften können dann im Dialog miteinander einen Gesetzesvorschlag ausarbeiten. Dieser wird zwar vom Rat – auf Vorschlag der Kommission – formal angenommen; er kann aber nicht mehr in seiner Substanz verändert werden.

Das Sozialprotokoll, das Kommissionspräsident Delors auf dem Maastrichter Gipfel in letzter Minute durchgesetzt hatte (vgl. Ross 1995: 151–156), wurde im Amsterdamer Vertrag fest verankert, nachdem die neue Labour-Regierung des Vereinigten Königreichs unter Tony Blair diesem Schritt zugestimmt hatte (Art. 139 EGV-A). Der Vertrag sieht zwei Verfahren der Sozialgesetzgebung vor: zum einen solche, deren Durchführung „nach den jeweiligen Verfahren und Gepflogenheiten der Sozialpartner und der Mitgliedstaaten" erfolgt; zum anderen solche, die auf Antrag der Sozialpartner „durch einen Beschluss des Rates auf Vorschlag der Kommission" verabschiedet, also in die Form einer Richtlinie gegossen werden (Art. 139(2) EGV-A). Der Lissabon-Vertrag hat diese Regelung unverändert übernommen (Art. 155(2) AEUV).

Die Umsetzung dieses Verfahrens erwies sich allerdings als äußerst kompliziert und damit letztendlich als wenig erfolgreich. Ein erstes Verhandlungsmandat zur Erarbeitung einer Richtlinie über Europäische Betriebsräte wurde bereits im Jahre 1995, also vor der Verabschiedung des Amsterdamer Vertrags, erteilt; es zeigte sich aber, dass das Thema zu kontrovers war, um von den Sozialpartnern alleine ausgehandelt zu werden. Eine entsprechende Richtlinie wurde in der Folge über das reguläre Gesetzgebungsverfahren der EU angenommen.

Als gewisser Erfolg erwiesen sich dann aber zwei weitere Verfahren im Rahmen des Sozialen Dialogs, nämlich eines über eine Richtlinie zum Elternurlaub von Arbeitnehmern und ein zweites zu atypischen Beschäftigungsverhältnissen, begrenzt auf das Thema Teilzeitarbeit (Falkner et al. 2005: 140–177). Auch in diesen Fällen kam es zu erheblichen Kontroversen zwischen den Sozialpartnern und auch innerhalb jeder Seite aufgrund großer Divergenzen zwischen ihren Mitgliedsverbänden. Angesichts derart divergierender Interessen konnte die Lösung denn auch nur eine flexible Regelung auf der europäischen Ebene sein, die den Mitgliedstaaten und ihren Sozialpartnern weiten Entscheidungsspielraum belässt. Insgesamt vier weitere Abkommen wurden bis 2004 erzielt, die wiederum nur eng begrenzte Bereiche betreffen oder sehr allgemein gehalten sind. Seitdem wurde das Verfahren stillschweigend fallengelassen.

Die Gründe für den mangelnden Erfolg der Verfahren sind vielschichtig. Ohne Zweifel spielten die Schwierigkeiten der Sozialpartner, Kompromisse zu erzielen, eine große Rolle, wobei sich insbesondere die Unternehmerseite, vertreten durch UNICE, als Blockierer europäischer Sozialgesetzgebung erwies. Hinzu kam aber, dass die Organe der EU erhebliche Einschränkungen ihrer Gesetzgebungsfunktionen hinnehmen mussten, was auf längere Sicht vor allem für den Rat nicht akzeptabel war. Schließlich fehlte den Sozialpartnern der entscheidende Druck von außen zur Einigung. Dieser Druck wird in nationalen politischen Systemen in der Regel vom Staat ausgeübt. Da in dem Verfahren der EU keine Vermittlungsinstanz vorgesehen war – eine Rolle, die weder die Kommission noch der Rat hätten übernehmen können – war dieses spezielle Gesetzgebungsverfahren von Anfang an ein fragiles Projekt.

Trotz verschiedener Fehlschläge kommt dem Verfahren jedoch Bedeutung für die Weiterentwicklung der EU zu: Es führte zu einer verstärkten regulären Sozialgesetzgebung auf der europäischen Ebene; es verlieh den Dachverbänden, die die Sozialpartner in europäischen Entscheidungen vertreten, mehr Autorität; und nicht zuletzt zeigte es auch die Grenzen der Delegation von öffentlichen Aufgaben an private bzw. nicht-staatliche Akteure auf.

Ein weiteres – und weites – Feld der Delegation staatlicher Verantwortung an nicht-staatliche Akteure stellen die Verfahren zur *Festlegung technischer Normen* dar. In einem funktionierenden Binnenmarkt bedarf es des Erlasses von einheitlichen technischen Normen für Produkte, Dienstleistungen und auch sozialgesetzliche Regelungen, wie etwa dem Arbeitsschutz, denn unterschiedliche nationale Normen könnten erhebliche nicht-tarifäre Handelshemmnisse darstellen. Zudem liegt der Normung aber auch die Rationale des Verbraucherschutzes zugrunde (Ruohonen 2022). Versuche zum Erlass einheitlicher oder auch nur konvergierender Normen auf der europäischen Ebene waren aber lange Zeit einerseits an den enormen Divergenzen zwischen den Mitgliedstaaten und deren betroffenen Interessenvertretern, andererseits aber auch an der zunehmenden Komplexität der Regelungsmaterie gescheitert (Egan 2001). Während die Divergenzen zwischen den Mitgliedstaaten sowohl die Regelungsinhalte und Verfahrensweisen als auch die zugrundeliegende „Regulierungsphilosophie" betreffen, liegt die Komplexität der Regelungsmaterie vor allem im Problem einer zunehmend beschleunigten technologischen Innovation begründet, angesichts derer staatliche Regulierungen nur hinterherhinken können (Ruohonen 2022). Für die EU als regulierender Instanz stellte sich das zusätzliche Problem ihrer langwierigen und schwierigen Verfahren der Entscheidungs- und Konsensfindung, die das Schritthalten mit beschleunigten Innovationen und divergierenden Entwicklungen aussichtslos erscheinen ließen.

Angesichts dieser Situation kam es im Zuge der Verwirklichung des Binnenmarkts zur Herausbildung einer neuen Herangehensweise an die Problematik (Voelzkow 1996, Egan 2001). Analog dem deutschen Modell und ähnlich wie bei internationalen Normungsverfahren wurden auf der europäischen Ebene nur noch Rahmenrichtlinien erlassen, die die Festlegung grundlegender Prinzipien beinhalteten, während die Spezifizierung der einzelnen Normen und technischen Standards privaten Normungsinstituten überantwortet wurde. An diesen europäischen Instituten – CEN, CENELEC und ETSI[14] – sind einerseits europäische Industrieverbände und viele andere Interessenorganisationen, andererseits die nationalen Normungsinstitute und -instanzen sowie eine Vielzahl von Experten direkt beteiligt.[15]

Auf ihrer Webseite beschreiben CEN und CENELEC ihre Arbeit wir folgt: "The European Standards Bodies ... define a Standard as a document, established by consensus and approved by a recognized body that provides, for common and repeated use, rules, guidelines or characteristics for activities or their results, aimed at the achievement of the optimum degree of order in a given context. Standards should be based on consolidated results of science, technology and experience, and aimed at the promotion of optimum community benefits."[16] In speziellen Ausschüssen werden die Normen und Standards für verschiedene Richtlinien ausgearbeitet beziehungsweise definiert und spezifiziert.

---

14 CEN: Comité Européen de Normalisation beziehungsweise Europäisches Komitee für Normung; CENELEC: Comité Européen de Normalisation Electrotechnique beziehungsweise Europäisches Komitee für elektrotechnische Normung; ETSI: European Telecommunication Standards Institute.

15 CEN und CENELEC nennen die Beteiligung von insgesamt 90 000 Experten. Offizielle Webseite von CEN und CENELEC: https://www.cencenelec.eu/european-standardization/european-standards/ (Abruf: 17.10.2025).

16 Offizielle Webseite von CEN und CENELEC: https://www.cencenelec.eu/european-standardization/european-standards/ (Abruf: 17.10.2025).

Die auf diese Weise festgelegten Normen haben zwar keinen Gesetzescharakter; zudem ist es den Betroffenen freigestellt, sie einzuhalten. Da aber Produkte oder Produktionsprozesse, die diesen Normen konform sind, gleichzeitig auch den allgemeineren Rahmenrichtlinien der EU entsprechen, werden sie als richtlinienkonform anerkannt und unterliegen somit keinerlei Handelsbeschränkungen; im anderen Falle müssten die Unternehmen selbst nachweisen, dass ihre Produkte oder die Herstellungsverfahren europäischen Regelungen entsprechen, was mit erheblichen Kosten und Marktrisiken verbunden wäre (Ruohonen 2022).

Die Vorteile der Delegation der Normung an private Spezialinstitute liegen auf der Hand: Die Regulierung der Union wird von übermäßigen technischen Details befreit und kann sich auf die Festlegung grundlegender Prinzipien beschränken, was an sich schon angesichts des gegenwärtig exponentiell zunehmenden technischen Fortschritts eine große Herausforderung ist (Ruohonen 2022). Die Normung selbst kann besser mit technologischen Innovationen Schritt halten und somit die Komplexitätserhöhung im Normungsbereich konkret ausgestalten (Voelzkow 1996). Diesen Vorteilen stehen allerdings auch problematische Seiten gegenüber: Die Einhaltung der Regeln ist den betroffenen Akteuren selbst überlassen und kann lediglich über „weiche" Mechanismen – freiwillige Akzeptanz, Markt- und Konkurrenzvorteile – erzielt werden. Zudem müssen divergente Reaktionen in den Mitgliedstaaten – konsequente oder laxe Umsetzung, staatliche Regulierung oder akteurszentrierte Selbstregulierung, traditionelle oder innovative Orientierung – in Kauf genommen werden. Im Ergebnis bleibt das System unvollständig und hochgradig fragmentiert (Ruohonen 2022).

Als dritter und letzter Fall sei hier der *Einbezug nicht-staatlicher Akteure in die Politikimplementation* am Beispiel der europäischen Kohäsionspolitik angeführt. Der Einbezug externer Akteure erfolgt hier über ihre Mitwirkung an dezentralen Entscheidungsprozessen, die eng an die Implementation gekoppelt sind. Diese Verfahrensweise wurde erstmals im Rahmen der Reform der Kohäsionspolitik im Jahre 2004 formal eingeführt und seitdem stetig ausgebaut.

Grundlage für den Einbezug nicht-staatlicher Akteure in dezentrale Entscheidungsprozesse der Kohäsionspolitik bildete die Einführung des Systems der Partnerschaft im Rahmen der großen Reform der Strukturfonds von 1989 (vgl. Kap. 10.2). Allerdings war die Partnerschaft zunächst nur auf die staatlichen Akteure der drei Ebenen beschränkt. Die folgende Reform der Strukturfonds (1994) sah jedoch bereits den Einbezug der Wirtschafts- und Sozialpartner in das System vor; sie sollten an allen Entscheidungen der Politikimplementation – von der Programmerstellung über die Projektförderung bis hin zur abschließenden Evaluation – beteiligt werden (Bache 2010). Die nächstfolgende Reform der Strukturfonds (2000) weitete erstmals das Prinzip der Partnerschaft auf zivilgesellschaftliche Akteure aus (Tömmel 2006, Quittkat und Kohler-Koch 2011: 76–77). Mit jeder weiteren Reform wurde deren Rolle in den Verordnungen ausgebaut und spezifiziert. So werden in der derzeitig gültigen Rahmenverordnung für die Strukturfonds neben den Wirtschafts- und Sozialpartnern folgende nicht-staatliche Akteure genannt: „relevante Stellen, die die Zivilgesellschaft vertreten, wie Partner des Umweltbereichs, Nichtregierungsorganisationen und Stellen, die für die Förderung der sozialen Inklusion, Grundrechte, Rechte von Menschen mit Behinderung, Gleichstellung der Geschlechter und Nichtdiskriminierung zuständig sind" (Art. 8(1) Verordnung (EU) 2021/1060 v. 4. Juni 2021).

Konkret verbindet sich mit diesen Regelungen die Verpflichtung, die nichtstaatlichen Akteure in die Begleitausschüsse einzubeziehen, die jedem Förderprogramm zugeordnet sind. Dazu muss seit der Reform von 2014 jeweils ein sogenanntes Partnerschaftsabkommen mit den beteiligten Akteuren vereinbart und der Kommission zusammen mit dem geplanten Programm vorgelegt werden (vgl. zuletzt Verordnung (EU) 2021/1060 v. 4. Juni 2021). Die Begleitausschüsse treffen alle relevanten Entscheidungen im Implementationsprozess, etwa über die Vergabe von Fördermitteln an Projektträger oder mögliche Änderungen des Programms im Zuge seiner Umsetzung. Zudem obliegen ihnen zwischenzeitliche und abschließende Evaluationen der Durchführung der Programme.

Die Kommission versprach sich von dieser Vorgehensweise mehrere Vorteile. Angesichts der notorischen Implementationsprobleme in vielen von der Kohäsionspolitik begünstigten Regionen hoffte sie, erstens, auf externen Druck auf die öffentlichen Verwaltungen zu einer zielstrebigeren und effektiveren Handlungsweise; zweitens erhoffte sie sich eine inhaltliche Ausweitung von innovativen Förderkonzepten und -projekten sowie auch eine direkte Projektträgerschaft vonseiten der Wirtschafts- und Sozialpartner oder zivilgesellschaftlicher Gruppen, was ebenfalls Effizienz- und Effektivitätsgewinne beinhalten könnte (Tömmel 2016c: 113).

Die Praxis sah und sieht allerdings anders aus (z. B. Batory und Cartright 2011, Potluka und Medeiros 2021). Zum einen stießen diese Regelungen auf erhebliche Widerstände der öffentlichen Instanzen in den Regionen. Zum anderen sahen aber auch die Wirtschafts- und Sozialpartner die ihnen zugedachte Rolle in der Politikimplementation eher skeptisch. Für die Gewerkschaften stellte sich die Schwierigkeit, dass sie auf der Ebene der Regionen oft nicht organisiert sind; vor allem in strukturschwachen Gebieten sind sie kaum präsent. Über den Einbezug zivilgesellschaftlicher Akteure in strukturpolitische Entscheidungs- und Implementationsprozesse potenzierten sich die Probleme. Denn solche Gruppen sind zwar gelegentlich in bestimmten Regionen, und teilweise nur dort, aktiv; sie sind aber meist nur lose organisiert, es fehlt ihnen häufig eine längerfristige Kontinuität, ihre Ressourcen sind äußerst begrenzt und sie verfügen nur selten über eine breitere Expertise zu europäischen Förderprogrammen sowie zu verwaltungstechnischen Abläufen. Die größten Schwierigkeiten stellen sich in den Beitrittsstaaten Mittel- und Osteuropas, denn einerseits fehlt es zumeist an einer administrativen Dezentralisierung, andererseits ist das Spektrum nicht-staatlicher Akteure äußerst schwach entwickelt. Es tritt somit das ein, was ja über die Kohäsionspolitik verringert werden soll: eine zunehmend disparitäre Entwicklung zwischen den Regionen der EU.

Insgesamt erweist sich somit die Delegation von Verantwortung an nicht-staatliche Akteure im Bereich der Politikformulierung und -implementation als ein zweischneidiges Schwert: Zwar sind solche Formen der Verantwortungsteilung grundsätzlich geeignet, die begrenzte Reichweite und Durchsetzungskraft der europäischen Ebene auszuweiten oder zu stärken; aufgrund von vielfältigen Hemmnissen in der Praxis werden diese Zielsetzungen aber im besten Falle nur partiell und selektiv erreicht.

11.3 Schlussfolgerungen

In diesem Kapitel wurde die Bedeutung nicht-staatlicher Akteure im politischen System der EU analysiert. Zunächst wurden verschiedene Formen der Vertretung organisierter Interessen sowie des Lobbyismus auf der europäischen Ebene vorgestellt und ihre Abweichungen von entsprechenden Formen auf nationalem Niveau herausgearbeitet. So sind europäische Interessengruppierungen zumeist kleinteilig organisiert und somit insgesamt vielfältig fragmentiert; zudem haben sie Schwierigkeiten, sich auf der europäischen Ebene zu organisieren. Dennoch nutzen sie vielfältige Zugangswege im „offenen" System der EU und können so erfolgreich Einfluss auf die Entscheidungsfindung ausüben. Umgekehrt sind aber auch die europäischen Organe, allen voran die Kommission, an engen Beziehungen zu Interessenvertretern interessiert, da sie so ihre eigene Expertise erweitern und teilweise auch politische Unterstützung mobilisieren können. Schließlich bemüht sich die Kommission, das Feld der Interessenvertreter zu strukturieren und den Aufbau europäischer Gruppen zu fördern.

In einem zweiten Schritt wurde die Rolle nicht-staatlicher Akteure im Rahmen europäischer Politikprozesse untersucht. Im Einzelnen wurde ihre Partizipation in der Gesetzgebung, in der Ausgestaltung und Umsetzung europäischer Normen und Standards sowie in verschiedenen Phasen und Facetten der Politikimplementation beleuchtet. Auch in diesen Fällen ist es die Kommission, die über den Einbezug nicht-staatlicher Akteure europäische Entscheidungsverfahren und Politikprozesse zu innovieren versucht, bisher allerdings nur mit begrenztem Erfolg.

Ebenso wie im Fall des Einbezugs der Mitgliedstaaten in das EU-System (vgl. Kap. 10) waren auch im vorliegenden Fall die beschriebenen Entwicklungen kaum bewusst intendiert. Vielmehr sind es auch hier die begrenzten Ressourcen und Handlungsmöglichkeiten der Union, die Abneigung der Mitgliedstaaten gegen allzu viel Einmischung „von oben", und schließlich die ständigen Herausforderungen komplexer Politikprobleme, die insbesondere die Kommission zum Einbezug nicht-staatlicher Akteure in Entscheidungsverfahren und längerfristig sogar in Teile der Politikimplementation bewogen. Mithilfe des Engagements, der Expertise sowie der Kooperation dieser Akteure sollten europäische Entscheidungen besser an die komplexen Interessenlagen in der Union angepasst, Politikprozesse konkret ausgestaltet sowie systemisch bedingte Blockaden überwunden werden. Während Ersteres durchaus gelang, bleibt Letzteres deutlich hinter den Erwartungen zurück. Beides ist sowohl der fluiden Struktur der Interessenvertreter wie auch der komplexen Struktur des EU-Systems zuzuschreiben.

12 Funktionsprobleme des EU-Systems: Effizienz und Effektivität

In den vorangegangenen Kapiteln wurde das EU-System in seiner Struktur und Funktionsweise analysiert. Dabei wurde einerseits die Dynamik der Herausbildung und Weiterentwicklung des institutionellen Gefüges der EU, andererseits die Komplexität der Entscheidungs- und Konsensfindungsprozesse zwischen den europäischen Organen, den Mitgliedstaaten sowie einer Vielzahl von beteiligten und betroffenen Akteuren herausgearbeitet. Die Struktur und Funktionsweise des Systems wurden jedoch nicht einer expliziten Bewertung unterzogen.

Im vorliegenden Kapitel sollen nunmehr Bewertungsfragen im Zentrum des Interesses stehen, und insbesondere Fragen nach zwei besonders umstrittenen Dimensionen des EU-Systems: seiner Effizienz und Effektivität. Effizienz ist im Allgemeinen definiert als Wirtschaftlichkeit, also das Verhältnis zwischen Ressourcen und Ergebnissen. Dementsprechend wird ein hohes Maß an Effizienz erreicht, wenn bedeutende Ergebnisse mit einem möglichst niedrigen Einsatz von Ressourcen erzielt werden. Effektivität oder auch Wirksamkeit bezieht sich demgegenüber auf das Erreichen von gewünschten Ergebnissen im Verhältnis zu definierten Zielsetzungen. Ein hohes Maß an Effektivität wird somit erreicht, wenn die Ergebnisse den gesetzten Zielen möglichst nahekommen. Der Einsatz von Ressourcen bleibt dabei unberücksichtigt.

Die Bewertung der Effizienz und Effektivität der EU beinhaltet somit einerseits eine Überprüfung der Wirtschaftlichkeit des EU-Systems, andererseits der Wirksamkeit seiner politischen Aktivitäten. Damit sind jedoch sehr breite Themenstellungen angesprochen; es bedarf somit einer weiteren Eingrenzung und konkreten Operationalisierung, um zu einer kritischen Bewertung zu gelangen. Dementsprechend soll im vorliegenden Kontext der Begriff *Effizienz* zum einen auf die Struktur des EU-Systems, zum anderen auf die Ausgestaltung seiner Entscheidungsverfahren angewendet werden. Weist das System eine institutionelle Struktur auf, die es erlaubt, die anstehenden Aufgaben mit angemessenem Zeitaufwand und Personaleinsatz zu bewältigen, oder zeichnet es sich durch eine gigantische Bürokratie, eine Verdopplung bestehender nationaler Apparate sowie durch eine übermäßige Zersplitterung auf der europäischen Ebene aus? Gelangt das System mit angemessenem Zeitaufwand zu relevanten Entscheidungen, oder handelt es sich um eine schwerfällige Verhandlungsmaschinerie, die letztendlich nur Leerlauf, Nicht-Entscheidungen oder, schlimmer noch, einen vertieften Dissens zwischen den Beteiligten hervorruft?

Unter dem Begriff *Effektivität* des Systems und seiner Politikgestaltung ist hingegen zu fragen, ob Entscheidungen der EU die Realisierung angestrebter Zielsetzungen und die Lösung der anstehenden Probleme ermöglichen, oder ob umgekehrt die jeweiligen Entscheidungen und entsprechenden Politiken ihre Ziele gänzlich verfehlen oder allenfalls näherungsweise, in reduzierter oder gar deformierter Form, realisie-

https://doi.org/10.1515/9783111191799-012

ren. In diesem Kontext ist zu beachten, dass die Steuerungskette im Rahmen der EU sehr lang ist; das heißt, europäische Entscheidungen und Politiken können wegen der Mehrebenenstruktur des Systems nur selten direkte Wirkungen entfalten. Effektivität kann somit meist nur indirekt über die Einwirkung auf Mitgliedstaaten und nicht-staatliche Organisationen und Akteure erzielt werden. Dementsprechend stellt sich die Frage nach der Effektivität des Systems in modifizierter Form: Gelingt es, die dezentralen, staatlichen und nicht-staatlichen Institutionen, Organisationen und Akteure auf die Erzielung der gewünschten Effekte hin zu orientieren, oder verfolgen letztere im Rahmen der EU eigene, gegenläufige Interessen, sodass die Effektivität von EU-Politiken unterminiert oder sogar konterkariert wird?

Im Folgenden sollen die Funktionsprobleme des EU-Systems unter den genannten Aspekten und Fragestellungen herausgearbeitet und einer kritischen Bewertung unterzogen werden. Dabei können aber nur die augenfälligsten und wesentlichsten Funktionsprobleme diskutiert werden. Zudem können diese lediglich aufgezeigt, nicht jedoch abschließend bewertet werden. Hierfür sind mehrere Gründe maßgebend: Zum Ersten fehlt es an fundierten, empirisch belegten Studien, die die Effizienz und die Effektivität des EU-Systems genauer ausloten; zum Zweiten unterliegt das EU-System einem raschen Entwicklungs- und Ausdifferenzierungsprozess, der jede Beurteilung und Bewertung zu einer vorläufigen macht; zum Dritten stellen sich grundsätzliche Erkenntnis- und Bewertungsprobleme, da sich die EU in Ergänzung zu den nationalen politischen Systemen herausgebildet hat und diese überlagert; somit sind eindeutige Zuweisungen von Defiziten – ebenso wie von Verdiensten – kaum möglich.

12.1 Effizienz: institutionelles Gefüge und Entscheidungsverfahren

12.1.1 Institutionelles Gefüge

Betrachtet man zunächst das institutionelle Gefüge der EU im Hinblick auf Effizienz-kriterien, so ist zum einen die Struktur der Institutionen zu durchleuchten, zum anderen ihre Ausstattung und Aufgabenwahrnehmung.

In Bezug auf die *Struktur* könnte man das EU-System wegen seines bizephalen Aufbaus kritisieren: Kommission und Rat (einschließlich Europäischem Rat) stellen zwei Machtzentralen dar, zwischen denen es keine klare Aufteilung der Kompetenzen gibt (vgl. Kap. 6.1, 6.2 und 6.3). Beide erfüllen Legislativ- und Exekutivfunktionen, was zu einer Verdopplung der Arbeit sowie unnötig verlängerten und komplizierten Entscheidungsverfahren zu führen scheint. Gleichzeitig wird die bizephale Struktur aber benötigt, solange die EU kein supranationaler Staat ist und somit den beiden zentralen Institutionen die Funktion zukommt, einerseits die supranationalen, andererseits die nationalen Interessen zu artikulieren und in relativ aufwendigen Entscheidungsverfahren gegeneinander abzuwägen (vgl. auch Kap. 13.1 und 14).

Auch die übrigen Organe der EU – Europäisches Parlament und Gerichtshof – erfüllen unabdingbare Funktionen im System, die weder von den anderen Organen noch von entsprechenden Institutionen auf der nationalen Ebene wahrgenommen werden könnten (vgl. Kap. 6.4 und 6.5). Während das Parlament als einzige Institution eine direkte Vertretung der Bürger Europas darstellt, obliegt dem Gerichtshof die Überwachung der Rechtmäßigkeit von EU-Beschlüssen und der Einhaltung dieser Beschlüsse. Das Fehlen des Europäischen Parlaments würde somit möglicherweise Effizienzgewinne in der Beschlussfassung mit sich bringen, ginge aber zwangsläufig mit einem Verlust an demokratischer Legitimation einher; das Fehlen des Gerichtshofs würde hingegen enorme Effizienz- und Effektivitätsverluste beinhalten, da EU-Beschlüsse leichter unterlaufen oder gar ignoriert werden könnten.

Demgegenüber werden die beiden vertraglich verankerten Beratungsgremien, der Wirtschafts- und Sozialausschuss sowie der Ausschuss der Regionen, häufiger als unnötig aufgebläht, als ineffizient oder gar als bedeutungslos betrachtet, insbesondere wegen ihrer ausschließlich beratenden Aufgaben (vgl. Kap. 10.2 und 11.1). Diese Art der Kritik verkennt allerdings die vielfältigen Funktionen dieser Gremien. So formulieren und aggregieren sie auf der europäischen Ebene spezifische Interessen der von ihnen vertretenen Gruppierungen; zudem leisten sie die Vermittlung von Interessendivergenzen in ihren eigenen Reihen. Schließlich nehmen sie die (Rück-)Vermittlung europäischer Themen und Entscheidungen in die jeweiligen Organisationen, Gruppierungen oder Territorien vor. Insgesamt kommen den beiden Beratungsorganen somit wichtige Funktionen als Sprachrohr der „Gesellschaft" oder der Regionen sowie als Vermittlungsinstanz zwischen diesen und der EU zu; mit dem Verweis auf ihre beratende Tätigkeit sind diese Funktionen nur unzureichend erfasst.

Zur Struktur des EU-System gehören aber nicht nur ihre Organe, sondern auch ein komplexes Gefüge von Substrukturen und zusätzlichen Institutionen. Dieser institutionelle Wildwuchs von speziellen Räten, Sekretariaten, Arbeitsgruppen und Verwaltungsapparaten der Organe sowie einer Reihe von unabhängigen Agenturen ist eher kritisch zu bewerten. Er bringt zahlreiche Überschneidungen von Aufgabenbereichen mit sich; dementsprechend sind inter-institutionelle Konflikte und Rivalitäten an der Tagesordnung. Die Transparenz der Entscheidungsfindung geht verloren und dysfunktionale Fehlentwicklungen können kaum den tatsächlich Verantwortlichen zugeordnet werden.

Die Vervielfältigung von Institutionen und ihrer jeweiligen Aufgaben lässt sich nur vor dem Hintergrund der spezifischen Systementwicklung der EU erklären. Da die Mitgliedstaaten einerseits ein gewisses Maß an gemeinsamen Politiken oder Harmonisierung nationaler Regelungen anstreben, andererseits jedoch Kompetenzen hierzu nur begrenzt aus der Hand geben wollen, entscheiden sie sich für eine Reihe von institutionellen Hilfskonstruktionen. Die Folgen dieses Integrationsmodus sind zwangsläufig funktionale Verdopplungen und Überschneidungen. Faktisch handelt es sich dabei aber nicht nur um dysfunktionale Entwicklungen, sondern auch um den institutionellen Ausdruck der Austarierung nationaler und gemeinschaftlicher beziehungsweise europaweiter Interessen. Die damit einhergehenden Ineffizienzen lassen sich somit nur in dem Maße reduzieren, wie der Konsens zwischen den nationalen Regierungen in Bezug auf die jeweiligen Politikfelder zunimmt und somit Kompetenzen dauerhaft aus der Hand gegeben werden können.

Die einzelnen Organe und Institutionen der EU werden ebenfalls häufig unter Effizienzgesichtspunkten kritisiert. So figuriert insbesondere die Kommission in der öffentlichen Debatte als aufgeblähte Bürokratie, als „Brüsseler Wasserkopf", als schwerfälliger und gelegentlich sogar als korrupter Apparat mit veralteten Verwaltungsverfahren (Schön-Quinlivan 2011). All solchen (Vor-)Urteilen zum Trotz sind allerdings die Institutionen und Verwaltungen der EU – einschließlich der Kommission – keineswegs üppig ausgestattet. Im Gegenteil, der Personalbestand der einzelnen Institutionen steht in keinem Verhältnis zu der Fülle und Komplexität der Aufgaben. Dieses Paradox klärt sich schnell, wenn man berücksichtigt, dass der Löwenanteil der Entscheidungen von Institutionen und Gremien gefasst wird, die von den Mitgliedstaaten beschickt werden. Noch stärker dezentralisiert und delegiert sind die Aufgaben der Umsetzung von EU-Politiken und -Entscheidungen, sodass der Verwaltungsaufwand auf der europäischen Ebene klein gehalten werden kann. Allerdings kann man diesen Zusammenhang auch umgekehrt formulieren: Weil die europäischen Dienststellen unterdimensioniert sind, müssen sie eine Vielzahl von Aufgaben dezentralisieren und delegieren. Diese Situation ist von den Mitgliedstaaten durchaus erwünscht, führt aber ihrerseits zu spezifischen Ineffizienzen, etwa einem gesteigerten Kontrollbedarf gegenüber dezentralen Akteuren oder Verzögerungen und Mängeln bei der Politikimplementation.

Betrachtet man vor diesem Hintergrund zunächst die Kommission, so steht ihr der bei Weitem größte Verwaltungsapparat auf der europäischen Ebene zur Verfügung. Mit 32 000 Mitarbeitern[1], übertrifft sie zwar jede andere europäische Institution; ihr Personalbestand liegt aber kaum höher als der eines größeren Ministeriums in den Mitgliedstaaten oder einer europäischen Großstadtverwaltung. Die Kommission ist denn auch im Verhältnis zu den umfangreichen Aufgaben, die sie wahrnimmt, deutlich unterausgestattet. Ministerräte, Europäischer Rat, COREPER und eine Vielzahl von ständigen und nicht-ständigen beratenden Ausschüssen und Arbeitsgruppen werden demgegenüber grundsätzlich von Delegierten nationaler Regierungen und Beamtenapparate beschickt. Abgesehen von den Ständigen Vertretern und ihren Mi-

---

1 Zahlen aus: Offizielle Webseite der Europäischen Kommission: https://commission.europa.eu/about/organisation/commission-staff_de (Abruf: 28.09.2025). Im Amtsblatt der EU (L, v. 27.02.2025: 33) sind dagegen andere Zahlen angegeben: 23 356 Planstellen für die Kommission; hinzu werden noch 18 777 weitere Stellen für Verwaltung angegeben. Es ist zu vermuten, dass in diesen letztgenannten Zahlen auch Stellen für andere Organe oder dezentralisierte Institutionen, etwa die Vertretungen der Kommission in zahlreichen Staaten, enthalten sind.

tarbeiterstäben in Brüssel ist ihnen allen gemeinsam, dass sie Funktionsträger auf der nationalen Ebene sind und somit EU-Angelegenheiten als Zusatzaufgaben betreiben.[2] Allerdings werden sie in dieser Funktion von Verwaltungsapparaten vor Ort unterstützt: Dem Rat steht ein Generalsekretariat in Brüssel zur Verfügung, das mit 3 147 Bediensteten[3] zwar ebenfalls als gut ausgestattete Institution erscheint. Die Ständigen Vertretungen in Brüssel sind ebenfalls keine üppig ausgestatteten „Botschaften"; ihr Personal weist allerdings in letzter Zeit eine stark steigende Tendenz auf, was vor dem Hintergrund der enorm gestiegenen Aufgabenfülle und damit auch des Sitzungsquantums nicht verwunderlich ist.

Das Europäische Parlament übersteigt mit 720 Abgeordneten in der gegenwärtigen Legislaturperiode (2024–2029) deutlich den Umfang der nationalen Parlamente in den großen Mitgliedstaaten; dies ist aber erst seit den umfangreichen EU-Erweiterungen der Fall. In der Legislatur 1999–2004 lag die Größe des Europäischen Parlaments mit 626 Abgeordneten noch im Mittelfeld der großen Mitgliedstaaten. Gemessen am Arbeitspensum und vor allem an der Notwendigkeit einer angemessenen Repräsentation aller Nationalitäten ist aber auch dieses Gremium nicht als überdimensioniert zu betrachten. Sein Stab an Mitarbeitern, Sekretariaten sowie spezialisierten Diensten ist mit 6 833 Planstellen[4] eher als unterdimensioniert zu werten, insbesondere, wenn man die hochkomplexen Themen und Gesetzesvorhaben, die zu bewältigen sind, berücksichtigt. Der Gerichtshof der Europäischen Union schließlich, der neben seinen 27 Richtern und 11 Generalanwälten einen Mitarbeiterstab von 2 267 Personen[5] mit Sitz in Luxemburg umfasst, ist ebenfalls in seinem Umfang im Vergleich zu jedem Provinzialgericht der Mitgliedstaaten klein dimensioniert.

Handelt es sich bei der EU also alles in allem um ein effizient organisiertes politisches System, da es mit geringem Personalbestand und geringer Organisationstiefe auskommt und dennoch eine Fülle von hochkomplexen Aufgaben bewältigt? Eine vorbehaltlose Bejahung dieser Frage wäre sicherlich verfehlt. Denn die EU-Institutionen sind schon jetzt chronisch überlastet beziehungsweise unterausgestattet; ihre begrenzte Personalstärke ist somit eher ein Problem, als dass sie Beleg für besondere Effizienz wäre. Ein adäquater institutioneller Ausbau ist aber kaum zu erwarten, da er notwendigerweise mit einer Machtverschiebung von der nationalen auf die europäische Ebene einherginge, was von den Mitgliedstaaten kaum gewünscht wird. Zudem wird im EU-System ein Großteil der Entscheidungs-

---

2 Selbst im Bereich der Ständigen Vertretungen arbeitet ein Großteil der Mitarbeiter auf der Basis einer zeitweiligen Detachierung von nationalen Ministerien.

3 Zahlen aus: Offizielle Webseite des Rates der Europäischen Union: https://www.consilium.europa. eu/de/general-secretariat/staff-budget/ (Abruf: 28.09.2025).

4 Zahlen aus: Amtsblatt der Europäischen Union, L, v. 27.02.2025: 33. Stand für 2024 einschließlich Planstellen auf Zeit.

5 Zahlen aus: Offizielle Webseite des Gerichtshofs der Europäischen Union: https://curia.europa.eu/ jcms/jcms/P_80908/en/ (Abruf: 28.09.2025).

last und der Politikimplementation von den Mitgliedstaaten getragen beziehungsweise umgesetzt, ein Verfahrensmodus, der in der Konstruktion des Systems von Anfang an angelegt war, jedoch mit steigendem Problemdruck und entsprechend gewachsener Aufgabenfülle – bei gleichzeitigem Unwillen, die europäischen Institutionen auszubauen – exponentiell zugenommen hat. Die Ausweitung der Politikfunktionen der EU geht also vor allem mit einer Ausweitung der Verantwortlichkeiten der Mitgliedstaaten einher (vgl. Kap. 10).

Ein Teil der Arbeitslast wird aber auch über die Einsetzung neuer, weitgehend unabhängiger Agenturen und Instanzen abgewälzt, die spezielle, teils exekutive, teils aber auch politikgenerierende Funktionen wahrnehmen (vgl. Kap. 9.4). Allerdings werden auch diese relativ klein gehalten und auf eine enge Kooperation mit entsprechenden Institutionen in den Mitgliedstaaten verpflichtet. Des Weiteren ist eine Vielzahl von nicht-staatlichen Akteuren und Organisationen in europäische Politikprozesse einbezogen, indem sie faktisch auch inhaltliche und administrative Aufgaben des Systems wahrnehmen (vgl. Kap. 11). Schließlich wird ein wachsender Teil von Aufgaben und Verwaltungstätigkeiten der EU privaten Firmen überantwortet: Das reicht von der redaktionellen Überarbeitung von offiziellen Dokumenten und Berichten über die Erstellung von entscheidungsvorbereitenden Expertisen bis hin zur Durchführung und Abwicklung von Förder- und Hilfsprogrammen und schließlich zur Evaluation solcher Programme. Dabei fehlen den europäischen Institutionen die Kapazitäten, um private Firmen in der Ausübung delegierter Aufgaben wirksam zu steuern oder gar zu kontrollieren (Schön-Quinlivan 2011).

Insgesamt ist somit festzuhalten, dass die (scheinbare) Effizienz eines vergleichsweise klein gehaltenen institutionellen Gefüges auf der europäischen Ebene erkauft wird mit einer Vielzahl von Externalitäten, die bei den Mitgliedstaaten oder anderen Organisationen und Akteuren zu Buche schlagen und somit auf diese abgewälzt werden (vgl. auch Majone 2005). Aussagen über die Effizienz des Systems müssten also dieses vielschichtige und mehrdimensionale Gefüge und vor allem die dabei insgesamt anfallenden Kosten berücksichtigen. Die Komplexität des EU-Systems und die intensive Verflechtung seiner Regierungs- und Verwaltungsebenen erschweren jedoch eine genaue Bestimmung von Kosten und Nutzen seiner Funktionsweise und damit seiner Gesamteffizienz.

12.1.2 Entscheidungsverfahren

Betrachtet man die Entscheidungsverfahren der EU, die ja den Löwenanteil ihrer Funktionen ausmachen, so stellen sich diese auf den ersten Blick alles andere als effizient dar. Einen solchen Eindruck vermitteln vor allem die endlosen Sequenzen von vorläufigen Entscheidungen, Nicht-Entscheidungen, Verhandlungspatts, erneuten Verhandlungen oder gar der Rücknahme von bereits getroffenen Entscheidungen, wobei es häufig bis zum Schluss offenbleibt, ob es überhaupt zu einem akzeptablen Ergebnis kommt.

Hinzu kommt der Umstand, dass in den schließlich erzielten Vereinbarungen eine Unmenge von aufgewendeter Arbeits- und vor allem Verhandlungszeit einer Vielzahl von Akteuren enthalten ist, die wiederum durch ein hohes Maß an kaum quantifizierbaren Externalitäten erkauft wird (Majone 2005). Aber auch, wenn man nur die direkt an europäischen Entscheidungen beteiligten Organe der EU und die ihnen zuarbeitenden nationalen Regierungen berücksichtigt, ergibt sich schon ein sehr hoher und in der Tendenz steigender Beratungs- und damit letztendlich Entscheidungsfindungsaufwand (vgl. Kap. 8). Hinzu kommen die Kosten für Sitzungen an wechselnden Verhandlungsorten und Übersetzungsleistungen.

Grundsätzlich haben sich die Entscheidungsprobleme der EU in der Gesetzgebung ansehnlich verringert, seit der Rat seine Beschlüsse in zunehmendem Maße mit qualifizierter Mehrheit fasst. Solche Entscheidungen wurden zunächst zusammen mit dem Binnenmarktprojekt eingeführt, seitdem aber auf zahlreiche Themen und Politikfelder ausgeweitet; darüber konnte die Entscheidungsfülle und das Entscheidungstempo deutlich erhöht und somit auch die Effizienz der Verfahren gesteigert werden. Da allerdings gleichzeitig die Mitentscheidungsrechte des Parlaments ausgeweitet wurden, kam es erneut zu Verzögerungen. Inzwischen werden aber die meisten Gesetze bereits im Rahmen der ersten Lesung zwischen Rat und Parlament ausgehandelt, sodass wiederum Effizienzgewinne erzielt werden konnten (vgl. Kap. 7.1). Die europäische Gesetzgebung ist somit durch ein Auf und Ab zwischen aufwendigen Entscheidungsverfahren und dem Bemühen um Effizienzgewinne gekennzeichnet. Trotzdem ist bei umstrittenen, sogenannten „sensiblen" Themen nach wie vor die Gefahr von Verzögerungen, der Verwässerung der ursprünglichen Vorlage oder sogar der Zurückweisung des Vorhabens an die Kommission groß.

Die Effizienz europäischer Entscheidungsprozesse kann aber nicht nur wegen des quantitativen Zeit- und Kostenaufwands, sondern auch wegen der Qualität der getroffenen Entscheidungen infrage gestellt werden. Sieht man einmal von der enormen Zahl konkreter Regelungen ab, die im Rahmen der Marktordnungen erforderlich sind, so kommen die umfangreicheren Gesetzesvorhaben in der Regel in der Form von Richtlinien zustande, deren Inhalte vergleichsweise offen und vielfältig interpretierbar gehalten sind. Häufig werden dabei nur die zu erreichenden Ziele, Eckwerte, Minimalstandards, „Korridore" oder auch Verfahrensmodi festgelegt, während die eigentliche inhaltliche Ausgestaltung dieses Rahmens – und damit ein großer Anteil der anfallenden Gesetzgebungsarbeit – wiederum von nationalen Regierungen zu leisten ist, die dieser Aufgabe häufig mehr schlecht als recht nachkommen (Falkner et al. 2005, Hartlapp 2009, König und Mäder 2013). Es bildet sich somit ein zweistufiges Rechtssystem mit einem hohen Maß an Varianz zwischen den Mitgliedstaaten heraus, das nicht nur die Umsetzung der Richtlinien, sondern die gesamte Politikimplementation betrifft (Heidbreder 2017, Zhelyazkova et al. 2024). Die Folge sind transnationale Koordinationsprobleme zwischen den Mitgliedstaaten (Heidbreder 2014a und b, Hartlapp und Heidbreder 2018).

Die schwierige Konsensfindung in der Union betrifft aber nicht nur die regulären Gesetzgebungsverfahren, sondern auch und mehr noch politische Grundsatzentscheidungen, die in der Regel vom Europäischen Rat gefasst werden (vgl. Kap. 6.3). Dies bezieht sich einerseits auf Vertragsänderungen, andererseits aber auch auf zahlreiche andere Entscheidungen von außerordentlicher Bedeutung, etwa in Zeiten der Finanzkrise oder aktuell zur Antwort auf den russischen Krieg gegen die Ukraine (vgl. Kap. 4, 5 und 7.2). Vertragsänderungen gelingen nur um den Preis groß angelegter Intergouvernementaler Konferenzen, die von einer Vielzahl an beratenden Gremien, Akteuren und Organisationen begleitet werden. Der stetig wachsende Aufwand kann allerdings nicht verhindern, dass die jeweiligen Vertragsänderungen nur nach erheblichen Verzögerungen, dem Eingehen suboptimaler Kompromisse sowie unter Einschluss eines relevanten Anteils an Non-Decision erzielt werden, die dann als „left-overs", als noch zu erledigende Überbleibsel bezeichnet werden (vgl. Kap. 4.1). Die Erarbeitung, Verabschiedung und Ratifizierung der letzten Vertragsänderung, des Lissabon-Vertrags, nahm nahezu eine ganze Dekade in Anspruch (vgl. Kap. 4.2). Wenngleich seitdem immer wieder neue, notwendige Vertragsänderungen von verschiedenen Seiten angemahnt werden, scheuen die nationalen Regierungen doch erkennbar vor der Öffnung einer solchen „Büchse der Pandora" zurück (vgl. Kap. 7.2 sowie Von Ondarza 2024). Andere Entscheidungen des Europäischen Rates, wie etwa zur Finanz- und Eurokrise, konnten ebenfalls häufig nur mit großer Verspätung getroffen werden; dies führte zu zusätzlichen enormen Belastungen der Schuldnerstaaten, da die Ratingagenturen deren Kreditwürdigkeit angesichts der Untätigkeit der EU regelmäßig herunterstuften (vgl. Kap. 5.1). Demgegenüber erwies sich der Europäische Rat bei seiner Antwort auf den Krieg Russlands gegen die Ukraine als erstaunlich einig, wie viele Beobachter hervorhoben (vgl. Kap. 5.3). Hierfür kann einerseits die Wahrnehmung einer starken, gemeinsamen Betroffenheit der Mitgliedstaaten, andererseits ein besonders proaktives Vorpreschen der Kommission verantwortlich gemacht werden. Dennoch versuchen auch hier einzelne Mitgliedstaaten, insbesondere Ungarn und zuletzt die Slowakei, durch vorübergehende Vetos Zugeständnisse an ihre nationalen Interessen zu erzielen, auf Kosten einer wirksamen Sanktionierung Russlands und der Hilfe für die Ukraine.

Fasst man abschließend das Gesagte zu einem Gesamtbild zusammen, so stellen sich die europäischen Entscheidungsverfahren aufgrund ihrer quantitativen und qualitativen Aspekte kaum als effizient dar. In quantitativer Hinsicht schlagen die langwierigen und aufwendigen Verfahren, die Beteiligung einer Vielzahl von Akteuren, die enorme Menge an Sitzungs- und Verhandlungszeit sowie die damit verbundenen Kosten negativ zu Buche. In qualitativer Hinsicht sind es bei der Gesetzgebung die begrenzte Regelungsdichte und -tiefe sowie die zunehmende Beschränkung auf die Setzung von rechtlichen Rahmen, bei Grundsatzentscheidungen die kleinschrittigen Vertragsänderungen und die verzögerten Krisenreaktionen des Europäischen Rates, die das Bild effizienter Entscheidungsverfahren eintrüben. Dabei ist es weniger das Verfahrensmanagement als solches, das problematisch wäre, als vielmehr die nach wie vor schwierige Konsensfindung zwischen den Mitgliedstaaten, die den Entscheidungsprozess abbremst oder auf weniger einschneidende Integrationsschritte umlenkt. Zwar bemühen sich alle Seiten um Effizienzgewinne; diese werden aber immer wieder durch Vorstöße in neue, weniger konsensuelle Problemfelder und Themenbereiche, insbesondere aus dem Spektrum der „core state powers", konterkariert.

Insgesamt ergibt sich, dass Effizienzgewinne in den europäischen Entscheidungsverfahren regelmäßig abgeschwächt werden durch den Einbezug weiterer Akteure in die Entscheidungsfindung, weiterer Staaten in die EU sowie die Vergemeinschaftung weiterer Politikfelder, kurz: durch den fortschreitenden Integrationsprozess. Umgekehrt werden zunehmende Effizienzverluste aber auch immer wieder korrigiert durch die Ausweitung und Erleichterung von Mehrheitsentscheidungen und zunehmend ausgeklügelte Konsensfindungsprozesse. Ineffizienzen treten im europäischen Entscheidungsprozess besonders dann auf, wenn die Integration auf neue Bereiche ausgreift. Umgekehrt werden sie regelmäßig in den Bereichen reduziert, die bereits konsolidiert sind und somit einem weitgehenden Konsens zwischen den Mitgliedstaaten unterliegen. Ineffizienzen sind daher nicht nur im Verhältnis zu den bereits stärker integrierten und daher effizienteren Bereichen zu gewichten – womit die Bilanz sehr viel positiver ausfällt – sondern auch als Indikator eines dynamisch fortschreitenden Integrationsprozesses zu werten, der vor allem dort Probleme aufwirft, wo integrationspolitisches Neuland erschlossen wird.

Vor diesem Hintergrund wäre es denn auch verfehlt, wollte man die europäischen Entscheidungsverfahren einseitig als ineffizient abqualifizieren. Denn gemessen am Umfang und der Komplexität der zu lösenden Aufgaben, an der Einmaligkeit des Vorhabens einer supranationalen Integration auf freiwilliger Basis sowie am bisherigen quantitativen und qualitativen Output von gesetzlichen Regelungen in einer Fülle von Politikfeldern und -bereichen ist die EU trotz aller Schwerfälligkeit und ihrer aufwendigen Entscheidungspraxis als ein in hohem Maße kooperations- und konsensfähiges System zu werten (Dinan 2012). Das hoch differenzierte Verhandlungssystem, zu dem sich die EU entwickelt hat, erzielt trotz mäßiger Effizienz im Einzelnen ein hohes Maß an Gesamteffizienz. Indem es die unterschiedlichen Belange der Mitgliedstaaten und einzelner transnational oder national organisierter gesellschaftlicher Gruppierungen so weit wie möglich berücksichtigt, gelingt es, Konflikte zu minimieren und im Rahmen eines ausgeklügelten und zunehmend differenzierten Systems von Verhandlungsrunden in einen beachtlichen Korpus von gemeinschaftlichen Rechtsregeln und davon abgeleiteten Verfahrensweisen zu überführen.

12.2 Effektivität: Regelungs- und Steuerungskapazität

Die Analyse der Effektivität des EU-Systems beinhaltet die Frage, inwieweit das System in der Lage ist, gestaltend in die Entwicklung der Mitgliedstaaten beziehungsweise der gesamten Union einzugreifen und dabei die anvisierten Ziele zu erreichen und die anstehenden Probleme zu lösen. Die Beantwortung dieser Frage würde eine genaue Analyse nicht nur der Gesetzgebungsverfahren, sondern auch der einzelnen Politikfelder der EU und ihrer Implementation in den Mitgliedstaaten voraussetzen. Da in diesem Buch EU-Politiken nicht behandelt wurden und es auch keine Studien gibt, die die Effektivität europäischer Politik systematisch vergleichend untersuchen, können im vorliegenden Kontext lediglich die Grundkonstanten der Steuerungsfähigkeit der EU – und damit die Möglichkeiten und Grenzen der Effektivität des Systems – anhand ausgewählter Beispiele herausgearbeitet werden.

Dieser Analyse ist zunächst vorauszuschicken, dass das EU-System als Initiator und Gestalter europäischer Politik spezifischen Einschränkungen unterliegt, die seine Steuerungsfähigkeit und damit auch seine Effektivität entscheidend bestimmen (Tömmel 2023):

(1) Die Europäische Union ist kein souveräner Staat; sie besitzt keine Kompetenz-Kompetenz, sondern ist immer abhängig von der fallweisen Übertragung von Kompetenzen durch die Mitgliedstaaten.

(2) Die Europäische Union besitzt keine Steuerhoheit, sondern ist immer abhängig von der Zuweisung von Finanzmitteln durch die Mitgliedstaaten, sieht man von geringen direkten Einnahmen, den so genannten Eigenmitteln, ab.

(3) Die Europäische Union ist den Mitgliedstaaten nicht übergeordnet, denn diese sind formal souverän. Die Union kann daher den Mitgliedstaaten oder anderen Akteuren in ihrem Territorium keine direkten Weisungen erteilen.

Diese inhärenten Einschränkungen des EU-Systems führen ihrerseits zu spezifischen Steuerungsmustern, die teilweise von denen nationaler Staaten abweichen:

– In der EU bilden sich sehr lange „Steuerungsketten" heraus, da sich europäische Entscheidungen im Mehrebenensystem nur selten direkt an die Endaddressaten richten, sondern fast immer erst über die staatlichen Instanzen der Mitgliedstaaten oder – in geringem Maße – über nicht-staatliche Akteure wirksam werden. Es können also „unterwegs" alle Arten von Reibungsverlusten auftreten, die sich dann am Ende der Steuerungskette in einer verminderten Effektivität manifestieren.

– Die relative Autonomie der Kettenglieder – allen voran der Regierungen der Mitgliedstaaten – stellt ein erhebliches Problem für das reibungslose Funktionieren von Steuerungsleistungen dar. Das heißt, die Steuerungsintentionen der europäischen Ebene können von den jeweils beteiligten Akteuren und Institutionen erheblich konterkariert oder deformiert werden.

– Das lückenhafte Spektrum an Kompetenzen und die begrenzten Finanzmittel laden dazu ein, mit alternativen Steuerungsstrategien zu experimentieren – den sogenannten New Modes of Governance – für die es weder expliziter Kompetenzen noch umfangreicher Finanzmitteln bedarf.

In der fachwissenschaftlichen Debatte werden die Steuerungsleistungen des EU-Systems in erster Linie unter dem Label regulative versus distributive Politiken (Majone 2005)[6] oder Maßnahmen der „negativen" gegenüber solchen der „positiven" Integration[7] diskutiert (Scharpf 1999, 2008). Allerdings ist zu beachten, dass diese beiden Kategorisierungen nicht deckungsgleich sind; vielmehr können regulative Politiken sowohl Maßnahmen der negativen wie der positiven Integration beinhalten; distributive Politiken gehören allerdings ausschließlich dem Spektrum der positiven Integration an. Zudem ist zu beachten, dass die Begriffe regulativ und distributiv nicht das gesamte Spektrum europäischer Politiken abbilden; vielmehr haben sich neue Formen von Politiken herausgebildet, die in der Fachliteratur als „new modes of governance", neue Modi der Governance bezeichnet werden (siehe zusammenfassend Tömmel 2020), und die ich als kooperative Politiken charakterisiere (Tömmel 2008 und 2009). Bei diesen Politiken steuert die europäische Ebene lediglich über bestimmte Verfahren der Koordination; die Mitgliedstaaten richten ihre Politiken innerhalb dieses Rahmens aus und kooperieren so mit der EU auf freiwilliger Basis.

Im Folgenden soll die Effektivität europäischer Steuerung im Rahmen von regulativen, distributiven und kooperativen Politiken herausgearbeitet werden. Dabei ist für jede dieser Politiken zu fragen, welche Rolle die oben genannten Besonderheiten des EU-Systems für die Effektivität der jeweiligen Politik spielen, nämlich (a) die Länge der Steuerungskette, (b) das Ausmaß der Autonomie der involvierten Instanzen, Organisationen und Akteure, sowie (c) das Vorhandensein oder Fehlen von Kompetenzen und Finanzmitteln.

Regulative Politiken der EU, die über eine entsprechende Gesetzgebung wirksam werden, sind besonders dort effektiv, wo es um die Schaffung des gemeinsamen Binnenmarktes und damit primär um die Deregulierung nationaler Regelungssysteme geht, oder anders gesagt, um Maßnahmen der *negativen Integration* (Scharpf 1999 und 2008, Young 2020). Der Erfolg in diesem Bereich wird dem Umstand zugeschrieben, dass die Beseitigung von Barrieren für den freien Verkehr von Waren, Kapital, Personen und Dienstleistungen von einem weitgehenden Konsens zwischen den Mitgliedstaaten getragen wird und zugleich kaum Regelungs- oder Umsetzungsaufwand auf der nationalen Ebene erfordert. Dennoch ist das Binnenmarktprogramm auch von einem erheblichen Re-Regulierungsaufwand begleitet, der der positiven Integra-

---

6 Regulative Politiken nutzen primär gesetzliche Regelungen als Steuerungsmodus, während distributive Politiken mit finanziellen Instrumenten arbeiten oder über andere Mechanismen zu distributiven Effekten führen. Diese Begriffe gehen auf Lowi (1964) zurück. Lowi spricht darüber hinaus auch von redistributiven Politiken, die auf eine bewusste Umverteilung zielen; solche Politiken sind aber in der EU kaum zu finden, da sie eine Solidargemeinschaft voraussetzen.

7 Unter „negativer" Integration versteht man Politiken, die Barrieren, primär für das Funktionieren des gemeinsamen Marktes, beseitigen, während „positive" Integration Politiken beinhaltet, die bewusst gestaltend in die Entwicklung der EU bzw. der Mitgliedstaaten eingreifen. Diese Begriffe wurden von Leo Tindemans, einem belgischen Politiker, erstmalig in den 60er Jahren formuliert.

tion zuzurechnen ist. Diese Re-Regulierung wurde aber meist ebenfalls weitgehend effektiv realisiert, da die Mitgliedstaaten hiervon eindeutige Vorteile für sich selbst erwarteten (Scharpf 1999, Blauberger 2009, Young 2020).

Zur Realisierung eines Binnenmarktes gehört auch eine effektive Wettbewerbspolitik. Die EU und speziell die Kommission verfügen seit Gründung der Gemeinschaften über nahezu ausschließliche Kompetenzen zur Kontrolle der Einhaltung entsprechender Vertragsregeln, die in der Folge durch weitere Verordnungen sowie die politische Praxis ausgebaut wurden (Warlouzet 2016, Thatcher 2020, Foster und Thelen 2024). Diese Kontrolle wird von den zuständigen Kommissaren mit zunehmender Autorität ausgeübt und vom Europäischen Gerichtshof zumeist unterstützt (Cini und McGowan 2008, Foster und Thelen 2024). Die Wettbewerbspolitik der EU gilt insgesamt als sehr effektiv; zudem erweist sie sich in Bezug auf die Herausforderungen durch die großen High Tech-Konzerne und Online-Plattformen als erfolgreich und wegweisend (Cini und Czulno 2022). Nach Scharpf (1999, 2008) schießt die Wettbewerbspolitik der EU sogar weit über die von den Mitgliedstaaten intendierten Zielsetzungen hinaus. Denn über die Regeln der Wettbewerbspolitik gelang es der Union seit den 90er Jahren, die staatlichen Monopole in den Mitgliedstaaten sukzessive aufzulösen und die entsprechenden Märkte zu deregulieren: zuerst im Bereich der Telekommunikation, dann im Versicherungswesen, dem Energiesektor und insbesondere der Elektrizitätswirtschaft sowie schließlich in Teilen der Verkehrswirtschaft (Héritier 2001, Eckert 2015). Die Durchsetzung von Wettbewerbsbedingungen in bis *dato* staatlich organisierten Wirtschaftssektoren greift tief in die wohlfahrtsstaatliche Verfasstheit sowie die redistributiven Politiken der Mitgliedstaaten ein.

Der Erfolg des Binnenmarktprogramms sowie der europäischen Wettbewerbspolitik ist vor allem darauf zurückzuführen, dass die oben genannten Einschränkungen des EU-Systems in diesem Bereich kaum eine Rolle spielen. Die Union verfügt hier über weitreichende Kompetenzen, die Kommission konnte sie weiter ausbauen, die Steuerungskette ist vergleichsweise kurz, da die meisten Regelungen direkt wirksam sind, und Widerstände aufseiten der Mitgliedstaaten hielten sich in Grenzen, trotz wiederholt großer Bedenken und gelegentlicher Opposition.

Regulative Politiken der EU, die der *positiven Integration* zuzurechnen sind, sind demgegenüber als deutlich weniger effektiv zu werten (Knill und Tosun 2012). Als Beispiel sei hier die Umweltpolitik angeführt, die in den Verträgen zunächst nicht vorgesehen war, dann aber mit der Einheitlichen Europäischen Akte (1987) vertraglich verankert wurde (jetzt: Art. 191–193 AEUV) und bis zur Gegenwart eine wachsende Bedeutung in der europäischen Regulierung erlangt hat. In der Umweltpolitik wird einerseits ein weit gefasster regulativer Rahmen gesetzt, der den Mitgliedstaaten erhebliche Handlungsspielräume belässt; andererseits wird mit kooperativen Politikformen und -instrumenten experimentiert, die auf das freiwillige Engagement der Mitgliedstaaten sowie nicht-staatlicher Akteure setzen (Holzinger et al. 2009, Lenschow 2020). Die Freiwilligkeit wird durch den Einsatz marktförmiger Instrumente oder auch immaterieller Anreize – z. B. die Vergabe von Ökozeichen für die Teilnahme an

Umweltauditverfahren – zusätzlich gefördert und in die gewünschte Richtung gelenkt.

Insgesamt ist die europäische Umweltpolitik bestenfalls partiell als effektiv zu werten. Zwar kommt es im Einzelnen zu konsequenten Regelungen mit hohem Schutzniveau, die Widerstände der Mitgliedstaaten sind aber bei der Umsetzung europäischer Richtlinien erheblich, ganz zu schweigen von den Vollzugsdefiziten. Im Umweltbereich ist die Steuerungskette in der Regel sehr lang, was zu hohen Reibungsverlusten führt; der EU fehlt es an durchschlagenden Kompetenzen und die Mitgliedstaaten verhalten sich weitgehend autonom. Die ergänzenden kooperativen Politiken erzielen ebenfalls keine durchschlagenden Erfolge.

Im Bereich der *distributiven Politiken* stellt sich die Steuerungsfähigkeit der EU im Vergleich zu regulativen Politiken als deutlich problematischer dar. Die Finanzmittel sind begrenzt und müssen dementsprechend selektiv eingesetzt werden. Über lange Zeiträume hinweg absorbierte die gemeinsame Agrarpolitik den größten Teil der finanzpolitischen Mittel. Über diese, seit der Gründung der Gemeinschaften bestehende Politik sollte zunächst eine Marktlogik im Agrarsektor etabliert werden, während Interventionen nur im Falle eines Unterschreitens von bestimmten Mindestpreisen in Form von Stützungszahlungen vorgesehen waren (Daugbjerg 2012: 90). Angesichts enorm steigender Produktionsmengen (Stichwort: Butterberge, Weinseen) erwies sich dieses Vorgehen jedoch als zunehmend dysfunktional, da unbezahlbar. Nur mühsam gelang es seit den 90er Jahren, schrittweise umzusteuern und die Agrarpolitik stärker zu dezentralisieren, bei nach wie vor vergleichsweise hohen Subventionszahlungen der EU (Fouilleux und Gravey 2022). Die Agrarpolitik der EU gilt dennoch auch gegenwärtig als wenig effektiv, vor allem im Verhältnis zum finanziellen Aufwand.

Die Gründe für das Fiasko der Stützungszahlungen lagen nicht am Fehlen von Kompetenzen der europäischen Ebene, sondern am viel zu langen Festhalten an einer dirigistischen Politik aus den Anfangsjahren der Integration, die nicht auf veränderte Verhältnisse reagierte und zu enormen Fehlallokationen führte (Tömmel 2016a). Dass solche Maßnahmen –anders etwa als im Kohle- und Stahlsektor – nicht schneller zurückgedrängt werden konnten, ist enormen Widerständen vonseiten der Mitgliedstaaten sowie der maßgeblichen Agrarverbände gegen jegliche Reformen zuzuschreiben. Aber auch die reformierte Agrarpolitik erweist sich nicht als effektiv; die Steuerungsketten sind lang, entscheidende Kompetenzen liegen bei den Mitgliedstaaten, es kommt weiter zu Fehlallokationen zugunsten großer Agrarunternehmen und nicht zuletzt auch zu umfangreichem Subventionsbetrug in einigen Mitgliedstaaten. Die europäische Agrarpolitik ist aber eher als Sonderfall einer distributiven Politik der EU zu werten.

Demgegenüber kann die europäische Kohäsionspolitik geradezu als paradigmatisch für die Vorgehensweise der EU im distributiven Bereich gelten, und das in zweifacher Hinsicht: Zum einen hat sich im Rahmen dieser Politik ein ganzes Spektrum von Verfahrensweisen herausgebildet, das in der Folge auf eine Reihe von weiteren distributiven Politiken übertragen wurde, ja, letztere überhaupt erst ermöglichte und somit in einer Proliferation solcher Politiken ausmündete. Zum andern reflektieren diese Verfahrensmodi in besonderer Weise die Charakteristika des EU-Systems, das heißt, sie haben sich in enger Anpassung an diese herausgebildet, wodurch sie sich insgesamt – trotz aller Funktionsprobleme im Einzelnen – zu einem konsistenten und vergleichsweise effektiven Steuerungsmodus entfalten konnten.

Die Kohäsionspolitik der Union wurde primär von der Kommission als eine moderne Form der regionalen Wirtschaftsförderung konzipiert, und ihr gelang es auch, diese Konzeption über mehrere Reformen durchzusetzen (Tömmel 2016c). In diesem Bereich sind die Kompetenzen zwischen Kommission und Mitgliedstaaten geteilt; dementsprechend konnten letztere zunächst die EU-Politik zur Umsetzung ihrer eigenen Ziele nutzen. Durch die Einführung des Systems der Partnerschaft gelang es aber, die fehlenden Weisungsbefugnisse durch eine strukturierte Zusammenarbeit mit der nationalen und regionalen Ebene zu kompensieren. Mit dem zusätzlichen Anreiz beträchtlicher Fördermittel gelang es so, die Politik- und Verwaltungsebenen der Mitgliedstaaten auf die Umsetzung europäischer Zielsetzungen zu orientieren und gleichzeitig passende Modi der Implementation nach unten" zu transferieren. Damit konnte die Kohäsionspolitik ein vergleichsweise hohes Maß an Effektivität erreichen. Nicht zuletzt deshalb wurden ihre Verfahrensmechanismen auf eine Reihe von weiteren distributiven Politiken übertragen.

Im Bereich der europäischen Kohäsionspolitik ist es somit gelungen, bei eingeschränkter Kompetenzausstattung auf der europäischen Ebene, einer extrem langen Steuerungskette und gleichzeitig einem hohen Maß an Autonomie *und* Divergenz aufseiten der Mitgliedstaaten eine relativ effektive Politik zu betreiben. Diese kann zwar nicht die konkreten Resultate der Politik am Ende der Steuerungskette determinieren, wohl aber die dezentralen Akteure auf die gewünschten Ziele, Politikinhalte und Verfahrensweisen hin orientieren und somit die Kette überhaupt erst als solche konstituieren. Es ist allerdings hervorzuheben, dass bei der Implementation dieser Politik häufig Vollzugsprobleme auftreten; die Steuerung gelingt somit nicht durchgängig bis ins letzte Kettenglied, sondern verliert auf dem langen Weg ihrer Umsetzung trotz „Partnerschaft" ihre Verbindlichkeit.

Die Effektivität *kooperativer Politiken* ist vergleichsweise schwierig einzuschätzen. Kooperative Politiken nutzen weder gesetzliche Regulierungen noch distributive Maßnahmen als Steuerungsmechanismen; vielmehr beruhen sie ausschließlich auf der Politikkoordination vonseiten der europäischen Institutionen sowie der freiwilligen Kooperation der Mitgliedstaaten in diesem Rahmen (Tömmel 2000). Kooperative Politiken haben sich in der EU besonders in den Feldern herausgebildet, in denen die Mitgliedstaaten weder Kompetenzen aus der Hand geben noch Finanzmittel bereitstellen wollten, gleichzeitig jedoch ein großer Handlungsdruck bestand. Angesichts dieser Situation entwickelte die Kommission mit Unterstützung des Rates neue Verfahren der organisierten Kooperation, um die Politiken der Mitgliedstaaten in eine bestimmte Richtung zu lenken. Im Amsterdamer Vertrag wurde das Verfahren erstmals kodifiziert (jetzt Art. 148 AEUV) und als Offene Methode der Koordination (OMK) bezeichnet.

Das Paradebeispiel für die Anwendung der OMK stellt die Europäische Beschäftigungsstrategie (EBS) dar. Das Verfahren besteht aus vier Stufen (Armstrong und Kilpatrick 2007). (1) Im Rahmen von Schlussfolgerungen des Europäischen Rates und auf Vorschlag der Kommission legt der Rat regelmäßig Leitlinien für die Beschäftigungspolitiken der Mitgliedstaaten fest. (2) Unter Berücksichtigung dieser Leitlinien erarbeiten die Mitgliedstaaten Nationale Reformprogramme, in denen sie die Zielsetzungen, Prioritäten und konkreten Maßnahmen ihrer Beschäftigungspolitiken darlegen. (3) Regelmäßig legen sie den europäischen Organen Berichte über die Implementation der Reformprogramme vor, die die Kommission zu einem Beschäftigungsbericht zusammenfasst. (4) Der Rat prüft den Bericht im Lichte der Leitlinien; gegebenenfalls richtet er Empfehlungen an einzelne Mitgliedstaaten und passt die Leitlinien an, sodass ein neuer Implementationszyklus beginnen kann. Der Gesamtprozess wird von Peer-Review- und Benchmarking-Verfahren flankiert, die der Bewertung und dem Vergleich nationaler Politiken sowie dem Austausch von Best-Practice-Erfahrungen dienen. Eine weitere Flankierung wird über die europäische Kohäsionspolitik geleistet, die die finanzielle Förderung von innovativen Beschäftigungsinitiativen ermöglicht.

Wenngleich die Partizipation an den Verfahren verpflichtend ist, sind die Mitgliedstaaten doch formal frei, ihre Beschäftigungspolitiken nach eigenem Ermessen zu gestalten. Allerdings setzen die Verfahren mit ihren Berichten, Vergleichen und Peer Reviews starke Konkurrenzmechanismen in Gang, sodass ein gewisser Druck zur Anpassung an europäische Leitlinien und Vorgaben besteht. Die Effektivität der EBS ist schwierig einzuschätzen, denn eventuelle Effekte sind nicht eindeutig dem Steuerungsmodus der EU oder dem möglicherweise davon unabhängigen Engagement der Mitgliedstaaten zuzuordnen. Die Meinungen hierzu gehen denn auch in der Fachliteratur weit auseinander (vgl. beispielsweise Schäfer 2006, Weishaupt und Lack 2011, Copeland and ter Haar 2013).

Verallgemeinernd ist festzuhalten, dass kooperative Politiken durch das Fehlen von Kompetenzen auf der europäischen Ebene, eine größtmögliche Autonomie der mitgliedstaatlichen Akteure sowie durch sehr lange Steuerungsketten gekennzeichnet sind; dementsprechend hängt ihre Effektivität von einer Vielzahl von Faktoren ab, die die EU nur in sehr begrenztem Maße steuern kann. Diese Politiken unterliegen somit einer sehr offenen Form der Steuerung, die vor allem ergebnisoffen ist. Ihre Effekte sind denn auch weniger an konkreten Resultaten oder definierten Zielmarken abzulesen – etwa bei der EBS einer signifikanten Verringerung der Arbeitslosigkeit – als vielmehr am Grad der Mobilisierung mitgliedstaatlicher Akteure für eine reformorientierte und innovative Politik. In dieser Hinsicht scheint es durchaus Effekte zu geben, wenngleich nicht in dem gewünschten Maße (Weishaupt und Lack 2011).

Eine zusammenfassende Betrachtung der Steuerungsfähigkeit der EU und damit auch der Effektivität des Systems führt zu einer differenzierten Bewertung. So ist die

Steuerungskapazität im regulativen Bereich dann besonders groß, wenn die EU über direkte Kompetenzen verfügt, die Steuerungskette somit kurz ist, und wenn zugleich die europäischen Aktivitäten vom Grundkonsens der Mitgliedstaaten getragen werden. Umgekehrt erweisen sich regulative Politiken der EU als weniger effektiv, wenn die Steuerungskette lang ist, die Kompetenzen auf der europäischen Ebene begrenzt sind und dementsprechend die Autonomie der Mitgliedstaaten und der Dissens zwischen ihnen groß ist.

In den distributiven Politiken stellen sich die Beziehungen umgekehrt dar: Hier konnten bei weitreichenden direkten Kompetenzen der EU einzelne Player übermäßig Einfluss gewinnen und somit eine effektive Politik verhindern (Agrarpolitik); umgekehrt gelang es der Kommission bei scheinbar ungünstigen Bedingungen – begrenzte direkte Kompetenzen, lange Steuerungswege, hohe Autonomie der Mitgliedstaaten – einen wirksamen Steuerungsmodus zu entwickeln, der sich auf komplexe Verhandlungsabläufe stützt (Kohäsionspolitik). Als begünstigende Rahmenbedingung ist hier allerdings auf beträchtliche Finanzmittel zu verweisen, die für die staatlichen oder nicht-staatlichen Akteure in den Mitgliedstaaten starke Anreize für die Teilnahme an entsprechenden Verhandlungen und Aktivitäten bieten. Als Einschränkung ist zu betonen, dass über diese Form der Steuerung nicht die konkreten Resultate der Politik bestimmt, stattdessen aber die dezentralen Akteure für die Umsetzung europäischer Zielsetzungen mobilisiert werden können. In den kooperativen Politiken beschränken sich europäische Kompetenzen auf die Konfigurierung von Koordinationsverfahren, während die Mitgliedstaaten ihre Autonomie bewahren; die Steuerungsketten sind somit *per definitionem* sehr lang. Dementsprechend beziehen sich mögliche Effekte in noch geringerem Maße auf konkrete Resultate; vielmehr sind entsprechende Politiken als effektiv anzusehen, wenn es ihnen gelingt, mitgliedstaatliche Akteure zu mobilisieren. Bisher ist dies jedoch nur in begrenztem Maße der Fall.

An dieser Stelle lassen sich allerdings grundlegendere Schlussfolgerungen ziehen. Effektivität im klassischen Sinne ist im Mehrebenensystem der EU allenfalls in den Bereichen zu erwarten, in denen die EU direkte Kompetenzen besitzt, also in der Marktintegration und eventuell einigen benachbarten Aktivitäten. In allen anderen Politikfeldern, in denen die europäische Ebene nur partielle Kompetenzen besitzt oder sich auf rein koordinative Aufgaben beschränken muss, können nennenswerte Effekte am Ende langer Steuerungsketten allenfalls in der Mobilisierung dezentraler Akteure bestehen. Eine solche Steuerungsleistung kann entweder über organisierte Verhandlungsprozesse, unterstützt von flankierenden Fördermitteln (Beispiel Kohäsionspolitik) oder aber über koordinative Verfahren zur Politikkooperation (Beispiel EBS) erzielt werden.

Es bilden sich somit im Mehrebenensystem der EU neuartige Modi der Governance heraus, deren Effektivität nach spezifischen Kriterien zu bewerten ist. Diese Modi der Governance zielen weniger auf die direkte Steuerung der Endadressaten der Politik, als vielmehr auf die Steuerung von Steuerungsakteuren. In Anlehnung an

Kooiman (2003) sind diese Formen der Governance als „second-order governance" zu werten. Ich bevorzuge für die EU die Bezeichnung Governance der Governance (Tömmel 2016a). Konkret handelt es sich dabei um Steuerungsformen, bei denen nicht Zielvorgaben und Verhaltensnormen an Endadressaten gerichtet, sondern Governance-Modelle auf dezentrale Steuerungsorgane und -akteure übertragen werden. In diesem Rahmen wird somit nicht vonseiten der EU konkret gelenkt, gestaltet oder gar dirigiert; vielmehr werden Konzepte für gestaltendes Handeln der Regierungen und Verwaltungen der Mitgliedstaaten, der subnationalen Ebene sowie nicht-staatlicher Akteure über entsprechende Verfahren erarbeitet, strukturiert, und teilweise auch transferiert.

12.3 Schlussfolgerungen

In diesem Kapitel wurde einerseits die Effizienz der institutionellen Architektur der EU sowie ihrer Entscheidungsverfahren, andererseits die Effektivität europäischer politischer Steuerung oder auch Governance untersucht. In beiden Fällen konnten keine eindeutigen Schlussfolgerungen gezogen werden, da positive und negative Aspekte eng miteinander verflochten sind. Jede Bewertung der Effizienz und Effektivität der EU hängt zudem von den jeweiligen Kriterien ab, insbesondere davon, ob die EU aus dem Blickwinkel eines nationalen Staates oder aber einer neuen politischen Ordnung jenseits des Nationalstaats betrachtet wird.

Hinsichtlich der *Effizienz* kann aus einer nationalstaatlichen Perspektive der Schluss gezogen werden, dass die EU kein besonders effizientes System ist. Für diese Einschätzung sprechen mehrere Gründe: die dualistische oder bizephale institutionelle Struktur, die vielfältigen Überschneidungen und Verflechtungen zwischen den europäischen Institutionen sowie zwischen den Regierungs- und Verwaltungsebenen der EU, die komplexen und aufwendigen Entscheidungsverfahren, und schließlich die vielfältigen Externalitäten, die letztendlich auf die Mitgliedstaaten abgewälzt werden. Die Bewertung sieht allerdings anders aus, wenn die EU als ein System gewertet wird, das eine Reihe von sehr unterschiedlichen Staaten unter weitgehender Respektierung ihrer Souveränität integriert. Dann erscheinen die differenzierte institutionelle Struktur der EU und die komplexen Entscheidungsverfahren als effizient und geeignet, um die Ziele der Integration zu erreichen. Sie können sogar als bemerkenswert und, im Vergleich zu anderen internationalen Organisationen, als einmalig gewertet werden.

Die *Effektivität* der Governance und politischen Steuerung der EU erscheint aus der nationalstaatlichen Perspektive ebenfalls als eher gering. In den meisten Fällen erzielt die EU allenfalls indirekte Effekte in Bezug auf Entwicklungen in den Mitgliedstaaten. Dabei stützt sie sich auf eine Vielzahl von Akteuren, die über lange Steuerungsketten allenfalls mobilisiert, jedoch nicht dirigiert werden können. Dementsprechend hängen die Effekte letztendlich vom Engagement und den Aktivitäten nationaler und regionaler Instanzen sowie nicht-staatlicher Akteure ab. Ein hohes

Maß an Effektivität wird lediglich im Bereich der Marktintegration und der damit verbundenen Wettbewerbspolitik erzielt, in dem die Union über weitreichende Kompetenzen verfügt und somit die ökonomischen Akteure ohne Mitwirkung nationaler Regierungen direkt steuern kann. Diese Effektivität beruht zudem auf einem weitreichenden Konsens zwischen den Mitgliedstaaten. Tatsächlich war ja das Ziel der Liberalisierung der Märkte das Hauptmotiv für die Gründung der Gemeinschaften und später die Transformation der Union.

Betrachtet man die Union jedoch als eine neue politische Ordnung jenseits des Nationalstaates, dann ist ihre Effektivität bemerkenswert. Die EU hat spezifische Steuerungsmodi entwickelt, die zwar nicht die Resultate der Politik bestimmen, wohl aber öffentliche Institutionen und nicht-staatliche Akteure auf allen Ebenen für die Verfolgung europäischer Zielsetzungen und die Implementation entsprechender Politiken mobilisieren. Indem die EU so schrittweise ein System der Governance von Governance etabliert, ist sie als sehr erfolgreich zu bewerten. Damit entwickelt sich die EU zu einem effektiven System der politischen Steuerung, auch wenn ihre Steuerungsleistungen nicht in der direkten Erzeugung von eindeutigen Resultaten bestehen.

13 Demokratische Legitimation der EU

Legitimationsprobleme und das damit verbundene demokratische Defizit stellen wohl das meist diskutierte Funktionsproblem der EU dar. Die intensive Erörterung dieser Problematik ebenso wie konkrete Vorschläge zu ihrer Behebung begleiten denn auch den Integrationsprozess von seinen Anfängen bis zur Gegenwart. Allerdings hat sich die Debatte seit dem Maastrichter Vertrag deutlich intensiviert, weil in dessen Folge erstmals deutlich wurde, dass die Bürger Europas den Integrationsprozess keineswegs wohlwollend tolerieren, wie es die These vom „permissive consensus" suggerierte (Lindberg und Scheingold 2070). Vielmehr befürchten sie umgekehrt unabsehbare Konsequenzen und wollen deshalb lieber das Bremspedal bedient sehen; dementsprechend zeichnet sich die Herausbildung eines „constraining dissensus" ab (Hooghe und Marks 2009). Seit also die Zeit vorbei ist, in der die Eliten das Ausmaß und die Richtung der europäischen Integration weitestgehend unter sich ausmachen konnten, steht die Schaffung eines demokratischeren Systems auf der Tagesordnung. Ein solches Unterfangen erweist sich aber schnell als Zwickmühle, denn alle aus nationalen Staaten bekannten Formen demokratischer Verfasstheit würden bei ihrer Übertragung auf die EU zu einer Stärkung der supranationalen Integrationsdynamik und damit des Staatscharakters des Systems führen (Majone 2005). Es versteht sich, dass eine solche Entwicklung weder von den politischen Eliten, noch von den Bürgern Europas erwünscht ist.

In der akademischen Debatte über die demokratische Verfasstheit der EU wird ihr häufig eine vollwertige Legitimation abgesprochen (z. B. Lord 2004, Hix 2008); nur wenige Autoren sind der Ansicht, dass die EU ausreichend legitimiert sei (z. B. Moravcsik 2002). Das resultierende Demokratiedefizit wird vor allem in der institutionellen Struktur, aber auch den Verfahrensweisen der Union gesehen: einer unklaren Gewaltenteilung zwischen den europäischen Organen, einer unzureichenden demokratischen Legitimation der Organe, einer Dominanz der Exekutive gegenüber der Legislative und schließlich den intransparenten Entscheidungsprozessen, die die Zurechnung von Verantwortung (accountability) erschweren. Zusätzlich zu der Fachdebatte hat aber auch das Europäische Parlament die Wahrnehmung eines demokratischen Defizits stark gefördert, indem es mit diesem Argument wiederholt die Ausweitung seiner eigenen Rechte einforderte.

Bei der Betrachtung demokratischer Legitimation unterscheidet Scharpf zwischen zwei Dimensionen: einerseits der Input-orientierten, andererseits der Output-orientierten Legitimation (Scharpf 1999: 16–28). Während Erstere die Herrschaft „durch das Volk", also das Zustandekommen von politischen Entscheidungen entsprechend dem Willen des Volkes betont, bezieht sich Letztere auf die „Herrschaft für das Volk", also politische Entscheidungen, die „auf wirksame Weise das allgemeine Wohl im jeweiligen Gemeinwesen fördern" (Scharpf 1999: 16). Scharpf geht davon aus, dass im EU-System vor allem die Input-Legitimation unzureichend ist, während er die Out-

https://doi.org/10.1515/9783111191799-013

put-Legitimation als weniger problematisch wertet. Andere Autoren sehen jedoch auch die Output-Legitimation der EU als fragwürdig. Im Folgenden soll die Input-orientierte Legitimation im Zentrum der Analyse stehen, denn diese ist eng mit der institutionellen Struktur der EU verbunden. Demgegenüber bezieht sich die Output-orientierte Legitimation auf die Ergebnisse der europäischen Politik im Verhältnis zu den Wünschen und Interessen der Bürger, eine Thematik, die im vorliegenden Zusammenhang kaum systematisch erörtert werden kann.

In diesem Kapitel geht es zunächst um die Frage, worin genau das Demokratiedefizit der EU besteht oder gesehen wird, und inwieweit es die Legitimation des Systems einschränkt. Sodann werden Vorschläge zur Behebung des Demokratiedefizits der Union vorgestellt und deren Realisierbarkeit diskutiert. Schließlich wird herausgearbeitet, inwieweit die Struktur und Funktionsweise des EU-Systems spezifische Potentiale zur Herausbildung alternativer, transnationaler Formen demokratischer Repräsentation und Partizipation aufweist und darüber die demokratische Legitimation der Union gestärkt werden könnte.

13.1 Demokratisches Defizit

Eine nähere Betrachtung des demokratischen Defizits des EU-Systems verdeutlicht, dass es sich hier um ein vielschichtiges Problem und somit um eine Reihe von Defiziten handelt. Diese werden in der Regel anhand mehrerer, hochgradig interdependenter Aspekte diskutiert (Abromeit 1998, Lord 2004, Follesdal und Hix 2006, Hix 2008, Majone 2009, Rittberger 2010, Curtin 2014, Schmidt 2019, Abels 2020, Craig 2021):

(1) der unzureichenden und vor allem der unüblichen Gewaltenteilung zwischen den europäischen Organen;

(2) der fehlenden oder unzureichenden demokratischen Legitimation der europäischen Organe;

(3) der Verlagerung der politischen Macht von der Legislative zur Exekutive; sowie

(4) der Intransparenz der Entscheidungsverfahren, den kaum gegebenen Kontrollrechten zwischen den Organen und insgesamt den mangelnden Möglichkeiten, einzelne Akteure und Organe für ihre Entscheidungen zur Verantwortung zu ziehen.

(1) Die *Gewaltenteilung,* die nach den normativen Vorstellungen der Demokratietheorie die Teilung politischer Macht zwischen Legislative, Exekutive und Judikative sowie die Unabhängigkeit dieser Instanzen voneinander postuliert, ist in der EU nur unzureichend entwickelt und sehr unüblich organisiert: Kommission und Rat nehmen beide Legislativ- und Exekutivfunktionen wahr, wenngleich in sehr unterschiedlicher Gewichtung. Zudem agiert der Europäische Rat zunehmend als bedeutender exekutiver Akteur. Gleichzeitig fungieren die Räte aber auch als Verhandlungsarenen für die

Abwägung nationaler Interessen. Rat und Parlament bilden zwar die Legislative in der Union, wobei dem Rat trotz der enormen Kompetenzzuwächse des EP eine klare Dominanz zukommt (vgl. Kap. 6.2 und 6.4 sowie 7.1). Ihnen fehlt aber das Initiativrecht in der Gesetzgebung, das der Kommission vorbehalten ist (Bartolini 2005, Follesdal und Hix 2006, Curtin 2014, Tömmel 2016b). Lediglich der Gerichtshof der Union entspricht dem Prinzip einer unabhängigen Judikative.

(2) Die *demokratische Legitimation* der europäischen Organe ist nur unzureichend gegeben; sie ist besonders schwach bei den Organen ausgeprägt, die über die größten Machtressourcen verfügen: Kommission, Rat und Europäischem Rat. Die Kommission mit ihren weitreichenden legislativen und exekutiven Befugnissen ist in ihrer Gesamtheit nicht durch Wahlverfahren legitimiert; bestenfalls kann man ihr eine sehr indirekte Legitimation zusprechen, da die Kommissare von den gewählten Regierungen der Mitgliedstaaten ernannt und die Kommissionspräsidenten seit dem Lissabon-Vertrag vom Parlament „gewählt" werden. Dafür steht jedoch nur *ein* Personalvorschlag des Europäischen Rates zur Wahl.[1] Rat und Europäischer Rat sind ebenfalls nur indirekt legitimiert, indem ihre Mitglieder auf der nationalen Ebene ein Wahlamt innehaben. Das Parlament ist das einzige, durch Direktwahlen demokratisch legitimierte Organ der EU; es verfügt allerdings nicht über die vollwertigen Kompetenzen, die normalerweise Parlamenten zukommen. Zudem weisen die Verfasstheit des EP sowie seine Wahlverfahren weitere demokratische Defizite auf (siehe unten) (Follesdal und Hix 2006, Abels 2020, Craig 2021).

(3) Die *Machtverschiebungen von der Legislative zur Exekutive* hängen eng mit der mangelnden Gewaltenteilung zusammen, weisen aber auch über diese hinaus. So liegen die wesentlichen Entscheidungen auf der europäischen Ebene trotz der gewachsenen Kompetenzen des EP bei Kommission und Rat sowie Europäischem Rat, die sich aus Vertretern nationaler Exekutiven zusammensetzen (Rat und Europäischem Rat) oder von diesen ernannt werden (Kommission), zumeist ebenfalls aus dem Kreis exekutiver Akteure der nationalen Ebene (Curtin 2014). Auch eine Reihe von untergeordneten Entscheidungen, sei es in den Beratungsgremien der Kommission, sei es in den Arbeitsgruppen des Ministerrats, sei es in den der Kommission zugeordneten Verwaltungsausschüssen (Stichwort: Komitologie), fallen in die Verantwortung von Vertretern vornehmlich der nationalen Exekutiven (vgl. Kap. 7.3, 8.2 und 10.1). Selbst der Ausschuss der Regionen, der häufig als Beitrag zur Verminderung des demokratischen Defizits präsentiert wird, besteht fast ausschließlich aus Repräsentanten regionaler und kommunaler Exekutiven (vgl. Kap. 10.2).

---

1 Das Spitzenkandidaten-Verfahren, dass das EP zur verbesserten demokratischen Legitimation 2014 erstmals eingeführt hatte, hat nur einmal als solches funktioniert und muss inzwischen als gescheitert angesehen werden. Vgl. Heidbreder und Schade 2024.

(4) Keines der vier zentralen Organe besitzt bedeutende oder gar vollwertige *Kontrollrechte* gegenüber den jeweils anderen oder kann vonseiten externer Akteure oder gar den europäischen Bürgern wirksam zur *Verantwortung* gezogen werden (Bovens et al. 2010). Die Kommission ist als von den Mitgliedstaaten unabhängiges Organ konzipiert, unterliegt also keinerlei Kontrollverfahren von deren Seite. Lediglich über die Ernennung der Kommissare sowie den Vorschlag für die Besetzung des Präsidentenamtes können die nationalen Regierungen indirekt Einfluss auf die Zusammensetzung der Kommission ausüben, nicht jedoch auf deren Performanz, die nach Ansicht vieler Beobachter oft das von den Mitgliedstaaten Gewünschte übersteigt (z. B. Pollack 2003). Das Parlament besitzt begrenzte Kontrollrechte gegenüber der Kommission; bei Fehlverhalten kann es der Kommission als ganzer das Misstrauen aussprechen und diese zum Rücktritt zwingen. Dies ist zwar ein scharfes Schwert; sein Einsatz ist allerdings mit hohen Hürden verbunden (Zweidrittelmehrheit) und somit kaum einsetzbar.[2] Rat und Europäischer Rat werden von keinem der anderen Organe kontrolliert. Allenfalls für ihre einzelnen Mitglieder kann auf der nationalen Ebene Rechenschaftslegung eingefordert werden, beispielsweise von den jeweiligen Parlamenten. Der Lissabon-Vertrag hat den nationalen Parlamenten gewisse Kontrollrechte verliehen; es ist aber kaum möglich, über einzelstaatliche Kontrollen eine wirksame Kontrolle der Räte insgesamt zu gewährleisten (Lord 2008, Winzen 2022, siehe auch Bartolini 2005a: 154). Aufgrund der mangelnden Transparenz europäischer Entscheidungsprozesse ist es zudem kaum möglich, einzelnen Regierungsvertretern Entscheidungen zuzuschreiben und sie deswegen zur Verantwortung zu ziehen. Auch die Wähler des EP können kaum überprüfen, wofür sich die Gewählten eingesetzt haben, da sich die einzelstaatlichen Parteien zu komplexen Fraktionen auf der europäischen Ebene aggregieren und auch die Gesetzgebungsentscheidungen angesichts des Zwangs zu Kompromissen und speziell der nichtöffentlichen Trilog-Verhandlungen kaum überprüfbar sind. Dennoch sehen einzelne Autoren gewisse Kontrollmöglichkeiten über kaum formalisierte Verfahren, beispielsweise durch Befragungen vonseiten des EP (Bovens und Curtin 2016).

Die genannten demokratischen Defizite beeinträchtigen zunehmend auch die demokratische Ordnung der Mitgliedstaaten. Einerseits erfahren die nationalen Exekutiven und insbesondere die jeweiligen Regierungschefs oder Präsidenten aufgrund ihrer bedeutenden Rolle in der EU eine Stärkung ihrer Position in der heimischen Politikarena (Johannson und Tallberg 2010). Andererseits kommt es aufgrund der zunehmenden Übertragung von Kompetenzen auf die europäischen Ebene zur Einschränkung der nationalen Parlamente in ihren Entscheidungsrechten (Schmidt 2019). Es bildet sich somit auch in den Mitgliedstaaten eine tendenzielle Stärkung der Exeku-

---

2 Lediglich der Rücktritt der Santer-Kommission im Jahre 1999 kam unter dem Druck, nicht jedoch infolge eines expliziten Misstrauensvotums des EP zustande. Vgl. Kap. 4.1.

tive gegenüber der Legislative heraus, die kaum durch die beschränkten Kontrollmöglichkeiten kompensiert werden kann.

Wie oben bereits angedeutet, ist das Europäische Parlament als einziges direkt gewähltes Organ der EU dennoch durch eine Reihe von weiteren demokratischen Defiziten in seiner Legitimation eingeschränkt. Sie resultieren aus den Besonderheiten des EU-Systems und beinhalten eine ungleichgemäße und -gewichtige Repräsentanz der Bürger Europas.

In diesem Zusammenhang ist – erstens – das *Wahlverfahren* zu nennen, das *bis dato* nach den jeweiligen Verfahren der Mitgliedstaaten erfolgt und somit sehr verschiedenartige Systeme summiert (Duff 2010: 58–63). Zwar wird von allen Mitgliedstaaten das Verhältniswahlrecht praktiziert, dennoch verbleiben immer noch Unterschiede in der Repräsentation (vgl. Kap. 6.4). Beispielsweise praktiziert ein Teil der Mitgliedstaaten eine Sperrklausel, die den Einzug kleiner Parteien in das EP verhindert, während andere Staaten ohne eine solche Klausel ein fraktioniertes Parteienspektrum entsenden. In einzelnen Ländern stehen nur einige wenige, in anderen dagegen mehr als 20 Parteien zur Auswahl. Aufgrund der degressiven Repräsentation der Mitgliedstaaten im EP werden in den großen Staaten wesentlich mehr Stimmen benötigt, um einen Sitz im EP zu erringen; die einzelnen Parlamentarier repräsentieren damit eine sehr unterschiedliche Anzahl von Bürgern (Schmidt 2019).

Das nach Mitgliedstaaten getrennte Wahlverfahren impliziert – zweitens – das *Fehlen eines europaweiten Wahlkampfs* (Hix 2008). Wahlkämpfe zum EP werden überwiegend mit nationalen Themen bestritten, wodurch die Europawahlen eher als Second-Order-Wahlen zu werten sind, europäische Themen also kaum zur Debatte stehen (Reif und Schmitt 1980). Zwar thematisieren einige Parteien, insbesondere aus dem rechten und rechtsextremen Spektrum, inzwischen explizit auch die EU, es wird dabei die Mitgliedschaft als ganze infrage gestellt, nicht jedoch auf einzelne Politiken eingegangen.

Diese Problematik wird – drittens – weiter verstärkt durch das *Fehlen von europäischen Parteien*, die entsprechende Alternativen zur Diskussion stellen könnten. Angesichts eines zunehmend umstrittenen Projekts wie der europäischen Integration ist beides als äußerst problematisch zu werten, da die Wähler sich so kaum über das Ob und Wie der Integration aussprechen können. Mit Ausnahme einiger Parteien, vorwiegend am rechten Rand des Spektrums, sind die meisten Parteien in dieser Frage kaum polarisiert (Follesdal und Hix 2006).

Die bestehenden Fraktionen des EP können – viertens – den *Wählerwillen nur unzureichend repräsentieren*. Zwar aggregieren sich ideologisch verwandte Parteien nach den Wahlen zu größeren Fraktionen, diese sind jedoch durch große Heterogenität gekennzeichnet und somit schon intern zu weitgehenden Kompromissen gezwungen. Da keine dieser Fraktionen auch nur näherungsweise eine Mehrheit im EP erreicht, müssen sie in der Regel auch den Kompromiss mit anderen Fraktionen suchen. Die Fraktionen des EP sind somit auch kaum in der Lage, klare parteipolitische

Profile, geschweige denn politische Polarisierungen auszubilden (vgl. Kap. 8.3, Rose und Borz 2013, für eine Gegenposition Hix 2008).

Das *Fehlen einer politischen Polarisierung* wird – fünftens – durch Besonderheiten der institutionellen Struktur der EU verstärkt. So hat das EP keine Exekutive oder gar eine Regierung zu wählen und somit weder die Unterstützung, noch die Kontrolle einer solchen Institution zu leisten. Es fehlt also eine Polarisierung zwischen Regierungs- und Oppositionsparteien, was wiederum die Verdeutlichung unterschiedlicher Positionen und Optionen gegenüber den Wählern behindert. Eine klare parteipolitische Polarisierung wird darüber hinaus erschwert, weil das Parlament meist nur dann wirksam Einfluss auf den Rat ausüben kann, wenn es mit absoluter oder sogar noch breiterer Mehrheit entscheidet. Solche Mehrheiten sind aber nur über den Konsens zwischen den großen und zunehmend auch weiterer kleinen Fraktionen zu erzielen (vgl. Kap. 8.3).

Die genannten Punkte führen zusammengenommen dazu, dass dem Parlament – sechstens – die *Rückbindung an sein Elektorat* fehlt. Damit wird seine Legitimität und somit auch die Durchschlagskraft gegenüber anderen europäischen Organen deutlich gemindert (Bartolini 2005a: 343–346).

Insgesamt sind die demokratischen Defizite des Europäischen Parlaments somit sehr vielschichtig: Es fehlt einerseits an Repräsentativität, andererseits an umfassenden Kompetenzen; zudem fehlen ausgeprägte politische Polarisierungen, was in niedriger Wahlbeteiligung und damit geringer Unterstützung durch das Elektorat resultiert und seinerseits die demokratische Legitimität des Parlaments einschränkt. Es bildet sich so eine Kette von Defiziten heraus, die hochgradig interdependent sind und zusammengenommen einen Teufelskreis bilden.

Das Bild eines Teufelskreises von demokratischen Defiziten des EP ebenso wie die Hervorhebung entsprechender Defizite des EU-Systems insgesamt kommt allerdings nur dadurch zustande, dass die EU in solchen Analysen explizit oder implizit am Idealbild eines voll auskristallisierten nationalen demokratischen Systems gemessen wird. Ein solcher Vergleich mag zwar zweckdienlich sein, um überhaupt erst das Problem einer mangelnden demokratischen Legitimation der Union und ihrer Entscheidungsprozesse zu erkennen; dem ist mit Craig (2021: 29) aber auch zu entgegnen, "that a number of these alleged deficiencies are overstated, in the sense that insofar as there are problems within the EU these are no greater than in nation states". Zudem verstellt der Vergleich mit nationalen Staaten den Blick in zweierlei Hinsicht. Zum Ersten unterstellt er implizit, dass demokratische Legitimation nur im Rahmen von nationalstaatlich oder vergleichbar verfassten Systemen zu haben sei, während denkbare andere Formen demokratischer Legitimation außerhalb des Blickfelds bleiben (Lord 2004); zum Zweiten ignoriert er die Besonderheiten des EU-Systems und die in ihnen angelegten Potenziale für die Herausbildung neuer, transnationaler Formen von Demokratie. Vor diesem Hintergrund sollen im Folgenden zunächst verschiedene Konzepte zur Stärkung der demokratischen Verfasstheit der Union vorgestellt werden, die versuchen, den Besonderheiten des EU-Systems Rechnung zu tragen.

13.2 Konzepte zur Stärkung der demokratischen Verfasstheit der EU

Angesichts der demokratischen Defizite der EU und des wachsenden Legitimationsbedarfs des Systems richtet sich die Fachdebatte zunehmend auf die Frage, wie diese Defizite zu beheben oder zumindest abzumildern seien. Diese Bemühungen resultieren in verstärkten theoretischen Anstrengungen zur Erfassung der Bedingungen und Möglichkeiten transnationaler Formen von Demokratie (Abromeit 1998, Lord 2004, Erikson und Fossum 2007, Huget 2007, Rittberger 2010), sowie im empirischen Aufspüren von Demokratisierungspotenzialen innerhalb des EU-Systems (Lord 2004 und 2008, Hix et al. 2005 und 2007, Lord und Harris 2006, Huget 2007, Hix 2008). Daraus werden konkrete Lösungswege zur Stärkung der demokratischen Verfasstheit der EU abgeleitet. Eine radikale Gegenposition vertritt Jürgen Neyer, der postuliert, dass die EU als Mehrebenensystem nicht demokratisch verfasst sein könne; ihre Entscheidungen könnten allenfalls gerechtfertigt, also legitimiert werden (Neyer 2012).

Im Folgenden sollen die wesentlichen Vorschläge zur Stärkung der demokratischen Verfasstheit des EU-Systems vorgestellt werden. Grundsätzlich besteht unter den meisten Autoren Einigkeit, dass die Behebung der Demokratiedefizite der EU *nicht* über die Ausweitung der Befugnisse des Parlaments, wie es häufig und insbesondere vom Parlament selbst gefordert wird, und noch weniger über die Schaffung all der Voraussetzungen, die auf nationalem Niveau gegeben sind, erfolgen kann. Vielmehr wird betont, dass die EU kein ausgefeiltes staatliches System sei und werden könne, und dass das System nach wie vor entlang nationaler Trennlinien segmentiert sei, womit sich eine weitergehende Anwendung des majoritären Prinzips verbiete (vgl. beispielsweise Abromeit 1998, Scharpf 2015). Vor diesem Hintergrund werden Vorschläge lanciert, die sich auf verschiedene Facetten der demokratischen Defizite beziehen und begrenzte Verbesserungen vorsehen:
- die Direktwahl des Kommissionspräsidenten (Hix 2005 und 2008, Decker 2012),
- den Einsatz von direktdemokratischen Instrumenten (Referenden) (Abromeit 1998);
- den Ausbau assoziativer Formen der Repräsentation (Zürn 2000, Huget 2007, Greenwood 2017),
- den Ausbau deliberativer Entscheidungsverfahren (Habermas 2001),
- den Ausbau institutioneller Kontrollmechanismen im EU-System (Checks und Balances) (Lord 2007, Neyer 2012, Bovens und Curtin 2016).

Lediglich Habermas (2015) hat sich an einen umfassenden Vorschlag zur Schaffung einer transnationalen Demokratie gewagt.

Die *Direktwahl der Kommissionspräsidenten* wäre ein erster Schritt zur Transformation der EU in ein stärker majoritäres System (Hix 2005 und 2008, Decker 2012; zur Kritik an Hix siehe Bartolini 2005b). Damit könnte es auf der europäischen Ebene zu einer First-Order-Wahl kommen, was die Bindung des Elektorats an die EU stärken würde. Um das Amt müssten verschiedene Anwärter konkurrieren, womit unterschiedliche Integrationswege zur Diskussion gestellt werden könnten. Allerdings brächte ein solcher Schritt auch eine Reihe von Kehrseiten mit sich: Zum Ersten würde er die Position der Kommission stärken, was von den Mitgliedstaaten kaum gewünscht wird. Zum Zweiten würde er die Kommission stark politisieren und damit ihre unabhängige Position unterminieren; ihre Rolle als Vertreterin der allgemeinen Interessen der Union wäre gefährdet. Zum Dritten ist unklar, wie der nationale Proporz bei einer solchen Wahl gewahrt werden könnte. Bei einfacher Verhältniswahl hätten die Bürger der großen Staaten ein disproportionales Gewicht; bei der Anwendung einer degressiven Proportionalität wären die kleinen Staaten übermäßig einflussreich. Zum Vierten ist offen, ob die Kandidaten eine parteipolitische Ausrichtung haben sollten: Wenn ja, könnte die Wahl von nationalen Gesichtspunkten beeinflusst werden. Außerdem würde die Kommission noch stärker politisiert; ihre Unabhängigkeit wäre nicht mehr gewährleistet. Treten die Kandidaten ohne parteipolitische Zugehörigkeit an, ginge es bei der Wahl nur um deren persönliche Verdienste (oder Versprechen), eventuell auch um ein Programm von Vorhaben, dessen Realisierung aber angesichts der begrenzten Entscheidungs- und Handlungsmacht der Kommission völlig offenbleibt.

Mit dem Lissabon-Vertrag wurde ein vorsichtiger Schritt in diese Richtung gesetzt, indem das Europäische Parlament nunmehr auf Vorschlag des Europäischen Rates die Kommissionspräsidenten wählen darf. Da keine der großen Fraktionen die notwendige absolute Mehrheit aufbringen kann, muss die Wahl auf einem breiten Kompromiss zwischen den Fraktionen basieren (Heidbreder und Schade 2024). Damit kann das majoritäre Prinzip mit dem derzeitigen Verfahren nicht zum Zuge kommen; der Wählerwille muss zugunsten eines tragfähigen Kompromisses zurücktreten.

Der Einsatz von *direktdemokratischen Instrumenten* in der Form von europaweiten Referenden wird von zahlreichen Autoren favorisiert. Solche Referenden sollten vor allem zu grundlegenden Fragen der Integration oder Vertragsänderungen abgehalten werden. Abromeit (1998) hat darüber hinaus zwei weitere Varianten vorgeschlagen, und zwar zum einen regionale Referenden, zum anderen sektorale oder funktionale Referenden. Regionale und funktionale Interessen sieht sie aufgrund der starken Dominanz nationalstaatlicher Positionen im europäischen Entscheidungsprozess ungenügend berücksichtigt; über entsprechende Referenden werde den Vertretern dieser Interessen eine Stimme oder sogar eine Vetomöglichkeit in Bezug auf Integrationsschritte oder einzelne Richtlinien eingeräumt. Die Vorteile von Referenden liegen auf der Hand: Bei europaweiten Referenden könnten die Bürger zumindest über die Gesamtrichtung des Integrationsprozesses regelmäßig direkt entscheiden, was ihre Bindung an das Projekt sicherlich erhöhen würde. Über regionale oder sektorale Referenden könnten gewichtige, jedoch ungenügend berücksichtigte Minoritäten regelmäßig Integrationsprojekte infrage stellen, die ihren Interessen oder Präferenzen entgegenstehen. Insgesamt könnte im Rahmen von Referenden der europapolitische Diskurs intensiviert und das allgemeine Misstrauen gegenüber europäischen Entscheidungen reduziert werden (Zürn 2000).

Allerdings beinhalten auch diese Vorschläge eine Reihe von Problemen: Referenden sind teuer und aufwendig, können also nur zu den wichtigsten Fragen organisiert werden. Referenden können von politischen Parteien, gegenwärtig insbesondere aus dem rechten Spektrum, für ihre Zwecke instrumentalisiert werden. Europäische Themen sind oft hochkomplex und lassen sich nur schwer in einfache Fragen für ein Plebiszit transformieren. Schließlich würden europaweite Referenden das gleiche Problem wie die Direktwahl des Kommissionspräsidenten aufwerfen: Je nach Wahlmodus hätten entweder die großen oder die kleinen Mitgliedstaaten ein überproportionales Gewicht. Das wohl größte Problem ist allerdings, dass Referenden vermutlich eher negativ ausfallen und somit den gesamten Integrationsprozess oder einzelne Schritte regelmäßig ausbremsen würden. Bisherige Referenden in den Mitgliedstaaten zu Europafragen zeigten, dass die Wahlkämpfe von nationalen Themen überlagert wurden und dass eine generell negative Haltung der Bürger gegenüber dem europäischen Projekt das Wahlverhalten stark bestimmte (Mendez et al. 2014).

Der Ausbau *assoziativer Formen der Repräsentation* und insbesondere der zivilgesellschaftlichen Beteiligung an europäischen Entscheidungen hat bisher kaum zu konkreten Vorschlägen geführt, sondern wird primär als Postulat diskutiert (z. B. Zürn 2000, Huget 2007). Allerdings bestehen bereits solche Formen der Partizipation (vgl. Kap. 11). Empirische Studien belegen jedoch, dass die Herstellung einer demokratisch legitimierten Repräsentanz von Verbänden und insbesondere zivilgesellschaftlichen Gruppen und Akteuren in europäischen Entscheidungsprozessen mit großen Schwierigkeiten verbunden ist (vgl. Kap. 11.1).

Der Ausbau *deliberativer Entscheidungsverfahren* wurde insbesondere von Habermas (2001) in die Debatte eingebracht, aber auch von zahlreichen anderen Autoren favorisiert. Deliberative Entscheidungsprozesse stützen sich weder auf majoritäre, noch auf verhandlungsgeleitete Entscheidungsverfahren, sondern gehen von der Konsenssuche (und -findung) zwischen den beteiligten Akteuren aus. Die Konsensfindung wird möglich, weil die einzelnen Akteure nicht mit einem Mandat zur Durchsetzung bestimmter Interessen ihrer Constituencies, also der sie unterstützenden Gruppen oder Gemeinschaften, ausgestattet sind, sondern nach jeweils optimalen Problemlösungen suchen. Zudem sind sie in der Lage und auch bereit, die Haltungen und Positionen der jeweils anderen Beteiligten mit zu reflektieren und zu berücksichtigen oder sich sogar von deren Argumenten überzeugen zu lassen. Es sind also offene, argumentative Diskurse, die die Entscheidungsfindung in entsprechenden Gremien im Konsensverfahren ermöglichen oder erleichtern. Solche deliberativen Formen der Entscheidungsfindung kommen vor allem in Expertengremien oder „epistemic communities", also Wissenschaftler-Kreisen, zustande, wie sie in internationalen Organisationen häufig tätig sind (Haas 1992). Sie lassen sich aber auch für eine ganze Reihe europäischer Entscheidungsgremien und -arenen konstatieren, insbesondere ihre mehr oder weniger institutionalisierten Substrukturen bis hin zu den vielfältigen informellen Politiknetzwerken, nicht jedoch für die wichtigsten Entscheidungsträger, Rat und Europäischen Rat (z. B. Neyer 2006, Huget 2007, Schmalz-Bruns 2007, Lewis 2019; für einen Überblick siehe Rittberger 2010).

Das Konzept der deliberativen Demokratie beschränkt sich aber nicht nur auf problemlösungsorientierte Entscheidungsprozesse. Vielmehr kommt es darauf an, den Zugang der Öffentlichkeit zu solchen Entscheidungsprozessen zu gewährleisten und sie in die Lage zu versetzen, diese Prozesse nachzuvollziehen und eventuell zu kontrollieren (Habermas 2001). Angesichts der komplexen Systemstruktur der EU und der Intransparenz ihrer Entscheidungsprozesse sind jedoch die Chancen der Realisierung dieses Aspekts einer deliberativen Demokratie als äußerst gering einzustufen (Huget 2007).

Auch der Ausbau *institutioneller Kontrollmechanismen,* der die Stärkung von Checks und Balances im EU-System beinhalten würde, spielt derzeit vornehmlich als Postulat eine Rolle. So schlug beispielsweise Lord (2007) vor, dass das EP den Rat in seiner Gesamtheit kontrollieren müsse; er verweist allerdings auch auf die vielfältigen Einschränkungen, die einer solchen Vorgehensweise entgegenstünden. Andere Autoren wollen dagegen den nationalen Parlamenten weitgehende Kontrollfunktionen gegenüber den EU-Organen zuweisen (z. B. Neyer 2012). In diesem Falle wäre allerdings die Kontrollfunktion entlang nationaler Trennlinien fragmentiert. Curtin postuliert, dass beide, das europäische Parlament sowie die nationalen Parlamente, die Kontrollfunktionen übernehmen sollten; über eine stärkere Vernetzung könnten sie die Trennlinien zwischen ihnen überwinden (Curtin 2014).

Insgesamt sind somit alle Vorschläge zur Demokratisierung des EU-Systems im Falle ihrer Realisierung mit erheblichen Problemen und gegenläufigen Effekten behaftet, was einmal mehr die Schwierigkeiten des gesamten Unterfangens illustriert. Allerdings erwarten die meisten Autoren erst von der Kombination verschiedener Vorgehensweisen positive Effekte; darüber ließen sich dann auch die Checks und Balances steigern. Es ist aber zu erwarten, dass solche Kombinationen auch die gegenläufigen Effekte und insgesamt die Intransparenz des EU-Systems und seiner Entscheidungsverfahren potenzieren würden.

Gegenüber diesen eher inkrementellen Versuchen einer Demokratisierung der EU und angesichts der Euro-Krise, die zu einschneidenden, demokratisch kaum legitimierten Entscheidungen der europäischen Organe gegenüber den Schuldnerstaaten geführt hatte, hat Habermas (2015) einen Vorschlag für eine grundsätzliche Reform des EU-Systems zur Schaffung einer *transnationalen Demokratie* in die Debatte eingebracht. Demnach strebt er die Bildung einer Art *Zweikammersystem* an, analog zum politischen System der USA, aber auch abweichend von diesem, denn die europäische Ebene sollte zwar supranational, aber keineswegs umfassend souverän sein. Ein somit heterarchisches und zugleich föderales System wie die EU müsse auf einem doppelten Souverän basieren, den europäischen Bürgern und den europäischen Völkern (den Staaten). Erstere wären durch das Parlament repräsentiert; diesem müssten dann allerdings volle Rechte in der Gesetzgebung sowie ein umfassendes Initiativerecht verliehen werden

(Habermas 2015: 554). Letztere wären durch den Rat repräsentiert. Nach seiner Sicht sind allerdings die Mitglieder von Rat und Europäischem Rat durch nationale Wahlen nicht ausreichend legitimiert, um auf der europäischen Ebene Entscheidungen über andere Mitgliedstaaten zu treffen. Ob und wie die Mitglieder der Räte auf andere Weise gewählt werden könnten, führt Habermas jedoch nicht aus. Konkret schlägt er nur vor, den Europäischen Rat in den Rat zu integrieren. Zudem soll die Kommission die Funktionen einer Regierung übernehmen, und von Rat und Parlament gleichermaßen zur Rechenschaft gezogen werden (Habermas 2015: 555). Aber auch hier bleibt offen, welche Funktionen der Kommission dabei zukommen sollten. Zudem bedarf es nach Habermas (2015: 553) der Schaffung einer europäischen öffentlichen Sphäre. Hierfür bestehe bereits eine Infrastruktur in Form der nationalen öffentlichen Sphären; es reiche, diese gegeneinander zu öffnen. Für die vorgeschlagenen Reformschritte zur Schaffung einer transnationalen Demokratie wären allerdings umfassende Vertragsänderungen erforderlich.

Das von Habermas entwickelte Demokratisierungskonzept für die Union ist besonders wegen seiner Erfassung des gesamten EU-Systems und seiner internen Kohärenz als überzeugend zu werten; zudem knüpft es auf vielfältige Weise an die bestehenden Strukturen an und bewertet sie als wichtige Ausgangspunkte für den einzuschlagenden Reformweg (siehe besonders Habermas 2015: 555). Allerdings sind in diesem Konzept eine Reihe von Fragen offen, die einer weiteren Konkretisierung bedürften und vermutlich dann eine Reihe von schwer auflösbaren Widersprüchen aufzeigen würden.

Insgesamt können die Autoren, die konkrete Vorschläge zur Stärkung der demokratischen Verfasstheit des EU-Systems und seiner Legitimation lancieren, keine definitiven Lösungen für die Demokratiedefizite der Union bieten. Es gelingt ihnen aber, den Blick für die Wahrnehmung neuer Möglichkeiten und Potenziale demokratischer Willensbildung jenseits der nationalen Staaten zu öffnen und den eher pessimistischen Einschätzungen staatszentrierter Demokratietheoretiker begründet entgegenzutreten.

13.3 Ansätze transnationaler Demokratie im EU-System

Demokratisierungskonzepte für das EU-System, wie elaboriert und durchdacht sie auch im Einzelnen sein mögen, haben nur dann eine Chance auf Realisierung, wenn sie an den realen Bedingungen des Systems, den austarierten Machtverhältnissen zwischen seinen Akteuren und generell der Machtbalance zwischen seinen Institutionen ansetzen beziehungsweise diese berücksichtigen. Vor diesem Hintergrund sollen im Folgenden das institutionelle Gefüge sowie die Entscheidungsverfahren der EU auf die in ihnen angelegten Potenziale für die Herausbildung transnationaler Formen von demokratischer Verfasstheit hin analysiert werden. Grundthese ist dabei, dass gerade die vielzitierten Defizite des EU-Systems als Ausgangspunkt für die Herausbildung neuer Formen demokratischer Willensbildung fungieren könnten. Dazu sollen im Folgenden drei besondere Facetten des EU-Systems vorgestellt werden:

- das Verhältnis von Kommission und Rat einschließlich Europäischem Rat als eine Form der systematischen Machtteilung;
- die unabhängige Position des Europäischen Parlaments gegenüber den anderen Organen und die daraus resultierende Funktionslogik seiner Entscheidungen;
- die Rolle nicht-staatlicher Akteure in europäischen Entscheidungsprozessen.

(1) Das *Verhältnis von Kommission und Rat* wird unter demokratietheoretischen Aspekten häufig kritisiert, weil es einerseits keine klare Gewaltenteilung, andererseits keine Kontrollbeziehungen zwischen diesen Organen gibt (z. B. Bartolini 2005a, Majone 2009). Diese Sichtweise ist allerdings von der Verfasstheit nationaler politischer Systeme geprägt; die Bedeutung der Besonderheiten des EU-Systems werden dabei nicht gewertet.

Die Aufgabenverteilung zwischen Kommission und Rat ist als ein Verhältnis wechselseitiger Abhängigkeit konzipiert: Indem die Kommission über das alleinige Initiativrecht verfügt, kann der Rat nicht ohne sie tätig werden; indem der Rat über die definitive Entscheidungsmacht verfügt, ist die Kommission auf diesen angewiesen. Manche Autoren gehen zwar davon aus, dass dem Rat aufgrund seiner Entscheidungsmacht eine herausgehobene Stellung zukomme, während die Kommission ihm eindeutig untergeordnet sei (z. B. Moravcsik 1998). Die Praxis der Integration lehrt allerdings, dass die Kommission dem Rat ihr eigene Machtmittel entgegensetzen kann und sie auch entsprechend nutzt. Diese Machtmittel resultieren aus einer Kombination der in den Verträgen festgelegten Kompetenzen und dem Verfahrensmanagement der Kommission: der Vorlage „rationaler" und gut begründeter Politikinitiativen, die ihrerseits über ausgeklügelte Verfahren der Anhörung von Interessengruppen, Experten und Betroffenen erarbeitet wurden, sowie dem Vorschlagen von multidimensionalen und breit akzeptierbaren Kompromisslösungen. Die Rationalität der Kommissionsvorschläge resultiert auch aus ihrer Unabhängigkeit von Wahlen, die es ihr ermöglicht, eine Langzeitperspektive einzunehmen und somit Vorschläge zu lancieren, die nicht von temporären Konjunkturen bestimmter Themen abhängig sind oder gar sich populistisch nach vorübergehenden Mehrheitsmeinungen oder Stimmungen richten. Vielmehr kann sie sich wesentlich freier als jedes gewählte Organ am langfristigen Gemeinwohl für Europa in seiner Gesamtheit orientieren (Menon und Weatherill 2008). Die Kommission stützt sich somit auf *Verfahrensmacht*, über die sie die Entscheidungen des Rates weitgehend präfigurieren und somit dessen *Entscheidungsmacht* einschränken kann.

Das Verhältnis zwischen Kommission und Rat sowie Europäischem Rat ist somit durch ein gewisses Machtgleichgewicht gekennzeichnet, wobei mal die eine, mal die andere Seite dominieren kann (Vgl. Kap. 3, 4 und 5). Keine Seite kann jedoch alleine den Integrationsprozess bestimmen; die Räte nicht, weil sie den Schwierigkeiten des kollektiven Handelns unterliegen, die Kommission nicht, weil ihr die Entscheidungs-macht fehlt. Das EU-System ist somit nicht von einer obersten Machtzentrale domi-niert; vielmehr bildet es aufgrund seiner bizephalen Struktur zwei Machtzentralen aus, die zueinander in einem wechselseitigen Abhängigkeitsverhältnis stehen und sich in ihrer Machtausübung gegenseitig einschränken (vgl. auch Majone 2005). Diese Konstellation hat die Funktion, die komplexen Interessenlagen im Prozess der euro-päischen Integration sorgfältig gegeneinander abzuwägen und zu vermitteln. Dabei steht die Kommission für das gemeinsame Interesse am Vorantreiben der Integration, während der Rat die Partikularinteressen der einzelnen Mitgliedstaaten repräsentiert, intern vermittelt und schließlich zu einer gemeinsamen Position bündelt.

Die bizephale Struktur, die auch die gesamten jeweiligen Substrukturen der Organe durchzieht, bietet einen Verfahrensmechanismus zur Aushandlung und Abwägung von funktionalen und territorialen Interessen. Dabei wird jedoch nicht zwischen diesen In-stitutionen konkret verhandelt, vielmehr stehen sie in einem strukturellen Verhältnis zueinander, einer institutionellen Konfiguration, aus der die Vermittlung zwischen funktionalen und territorialen Interessen resultiert. Mit anderen Worten: diese Vermitt-lung resultiert aus der *Teilung der Macht zwischen legislativer Initiative und bindender Entscheidungsmacht* (Tömmel 2016b). Allerdings gilt diese geteilte Macht nicht für kon-stitutionelle Fragen.

Über die wechselseitige Einschränkungen der Machtausübung der beiden zentra-len Organe sowie die Notwendigkeit des Ausgleichs der Interessen, die sie repräsen-tieren, bildet sich so in der EU ein gewisses Maß an institutioneller Kontrolle im Sinne von Checks und Balances heraus (Moravcsik 2002: 609–610 und 2004). Diese institutio-nelle Konstellation sollte nicht beseitigt werden; vielmehr sollten beide Pole der bize-phalen Struktur durch zusätzliche Verfahren demokratisch legitimiert werden.

(2) Das *Europäische Parlament* ist nach der gängigen Lesart durch das Fehlen einer Reihe von Kompetenzen gekennzeichnet, die einem „normalen" Parlament auf natio-nalem Niveau zukommen (siehe Kap. 13.1). Fragt man dagegen umgekehrt, welche Funktionen das Parlament im EU-System erfolgreich wahrnimmt, dann sind es gerade diese Defizite, die seine Arbeit im positiven Sinne strukturieren. Die fehlende Bindung an eine Regierung[3] und die große Unabhängigkeit von den anderen Organen verlei-hen dem Parlament die Freiheit, eigene Positionen zu entwickeln und diese auch im Gegensatz zu den anderen Organen zu vertreten. In die gleiche Richtung wirken die relative Unabhängigkeit von den nationalen politischen Parteien und die geringere ideologische Bindungskraft der Parlamentsfraktionen. Soweit dennoch parteipoliti-sche Positionen eine Rolle spielen, werden sie häufig zurückgestellt zugunsten der Er-

---

3 Demokratietheoretisch ginge es um die (fehlende) Bindung der Regierung an ein Parlament. Mit der obigen Formulierung soll kritisch darauf verwiesen werden, dass nationale Parlamente und vor allem die Regierungsparteien in ihnen häufig in Abhängigkeit von der Regierung handeln und nicht umgekehrt.

zielung breiter Kompromisse. Auch die Trennlinien zwischen nationalen Interessen spielen im Parlament zwar eine Rolle, werden aber ebenfalls häufig zugunsten der Erzielung von Kompromissen zurückgestellt oder über elaborierte Verfahren des Interessenausgleichs entschärft. Breite Mehrheiten verleihen dem EP mehr Durchsetzungskraft sowie Legitimation bei der Vertretung seiner Position gegenüber den anderen Organen.

Aufgrund seiner relativen Freiheit konnte sich das Europäische Parlament in ganz spezifischen Themenbereichen profilieren, die nicht oder kaum von der Parteienkonkurrenz besetzt sind: Umweltschutz, Menschenrechte, Minderheitenschutz, Gleichstellungsfragen, Gesundheits- und Verbraucherschutz, Umgang mit neuen Technologien sowie Datenschutz. Das Parlament vertritt so *nolens volens* bisher eher schwach organisierte gesellschaftliche Interessen, die sich zumeist aus vergleichsweise neuen Problemlagen ergeben haben und die bisher in den polarisierten Parteiensystemen auf nationaler Ebene kaum Berücksichtigung fanden. Mit dieser Art der Interessenvertretung gewinnt das Parlament ein spezifisches Profil gegenüber Kommission und Rat, die primär funktionale beziehungsweise territoriale Interessen vertreten. Den von dieser Seite erarbeiteten technischen oder marktrationalen Konzepten tritt das EP mit ethischen und moralischen Argumenten entgegen und fordert so die Rechtfertigung europäischer Entscheidungen ein (Neyer 2010). Nicht von ungefähr wurde denn auch das Parlament schon sehr früh als „Gewissen der EG" bezeichnet.

Als Gewissen der EU fungiert das Parlament auch, indem es sich für eine weitere Demokratisierung und Bürgernähe des Systems einsetzt; ja es hat überhaupt erst den Gedanken des „demokratischen Defizits" in die öffentliche Debatte eingebracht und wiederholt konkrete Vorschläge zu seiner Behebung lanciert. Dementsprechend kam es zu einer inkrementellen Stärkung des parlamentarischen Einflusses im EU-System (Rittberger 2012). In diesem Sinne fungiert das Parlament – wenngleich nicht immer mit kurzfristigem Erfolg – als Wortführer und Motor einer weitergehenden Demokratisierung des EU-Systems und damit auch als Repräsentant des europäischen Elektorats in seiner Gesamtheit.

Schließlich tritt das Europäische Parlament auch bei der Ausübung von Kontrollfunktionen eher als „echte" Volksvertretung denn als integrierter Teil eines Regierungssystems auf. So scheut es sich nicht, etwaige Missstände aufseiten der Kommission anzuprangern und auch von seinem Recht der Entbindung der Kommission Gebrauch zu machen. Dabei lässt es sich nicht von politischem Druck der Mitgliedstaaten beeinflussen, wie es angesichts der Krise der Santer-Kommission 1999 deutlich wurde. Diese Krise bestätigte, dass das Parlament nicht eine Repräsentationsfunktion im Sinne spezifischer gesellschaftlicher Interessen, sondern eine allgemeine Kontroll- und Korrektivfunktion gegenüber der Kommission ausübt. Aber auch gegenüber dem Rat nimmt das EP eine strukturelle Kontrollposition ein, indem es die Gesetzesvorlagen mit diesem abwägt; beim Europäischen Rat kann es diese Rolle jedoch nur in Budgetfragen wahrnehmen. Es ist also auch die unabhängige Position des Parlaments gegenüber der Kommission und den Räten, die eine spezifische *Machtteilung* beinhaltet und somit ebenfalls institutionelle Checks und Balances gewährleistet.

Die Wahrnehmung dieser Funktionen durch das Parlament wird unterstützt von einem häufig deliberativen Stil der Entscheidungsfindung. Dies gilt sowohl für Entscheidungen innerhalb des Parlaments als auch im Verhältnis zu den anderen Organen. Innerhalb des Parlaments liegt es angesichts der vielfachen parteipolitischen Trennlinien näher, über eine rationale Argumentation den Konsens zu suchen, statt auf parteipolitischen Prinzipien und Positionen zu beharren. In den Beziehungen zu Rat und Kommission hat sich der deliberative Stil insbesondere über die Vermittlungsverfahren in der Gesetzgebung herausgebildet. Die meisten Entscheidungen des Europäischen Parlaments werden von sehr breiten Mehrheiten getragen, die weit über die erforderliche absolute Mehrheit hinausgehen. Allerdings ist das Zustandekommen solcher Mehrheiten, wie insgesamt der deliberative Entscheidungsstil, in letzter Zeit zunehmend gefährdet durch das Auftreten rechtspopulistischer und rechtsextremer Fraktionen. Diese tragen nicht nur parteipolitische Auseinandersetzungen in das EP hinein, sondern bilden auch teilweise gemeinsam mit der konservativen EVP-Fraktion (knappe) Mehrheiten, über die sie die Interessen ihrer jeweiligen Constituencies bedienen, eine gemeinwohlorientierte Politik, beispielsweise den European Green Deal, jedoch ausbremsen (vgl. Kap. 8.3).

Insgesamt vertritt das Europäische Parlament somit häufig allgemeine und grundlegende Interessen der Bürger Europas, und weniger parteipolitisch polarisierte Interessen spezifischer Gruppen oder Fraktionen. Damit gibt das Parlament vor allem den Bürgern eine Stimme in den Themen, die sich erst rezent als neue Probleme herausgebildet haben. Diese Themen spielen in der Parteipolitik auf nationalem Niveau und auch in den Räten häufig eine untergeordnete Rolle, sodass das EP somit komplementäre politische Funktionen sowohl zu den nationalen Parlamenten als auch zu den Organen der EU wahrnimmt. Damit trägt es zu einer Stärkung des Systems der Checks und Balances in der Union bei (siehe auch Neyer 2010). Diese Rolle des Parlaments ist aber in der Gegenwart zunehmend gefährdet. Überdies reicht sie nicht aus, um strittige politische Themen adäquat zu repräsentieren. Es bedarf also auch in diesem Falle weiterer Verfahren der demokratischen Repräsentation und Legitimation, um dem Ideal einer transnationalen Demokratie näher zu kommen.

(3) Der *Einbezug* nicht-staatlicher *Akteure* in europäische Entscheidungsprozesse wird unter demokratietheoretischen Überlegungen häufig kritisiert, weil die diesbezüglichen Formen der Repräsentation hochgradig asymmetrisch sind – vor allem Wirtschaftsverbände dominieren – und weil keine gleichberechtigten, offenen und transparenten Zugangsmöglichkeiten bestehen – die Auswahl von am Entscheidungsprozess Beteiligten liegt primär in Händen der Kommission (z. B. Huget 2007). Hinzu kommen Faktoren wie ungleiche Ressourcenverteilung zwischen Interessenvertretern sowie die sehr unterschiedliche Organisationsfähigkeit von Interessen

auf der europäischen Ebene aufgrund von vielfältigen Fragmentierungen der Interessenlagen (vgl. Kap. 11.1).

Die oben skizzierte Argumentation, die ebenfalls am Maßstab nationaler politischer Systeme orientiert ist, verkennt allerdings die Herausbildung neuer Formen der Interessenartikulation und -vertretung auf der europäischen Ebene. Zwar waren es anfangs ressourcenreiche Wirtschaftsvertreter, die primär in den Entscheidungsprozess einbezogen wurden; inzwischen trifft die Kommission aber eine zunehmend sorgfältigere Auswahl ihrer Gesprächspartner. Zivilgesellschaftliche Akteure wie etwa Umweltgruppen, Frauenlobbys, Menschenrechtsaktivisten oder Verbraucherschützer, spielen dabei eine herausgehobene Rolle und haben nach Ansicht vieler Autoren ausreichenden Zugang zur Union (z. B. Klüver 2013, Greenwood 2017). Die Kommission unterstützt zudem die Selbstorganisation solcher Gruppen ebenso wie ihre transnationale Kooperation (vgl. Kap. 11.1). Aus der Perspektive demokratischer Legitimation ist dies als signifikante Ausweitung von Mitsprache- und Partizipationsmöglichkeiten zu werten.

Diese Strategie der Kommission wird in der Literatur vielfach als Versuch gewertet, für ihre Initiativen politische Unterstützung und Legitimation gegenüber dem Rat zu mobilisieren. Nach Andersen und Burns (1996) sind diese Entwicklungen jedoch als Indikator einer grundlegenden Transformation demokratischer Interessenvertretung zu werten. Demnach können große, ein breites Spektrum von Interessen aggregierende Verbände immer weniger die Interessen ihrer Mitglieder wirksam und legitim vertreten. Vielmehr erweisen sich kleinere Gruppen, Betroffene und sich verantwortlich Fühlende, die direkt in issue-spezifischen Netzwerken partizipieren und ihre Interessen dort artikulieren, als wesentlich wirksamer und erfolgreicher (Andersen und Burns 1996). Mit anderen Worten: Selbstrepräsentation begrenzter Interessen löst die klassischen Formen der Repräsentation ab.

Ein solcher Prozess, der auch in nationalen politischen Systemen wahrzunehmen ist, findet auf der europäischen Ebene besonders günstige Bedingungen für seine Entfaltung. Die Konkurrenz traditioneller Verbände, die als Gatekeeper fungieren könnten, ist hier kaum gegeben oder fällt weniger ins Gewicht (vgl. Kap. 11.1). Zudem fördert das scheinbar unpolitische, problemlösungsbezogene Handeln der Kommission eine solche Entwicklung (Turner 2008). Und auch das Legitimationsdefizit der Union begünstigt die Herausbildung solcher Formen der Interessenvertretung (Kohler-Koch 2007).

Indem so unter der Regie der Kommission neue Netzwerke von Experten, Beteiligten und Betroffenen problemlösungsorientiert Entscheidungen vorbereiten, können einerseits breitere und allgemeinere, andererseits spezifischere und auf nationalem Niveau häufig unterrepräsentierte Interessen Berücksichtigung finden.[4] Da aber

---

4 Als wohl deutlichstes Erfolgsbeispiel ist in diesem Kontext die Verabschiedung der Gleichstellungsrichtlinien der 70er und frühen 80er Jahre zu nennen, an deren Zustandekommen Frauengruppen

die aus solchen Entscheidungen resultierenden Problemlösungen das Parlament und den Rat passieren müssen, können sie in diesen Gremien expliziter nach bestimmten politischen, territorialen und sektoralen Kriterien (Rat) oder auch im Hinblick auf ihre Gemeinwohlorientierung (Parlament) überprüft und entsprechend modifiziert werden.

Damit kommt es in der EU zur Herausbildung eines zweistufigen Prozesses der Entscheidungsfindung. Auf der ersten Stufe werden unter der Regie der Kommission eher technisch orientierte Problemlösungen unter extensiver Partizipation von Experten, Beteiligten und Betroffenen erarbeitet. Erst auf der zweiten Stufe, wenn Rat und Parlament bindende Beschlüsse fassen, finden „klassische" Abwägungsprozesse zwischen breiteren funktionalen, sektoralen sowie territorialen Interessen statt, dies jedoch nicht mehr unter Beteiligung oder signifikanter Einflussnahme nicht-staatlicher Akteure (Friedrich 2008, Klüver 2013). Eine solche Vorgehensweise erlaubt es, angesichts einer hochkomplexen Gemengelage widerstreitender Interessen sowohl differenzierte Problemlösungen zu finden, als auch eine Abwägung unter expliziten politischen Kriterien zu treffen. Zudem gelingt es auf diese Weise, eine Vielzahl von zivilgesellschaftlichen Akteuren in europäische Entscheidungen einzubeziehen, was die demokratische Legitimation des EU-Systems erhöht.

Allerdings ist zu beachten, dass der Einbezug gesellschaftlicher Akteure in europäische Entscheidungsprozesse nicht den Normen einer pluralistischen Interessenvertretung entspricht. Der ungleiche Zugang zu europäischen Entscheidungsarenen bleibt trotz deutlicher Fortschritte ein großes Problem. Zudem besteht die Gefahr, dass sich die vielfältigen Entscheidungsnetzwerke verselbstständigen und zu unüberschaubaren Formen des „sub-government" führen (Andersen und Burns 1996, Turner 2008). Schließlich mangelt es den jeweiligen Entscheidungsprozessen an Transparenz, womit Formen demokratischer Kontrolle erheblich erschwert sind.

Zusammenfassend lässt sich der Schluss ziehen, dass im EU-System transnationale Formen von Demokratie in Ansätzen bereits angelegt sind, die ein gewisses Maß an Checks und Balances gewährleisten und somit dem System Legitimation verleihen. Dabei entfalten sich diese Formen vor allem im Rahmen der institutionellen Konstellationen und Entscheidungspraktiken, die als demokratische Defizite erscheinen. So sind die Institutionen der EU durch spezifische Formen der Machtteilung gekennzeichnet, die zwischen gesetzgebender Initiative und Entscheidungsmacht trennt. Diese Art der Machtteilung erlaubt eine strukturelle Austarierung funktionaler und territorialer Interessen. Indem die legislative Entscheidungsmacht zunehmend von Rat und Parlament gemeinsam wahrgenommen wird, kommt es auch zwischen diesen Organen zu einer Machtteilung zwischen territorialen Interessen der Staaten einerseits und den allgemeinen Interessen der europäischen Bürger andererseits. Das

---

einen hohen Anteil hatten und die zugleich zur damaligen Zeit die Regelungen jedes Mitgliedstaates weit übertrafen (Hartlapp et al. 2021).

Verhältnis von Rat und Parlament ist somit durch die strukturelle Austarierung von territorialen Interessen und breiten Bürgerbelangen gekennzeichnet. Zusammengenommen bilden Kommission, Rat und Parlament ein System von wechselseitigen Einschränkungen und damit auch von Checks und Balances. Die Interessenvertretung in der EU, die zunehmend die Form von Selbstrepräsentation annimmt, erlaubt insbesondere der Kommission während der Phase der Erarbeitung von Gesetzes- und Politikinitiativen ein breites Spektrum von Meinungen zu hören. Die Trennung von gesetzgebender Initiative und bindender Beschlussfassung ist somit auch entscheidend für die Interessenvermittlung, indem sie diese im eigentlichen Entscheidungsprozess begrenzt.

Abschließend bleibt allerdings festzuhalten, dass die beschriebenen Formen transnationaler demokratischer Verfasstheit des EU-Systems allenfalls als erste Bausteine zur Gewährleistung seiner demokratischen Legitimation zu werten sind. Zudem ist ihr längerfristiger Bestand gefährdet (Tömmel 2016b). Es bedarf also weiterhin wesentlich weitergehender Überlegungen, wie und in welcher Weise die EU in ein umfassendes, transnationales demokratisches System transformiert werden kann, ohne die bekannten Formen demokratischer Verfasstheit in den Mitgliedstaaten auf der europäischen Ebene zu reproduzieren.

13.4 Schlussfolgerungen

In diesem Kapitel stand die demokratische Legitimation der EU im Zentrum des Interesses. Dabei wurde zunächst die Debatte um das demokratische Defizit des EU-Systems vorgestellt und das Spektrum einer Reihe von Defiziten aufgezeigt. In der Folge wurden verschiedene Vorschläge zur Stärkung der demokratischen Verfasstheit der EU sowie deren jeweilige Vor- und Nachteile beleuchtet. Schließlich wurden die institutionelle Struktur der Union und ihre Entscheidungspraktiken im Hinblick auf die Frage analysiert, inwieweit sie Potenziale zur Entfaltung transnationaler Formen demokratischer Legitimation aufweisen.

Wie bereits im vorangegangenen Kapitel deutlich wurde, sind Bewertungen des EU-Systems immer abhängig von der Perspektive der Beobachter. So ist die demokratische Verfasstheit der EU im Vergleich zu nationalen politischen Systemen eindeutig defizitär. Es gibt keine klare Gewaltenteilung zwischen Legislative und Exekutive, Kommission und Rat fehlt es an demokratischer Legitimation, das Parlament ist zwar direkt legitimiert, weist aber auch Defizite in seiner Repräsentativität auf und besitzt nicht die vollen Kompetenzen einer Legislative. Zudem verfügen die Organe der EU kaum über Kontrollmöglichkeiten gegenüber den jeweils anderen und auch von Seiten der Mitgliedstaaten sind die Kontrollmöglichkeiten eingeschränkt.

Wertet man die EU jedoch als neue politische Ordnung jenseits des Nationalstaats, so zeigt sich ein anderes Bild. Dann erscheinen bestimmte institutionelle Konstellationen als günstige Bedingungen für die Herausbildung alternativer demokratischer

Praktiken. Zum Ersten erlaubt die bizephale Struktur des Systems und insbesondere die Machtteilung zwischen legislativer Initiative und bindenden Entscheidungen die Vermittlung zwischen funktionalen und territorialen Interessen oder, anders formuliert, zwischen gesamteuropäischen und einzelstaatlichen Interessen. Zum Zweiten erlaubt die vergleichsweise unabhängige Position des Parlaments die Vertretung der grundlegenden gemeinsamen Interessen der Bürger Europas und damit die Verfolgung des Gemeinwohls, während Parteipolitik und die entsprechenden Konkurrenzmechanismen in den Hintergrund treten. Die geteilte Entscheidungsmacht zwischen Rat und EP repräsentiert also einmal mehr die Repräsentanz allgemeiner, breiter Interessen gegenüber den spezifischen Interessen der Staaten. Zum Dritten bieten neue Formen der assoziativen Demokratie zivilgesellschaftlichen Akteuren erleichterte Zugänge zur europäischen Arena; schwach organisierte Interessen erhalten eine stärkere Stimme, der Einfluss starker Interessengruppen wird tendenziell reduziert. Diese Tendenz wird durch die Trennung von legislativer Initiative und bindenden Entscheidungen weiter verstärkt. Zudem sind viele Entscheidungsprozesse in der EU durch einen deliberativen Stil gekennzeichnet, also die Herausbildung alternativer Formen demokratischer Willensbildung. Schließlich gilt, dass sich die europäischen Organe gegenseitig einschränken, und somit ein System von Checks und Balances konstituieren.

Insgesamt verweist die Analyse der demokratischen Verfasstheit der EU auf die Herausbildung einer transnationalen politischen Ordnung, die andere als die bekannten Mechanismen demokratischer Willensbildung nutzt. Diese sind aber bisher allenfalls in Ansätzen zur Entfaltung gekommen, sodass es der Union nach wie vor an einer vollwertigen demokratischen Legitimation fehlt. Zudem ist diese Ordnung in ihrem Bestand gegenwärtig gefährdet.

14 Das EU-System in seiner Gesamtheit

In diesem abschließenden Kapitel soll das EU-System in seiner Gesamtheit thematisiert werden. Zwei Grundfragen stehen dabei im Vordergrund, die bereits zu Anfang dieses Buches aufgeworfen wurden: Zum Ersten, wie ist das EU-System in seiner Gesamtheit zu charakterisieren? Zum Zweiten, wie erklärt sich die Dynamik der Entfaltung des EU-Systems?

Diese beiden Fragen haben die Debatte um die europäische Integration seit ihren Anfängen in den 50er Jahren bestimmt, ohne jedoch zu eindeutigen Antworten zu führen (vgl. Kap. 2).

Vor dem Hintergrund dieser Fragen, der theoretischen Reflektionen hierzu sowie der in den vorangegangenen Kapiteln präsentierten Facetten des EU-Systems werden im Folgenden zunächst die grundlegenden Charakteristika der EU als Föderation *sui generis* herausgearbeitet; in einem zweiten Schritt wird die EU in ihrer bizephalen Struktur sowie der Dynamik ihrer fortschreitenden Entfaltung und Reproduktion analysiert. Ein abschließender Abschnitt bietet einen Ausblick auf die Zukunft der europäischen Integration unter erschwerten Bedingungen: fortdauernden internen und externen Krisen sowie fundamentalen Veränderungen in den globalen Wirtschaftsbeziehungen sowie den machtpolitischen Konstellationen.

14.1 Die EU als Föderation *sui generis*

Die wissenschaftliche Debatte um die EU kreiste lange Zeit um die Frage, ob diese eher einem föderalen Staat oder einer internationalen Organisation vergleichbar sei. Auch wenn diese Debatte bis heute nicht abgeschlossen ist, hat sich parallel dazu eine alternative Sichtweise herausgebildet, die die EU als System *sui generis*, also ganz eigener Art fasst (vgl. z. B. Jachtenfuchs 1997). Diese Charakterisierung bleibt zwar zunächst noch vage, öffnet jedoch den Blick für die Besonderheiten der EU. Im Folgenden wird die Union nicht durch *ein* Etikett charakterisiert, sondern in mehreren Dimensionen vorgestellt, indem sie als Verhandlungssystem, als Verflechtungssystem und schließlich als Mehrebenensystem charakterisiert wird. Verhandlungs-, Verflechtungs- und Mehrebenensysteme charakterisieren nicht speziell die Union, sondern alle föderalen Ordnungen oder Systeme. In der EU sind diese Systemdimensionen aber durch spezifische Formen und Verfahrensmodi gekennzeichnet, sodass sie zusammengenommen eine besondere föderale Ordnung konstituieren, eine *Föderation sui generis* (Tömmel 2011a). Das grundlegende Merkmal dieses Systems ist seine bizephale Struktur.

Das zentrale Charakteristikum von *Verhandlungssystemen* ist, dass politische Entscheidungen nicht nach dem majoritären Prinzip, sondern eben als Verhandlungslösungen zustandekommen. Dies bietet gegenüber majoritären Entscheidungen den

https://doi.org/10.1515/9783111191799-014

Vorteil, dass selbst bei Unterstellung nutzenmaximierender Akteure dennoch gemeinwohlorientierte Entscheidungen getroffen werden können (Scharpf 1992). Allerdings sind Verhandlungsentscheidungen auch von einem Dilemma gekennzeichnet: Auf der einen Seite erfordern sie „Kreativität, Teamarbeit, vertrauensvollen Informationsaustausch, kurz, einen auf ‚Problemlösung' gerichteten Verhaltensstil [...]. Auf der anderen Seite unterscheiden sich die erreichbaren Lösungen jedoch fast immer in ihren Verteilungsfolgen für die einzelnen Beteiligten" (Scharpf 1992: 21). Die Folge ist, dass es in Verhandlungssituationen sowohl zu Kooperation als auch zu intensivem Bargaining, also hartem Verhandeln angesichts von Verteilungskonflikten kommt, was beides jedoch nur schwer zu vereinbaren ist. Dies kann seinerseits zu Entscheidungsblockaden führen oder zu Entscheidungen auf dem Niveau des kleinsten gemeinsamen Nenners. Scharpf empfiehlt denn auch als Lösung des Verhandlungsdilemmas die Entkopplung von kooperativen Entscheidungssituationen und solchen, die eher durch Bargaining geprägt sind (Scharpf 1992, vgl. auch Gehring 2005).

Im Lichte dieser theoretischen Überlegungen ist die EU ohne Zweifel als ein Verhandlungssystem zu werten (Grande 2000, Mayntz 2014). Wesentliche Entscheidungen werden über Verhandlungslösungen erzielt. Damit sind fast immer fundamentale Verteilungsfragen verbunden, denn jede Regelung auf europäischem Niveau verteilt – je nach den spezifischen ökonomischen, politischen und gesellschaftlichen Bedingungen – Nutzen und Lasten sehr ungleichmäßig auf die einzelnen Staaten, sektoralen Gruppen oder Betroffene (Scharpf 1999). Es bedarf also jeweils eines intensiven Bargainings, um Nutzen und Lasten möglichst fair zu verteilen und permanente Gewinner oder Verlierer zu vermeiden.

Betrachtet man vor diesem Hintergrund die Systemstruktur der EU, dann sind der Rat und der Europäische Rat als oberste Entscheidungsorgane die Orte, an denen intensives Bargaining stattfindet, zugleich aber auch integrationsfördernde Schritte zum Nutzen aller Beteiligten gefällt werden (Van Middelaar 2013). Dementsprechend wird für alle grundlegenden Entscheidungen Einstimmigkeit angestrebt. Mehrheitsentscheidungen betreffen in der Regel solche Themen, für die bereits ein breiter Grundkonsens besteht. Aber auch in den Fällen, in denen mit qualifizierter Mehrheit entschieden wird, ist das Quorum vergleichsweise hoch und die Entscheidungspraxis zielt darauf, möglichst alle Interessen der Mitgliedstaaten zu berücksichtigen (vgl. Kap. 8.2).

Aber nicht nur die intergouvernemental strukturierten Räte, sondern auch die als supranational gewerteten Organe der EU – Kommission und Parlament – sind durch verhandlungsbasierte Entscheidungen gekennzeichnet. Zwar entscheidet die Kommission laut Vertrag mit einfacher Mehrheit; in der Regel werden aber auch hier konsensuelle Lösungen angestrebt. Um diese zu erreichen, treten die Kommissare in wechselseitige Verhandlungen ein, wodurch sie Unterstützung für ihre jeweiligen Politikvorschläge mobilisieren (vgl. Kap. 8.1). Das Parlament trifft zwar majoritäre Entscheidungen; faktisch muss es aber zu deren Erzielung Verhandlungen eingehen. Denn da bei wichtigen Entscheidungen eine absolute Mehrheit erforderlich ist, die aber keine der großen Fraktionen erreichen kann, müssen auf dem Verhandlungswege breite Koalitionen zwischen sehr unterschiedlichen Fraktionen geschmiedet werden (vgl. Kap. 8.3). Darüber hinaus sind aber auch die Beziehungen *zwischen* den europäischen Organen als verhandlungsbestimmt zu charakterisieren; insbesondere im Falle des Ordentlichen Gesetzgebungsverfahrens kommt es im Rahmen der Triloge zu intensiven Verhandlungen zwischen den Vertretern der beteiligten Organe (vgl. Kap. 7.1).

Verhandlungen charakterisieren auch die Substrukturen der europäischen Organe, denn die jeweiligen Institutionen wurden eigens eingesetzt, um Verhandlungsprozesse zu optimieren. So sind COREPER, die Speziellen Ausschüsse sowie die Arbeitsgruppen mit der Erarbeitung von hoch differenzierten Verhandlungslösungen im Auftrag des Rates befasst. Aufseiten der Kommission arbeiten die Komitologie-Ausschüsse gelegentlich auf diese Weise. Schließlich ist das gesamte EU-System bis in seine letzten Verzweigungen hinein von verhandlungsbestimmten Entscheidungsstilen durchzogen: Ob es um die Durchsetzung der Wettbewerbsregeln, die Umsetzung von Forschungsprogrammen, die Implementation der Strukturfonds oder die Koordination von Beschäftigungspolitiken geht, immer wird mit Regierungen oder Verwaltungen der Mitgliedstaaten, der Regionen oder mit nicht-staatlichen Akteuren um die adäquate Lösung der anstehenden Probleme verhandelt.

Vor diesem Hintergrund stellt sich die Frage, inwieweit die EU von Entscheidungsblockaden belastet ist (Scharpf 1985). Solche Blockaden spielen zweifelsohne sowohl bei kleineren als auch bei größeren Fragen eine Rolle; in der Vergangenheit haben sie sogar wiederholt den gesamten Integrationsprozess zum Stillstand gebracht (z. B. im Falle der Politik des leeren Stuhls, vgl. Kap. 3.1). Dennoch erscheint es eher erklärungsbedürftig, warum es angesichts der Divergenzen zwischen den Mitgliedstaaten so häufig und so regelmäßig zu vorwärtsweisenden Beschlüssen kommt. Die Erklärung liegt darin begründet, dass im EU-System zunehmend Strategien und Verfahrensweisen entwickelt wurden, um Entscheidungsblockaden zu verhindern, zu überwinden oder zu umgehen, das heißt, Kooperation und Bargaining in Entscheidungsprozessen möglichst zu entkoppeln.

Das bedeutsamste und zugleich folgenreichste Blockadepotenzial stellt sich den Räten, die oftmals nur schwer zu einer Einigung finden, was angesichts der divergierenden Interessen der Mitgliedstaaten kaum erstaunlich ist. Allerdings wurde diesem Blockadepotenzial von Anfang an ein starkes Gegengewicht gegenübergestellt, indem der Kommission die Initiative zur Verfolgung des gemeinsamen Interesses an der Integration überantwortet wurde. Die bizephale Struktur des EU-Systems und insbesondere die Entkopplung von legislativer Initiative und bindender Entscheidungsfindung minimiert das Verhandlungsdilemma, indem sie gemeinwohlorientierte Entscheidungen von Verteilungskonflikten entkoppelt (Tömmel 2016b). Indem die Kommission das (allen Mitgliedstaaten gemeinsame) Interesse am Voranschreiten der Integration mit Nachdruck vertritt, können sich die Räte auf intergouvernementale Bargains konzentrieren.

Allerdings gilt dieses gemeinsame Interesse an der Integration nicht für alle Mitgliedstaaten in der gleichen Weise; es bedarf somit zusätzlicher Mechanismen, um dieses so umfassend und zugleich möglichst fair für alle zu definieren. Aufseiten der Kommission gelingt dies über einen beratenden Unterbau, der schon im Vorfeld von Entscheidungen Legislativvorschläge auf ihre Verteilungskonsequenzen hin überprüft und entsprechend anpasst (vgl. Kap. 8.1). Darüber hinaus fungieren die Komitologie-Ausschüsse als Gremien, in denen Verteilungsfragen zwischen den Mitgliedstaaten im Implementationsprozess geklärt werden können (vgl. Kap. 7.3). Umgekehrt entwickelte der Unterbau des Rates – insbesondere COREPER und seine Arbeitsgruppen – Entscheidungsverfahren, die weniger hartes Bargaining praktizieren, als vielmehr die gemeinsame Problemlösung in den Vordergrund rücken (vgl Kap. 8.2.1). Auch manche Fachministerräte sind nach Meinung vieler Autoren eher als problemlösungsorientierte Gremien denn als harte Bargaining-Arenen zu werten. Insbesondere der Europäische Rat sowie der Rat Auswärtige Angelegenheiten sind wegen ihrer grundlegenden Beschlüsse in besondere Maße vom Verhandlungsdilemma betroffen; bezeichnenderweise sind es diese Räte, die seit Inkrafttreten des Lissabon-Vertrags einer permanenten Präsidentschaft unterstehen. Damit ist die Erwartung verbunden, dass die jeweiligen Präsidenten die gemeinsame Willensbildung erleichtern.

Insgesamt bilden Kommission und Räte somit ein komplementäres institutionelles Arrangement, das die Entkopplung von Problemlösung und Bargaining ermöglicht. Über die Auskristallisierung entsprechender Substrukturen auf beiden Seiten wird zudem in vertikaler Richtung eine entkoppelte Behandlung von Problemlösung und Bargaining gewährleistet. Gleichzeitig ermöglichen diese Konstrukte jedem Organ die partielle Einbindung der jeweils anderen Seite des Entscheidungsdilemmas in die eigene Entscheidungsfindung, womit die Rückkopplung von Problemlösung und Bargaining gewährleistet ist.

Parallel zu diesen ausgefeilten institutionellen Arrangements wurden im EU-System im Zuge der fortschreitenden Integration auch weitere Strategien zur Überwindung von Verhandlungsdilemmata entwickelt. So ist die Union bekannt für ihre ausgeklügelten Koppelgeschäfte und Paketlösungen ebenso wie für systematische Side-Payments, sei es in direkter Form als finanzielle Transfers oder indirekt über andere Vorteilsgewährungen, etwa diverse Möglichkeiten von Sonderregelungen oder sogar Opting-outs. Reichen solche Methoden nicht aus, um weitere Integrationsschritte zu vereinbaren, kann auf Formen der differenzierten Integration zurückgegriffen werden (vgl. Kap. 9.3); statt der Entkopplung von Entscheidungsarenen kommt es zur Entkopplung von Staaten. Im Zuge der Finanzkrise kam es sogar zur Entkopplung von der Union und ihren Entscheidungsblockaden, indem der Fiskalpakt als Vertrag zwischen 26 bereitwilligen Mitgliedstaaten beschlossen wurde (vgl. Kap. 5.1).

Insgesamt ist die EU somit als ein ausgeprägtes Verhandlungssystem zu charakterisieren. Komplexe Verhandlungen bestimmen alle Entscheidungsprozesse im legislativen wie im exekutiven Bereich sowie in konstitutionellen Fragen. Zudem entfalten und konfigurieren sich die zentralen Organe und ihre Substrukturen entsprechend der Logik der Entkopplung des Verhandlungsdilemmas. Die auf diese Weise ausdifferenzierte institutionelle Struktur der EU erleichtert ihrerseits die Rückkopplung von Problemlösung und Bargaining und somit – trotz extrem ausgeprägter Interessendivergenzen zwischen den Regierungen der Mitgliedstaaten – die regelmäßige Annahme von integrationsfördernden Beschlüssen.

Als *Verflechtungssysteme* gelten mehrstufige Systeme, bei denen die untere Ebene in relevantem Maße an den Entscheidungen der oberen Ebene beteiligt ist, wie es beispielsweise in der Bundesrepublik der Fall ist. Da allerdings die unteren Einheiten aufgrund je spezifischer Interessenlagen und Perspektiven andere Präferenzen als die zentralstaatliche Ebene haben, kommt es auch in solchen Systemen zu Entscheidungsblockaden, was in die von Scharpf so benannte Politikverflechtungsfalle ausmünden kann (Scharpf 1985 und 2006).

Wenngleich die EU zwar grundsätzlich als eine Föderation bezeichnet werden kann, nicht jedoch als föderaler Staat, ist sie dennoch als Verflechtungssystem zu werten, denn die „unteren" Einheiten, die Mitgliedstaaten, sind maßgeblich an allen Entscheidungen auf der europäischen Ebene beteiligt. Faktisch sind sie nicht nur beteiligt, sondern bilden im EU-System über die Räte gemeinsam die oberste Entscheidungsinstanz (vgl. Kap. 6.2 und 6.3). Demgegenüber ist in föderalen Staaten die Aufteilung der Souveränität zwischen oberer und unterer Ebene in der jeweiligen Verfassung explizit geregelt; der oberen Ebene kommt vor allem die Souveränität in den „core state powers" zu (vgl. Kap. 2.5), während diese in der Union weitestgehend bei den Mitgliedstaaten verbleiben. Aufgrund dieser Situation vertreten manche Autoren die Ansicht, dass die EU ein rein intergouvernementales System sei. Allerdings gibt es wesentlich mehr und empirisch gut fundierte Gegenstimmen, die der europäischen Ebene, insbesondere repräsentiert durch die Kommission, eine eigenständige Rolle zuerkennen (vgl. Kap. 2).

Obwohl die EU nicht mit einer zentralen, regierungsähnlichen Instanz ausgestattet ist, ist sie dennoch als Verflechtungssystem zu werten, und das aus mehreren Gründen. Zum Ersten verfügt sie über Organe und Institutionen, die zusammengenommen eine eigenständige europäische Politik- und Verwaltungsebene konstituieren. Zum Zweiten beruht sie auf einer spezifischen Verbindung und Verflechtung von Organen und Institutionen, die einerseits von europäischen Zielsetzungen und Perspektiven geprägt, andererseits aber auch nationalen Sichtweisen und Interessen verpflichtet sind (Grande 2000, Van Middelaar 2013). Anders allerdings als in nationalen föderalen Systemen ist die zentrale europäische Ebene den unteren Ebenen nicht hierarchisch übergeordnet, sondern ergänzt diese (Tömmel 2011a). Dies bewirkt seinerseits, dass die Verflechtung zwischen den Ebenen sowie zwischen den Organen und Akteuren, die die verschiedenen Ebenen repräsentieren, wesentlich komplexer und intensiver ist, als dies in klassischen Föderationen der Fall ist. Das Fehlen klar definierter hierarchischer Beziehungen resultiert somit in einem hohen Maß an Interdependenz zwischen den Ebenen und den sie repräsentierenden Institutionen und Akteuren.

Die relative Eigenständigkeit der europäischen Ebene kommt sowohl in der Struktur als auch in der Funktionsweise des EU-Systems zum Ausdruck: Die Kommission, die laut Vertrag ausdrücklich als unabhängig von den Mitgliedstaaten konzipiert ist, nimmt weitgehende legislative und exekutive Funktionen wahr. Der Gerichtshof fällt autoritative Entscheidungen, an die die nationalen Gerichte, die nationalen Staaten und auch die Bürger der EU gebunden sind. Das Europäische Parlament folgt in seinen Entscheidungen weitgehend einer europäischen Logik, weshalb die Mitgliedstaaten ihm ja auch nur sehr zögerlich weitere Entscheidungsrechte zugestehen. Selbst die Entscheidungen der Räte müssen sich letztendlich an einer europäischen Perspektive orientieren, auch wenn im Vorfeld solcher Entscheidungen erst einmal die nationalen Interessen auf den Tisch kommen.

Die enge Verflechtung zwischen europäischer und nationaler Perspektive ist sowohl in der Struktur als auch in der Funktionsweise des EU-Systems angelegt und in der Folge weiter ausgebaut worden. An erster Stelle ist hier die komplementäre, interdependent strukturierte Beziehung zwischen Kommission und Rat zu nennen, die als institutioneller Ausdruck der engen Verflechtung von europäischer und nationaler Perspektive zu werten ist (Beck und Grande 2004, Majone 2005). Ebenso bilden die Substrukturen dieser Organe die komplementäre Ergänzung beider Perspektiven ab: Während die Substruktur der Kommission vor allem die nationalen Perspektiven einbringt, weist die des Rates eine ausgeprägte europäische Orientierung auf (vgl. Kap. 8.1 und 8.2). Der Europäische Gerichtshof inkorporiert die nationale Perspektive in seine Tätigkeit, indem er eng mit den nationalen Gerichten kooperiert, und dies nicht nur im Falle der Vorabentscheidungsverfahren (vgl. Kap. 6.5). Und auch das Europäische Parlament ist durch eine starke Rückkopplung an die nationale Ebene gekennzeichnet. Dies ergibt sich schon zum einen über die nationalen politischen Parteien, die die Parlamentarier entsenden; zum anderen wird der Bezug explizit hergestellt über die Kooperation mit den nationalen Parlamenten und insbesondere deren Europaausschüssen im Rahmen von COSAC (Abels und Eppler 2016).

Neben diesen „äußeren" Rückbindungen der europäischen Organe an die nationale Ebene ist aber auch jedes einzelne Organ von beiden Prinzipien inhärent durchzogen. So sind die supranationalen Organe allesamt mehr oder weniger paritätisch mit Vertretern der nationalen Staaten besetzt, und diese werden jeweils gesondert von den Mitgliedstaaten benannt oder, im Falle des Parlaments, gewählt. Nicht von ungefähr gelang es bisher trotz mehrerer Anläufe nicht, die Zahl der Kommissare auf ein an Effizienzgesichtspunkten orientiertes Maß zurückzustutzen, weil kein Mitgliedstaat auch nur temporär auf einen Kommissar verzichten möchte (vgl. Kap. 4.2). Die Repräsentation der nationalen Ebene *in* den europäischen Organen wird somit als essenziell betrachtet, auch dann, wenn die Organe explizit dem europäischen Interesse verpflichtet sind.

Das Phänomen „äußerer" und „innerer" Rückbindungen zwischen europäischer und nationaler Ebene wird noch deutlicher, wenn man auch die erweiterte Systemstruktur der EU berücksichtigt. Exemplarisch sei hier nur auf die bedeutsamsten Beispiele verwiesen: die Europäische Zentralbank, die aufs Engste mit den nationalen Zentralbanken verflochten ist, oder die Politikfelder der GASP sowie des RFSR, die zwar rein intergouvernemental organisiert sind, jedoch extensiv Gebrauch machen von den Dienstleistungen der Kommission und der Unterstützung durch das Parlament (vgl. Kap. 9.1 und 9.2). Als bemerkenswert bleibt hier festzuhalten, dass das EU-System, stärker wiederum und systematischer als jeder föderale Staat, durch eine intensive institutionelle und prozedurale Verflechtung der oberen und unteren Ebene charakterisiert ist, sodass beide Perspektiven in die Beschlussfassung einbezogen sind und gegeneinander austariert werden können.

Im Verflechtungssystem der EU werden aber nicht nur die europäische und die nationale, sondern in zunehmendem Maße auch die regionale Ebene in die Verflechtungsstruktur eingebunden. So hat die „dritte Ebene" mit dem Ausschuss der Regionen ein eigenes Sprachrohr auf der europäischen Ebene gefunden, dem zwar keine bindende Mitsprache zukommt, das aber entgegen landläufiger Meinung weitgehend Gehör und damit auch Berücksichtigung im Entscheidungsprozess findet (vgl. Kap. 10.2). Ebenso übt die europäische Ebene – repräsentiert durch die Kommission – Mitsprache in den Regionen aus, beispielsweise im Rahmen der Strukturpolitik (vgl. Kap. 10.1). Das europäische Verflechtungssystem zeichnet sich somit durch einen hohen Grad der Kopplung von Entscheidungsarenen der verschiedenen Ebenen aus.

Damit lässt sich auch die Frage nach den Entscheidungsblockaden im europäischen Verflechtungssystem beantworten. Wie im vorangegangenen Abschnitt bereits festgestellt wurde, gibt es zwar genügend Anlässe und Gründe für solche Blockaden; Vetopositionen kommen aber nicht übermäßig zur Geltung. Denn aufgrund der intensiven Verflechtung zwischen den Ebenen können konfliktbelastete Entscheidungen entzerrt, entkoppelt, durch Tauschgeschäfte oder Side-Payments kompensiert oder aber durch konvergierende Sichtweisen entschärft werden, sodass insgesamt die Politikverflechtungsfalle wesentlich seltener zuschnappt, als angesichts der komplexen Gemengelage von widerstreitenden Interessen zu erwarten wäre (Scharpf 1985 und 2006).

Insgesamt ist die EU somit als ein Verflechtungssystem *par excellence* zu werten: die Politikverflechtung zwischen den Ebenen durchzieht sowohl die zentralen Organe der EU als auch deren gesamte Substrukturen, ebenso wie die erweiterte Systemstruktur. Dieses Verflechtungssystem bildet die strukturelle Grundlage des Verhandlungssystems der EU, wobei die hochgradige Politikverflechtung angesichts konfligierender Problemlagen Verhandlungsentscheidungen eher erleichtert, als dass sie umgekehrt diese erschwert.

Aus dem Vorgehenden ergibt sich, dass die EU in ihrer Struktur auch ein *Mehrebenensystem* sein muss, denn Verflechtungs- und Verhandlungssysteme implizieren eine Mehrebenenstruktur. Dennoch soll hier auch explizit auf die EU als Mehrebenensystem eingegangen werden; dies nicht nur, weil dieser Aspekt des EU-Systems in der Literatur ausgiebig diskutiert wird (vgl. Kap. 2.3), sondern auch, weil ein solches System mehr beinhaltet als nur die Verflechtung. Dabei geht es um die Frage, ob es im

Mehrebenensystem einen systemischen Nexus zwischen den sich überlagernden Ebenen gibt, und wenn ja, über welche Mechanismen er hergestellt wird.

Die EU konstituiert sich nämlich nicht nur wegen der maßgeblichen Mitwirkung der nationalen Ebene an europäischen Entscheidungen als Mehrebenensystem, sondern auch wegen der (Rück-)Wirkungen solcher Entscheidungen auf die nationale und – zunehmend – auch die regionale Ebene (vgl. Kap. 10.1). So ist es einerseits die direkte Wirksamkeit europäischer Gesetzgebung in den Mitgliedstaaten, andererseits die notwendige Umsetzung europäischer Richtlinien in nationales Recht, die auf der „unteren" Ebene nachhaltige Anpassungsprozesse auslösen und damit einen systemischen Nexus zwischen den Ebenen herstellen.

Die Herausbildung und Festigung eines europäischen Mehrebenensystems stellt sich auch über Prozesse der Politikimplementation ein. Über systematische Verhandlungen zwischen den Ebenen werden die Handlungsspielräume nationaler und regionaler Politik im Rahmen europäischer Recht- und Regelsetzung eingegrenzt (beispielsweise in der Wettbewerbspolitik) oder aber die Modalitäten der Politikimplementation als Kompromisslösungen erarbeitet (beispielsweise in der Strukturpolitik). Ebenfalls im Rahmen der Strukturpolitik wurde das System der Partnerschaft als institutioneller Rahmen und zugleich Verfahrensmodus für Verhandlungen zwischen den Ebenen geschaffen. Darüber konnte das Fehlen hierarchischer Beziehungen zwischen den Ebenen kompensiert werden. Gleichzeitig gelang es, das Mehrebenensystem auch gegen den erklärten Willen der Mitgliedstaaten bis hinunter auf die „dritte Ebene" auszuweiten, womit diese Ebene beachtliche Autonomiegewinne gegenüber den nationalen Regierungen erzielen konnte (vgl. Kap. 10.2). Schließlich reichen neuerdings auch schon koordinative Verfahren wie die OMK aus, um nationale und regionale Politiken auf gemeinsam definierte europäische Ziele auszurichten oder einem transnationalen Wettbewerb auszusetzen (vgl. Kap. 10.1).

Insgesamt stellt sich die EU somit als ein komplexes Mehrebenensystem dar, das nicht nur die europäische und die nationale, sondern in zunehmendem Maße auch die regionale Ebene – unabhängig von der jeweiligen innerstaatlichen Verfasstheit – umfasst. Dabei wird die nationale Ebene tendenziell in ihrer Autonomie eingeschränkt, während die regionale Ebene Autonomiegewinne verbuchen kann. Bemerkenswert ist, dass der systemische Nexus zwischen den Ebenen lediglich im Falle der Gesetzgebung hierarchisch strukturiert ist; alle anderen Beziehungen zwischen den Ebenen werden über a-hierarchische Beziehungen hergestellt: Verhandlungen, Kooperation sowie konkurrenzgesteuerte Verfahrensweisen.

Abschließend bleibt zu klären, wie das EU-System in seiner Gesamtheit zu charakterisieren ist, das heißt, worin der strukturelle Kern eines Verhandlungs-, Verflechtungs- und Mehrebenensystems besteht und inwiefern die Union von anderen Formen einer föderalen Ordnung abweicht. Hierzu sind folgende Charakteristika zentral:

– Erstens, die europäische Ebene ist nicht souverän, es fehlt ihr die Kompetenzkompetenz.

- Zweitens, die „unteren" Einheiten, die Mitgliedstaaten, sind wesentlich autonomer als die obere Ebene; faktisch sind sie souverän, auch wenn ihre Souveränität durch EU-Gesetze und -Regelungen eingeschränkt wird.
- Drittens, der Zusammenschluss der Staaten in der EU ist zwar über die Verträge durch eine hohe Verbindlichkeit gekennzeichnet; der Austritt aus dem Bündnis ist aber möglich und seit dem Lissabon-Vertrag explizit geregelt (Art. 50 EUV-L).
- Viertens, die Union ist durch vielschichtige institutionelle Strukturen und elaborierte Entscheidungsverfahren gekennzeichnet, die es ihr erlauben, die divergierenden nationalen Interessen gegenüber dem gemeinsamen europäischen Interesse auszutarieren.

Zusammengenommen bilden diese Merkmale den Kern der EU als einer föderalen Ordnung. Diese Ordnung ist zwar den nationalen politischen Systemen, zumindest ihrer Wirkung nach, übergeordnet; gleichzeitig wird sie aber auch von diesen gesteuert. Damit folgt sie einerseits den Prinzipien intergouvernementaler Kooperation; andererseits entfaltet sie aber auch eine Dynamik, die die üblichen Formen intergouvernementaler Zusammenarbeit weit übersteigt und somit als supranational zu werten ist. Es ist somit die einmalige Kombination von bisher bekannten Ordnungsprinzipien, die ein neuartiges politisches System, eine *Föderation sui generis*, in der Form von Verhandlungs-, Verflechtungs- und Mehrebenensystemen konstituiert.

14.2 Die EU als bizephales System

Im Vorgehenden wurde die EU als ein System gewertet, das auf einer (bisher) einmaligen Kombination und Durchdringung zweier Systemprinzipien beruht, nämlich einerseits dem Intergouvernementalismus und andererseits dem Supranationalismus.[1] Die Kombination dieser beiden Prinzipien findet ihren institutionellen Ausdruck in einer Systemstruktur, deren zentrale Organe sich in einer bizephalen Konstellation konfigurieren. Im Folgenden geht es darum, die Charakteristika dieser Struktur sowie ihre Bedeutung für die Entfaltung des EU-Systems zu erfassen und damit auch die Gründe für seine Entwicklungsdynamik zu klären.

Als bizephale Struktur des EU-Systems ist die Aufteilung der politischen Macht auf mehr oder weniger ebenbürtige, aber von ihrer Struktur und Funktion her komplementäre Organe zu werten, in erster Linie die Kommission sowie den Rat und den Europäischen Rat. Während den Räten alle formale Entscheidungsgewalt, sowohl im Primärrecht (Vertragsänderungen) als auch im Sekundärrecht (Gesetzgebung) zu-

---

[1] Dieser Gedanke ist natürlich nicht neu, sondern wurde von namhaften Wissenschaftlern vielfach explizit und implizit lanciert (siehe beispielsweise Weiler 1981, Beck und Grande 2004, Bartolini 2005a, Neyer 2012, Craig 2021).

kommt, verfügt die Kommission in all diesen Angelegenheiten (mit Ausnahme der Vertragsänderungen) über ein nahezu ausschließliches Initiativrecht sowie über eine Reihe von weitreichenden Exekutivfunktionen. Die übrigen zentralen Organe – Parlament und Gerichtshof –verfügen zwar ebenfalls über umfangreiche Machtressourcen, repräsentieren jedoch nicht zusätzliche Interessen. Denn es sind nur zwei fundamentale, nicht drei, vier oder mehr Interessen, die der europäischen Integration und damit den Handlungen der jeweiligen Organe zugrundeliegen.

Das Konzept der bizephalen Struktur des EU-Systems beruht somit auf der komplementären Kompetenzverteilung zwischen Kommission und Räten, die ihrerseits auf dem intergouvernmentalen und supranationalen Systemprinzip basieren. Die übrigen zentralen Organe fungieren im Rahmen dieses widerstreitenden Verhältnisses, wobei Parlament und Gerichtshof zumeist Positionen beziehen, die im strukturellen Sinne einer europäischen Logik und damit dem Supranationalismus entsprechen.[2] Die europäischen Organe handeln somit im Wesentlichen entsprechend der einen oder anderen Logik, die der bizephalen Struktur zugrunde liegt, und jedes Organ interagiert mit den jeweils anderen, um die widerstreitenden Prinzipien zu vermitteln.

Es ist diese Doppelstruktur des EU-Systems, die im Kern seine Besonderheit ausmacht, es zugleich aber auch, je nachdem, ob man die eine oder die andere Seite stärker hervorhebt, in die augenfällige Nähe entweder zu internationalen Organisationen oder föderalen Staaten rückt. Die Doppelstruktur ist zugleich der Grund dafür, dass sich das EU-System in so ausgeprägter Weise zu einem Verhandlungs-, Verflechtungssowie einem Mehrebenensystem entfaltet hat und in diesen Merkmalen vergleichbare Systemstrukturen innerhalb eines föderalen Staates, aber auch in internationalen Organisationen, deutlich übertrifft.

Vor diesem Hintergrund bleibt festzuhalten, dass das EU-System aus der Kombination und wechselseitigen Durchdringung zweier Systemprinzipien hervorgegangen ist, die sich nicht zugunsten der einen oder anderen Seite aufheben, sondern sich dynamisch entfalten und darüber einen neuen Typus einer föderalen Ordnung hervorbringen. Die Union bleibt in ihrer Grundstruktur eine „compound polity", ein zusammengesetztes politisches Gemeinwesen (Ferrera et. al. 2024).[3]

Fragt man nun nach der Entwicklungsdynamik dieses Systems, so bildet die bizephale Konfiguration von Kommission und Rat den Kern einer solchen Dynamik. Wie mehrfach betont, stehen Kommission und Rat sowie Europäischer Rat aufgrund ihrer unterschiedlichen Funktionen im EU-System in einem strukturellen Gegensatz zueinander bei gleichzeitig hoher wechselseitiger Interdependenz. Dementsprechend ist jede Seite bestrebt, die Ausgestaltung der europäischen Integration voranzutreiben (Kommission) oder entsprechend ihren Präferenzen zu prägen (Räte).

---

2 Das schließt nicht aus, dass sie in konkreten Fällen auch in die Nähe der von den Räten vertretenen Prinzipien rücken können.

3 Selbstverständlich vertreten einige Autoren auch andere Einschätzungen, etwa Moravcsik (1998), der die Union als eine rein intergouvernementale Orgnisation wertet.

Dazu setzen die Organe ihre jeweiligen Machtressourcen ein. Die Räte steuern – oder bremsen – über die Recht- und Regelsetzung die Inhalte der Integration (Ministerrat) sowie die institutionelle Ausgestaltung und konstitutionelle Weiterentwicklung des Systems (Europäischer Rat). Allerdings unterliegen sie dabei Einschränkungen, da kollektives Handeln aufgrund der Interessendivergenzen zwischen den Mitgliedstaaten erschwert ist. Demgegenüber verfügt die Kommission über delegierte Kompetenzen: das nahezu exklusive Initiativrecht, ein offenes Handlungsmandat sowie bestimmte Exekutivfunktionen; aber auch sie unterliegt Einschränkungen, ist sie doch bei ihren Initiativen und Handlungen immer abhängig von der Zustimmung der Räte.

Indem in der Interaktion zwischen Kommission und Räten sehr unterschiedliche Machtmittel zum Einsatz kommen, die sich nicht gegenseitig aufheben, sondern ergänzen, treiben beide Seiten – *nolens volens* – die institutionelle Entfaltung und Ausdifferenzierung des EU-Systems voran. Denn während die Kommission über den geschickten Einsatz ihrer weitgehenden Hoheit über die Verfahren die Entscheidungen des Rates sowie des Europäischen Rates so weit wie möglich zu präjudizieren versucht, reagieren die Räte auf den so erzeugten Entscheidungsdruck mit dem Ausbau ihrer eigenen Entscheidungsmacht. Parlament und Gerichtshof unterstützen zumeist die Initiativen und Vorstöße der Kommission.

Im weiteren Verlauf der Integration entwickelt die Kommission zunehmend verfeinerte und ausdifferenzierte Verfahrensmechanismen zur Erarbeitung ihrer Initiativen mithilfe von elaborierten internen Verfahren der Entscheidungsfindung, etwa des Strategischen Planungszyklus oder der Impact Assessments (vgl. Kap. 8.1). Zudem weitet sie sukzessive den Einbezug externer Akteure in die Politikformulierung und teilweise auch die Implementation aus, um so den Entscheidungsdruck auf die Räte zu erhöhen. So gelingt es ihr, einen ganzen Kranz von Beratern und Unterstützern zu rekrutieren, der sich aus unabhängigen Experten, Vertretern staatlicher Instanzen, regionaler Regierungen und Verwaltungen, national, europaweit oder branchenspezifisch organisierten Unternehmerverbänden und Gewerkschaften oder individuellen Unternehmensvertretern und schließlich aus einem breiten Spektrum von Repräsentanten der Zivilgesellschaft und Wortführern schwach organisierter Interessen zusammensetzt. Dieser große Kreis von „Betroffenen" wird in losen oder fester geknüpften Netzwerken der Entscheidungsvorbereitung und Politikformulierung organisiert und fungiert als direkte oder indirekte Unterstützung der Kommissionsinitiativen. Der Kommission gelingt es so, die europäische Perspektive über vielfältige Wege in die Mitgliedstaaten bis hinunter auf die regionale Ebene und in ein breites Spektrum von gesellschaftlichen Akteursgruppen hineinzutragen.

Die Räte ihrerseits werden unter diesem Druck veranlasst, ihre Probleme des kollektiven Handelns zu minimieren und ihre Entscheidungsfähigkeit zu stärken. Dazu schlagen sie zwei Wege ein: einerseits die Stärkung ihrer Verfahren zur Beschlussfassung und Konsensfindung, andererseits und längerfristig die Schaffung und den Ausbau der institutionellen Struktur des EU-Systems. Dementsprechend kommt es sukzessive zur Vereinfachung und Straffung der kollektiven Beschlussfassung (Ausweitung und Erleichterung von Mehrheitsentscheidungen und damit Entzug der Vetomacht einzelner oder zunehmend auch ganzer Gruppen von weniger integrationsorientierten Staaten) sowie zur Herausbildung elaborierterer Verfahren der gemeinsamen Konsensfindung (Package Deals, Side-payments, differenzierte Integration etc.). Zudem greifen die Räte zu zusätzlichen institutionellen Arrangements (Ausbau ihrer Substrukturen zur Vorbereitung der Entscheidungen, Einsetzung permanenter Präsidenten für ihre wichtigsten Entscheidungsarenen, Gründung zusätzlicher Organisationen wie unabhängige Agenturen oder „de novo bodies" (Puetter 2014). Der bedeutsamste Schritt zum Ausbau der intergouvernemntalen Entscheidungsmacht besteht allerdings in der Etablierung zunächst informeller Gipfeltreffen der Regierungschefs, dann der Verstetigung dieser Treffen unter dem Label Europäischer Rat, und schließlich der Verankerung dieses Gremiums mit dem Lissabon-Vertrag als zusätzliches und zugleich höchstes Organ der Union.

All diese Schritte wären wohl kaum nötig gewesen, wenn den Räten ohnehin alle Entscheidungsmacht zukäme, und wenn sie – ungehindert von internen Divergenzen – ihre Entscheidungsmacht voll ausspielen könnten. Da dies nicht der Fall ist, sind diese Schritte als Versuche zur Optimierung der eigenen Entscheidungsfähigkeit, zur Ausschaltung oder Eindämmung wirkmächtiger Vetopositionen und zur kollektiven Übernahme der Führungsrolle in der EU zu werten. Zudem sind sie als Reaktionen auf die stetig gewachsene Verfahrensmacht der Kommission und deren wachsende Einflussnahme auf das Integrationsgeschehen zu sehen, die zwar weniger sichtbar sind, den Integrationsprozess jedoch entscheidend prägen. Insgesamt tragen somit Kommission und Räte – erstere häufig unterstützt vom Parlament und dem Gerichtshof – zu einem Ausbau der Systemstruktur der EU und einer Ausdifferenzierung ihrer Funktionsweise bei. Dabei ist zu betonen, dass es nicht zu einer Zentralisierung von Entscheidungsmacht auf der europäischen Ebene kommt oder gar zur schrittweisen Schaffung eines föderalen Staates; vielmehr wird das EU-System in seiner bizephalen Struktur, und damit als „compound polity" (Ferrera et al. 2024) reproduziert und gefestigt.

Es zeigt sich somit, dass Räte und Kommission nicht nur in der Entscheidungsfindung, sondern in der gesamten Ausgestaltung des EU-Systems komplementär agieren. Das erklärt auch, warum das relative Machtgleichgewicht zwischen beiden Seiten stets erhalten blieb; denn trotz einer Vielfalt von Reformschritten wurde die formale Position der Kommission niemals verändert. Ihr wurden lediglich zunehmend differenzierte intergouvernementale Institutionen und Entscheidungsverfahren gegenübergestellt. Dies belegt einmal mehr, dass die EU zwei relativ autonome und zugleich interdependente Machtzentralen braucht, um das System in der gebotenen Komplexität steuern zu können.

Fragt man nun nach einer theoretischen Begründung für die bizephale Struktur des EU-Systems, dann lassen sich hierfür leicht funktionalistische Argumente anführen. Denn das doppelte, aber intern widersprüchliche Interesse der Mitgliedstaaten sowohl an einer möglichst weitreichenden und effektiven Integration als auch an einer „autonomieschonenden" (Scharpf 1993), das heißt, die gewachsenen politischen, gesellschaftlichen und ökonomischen Strukturen der Mitgliedstaaten respektierenden Ausgestaltung ihrer konkreten Inhalte lässt sich nur über ein institutionelles Setting austarieren, das die Integrationsorientierung (die gemeinwohlorientierten Entscheidungen) von der Interessenvertretung nutzenmaximierender Akteure (dem Bargaining) tendenziell entkoppelt (vgl. Scharpf 1992). Mit einer solchen Begründung lässt sich aber allenfalls die bizephale Grundstruktur der EU erklären; sie reicht jedoch nicht aus, um die konkreten Strategien und die Interaktionen der institutionellen Akteure, und noch weniger deren Resultate zu erhellen: einerseits die jeweiligen Kompromisse in Bezug auf die Ausgestaltung der Integration, andererseits die institutionelle Ausdifferenzierung des EU-Systems. Deshalb ist auf den von Mayntz und Scharpf (1995) entwickelten Ansatz des akteurzentrierten Institutionalismus zu rekurrieren, der Akteuren einen gewissen Handlungsspielraum zugesteht, diesen aber auch durch institutionelle Bedingungen eingeschränkt sieht (March und Olsen 1989, Olsen 2010).

Dabei ist von der Annahme auszugehen, dass Kommission und Räte im Prinzip die ihnen zugedachten Funktionen erfüllen und entsprechende Strategien verfolgen. Als institutionelle Akteure unterliegen sie aber nicht nur Anreizen zur Ausübung ihrer jeweiligen Funktionen; vielmehr stellen sich ihnen auch erhebliche Einschränkungen, insbesondere durch die Handlungsweise ihres jeweiligen Gegenübers. So treffen die elaboriertesten Politikvorschläge und Integrationskonzepte der Kommission regelmäßig auf Entscheidungsblockaden im Ministerrat sowie im Europäischen Rat, was in Non-Decision oder in der Verwässerung der Vorschläge bis zur Unkenntlichkeit resultiert. Umgekehrt sehen sich die Räte regelmäßig mit hochkomplexen und vor allem sehr weitreichenden Integrationsvorschlägen konfrontiert, deren Konsequenzen für die nationalen politischen Systeme, und mehr noch für einzelne Constituencies, nur schwer einschätzbar sind. Zwar stellen diese Situationen keine Einschränkungen im eigentlichen Sinne dar; sie setzen aber die Räte unter erheblichen Entscheidungs- beziehungsweise Handlungsdruck und aktivieren zugleich über die Akzentuierung der Interessendivergenzen zwischen den Mitgliedstaaten die internen Einschränkungen ihrer Entscheidungsfähigkeit.

Vor diesem Hintergrund versucht die Kommission, die durch den Rat gesetzten Einschränkungen zu überwinden, indem sie ihre Politikinititiven inhaltlich optimiert sowie ein breites Spektrum von Unterstützern mobilisiert, die ein explizites Interesse am Voranschreiten der Integration verbindet (Tömmel 2011b, siehe auch Haas 1958). Es ist diese, unter der Regie der Kommission veränderte Akteurskonstellation, die ihr einen erheblichen Machtzuwachs über ihre formale Position hinaus sichert. Umgekehrt „wehren" sich Ministerrat und Europäischer Rat gegen die von der Kommission ausgehende Einschränkung ihrer Entscheidungsfreiheit, indem sie die Verfahren der Entscheidungsfindung und damit deren Filterfunktion ebenfalls ausdifferenzieren: vertikal und horizontal, auf höherer politischer Ebene sowie auf Expertenniveau, im Gesetzgebungs- und Vertragsänderungsprozess sowie in der Politikimplementation.

In der Regel setzen sie dabei formalisierte Verfahren und entsprechende Institutionen als Gegengewicht zum informellen Machtzuwachs der Kommission ein. Auch die Räte schaffen somit differenziertere Möglichkeiten der Artikulation und Repräsentation der Interessen einzelner Staaten beziehungsweise ihrer jeweiligen Constituencies; zugleich schalten sie extreme Vetopositionen zunehmend aus, was ihre Handlungsfähigkeit in Sachen Integration, nicht zuletzt gegenüber der Kommission, stärkt.

Es ist somit letztendlich das Kräfteverhältnis zwischen einerseits der Kommission, andererseits den Räten, sowie den von beiden Seiten mobilisierten Akteuren, das die Resultate der Entscheidungsfindung und damit auch Form, Inhalte und Ausmaß der Integration bestimmt. Dabei unterliegt die Interaktion zwischen den zentralen Organen der EU und ihren Substrukturen einer Reihe von Einschränkungen, die die bizephale Systemstruktur setzt; gleichzeitig sind es aber die handelnden Akteure, die bewusste Entscheidungen treffen mit dem Ziel, ihren jeweiligen Handlungsspielraum zu maximieren.

Zusammenfassend ist die EU als neue politische Ordnung jenseits des Nationalstaats zu werten. Einerseits stellt sie sich in ihrer institutionellen Struktur sowie ihren Entscheidungsverfahren als ein komplexes Verhandlungs-, Verflechtungs- sowie Mehrebenensystem dar. Diese drei Systemdimensionen der Union sind in hohem Maße interdependent; zusammengenommen konstituieren sie eine politische Ordnung, die als Föderation *sui generis* zu werten ist. Die obere, europäische Ebene ist in hohem Maße von der unteren, der der Mitgliedstaaten, abhängig. Die Mitgliedstaaten sind nach wie vor souverän, auch wenn diese Souveränität durch europäische Entscheidungen zunehmend eingeschränkt wird. Das Zusammenwirken der oberen und der unteren Ebene konfiguriert sich innerhalb der EU als bizephales System.

Die bizephale Struktur kombiniert zwei Systemprinzipien – Intergouvernementalismus und Supranationalismus – die der Repräsentation einerseits der nationalstaatlichen Perspektive, andererseits der europäischen Perspektive dienen. Wenngleich diese Prinzipien alle europäischen Institutionen durchdringen, dominiert jeweils eines die Organe der EU. So kann Kommission, Parlament und Gerichtshof das supranationale Prinzip zugeschrieben werden, während Rat und Europäischer Rat vom intergouvernementalen Prinzip bestimmt sind. Die wesentliche Funktion der EU als politisches System besteht darin, zwischen diesen Prinzipien zu vermitteln, die entweder das allgemeine Interesse am Fortgang der Integration, oder die speziellen Interessen der Mitgliedstaaten an der Ausgestaltung dieses Prozesses entsprechend ihren Bedürfnissen, Möglichkeiten und Präferenzen repräsentieren. Dementsprechend sind die Organe und speziell die Kommission sowie die Räte in eine dynamische Interaktion involviert, über die diese Interessen austariert werden.

Die bizephale Struktur des EU-Systems ist nicht nur der Ausdruck zweier Systemprinzipien, die der Erfüllung der jeweiligen Funktionen des Systems dient. Vielmehr entfaltet sich über die Interaktion zwischen den jeweiligen institutionellen Akteuren eine Entwicklungsdynamik, die in einem stetigen Ausbau des EU-Systems sowohl in formalisierten institutionellen Strukturen als auch in informellen Institutionen und

Verfahrensweisen ausmünden. Zusammengenommen resultiert dies in einer vielfältigen Ausdifferenzierung des EU-Systems und zugleich in der erweiterten Reproduktion seiner bizephalen Struktur.

14.3 Ausblick: die Perspektiven der Europäischen Union

Zum Abschluss dieses Buches soll ein kurzer Ausblick auf die Perspektiven der EU angesichts enormer externer Herausforderungen sowie persistenter interner Funktionsprobleme und Friktionen gegeben werden. Dabei ist zu fragen: Kann die Union angesichts der Häufung von tiefgreifenden Krisen regulierend in diese eingreifen, oder kommt es angesichts fehlender oder unzureichender Problemlösungsfähigkeit zunehmend zu einer Erosion ihrer Bedeutung und schließlich auch ihrer Institutionen?

Rückblickend auf die Lage der Union zu Beginn des 21. Jahrhunderts sah alles noch so aus, als gehe die Entwicklung trotz durchaus gewisser Herausforderungen – umfangreiche Erweiterungen um neue Mitgliststaaten, Stagnation der Verabschiedung eines Verfassungsvertrags – unaufhaltsam weiter. Dementsprechend debattierten Vertreter der Kernstaaten der Union, wie es um die „finalité européenne", also das Endziel der europäischen Integration bestellt sei. In dieser Debatte standen sich die Positionen der deutschen und französischen Regierung diametral gegenüber. Während Außenminister Joschka Fischer eine echte Föderation propagierte, lancierte Staatspräsident Chirac eine abgemilderte Neuauflage der Konzeption de Gaulles: ein Europa der Vaterländer. Diese Szenerie signalisierte einmal mehr, dass nach wie vor die intergouvernementale und die supranationale Option als unversöhnliche Gegensätze im Raum stehen. Es überrascht daher auch nicht, dass die Debatte um die „finalité" so plötzlich verschwand wie sie aufgetaucht war; drängende politische Probleme erforderten Lösungen, nicht Grundsatzdebatten.

Denn die Union stand und steht seit der Jahrtausendwende vor enormen Herausforderungen. Dabei sind die Erweiterung vor allem um die Transformationsstaaten Mittel- und Osteuropas sowie die Vertiefung der Integration durch einen Verfassungsvertrag rückblickend als ein durchaus noch zu bewältigendes Vorspiel zu werten, auch wenn beide Prozesse lange Zeiträume und umfangreiche Vermittlungsbemühungen in Anspruch nahmen. Der plötzliche Ausbruch der Finanzkrise, die sich schnell zu einer Schuldenkrise der Mitglidstaaten und schließlich einer Eurokrise ausweitete, führte demgegenüber die Grenzen der Belastbarkeit der Union deutlich vor Augen.

Schnell zeigte sich: Die Lösung dieser Krise läge in einer Stärkung der Autorität der Union und in vorwärtsweisenden gemeinsamen Aktionen. Zudem erforderte sie Solidarität mit ökonomisch schwächeren Staaten. Von solchen supranationalen Schritten war die Union allerdings weit entfernt; statt der Suche nach gemeinsamen Lösungen traten die Differenzen zwischen den Mitgliedstaaten verstärkt zutage (vgl. Kap. 5.1). Nach zahlreichen Verzögerungen und dem beherzten Eingreifen eines neutralen Players – EZB-Präsident Mario Draghi – kam es schließlich zu gewissen inkrementellen Schritten einer stärkeren makroökonomischen Überwachung der nationalen Wirtschaftspolitiken aller Mitgliedstaaten sowie zur ökonomischen Stabilisierung der Schuldnerstaaten, einerseits durch umfangreiche Kredite, andererseits harsche Auflagen zu Wirtschaftsreformen und strengster Sparpolitik. Es versteht sich, dass diese Politik einen Scherbenhaufen sowohl bei den Schuldnerstaaten als auch den Gebern hinterließ. Die Zustimmung der Bürger zur EU sank auf einen historischen Tiefstand; politische Parteien, vor allem des rechten und rechsextremen Spektrums, nutzten die offensichtlichen Schwächen der Union, um Stimmung zu machen gegen das System; zum ersten Mai in der Geschichte der Integration bestimmten EU-Themen nationale Wahlkämpfe und deren Ergebnisse. Die Finanz-, Schulden- und Eurokrise drohte zu einer politischen Krise der Union zu eskalieren.

Doch noch bevor diese Krise einigermaßen eingedämmt war, zogen schon die nächsten Krisen herauf: In dichter Folge kam es im Jahr 2015 zu einer Flüchtlingskrise, 2016 zu dem unseligen Brexit-Referendum im Vereinigten Königreich, 2020 zum Ausbruch der Corona-Pandemie, und schließlich 2022 zum Krieg Russlands gegen die Ukraine. Parallel hierzu machten sich die Folgen des Klimawandels mit verheerenden Katastrophen – Hitzewellen, Waldbränden sowie Überschwemmungen – immer stärker bemerkbar. All diese Krisen verdeutlichten, dass die EU der beste Ort für ein gemeinsames Vorgehen der Mitgliedstaaten wäre (vgl. Kap. 5.2 und 5.3); schnelle und vor allem wirksame Antworten stießen allerdings auf hohe Hürden.

So führte die Flüchtlingskrise 2015 mit Grenzschließungen und harschen Abwehrmaßnahmen vor allem zu nationalen Alleingängen; ein Versuch der Juncker-Kommission, einen Verteilschlüssel für die Zuweisung Geflüchteter auf die Mitgliedstaaten einzuführen, erhielt zwar im Rat eine Mehrheit; in der Folge wurde der Beschluss aber von Polen und Ungarn strikt abgelehnt und in den meisten anderen Staaten kaum umgesetzt. Einmal mehr zeigte sich, dass es an Solidarität zwischen den Mitgliedstaaten fehlte. Im Rahmen der Vereinbarung der Brexit-Modalitäten konnte die Union zwar eine weitgehend geeinte Position einnehmen; der Prozess vertiefte aber die politischen Gräben im Vereinigten Königreich. Die Folge waren langwierige Verhandlungen sowie Regierungswechsel aufseiten der Briten; erst 2020 konnte der Brexit mit einem definitiven Abkommen abgeschlossen werden. Aber auch dieses Abkommen bleibt umstritten, sodass Nachverhandlungen im Raum stehen.

In der Corona-Pandemie gelang es dann, wenngleich auch nur nach Verzögerungen, unter dem Dach der Union die Beschaffung von Impfstoffen sowie eine Reihe von Maßnahmen zu vereinbaren, die der wirtschaftlichen Stabilisierung der Mitgliedstaaten bei gleichzeitiger Aufrechterhaltung eines gemeinsamen Marktes dienten. Ja es kam sogar zu einer spektakulären Entscheidung, die es der Union erstmals erlaubte, selbstständig Kredite auf der europäischen Ebene aufzunehmen. In diesem Falle erwiesen sich die proaktive Politik der Europäischen Kommission sowie eine mehr oder minder starke Betroffenheit aller Staaten der Union als wirksame Faktoren, um die Krise eingermaßen zu bewältigen. Der Handlungsspielraum der Union konnte signifikant ausgeweitet werden.

Der Überfall Russlands auf die Ukraine stellte dann die EU vor noch größere Herausforderungen. Erstmals in ihrer Geschichte, in der sie sich vor allem als Friedensprojekt und als „soft power" definiert hatte, musste sie sich zu einem Krieg in ihrer unmittelbaren Nachbarschaft positionieren. Dies führte zu einer Reihe von überraschenden Wenden und der Aufgabe von Tabus: gegenüber Russland gelang es, sukzessive harsche Sanktionen zu verhängen; für die Ukraine konnten enorme Unterstützungsmaßnahmen mobilisiert und sogar die Lieferung von tödlichen Waffen sichergestellt werden. Auch in dieser Situation zeichneten sich die Mitgliedstaaten mit ganz wenigen Aunahmen durch ein hohes Maß an Einigkeit aus, wie zahlreiche Wissenschaftler mit Erstaunen registrierten (vgl. Kap. 5.3). Allerdings wurde die vergleichsweise erfolgreiche Beschlussfassung auf der europäischen Ebene durch eine teilweise zögerliche oder sogar laxe Umsetzung der vereinbarten Maßnahmen durch die einzelnen Staaten konterkariert.

Seit Jahresbeginn 2025 verschärfte sich die Lage sprunghaft durch den Antritt von Donald Trump als Präsident der USA. Während sich Trump als Friedensstifter geriert, faktisch aber Russland gewähren lässt, versuchen die europäischen Regierungschefs, die Reihen zu schließen und Schlimmeres zu verhindern. Während Trump die amerikanischen Hilfen für die Ukraine abrupt beendete und darüberhinaus die Verpflichtungen im Nato-Bündnis und damit die Sicherheit Europas infragestellte, bemühen sich die Europäer, eine gemeinsame Linie gegenüber Russland zu entwickeln und mehr strategische Unabhängigkeit gegenüber den USA zu gewinnen, bei gleichzeitigen Versuchen, die Geschlossenheit des Nato-Bündnisses aufrecht zu erhalten. Der Ausgang dieser Bemühungen ist allerdings völlig offen.

Abgesehen von den beschriebenen Krisen, da alle mehr oder weniger extern ausgelöst wurden, steht die Union aber auch vor enormen internen Herausforderungen, allen voran einem schleichenden oder offenen Aushöhlungsprozess ihrer bestehenden Struktur. Denn in zahlreichen Mitgliedstaaten drohen politische Parteien, vornehmlich des rechten und rechtsextremen Spektrums, die demokratische Verfasstheit der jeweiligen Staaten zu unterminieren oder gänzlich zu zerstören. Gleichzeitig propagieren diese Parteien und politischen Kräfte auch den Austritt aus der EU oder zumindest deren Reduktion auf einige wenige, wirtschaftliche Grundfunktionen; die demokratischen Werte der Union lehnen sie grundsätzlich ab. In einigen Mitgliedstaaten ist es solchen politischen Kräften bereits gelungen, die Regierungsmacht zu übernehmen und erfolgreich den demokratischen Rechtsstaat abzubauen; in anderen Staaten droht in naher Zukunft ein Politikwechsel in diese Richtung. Damit wird auch die derzeit herrschende relative Einigkeit zwischen den Mitgliedstaaten zumindest gefährdet, schlimmstenfalls sogar unmöglich gemacht. Zudem wird in allen Mitgliedstaaten die vielbeschworene Brandmauer gegenüber den rechten und rechtsextremen Parteien zunehmend löchrig; im Europäischen Parlament wurde sie bereits mehrfach eingerissen.

Vor dem Hintergrund der skizzierten äußeren und inneren Krisen steht die Handlungs- und Problemlösungsfähigkeit der EU trotz der derzeit herrschenden weitgehenden Einigkeit vor großen Herausforderungen. Dies wirft eine Reihe von Fragen auf: Kann das EU-System die proaktive Politik der Europäischen Kommission sowie die zwischenstaatliche Kooperation mit allen Partnern aufrechterhalten und weiter ausbauen, oder bestimmt der Dissens überwiegend die Reichweite ihrer Politik? Kann die Union in der Außenpolitik weitgehend geeint auftreten und damit ihre Rolle gegenüber aufstrebenden und absteigenden Weltmächten behaupten oder gar stärken, oder wird sie bleibend auf den Rang eines zweit- oder drittklassigen Players reduziert? Kann die Union die viel debattierte strategische Autonomie erreichen, die für eine verstärkte und eigenständige Rolle in der internationalen Politik nötig wäre, oder wird sie sich weiterhin selbst „verzwergen", wie es ihre Kritiker sehen? Können die Mitgliedstaaten der Union ihre demokratische Verfasstheit gegenüber antidemokratischen Kräften und Parteien verteidigen, oder werden sie zunehmend von einem Prozess des „democratic backsliding" erfasst? Und schließlich: Kann die EU weiterhin als Elitenprojekt handlungsfähig bleiben, oder muss sie die Bürger stärker in ihre Politik einbeziehen?

Was immer die künftigen Entwicklungen sein werden, eines zeichnet sich schon jetzt ab: Die Krisen der letzten Jahrzehnte haben die Union in einem gewissen Sinne resilienter gemacht, indem ihr Handlungsspielraum unter Beibehaltung ihrer bestehenden Systemstruktur ausgeweitet werden konnte. Das beinhaltet, auch in Zukunft wird die EU bei der Verfolgung gemeinsamer Interessen auf hoch entwickelte und differenzierte Mechanismen der Konsensfindung und des Interessenausgleichs zwischen den Mitgliedstaaten und den von ihnen vertretenen Constituencies angewiesen sein, will sie den erreichten Integrationsstand konsolidieren oder angesichts der zahlreichen Krisen sogar weiter ausbauen. Damit steht aber auch fest: An der Grundstruktur der EU, der Kombination und wechselseitigen Durchdringung zweier Systemprinzipien und ihrer institutionellen Verankerung in der bizephalen Konstellation, wird sich wohl kaum etwas verändern, bietet doch nur diese Struktur die Chance, den Integrationsprozess über inkrementelle Schritte „gemeinschaftsverträglich und autonomieschonend" (Scharpf 1993) voranzutreiben und auszugestalten. Denn, wie schon Jean Monnet wusste, „The dialogue between national and Community institutions, which is inseparable from the decision-making process, is the very essence of the Community's life. It is this that makes it unique among modern political systems" (Monnet 2015 (1978): 423).

Allerdings wird es künftig auch nötig sein, den Sinn und Zweck dieser auf den ersten Blick komplexen, im Grunde aber durchaus logischen Struktur den Bürgern Europas zu erklären und zu begründen. Zudem wird es nötig sein, die bisher vom Prozess der europäischen Integration Ausgeschlossenen stärker in diese einzubeziehen, das heißt, das Elitenprojekt der Integration zu einer Angelegenheit der Bürger Europas zu machen.

Literaturverzeichnis

Abels, G. (2020), Legitimität, Legitimation und das Demokratiedefizit der Europäischen Union. In: Becker, P. und Lippert, B. (Hg.), Handbuch Europäische Union. Wiesbaden (Springer VS), 175–193.

Abels, G. (2022), The European Economic and Social Committee and the Committee of the Regions: Consultative Institutions in a Multichannel Democracy. In: Hodson, D., Puetter, U., Saurugger, S. und Peterson, J. (Hg.), The institutions of the European Union. Oxford (Oxford University Press), 369–390.

Abels, G., Kantola, J., Lombardo, E. und Müller, H. (Hg.) (i.E.), The European Commission under President Ursula von der Leyen: Gender, Leadership, Policies and Crises. Oxford (Oxford University Press)

Abromeit, H. (1998), Democracy in Europe. Legitimising Politics in a Non-State Polity. New York (Berghahn).

Alfé, M., Christiansen, T. und Piedrafita, S. (2008), Implementing committees in the enlarged European Union: business as usual for comitology? In: Best, E., Christiansen, T. und Settembri, P.P. (Hg.), The institutions of the enlarged European Union: continuity and change. Cheltenham (Edward Elgar), 205–221.

Alonso Garcia, R. (2002), The General Provisions of the Charter of Fundamental Rights of the European Union, European Law Journal 8 (4), 492–514.

Alter, K.J. (2001), Establishing the Supremacy of European Law: The making of an International Rule of Law in Europe. Oxford (Oxford University Press).

Alter, K. J. (2009), The European court's political power: selected essays. Oxford (Oxford University Press).

Andersen, S.S. und Burns, T. (1996), The European Union and the Erosion of Parliamentary Democracy: A Study of Post-parliamentary governance. In: Andersen, S. S. und Eliassen, K. A. (Hg.), The European Union: how democratic is it? London (Sage), 227–251.

Anghel, V. and Jones, E. (2023), Is Europe really forged through crisis? Pandemic EU and the Russia–Ukraine war. Journal of European Public Policy 30 (4), 766–786.

Armstrong, K. und Kilpatrick, C. (2007), Law, Governance or New Governance? The Changing Open Method of Coordination, Columbia Journal of European Law 13, 649–677.

Arras, S. und Beyers, J. (2020), Access to European Union agencies: Usual suspects or balanced interest representation in open and closed consultations? Journal of Common Market Studies 58 (4), 836–855.

Avery, G. (2004), The enlargement negotiations. In: Cameron, F. (Hg.), The Future of European Integration and Enlargement. London (Routledge), 35–62.

Axelrod, R. (1984), The Evolution of Cooperation. New York (Basic Books).

Bache, I. (2010), Partnership as an EU Policy Instrument: A Political History. West European Politics 33 (1), 58–74.

Baracani, E. (2023), Ideational agenda-setting leadership: President von der Leyen and the EU response to the invasion of Ukraine. West European Politics 46 (7), 1451–1474.

Bartolini, S. (2005a), Restructuring Europe. Centre Formation, System Building, and Political Structuring between the Nation State and the European Union. Oxford (Oxford University Press).

Bartolini, S. (2005b), Should the Union be Politicised? Prospects and Risks. Notre Europe Policy Paper 19, 39–50.

Batory, A. und Cartwright, A. (2011), Re-visiting the Partnership Principle in Cohesion Policy: The Role of Civil Society Organizations in Structural Funds Monitoring. Journal of Common Market Studies 49 4), 697–717.

Bauer, M.W. und Becker, S. (2014), The unexpected winner of the crisis: The European Commission's strengthened role in economic governance. Journal of European integration 36 (3), 213–229.

Bauer, M.W., Kassim, H. and Connolly, S. (2023), The quiet transformation of the EU Commission cabinet system. Journal of European Public Policy 30 (2), 354–374.

https://doi.org/10.1515/9783111191799-015

Beach, D. (2008), The Facilitator of Efficient Negotiations in the Council: the impact of the Council Secretariat. In: Naurin, D. und Wallace, H. (Hg.), Unveiling the Council of the European Union. Games Governments Play in Brussels. Basingstoke (Palgrave Macmillan), 219–237.

Beck, U. und Grande, E. (2004), Das kosmopolitische Europa. Frankfurt (Suhrkamp).

Becker, S., Bauer, M.W., Connolly, S. und Kassim, H. (2016), The Commission: Boxed in and constrained, but still an engine of integration. West European Politics 39 (5), 1011–1031.

Becker, M., Flach, J. und von Ondarza, N. (2025), Die schleichende Integration von Rechtsaußenparteien in Europa. SWP Aktuell 42, 1–8.

Becker, M. und von Ondarza, N. (2024), Begrenzte rechte Neuordnung im Europäischen Parlament. SWP Aktuell 46, 1–8.

Benz, A. (2006), Federal and Democratic? Reflections on Democracy and the Constitution of the EU. University of Tokyo Journal of Law and Politics, 3, 27–43.

Benz, A. (2007), Entwicklung von Governance im Mehrebenensystem der EU. In: Tömmel, I. (Hg.), Die Europäische Union: Governance und Policy-Making (PVS-Sonderheft 2007/2), 37–57.

Beyers, J., Eising, R. und Maloney, W. (2008): Researching Interest Group Politics in Europe and Elsewhere: Much We Study, Little We Know? West European Politics 31 (6), 1103–1128.

Bickerton, C.J. (2012), European integration: From nation-states to member states. Oxford (Oxford University Press).

Bickerton, C.J., Hodson, D. und Puetter, U. (2015a), The New Intergovernmentalism: European Integration in the Post-Maastricht Era. Journal of Common Market Studies 53(4), 703–722.

Bickerton, C.J., Hodson, D. und Puetter, U. (2015b), The New Intergovernmentalism: States and Supranational Actors in the Post-Maastricht Era. Oxford (Oxford University Press).

Bieling, H. J. und Lerch, M. (Hg.) (2012), Theorien der europäischen Integration. Wiesbaden (Springer VS).

Blauberger, M. (2009), Of 'Good' and 'Bad' Subsidies: European state Aid Control through Soft and Hard Law, West European Politics 32 (4), 719–737.

Blauberger, M. und Schmidt, S.K. (2017), The European Court of Justice and its political impact. West European Politics 40 (4), 907–918.

Blavoukos, S. und Oikonomou, G. (2024), Newcomers in EU foreign policy: The Committee of the Regions as an EU para-diplomatic actor. Journal of European Integration 46 (1), 107–125.

Bocquillon, P. und Dobbels, M. (2014), An elephant on the 13th floor of the Berlaymont? European Council and Commission relations in legislative agenda setting. Journal of European Public Policy, 21 (1), 20–38.

Boin, A. und Schmidt, S. K. (2021), The European Court of Justice: Guardian of European Integration. In: Boin, A., Fahy, L. A. und t'Hart, P. (Hg.), Guardians of public value: How public organisations become and remain institutions. London (Palgrave Macmillan), 135–159.

Borchardt, K.D. (2010), Das ABC des Rechts der Europäischen Union. Luxemburg (Amt für Veröffentlichungen der Europäischen Union).

Börzel, T.A. (2010), European Governance? Negotiation and Competition in the Shadow of Hierarchy, Journal of Common Market Studies 45 (2), 231–252.

Börzel, T.A. und Risse, T. (2000), When Europe Hits Home: Europeanization and Domestic Change. Badia Fiesolana (EUI), Working Paper RSC 2000/56.

Bouwen, P. (2009), The European Commission. In: Coen, D. und Richardson, B. (Hg.), Lobbying the European Union: Institutions, Actors, and Issues. Oxford (Oxford University Press), 19–38.

Bovens, M.A. und Curtin, D. M. (2016), An unholy trinity of EU Presidents? Political accountability of EU executive power. In: Chalmers, D., Jachtenfuchs, M. und Joerges, C. (Hg.), The End of the Eurocrats' Dream: Adjusting to European Diversity. Cambridge (Cambridge University Press), 190–217.

Bovens, M.A., Curtin, D. und Hart, P.T. (Hg.) (2010), The real world of EU accountability: What deficit? Oxford (Oxford University Press).

Bovens, M.A. und Wille, A. (2021), Indexing watchdog accountability powers: a framework for assessing the accountability capacity of independent oversight institutions. Regulation and Governance, 15 (3), 856–876.

Brack, N., Costa, O. und Marié, A. (2022), Dealing with Fragmentation: The New Political Equilibrium and Coalition Dynamics in the European Parliament During the 9th Legislature. In: Costa, O. und Van Hecke, S. (Hg.), The EU political system after the 2019 European elections. Cham (Springer Nature),121–148.

Brandsma, G.J. und Blom-Hansen, J. (2012), Negotiating the Post-Lisbon Comitology System: Institutional Battles over Delegated Decision-Making, Journal of Common Market Studies 50 (6), 939–957.

Bressanelli, E., Koop, C. und Reh, C. (2016), The impact of informalisation: Early agreements and voting cohesion in the European Parliament. European Union Politics, 17 (1), 91–113.

Bretherton, C. und Vogler, J. (2006), The European Union as a Global Actor. London (Routledge).

Brown Wells, S. und Wells, S.F. (2008), Shared Sovereignty in the European Union: Germany's Economic Governance. Yale Journal of International Affairs 30, 30–43.

Brunazzo, M. und Domorenok, E. (2008), New Members in Old Institutions: The Impact of Enlargement on the Committee of the Regions, Regional & Federal Studies 18 (4), 429–448.

Bulmer, S. (1993), The Governance of the European Union: A New Institutionalist Approach. Journal of Public Policy 13 (4), 351–380.

Bulmer, S. J. (1998), New institutionalism and the governance of the Single European Market. Journal of European Public Policy 5 (3), 365–386.

Buonanno, L. und Nugent, N. (2013), Policies and Policy Processes of the European Union Basingstoke (Palgrave Macmillan).

Burgess, M. (2000), Federalism and the European Union. London (Routledge).

Burgess, M. (2004), Federalism. In: Antje Wiener and Thomas Dietz (Hg.), European Integration Theory Oxford (Oxford University Press), 25–44.

Burgess, M. (2006), Comparative Federalism: Theory and Practice. London (Routledge).

Bürgin, A. (2018), Intra-and Inter-Institutional Leadership of the European Commission President: An Assessment of Juncker's Organizational Reforms. Journal of Common Market Studies, 56 (4), 837–853.

Burley, A.M. und Mattli, W. (1993), Europe Before the Court: A Political Theory of Legal Integration. International Organization 47 (1), 41–76.

Busuioc, M. (2013), Rule-Making by the European Financial Supervisory Authorities: Walking a Tight Rope. European Law Journal 19 (1), 111–125.

Callanan, M. und Tatham, M. (2014), Territorial interest representation in the European Union: actors, objectives and strategies. Journal of European Public Policy 21 (2), 188–210.

Caporaso, J. (1996), The European Union and Forms of State: Westphalian, Regulatory or Post-Modern? Journal of Common Market Studies 34 (1), 29–52.

Carammia, M., Princen, S., und Timmermans, A. (2016), From Summitry to EU Government: An Agenda Formation Perspective on the European Council. Journal of Common Market Studies 54 (4), 809–825.

Casier, T. (2023), The EU and Russia: The War that Changed Everything. Journal of Common Market Studies 61 (Annual Review), 31–44.

Cecchini, P. (1988), Europa `92: Der Vorteil des Binnenmarktes. Baden-Baden (Nomos).

Checkel, J.T. (1999), Social construction and integration, Journal of European Public Policy 6 (4), 545–560.

Christiansen, T. (2016), After the Spitzenkandidaten: fundamental change in the EU's political system? West European Politics 39 (5), 992–1010.

Christiansen, T. und Dobbels, M. (2013), Non-Legislative Rule Making after the Lisbon Treaty: Implementing the New System of Comitology and Delegated Acts. European Law Journal 19 (1), 42–56.

Christiansen, T. und Lintner, P. (2005), The Committee of the Regions after 10 Years: Lessons from the Past and Challenges for the Future, EIPASCOPE 1, 2005.

Christiansen, T. und Reh, C. (2009), Constitutionalizing the European Union. Basingstoke (Palgrave Macmillan).

Cini, M. (1996), The European Commission: Leadership, organisation, and culture in the EU administration. Manchester (Manchester University Press).

Cini, M. (2008), Political Leadership in the European Commission: The Santer and Prodi Commissions, 1995–2005. In: Hayward, J. (Hg.), Leaderless Europe. Oxford (Oxford University Press), 113–130.

Cini, M. and Czulno, P. (2022), Digital single market and the EU competition regime: An explanation of policy change. Journal of European Integration 44 (1), 41–57.

Cini, M. und McGowan, L. (2008), Competition policy in the European Union. 2nd ed. Basingstoke (Palgrave Macmillan).

Cîrlig, C.C. (2021), Understanding the European Committee of the Regions. EPRS: European Parliament Research Service, PE 689.377, March 2021.

Clark, J. und Jones, A. (2011), 'Telling Stories about Politics': Europeanization and the EU's Council Working Groups. Journal of Common Market Studies 49 (2), 341–366.

Coen, D. (2007), Empirical and theoretical studies in EU lobbying, Journal of European Public Policy 14 (3), 333–345.

Coen, D., Katsaitis, A. und Vannoni, M. (2021), Business Lobbying in the European Union. Oxford (Oxford University Press).

Coen, D. und Richardson, J. (Hg.) (2009), Lobbying the European Union: Institutions, Actors, and Issues. Oxford (Oxford University Press).

Copeland, P. und ter Haar, B. (2013), A toothless bite? The effectiveness of the European Employment Strategy as a governance tool. Journal of European Social Policy 23 (1), 21–36.

Corbey, D. (1995), Dialectical Functionalism: Stagnation as a Booster of European Integration. International Organization 49 (2), 253–284.

Costa, O. and Barbé, E. (2023), A moving target. EU actorness and the Russian invasion of Ukraine. Journal of European Integration 45 (3), 431–446.

Council of the European Union, General Secretariat (2024), Note: Ordinary Legislative Procedure. Files concluded since the entry into force of the Treaty of Amsterdam. 26.07.2024.

Council of the European Union, General Secretariat (2025), Note: Council Preparatory Bodies. 5286/25 v. 15.01.2025.

Cowles, M.G. (1995), Setting the Agenda for a New Europe: The ERT and EC 1992. Journal of Common Market Studies 33 (4), 501–26.

Craig, P. (2021), Integration, Democracy and Legitimacy. In: Craig, P. and De Búrca, G. (Hg.), The evolution of EU law. Oxford (Oxford University Press), 12–45.

Crum, B. (2004), Towards Finality? An assessment of the achievements of the European Convention. In: Verdun, A. und Croci, O. (Hg.), Institutional and Policy-making Challenges to the European Union in the Wake of Eastern Enlargement. Manchester (Manchester University Press). 200–217.

Crum, B. (2008), The EU Constitutional Process: A Failure of Political Representation? RECON Online Working Paper 2008/08, June.

Cuccia, D. (2018), The Genscher-Colombo Plan: A Forgotten Page in the European Integration History. Journal of European Integration History 24 (1), 59–78.

Curtin, D. (2014), Challenging Executive Dominance in European Democracy. The Modern Law Review 77 (1), 1–32.

Damro, C. (2024), Competition policy and agent discretion: transatlantic regulatory cooperation in the digital economy. Journal of European Integration 46 (7), 1035–1052.

Daugbjerg, C. (2012), Globalization and Internal Policy Dynamics in the Reform of the Common Agricultural Policy. In: Richardson, J. (Hg.), Constructing a Policy-making State? Policy Dynamics in the EU. Oxford (Oxford University Press), 88–103.

De Bruycker, I. (2016), Pressure and expertise: Explaining the information supply of interest groups in EU legislative lobbying. Journal of Common Market Studies 54 (3), 599–616.

Decker, F. (2012), Electing the Commission President and the Commissioners directly: a proposal, European View 11, 71–78.

De Grauwe, P. (2010), Crisis in the Eurozone and how to deal with it. CEPS Policy Brief 204.

Dehousse, R. (1998), The European Court of Justice. New York (St. Martins Press).

Dehousse, R. (2011), The 'Community Method' at Sixty. In: Dehousse, R. (Hg.), The 'Community Method': Obstinate or Obsolete? Basingstoke (Palgrave Macmillan), 6–15.

Della Porta, D. und Caiani, M. (2009), Social Movements and Europeanization. Oxford (Oxford University Press).

Deloche-Gaudez, F. (2001), The Convention on a Charter of Fundamental Rights: A Method for the Future, Notre Europe, Research and Policy Paper, 15, November 2001.

Deutsch, K.W., Burrell, S.A. und Kann, R.A. (1957), Political Community and the North Atlantic Area. International Organization in the Light of Historical Experience. Princeton (Princeton University Press).

Dialer, D., Maurer, A. und Richter, M. (2015), Handbuch zum Europäischen Parlament. Baden-Baden (Nomos).

Diaz Crego, M. (2021), Transnational electoral lists: Ways to Europeanise elections to the European Parliament. Study, EPRS European Parliament Research Service, PE 679.084, February 2021.

Dietz und Wiener (2019), Introducing the Mosaic of Integration Theory. In: Wiener, A., Börzel, T., Risse, T. (2019), European Integration Theory. Oxford (Oxford University Press), 1–24.

Dinan, D. (1999), Treaty Change in the European Union: The Amsterdam Experience. In: Cram, C., Dinan, D. und Nugent, N. (Hg.), Developments in the European Union. New York (St. Martins Press), 290–310.

Dinan, D. (2002), Institutions and Governance 2001–02: Debating the EU's Future, Journal of Common Market Studies 40, Annual Review, 29–43.

Dinan, D. (2004a), Europe recast, a history of European Union. Boulder (Lynne Rienner).

Dinan, D. (2004b), Governance and Institutions. The Convention and the Intergovernmental Conference, Journal of Common Market Studies 42, Annual Review, 27–42.

Dinan, D. (2005), Governance and Institutions: A New Constitution and a New Commission, Journal of Common Market Studies 43, Annual Review 37–54.

Dinan, D. (2006), Governance and Institutional Developments: In the Shadow of the Constitutional Treaty. Journal of Common Market Studies 44, Annual Review, 63–80.

Dinan, D. (2008), Governance and Institutional Developments: Ending the Constitutional Impasse. Journal of Common Market Studies 46, Annual Review, 71–90.

Dinan, D. (2009), Institutions and Governance: Saving the Lisbon Treaty – An Irish Solution to a European Problem, Journal of Common Market Studies 47, Annual Review, 113–132.

Dinan, D. (2010a), Institutions and Governance: A new Treaty, a Newly Elected Parliament, and a New Commission. Journal of Common Market Studies 48, Annual Review, 95–118.

Dinan, D. (2010b), Ever closer union? An introduction to the European Community. 4th ed. Boulder (Lynne Rienner).

Dinan, D. (2012), The EU as efficient polity. In: Zimmermann, H. und Dür, A. (Hg.), Key Controversies in the European Union. Basingstoke (Palgrave Macmillan), 33–40.

Dinan, D. (2015), Governance and institutions: The year of the Spitzenkandidaten. Journal of Common Market Studies 53 (Annual Review), 93–107.

Dinan, D. (2017), Leadership in the European Council: an assessment of Herman Van Rompuy's presidency. Journal of European Integration 39 (2), 157–173.

Dingler, S.C. und Fortin-Rittberger, J. (2022), Women's leadership in the European Parliament. In: Müller, H. und Tömmel, I. (Hg.), Women and Leadership in the European Union. Oxford (Oxford University Press), 74–94.

Dionigi, M. K. (2019), Lobbying in the European Parliament: Who Tips the Scales? In: Dialer, D. und Richter, M. (Hg.), Lobbying in the European Union: Strategies, Dynamics and Trends. Cham (Springer International Publishing), 133–147.

Donas, T., Fraussen, B. und Beyers, J. (2014), It's not all about the money: Explaining varying policy portfolios of regional representations in Brussels. Interest Groups and Advocacy 3 (1), 79–98.

Duff, A. (1994), The Main Reforms. In: Duff, A., Pinder, J. und Price, R. (Hg.), Maastricht and Beyond. Building the European Union. London (Routledge), 19–35.

Duff, A. (2010), Post-national democracy and the reform of the European Parliament. Paris (Notre Europe).

Dür, A. und Mateo, G. (2012), Who lobbies the European Union? National interest groups in a multilevel polity. Journal of European public policy 19 (7), 969–987.

Dür, A. und Mateo, G. (2016), Insiders versus outsiders: Interest group politics in multilevel Europe. Oxford (Oxford University Press).

Dyevre, A., Glavina, M. und Atanasova, A. (2019), Who refers most? institutional incentives and judicial participation in the preliminary ruling system. Journal of European Public Policy 27 (6), 912–930.

Dyson und Quaglia (2010), European Economic Governance and Policies: Commentary on Key Historical and Institutional Documents. Volume I. Oxford (Oxford University Press).

Dyson, K. und Sepos, A. (Hg.) (2010), Which Europe? The Politics of Differentiated Integration Basingstoke (Palgrave Macmillan).

Earnshaw, D. und Judge, D. (1997), The Life and Times of the European Union's Co-operation Procedure. Journal of Common Market Studies 35 (4), 543–564.

Eckert, S. (2015), The social face of the regulatory state: Reforming public services in Europe. Manchester (Manchester University Press).

Eckert, S. (2018), The European Commission as a negotiator–evidence from the disintegration talks with the United Kingdom and Switzerland. In: Ege, J., Bauer, M.W. und Becker, S. (Hg.), The European Commission in Turbulent Times. Baden-Baden (Nomos), 159–180.

Egan, M. (2001), Constructing a European Market. Standards, Regulations and Governance. Oxford (Oxford University Press).

Egeberg, M. und Trondal, J. (2017), Researching European Union agencies: What have we learnt (and where do we go from here)? Journal of Common Market Studies 55 (4), 675–690.

Eising, R., Rasch, D., Rozbicka, P., Fink-Hafner, P., Hafner-Fink, M. und Novak, M. (2019), Who says what to whom? Alignments and arguments in EU policy-making. In: Eising, R., Rasch, D. und Rozbicka, P. (Hg.), National interest organizations in the EU multilevel system. Abingdon (Routledge), 19–42.

Epstein, R. A. und Rhodes, M. (2016), States ceding control: Explaining the shift to centralized bank supervision in the Eurozone. Journal of Banking Regulation 17 (1), 90–103.

European Commission (2012), Communication from the Commission to the European Parliament and the Council: a Roadmap towards a Banking Union. Brussels, 12.9.2012, COM (2012) 510 final.

European Commission (2017), White paper on the Future of Europe: Reflections and Scenarios for the EU27 by 2025. Brussels COM(2017)2025 of 1 March 2017.

Fabbrini, S. (2013), Intergovernmentalism and its limits: Assessing the European Union's answer to the Euro crisis. Comparative Political Studies 46 (9), 1003–1029.

Falkner, G., Treib, O., Hartlapp, M. und Leiber,S. (2005), Complying with Europe: EU Harmonisation and Soft Law in the Member States. Cambridge (Cambridge University Press).

Farrell, H. und Héritier, A. (2004), Interorganizational Negotiation and Intraorganizational Power in Shared Decision Making: Early Agreements Under Codecision and Their Impact on the European Parliament and Council, Comparative Political Studies 37, 1184–1212.

Featherstone, K. (2011), The Greek Sovereign Debt Crisis and EMU: A Failing State in a Skewed Regime, Journal of Common Market Studies 49 (2), 193–217.

Featherstone, K. (2016), Conditionality, democracy and institutional weakness: The Euro-crisis trilemma. Journal of Common Market Studies 54 (Annual Review), 48–64.

Fernández Pasarín, A.M., Dehousse, R. und Plaza, J.P. (2021), Comitology: The strength of dissent. Journal of European Integration 43 (3), 311–330.

Ferrera, M., Kriesi, H. und Schelkle, W. (2024), Maintaining the EU's compound polity during the long crisis decade. Journal of European Public Policy 31 (3), 706–728.

Finke, D., und Blom-Hansen, J. (2022), Contested comitology? The overlooked importance of the EU Commission, Journal of European Public Policy 29(6), 891–909.

Fischer, J. (2000), Vom Staatenbund zur Föderation – Gedanken über die Finalität der europäischen Integration. Integration 23 (3), 149–156.

Follesdal, A. und Hix, S. (2006), Why There is a Democratic Deficit in the EU: A Response to Majone and Moravcsik, Journal of Common Market Studies 44 (3), 533–562.

Foster, C. und Thelen, K. (2024), Brandeis in Brussels? Bureaucratic discretion, social learning, and the development of regulated competition in the European Union. Regulation and Governance 18 (4), 1083–1103.

Fouilleux, E. und Gravey, V. (2022), The Common Agricultural Policy. In: Cini, M. und Borragán, N.P.S. (Hg.), European Union Politics. Oxford (Oxford University Press), 339–354.

Friedrich, D. (2008), Actual and Potential Contributions of Civil Society Organizations to Democratic EU Governance. In: Freise, M. (Hg.), European Civil Society on the Road to Success? Baden-Baden (Nomos), 67–86.

Geary, M.J. (2012), The Process of European Integration from The Hague to Maastricht, 1969–92: An Irreversible Advance? Debater a Europa, Periodico do CEIDA e do CEIS20, 6–23.

Gehring, T. (1999), Die Politik des koordinierten Alleingangs. Zeitschrift für Internationale Beziehungen 5, 43–78.

Gehring, T. (2005), Gesellschaftliche Rationalität durch die Differenzierung von Entscheidungsverfahren. In: Gehring T., Krapohl, S., Kerler, M. und Stefanova, S., Rationalität durch Verfahren in der Europäischen Union. Europäische Arzneimittelzulassung und Normung technischer Güter. Baden-Baden (Nomos), 27–61.

Genovese, V. (2024), EU deforestation law postponed and diluted by Parliament. Euro News. 14.11.2024 https://www.euronews.com/my-europe/2024/11/14/eu-deforestation-law-postponed-and-diluted-by-parliament.

Genschel, P. und Jachtenfuchs, M. (2016), More integration, less federation: The European integration of core state powers. Journal of European public policy 23 (1), 42–59.

Genschel, P. und Jachtenfuchs, M. (2018), From market integration to core state powers: The Eurozone crisis, the refugee crisis and integration theory. Journal of Common Market Studies 56 (1), 178–196.

Genschel, P. und Jachtenfuchs, M. (Hg.) (2014), Beyond the regulatory polity? The European integration of core state powers. Oxford (Oxford University Press).

Genschel, P., Leek, L. und Weyns, J. (2023), War and integration. The Russian attack on Ukraine and the institutional development of the EU. Journal of European Integration 45 (3), 343–360.

Gianna, E. (2025), Fight or flight? Explaining the role of the European Parliament in the establishment of the Recovery and Resilience Facility. Journal of European Public Policy 32 (1), 152–183.

Giegerich, B. (2020), Foreign, Security and Defence Policy: Civilan Power, Europe, and American Leadership. In: Wallace, H., Pollack, M.A., Roederer-Rynning, C. und Young, A.R. (Hg.), Policy-making in the European Union. Oxford (Oxford University Press), 388–412.

Gilbert, M. (2003), Surpassing realism: the politics of European integration since 1945. Lanham (Rowman & Littlefield).

Gillingham, J. (2003), European integration, 1950–2003: Superstate or new market economy? Cambridge (Cambridge University Press).

Gilloz, O. (2023), The Empowerment of the General Secretariat of the Council: A Growing Challenge for Rotating Presidencies? In: Costa, O. und Van Hecke, S. (Hg), The EU political system after the 2019 European elections. Cham (Springer Nature), 261–284.

Glöckler, G., Lindner, J. und Salines, M. (2017), Explaining the sudden creation of a banking supervisor for the euro area. Journal of European Public Policy 24 (8), 1135–1153.

Gocaj, L. und Meunier, S. (2013), Time Will Tell: The EFSF, the ESM,and the Euro Crisis. European integration 35 (3), 239–252.

Göler, D. und Marhold, H. (2003), Die Konventsmethode. Integration 26 (4), 317–330.

Goosmann, T. (2007), Die „Berliner Erklärung" – Dokument europäischer Identität oder pragmatischer Zwischenschritt zum Reformvertrag? Integration 30 (3), 251–263.

Gouglas, A., Brans, M. und Jaspers, S. (2017), European Commissioner cabinet advisers: Policy managers, bodyguards, stakeholder mobilizers. Public administration 95 (2), 359–377.

Grande, E. (2000), Multi-Level Governance: Institutionelle Besonderheiten und Funktionsbedingungen des europäischen Mehrebenensystems. In: Grande, E. und Jachtenfuchs, M. (Hg.), Wie problemlösungsfähig ist die EU? Baden-Baden (Nomos), 11–30.

Grant, S. (1994), Inside the house that Jacques built. London (Brealey).

Gray, M. und Stubb, A. (2001), The Treaty of Nice – Negotiating a Poisoned Chalice? Journal of Common Market Studies 39, Annual Review, 5–23.

Greenwood, G. (2017), Interest Representation in the European Union. London (Palgrave Macmillan).

Greenwood, J. und Roederer-Rynning, C. (2021), Organized interests and trilogues in a post-regulatory era of EU policy-making. Journal of European Public Policy 28 (1), 112–131.

Guéguen, D. (2011), Comitology: Hijacking European power. 3rd ed. Brussels (European Training Institute).

Guth, J. (2016), Transforming the European Legal Order: The European Court of Justice at 60+. Journal of Contemporary European Research 12 (1): 455–466.

Haas, E.B. (1958), The Uniting of Europe: Political, Social and Economic Forces 1950–1957. London (Stevens & Sons Limited).

Haas, P. (1992), Introduction: Epistemic communities and international policy co-ordination, International Organization 46 (1), 1–35.

Habermas, J. (2001), The Postnational Constellation: Political Essays. Cambridge (Polity Press).

Habermas, J. (2015), Democracy in Europe: Why the Development of the EU into a Transnational Democracy Is Necessary and How It Is Possible. European Law Journal 21 (4), 546–557.

Habermas, J. (2017), Citizen and state equality in a supranational political community: Degressive proportionality and the pouvoir constituant mixte. Journal of Common Market Studies 55 (2), 171–182.

Häge, F.M. (2012), Bureaucrats as Law-Makers: Committee Decision-Making in the EU Council of Ministers. London (Routledge).

Häge, F. M. (2017), The scheduling power of the EU Council Presidency. Journal of European Public Policy 24 (5), 695–713.

Häge, F. M. (2019), The presidency of the Council of the European Union. Oxford Research Encyclopedias, Politics.

Hagemann, S. (2020), Politics and diplomacy: Lessons from Donald Tusk's time as president of the European Council. European Journal of International Law 31 (3), 1105–1112.

Hall, P.A. und Taylor R.C.R. (1996), Political Science and the Three New Institutionalisms. Political Studies XLIV, 936–957.

Harbo, F. (2005), Towards a European federation? The EU in the light of comparative federalism. Baden-Baden (Nomos).

Hartlapp, M. (2009), Extended Governance: Implementation of EU Social Policy in the Member States, In: Tömmel, I., und Verdun, A. (Hg.), Innovative Governance in the European Union: The Politics of Multilevel Policymaking. Boulder (Lynne Rienner), 221–236.

Hartlapp, M. und Heidbreder, E.G. (2018), Mending the hole in multilevel implementation: Administrative cooperation related to worker mobility. Governance 31 (1), 27–43.

Hartlapp, M., Metz, J., and Rauh, C. (2014), Which Policy for Europe? Power and Conflict inside the European Commission. Oxford (Oxford University Press).

Hartlapp, M., Müller, H. und Tömmel, I. (2021), Gender equality and the European Commission. In Abels, G., Krizsán, A., MacRae, H. und van der Vleuten, A. (Hg.). The Routledge handbook of gender and EU politics. Abingdon (Routledge), 133–145.

Hayes-Renshaw, F. (2007), From Procedural Chore to Political Prestige: Historic Development and Recent Reforms of the Presidency of the Council, Österreichische Zeitschrift für Politikwissenschaft (ÖZP) 36 (2), 107–123.

Hayes-Renshaw, F. (2009), Least Accessible but not Inaccessible: Lobbying the Council and the European Council, In: Coen, D. und Richardson, J. (Hg.), Lobbying the European Union: Institutions, Actors, and Issues. Oxford (Oxford University Press), 70–88.

Hayes-Renshaw, F., van Aken, W. und Wallace, H. (2006), When and Why the EU Council of Ministers Votes Explicitly, Journal of Common Market Studies 44 (1), 161–194.

Hayes-Renshaw, F. und Wallace, H. (2006), The Council of Ministers. 2nd ed., Basingstoke (Palgrave Macmillan).

Heidbreder, E.G. (2012), Civil society participation in EU governance. Living Reviews in European Governance 7 (2).

Heidbreder, E.G. (2014a), Administrative capacities in the EU – consequences of multilevel policy-making. In: Lodge, M. und Wegrich, K. (Hg), The problem-solving capacity of the modern state: Governance challenges and administrative capacities. Oxford (Oxford University Press), 218–237.

Heidbreder, E.G. (2014b), Regulating capacity building by stealth – pattern and extent of EU involvement in public administration. In: Genschel, P. und Jachtenfuchs, M. (Hg.), Beyond the regulatory polity? The European integration of core state powers. Oxford (Oxford University Press), 145–165.

Heidbreder, E.G. (2017), Strategies in Multilevel Policy Implementation: Moving beyond the Limited Focus on Compliance. Journal of European Public Policy 24 (9), 1367–1384.

Heidbreder, E.G. und Schade, D. (2020), (Un) settling the precedent: Contrasting institutionalisation dynamics in the spitzenkandidaten procedure of 2014 and 2019. Research and Politics 7 (2),1–6.

Heidbreder, E.G. und Schade, D. (2024), Interinstitutional Conflict in the Context of Leadership Appointment of the Commission. In: Ceron, M., Christiansen, T. und Dimitrakopoulos, D.G. (Hg.), The Politicisation of the European Commission's Presidency: Spitzenkandidaten and Beyond. Cham (Springer Nature), 197–214.

Heipertz, M. und Verdun, A. (2010), Ruling Europe: The politics of the stability and growth pact. Cambridge (Cambridge University Press).

Heisenberg, D. (2005), The institution of 'consensus' in the European Union: Formal versus informal decision-making in the Council, European Journal of Political Research 44, 65–90.

Helwig, N. (2023), EU Strategic Autonomy after the Russian Invasion of Ukraine: Europe's Capacity to Act in Times of War. Journal of Common Market Studies 61 (Annual Review), 57–67.

Héritier, A. (1993), Policy-Netzwerkanalyse als Untersuchungsinstrument im europäischen Kontext: Folgerungen aus einer empirischen Studie regulativer Politik. In: Héritier, A. (Hg.), Policy-Analyse. Kritik und Neuorientierung. Opladen (Leske+Budrich), 432–447.

Héritier, A. (2001), Market integration and social cohesion: The politics of public services in European regulation. Journal of European Public Policy 8 (5), 825–852.

Héritier, A., Meissner, K.L., Moury, C. und Schoeller, M.G. (2019), European Parliament Ascendant: Parliamentary Strategies of Self-Empowerment in the EU. Cham (Springer International Publishing).

Héritier, A., Moury, C., Bischoff, C.S. und Bergström, C. F. (2013), Changing rules of delegation: A contest for power in comitology. Oxford (Oxford University Press).

Héritier, A. und Reh, C. (2012), Codecision and Its Discontents: Intra-Organisational Politics and Institutional Reform in the European Parliament, West European Politics 35 (5), 1134–1157.

Hix, S. (2008), What's Wrong with the European Union and How to Fix It. Cambridge (Polity Press).

Hix, S. und Høyland, B. (2013), Empowerment of the European parliament. Annual Review of Political Science 16 (1), 171–189.

Hix, S. und Høyland, B. (2022), The political system of the European Union. London (Bloomsbury Publishing).

Hix, S., Noury, A.G. und Roland, G. (2007), Democratic politics in the European Parliament. Cambridge (Cambridge University Press).

Hodson, D. (2011), Governing the Euro Area in Good Times and Bad. Oxford (Oxford University Press).

Hodson, D. (2012), The Eurozone in 2011, Journal of Common Market Studies 50, Annual Review, 178–194.

Hodson, D. (2016), Eurozone Governance: From the Greek Drama of 2015 to the Five Presidents' Report. Journal of Common Market Studies 54 (Annual Review) 150–166.

Hodson, D. (2022), The institutions of Economic and Monetary Union: From the euro crisis to COVID-19. In: Hodson, D., Puetter, U., Saurugger, S. und Peterson, J. (Hg.), The institutions of the European Union. Oxford (Oxford University Press), 251–275.

Hoffmann, S. (1966), Obstinate or Obsolete: The Fate of the Nation State and the Case of Western Europe. Daedalus, Summer 66, 862–915.

Hoffmann, S. (1982), Reflections on the Nation-State in Western Europe Today. Journal of Common Market Studies 21 (1/2), 21–37.

Holzinger, K., Knill, C. und Lenschow, A. (2009), Governance in EU Environmntal Policy. In: Tömmel, I., und Verdun, A. (Hg.), Innovative Governance in the European Union: The Politics of Multilevel Policymaking. Boulder (Lynne Rienner), 45–61.

Holzinger, K. und Schimmelfennig, F. (2015), Eurokrise und differenzierte Integration. Politische Vierteljahresschrift 56 (3), 457–478.

Holzinger, K. und Tosun, J. (2019), Why differentiated integration is such a common practice in Europe: A rational explanation. Journal of Theoretical Politic, 31 (4), 642–659.

Hönnige, C. und Panke, D. (2013), The Committee of the Regions and the European Economic and Social Committee: How Influential are Consultative Committees in the European Union? Journal of Common Market Studies 51(3), 452–471.

Hönnige, C. und Panke, D. (2016), Is anybody listening? The Committee of the Regions and the European Economic and Social Committee and their quest for awareness. Journal of European Public Policy 23 (4), 624–642.

Hooghe, L. (1996), Building a Europe with the Regions: The Changing Role of the European Commission. In: Hooghe, L. (Hg.), Cohesion Policy and European Integration: Building Multi-Level Governance. Oxford (Oxford University Press), 89–126.

Hooghe, L. und Marks, G. (2001): Multi-Level Governance and European Integration. Lanham (Rowman & Littlefield).

Hooghe, L. und Marks, G. (2009), A postfunctionalist theory of European integration: From permissive consensus to constraining dissensus. British Journal of Political Science 39 (1), 1–23.

Hooghe, L. und Marks, G. (2019), Grand theories of European integration in the twenty-first century. Journal of European Public Policy 26 (8), 1113–1133.

Howarth, D. und Verdun, A. (2020), Economic and Monetary Union at twenty: A stocktaking of a tumultuous second decade. Introduction. Journal of European Integration 42 (3), 287–293.

Howorth, J. (2007), Security and Defence Policy in the European Union. Basingstoke (Palgrave Macmillan).

Howorth, J. (2012), Decision-making in security and defense policy: Towards supranational inter-governmentalism? Cooperation and Conflict 47, 433–53.

Hueglin, T. und Fenna, A. (2006): Comparative Federalism. A Systematic Inquiry. Peterborough/Ontario (Broadview Press).

Huget, H. (2007), Demokratisierung der EU. Normative Demokratietheorie und Governance-Praxis im europäischen Mehrebenensystem. Wiesbaden (VS).

Hustedt, T. und Seyfried, M. (2018), Inside the EU Commission: Evidence on the Perceived Relevance of the Secretariat General in Climate Policy-Making. Journal of Common Market Studies 56 (2), 368–384.

Hustedt, T., Wonka, A., Blauberger, M., Töller, A.E. und Reiter R. (2014), Verwaltungsstrukturen in der Europäischen Union. Wiesbaden (Springer VS).

Hwang, I. (2025), Is the European Parliament a Key to Success for (All) Right-Wing Populist Parties? Two Different Pathways to Engaging with the EP. Government and Opposition, 1–21.

Jachtenfuchs, M. (1997), Die Europäische Union – ein Gebilde sui generis? In: Wolf, K.D. (Hg.), Projekt Europa im Übergang? Probleme, Modelle und Strategien des Regierens in der Europäischen Union. Baden-Baden (Nomos).

Jachtenfuchs, M. (2001), The Governance Approach to European Integration. Journal of Common Market Studies 39 (2), 245–264.

Jachtenfuchs, M., Dietz, T. und Jung, S. (1998), Which Europe? Conflicting Models of a Legitimate European Political Order, European Journal of International Relations 4 (4), 409–445.

Jeffery, C. und Rowe C. (2012), Social and Regional Interests: the Economic and Social Committee and the Committee of the Regions. In: Peterson, J. und Shackleton, M. (Hg.), The institutions of the European Union. 3rd ed. Oxford (Oxford University Press), 359–381.

Jessop, B. (2003), The Future of the Capitalist State. Cambridge (Polity Press).

Joerges, C. (2012), Europe's Economic Constitution in Crisis, Zentra Working Papers in Transnational Studies, 6, 1–28.

Jones, E. (2012), European crisis, European solidarity. Journal of Common Market Studies, 50 (Annual Review), 53–67.

Judge, D. und Earnshaw, D. (2003), The European Parliament. Basingstoke (Palgrave Macmillan).

Juncos, A.E. (2022), The institutions of the Common Foreign and Security Policy: Between intergovernmentalism and supranationalism. In: Wallace, H., Pollack, M. A., Roederer-Rynning, C. und Young, A.R. (Hg.), Policy-making in the European Union. Oxford (Oxford University Press), 299–320.

Kaiser, W., Guerrieri, S. und Ripoll Servent A. (2023), The European Parliament and EU democracy. EPRS: European Parliament Research Service, PE 747.121, April 2023.

Karakatsanis, G. und Laffan, B. (2012), Financial Control: the Court of Auditors and OLAF, In: Peterson, J. und Shackleton, M. (Hg.), The institutions of the European Union. 3rd ed. Oxford (Oxford University Press), 241–261.

Kassim, H. (2022), The European Commission: from collegiality to presidential leadership. In: Hodson, D., Puetter, U., Saurugger, S. und Peterson, J. (Hg.), The institutions of the European Union. Oxford (Oxford University Press), 106–127.

Kassim, H. (2023), The European Commission and the COVID-19 pandemic: a pluri-institutional approach. Journal of European Public Policy 30 (4), 612–634.

Kassim, H., Peterson, J., Bauer, M.W., Connolly, S., Dehousse, R., Hooghe, L. und Thompson, A. (2013), The European Commission of the twenty-first century. Oxford (Oxford University Press).

Keating, M., Hooghe, L. und Tatham, M. (2015), Bypassing the nation-state? Regions and the EU policy process. In: Rochardson, J. and Mazey, S. (Hg.), European Union: Power and Policymaking. Abingdon (Routledge), 445–466.

Kelemen, D. und Pavone, T. (2016), Mapping European law. Journal of European Public Policy 23 (8), 1118–1138.

Kelemen, D. und Tarrant, A.D. (2011), The political foundations of the Eurocracy. West European Politics 34 (5), 922–947.

Keohane, R.O. (1984), After Hegemony – Cooperation and Discord in the World Political Economy. Princeton (Princeton University Press).

Keohane, R.O. und Hoffmann, S. (Hg.) (1991), The New European Community: Decisionmaking and Institutional Change. Boulder (Westview Press).

Kirchner, E.J. (1992), Decision-making in the European Community: The Council Presidency and European Integration. New York (St. Martins Press).

Kleine, M. (2007), Leadership in the European Convention" Journal of European Public Policy 14 (8), 1227–1248.

Kleist, J. (2019), The European Consumer Organisation: Pioneer in Advocacy and Lobbying. In: Dialer, D. und Richter, M. (Hg.), Lobbying in the European Union: Strategies, Dynamics and Trends. Cham (Springer International Publishing), 239–250.

Klose, S., Perot, E. und Temizisler, S. (2023), Spot the Difference: Differentiated Co-operation and Differentiated Integration in the European Union. Journal of Common Market Studies 61 (1), 259–276.

Klüver, H. (2013), Lobbying in the European Union. Interest Groups, Lobbying Coalitions, and Policy Change. Oxford (Oxford University Press).

Knill, C. und Tosun, J. (2012), Governance Institutions and Policy Implementation in the European Union, In: Richardson, J. (Hg.), Constructing a Policy-making State? Policy Dynamics in the EU. Oxford (Oxford University Press), 309–333.

Knipping, F. (2004), Rom, 25. März 1957: Die Einigung Europas. 20 Tage im 20. Jahrhundert. München (dtv).

Knipping, F. und Schönwald, M. (2004), Aufbruch zum Europa der zweiten Generation. Die europäische Einigung 1969–1984. Trier (Wissenschaftlicher Verlag Trier).

Kohler-Koch, B. (1996), Die Gestaltungsmacht organisierter Interessen. In: Jachtenfuchs, M. und Kohler-Koch, B. (Hg.), Europäische Integration. Opladen (Leske+Budrich), 193–222.

Kohler-Koch, B. (1999), The evolution and transformation of European governance. In: Kohler-Koch, B. und Eising, R. (Hg.), The Transformation of Governance in the European Union. London (Routledge), 14–35.

Kohler-Koch, B. (2007), The Organization of Interests and Democracy in the European Union. In: Kohler-Koch, B. and Rittberger, B. (Hg.) Debating the democratic legitimacy of the European Union. Lanham (Rowman & Littlefield), 255–271.

Kohler-Koch, B. (2011), Zivilgesellschaftliche Partizipation: Zugewinn an Demokratie oder Pluralisierung der europäischen Lobby? In: Kohler-Koch, B. und Quittkat, C. (Hg.), Die Entzauberung partizipativer Demokratie. Zur Rolle der Zivilgesellschaft bei der Demokratisierung von EU-Governance. Frankfurt (Campus), 241–271.

Kohler-Koch, B. und Friedrich, D. A. (2020), Business interest in the EU: Integration without supranationalism?. Journal of Common Market Studies 58 (2), 455–471.

Kohler-Koch, B., Kotzian, P. und Quittkat, C. (2019), The multilevel interest representation of national business associations. In: Eising, R., Rasch, D. und Rozbicka, P. (Hg.), National interest organizations in the EU multilevel system. Abingdon (Routledge), 108–127.

Kohler-Koch, B. und Quittkat, C. (2013), De-mystification of participatory democracy: EU-governance and civil society. Oxford (Oxford University Press).

König, T. und Mäder, L. (2013), Non-conformable, partial and conformable transposition: A competing risk analysis of the transposition process of directives in the EU 15. European Union Politics 14 (1), 46–69.

Kooiman, J. (2003), Governing as Governance. London (Sage).

Kuhn, T. (2019), Grand theories of European integration revisited: does identity politics shape the course of European integration? Journal of European Public Policy 26 (8), 1213–1230.

Kurpas, S., Grøn, C. und Kaczyński, P.M. (2008), The European Commission after Enlargement: Does More Add Up to Less? CEPS Special Report, February 2008.

Ladi, S. und Wolff, S. (2021), The EU Institutional Architecture in the Covid-19 Response: Coordinative Europeanization in Times of Permanent Emergency. Journal of Common Market Studies 59 (Annual Review), 32–43.

Lahr, R. (1983), Die Legende vom „Luxemburger Kompromiß". Europa-Archiv 7, 223–232.

Laloux, T. (2024), The effect of trilogues on the European Commission's success in legislative negotiations: A reappraisal. European Union Politics 25 (2), 440–455.

Laloux, T. und Delreux, T. (2021), The origins of EU legislation: Agendasetting, intra-institutional decision-making or interinstitutional negotiations? West European Politics 44 (7), 1555–1576.

Laursen, F. (Hg.) (2011), The EU and Federalism: Polities and Policies Compared. Farnham (Ashgate).

Lavenex, S. (2009), Transgovernmentalism in the Area of Freedom, Security,and Justice. In: Tömmel, I., und Verdun, A. (Hg.), Innovative Governance in the European Union: The Politics of Multilevel Policymaking. Boulder (Lynne Rienner), 255–271.

Lavenex, S. (2010), Justice and Home Affairs: Communitarization With Hesitation. In: Wallace, H., Pollack, M.A. und Young, A. (Hg.), Policy-Making in the European Community. 6th ed. Oxford (Oxford University Press), 457–477.

Lavenex, S. (2020), Justice and home affairs. Exposing the limits of political integration. In: Wallace, H., Pollack, M.A., Roederer-Rynning, C. und Young, A,R. (Hg.), Policy-making in the European Union. Oxford (Oxford University Press), 343–362.

Leggewie, C. (1979), Die Erweiterung der Europäischen Gemeinschaft nach Süden. Leviathan 2, 174–198.

Lehmann, W. (2009), The European Parliament. In: Coen, D. und Richardson, J. (Hg.), Lobbying the European Union: Institutions, Actors, and Issues. Oxford (Oxford University Press), 39–69.

Leibfried, S. (2010), Social Policy. In: Wallace, H., Pollack, M.A. und Young, A. (Hg.), Policy-Making in the European Community. 6th ed. Oxford (Oxford University Press), 243–278.

Lenschow, A. (2020), Environmental Policy: Contending Dynamics of Policy Change. In: Wallace, H., Pollack, M. A., Roederer-Rynning, C. und Young, A. R. (Hg.), Policy-making in the European Union. Oxford (Oxford University Press), 297–320.

Leuffen, D., Rittberger, B. und Schimmelfennig, F. (2012), Integration and Differentiation in the European Union. Basingstoke (Palgrave Macmillan).

Lewis, J. (2005), The Janus Face of Brussels:Socialization and Everyday Decision Making in the European Union, International Organization, 59, Fall, 937–971.

Lewis, J. (2012), National Interests: the Committee of Permanent Representatives. In: Peterson, J. und Shackleton, M. (Hg.), The institutions of the European Union. 3rd ed. Oxford (Oxford University Press), 315–337.

Lewis, J. (2015), The institutional context of the European Union's Council system and the intentional design of discretion for preparatory agents. In: Bauer, M. und Trondal, J. (Hg.), The Palgrave Handbook of the European Administrative System. London (Palgrave Macmillan), 281–298.

Lewis, J. (2019), EU Council networks and the "tradition" of consensus. In: Bevir, M. und Phillips, R. (Hg.). Decentring European Governance. Abingdon (Routledge), 142–170.

Lewis, J. (2022), The Committee of Permanent Representatives: Integrating interests and the logics of action. In: Hodson, D., Puetter, U., Saurugger, S. und Peterson, J. (Hg.), The institutions of the European Union. Oxford (Oxford University Press), 323–347.

Lieb, J. und Maurer, A. (2009), Der Vertrag von Lissabon. Kurzkommentar. Diskussionspapier der FG 1 und FG 2, SWP Berlin.

Liebert, U. und Trenz, H.J. (Hg.) (2011), The New Politics of European Civil Society. London (Routledge).

Lindberg, L. und Scheingold, A. (1970), Europe's Would-be Polity. Englewood Cliffs (Harvard).

Lipgens, W. (Hg.) (1986), 45 Jahre Ringen um die europäische Verfassung: Dokumente 1939–1984. Von den Schriften der Widerstandsbewegung bis zum Vertragsentwurf des Europäischen Parlaments. Bonn (Europa-Union-Verlag).

Lord, C. (2004), A democratic audit of the European Union. Basingstoke (Palgrave Macmillan).

Lord, C. (2007), Democratic Control of the Council of Ministers, Österreichische Zeitschrift für Politikwissenschaft (ÖZP), 36 (2), 125–138.

Lord, C. (2008), Still in Democratic Deficit. Intereconomics 43 (6), 316–320.

Lord, C. (2018), The European Parliament: a working parliament without a public? The Journal of Legislative Studies 24 (1), 34–50.

Lord, C. und Harris, E. (2006), Democracy in the New Europe. Basingstoke (Palgrave Macmillan).

Loth, W. (2007), Der Weg nach Rom – Entstehung und Bedeutung der Römischen Verträge, Integration 2007 (1), 36–43.

Loth, W. (2013), Helmut Kohl und die Währungsunion. Vierteljahrshefte für Zeitgeschichte 61 (4), 455–480.

Loth, W. (2020), Europas Einigung: eine unvollendete Geschichte. Frankfurt (Campus)

Magnette, P. (2005), In the Name of Simplification: Coping with Constitutional Conflicts in the Convention on the Future of Europe, European Law Journal 11 (4), 432–451.

Majone, G. (2002), Functional Interests: European Agencies. In: Peterson, J. und Shackleton, M. (Hg.), The Institutions of the European Union. Oxford (Oxford University Press), 299–325.

Majone, G. (2005), Dilemmas of European integration. The ambiguities and pitfalls of integration by stealth. Oxford (Oxford University Press).

Majone, G. (2009), Europe as the would-be world power: the EU at fifty. Cambridge (Cambridge University Press).

Majone, G. (Hg.) (1996), Regulating Europe. London/New York (Routledge).

March, J. G. und. Olsen, J. P (1984), The New Institutionalism: Organizational Factors in Political Life, The American Political Science Review 78 (3), 734–749.

March, J. G. und. Olsen, J.P (1989), Rediscovering Institutions: The Organizational Basis of Politics. London (Macmillan) and New York (Free Press).

Marks, G. (1996), An actor-centred approach to multi-level governance. Regional and Federal Studies 6 (2), 20–38.

Marks, G., Hooghe, L. und Blank, K. (1996), European Integration from the 1980s: State-Centric versus Multi-level Governance. Journal of Common Market Studies 34 (3), 341–378.

Maurer, A. (2003), Die Methode des Konvents – ein Modell deliberativer Demokratie? Integration (26) 2, 130–140.

Maurer, A. (2008), The German Council Presidency: Managing Conflicting Expectations, Journal of Common Market Studies 46, Annual Review, 51–59.

Maurer A. (2012), Parlamente in der EU. Wien (Fakultas).

Mayntz, R. (1993), Policy-Netzwerke und die Logik von Verhandlungssystemen. In: Héritier, A. (Hg.), Policy-Analyse. Kritik und Neuorientierung. Opladen (Leske+Budrich), 39–56.

Mayntz, R. (2014), Markt oder Staat? Kooperationsprobleme in der Europäischen Union. MPIfG Discussion Paper 14/3.

Mayntz, R. und Scharpf, F.W. (1995), Der Ansatz des akteurzentrierten Institutionalismus. In: Mayntz, R. und Scharpf, F.W. (H.), Gesellschaftliche Selbstregelung und politische Steuerung. Frankfurt (Campus), 39–72.

Mazey, S. (2012), Policy entrepreneurship, group mobilisation and the creation of a new policy domain: women's rights and the European Union. In: Richardson, J. (Hg.), Constructing a Policy-making State? Policy Dynamics in the EU. Oxford (Oxford University Press), 125–142.

Mazey, S. und Richardson, J. (2006): The Commission and the Lobby. In: Spence, D. (Hg.) with Edwards G., The European Commission. 3rd ed. London (Harper), 279–292.

Mazey, S. und Richardson, J. (Hg.) (1993), Lobbying in the European Community. Oxford (Oxford University Press).

McDonnell, D. und Werner, A. (2018), Respectable radicals: Why some radical right parties in the European Parliament forsake policy congruence. Journal of European Public Policy 25 (5), 747–763.

Mendez, F., Mendez, M. und Triga, V. (2014), Referendums and the European Union: A comparative inquiry. Cambridge (Cambridge University Press).

Menendez, A.J. (2013), The Existential Crisis of the European Union, German Law Journal 14 (5), 453–526.

Menon, A. und Weatherill, S. (2008), Transnational Legitimacy in a Globalising World: How the European Union Rescues its States. West European Politics 31 (3), 397–416.

Mérand, F. (2022), Political work in the stability and growth pact. Journal of European Public Policy 29 (6), 846–864.

Mérand, F. and Angers, K. (2014), Military Integration in Europe. In: Genschel, P. und Jachtenfuchs, M. (Hg.), Beyond the regulatory polity? The European integration of core state powers. Oxford (Oxford University Press), 46–65.

Milward, A.S. (1984), The Reconstruction of Western Europe, 1945–51. London (Methuen).

Milward, A.S. (2000), The European rescue of the nation-state. London (Routledge).

Milward, A.S und Sørensen, V. (1994), Interdependence or integration? A national choice. In: Milward, A.S. et al., The frontier of national sovereignty. History and theory 1945–1992. 2nd ed., London (Routledge), 1–32.

Mitrany, D. (1966), A Working Peace System. Chicago (Quadrangle Books) (Erstveröffentlichung 1943).

Moloney, D. und Princen, S. (2024), Assessing the role of the European Council and the European Commission during the migration and COVID-19 crises. West European Politics 47 (7), 1556–1587.

Monnet, J. (2015), (1978), Memoirs. London (Profile Books).

Moore, C. (2008), A Europe of the Regions vs. the Regions in Europe: Reflections on Regional Engagement in Brussels, Regional & Federal Studies 18 (5), 517–535.

Moravcsik, A. (1991), Negotiating the Single European Act: national interests and conventional statecraft in the European Community. International Organization 45 (1), 19–56.

Moravcsik, A. (1993), Preferences and Power in the European Community: A Liberal Intergovernmentalist Approach. Journal of Common Market Studies 31 (4), 473–524.

Moravcsik, A. (1998), The Choice for Europe: Social Purpose and State Power From Rome to Maastricht. Ithaca (Cornell University Press).

Moravcsik, A. (2002): In Defence of the 'Democratic Deficit': Reassessing Legitimacy in the European Union. Journal of Common Market Studies 40 (4), 603–624.

Moravcsik, A. (2018), Preferences, power and institutions in 21st-century Europe. Journal of Common Market Studies 56 (7), 1648–1674.

Moravcsik, A. und Nicolaïdis, K. (1999), Explaining the Treaty of Amsterdam: Interests, Influence, Institutions. Journal of Common Market Studies (37) 1, 59–85.

Müller, H. (2020), Political Leadership and the European Commission Presidency. Oxford (Oxford University Press).

Müller, H. und Tömmel, I. (2022), Strategic Leadership: Ursula von der Leyen as President of the European Commission. In: Müller, H. und Tömmel, I. (Hg.), Women and Leadership in the European Union, Oxford (Oxford University Press) 311–330.

Müller, H. und Tömmel, I. (2024), Between Cooperation and Rivalry: The Leadership of Charles Michel as President of the European Council. Journal of Common Market Studies 62 (Annual Review), 52–63.

Müller, P., and Slominski, P. (2024), Hungary, the EU and Russia's War Against Ukraine: The Changing Dynamics of EU Foreign Policymaking. In: Wiesner, C. und Knodt, M. (Hg.), The War Against Ukraine and the EU: Facing New Realities. Cham (Springer Nature), 111–131.

Năstase, A. und Neuhold, C. (2022), The European Court of Auditors and the European Ombudsman: the EU's 'watchdogs'. In: Wallace, H., Pollack, M.A., Roederer-Rynning, C. und Young, A.R. (Hg.), Policy-making in the European Union. Oxford (Oxford University Press), 225–248.

Neuhold, C. und Settembri, P. (2007), The role of European Parliament committees in the EU policy-making process. In: Christiansen, T. und Larsson, T. (Hg.), The Role of Committees in the Policy-Process of the European Union: Legislation, Implementation and Deliberation. Cheltenham (Edward Elgar), 152–181.

Neunreither, K. und Wiener, A. (Hg.) (2000), European integration after Amsterdam – institutional dynamics and prospects for democracy. Oxford (Oxford University Press).

Neyer, J. (2006), The Deliberative Turn in Integration Theory, Journal of European Public Policy 13 (5), 779–791.

Neyer, J. (2010), Justice, Not Democracy: Legitimacy in the European Union, Journal of Common Market Studies 48 (4), 903–921.j

Neyer, Jürgen (2012), The Justification of Europe: A Political Theory of Supranational Integration. Oxford (Oxford University Press).9 903.

Nicoll, W. (1994), Representing the States. In: Duff, A., Pinder, J. und Pryce, R. (Hg.), Maastricht and Beyond. Building the European Union. London (Routledge), 190–206.

Nugent, N. (2010), The Government and Politics of the European Union. 7th. ed, Basingstoke (Palgrave Macmillan).

Nugent, N. und Rhinard, M. (2019), The 'political'roles of the European Commission. Journal of European Integration 41 (2), 203–220.

Oleart, A. (2023), Democracy Without Politics in EU Citizen Participation: From European Demoi to Decolonial Multitude. Cham (Springer Nature)

Olsen, J.P. (2010), Governing Through Institution Building: Institutional Theory and Recent European Experiments in Democratic Organization. Oxford (Oxford University Press).

Padoa-Schioppa, T. et al. (1988), Effizienz, Stabilität und Verteilungsgerechtigkeit: Eine Entwicklungsstrategie für die Europäische Gemeinschaft. Wiesbaden (VS).

Panning, L. (2021), Building and managing the European Commission's position for trilogue negotiations. Journal of European Public Policy 28 (1), 32–52.

Parsons, C. (2003), A Certain Idea of Europe. Ithaka (Cornell University Press).

Pascua Mateo, F. (2023), European Parliament and representation of the Union's citizens: What can be expected from electoral law from a democratic standpoint? European Law Journal 28 (1–3), 63–88.

Paterson, W.E. (2011), The Reluctant Hegemon: Germany Moves Centre Stage in the European Union, Journal of Common Market Studies 49, Annual Review, 57–75.

Pedler, R.H. und Bradley, K.S.C. (2006), The Commission: Policy Management and Comitology, in David Spence (Hg.), The European Commission. London (Harper), 235–262.

Peterson, J. (2004), Policy Networks. In: Wiener, A. and Dietz, T. (Hg.), European Integration Theory. Oxford (Oxford University Press), 117–135.

Peterson, J. (2004), The Prodi Commission: fresh start or free fall? In: Dimitrakopoulos, D. G. (Hg.), The changing European Commission, Manchester (Manchester Univ. Press), 15–32.

Peterson, J. und Sharp, M. (1998), Technology policy in the European Union. Basingstoke (Macmillan).

Pierson, P. (1996), The Path to European Integration: A Historical Institutionalist Analysis, Comparative Political Studies 29 (2), 123–163.

Pinder, J. (1991), European Community. The building of a Union. Oxford (Oxford University Press).

Pollack, M.A. (1996), The New Institutionalism and EC Governance: The Promise and limits of Institutional Analysis, Governance 9 (4), 429–458.

Pollack, M.A. (2003), The Engines of European Integration: Delegation, Agency and Agenda Setting in the EU. Oxford (Oxford University Press).

Pollack, M.A. (2004), New Institutionalism. In: Antje Wiener and Thomas Dietz (eds), European Iintegration Theory. Oxford (Oxford University Press), 136–158.

Pollex, J. und Lenschow, A. (2025), When talk meets actions–return to Commission leadership in EU environmental policy-making with the European Green Deal. Journal of European Public Policy 32 (9), 2197–2222.

Potluka, O. und Medeiros, E. (2021), Administrative and organizational capacities of civil society in EU Cohesion Policy. Regional Studies 58 (4), 745–755.

Princen, S. und Kerremans, B. (2010), Opportunity Structures in the EU Multi-Level System. In: Beyers, J., Eising, R. und Malony, W.A. (Hg.), Interest Group Politics in Europe, Lessons from EU Studies and Comparative Politics. London (Routledge), 27–44.

Princen, S., Schimmelfennig, F., Sczepanski, R., Smekal, H. und Zbiral, R. (2024), Different yet the same? Differentiated integration and flexibility in implementation in the European Union. West European Politics 47 (3), 466–490

Puchala, D.J. (1972), Of Blind Men, Elephants and International Integration. Journal of Common Market Studies 10 (4), 267–284.

Puetter, U. (2012), Europe's deliberative intergovernmentalism: the role of the Council and European Council in EU economic governance, Journal of European Public Policy 19 (2), 161–178.

Puetter, U. (2014), The European Council and the Council: New intergovernmentalism and institutional change. Oxford (Oxford University Press).

Puetter, U. (2022), The Council of the European Union: co-legislator, coordinator, and executive power. In: Hodson, D., Puetter, U., Saurugger, S. und Peterson, J. (Hg.), The institutions of the European Union. Oxford (Oxford University Press), 78–105.

Quaglia, L. und Verdun, A. (2023), Explaining the response of the ECB to the COVID-19 related economic crisis: inter-crisis and intra-crisis learning. Journal of European Public Policy 30 (4), 635–654.

Quittkat, C. (2011), The European Commission's Online Consultations: A Success Story? Journal of Common Market Studies 49 (3), 653–674.

Quittkat, C. und Kohler-Koch, B. (2011), Die Öffnung der europäischen Politik für die Zivilgesellschaft – das Konsultationsregime der Europäischen Kommission. In: Kohler-Koch, B. und Quittkat, C. (Hg.), Die Entzauberung partizipativer Demokratie. Zur Rolle der Zivilgesellschaft bei der Demokratisierung von EU-Governance. Frankfurt (Campus), 74–97.

Rasmussen, A. (2011), Early conclusion in bicameral bargaining: Evidence from the co-decision legislative procedure of the European Union. European Union Politics 12 (1), 41–64.

Reh, C. (2008): The Convention on the Future of Europe and the Development of Integration Theory: A Lasting Imprint? Journal of European Public Policy 15 (5), 781–794.

Reh, C. (2014), Is informal politics undemocratic? Trilogues, early agreements and the selection model of representation. Journal of European Public Policy 21 (6), 822–841.

Reif, K. und Schmitt, K. (1980), Nine Second-order National Elections: A Conceptual Framework for the Analysis of European Election Results. European Journal of Political Research 8, 3–44.

Reitel, B., Wassenberg, B. und Peyrony, J. (2018), The INTERREG experience in bridging European territories. A 30-year summary. In: Medeiros, E. (Hg.), European territorial cooperation: Theoretical and empirical approaches to the process and impacts of cross-border and transnational cooperation in Europe. Cham (Springer International Publishing), 7–23.

Rimkutė, D. (2022), Expertise and regulatory agencies. In: Maggetti, M., Di Mascio, F. und Natalini, A. (Hg.), Handbook of regulatory authorities. Cheltenham (Edward Elgar Publishing), 487–502.

Rippoll Servent, A. (2018), The European Parliament. London (Palgrave Macmillan).

Risse, T. (2004), Social Constructivism and European Integration. In: Wiener, A. und Dietz, T. (eds), European Integration Theory. Oxford (Oxford University Press), 159–176.

Risse, T. (2019), Social Constructivism and European integration. In: Wiener, A., Börzel, T., Risse, T. (Hg.), European integration theory. Oxford (Oxford University Press), 128–147.

Risse, T. und Kleine, M. (2007), Assessing the Legitimacy of the EU's Treaty Revision Methods, Journal of Common Market Studies 45 (1), 69–80.

Rittberger, B. (2005), Building Europe's parliament: democratic representation beyond the nation state. Oxford (Oxford University Press).

Rittberger, B. (2010), Democracy and European Union Governance. In: Egan, M., Nugent, N. und Paterson, W.E. (Hg.), Research Agendas in EU Studies: Stalking the Elephant. Basingstoke (Palgrave Macmillan).

Rittberger, B. (2012), Institutionalizing representative democracy in the European Union: The case of the European Parliament. Journal of Common Market Studies 50 (), 18–37.

Rodean, N. (2020), Regionalization in Central and Eastern European countries after EU Enlargement. Regional Studies and Local Development 1 (1), 97–126.

Roederer-Rynning, C. (2019), Passage to bicameralism: Lisbon's ordinary legislative procedure at ten. Comparative European Politics 17 (6), 957–973.

Roederer-Rynning, C. und Greenwood, J. (2015), The culture of trilogues. Journal of European Public Policy 22 (8), 1148–1165.

Roger, L. und Winzen, T. (2015), Party groups and committee negotiations in the European Parliament: outside attention and the anticipation of plenary conflict. Journal of European Public Policy 22 (3), 391–408.

Rosamond, B. (2000), Theories of European Integration. Basingstoke (Palgrave).

Rose, R. und Borz, G. (2013), Aggregation and Representation in European Parliament Party Groups, West European Politics, 36 (3), 474–497.

Ross, G. (1995), Jacques Delors and European Integration. Cambridge (Polity Press).

Rowe, C. (2011), Regional Representation in the EU: Between Diplomacy and Interest Representation. Basingstoke (Palgrave Macmillan).

Ruffing, E., Weinrich, M., Rittberger, B. und Wonka, A. (2024), The European administrative space over time: Mapping the formal independence of EU agencies. Regulation and Governance 18 (3), 740–760.

Ruohonen, J. (2022), A review of product safety regulations in the European Union. International Cybersecurity Law Review 3 (2), 345–366.

Ruzza, C. (2004), Europe and Civil Society. Movement Coalitions and European Governance. Manchester (Manchester University Press).

Sabel, C. und Zeitlin, J. (Hg.) (2010), Experimentalist Governance in the European Union: Towards a New Architecture. Oxford (Oxford University Press).

Sandholtz, W. und Stone Sweet A. (Hg.) (1998), European Integration and Supranational Governance. Oxford (Oxford University Press).

Sandholtz, W. und Zysman, J. (1989), 1992: Recasting the European bargain. World Politics (41) 1, 95–128.

Saurugger, S. und Terpan, F. (2022), The Court of Justice of the European Union: a quiet leader. In: Hodson, D., Puetter, U., Saurugger, S. und Peterson, J. (Hg.), The institutions of the European Union. Oxford (Oxford University Press), 149–174.

Sbragia, A.M (1993), The European Community: A Balancing Act. Publius: The Journal of Federalism 23, 23–38.

Sbragia, A.M. (2002), The Treaty of Nice, Institutional Balance, and Uncertainty, Conclusion to Special Issue on the Institutional Balance and the Future of EU Governance, Governance 15 (3), 393–412.

Schäfer, A. (2006), A New Form of Governance? Comparing the Open Method of Coordination to Multilateral Surveillance by the IMF and the OECD, Journal of European Public Policy 13 (1), 70–88.

Schakel, A. H. (2020), Multi-level governance in a 'Europe with the regions'. The British Journal of Politics and International Relations 22 (4), 767–775.

Scharpf, F. W. (1985), Die Politikverflechtungs-Falle: Europäische Integration und deutscher Föderalismus im Vergleich. Politische Vierteljahresschrift 26 (4), 323–356.

Scharpf, F.W. (1992), Einführung: Zur Theorie von Verhandlungssystemen. In: Benz, A., Scharpf, F.W. und Zintl, R. (Hg.), Horizontale Politikverflechtung: Zur Theorie von Verhandlungssystemen. (Schriften des MPI für Gesellschaftsforschung Köln 10). Frankfurt (Campus), 11–27.

Scharpf, F.W. (1993), Autonomieschonend und gemeinschaftsverträglich. Zur Logik der europäischen Mehrebenenpolitik, Köln (MPIFG Discussion Paper 93/9); auch erschienen unter: Scharpf, F. (1994), Optionen des Föderalismus in Deutschland und Europa. Frankfurt a.M./New York (Campus), S. 31–55.

Scharpf, F.W. (1999), Regieren in Europa: Effektiv und demokratisch? Frankfurt (Campus).

Scharpf, F.W. (2002), Regieren im europäischen Mehrebenensystem. Ansätze zu einer Theorie. Leviathan 30 (1), 65–92.

Scharpf, F.W. (2008), Negative und positive Integration. In: Höpner, M. und Schäfer,A. (Hg.), Die Politische Ökonomie der europäischen Integration. Frankfurt (Campus), 49–87.

Scharpf, F.W. (2015), Multilevel European Democracy. European Law Journal 21 (4), 384–405.

Schelkle, W. (2013), Monetary integration in crisis: how well do existing theories explain the predicament of EMU? Transfer 19 (1), 37–48.

Schelkle, W. (2021), Fiscal integration in an experimental union: How path-breaking was the EU's response to the COVID-19 pandemic? Journal of Common Market Studies 59 (Annual Review), 44–55.

Scherpereel, J., Mitry, M. und Schreuders, A. (2025), Von der Leyen's Gender Balanced Team: A New Way of Operating in the College of Commissioners? In: Abels, G., Kantola, J., Lombardo, E. und Müller, H. (Hg.), The European Commission under President Ursula von der Leyen: Gender, Leadership, Policies and Crises. Oxford (Oxford University Press).

Schild, J. (2005), Barrosos 'blind date' in Brüssel – Auf dem Weg zu einer Parlamentarisierung der Kommissionsinventur? Integration 28 (1), 33–46.

Schild, J. (2013), Leadership in hard times: Germany, France, and the management of the Eurozone crisis. German Politics and Society 31 (1), 24–47.

Schimmelfennig, F. (2003), The EU, NATO, and the Integration of Europe: Rules and Rhetoric. Cambridge (Cambridge University Press).

Schimmelfennig, F. (2015), What's the News in New Intergovernmentalism: A Critique of Bickerton, Hodson and Puetter. Journal of Common Market Studies 53 (4), 723–730.

Schimmelfennig, F., Leuffen, D. und Rittberger, B. (2015), The European Union as a system of differentiated integration: interdependence, politicization and differentiation. Journal of European Public Policy 22 (6), 764–782.

Schimmelfennig, F., Leuffen, D. und De Vries, C. E. (2023), Differentiated integration in the European Union: Institutional effects, public opinion, and alternative flexibility arrangements. European Union Politics 24 (1), 3–20.

Schimmelfennig, F. und Tekin, F. (2023), Die differenzierte Integration und die Zukunft der Europäischen Union: Konsolidierung, Krisen und Erweiterung. Integration 2023 (2), 94–114.

Schmalz-Bruns, R. (2007), The Euro-Polity in Perspective: Some Normative Lessons from Deliberative Democracy. In: Kohler-Koch, B. und Rittberger, B. (Hg.) Debating the democratic legitimacy of the European Union. Lanham (Rowman & Littlefield), 281–303.

Schmidt, S.K. (2009), Single Market Policies: From Mutual Recognition to Institution Building. In: Tömmel, I., und Verdun, A. (Hg.), Innovative Governance in the European Union: The Politics of Multilevel Policymaking. Boulder (Lynne Rienner), 121–137.

Schmidt, S. K. (2018), The European Court of Justice and the policy process: The shadow of case law. Oxford (Oxford University Press).

Schmidt, M. G. (2019), Das Demokratieproblem der Europäischen Union. In: Schmidt, M. G., Demokratietheorien: Eine Einführung. Wiesbaden (Springer Fachmedien), 429–438.

Schmitter, P. C. (1971), A Revised Theory of Regional Integration. In: Lindberg, L. N. und Scheingold, S. A. (Hg.), Regional Integration. Theory and Research. Cambridge, 232–264.

Schönlau, J. (2017), Beyond mere 'consultation': Expanding the European Committee of the Regions' role. Journal of Contemporary European Research 13 (2).

Schön-Quinlivan, E. (2011), Reforming the European Commission. Basingstoke (Palgrave Macmillan).

Schout, A. und Vanhoonacker, S. (2006), Evaluating Presidencies of the Council of the EU: Revisiting Nice, Journal of Common Market Studies 44 (5), 1051–1077.

Schramm, L., Krotz, U. und De Witte, B. (2022), Building 'Next Generation' after the pandemic: the implementation and implications of the EU Covid Recovery Plan. Journal of Common Market Studies 60 (Annual Review), 114–124.

Spence, D. (2006a), The President, the College and the cabinets. In: Spence, D. (Hg.) with Edwards, G., The European Commission. 3rd ed. London (Harper), 24–74.

Spence, D. (2006b): The Directorates General and the services: structures, functions and procedures. In: Spence, D. (Hg.) with Edwards, G., The European Commission. 3rd ed. London (Harper), 128–155.

Stephenson, P. (2015), Reconciling audit and evaluation?: The shift to performance and effectiveness at the European Court of Auditors. European Journal of Risk Regulation 6 (1), 79–89.

Stephenson, P. und Sánchez-Barrueco, M. L. (2024), The European Court of Auditors. In: Brandsma, G.J. (Hg.), Handbook on European Union Public Administration. Cheltenham (Edward Elgar Publishing), 184–202.

Streeck, W. und Schmitter, P.C. (1991), From National Corporatism to Transnational Pluralism: Organized Interests in the Single European Market. Politics and Society 19 (2), 109–132.

Streeck, W. (2013), Gekaufte Zeit: Die vertagte Krise des demokratischen Kapitalismus. Berlin (Suhrkamp).

Studinger, P. (2012), Wettrennen der Regionen nach Brüssel: die Entwicklung der Regionalvertretungen. Wiesbaden (Springer VS).

Taggart, P. (2006), Questions of Europe – The Domestic Politics of the 2005 French and Dutch Referendums and their Challenge for the Study of European Integration, Journal of Common Market Studies 44, Annual Review, 7–25.

Tallberg, J. (2008), The Power of the Chair: Formal Leadership by the Council Presidency. In: Naurin, D. und Wallace, H. (Hg.), Unveiling the Council of the European Union. Games Governments Play in Brussels. Basingstoke (Palgrave Macmillan), 187–202.

Tatham, M. (2019), Regions as lobbyists. In: Abels, G. und Battke, J. (Hg.), Regional Governance in the EU: Regions and the Future of Europe. Cheltenham (Edward Elgar Publishing), 211–230.

Taylor, P. (1983), The Limits of European Integration. London (Croom Helm).

Thatcher, M. (2020), Competition Policy: The Politics of Competence Expansion. In: Wallace, H., Pollack, M. A., Roederer-Rynning, C. und Young, A.R. (Hg.), Policy-making in the European Union. Oxford (Oxford University Press), 130–151.

Tholoniat, L. (2009), The temporal constitution of the European Commission: A timely investigation. Journal of European Public Policy 16 (2), 221–238.

Timmermann, H. (2001), Die „Politik des leeren Stuhls" und der Luxemburger Kompromiß. In: Kirt, R. (Hg.), Die Europäische Union und ihre Krisen. Baden-Baden (Nomos), 111–118.

Töller, A.E. (2013), Die Reform der Komitologie mit und nach dem Vertrag von Lissabon. The End of the World as we Know it? Integration 36: 213–232.

Tömmel, I. (1994), Staatliche Regulierung und europäische Integration: Die Regionalpolitik der EG und ihre Implementation in Italien. Baden-Baden (Nomos).

Tömmel, I. (1996), Die Strategie der EU zur System-Transformation in den Staaten Mittel- und Osteuropas. In: Osnabrücker Jahrbuch Frieden und Wissenschaft III, Osnabrück (Rasch), 145–161.

Tömmel, I. (1998), Transformation of Governance: The European Commission's Strategy for Creating a „Europe of the Regions". Regional and Federal Studies 8 (2), 52–80.

Tömmel, I. (2000), Jenseits von regulativ und distributiv: Policy-Making der EU und die Transformation von Staatlichkeit. In: Grande, E. und Jachtenfuchs, M. (Hg.), Wie problemlösungsfähig ist die EU? Regieren im europäischen Mehrebenensystem. Baden-Baden (Nomos), 165–187.

Tömmel, I. (2004a), Die EG in den Jahren 1970 bis 1984: Neue Politikmuster als Katalysator der Integration. In: Knipping, F. und Schönwald M. (Hg.), Aufbruch zum Europa der zweiten Generation. Die europäische Einigung 1969–1984. Trier (Wissenschaftlicher Verlag Trier), 269–284.

Tömmel, I. (2004b), Eine Verfassung für die EU: institutionelle Anpassung oder Systemreform? Integration 27 (3), 202–210.

Tömmel, I. (2006), Die Reform der Strukturpolitik der EU – eine Reform europäischer Governance? In: Kleinfeld, R., Plamper, H. und Huber, A. (Hg.), Regional Governance Band 2: Steuerung, Koordination und Kommunikation in regionalen Netzwerken als neue Formen des Regierens. Göttingen (V & R unipress), 181–200.

Tömmel, I. (2008), Governance and Policy-Making im Mehrebenensystem der EU. In: Tömmel, I. (Hg.), Die Europäische Union: Governance und Policy-Making (PVS-Sonderheft 40/2007), 13–35.

Tömmel, I. (2009), Modes of Governance and the Institutional Structure of the European Union. In: Tömmel, I., und Verdun, A. (Hg.), Innovative Governance in the European Union: The Politics of Multilevel Policymaking. Boulder (Lynne Rienner), 9–23.

Tömmel, I. (2010), The Treaty of Lisbon – a step toward enhancing leadership in the EU? Transatlantic Research Papers in European Studies (TraPES), 2010 (1). http://www.jmce.uni-osnabrueck.de/filead min/Download/EPS/TraPES._Toemmel.pdf

Tömmel, I. (2011a), The European Union – A Federation Sui Generis? In: Laursen, F. (Hg.), The EU and Federalism: Polities and Policies Compared. Farnham (Ashgate), 41–56.

Tömmel, I. (2011b), Transnationalism in European Governance and Policy-Making, In: DeBardeleben, J. und Hurrelmann, A. (Hg.), Transnational Europe: Promise, Paradox, Limits. Basingstoke (Palgrave Macmillan), 57–76.

Tömmel, I. (2013), The Presidents of the European Commission: Transactional or Transforming Leaders? Journal of Common Market Studies 51 (4), 789–805.

Tömmel, I. (2016a), EU governance of governance: political steering in a non-hierarchical multilevel system. Journal of Contemporary European Research 12 (1), 406–423.

Tömmel, I. (2016b), Gewaltenteilung in der EU–Problem oder Baustein demokratischer Ordnung?. Zeitschrift für Politikwissenschaft 26 (Suppl. 1), 53–67.

Tömmel, I. (2016c), The Commission and Cohesion Policy. In Piattoni, S. und Polverari, L. (Hg.), Handbook on Cohesion Policy in the EU. Cheltenham (Edward Elgar Publishing),107–120.

Tömmel, I. (2017a), Die politische Krise der Europäischen Union—Strukturprobleme und Entscheidungsblockaden im Mehrebenensystem. Integration 40 (2), 141–156.

Tömmel, I. (2017b), The standing president of the European Council: intergovernmental or supranational leadership? Journal of European Integration 39 (2), 175–189.

Tömmel, I. (2018), Political Leadership in Turbulent Times–the Commission Presidency of Jean-Claude Juncker. In: Ege, J., Bauer, M.W. und Becker, S. (Hg.), The European Commission in Turbulent Times. Baden-Baden (Nomos), 133–157.

Tömmel, I. (2020a), Political leadership in times of crisis: The Commission presidency of Jean-Claude Juncker. West European Politics 43 (5), 1141–1162.

Tömmel, I. (2020b), Executive Politics of Multi-Level Systems: The European Union. In: Andeweg, R.B., Elgie, R., Helms, L., Kaarbo, J. und Müller-Rommel, F. (Hg.), The Oxford Handbook of Political Executives. Oxford (Oxford University Press), 673–693.

Tömmel, I. (2020c), European Union Governance. Oxford Research Encyclopedias, Politics.

Tömmel, I. (2022), A Tightrope Walk? Catherine Day and The Interplay of Political and Administrative Leadership in the European Commission. In: Müller, H. and Tömmel, I. (Hg.), Women and Leadership in the European Union. Oxford (Oxford University Press), 233–251.

Tömmel, I. (2023), Policy-Making and Governance in the European Union's Multilevel System. In: Verdun, A., Hurrelmann, A. und Brunet-Jailly, E. (Hg.), European Union Governance and Policy-Making: A Canadian Perspective. Toronto (University of Toronto Press), 93–114.

Tömmel, I. (2025), Facing Unprecedented Challenges: Commission President Ursula von der Leyen and Russia's War against Ukraine. In: Abels, G., Kantola, J., Lombardo, E. und Müller, H. (Hg.), The European Commission under President Ursula von der Leyen: Gender, Leadership, Policies and Crises. Oxford (Oxford University Press).

Tömmel, I. und Verdun, A. (2013), Innovative Governance in EU Regional and Monetary Policy-Making, German Law Journal 14 (2), 380–404.

Tömmel, I., und Verdun, A. (Hg.) (2009), Innovative Governance in the European Union: The Politics of Multilevel Policymaking. Boulder (Lynne Rienner).

Treib, O. (2014), Implementing and Complying with EU Governance Outputs. Living Reviews in European Governance 9 (1), 1–30.

Treib, O., Bähr, H. und Falkner, G. (2007), Modes of Governance: Towards Conceptual Clarification, Journal of European Public Policy 14 (1), 1–20.

Trobbiani, R. (2016), European regions in Brussels: towards functional interest representation? Bruges Political Research Paper, 53/2016.

Tsebelis, G. und Proksch, S:O. (2007), The Art of Political Manipulation in the European Convention, Journal of Common Market Studies 45 (1), 157–186.

Turner, S. (2008), Expertise and the Process of Policy-Making: The EU's New Model of Legitimacy. In: Eliasson, S. (Hg.), Building Civil Society and Democracy in New Europe. Newcastle (Cambridge Scholars Publishing), 160–175.

Van Middelaar, L. und Puetter, U. (2022), The European Council: The Union's supreme decision-maker. In: Hodson, D., Puetter, U., Saurugger, S. und Peterson, J. (Hg.), The Institutions of the European Union. Oxford (Oxford University Press), 51–77.

Van Miert, K. (2000), Markt, Macht, Wettbewerb: Meine Erfahrungen als Kommissar in Brüssel. Stuttgart (Deutsche Verlagsanstalt).

Varoufakis, Y. (2017), Die ganze Geschichte: Meine Auseinandersetzung mit Europas Establishment. (München (Antje Kunstmann Verlag).

Verdun, A. (2017), Political Leadership of the European Central Bank. Journal of European Integration 39 (2), 207–221.

Voelzkow, H. (1996), Private Regierungen in der Techniksteuerung. Frankfurt a. M. (Campus).

Von Bogdandy, A. (2022), Strukturwandel des öffentlichen Rechts: Entstehung und Demokratisierung der europäischen Gesellschaft. Berlin (Suhrkamp Verlag).

Von Ondarza, N. (2024), Das institutionelle Gleichgewicht in der Polykrise. In: Bossong, R., und Von Ondarza, N. (Hg.), Stand der Integration, 115–123.

Wallace, H. (2010), An Institutional Anatomy of Five Policy Modes. In: Wallace, H., Pollack, M:A: und Young, A. (Hg.), Policy-Making in the European Community. 6th ed. Oxford: (Oxford University Press), 69–104.

Warlouzet, L. (2016), The centralization of EU competition policy: Historical institutionalist dynamics from cartel monitoring to merger control (1956–91). Journal of Common Market Studies 54 (3), 725–741.

Weiler, J.H.H. (1981), The Community System: The Dual Character of Supranationalism. Yearbook of European Law 1, 267–306.

Weishaupt, J.T. und Lack, K. (2011), The European Employment Strategy: Assessing the Status Quo. German Policy Studies 7 (1), 9–44.

Werts, J. (2008), The European Council. London (Harper).

Wessels, W. (1997), Der Amsterdamer Vertrag – Durch Stückwerksreformen zu einer effizienteren, erweiterten und föderalen Union. Integration 20 (3), 117–135.

Wessels, W. (2001), Die Vertragsreformen von Nizza – zur institutionellen Beitrittsreife. Integration 24 (1), 8–25.

Wessels, W. (2002), Der Konvent: Modelle für eine innovative Integrationsmethode. Integration 25 (2), 83–98.

Wessels, W. (2003), Der Verfassungsvertrag im Integrationstrend: Eine Zusammenschau zentraler Ergebnisse. Integration 26 (4), 284–300.

Wessels, W. (2004), Die institutionelle Architektur der EU nach der Europäischen Verfassung. Integration 27 (3), 161–175.

Wessels, W. (2008), Das politische System der EU. Wiesbaden (VS).

Wessels, W. (2015), The European Council. London (Bloomsbury Publishing).

Westlake, M. (2006), The European Commission and the European Parliament. In: Spence, D. (Hg.) with Edwards, G., The European Commission. 3rd ed. London (Harper), 263–278.

Westlake, M. und Galloway, D. (Hg.) (2006), The Council of the European Union. 3rd ed. London (Harper).

Wiener, A., Börzel, T., Risse, T. (2019), European Integration theory. Oxford (Oxford University Press).

Wille, A. (2013), The normalization of the European Commission: Politics and bureaucracy in the EU executive. Oxford (Oxford University Press).

Winzen, T. (2022). The institutional position of national parliaments in the European Union: Developments, explanations, effects. Journal of European Public Policy 29 (6), 994–1008.

Wonka, A., Baumgartner, F.R., Mahoney, C. und Berkhout, J. (2010), Measuring the size and scope of the EU interest group population, European Union Politics 11 (3), 463–476.

Wood, M. (2018), Mapping EU agencies as political entrepreneurs. European Journal of Political Research 57 (2), 404–426.

Yataganas, X. (2001), The Treaty of Nice: The Sharing of Power and the Institutional Balance in the European Union – A Continental Perspective, European Law Journal 7 (3), 242–291.

Young, A. (2020), The Single Market: Central to Brexit. In: Wallace, H., Pollack, M. A., Roederer-Rynning, C. und Young, A. R. (Hg.), Policy-making in the European Union. Oxford (Oxford University Press), 109–129.

Zgaga, T. und Zhelyazkova, A. (2024), Transposition of European Union legislation. In: Brandsma, G.J. (Hg.), Handbook on European Union Public Administration. Cheltenham (Edward Elgar Publishing), 266–278.

Zhelyazkova, A, Thomann, E., Ruffing, E. und Princen, S. (2024), Differentiated policy implementation in the European Union. West European Politics 47 (3), 439–465.

Zürn, M. (2000), Democratic Governance Beyond the Nation-State: The EU and Other International Institutions, European Journal of International Relations 6, 183–221.

www.ingramcontent.com/pod-product-compliance
Lightning Source LLC
Chambersburg PA
CBHW081511250726
48659CB00009B/2770